法学专业必修课、选修课系列教材

专利法原理

Principles of Patent Law

马一德 著

高等教育出版社·北京

图书在版编目（CIP）数据

专利法原理／马一德著．--北京：高等教育出版社，2021.7
ISBN 978-7-04-056440-2

Ⅰ.①专… Ⅱ.①马… Ⅲ.①专利权法-中国-高等学校-教材 Ⅳ.①D923.42

中国版本图书馆 CIP 数据核字（2021）第 131549 号

| 策划编辑 | 姜 洁 | 责任编辑 | 姜 洁 周轶男 | 封面设计 | 杨立新 | 版式设计 | 张 杰 |
| 责任校对 | 胡美萍 | 责任印制 | 耿 轩 | | | | |

出版发行	高等教育出版社	网　　址	http://www.hep.edu.cn
社　　址	北京市西城区德外大街 4 号		http://www.hep.com.cn
邮政编码	100120	网上订购	http://www.hepmall.com.cn
印　　刷	北京宏伟双华印刷有限公司		http://www.hepmall.com
开　　本	787mm×1092mm　1/16		http://www.hepmall.cn
印　　张	21		
字　　数	520 千字	版　　次	2021 年 7 月第 1 版
购书热线	010-58581118	印　　次	2021 年 12 月第 2 次印刷
咨询电话	400-810-0598	定　　价	45.00 元

本书如有缺页、倒页、脱页等质量问题，请到所购图书销售部门联系调换
版权所有　侵权必究
物 料 号　56440-00

作者简介

马一德,中南财经政法大学二级教授、文澜特聘教授、博士生导师,俄罗斯莫斯科国立大学名誉教授,国家"万人计划"领军人才、中宣部文化名家暨"四个一批"人才,入选国家百千万人才工程并被授予"有突出贡献中青年专家"称号,享受国务院特殊津贴。先后被评为"中国知识产权影响力人物""亚洲知识产权有影响力人物""全球50位最具影响力知识产权人物",获"2020中国年度法治人物"称号。兼任第十三届全国人民代表大会代表、中央马克思主义理论研究和建设工程首席专家、国家社会科学基金学科规划评审组专家、中国知识产权法学研究会副会长、国家知识产权专家咨询委员会委员、最高人民法院特约监督员、最高人民检察院特约监督员。

主持完成中央马克思主义理论研究和建设工程、国家社会科学基金重大项目等国家级重大项目多项,著有《全面法治与中国治理现代化》《创新驱动发展与知识产权战略研究》《消费者权益保护专论》等,在《中国社会科学》《中国法学》《法学研究》等刊物上发表学术论文百余篇。

前　言

2020年10月29日，中国共产党第十九届中央委员会第五次全体会议通过的《中共中央关于制定国民经济和社会发展第十四个五年规划和二〇三五年远景目标的建议》强调，"坚持创新在我国现代化建设全局中的核心地位，把科技自立自强作为国家发展的战略支撑，面向世界科技前沿、面向经济主战场、面向国家重大需求、面向人民生命健康，深入实施科教兴国战略、人才强国战略、创新驱动发展战略，完善国家创新体系，加快建设科技强国"。保护专利，就是保护创新；用好专利，就能激励创新；学好专利，就可指引创新。专利制度，就是给创新的火花加油；专利知识，就是给创新的价值护航。

为此，在中国特色社会主义进入新时代，高质量发展成为经济建设主旋律，创新位居我国现代化建设全局核心地位的背景下，为满足各类创新人才培养、培训以及知识产权专业人才队伍建设的需要，本教材在习近平法治思想指引下，以科技创新的历史、现实与未来为经，以经验、制度与理论为纬，综合运用体系化的思维方法，国际化的学术视野，系统阐明了专利法的基本原理、基本知识、基本制度和基本程序。

一、编写的思路

笔者在决定编写本书时，就是希望编撰一部能够贴近中国专利法治经验、政策实践与理论前沿，体现中国专利理论体系、知识体系与思维体系，理论性与实务性并重，系统性与专题性并举的著作。在撰写过程中，主要遵循了以下思路：

第一，为知识产权人才培养工程提供相匹配的专利法教材。习近平总书记强调，"人才是第一资源。古往今来，人才都是富国之本、兴邦大计"，"我们要把人才资源开发放在科技创新最优先的位置，改革人才培养、引进、使用等机制，努力造就一批世界水平的科学家、科技领军人才、工程师和高水平创新团队，注重培养一线创新人才和青年科技人才"。《中共中央关于制定国民经济和社会发展第十四个五年规划和二〇三五年远景目标的建议》再次明确，要"全方位培养、引进、用好人才"，"加强创新型、应用型、技能型人才培养，实施知识更新工程、技能提升行动，壮大高水平工程师和高技能人才队伍。支持发展高水平研究型大学，加强基础研究人才培养"。无论是创新发展之路，还是知识产权强国之路，归根结底都是人才竞争之路。专利制度与科技创新互为因果，相融共生，专利知识的训练与创新人才的培养息息相关。本书正是希望通过对专利制度、专利知识进行系统性建构，以便为创新人才的高质量培养提供可资参考的学习指南。

第二，探索中国特色专利理论体系的创新发展。2017年，习近平总书记在考察中国政法大学时高屋建瓴地指出，"我们有我们的历史文化，有我们的体制机制，有我们的国情，我们的国家治理有其他国家不可比拟的特殊性和复杂性，也有我们自己长期积累的经验和优势，在法学学科体系建设上要有底气、有自信"。中国专利制度是在中国独特的政治、经济、科技、文化、社会等历史传统和制度语境中存在并发展起来的。因而，中国专利理论的应然体系也理当是中国化、本土化的。实践经验是制度创新的基本盘，时代课题是理论创新的驱动力。我国改革开放和社会主义现代化建设中涌现出的丰富的创新实践和专利保护实践,是专利制度和理论研究"取之不竭、用之不尽"的"富矿"。在此意义上,我们不应当建立与其他国家或地区完全一样的专利制度和理论体系,我们也不可能全盘照搬其他任何一个国家或地区的专利制度或者理论学说。是否吸收借鉴,如何吸收借鉴,都应当根据中国自身的发展需要,结合中国自身要解决的问题而选择确定。法律虽重视逻辑,但并不囿于逻辑。归根结底,法律的生命源于生活、源于经验。法治是经验之治,法学是经验之学。经验是解释法律问题的资源基础,也是建构法律制度和理论体系的知识基础。中国特色专利理论体系的形成中涌现出了大量的创新经验、审判经验、治理经验。对这些经验进行研究和归纳,不仅是研究和分析专利法的途径,也是学习和传播专利法的方式,还是观察和体认专利治理的窗口。本书研究分析了大量的司法判例,既是为了揭示鲜活的专利法律规范,也是为了帮助读者发现法院是如何通过审判解释和发展法律的,更是为了探索中国特色专利制度和理论体系是如何形成的。

第三,尝试构建一套具有国际视野的专利法知识体系。知识产权制度是全球化的产物,是最具全球化的现代法律制度之一。扩大对外开放、优化营商环境、深化国际交流,都有必要学习借鉴域外先进的知识产权制度和理论体系。2016年,习近平总书记在哲学社会科学工作座谈会上强调,"民族性并不是要排斥其他国家的学术研究成果,而是要在比较、对照、批判、吸收、升华的基础上,使民族性更加符合当代中国和当今世界的发展要求,越是民族的越是世界的。解决好民族性问题,就有更强能力去解决世界性问题;把中国实践总结好,就有更强能力为解决世界性问题提供思路和办法。这是由特殊性到普遍性的发展规律"。专利制度虽起源于西方,是西方社会创造的有益文明成果,但并不专属于西方,而是属于人类共同的文明成果。学习借鉴国际专利制度和知识体系,既是中国与世界互联互通、共享共治的基本前提,也是中国在国际规则体系和知识体系中不断增加分量和话语权的先决条件。因此,本书在探索中国特色专利理论体系创新发展的同时,也时刻坚持全球视野,跟踪归纳域外最新的司法动态和审判经验,努力构建具有国际视野的专利法知识体系。

二、教材的定位

根据我国《民法典》总则编第123条的规定,知识产权是权利人依法就作品、发明创造、商标等客体享有的专有权利。知识产权是民事基本权利,而专利权则是知识产权的核心主干。从历史上看,专利是知识产权制度兴起的先行者,也是知识产权法律建构的示范者。系统掌握专利制度与专利知识,对于深入理解知识产权制度的精义缺一不可。"知识产权法"是全国高等教育法学专业的14门核心课程之一,专利法则是知识产权法课程的主体内容之一。本书的编撰就是为了促进专利法的教学与研究,并服务于知识产权法的普及与学习。

全书共设计了基础理论、权利理论、侵权理论和救济理论四编。"基础理论"部分意在端正专利制度的历史起点以及专利制度在法律框架中的应有定位。主要阐述了专利制度演进的历史背景与基本历程、科技创新与专利制度互为因果的紧密关系、我国专利制度演变发展的不同阶段以及关乎专利制度正当性基础的制度功能和权利属性等。"权利理论"部分意在揭示专利权在权利谱系上的生命起源及其在市场经济体系中的价值体现和实现路径。主要是以权利取得与行使为核心,分别阐述了专利权的适格客体、申请条件、审查授予程序、权利归属、权利内容以及商业化实践中可能采用的专利实施的强制许可、开放许可、标准必要专利许可等专利权的许可与转让制度。"侵权理论"部分意在刻画专利权作为一项拟制的法权,在权利边界的构造上需要遵循的基本规则。主要以专利权效力范围的界定为核心,阐述了确定专利权保护范围的基本原则、权利要求解释的具体规则以及侵权行为认定的典型原则、侵权行为抗辩的具体事由等。"救济理论"部分意在法律框架内提供可以解决专利权纠纷的程序性方案,以此体现专利权作为一项财产权的价值基础和制度逻辑。主要阐述了侵犯专利权纠纷的诉讼时效、诉讼管辖等基本理论、禁令救济的成立条件及其具体适用、标准必要专利的禁令救济以及侵害专利权案件中确定损害赔偿额的基本路径和具体方法等。

近年来,笔者有幸参与了马克思主义理论研究和建设工程重点教材《知识产权法学》的编写工作,深感一部优秀教材的重要性,为此萌生了独立撰写一部系统专利法教材的念头。2016年,笔者有幸获得了马克思主义理论研究和建设工程重大项目"知识产权保护与创新发展研究"的支持,得以有机会将笔者在专利法领域多年的探索、思考和实务经验总结成文字,并历经四年打磨,形成了这部五十余万字的基础性著作,从而了却了这桩心愿。这是一部"不是教科书的工具书,不是工具书的教科书"。它既非概括介绍的传统教材,也非法条注解式的工具书,而是立足当前专利审查、司法审判实践,同时汲取比较法经验,吸收最新理论成果,使知识产权法初学者对专利法的历史、现实与前沿问题形成立体化的认识,并把握专利法的灵魂,以期对当前专利法教学和实践有所助益。它虽然是一部以现行专利法为依据撰写的"法言法语",但阅读本书并非法科生的"专利"。作为一项现代社会的基本财产制度,专利制度已经深深地嵌入经济科技社会的有机体。从某种意义上而言,专利就是创新的代名词。因此,笔者相信并期许,对创新经济、创新社会、创新世界感兴趣的朋友,都可以从本书中读到一本"自己的专利法"。

一如既往,希望读者和专家们提出宝贵的批评意见。

马一德

2021年1月1日

目 录

第一编 基 础 理 论

第一章 专利制度的发展历史 … 3

第一节 专利制度演进的基本历程 … 3
一、专利规则的萌芽 … 3
二、专利制度的出现 … 3
三、现代意义专利法的确立 … 4

第二节 技术进步与专利制度的历史发展 … 6
一、技术的现代化促进专利制度的产生与发展 … 6
二、技术发展影响专利制度的原则与规则 … 8

第三节 我国专利制度的发展 … 13
一、专利语词和语义在我国的演变 … 13
二、清末与民国时期专利制度建构的尝试 … 14
三、中华人民共和国成立初期专利制度的曲折历程 … 16
四、改革开放以来我国专利制度的发展 … 16

第二章 专利制度的功能与属性 … 21

第一节 专利制度的功能 … 21
一、以市场利益激励创新 … 21
二、促进技术信息公开与传播 … 26
三、维护市场竞争秩序 … 27

第二节 专利权的性质 … 28
一、专利权属于私权 … 28
二、明确专利权私权属性的理论意义 … 30
三、专利权属于财产权 … 37
四、专利权主要体现为禁用权 … 38

第二编　权　利　理　论

第三章　权利取得 …………………………………………………………… 41

第一节　专利权的客体 ……………………………………………………… 41
　　一、发明 ………………………………………………………………… 41
　　二、实用新型 …………………………………………………………… 46
　　三、外观设计 …………………………………………………………… 48
　　四、不受专利法保护的对象 …………………………………………… 51

第二节　专利申请的实质要件 ……………………………………………… 56
　　一、发明、实用新型专利申请的实质要件 …………………………… 56
　　二、外观设计专利申请的实质要件 …………………………………… 69

第三节　专利申请的形式要件 ……………………………………………… 73
　　一、申请发明或者实用新型专利应当提交的文件 …………………… 74
　　二、申请外观设计专利应当提交的文件 ……………………………… 81

第四节　专利申请的授权确权程序 ………………………………………… 82
　　一、专利申请的审查程序 ……………………………………………… 82
　　二、专利复审程序 ……………………………………………………… 84
　　三、专利无效宣告程序 ………………………………………………… 84

第五节　专利权的归属 ……………………………………………………… 87
　　一、职务发明 …………………………………………………………… 87
　　二、委托发明 …………………………………………………………… 91
　　三、合作发明 …………………………………………………………… 91

第四章　专利权的行使 ………………………………………………………… 93

第一节　专利权的内容 ……………………………………………………… 93
　　一、制造 ………………………………………………………………… 93
　　二、使用 ………………………………………………………………… 94
　　三、许诺销售 …………………………………………………………… 94
　　四、销售 ………………………………………………………………… 95
　　五、进口 ………………………………………………………………… 96

第二节　专利权的许可与转让 ……………………………………………… 97
　　一、专利权的许可 ……………………………………………………… 97
　　二、专利权的转让 ……………………………………………………… 101
　　三、技术转让合同中的限制性条款规制 ……………………………… 102

第三节　专利实施的特别许可 ……………………………………………… 106
　　一、专利实施的强制许可 ……………………………………………… 106

二、国有企业事业单位发明专利的推广应用 …………………………………… 109
　　三、专利实施的开放许可 ………………………………………………………… 110
第四节　标准必要专利的许可 ……………………………………………………… 111
　　一、公平、合理、无歧视（FRAND）承诺与禁令救济 …………………………… 112
　　二、FRAND许可条款的确定 …………………………………………………… 119

第三编　侵权理论

第五章　专利权保护范围的确定 …………………………………………………… 127
第一节　专利权利要求解释的必要性 ……………………………………………… 127
第二节　确定专利权保护范围的基本原则 ………………………………………… 128
　　一、周边限定主义原则 …………………………………………………………… 128
　　二、中心限定主义原则 …………………………………………………………… 129
　　三、折中主义原则 ………………………………………………………………… 130
第三节　专利侵权程序中权利要求解释的规则 …………………………………… 131
　　一、权利要求解释的主体 ………………………………………………………… 131
　　二、权利要求解释的依据 ………………………………………………………… 132
　　三、特殊类型的权利要求解释 …………………………………………………… 140

第六章　侵权行为的认定 …………………………………………………………… 144
第一节　全面覆盖原则的适用 ……………………………………………………… 144
　　一、全面覆盖原则之定义 ………………………………………………………… 144
　　二、全面覆盖原则之适用 ………………………………………………………… 146
第二节　等同原则的适用 …………………………………………………………… 148
　　一、等同原则的生成与发展 ……………………………………………………… 148
　　二、等同原则的法理基础 ………………………………………………………… 149
　　三、等同特征的判断 ……………………………………………………………… 149
第三节　等同原则的限制 …………………………………………………………… 151
　　一、捐献原则的适用 ……………………………………………………………… 151
　　二、禁止反悔原则的适用 ………………………………………………………… 152
　　三、逆等同原则的适用 …………………………………………………………… 154
　　四、可预见原则的适用 …………………………………………………………… 156
第四节　外观设计专利侵权的判定 ………………………………………………… 158
　　一、解释专利权范围 ……………………………………………………………… 158
　　二、判断侵权成立的标准 ………………………………………………………… 159
第五节　"间接侵权"的认定 ………………………………………………………… 164
　　一、"间接侵权"的反思 …………………………………………………………… 164

二、"间接侵权"的构成要件 ………………………………………………… 168

第七章　侵权行为的抗辩 …………………………………………………… 171

第一节　现有技术抗辩 …………………………………………………… 171
　　一、现有技术抗辩的含义 ………………………………………………… 171
　　二、现有技术抗辩的法理基础 …………………………………………… 171
　　三、现有技术抗辩的适用 ………………………………………………… 172
　　四、抵触申请抗辩的适用 ………………………………………………… 174

第二节　现有设计抗辩 …………………………………………………… 176
　　一、现有设计抗辩的含义 ………………………………………………… 176
　　二、现有设计抗辩的法理基础 …………………………………………… 176
　　三、现有设计抗辩的适用 ………………………………………………… 177

第三节　不视为侵犯专利权的情形 ……………………………………… 179
　　一、权利用尽 ……………………………………………………………… 179
　　二、先用权 ………………………………………………………………… 180
　　三、临时过境 ……………………………………………………………… 182
　　四、为科学研究和实验目的 ……………………………………………… 182
　　五、Bolar 例外 …………………………………………………………… 183
　　六、默示许可 ……………………………………………………………… 184

第四编　救济理论

第八章　权利救济一般理论 ………………………………………………… 189

第一节　民事救济与刑事制裁的边界 …………………………………… 189
　　一、民事救济的功能 ……………………………………………………… 189
　　二、刑事制裁的功能 ……………………………………………………… 190
　　三、民事救济与刑事制裁的划定 ………………………………………… 190

第二节　侵犯专利权的诉讼时效 ………………………………………… 193
　　一、诉讼时效的期间 ……………………………………………………… 194
　　二、诉讼时效的起点 ……………………………………………………… 199
　　三、诉讼时效进程中的障碍 ……………………………………………… 202

第三节　侵犯专利权的诉讼管辖 ………………………………………… 204
　　一、级别管辖 ……………………………………………………………… 204
　　二、地域管辖 ……………………………………………………………… 210
　　三、知识产权法院管辖 …………………………………………………… 217

第九章 禁令救济 · 222

第一节 禁令救济的成立条件 · 222
一、诉前行为保全的成立条件 · 222
二、责令停止侵权的成立条件 · 247

第二节 禁令限制的正当性和路径 · 251
一、禁令限制的正当性 · 251
二、禁令限制的路径选择 · 252
三、专利权滥用抗辩的生成与要件重构 · 255

第三节 标准必要专利的禁令救济 · 261
一、FRAND 承诺下的标准必要专利禁令救济 · 261
二、我国的标准必要专利禁令救济规则 · 266

第十章 损害赔偿 · 273

第一节 损害赔偿的一般原理 · 273
一、专利侵权损害赔偿的制度目标 · 273
二、损害赔偿数额计算方法的顺位 · 274
三、关于专利侵权损害赔偿数额的证明 · 276
四、专利侵权损害赔偿中的合法来源抗辩 · 281

第二节 专利侵权实际损失的确定 · 281
一、实际损失的范围 · 281
二、因果关系的认定与审视 · 284
三、实际损失的量化 · 286

第三节 专利侵权获利的确定 · 288
一、侵权获利的性质 · 288
二、侵权获利的分摊规则 · 291
三、侵权获利分摊的举证规则 · 296

第四节 可参照专利许可费的确定 · 298
一、可参照许可费的司法困局 · 299
二、参照许可费的考虑因素 · 301

第五节 法定赔偿的适用与突破 · 305
一、法定赔偿的适用 · 305
二、法定赔偿的突破 · 309

第六节 惩罚性赔偿的引入与适用 · 312
一、有关惩罚性赔偿的争论 · 312
二、惩罚性赔偿制度的引入 · 315
三、惩罚性赔偿制度的具体运用 · 317

第一编

基础理论

第一章 专利制度的发展历史

第一节 专利制度演进的基本历程

一、专利规则的萌芽

有证据表明,早在公元前500年,古希腊城市锡巴里斯①(Sybaris)曾对某些形式的专利权提供保护。14世纪,英国皇家开始以特许令的方式奖励在技术上有创新的人,英王颁发诏书对新近的发明或新引进英国的技术授予一定期限内的垄断权,这种诏书以"专利证书"(letters patent)的形式授予,其原意为敞开的证书,证书只在底部盖有国王或女王的玺印,而不像普通的证书那样密封,其目的就是让公众无须启封即可阅读证书内容,故称公开证书。"letters patent"便是英文中"专利"(patent)的词源。据史料记载,1440年英王最早将"专利证书"授予新发明工艺的引入者约翰·德·席达曼(John de Shiedame),以邀请他及其公司将一种制盐工艺引入英国。② 但在该时期,授予专利只是一种实践做法,并未形成稳定、规范的法律制度。

二、专利制度的出现

专利作为一种制度,最早见于15世纪初的意大利地区(主要是威尼斯共和国)。早在1416年,威尼斯大议会就向来自罗得岛(Rhodes)的泽·弗朗西斯·佩特利(Ser Franciscus Petri)颁发了一项技术发明专利,这是世界上有文字记载的最早专利。一项考证显示,威尼斯在1416年至1472年间,共颁发了13项类似专利。③ 1474年3月19日,威尼斯大议会通过了世界上第一部专利法。全文如下:

任何个人,在本市制造国内未曾有过的新颖且精巧的发明,一旦此项发明改进至可使用并实施的程度,即可立即将其备份于本市行政部门登记。未经创造者同意或许可,任何他人在10年之内不得在本市所辖城镇内制造或仿制同一发明。若有违反者,前述创造者或者发明人有权将

---

① 当时为希腊殖民地,今位于意大利南部。
② See Lyman Ray Patterson, *Copyright in Historical Perspective*, Vanderbilt University Press, 1968, p.82.
③ See Bruce Bugbee, *Genesis of American Patent and Copyright*, Washington, D.C.: Public Affairs Press, 1964, pp.20-22.

其向本市执行官告发,执行官可令侵权者赔偿100枚金币,并立即销毁侵权物。①

从内容而言,1474年威尼斯专利法具有以下四个方面的特点:

第一,该法明确规定了授予专利的条件,如新颖性、创造性和实用性。其中新颖性是相对的,仅限于威尼斯共和国内未曾有过。

第二,专利权人不仅包括发明人,也包括最初的创造者。之所以作此规定,是因为在当时的技术条件下,能够率先将国外的新式工艺引入本国,亦具有重要的意义。

第三,该法明确规定专利期限为10年,从而在一定程度上限制了某些专利权人过度垄断的问题,在专利权人与其他经营者以及社会公众之间实现了利益平衡。

第四,该法不仅在实体方面明确规定了专利权取得的条件、专利权的内容、效力范围、侵权人的法律责任,而且在程序方面规定了登记备案等配套规则。

威尼斯专利法已初步具备现代专利制度的基本特征,该法的颁行标志着专利制度的正式出现。此后,类似的专利制度在16世纪被德国、法国、荷兰和英国等初步工业化国家所竞相采用。

三、现代意义专利法的确立

现代意义的专利法出现于英国。如前所述,英国从14世纪就开始采用授予特许令的方式来鼓励发明创造。但在很长的历史时期里,专利是一种由封建统治者赋予的特权,是统治者犒赏恩赐的手段,这种专利特权与现代专利法所保护的专利权存在本质的区别。这种专利特权机制虽然能够赋予发明创造者一定的财产利益,在一定程度上促进发明创造和经济发展,但也存在明显的缺点。由于专利是王室赐予的恩惠,王室既可以任意授予这种恩惠,同样可以轻易剥夺或改变这种恩惠,这一方面导致发明创造者基于专利证书获得的利益极不稳定,另一方面导致王室滥发专利,将与科技创新无关的产品或行业交由其宠幸者独家经营,专享其利,不仅没有真正地激励创新,反而造成垄断市场、与民争利、扰乱竞争秩序的恶果。随着资本主义经济的发展,新兴的资产阶级对这种专利特权制度愈发不满,要求破除不正当的垄断特权,建立能够为创新者提供确定的法律保障,尊重市场竞争自由的新型专利制度。②

在此背景下,英国议会于1624年3月25日通过了《垄断法》③(Statute of Monopolies)。该法第1条规定:"凡授予垄断权及刑法特权,或法律义务免除权,或以没收财产抵偿的私自和解权,均与陛下的法律相抵牾。……凡此前或嗣后颁予任何人或任何政治团体、法人团体在本王国或威尔士自治领境内专自购买、销售、制造、加工、利用任何器物的垄断权及委托书、授权书、许可

---

① 英文原文为:"Any person in this city who makes any new and ingenious contrivance, not made heretofore in our dominion, shall, as soon as it is perfected so that it can be used and exercised, give notice of the same to our office of Provveditori de Comun [State Judicial Office], it being forbidden up to 10 years for any other person in any territory and place of ours to make a contrivance in the form and resemblance thereof, without the consent and license of the author. And should anybody make it, the aforesaid author and inventor will have the liberty to cite him before any office of this city, which office will force the aforesaid infringer to pay him the sum of 100 ducats and immediately destroy the contrivance."

② 参见邹琳:《论专利权的权利属性》,载《湘潭大学学报(哲学社会科学版)》2011年第5期。

③ 中文本翻译参见《英国1623年垄断法》,相靖译,载刘春田主编:《我国知识产权评论》(第五卷),商务印书馆2011年版,第435—438页。

证、特许状、任命状,或其他任何垄断权……一律违反本王国的法律,故全然无效而不得以任何方式付诸实施或执行。"与此同时,该法第6条规定:"然前述文告于十四年或少于十四年期间,不延及嗣后颁予任何一种新器物的首先发明者在本王国境内专自加工、制造此种器物的任命状及特别待遇的授权书,他人不得于颁予此种任命状及授权书期间利用前述器物,唯此种任命状及授权书不得违反法律,亦不得因提高国内货品价格、妨碍贸易或广泛招致不便而有害于国家;前述十四年以嗣后颁予首个任命状或此种特别待遇的授权书之日为始,唯前述任命状及授权书仅具有于本法未曾发布情形所具有的效力。"[1]也就是说,根据英国《垄断法》的规定,所有垄断特权,原则上一律取消,但允许发明专利作为例外而存在。废除垄断特权,旨在限制王权,保障经营自由与竞争自由。允许保留发明专利,是为了继续通过向发明创造者授予独占经营权的方式来激励创新,发展本国工商业。

依照该法的规定,授予专利的发明须是国内未曾使用过的产品或工艺。该规则类似当代专利法的新颖性要求,一方面确保专利真正授予那些引入新技术从而对经济发展有所贡献的商人,另一方面则防止英国已有技术、行业为某一商人所垄断从而保障这一行业其他商人的利益。该法还规定,发明专利的期限不得超过14年。以14年为期限,主要是因为当时行会规定的学徒期为7年,以当时之观念,发明创造者可以通过两个学徒期的独占经营获得充分的回报。此外,该法还特别规定不得利用专利违背法律,提高商品价格,损害贸易,以防止专利权滥用行为损害公共利益。

英国《垄断法》主要是一部关于反垄断的法律规范,仅有个别条文与发明专利相关,但在专利法的历史发展中具有重要的意义。它使得专利制度不再是统治者犒赏恩赐的特权制度,而真正成为激励创新的制度。它以明确的条文规定了发明创造者基于专利制度享有的权利,已经开始从私权的角度理解和保护专利。并且,通过明确规定获得专利的条件、专利期限、专利行使的限制来协调专利获得者与其他经营者的关系,协调私人权利与公共利益的关系。可以说,该法中的发明专利规则已经初步具备现代专利制度的特征。

到了19世纪后半叶,英国政府进一步改革专利制度,制定实施统一规范的专利审查登记制度,专利申请必须经过专利行政机关的严格审查,只有符合法定条件的发明创造才能获得专利权。专利申请被核准之后,专利行政机关应当对其加以登记、公告,以此作为专利权归属、行使与保护的依据。这种改革一方面进一步限制了王权,使专利不再是王室予取予夺的恩惠,而成为一种权属清晰、范围明确、便于流转的受法律保护的财产,另一方面也能够更好地避免专利成为与民争利、垄断市场的工具,为其正当性的建立扫清障碍,标志着现代专利法律制度的正式确立。

---

[1] 英文原文是:"(a) Provided also, that any declaration before mentioned shall not extend to any letters patents (b) and grants of privilege for the term of fourteen years or under, hereafter to be made, of the sole working or making of any manner of new manufactures within this realm (c) to the true and first inventor (d) and inventors of such manufactures, which others at the time of making such letters patents and grants shall not use (e), so as also they be not contrary to the law nor mischievous to the state by raising prices of commodities at home, or hurt of trade, or generally inconvenient (f) the same fourteen years to be accounted from the date of the first letters patents or grant of such privilege hereafter to be made, but that the same shall be of such force as they should be if this act had never been made, and of none other (g)."

第二节 技术进步与专利制度的历史发展

专利制度与技术存在密切的关联,这不仅体现在专利制度对技术创新的促进作用,还体现在技术进步对专利制度历史发展的重大影响。要理解这一点,首先必须对技术的内涵与特征有所认识。

马克斯·韦伯(Max Weber)认为,技术意味着行为所应用的手段,它与行为的目的相对立。合理的技术是有意识、有计划的,是以经验和深思熟虑为基础的。按照我国《辞海》的定义,技术"泛指根据生产实践经验和自然科学原理而发展成的各种工艺操作方法与技能"①。

从以上定义来看,技术具有以下三个方面的特征:一是工具性,技术是人类实现特定目标的手段,但技术本身不是目的;二是无体性,技术往往通过设备、器械体现出来,但其本身不是作为有体物的设备、器械,而是一种作为无体物的方法、技能,本质上是一种知识;三是实践性,技术不是停留在理论层面的知识,而是运用于生产、生活实践中的知识。

基于以上论述,我们将技术定义为:人类在生产、生活实践中,为实现特定目的而运用的知识。技术进步对专利制度历史发展的影响主要体现于以下两个方面。

一、技术的现代化促进专利制度的产生与发展

专利制度是一种对技术成果进行产权界定的法律制度。对技术成果的产权界定能够为技术创新者带来收益,增加其创新动力,也有利于作为一种经济资源的技术成果通过市场交易实现优化配置,最终促进社会科技与经济的发展。从这一角度看,建立专利制度能够获得很大的收益。但是,一种制度的建立不仅要考虑其收益,也要考量其成本。对一种事物进行产权界定,必然要付出成本。而且,与有体物相比,对技术成果这种缺乏物理边界的无体物进行产权界定的成本会更加高昂。因此,只有技术成果成为社会、经济生活中高度重要的事物时,其产权界定才能带来充分的收益,人们才会耗费较大的成本对这种无实体的事物进行产权界定,专利制度才得以登上历史的舞台。②

从这一角度看,促使专利制度产生的重要社会条件之一,是技术的现代化。所谓"技术的现代化",是指技术从前现代(古代、中世纪)的技术发展为现代的技术。这种转变主要体现为两个方面:一是技术与科学的结合,二是技术的产业化应用。在技术受科学指导并得以产业化应用的背景下,才能产生具有高度价值的技术成果,才能使界定技术成果产权的收益高于其成本,为专利制度的产生奠定坚实的社会基础。

---

① 《辞海》(第六版缩印本),上海辞书出版社2010年版,第854页。
② 关于界定产权的费用与产权制度的关系,参见盛洪主编:《现代制度经济学》(上卷),北京大学出版社2003年版,第9页。

(一) 技术与科学的结合

在中世纪向现代过渡的 16、17 世纪，社会思想文化领域发生了重大的变化，其中最为突出的就是科学领域呈现出一系列重大成就，教会的威信逐步衰落，科学的威信逐步上升。科学开始融入和指导人类社会实践的方方面面。[①]

在这一背景下，科学和技术不再是两个独立发展的事物，而是越来越紧密地结合在一起。[②] 科学与技术的结合，大大提升了技术的体系化程度。

在与科学结合之前，技术通常建立在个人禀赋与经验的基础上，很少经过归纳、整理、抽象，没有规范的理论、概念，作为零散的技艺存在。这种体系化程度很低的技术一方面效果并不稳定、可靠，另一方面，其可复制性、可传播性、普遍适用性也较低，难以成为社会经济生活中的重要资源，其经济价值有限，也不足以促使创新者和国家花费大量成本来界定这种无体物的产权，对其进行产权界定和保护的动力和必要性都较低。

正如马克斯·韦伯所言，技术在最合理的情况下，"是以科学的思维为取向的"[③]。技术与科学结合之后，在科学的指导下，技术成为以规范的理论、概念为基础，可以用规范的科学语言阐释、说明的，内部相互关联、逻辑严密的体系。这种体系化程度的提升一方面使得技术成果具有更强的可靠性、普遍适用性，另一方面也使得技术主要不再是一种基于个人禀赋与经验的技艺，而更多地成为可以被广泛、高效地学习、模仿、传播的知识，在社会经济生活中的作用与价值也越发凸显。由此，界定技术成果的产权，对其加以排他性控制就显得更加重要且必要。专利制度的重要意义逐渐凸显，被越来越多的国家和地区所采纳。

(二) 技术的产业化应用

技术与科学的结合大大提升了技术的社会、经济价值，而这种价值的真正实现有赖于技术的产业化应用。

前现代的技术应用是非产业性的，其往往脱离生产经营，作为个别哲人、贵族、教士的兴趣爱好和智识追求的产物而存在，即便用于生产经营，其规模往往也是作坊式的。这种情况一方面制约了技术价值的实现，另一方面也使得技术创新者、应用者难以形成一个群体与阶层，以推动技术成果的产权界定与保护。此外，在小规模的技术应用中，要实现技术成果的排他性控制，保密的性价比显然高于申请专利。在技术实现产业化应用之后，技术得以在大规模生产，尤其是在自动化、标准化、流水线的"福特式生产"中实施，实现最大的效益与利润。[④] 随着技术实施范围、规模的扩大，以保密来排他性控制技术成果成为一种高成本、低成效的选择。相反，以公开技术方案换取能够对抗其他所有经营者的专利权，成为控制技术成果的性价比最高的路径。同时，随着相关产业的发展壮大，随着技术创新成果成为重要的生产要素，成为生产实践、产业发展、市场竞争过程中需要广泛运用的工具，必然会出现一个有意愿和能力推进技术成果专利保护的工商群

[①] 参见[英]罗素：《西方哲学史》(下卷)，商务印书馆 1976 年版，第 3、43 页。
[②] 参见刘景华、张功耀：《欧洲文艺复兴·科学技术卷》，人民出版社 2008 年版，第 33 页。
[③] [德]马克斯·韦伯：《经济与社会》(上卷)，林荣远译，商务印书馆 1997 年版，第 87 页。
[④] 对此种转变历程的论述参见张新锋：《技术的私权化路径研究——专利权的财产权属性解释》，中国人民大学 2009 届博士学位论文，第 131、145 页。

体和知识阶层。

技术的产业化应用发端、成长于15至17世纪,在18、19世纪的第一次工业革命时期达到高峰。工业革命是从根本上改变人类社会面貌的重大事件,被经济史学家视为人类历史的分水岭。工业革命最突出的意义和特征是带来持续快速的经济增长,而这种经济增长则根源于大量的技术创新成果被广泛、充分地运用于生产实践。马克思形象地比喻道:"分工,水力、特别是蒸汽力的利用,机器的应用,这就是从18世纪中叶起工业用来摇撼旧世界基础的三个伟大的杠杆。"[①]"资产阶级在它的不到一百年的阶级统治中所创造的生产力,比过去一切世代创造的全部生产力还要多,还要大。自然力的征服,机器的采用,化学在工业和农业中的应用,轮船的行驶,铁路的通行,电报的使用,整个整个大陆的开垦,河川的通航,仿佛用法术从地下呼唤出来的大量人口,——过去哪一个世纪料想到在社会劳动里蕴藏有这样的生产力呢?"[②]

在工业革命后的新世界里,科学技术成为第一生产力,技术创新成为市场竞争、国际竞争的战略路径,发明创造成为影响企业的市场地位与国家的国际地位的核心资产,由此,工商群体才会不遗余力地倡议、推动专利保护制度的建立,并获得国家的支持,从而建立相应的法律规范。这也是为什么在工业革命完成的19世纪中叶,专利制度的正当性基础得以稳固并被工业化国家广泛采用。

二、技术发展影响专利制度的原则与规则

技术进步不仅从根本上促进专利制度的产生、发展,决定专利制度的基本取向与面貌,还影响着专利制度的原则与规则。

(一)技术发展扩大了专利权客体范围

在专利制度的早期,发明创造主要集中于机械、化合物等少数技术领域,与此相对应,专利权的客体范围也较为狭窄,可专利性的条件较为严格。随着技术水平的提升,技术领域的扩展,许多新型的具有重大价值的发明创造不断涌现出来,原有的专利客体范围和可专利性条件已经无法适应对这些新型发明创造予以保护的需求。在新技术浪潮的冲击下,专利权客体范围不断拓展,可专利性的条件不断放宽。主要体现在以下几个方面:

首先是方法发明被纳入专利权客体范围。在专利制度的早期,受专利保护的发明必须体现为新的器物。到19世纪末,合成化学技术已较为发达,该领域的许多创新并不体现于合成的结果,而体现于合成的方法。例如,通过一种新的方法更加高效地合成一种已有的化学物质,其技术贡献和经济价值并不亚于发明一种新的器物。在此背景下,德国专利法率先将方法纳入专利权的客体范围,对方法发明予以专利保护。[③] 此后,其他主要的工业化国家也在专利法中引入了保护方法发明的规则。

其次是计算机软件被纳入专利权的客体范围。按照专利法的基本原理,智力活动的规则不

[①] 《马克思恩格斯全集》第2卷,人民出版社1957年版,第300页。
[②] 马克思、恩格斯:《共产党宣言》,人民出版社1997年版,第32页。
[③] 参见李琛:《知识产权法关键词》,法律出版社2006年版,第40页。

属于可专利的事物。早期,各国专利法都严格固守这一理念。计算机软件程序本质上由数字和运算符号构成,被认为属于数学算法,而数学算法属于智力活动规则。按照上述原理,计算机软件无法成为专利权的客体。例如,在20世纪70年代的美国,大多数法院在司法实践中都基于上述原理对软件的可专利性持否定态度。

随着计算机技术的发展,软件对计算机的功能的贡献越来越大,在计算机的价值中所占的比例越来越高。而且,计算机技术与已有生产技术融合,产生具有重大价值的自动化、智能化、信息化的生产技术,成为第三次工业革命的重要内容。此类技术的核心在于依靠软件程序来控制生产流程。在这一背景下,各国企业与政府都越发重视软件领域的创新,以专利法来保护软件创新成果成为必然趋势,前述将软件排除于专利权客体范围之外的理念被逐步突破。美国率先采用一种新的规则:软件只要与特定的机器设备相结合以实现特定的功能,即可与该设备作为一个整体申请专利。该规则陆续被包括我国在内的其他主要国家所采用。[①]

此后,"与特定设备结合"这一获得专利保护的要件又被进一步突破,这同样与计算机技术的发展有关。20世纪末,计算机技术不仅与工业紧密结合,还开始融入商业、服务业中,越来越多的企业使用计算机程序来实现组织、管理、营销、决策等商业活动的自动化、智能化、信息化,形成众多新的商业方法。这些商业方法创新成果的核心仍然是计算机软件。该软件虽然没有"与特定设备结合",但同样具有很高的社会、经济价值,同样有获得专利保护的需求和理由。在此背景下,以美国为代表的一些发达国家,不再将"与特定设备结合"作为软件获得专利保护的要件,只要软件的运行能够产生"有用、具体和有形的结果"(a useful, concrete and tangible result),也可以成为适格的专利客体。

最后是植物、动物、微生物品种和基因逐步被纳入专利权客体范围。在专利法发展的早期,生物及其组成部分都被认为是自然界已有的事物,因此植物、动物、微生物的品种或者其包含的基因不可能成为专利权的客体。进入20世纪后,遗传学、分子生物学等生命科学领域出现了一系列的突破,到了20世纪后期,生物技术取得突飞猛进的发展,并在发达国家广泛应用于生产实践。科研机构与企业利用生物技术培育出新的植物、动物、微生物品种,这些品种并非自然界已有之物,而且具有重大的技术、经济价值,逐步被美国等发达国家纳入专利权的客体范围。[②]

20世纪末,基因技术取得重大突破,人类逐步掌握DNA遗传信息运作机制,并破译了多个物种的基因图谱,开始提取和改造基因。此类技术的应用使得大量的转基因生物品种被纳入专利权的客体范围;更重要的是,引发了对基因本身进行专利保护的需求。按照传统的专利法原理,生物体中的基因属于已经存在的事物,不具有可专利性。但是,由于基因的分离、提取需要高深的技术和高昂的成本,而且是后续的基因改造和应用的前提,因此,基因技术发达的国家及其产业界希望排他性地控制基因分离、提取环节的技术成果。在此背景下,一些国家逐步承认首次从自然界分离或提取出来的基因或DNA片段可以成为专利权的客体。

(二)技术发展对专利新颖性标准的影响

在前现代社会或现代社会的早期,受交通运输、传媒技术的限制,各国之间的人员、物资、信

---

① 参见黄海峰:《知识产权的表达与实践:版权、专利与商标的历史考察》,中国人民大学2006届博士论文,第190页。
② 参见黄海峰:《知识产权的表达与实践:版权、专利与商标的历史考察》,中国人民大学2006届博士论文,第183—185页;乔生:《生物技术对专利制度的挑战与中国专利法修改探讨》,载《法律科学(西北政法学院学报)》2005年第2期。

息的流通并不普遍、频繁。一项发明创造在一国公开之后,另一国家的公众有可能在较长的时期内并未获知其内容。因此,各国在审查专利申请时,一般采用"国内新颖性标准"(或"相对新颖性标准"),亦即申请专利的方案只要在本国不属于现有技术或现有设计,也不存在抵触申请,即具备新颖性。

随着交通运输、传媒技术的发达,尤其是信息通信技术的普遍应用,各国之间的人员、物资的流通变得普遍、频繁,信息通信早已突破国界,一项技术方案或设计方案在一国公开,尤其是通过出版物公开之后,其他国家的公众往往也可以及时、便利地获知其内容,使其在其他国家也构成现有技术或现有设计,此时再采用相对新颖性标准,就显得不合时宜了。因此,许多国家转而采用绝对新颖性标准或混合新颖性标准。所谓绝对新颖性标准也就是世界新颖性标准,意味着在审查专利申请时,只要申请专利的发明创造已在世界上任何地方公开,在本国即构成现有技术,不具备新颖性。混合新颖性标准,通常是指对出版物公开采用绝对新颖性标准,对于通过使用或其他方式公开则采用相对新颖性标准。

相对新颖性标准、混合新颖性标准的出现,反映出技术发展对专利审查的原则与规则的影响。

(三) 技术的发展对专利审查模式的影响

在专利制度发展早期,发明创造并非频繁出现的事物,专利申请的数量也较少,国家通常有能力对其受理的所有专利申请进行全面的审查,大多采用"即时审查制"。"即时审查制"是指专利行政部门完成对专利申请的形式审查之后,随即自行启动对新颖性、创造性、实用性的实质审查,通过实质审查后,进行授权公告。随着时代变迁,尤其是经历了三次工业革命之后,技术的发展日新月异,技术成果层出不穷,其在市场竞争中的重要性也愈发凸显,专利申请数量迅速增长,而且发明创造的方案也变得更为复杂,专利审查的工作量和难度都大大提升。此时,如果专利行政部门仍然采用"即时审查制",必然造成专利申请大量积压的局面,导致专利审查周期过于漫长。这会削弱创新者申请专利的积极性,而且,由于发明创造方案要经历漫长的专利审查过程之后再作公开,无疑会削弱专利制度传播科技知识、避免重复研发的功能。

在此背景下,许多国家转而采用"早期公开、延迟审查"制度。按照这种制度,专利审查部门自专利申请人提交申请之日起满一定期限后(通常是18个月后)即将申请专利的发明创造内容予以公布,而且允许申请人在此期限之前提早公开。专利行政部门在完成形式审查之后,不主动进行实质审查,原则上依据申请人的请求进行实质审查。这种制度使发明创造方案得以及时公开,保障了专利制度传播科技知识、避免重复研发的功能。另一方面,在"早期公开"之后,公众可对专利申请方案提出异议,指出不应对其授予专利权的情况和理由,为审查部门提供参考,而且"延迟审查"还给申请人提供了考虑其申请决策的期限,如果觉得获得专利权的希望很小,可以不请求实质审查,节约相应的费用和精力。"早期公开、延迟审查"制度的这些作用能够大大削减审查工作量与降低审查难度,缓解专利申请积压、专利审查周期过长的问题。基于这些优势,大多数国家的专利法都采用了"早期公开、延迟审查"制度。[①] 从"即时审查制"到"早期公

[①] 参见刘春田主编:《知识产权法》(第四版),中国人民大学出版社2009年版,第209页;李琛:《知识产权法关键词》,法律出版社2006年版,第166页。

开、延迟审查"制度的转变,也反映出技术发展对专利审查制度的影响。

(四)技术研发模式的变化对专利权归属制度的影响

在前现代社会与现代社会的早期,创新活动主要体现为发明家的个人行为,专利制度关注的是个人发明家的利益。在此阶段,专利制度将充分保障发明创造者的权益作为核心原则,专利权原始地归属于发明创造者本人。然而,进入20世纪之后,随着企业组织蓬勃兴起,市场竞争愈发激烈,科学技术日益复杂,科技研发工作成为高度依赖于资本与组织的活动,企业等组织通过组建内部实验室,将原来的独立发明人转变为职员,组织团队研发逐步取代个人发明而成为主流,[①]企业在科技创新中的重要性已经超过了个人,成为现代社会最主要的创新主体。[②]

这种技术研发模式的变化促使专利法的核心原则发生改变,由充分保障作为个人的发明创造者的权益,调整为充分保障主要由企业等组织构成的创新主体的权益。此时,专利法主要的受益主体和保护对象已经不是直接从事发明创造活动的雇员,而是对发明创造活动进行组织管理,为其提供资金、承担风险,并促进创造成果商品化、市场化、产业化的企业等组织。在具体规则层面,各主要国家的专利法中都设立了职务发明创造制度,使职员所完成的与职务相关的发明创造的专利申请权或专利权归属于其雇主。近年来,此类规则还在朝着进一步强化雇主权益的方向发展。例如,在德国,其原先的《雇员发明法》在职务发明利益分配方面,倾向于以强制性规则规定发明人的利益和雇主的义务,运行效果并不令人满意,在学界和产业界的批评之下,于2009年被修改,修改后的规则减少了对企业内部事务的干预,大大放宽了雇主取得职务发明的程序性要求,倾向于满足作为创新主体的企业的需求。在美国,2011年颁布的《美国专利改革法》针对宣誓书、专利受让人的专利申请权进行了修订,修改后的规则更加便于雇主就职务发明申请专利,并最终获得职务发明的专利权。[③]

(五)技术的标准化对专利权限制制度的影响

在现代经济生活中,许多产品由多个零部件构成,许多服务包含多个环节,而不同零部件、不同的服务环节中可能包含不同的技术,这些不同技术之间的兼容性和互操作性成为企业和政府关注的重要问题。在此背景下,出现了技术标准化的趋势——经过市场竞争与合作,或在法律的强制规定之下,多项相互兼容、配套的技术聚合在一起,形成一套生产特定产品或提供特定服务的技术标准,成为事实上或法律上的技术规范,不符合该技术规范的商品难以被市场接受,后续的技术研发也往往围绕着已有的技术标准开展。

这种技术标准化的趋势引发了专利法领域的问题。技术标准要具有先进性,必须包含先进的技术,而先进技术往往属于专利技术。因此,技术标准中包含大量专利技术是常见的现象。例

[①] 参见和育东:《美、德职务发明制度中的"厚雇主主义"趋势及其借鉴》,载《知识产权》2015年第11期。
[②] See David F. Noble, *America by Design: Science, Technology, and the Rise of Corporate Capitalism*, Oxford University Press, 1977, pp. 84-167.
[③] 依据美国2011年《发明法案》第4节(修改后的《专利法》第115节),如果雇员有义务将发明让渡给雇主,但拒绝作出专利法要求的真正发明人宣誓时,雇主可以作为专利申请人进行替代宣誓。而依据修改前的《专利法》第118节,雇主只能以发明人的代表人或代理人身份提出申请,并需要证明如此申请的必要性,或者不如此申请将给当事人带来无法弥补的损害。参见和育东:《美、德职务发明制度中的"厚雇主主义"趋势及其借鉴》,载《知识产权》2015年第11期。

如,在电信等行业领域,单个标准包含的专利技术可达数百甚至数千项。如果一项专利技术是为了达到某种技术标准而必须实施的技术,该专利则被称为"标准必要专利"(Standards-Essential Patents, SEP)。一旦某项专利技术成为标准必要专利,必然获得重大的市场优势地位。因为他人不实施其专利技术,就难以生产、提供被市场所接受的产品。获得标准必要专利权人的许可,成为法定或事实的市场准入门槛。

为了追求最大收益,标准必要专利权人往往会对生产相关产品或提供相关服务的其他经营者索取远高于该专利技术本身价值的许可费,或者进行歧视性收费,或者一味拒绝许可,阻止竞争对手进入市场,这种行为被称为"专利劫持"(patent hold-up)行为。专利劫持行为显然违背公平竞争原则,压制市场竞争自由,也会对创新和消费者福利产生消极影响,本质上是一种滥用专利权的行为,甚至可能构成非法垄断行为。

为了规制这种权利滥用行为,许多国家在其专利法或专利司法实践中确立了"公平、合理、无歧视"(FRAND①)原则。按照该原则,如果专利权人的专利技术成为标准必要专利,该权利人应当作出愿意向其他主体授予 FRAND 的专利许可的承诺。此后,如果该专利权人凭借该标准必要专利索取不合理的高昂许可费,进行歧视性收费,或一味拒绝许可,则违背其 FRAND 承诺,构成权利滥用,将招致不利的法律后果。在专利权人起诉他人侵犯其标准必要专利权的侵权诉讼中,被告可以依据原告违背其 FRAND 承诺的事实进行抗辩,法院可以拒绝对专利权人予以禁令救济。如果这种权利滥用行为构成滥用市场支配地位的行为,专利权人还可能进一步承担反垄断法上的违法责任。这些原则与规则能够有效地防止和规制上述权利滥用行为,确保技术标准的顺利实施。

概言之,专利法领域的"公平、合理、无歧视"原则及相关配套规则,既能够保障标准必要专利权人获得正当的回报,也能使其他经营者在谋求实施该专利技术的许可时获得合理的对待,既保护私人权益,也维护公共利益,②较好地回应了技术标准化引发的新问题、新挑战,也反映出技术标准化对专利制度的影响。

(六)技术活动的全球化促进了专利制度的国际化

在前现代社会与现代社会的早期,各国的交流合作尚未频繁密切,技术的研发、交流、贸易、应用主要局限在一国之内。调整技术成果的归属、利用、流转的专利制度也主要是一种国内行为的法律规范。一方面,专利法中很少包含调整国际事务的规范;另一方面,专利法领域的国际协调机制薄弱,各国专利法的原则、规则差异较大。而在当代社会,在经济全球化背景下,跨国的技术研发、交流、贸易、应用日益频繁,十分常见。技术活动的全球化必然促进专利制度的国际化。

缔结于 1883 年的《保护工业产权巴黎公约》(简称《巴黎公约》)是第一项协调各国专利制度的国际公约,开创了专利法国际协调的先河。该公约的缔结与 1873 年的万国博览会相关。1873 年奥匈帝国政府邀请其他国家到维也纳参加万国博览会时,许多国家的创新者担心其发明创造成果展出后会被擅自复制、模仿,因此不愿意参展。这一事件促使各国开始关注商讨专利的国际

---

① FRAND 是"公平、合理、无歧视"的英文"Fair, Reasonable and Non-Discriminatory"的简称。
② 参见欧盟委员会向欧洲议会、理事会及欧洲经济与社会委员会发送的通告《欧洲标准的战略愿景:力图到 2020 年推动和加速实现欧洲经济的可持续增长》,COM(2011)311。

保护问题,在多轮磋商之后最终促成了《巴黎公约》的缔结。1873年的万国博览会成为专利国际磋商的契机,虽然具有一定的偶然性,但专利法的国际协调在该时期成为重要的议题却是历史的必然。该时期的资本主义国家已经具有较高的技术发展水平,国际技术交流日益密切,国际技术竞争日趋激烈,如何将专利制度从国内规范扩展为国际规范,以保护己方的发明创造成果,巩固己方的技术优势,成为各国创新者及其母国所关注的重要事务。

《巴黎公约》规定的专利保护的最低标准、国民待遇原则、国际优先权规则,本质上是为了回应技术交流国际化背景下各国创新主体开展国际专利运营,寻求国际专利保护的需求。可见,专利制度国际化的起点即与技术活动的国际化密切相关。

第二次世界大战后,尤其是美苏争霸结束之后,科学技术的竞争成为国际竞争的核心领域。相对于发展中国家,发达国家拥有的最大优势就是其雄厚的技术实力。在国际贸易中,不仅技术贸易成为独立于商品贸易、服务贸易的一种新的贸易形式,在商品贸易、服务贸易中,技术因素也发挥着重要作用,技术含量很大程度上决定着商品、服务在国际市场上的附加值和竞争力。在此背景下,发达国家倾向于进一步推动专利法的国际协调,强化专利国际保护水平。《与贸易有关的知识产权协定》(简称TRIPs协定)应运而生。该协定大大提升了专利国际保护标准,引入最惠国待遇原则,并且在世界贸易组织框架下构建了确保专利国际保护制度得以实施的机制,违反专利国际保护义务者可能面临贸易制裁等不利后果。这些机制旨在确保发达国家在国际技术竞争中的优势转化为其在国际贸易格局中的地位和收益。

不论是《巴黎公约》还是《与贸易有关的知识产权协定》,乃至之后的《专利合作条约》《专利法条约》等一系列与专利相关的国际协定,其本质上都是回应技术活动的国际化在专利法领域带来的问题与挑战。概言之,技术活动的全球化促进了专利制度的国际化。

第三节 我国专利制度的发展

一、专利语词和语义在我国的演变

现代知识产权法意义上的"专利"一词与英文中的"patent"相对应。但该词非借自域外,而系汉语所固有。汉语史上,"专利"一词始见于战国初年,《国语·周语上》记载:"夫荣公好专利而不知大难。夫利,百物之所生也,天地之所载也,而或专之,其害多矣。"[①]不过,此处的"专利"是指"独占财利",与现代法上"专利"的本质特征并不相符。到了清朝末期,"专利"一词才真正涵括了"patent"的意义。

1885年首次翻译出版的《佐治刍言》在第178节对"patent"和"copyright"这类新式财产有详细介绍。不过,译者并未按照英文底本逐字翻译,而是根据中文习惯,调整了原文语序,叙述了大体意思,也没有直接译出"patent"和"copyright"两个专用名词,而是笼统地称之为"独用""独造"

---

① 《国语·周语上·芮良夫论荣夷公专利》。

"独行"之法。① 1896年出版的《中东战纪本末》一书,译编者林乐知从五个方面提出了变法的建议:意兴宜发越;权力宜充足;道德宜纯备;政令宜划一;体统亦整饬。在论述"政令宜划一"时强调人人应有"自主之权",并特别举例,"如有人创一新法,试之而果利于用,官宜给以文凭,任专利数"②。此处使用的"专利"一词已经基本接近现代法上的意义。1898年7月12日,清光绪总理衙门颁布的我国历史上第一部鼓励技术、工艺发明的专利法规——《振兴工艺给奖章程》采用了"专利"这一称谓,意味着该名词首次成为法律概念。1944年5月,《中华民国专利法》颁布,标志着"专利"首次成为法律的名称。③

二、清末与民国时期专利制度建构的尝试

清朝末年,西方列强的坚船利炮迫使封闭、保守的我国打开国门。一系列的战败促使有识之士开始思考我国落后的原因,并希望借鉴外国的先进制度来促进我国的发展。另一方面,随着五口通商、海禁大开,资本主义生产方式在我国逐步扩展,本土及外国在华的工商业者也希望我国出台包括专利制度在内的促进工商业发展的法律制度。例如,英国传教士韦廉臣(Alexander Williamson)于1857年6月发表于《六合丛谈》④第六号的《格物穷理论》一文就特别介绍了西方的专利制度,"西国凡悟得新理者,君长必旌异之,造新器者,令独擅其益,禁人不得仿造,以夺其利"。"望我国亦仿此为之。上为之倡,下亦必乐从,如此十年,而国不富强者,无是理也。"⑤这是迄今所发现的最早提出在我国建立专利制度的主张。⑥

1859年秋,洪仁玕在《资政新篇》中提出,"兴舟楫之利,以坚固轻便捷巧为妙。或用火用气用力用风,任乎智者自创。首创至巧者,赏以自专其利,限满准他人仿做。若愿公于世,亦禀明发行。……若天国兴此技,……国内可保无虞,外国可通和好,利莫大焉"。这是专利制度第一次进入国家立法方案。1873年3月,郑观应在《救时揭要》一书的《论我国轮船进止大略》一文中指出:"如朝廷有示体恤商贾,任天下之人自造轮船,尤能制一奇巧之物,于国家有益者,则赏其顶戴,限其自造多少年数,然后别人方能造。则人皆乐创乐助,事必易成,而且精于技艺者必多,亦未始非富民之道也。"⑦1880年冬,郑观应《易言》由中华印务总局刊行,在《论机器》一文中他又介绍了西方专利制度:"至于泰西定例:凡能别出心裁,制一奇器,有益于国计民生者,则必赏以职衔,照会各邦,载于和约,限以年数,准其独造,期满之后,别人乃得仿效。故创始者既获美名,又收厚利。无怪其苦心孤诣,斗巧争奇。我国能踵而行之,未始非振作人材之道也。"⑧在

---

① 参见[英]傅兰雅:《佐治刍言》,上海书店出版社2002年版,第64—65页。
② [美]林乐知、蔡尔康译撰:《中东战纪本末》第八卷之《治安新策》(下之上),载陈支平主编:《台湾文献汇刊》第六辑第九册,九州出版社、厦门大学出版社2004年版,第311页。
③ 参见余俊:《中国知识产权学术演进的百年历程》,载刘春田主编:《中国知识产权四十年》,知识产权出版社2019年版,第102—103页。
④ 参见《六合丛谈》由英国传教士伟烈亚力(Alexander Wylie)于1857年(咸丰七年)1月26日在上海创刊,由墨海书馆刊行,至1858年(咸丰八年)6月11日停刊,共出版15期。
⑤ 韦廉臣:《格物穷理论》,《六合丛谈》影印本1卷6号,第604—606页。
⑥ 参见余俊:《知识产权与中国现代性的起源》,载《知识产权》2019年第8期。
⑦ 夏东元编:《郑观应集》(上册),上海人民出版社1982年版,第53页。
⑧ 夏东元编:《郑观应集》(上册),上海人民出版社1982年版,第90页。

1894年出版的《盛世危言》①一书中,郑观应又主张:"有工以翼商,则拙者可巧,粗者可精""赏牌匾以奖其技能""技成厚给廪饩以优奖之(1895年增订的十四卷本增:赏赐牌匾以宠异之),或具图说请造作则藉官本以兴创之,禁别家仿制以培植之"②。

经过各方有识之士的努力,1898年,光绪帝批准颁布《振兴工艺给奖章程》,以授予独占实施权的方式奖励发明或引进先进的工业技术的行为,正式将现代专利制度引入我国。《振兴工艺给奖章程》成为我国第一部专利法律规范。

1903年,清政府与美国政府签订《中美通商行船续订条约》,其中包含了跨国专利申请保护规则。其中规定,"美国政府允许我国人民将其创造之物在美注册,发给创造执照,以保自执自用之权利,我国政府今亦允将来设立专管创制衙门。俟该专管创制衙门既设,并定有创制专律之后,凡在我国合并售卖之创制各物,已经美国给以执照者,若不犯我国人民所先出之创造,可由美国人民缴纳规费后,即给以专照保护,并以所订年数为限,与所给我国人民专照,一律无异"。

清政府的专利立法以及缔结的国际协定中所包含的专利规则,作为一种崭新的制度文化被嵌入当时的中国社会结构,对后世产生了深远的影响。虽然清政府不久之后就覆灭了,但这些法律规范被后来的中华民国临时政府、北洋政府和国民政府继承了下来,或作修改完善后继续在我国实施。

辛亥革命以后,晚清建立的专利制度在民国时期得到继承和发展。1912年(民国元年),工商部颁布《奖励工艺品暂行章程》。该章程引进了先申请原则,确立了专利审查和说明书制度,规定对发明或者改良的产品,经验合格,按等级给予5年以内的专利权或以名誉褒奖,但对食品、医药品不给予奖励,同时规定外国人不准在我国申请专利。此外,该章程首次规定了专利权转让、强制实施和违法责任等方面的规则。

1923年,民国农工商部修订《奖励工艺品暂行章程》,将其改名为《暂行工艺品奖励章程》,并颁布《暂行工艺品奖励章程施行细则》,这是我国历史上第一部专利法实施细则。1928年,国民政府颁布《奖励工业品暂行条例》,并废止先前颁布的有关章程,之后,又于1932年颁布了《奖励工业技术暂行条例》。1939年,国民政府对该条例进行修改,扩大了奖励范围,增加了"新型"和"新式样"两种专利(相当于当代的实用新型与外观设计专利),并规定专利的有效期分别为发明专利5年或10年、新型专利3年或5年、新式样专利5年。

1940年,当时的经济部组织成立了"工业专利办法筹议会"负责草拟《中华民国专利法》,1942年完成草案,两年后完成全部立法程序。《中华民国专利法》于1944年颁布,该法分为发明、新型、新式样及附则四章,共133条。在内容上继承了原有那些章程或暂行条例中的合理部分,比如先申请原则、异议程序等,同时还引入了一些当时国际上较为先进的做法,诸如在一部法律中同时保护多种类型的专利、规定了专利的"三性"要件、确定发明专利的保护期为15年、建立专利复审机制等。与之前的专利法律规范相比,《中华民国专利法》的位阶更高,体系更加完整。在立法技术上,该法在当时的世界上算是非常先进的立法。该法于1949年1月1日开始施行,目前在我国台湾地区依然适用。

---

① 参见夏东元编:《郑观应集》(上册),上海人民出版社1982年版,第588—590页。
② 余俊:《中国知识产权学术演进的百年历程》,载刘春田主编:《中国知识产权四十年》,知识产权出版社2019年版,第77—78页。

三、中华人民共和国成立初期专利制度的曲折历程

1949年2月,中共中央发布《关于废除国民党的六法全书与确定解放区的司法原则的指示》,其中规定:"人民的司法工作不能再以国民党的六法全书为依据,而应该以人民的新的法律作依据。"由此,包括专利法在内的民国时期的所有法律规范在我国大陆均告失效。

中华人民共和国成立初期,一方面,我国逐步废除了生产资料私有制,建立了单一的生产资料公有制,全面施行计划经济,彻底铲除了市场经济的土壤,消灭了保护私权的现代专利制度赖以生存的社会经济条件;另一方面,当时的新中国政府在外交上奉行"一边倒"的政策,社会主义阵营的"老大哥"苏联的社会结构模式、法律制度都对我国产生了十分重要的影响。在发明创造的鼓励、利用领域,我国也采用了与苏联类似的制度。

1950年,我国借鉴苏联相关制度,颁布了《保障发明权与专利权暂行条例》。该条例允许作出发明创造者选择获得发明权或专利权,其中的"发明权"是获得行政奖励的权利,而"专利权"是排他性的、控制发明创造成果的私权。这种"双轨制"在形式上保留了技术成果私有的可能性,但在排斥私有财产、推行计划经济的社会背景下,不可能真正发挥保护专利私权的效果。1956年,社会主义改造运动结束后,该条例已经名存实亡,并于1963年被正式宣布废止。从该条例颁行到废止,总共只授予过四项专利权。

1963年,国务院颁布《发明奖励条例》和《技术改进奖励条例》。这两项条例废除了与专利权相关的规则,排除了发明创造私有的可能性,而将其作为一种公共资源,由国家负责推广应用,发明人仅可获得行政奖励。

由此可见,在新中国成立后的计划经济时期,并不存在有效实施的现代专利制度,而是希望通过"成果公有、行政奖励""一家开花,百家引进"的举国体制来促进创新。在这种体制下,虽然产生了一些发明创造,并以政府的力量加以推广,但从实际效果来看,该时期我国在创新发展方面的水平远远低于建立成熟专利法律制度的国家。以行政措施激励和推广发明创造的制度效果并不理想,其重要原因有两个方面:一是科技研发具有很强的专业性,且发明创造成果的实施效果充满不确定性,行政机关很难准确、公正地评价发明创造的价值并给予与之匹配的合理奖励;二是行政奖励制度难以促进发明创造的商品化、市场化、产业化,使其融入社会大众的生活,真正实现其促进社会经济发展的价值。在这两个方面,现代专利法律制度恰恰具有明显的优势。

四、改革开放以来我国专利制度的发展

1978年,党的十一届三中全会举行,会议作出了把工作重点转移到现代化建设上来、实行改革开放的决策,为我国专利制度的重建提供了有利的政策环境。我国开始着手制定有关法律、法规,同时积极参加相关国际组织的活动,加强与世界各国在专利领域的交流与合作。

(一)《中华人民共和国专利法》的制定

1978年12月,党的十一届三中全会开启了改革开放历史新时期。邓小平同志在1978年全

国科学技术大会上提出："四个现代化，关键是科学技术的现代化。"①实现四个现代化，必须要引进国际上的先进技术、装备，作为发展的起点。② 在国际交往中，知识产权最受关注，不保护知识产权，国际技术交流就无法顺利开展。③ 在此背景下，1978年我国就开始研究建立专利制度的必要性，1979年初开始组织起草《专利法》④。制定《专利法》是我国重建专利制度的重大步骤，也是激发创新活力，引进国外先进技术，落实改革开放政策的必行之举。但在当时，由于计划经济时期残留的思维和制度仍然发挥着影响，《专利法》的制定面临许多争议与阻力。

《专利法》最初的草案包括两个方案。一个方案是"双轨制"模式，即同时包含专利制度与作为行政奖励制度的发明权证书制度；另一个方案是"单一制"模式，不包含发明权证书制度，仅规定专利制度。经过调查与研讨，起草部门最终采纳了单一制立法模式。发明创造的行政奖励制度由其他法律另行规定。选择将专利制度与发明奖励制度分别立法而非合并立法，说明立法者正确地认识到作为私法的专利制度与作为公法的发明奖励制度存在质的不同，前者属于私法，而后者属于作为公法的科技法的范畴。

立法模式的选定并不意味着争论的结束。决策层及社会各界开始围绕着专利制度在政治上"姓资"还是"姓社"、在经济上是利还是弊，展开激烈的论战。⑤

在1980年召开的专利问题座谈会和专利法研讨会上，大多数参会者认为专利制度是一种技术性的法律制度，社会主义国家也可以对此加以利用，在我国建立专利制度在经济上利大于弊。然而，当1981年专利法草案送交国务院征求意见时，反对之声此起彼伏。反对的理由主要包括以下几方面：

首先，专利法将发明创造作为私人财产保护，天生具有资本主义性质，不可能与社会主义制度相兼容，甚至会破坏我国的社会主义制度与理念。⑥ 其次，制定专利法将更多地保护外国人的利益，对我国的发展不利。一旦外国主体的发明创造获得专利保护，我国在利用这些发明创造时会受到更多的约束，还须向外方支付大量的许可费，给我国的经济、科技发展造成沉重的负担。还有意见认为，要实现促进创新的目标，关键在于恢复对创新的行政奖励制度，而对于专利法的制定，应当谨慎为好，经过长期的观察和考量之后再作决定。⑦

此类反对意见在多个场合与层面出现。例如，相关部委曾给邓小平同志写信，表达反对制定《专利法》的意见和理由。时任专利法起草小组组长的宋永林曾受到老领导质问，其推动专利法的制定的努力被批评为"试图实现资本主义复辟"，与共产党员的党性相悖。有学者在发表文章论证制定《专利法》的必要性后，相关部委领导对其当面质疑，并以举报投诉相威胁。在一些相关的研讨会议中，专利法起草小组组员频遭冷遇。当介绍到专利法起草小组组员时，部分与会者

---

① 邓小平：《在全国科学大会开幕式上的讲话》（1978年3月18日）。
② 参见中共中央文献研究室编：《邓小平思想年谱（一九七五—一九九七）》，中央文献出版社1998年版，第76页。
③ 参见任建新：《踏上知识产权新大陆》，载《知识产权与改革开放30年》编委会：《知识产权与改革开放30年》，知识产权出版社2008年版，第2页。
④ 为行文简洁，在不致引起误解的情况下，本书涉及的中华人民共和国法律一般采用简称，如《中华人民共和国专利法》简称为《专利法》。特殊注明的除外。
⑤ 参见刘春田主编：《知识产权法》（第四版），中国人民大学出版社2009年版，第154页。
⑥ 参见郭寿康：《沧海拾珠话沧桑——忆专利法起草之点滴》，载《光明日报》2011年5月5日，第15版。
⑦ 参见赵元果编著：《中国专利法的孕育与诞生》，知识产权出版社2003年版，第56—64页。

拂袖而去,拒绝与小组成员握手。① 强烈的反对意见导致《专利法》起草工作停滞了1年多。面对这些争论和质疑,《专利法》起草小组以及支持制定《专利法》的各界代表始终坚守信念,逐步推进《专利法》的制定工作。最终,在邓小平同志的亲自过问之下,这些争论才暂时得以平息。

1982年,《专利法》立法程序重新启动。1983年8月,草案经国务院常务会议审议通过,次月提请全国人民代表大会审议。1984年3月12日,在第六届全国人大常委会第四次会议上,历经24稿、共69条的《中华人民共和国专利法》终于获得通过,并于3月12日公布,自1985年4月1日起施行。

1984年《专利法》是新中国的第一部专利法,也是第一部真正有效地在我国实施的专利法律规范。这部《专利法》借鉴了当时国际上的最新立法经验,结合我国国情和当时的技术发展水平,对发明创造给予了较为充分的保护,既得到了国内广大发明人的支持,也受到世界各国的欢迎。

(二)《中华人民共和国专利法》的历次修订

在改革开放时期,我国的国内社会经济面貌和外部的国际环境都经历着日新月异的发展变化,这些变化对我国的专利法制提出了新的要求。立法部门与时俱进地对《专利法》进行了多次修订。

1. 第一次修订

20世纪80年代末到90年代初,国际经济贸易关系发生了很大的变化。一方面,1993年12月,在关税与贸易总协定乌拉圭回合的多边贸易谈判中,通过了《与贸易有关的知识产权协定》(简称TRIPs协定),标志着知识产权国际保护的新标准形成。另一方面,以美国为代表的发达国家通过双边贸易谈判向中方施加压力,要求我国修改专利法以提高专利保护水平。1992年,出于扩大开放和进一步融入国际社会的需要,结合专利制度在实施过程中积累的经验和发现的问题,我国对《专利法》进行了第一次修订。

此次修订的主要内容包括:(1) 将饮料、食品、调味品、药品纳入专利法的保护;(2) 专利权内容增加进口权,方法专利权的效力延及通过该方法直接获得的产品;(3) 发明专利保护期由15年变更为20年,实用新型和外观设计专利保护期增加到10年;(4) 引入本国优先权制度;(5) 取消专利审查中的异议制度,改为授权后的撤销制度。

2. 第二次修订

20世纪90年代以来,我国一直在积极努力地参与加入世界贸易组织(WTO)的国际谈判。我国当时的知识产权制度与世界贸易组织主导的国际公约相比,保护水平仍有差距,这种差距成为阻碍谈判顺利进行的焦点问题。为了使我国的专利法律制度全面满足世界贸易组织的要求,顺利地与世界主流制度相衔接,我国根据国情,参照TRIPs协定的相关规定,在2000年对《专利法》作了第二次修改。

此次修订的主要内容包括:(1) 进一步增强专利权的效力,将许诺销售权纳入专利权的内容;(2) 将专利审查完全置于司法监督之下;(3) 增加诉讼保全制度;(4) 将1992年修订时设立的撤销专利权的程序一并纳入专利权无效宣告程序。

---

① 参见张海志:《不畏浮云遮望眼——追忆新中国第一部专利法的孕育与诞生》,载《中国知识产权报》2010年4月6日。

经过这次修订,我国的《专利法》达到了世界贸易组织的要求,在立法上达到国际通行的专利保护水平。

3. 第三次修订

2001年,我国加入世界贸易组织。此后,我国进一步积极借鉴国际主流知识产权制度,并参与国际知识产权规则的制定。在2004年1月的全国专利工作会议上,吴仪副总理第一次提出要制定和实施国家知识产权战略。2007年10月,党的十七大报告首次把"实施知识产权战略"作为"提高自主创新能力,建设创新型国家"的重要举措。2008年6月,国务院正式印发《国家知识产权战略纲要》(国发〔2008〕18号)。以上背景为我国更加系统、深入地修订《专利法》提供了全新的社会环境、经济环境、国际环境。

2008年12月,我国对《专利法》进行了第三次修订。此次修订的主要内容包括:调整了立法宗旨,更加突出激励创新和强化专利权人利益保护的立法目标;增加了发明、实用新型和外观设计的定义;增加了遗传资源取得的合法性要件和披露来源的要求;规定了排除重复授权原则;完善了专利权向外国人转让的程序;增加了外观设计专利权的内容;缩小了政府推广应用实施专利的主体范围;增加了专利申请权和专利权的共有规则;取消了涉外专利代理机构的指定规则;增加了保密审查的规定;增加了专利主管部门的信息公开义务;将原来的混合新颖性标准改为绝对新颖性标准;调整了授予外观设计专利的条件;进一步增强专利保护,完善专利行政执法,同时加大对违法行为的处罚力度,进一步完善侵权赔偿数额的计算方式以及法定赔偿额,增加诉前证据保全措施,完善财产保全措施等;增加现有技术抗辩的补充规定;增加和完善不视为侵害专利权的情形。

4. 第四次修订

2011年11月,国家知识产权局启动了《专利法》第四次修改的准备工作。《专利法》的修改被列入国务院2012年立法工作计划。2012年8月9日,国家知识产权局公布了其起草的《中华人民共和国专利法修改草案(征求意见稿)》,向社会公布该草案及修改说明以听取各界意见。同年11月,党的十八大明确提出"实施知识产权战略,加强知识产权保护";2013年11月,党的十八届三中全会强调要"加强知识产权运用和保护,健全技术创新激励机制";2014年10月,党的十八届四中全会提出"全面推进依法治国","完善激励创新的产权制度、知识产权保护制度和促进科技成果转化的体制机制"。2014年,我国专利申请继续保持全球第一,涌现出华为、中兴通讯等一批知识产权优势企业。在新的形势下,专利工作面临更新、更高的任务和要求。

2014年上半年,全国人大常委会开展了专利法执法检查工作,从多个方面对专利法修改提出了具体意见。为贯彻落实党的十八届三中、四中全会最新要求,结合落实专利法执法检查报告和审议意见,立法部门决定在《中华人民共和国专利法修订草案(送审稿)》的基础上,进一步补充完善修改建议,将此轮专利法修改提升为第四次全面修改。国家知识产权局在前期调研的基础上,对专利法进行了全面梳理,针对实践中的突出问题,进一步补充完善修改建议,形成《中华人民共和国专利法修改草案(征求意见稿)》,于2015年4月1日公布,向社会各界征求意见和建议。2015年7月,国家知识产权局报请国务院审议《中华人民共和国专利法修订草案(送审稿)》。原国务院法制办收到此件后,深入调查研究,进一步征求意见,修改完善。2018年以来,司法部又会同国家知识产权局等部门根据新形势新要求,反复研究、协调、修改,形成了《中华人民共和国专利法修正案(草案)》,并于2018年12月5日,经国务院第33次常务会议讨论通过。

2018年12月,第十三届全国人大常委会第七次会议对《中华人民共和国专利法(修正案草案)》进行了第一次审议,并于2019年1月4日在中国人大网公布征求意见。2020年6月,第十三届全国人大常委会第二十次会议对《中华人民共和国专利法修正案(草案二次审议稿)》进行了审议,并于2020年7月3日在中国人大网公布征求意见。2020年10月17日,第十三届全国人大常委会第二十二次会议通过了《全国人民代表大会常务委员会关于修改〈中华人民共和国专利法〉的决定》,自2021年6月1日起施行。至此,《专利法》完成了第四次修改。

具体而言,《专利法》第四次修改的要点主要体现在以下三个方面:(1)强化专利权的保护。例如新增了惩罚性赔偿制度,提高了法定赔偿额的上下限;完善了举证责任和专利行政执法;新增了诚实信用和禁止权利滥用原则;延长了外观设计专利权的保护期;等等。(2)促进专利的实施和运用。例如新增了单位依法处置职务发明相关权利;明确国务院专利行政部门负责专利信息公共服务体系建设的职责;新增了专利开放许可制度;等等。(3)药品专利的特殊规定。例如,新增了药品专利期限补偿的规定;增加了药品专利纠纷的早期解决机制;等等。

第二章 专利制度的功能与属性

第一节 专利制度的功能

专利制度的功能是指专利制度对人类社会科技、经济、文化等方面的发展所具有的积极的意义与价值。首先,从各国专利制度的运行实践来看,专利制度是一种通过设立私权激励科技创新的重要制度,这是专利制度最重要、最核心的价值。其次,专利制度促进了技术信息公开与传播,有利于促进社会公众科学知识水平的提升,并为后续的科技研发与应用提供重要的参考资料,也间接地促进了创新发展。此外,在当代市场经济中,专利权是重要的市场竞争工具,保护专利权的专利制度也具有维护市场竞争秩序的功能。

一、以市场利益激励创新

创新是人类社会发展进步的不竭动力,也是关系国家的国际竞争力与企业的市场竞争力的核心要素。世界各国专利法的立法目的条款中基本都包含"促进科技创新""促进科技发展""鼓励发明创造"之类的表述。美国前总统林肯认为专利制度是"为天才之火添加利益之油",生动形象地揭示了专利制度对创新的激励作用。可以说,激励创新是专利制度最重要的立法目的与正当性依据。

【理论探讨】

专利制度旨在激励发明创造还是激励创新?

关于专利制度的最重要功能或立法目的,往往有不同的表述,总体而言有两类,一类着眼于激励"创新",一类着眼于激励"发明创造",这两类表述看上去并无明显区别,但却有不同的内涵和意义,前一种表述更加准确而深入。要理解这一点必须回答以下问题:什么是创新?创新与发明创造有何联系与区别?专利制度激励的究竟是创新还是发明创造?

20世纪初,经济学家熊彼特(Schumpeter)在《经济发展理论》一书中将"创新(innovation)"的概念引入经济学领域,率先提出了"创新理论"。按照该理论,"创新是一个过程",创新是在生产体系中引入生产要素和生产条件的新组合,包括引进新产品、使用新技术、开辟新市场、控制原材料新供应来源和实现新工业组织。① 诺思将技术创新表述为"几种行为综合的结果,这些行为包括发明的选择、资本投入保证、组织建立、制订计划、招用工人和开拓市场等"②。

从上述论述可以看出,创新是由组织筹划,提供经济资源,发明创造以及创造成果的商品化、市场化、产业化共同组成的系统工程,是一系列行为和要素构成的体系。发明创造是创新的一个重要环节,但并非创新的全部。

在传统社会与现代社会的早期,创新活动主要体现为发明家的个人行为,专利制度关注的是个人发明家的利益,专利权基本归属于发明创造者本人。在此阶段,认为专利制度旨在激励发明创造是恰当的。然而,进入20世纪之后,随着企业组织蓬勃兴起,市场竞争愈发激烈,科学技术日益复杂,科技研发工作成为高度依赖于资本与组织的活动,企业等组织通过组建内部实验室,将原来的独立发明人转变为职员,组织团队研发逐步取代个人发明而成为主流,③企业在科技创新中的重要性已经超过了个人,成为现代社会最主要的创新主体,专利法必须更加关注这些创新组织的利益。

因此,各主要国家的专利法中都设立了职务发明制度,使职员的发明创造的专利权归属于其雇主。此时,专利法主要的受益主体和保护对象已经不是直接从事发明创造活动的雇员,而是对发明创造活动进行组织管理,为其提供资金、承担风险,并促进创造成果商品化、市场化、产业化的企业。在此背景下,将专利法的主要功能定位为"激励创新"显然比"激励发明创造"更加恰当。

我国在第二次修改《专利法》时,把立法目的条款中的"促进科学技术的发展"改为"促进科学技术的进步与创新"。这一修订明确将促进创新列为专利法的立法目的,既是对时代潮流与国家政策的回应,也说明我国立法者对专利法的社会功能有了更加全面准确的理解。

(一)激励创新需要制度的力量

在当代社会,企业是最主要的创新主体,企业活动的根本目的在于获取利润。按照马克思主义基本理论,资本的有机构成是决定利润率高低的重要因素,而资本的有机构成是"建立在技术基础上的"④。因此,对于市场主体而言,通过技术创新改善资本的有机构成,追求较高的利润率是必然规律与本能倾向。但是,创新既包含着领先与获利的机会,也意味着高昂的成本与代价。研发一项新技术往往需要巨额的资金、大量的人力物力、漫长的时期,并承担巨大的技术和商业风险,最终获得研发成果殊为不易。但是,科技创新的成果是一种新的知识,难以被独占,生产这种知识虽有高昂的代价,但传递、复制、学习、使用这种知识的难度和成本却很低。一旦研发成果面世,其他经营者往往会擅自使用、竞相模仿,创新者不仅难以保存其技术优势,还会因为前期投入的巨大研发成本无法获得回报而在市场竞争中处于劣势。

如果任由这种"搭便车"现象存在,企业进行科技创新的积极性就会受到严重的打击,久而久之会形成"乐于模仿,懒于创新"的风气,不利于社会的创新发展。

---

① 参见[美]约瑟夫·熊彼特:《经济发展理论》,何畏等译,商务印书馆1990年版,第73页。
② [美]道格拉斯·C.诺思:《制度、制度变迁与经济绩效》,杭行译,格致出版社、上海三联书店、上海人民出版社2008年版,第734页。
③ 参见和育东:《美、德职务发明制度中的"厚雇主主义"趋势及其借鉴》,载《知识产权》2015年第11期。
④ 《马克思恩格斯选集》第2卷,人民出版社1995年版,第415页。

早在16世纪,发明家伽利略·加利雷(Galileo Galilei)(1564—1642年)向威尼斯执政者提交的一段陈述就很好地显示了创新者对其创新成果被他人任意模仿使用的担忧,表明了从其创新成果中获得经济回报的强烈愿望,并反映了这种经济回报对创新者进一步从事创新活动促进社会发展的重要性。他陈述道:"陛下,我发明了一种只用很简单的方法和很少的费用,而使用又非常方便的扬水灌溉机械。仅用一匹马的力量,即可使二十个管口不断地向外喷水。我费了很大力气,花了很大代价才完成它。因此让这样的发明变成所有人的共同财产,是不堪忍受的,所以恳求您……除我和我的子孙或从我及我的后代手中获得这种权利的人以外,在四十年内或在陛下规定的期限内,不允许其他人制造和使用我所发明的新机械,即使有人制造了,也不准使用,也不得出于其他目的而改变形状用于抽水和其他用途,如果有人违犯该规定,希望陛下考虑处以适当的罚金,将罚金的部分归我所有,如蒙陛下垂恩,为了社会的福利,我将更热心地将力量倾注于新的发明,为陛下效劳。"①

在缺乏制度保障的情况下,创新的努力得不到回报,创新人才的积极性受挫,甚至会导致一国的产业发展和国际竞争力受到严重制约。在1876年的德国,著名的发电机和电气铁路的发明者维尔纳·冯·西门子(Ernst Werner von Siemens)向时任宰相俾斯麦上书直言此种危机与弊病:"当前德国工业面临全面崩溃的危机,摆脱此危机的唯一出路,就是发挥从事工业的人的精神智慧能力,除此别无他法。但是,目前技术人员既无任何技术名誉,又无发言权,对发明也欠保护,这一切大大妨碍了研究投资,导致发明人才大量地流向国外,很多有本领的德国技术人员逐渐离开德国,而流向英国、美国和其他工业国,大大减弱了我国对外竞争能力。"②这段论述充分揭示了专利制度在保障和促进社会创新发展方面的重要意义。

因此,长久、普遍的创新活动离不开制度的保障。正如诺贝尔经济学奖得主西蒙·库兹涅茨(Simon Kuznets)所分析的那样,如果要使技术得到高效和广泛的运用,必须对制度作出调整并对意识形态作出改变,才能实现正确利用人类知识达到部分生产要素的革新。③

(二)专利制度是最重要的创新激励机制

创新活动需要制度的保障。那么,什么样的制度能够更好地激励创新呢?对此,不同的国家在不同的历史阶段有过不同的尝试和选择。影响较大的有两种制度:一是发明创造的行政奖励制度,二是专利法律制度。

发明创造的行政奖励制度的基本内容在于,政府对作出发明创造者予以物质上或精神上的奖励,该发明创造成果归属于国家,发明创造者对其创造成果不享有私权。

采用这种制度的代表性国家是苏联。苏联通过《关于完成发明和技术的条例》建立了"发明人证书制度"。按照这种制度,国家对发明创造者颁发发明人证书作为奖励,发明创造的排他性权利归国家所有,政府根据发明创造的重要性以及国民经济发展计划,统一组织实施该发明创造。

除发明人证书制度外,苏联也有普通的专利制度,允许发明创造者选择获得专利或发明

---

① [日]吉藤幸朔:《专利法概论》,宋永林、魏启学译,专利文献出版社1990年版,第4页。
② [日]吉藤幸朔:《专利法概论》,宋永林、魏启学译,专利文献出版社1990年版,第5页。
③ 参见柳适等编译:《诺贝尔经济学奖得主讲演集》,内蒙古人民出版社1998年版,第66—68页。

人证书。但在排斥私有财产,推行计划经济的政策背景下,专利对苏联国民而言并不具有实际的价值,而作为行政奖励的发明人证书却备受重视,因此苏联国民的专利制度利用率接近于零。①

在改革开放之前,中国曾仿效苏联,建立与发明人证书制度类似的发明创造行政奖励制度,长期依靠该奖励制度来鼓励发明创造,实行所谓的"一家开花,百家引进"的体制,也就是发明创造作出后归国家所有,任何单位都可以无偿地予以使用。在这种体制下,发明人得到的回报是政府授予的奖状、奖章、奖金等行政奖励,对其发明创造不享有任何私权。②

在以发明行政奖励制度为主导,缺乏真正运行的专利私权法律保障制度的背景下,苏联与改革开放之前的中国虽在个别领域取得了一定的科技成就,产生了不少发明创造,并以政府的力量加以推广,但从实际效果来看,苏联与改革开放之前的中国在创新发展方面的水平远远低于建立成熟专利法律制度的国家。以行政措施激励和推广发明创造的制度效果并不理想,其重要原因有两方面:一是科技研发具有很强的专业性,且发明创造成果的实施效果充满不确定性,行政机关很难准确、公正地评价发明创造的价值并给予与之匹配的合理奖励;二是行政奖励制度难以促进发明创造的商品化、市场化、产业化,使其融入社会大众的生活,真正实现其促进社会经济发展的价值。在这两个方面,专利法律制度恰恰具有明显的优势。

专利法律制度的机理在于国家赋予创新者对其研发成果的排他性权利,确保其他主体未经许可不得实施该研发成果,维持和增强创新者在市场上的竞争优势,助力其获得更多的交易机会和市场收益,使创新活动的付出得到经济回报,由此激励创新。在此过程中,检验评判研发成果价值的不是政府机关而是市场,避免了行政机关对发明创造评价不准确、不公正的问题。而且,政府无须给予创新者物质奖励,节约了公共财政资源。此外,创新者获得回报主要取决于其实施或许可他人实施其专利技术的规模和效果,这会促使创新者进一步努力推进其创新成果的应用、实施,使创新成果的经济、社会价值真正得以实现。

诺贝尔奖得主道格拉斯·诺思(Douglass C. North)的分析有助于我们理解专利制度在激励创新发展方面相对于行政奖励制度的优势。诺思认为,一种包括鼓励创新和能够提供适当个人刺激的有效的产权制度,是促进经济增长的决定性因素。他甚至认为:"产业革命不是世界经济增长的原因,经济增长的关键在于制度因素,特别是确立财产所有权的制度。因此,必须设立有效率的产权制度,使个人的收益率与社会收益率接近于相等以刺激和促进人们去从事符合社会需要的活动。""如果没有制度因素的保证和对个人经常的刺激,私人的产业及其收入就没有保障、近代工业就不可能发展起来。"③

概言之,与行政奖励相比,创设私权对创新活动的刺激更加准确而强效。许多国家的经历都验证了专利制度在促进创新方面的强大功效。

英国于1624年制定了《垄断法》(也有的文献译为《专卖条例》),开始纠正先前王室滥发专利特权的问题,制定了真正保护创新的专利规则。在专利制度的引导和保障之下,后来起到促进产业革命作用的很多发明因此而诞生并得到保护,"在古代文明的基础上,极其迅速地建立起了

---

① 参见[日]吉藤幸朔:《专利法概论》,宋永林、魏启学译,专利文献出版社1990年版,第26—31页。
② 参见国家知识产权局条法司:《新专利法详解》,知识产权出版社2001年版,第4页。
③ 柳适等编译:《诺贝尔经济学奖得主讲演集》,内蒙古人民出版社1998年版,第534页。

一个技术世界"。因此,1624年被认为是"近代最显要的一年"①。

道格拉斯·诺思在对14世纪的中国与17、18世纪的英国作出比较分析后,指出了工业革命的动因,即那时的英国拥有作为产权制度的一种特殊范畴,即通过专利法律制度保护发明创造者的利益,刺激发明创造者的热情,从而使得发明大量涌现并带来浪潮般的技术革新,进而启动了工业革命并创造了现代经济增长的奇迹。②

美国早在建国之初就颁布了专利法,赋予创新者对其发明创造成果排他性的权利。美国司法界在判决中也多次强调专利权是私有财产,并且为宪法所保护。③"为天才之火添加利益之油"的美国专利制度,极大地刺激了美国国民对创新活动的热情。"在这儿,一切新事物很快被引进,对旧方式无所留恋;美国人一听到发明这个词儿,马上就竖起他的耳朵。"④可以说,美国的工业化是作为受联邦法律保护的私有财产的发明创造所推动的。有研究表明,20世纪美国经济增长的4/5来源于技术的进步,专利制度对此功莫大焉。

实际上,无论是科技领先型的英国、美国,技术赶超型的日本,还是引进创新型的韩国,无一不是以知识产权为战略武器去占领国际竞争的制高点或提升自己的国际竞争力,成功地推行本国社会发展战略目标的实现。在这些国家发展繁荣的过程中,以市场利益激励创新的专利制度都发挥了无可替代的作用。正如一位学者所总结的那样:"如果没有专利,将不会产生像今天这样复杂得难以用语言形容的近代文明组织。"⑤

改革开放之初,中国借鉴发达国家的经验建立了专利法律制度,承认和保护对科技研发成果的私权,极大地促进了科技创新的动力和热情,也为中外技术交流、经贸往来提供了良好的制度基础。在新一轮改革中,党的第十八次全国代表大会首次提出实施创新驱动发展战略,强调必须将科技创新置于国家发展全局的核心位置。国家"十三五"规划纲要明确要求实施创新驱动发展战略。为加快实施创新驱动发展战略,落实习近平总书记系列重要讲话精神以及中共十八届五中全会提出的创新发展理念,中共中央、国务院于2016年5月20日印发了《国家创新驱动发展战略纲要》(以下简称《纲要》),具体阐释了创新驱动发展战略背景和要求,作出了具体的战略部署,其中提出要缔造全面优化的创新制度环境、市场环境和文化环境,尊重知识、保护产权将成为全社会共同理念和价值导向。《纲要》要求深入知识产权领域改革,引导市场主体创造和运用知识产权,促进创新成果的知识产权化。可见,我国已经在中央政策层面将知识产权保护作为创新发展的最重要的保障制度,而与科技创新最密切相关的知识产权制度就是专利制度。这些国家战略与政策表述印证了专利制度在促进创新发展方面的强大功效,也反映了我国已经真正理解并着力发挥专利制度以市场利益激励创新的社会功能,为我国专利法制建设提供了良好的指导理念与政策支持。

从理论分析和实证考察可以看出,制度是决定人的创新激情能否充分有效发挥的基本因素。

---

① 欧根·狄塞尔:《技术论》,大泽峰雄译,天然社,转引自[日]吉藤幸朔:《专利法概论》,宋永林、魏启学译,专利文献出版社1990年版,第20页。
② 参见[美]道格拉斯·诺思、罗伯斯·托马斯:《西方世界的兴起——新经济史》,厉以平、蔡磊译,华夏出版社1989年版,第23页。
③ 参见李庆余、周桂银等:《美国现代化道路》,人民出版社1994年版,第28、79、90、80页。
④ 李庆余、周桂银等:《美国现代化道路》,人民出版社1994年版,第79—90页。
⑤ [日]吉藤幸朔:《专利法概论》,宋永林、魏启学译,专利文献出版社1990年版,第20页。

专利法律制度是顺应人的自然需求,顺应经济规律,为创新提供动力与保障,孕育创新成果的重要土壤,是人类社会迄今为止最为有效的激励创新的制度设计。

二、促进技术信息公开与传播

如前所述,在缺乏法律制度保障的情况下,创新者总会担忧自己付出高昂成本获得的发明创造成果被他人轻易模仿、免费使用,导致自己不仅难以保存其技术优势,而且还会因为前期投入的巨大研发成本无法获得回报而在市场竞争中处于劣势。这种担忧会促使创新主体采取最原始的方法来防止"搭便车"行为,即对其发明创造成果采取保密措施,使竞争者无法获知、复制、学习、使用该成果。这种策略虽然能够在一定程度上维持创新者的竞争优势,但也存在诸多缺点。

首先,既要利用发明创造成果,又要对其加以保密,往往需要严加限制掌握发明创造成果的人员范围,利用该成果的方法、时间、空间,还要付出很大的成本,必然妨碍发明创造实施规模的扩大与效益的增加。例如,我国历史上许多经营者将技术成果作为"秘方""秘笈"来使用,并采用"传内不传外""传子不传女"的方式来防止其扩散,始终只能局限于家庭作坊经营,无法适应近代市场竞争的需求。而且,这种保密管理即便小心谨慎,也难免有所疏漏,导致泄密,所以保密的效果也未必可靠。所以保密对于大多数创新者而言,也只是为了生存而不得已采取的手段,绝非最优策略。

其次,如果创新者对其发明创造成果严格保密,对于社会而言也是一种重大的损失。一方面,社会公众无法获知最新的科技信息,不利于国民科技文化水平的提高。其他国民在无法获知创新成果的状态下重复研发,也是一种社会资源的浪费。另一方面,该成果在一家经营者秘密实施的状态下,也难以真正转化为社会生产力,无法发挥促进国家产业的发展,提升消费者福利的价值。如日本著名学者吉藤幸朔所言,从社会科技进步、国家产业发展、公共福利提升的角度来看,"没有比发明保密更有害的了"①。

专利法律制度正好能够克服保密策略的缺点和弊病。专利制度可以理解为创新者与社会公众之间的"社会契约"。即由代表社会公众的国家向创新者赋予对发明创造的专利权,换取其将发明创造方案公开。在这种"以权利换公开"(若从申请人的角度看,则是"以公开换权利")的利益交换机制下,创新者的利益不仅没有受损,而且还得以增进。由于创新者获得了一定时期的对发明创造的排他性实施权,他人要实施该发明创造必须获得创新者的许可,创新者的竞争优势将得以长期维持,既可以自己独家实施该发明创造,也可以许可他人实施并收取许可费,通过多元的途径获得市场收益,使创新活动的努力得到回报。对国家和社会而言,发明创造方案公开之后,其包含的科技信息将迅速、广泛地公开传播,任何人皆可获取浏览,为公众提供丰富的科技知识,为其他经营者提供更多的研发思路与生产方案,有效地避免其他主体的重复研发,并为进一步的创新活动提供良好的基础和支撑。

在现代社会,专利制度促进技术信息公开与传播的功能对于社会科技进步、国家产业发展、公共福利提升而言十分重要。世界知识产权组织的统计表明,专利文献是当代世界上最大的技术信息源。世界上每年发明创造成果的90%—95%都可以在专利文献中查找到,而且许多发明

---

① [日]吉藤幸朔:《专利法概论》,宋永林、魏启学译,专利文献出版社1990年版,第12页。

创造仅通过专利文献公开,并不见诸其他科技文献。① 而且,与其他技术文献相比,专利文献结构清晰,数据可得性强,成为研发工作者最重要的参考资料之一。当代专利文献有专门的分类体系,其详细深入程度远远超过目前普遍采用的图书分类体系,使用者可以据此便捷迅速地找到其需要的科技信息。专利文献除了纸件形式之外,还有各种载体形式。目前,各种类型的专利信息数据库有了很大的发展,具有十分强大的检索功能,公众可以随时通过互联网进行检索查阅。这样,专利制度就为社会公众提供了一个内容翔实、格式规范、便于查找,并覆盖各个技术领域的巨大信息源,大大提升了获取和利用技术信息的便利程度。② 相关调查统计结果表明,阅读专利文献能够为研发者平均节省 12.2 小时的研究时间。因此,专利文献在技术扩散、技术溢出中扮演着重要的角色。诸多经济学研究成果表明,专利机制有利于技术信息成体系地汇报、检索、扩散,减少发明人对地区性技术传播渠道的依赖,从而促进技术知识的地理扩散。③ 也正因为如此,专利文献的引用频率已经成为衡量技术扩散与知识流动程度的重要指标。④

概言之,促进技术信息的公开与传播是专利制度的重要功能。这种功能的本质是通过赋予私权的方式,在保持对技术信息生产活动的激励同时,提升技术信息的正外部性,使创新成果发挥最大的社会价值,并为未来的创新提供支撑,实质上也是一种促进社会创新发展的机制。⑤ 这种功能和机制与专利法的立法目的密切相关。正是通过"以公开换权利"或"以权利换公开"的路径,使得"保护专利权人的合法权益"这一专利法的直接目标与"激励创新,促进社会发展"这一专利法的根本目的被连接起来,构建了一座连接私人利益与公共利益的桥梁。

【知识链接】

专利法如何确保专利技术信息充分公开?

三、维护市场竞争秩序

如前所述,取得一项发明创造成果往往需要高昂的资金,巨大的人力物力,漫长的时期,并承担巨大的技术和商业风险,最终获得研发成果殊为不易。但是,科技创新的成果是一种新的知

---

① 参见李建蓉主编:《专利信息与利用》,知识产权出版社 2006 年版,第 8 页。
② 参见国家知识产权局条法司:《新专利法详解》,知识产权出版社 2001 年版,第 6 页。
③ See Petra Moser, Do Patents Weaken the Localization of Innovations? Evidence from World's Fairs, *The Journal of Economic History*, 2011, 71(2):363-382; See Khan B Z. Of Time and Space: Technological Spillovers among Patents and Unpatented Innovations during Early U.S.Industrialization, NBER Working Paper No.20732, 2014.
④ See ADMA B JAFFE, MANUEL. TRAJTENBERG. International knowledge flows: evidence from patent citations. *Economics of Innovation and New Technology*, 1999(8):105-136.
⑤ See Scotchmer S. Standing on the Shoulders of Giants: Cumulative Research and the Patent Law. *The Journal of Economic Perspectives*, 1991, 5(1):29-41; Hall B, Harhoff D. Recent Research on the Economics of Patents.NBER Working Paper, No. 17773, 2012.

识,难以被独占,其生产虽有高昂的代价,但其传递、复制、学习、使用的难度和成本却很低。一旦研发成果面世,其他经营者往往擅自使用、竞相模仿,因为这样做既可以享受创新成果带来经济利益,又不用自己承担创新的活动的代价、风险和成本,甚至可以获得比创新者更强的竞争优势。这种行为显然是一种不正当的"搭便车"行为,如果任由这种"搭便车"现象存在,进行科技创新的动力就会受到严重的挫伤,久而久之会形成乐于模仿,懒于创新,投机取巧,坐享其成的风气,不利于社会的创新发展。因此,这种行为不仅侵犯了专利权,也是一种盗用他人创新成果,违背诚实信用原则,扰乱合理的市场竞争秩序的不正当竞争行为。专利法在对这种行为加以规制的同时,不仅保护了专利权,也发挥了维护市场秩序的功能。

第二节 专利权的性质

通过保护专利权来激励创新,促进社会科技进步与经济发展,是专利法基本的宗旨与核心的正当性依据。专利权的性质如何,既关系到专利法应当如何实现保护专利权这一直接目标,也关系到专利法应当如何协调专利权人与社会公众,政府与市场,行政权与司法权之间的关系,关系到专利法促进创新发展的最终目标能否实现。因此,专利权的性质是专利制度的一个基本问题,既具有深刻的理论意义,也具有明显的实践价值。

一、专利权属于私权

专利权属于私权,属于民事权利,这是法律界长期以来的通说,也是一个基本常识,似乎已无须赘言。然而,近年来,理论界有一些观点对上述通说与常识提出了质疑,否定或弱化专利权(乃至整个知识产权)的私权属性。还有一些观点虽然表面上承认专利权的私权属性,但在具体规则和举措层面却又无视专利权的私权属性。因此,本书认为有必要对这些疑问进行回应,进一步剖析、论证专利权的私权属性。

(一) 私权的概念

"私权"一词,翻译自英文"private right"。根据《布莱克法律词典》的解释,私权(private right)是指个人的权利,与公共权利或国家的权利相对立。[①] 根据《元照英美法词典》的解释,私权是指"个人权利",即"有关特定个人的人身和财产的权利"[②]。由此可见,私权有两方面的基本特征。首先,其权利主体是特定的个体,既非作为整体的国家,也非不特定的公众。其次,其权利内容是人身利益和/或财产利益。通常认为,私权就是私法所调整的权利,亦即民事权利。

[①] See *Black's Law Dictionary*, Thomson West(9th ed. 2009), private right.
[②] 薛波主编,潘汉典总审订:《元照英美法词典》,法律出版社2003年版,见"private rights"词条。

(二) 专利权私权属性的依据

专利权属于私权,这一论断有着充分的依据。

1. 专利法的私法属性

私权作为法律上的概念,是与公权(公共权利)相对的。而私权与公权的区分,又和私法与公法的区分直接相关。通常认为,私权主要由私法所调整、保障,而公权主要由公法所调整、保障。专利法究竟属于公法还是私法,对于判断专利权是否属于私权有着重要的意义。

对公法和私法的划分起源于大陆法系,普通法系国家起初没有划分公法和私法的传统,但后来这些国家的法学著述也开始认同公法和私法的划分。公法与私法的本质区别并不在于是否包含促进公共利益的目标,也不在于是否涉及公权主体的运行规范,而在于其调整的法律关系不同。通常认为,公法是调整国家或公共团体作为一方或多方当事人形成的权力服从关系的法律规范的总和,私法是调整私主体之间平等关系的法律规范的总和。①

公法调整的权力服从关系具有以下特点:首先,其法律主体处于不平等的地位。例如,在上级行政机关与下级行政机关的行政管理关系中,前者属于管理者、发出命令者、监督者,后者属于被管理者、接受命令者、被监督者,地位明显不平等。其次,法律主体之间的权利与义务具有强行性,其内容依法确定,且不能随意放弃。与此不同,私法调整的是平等主体之间的法律关系,主体的权利和义务的内容,除了在不得违背个别强行性规范外,具有很大程度的任意性,可以由当事人自主协商确定。②

由于专利权的获取需要经过行政部门的审查,许多国家的专利法包含了调整专利行政部门与专利申请人之间关系的法律规范。有的观点据此认为,专利法属于公法(例如属于经济法),这种观点是值得商榷的。判断一个部门法属于公法抑或私法,应当以其包含的主导性的、居于核心地位的法律规范为依据。纵观各国专利法,其中绝大部分法律规范调整的都是平等民事主体之间围绕着专利权的归属、利用、流转、处分而产生的财产法律关系,这些私法规范是绝大多数专利法律纠纷的裁决依据。专利审查、登记、公告本质上是避免权利冲突,为专利权的行使提供证据支持的公示公信机制,它表明专利权的取得是一种要式法律行为。这类公法规范无论是在数量上还是重要性上,都无法与前述私法规范相比,也不足以影响专利法的性质。可以与之类比的一个例子是,物权法中同样包括与不动产登记相关的行政法律规范,但这并不会导致物权法成为公法。概言之,在专利法中,私法规范居于主导、核心、支配地位,它决定了专利法的私法属性,而公法规范居于次要、辅助、边缘地位,不足以导致专利法成为公法。

我国制定专利法的相关历程也可以印证上述论断。1979年,我国开始起草《专利法》。其最初的草案包括两个方案:一个方案是"双轨制",即同时包含专利制度与作为行政奖励制度的发明权证书制度;另一个方案是"单一制",不包含发明权证书制度,仅规定专利制度。经过调查与研讨,最终,1984年《专利法》采纳了单一制立法模式。发明创造的行政奖励制度由其他法律另行规定。立法部门选择将专利制度与发明奖励制度分别立法而非合并立法,说明立法者认识到作为私法的专利制度与作为公法的发明奖励制度存在质的不同,前者属于私法,而后者属于作为

---

① 参见梁慧星:《民法总论》(第四版),法律出版社2011年版,第32页。
② 参见张文显主编:《法理学》(第二版),高等教育出版社2003年版,第134页。

公法的科技法的范畴。

综上所述,专利法属于私法,这在法律体系上为专利权的私权属性提供了支撑依据。

2. 国际公约与国际共识

世界贸易组织(WTO)管理的《与贸易有关的知识产权协定》(简称 TRIPs 协定)是当代知识产权领域最重要的国际公约。TRIPs 协定在前言中开宗明义地阐明了各成员订立公约的目的与共识,其中之一是"承认知识产权为私权"(Recognizing that intellectual property rights are private rights)。这一声明是法制文明国家的共识,奠定了整个 TRIPs 协定的基调,也凸显了该协定中的知识产权保护机制所遵循的原则和理念。我国是 TRIPs 协定的成员,该协定对我国具有约束力。既然 TRIPs 协定将知识产权规定为私权,那么将专利权作为私权对待也是我国应当履行的国际义务。

实际上,在知识产权法制成熟的国家,对于包括专利权在内的知识产权属于私权,基本是没有争议的。在这些国家的立法规定、司法裁决及法学文献中,很少有认为专利权等知识产权属于"公权"的观点。

3. 我国立法的确认

我国加入 WTO 之后,将知识产权作为私权成为我国的国际义务。实际上在此之前,我国立法早已明确规定了专利权的私权属性。1986 年颁布的《民法通则》就已经明确将知识产权与物权、债权并列规定为民事财产权,并在"民事权利"一章中规定"公民、法人依法取得的专利权受法律保护",为人们从宏观上廓清专利权等知识产权的私权性质提供了思维框架和基本指引。2017 年颁行的《民法总则》以及 2020 年通过的《民法典》都重申了知识产权的民事权利属性。①

二、明确专利权私权属性的理论意义

"专利权属于私权"这一表述,对于具有法治传统的社会而言,只是对一个不争事实的重述。但是,对于缺乏"私权"和"私法"传统的中国社会而言,无疑具有重大而长远的意义。②

古代社会或传统社会通常以简单技术、农业经济、专制统治、集体主义为一般特征。在中国漫长的传统社会阶段,经济上以小农经济为主,财产的载体形态主要以劳动成果为基础,同时,中国古代王朝高度的政治专制下产生了严格控制知识分子、压制创新的文化氛围,与之相适应的财产观念和法律文化本能地抗拒以创造成果为基础而产生的作为私权的知识产权制度。文化观念具有沿袭性,而且中国目前仍处于现代、前现代社会共存的发展阶段,古代社会的文化观念仍然存在并发挥影响。中华人民共和国成立后在较长的一段时期处于计划经济体制下,经济活动悉由主管的政府部门决定,不存在现代意义上的企业。名为企业的生产、流通等机构只是行政部门的附属物。社会生产所需要的一切资源均不是按照市场规律和要求进行配置,而是完全按照行政机关的意志在其下生产、流通机构之间进行"调拨"。公权机关可以根据自己的需要随时对任何社会组织和经济组织的活动进行干预和调整。经济组织只负责执行主管部门制订的计划和交

---

① 《民法总则》和《民法典》的第 123 条均规定:"民事主体依法享有知识产权。知识产权是权利人依法就下列客体享有的专有的权利:(一)作品;(二)发明、实用新型、外观设计;……"

② 参见刘春田主编:《知识产权法》(第四版),中国人民大学出版社 2009 年版,第 20 页。

付的任务,而非按照市场需求和行情组织生产经营。① 改革开放后,中国市场经济建设已取得巨大发展,尤其是党的十八大以来,中央三令五申,矢志创新,推行市场决定资源配置,厉行法治,但一些计划经济性质的行政干预仍然存在于中国当前包括知识产权活动在内的经济生活中。计划经济时期残留的观念,如同遗传因素,不可能短期被消除,在一定程度和范围内仍然能够产生实际影响。专利法等知识产权法是现代社会的基本规则,它与市场经济、民主法治、科学进步、理性主义、个人主义等现代社会属性存在密切关联。古代社会与计划经济时期残留的文化观念中的不利因素尽管在时代背景与内容上不尽相同,但具有共同的显著特征,两者都认可或支持政治权力对社会、经济、文化资源的高度控制,这些特征与极具现代性的专利权制度存在天然的矛盾,制约着当前专利法律制度的构建与创新事业的发展。

1979年《中美科技合作协定》和《中美贸易协定》的签订,为中国重建专利制度奠定了法律基础,随后,专利法制建设和研究同步开展。中国专家学者们,一边积极学习吸收和引进西方的法律制度,一边依据特定阶段的中国国情,从专利法的立法目的、价值取向、体系框架、制度安排、涉外关系等基础问题,甚至具体规定的文字表述、语言规范等,作出尽可能合理的表达,为中国专利法制建设奠定了重要的基础。但是,由于知识产权理论的空白,再加上私法传统的缺乏与市场经验的贫瘠,中国学者面对西方工业社会的专利法律制度的认识与理解难免存在偏差。这种偏差在专利权性质的问题上就有突出的表现。例如,一些学者根据译自国外的个别法律条文和法学论著片段,片面地将专利权理解为特权、行政许可或行政机关授予的权利。改革开放四十多年后的今天,对专利法具体问题的研究已经十分繁荣,然而对专利法的基本理论,尤其是对专利权性质的问题的研究仍然缺少深度的思考,导致上述偏差仍然存在,而且发展出新的形态。例如,认为专利权等知识产权具有公权属性的论述不时出现。因此,明确专利权的私权属性,对于专利法理论研究与学术思考具有正本清源的意义。具体而言,体现于以下三个方面。

(一) 有利于厘清专利权与特权的区别

"特权"(或特许权)翻译自英文"privilege",是指某人或某个群体被授予的特定的权益或豁免。② 专利权与特权存在诸多历史渊源,也有一些共同的特征,但是二者存在本质的区别,不可混为一谈。

专利法制史研究表明,专利最初就是一种由封建统治者赋予的特权,是统治者犒赏恩赐的手段。但是,这种专利特权与现代专利法所保护的专利权存在本质的区别,专利法制现代化的一项重要指标就是专利由封建特权向私权的转变,这是一种质的飞跃。

以英国为例,在14世纪的英国,国王对本国工业明显落后于欧洲大陆的状况颇感担忧,为了振兴工业,王室开始对作出发明创造者发放专利证,赐予其经营相关商品或行业的特权,以这种特许经营权吸引技术人员在英国开展发明创造,经营工商业。③ 16世纪,英国女王伊丽莎白一世将赐予专利作为繁荣英国科学技术和鼓励生产贸易的政策,从欧洲大陆吸引了大批具有创造力的能工巧匠。

---

① 参见秦国荣:《无为与有为:中国特色市场经济条件下的法治政府角色》,载《法治研究》2011年第5期。
② See *Black's Law Dictionary* (9th ed. 2009), private right.
③ 参见[日]吉藤幸朔:《专利法概论》,宋永林、魏启学译,专利文献出版社1990年版,第18页。

在此背景下，19世纪后半叶，英国政府改革专利制度，制定实施统一规范的专利审查登记制度，专利申请必须经过专利行政机关的严格审查，只有符合法定条件的发明创造才能获得专利权。专利申请被核准之后，专利行政机关应当对其加以登记、公告，以此作为专利权归属、行使与保护的依据。这种改革一方面限制了王权，使专利不再是王室予取予夺的恩惠，而成为一种权属清晰、范围明确，并受到法律保护的财产，另一方面也避免了专利制度成为与民争利、垄断市场的工具，为其正当性的建立扫清障碍，标志着现代专利法律制度的确立。①

在美国，专利也经历了从特许权到私权的转变。在美国独立之前，作为英属殖民地的北美各自治州为促进技术进步，仿效英国授予作为合法垄断的专利特权。1776年，美国独立之后，这种制度仍然得以延续。到了19世纪30年代，美国对专利制度进行改革，建立了科学严格的专利审查登记规则，并且规定专利权人可以依法处分其专利权。自此，专利不再是统治者赐予的特权，而成为创新者依法获得的财产，成为一种受法律保护的私权。

在日本，也有类似的演变历程。日本于1888年大幅修改了其《专利条例》。在此次修法之前，日本的专利法是一种特许法，专利是国家恩赐的特许权。而此次修法建立了规范的专利审查规则，确立了发明创造者有权获得专利的基本原则，即"权利原则"，开始从权利而非恩赐特权的角度对待专利，使日本建立了以"私权本位"为基本特征的专利制度。这也是日本真正具有现代意义专利制度的开端。②

综上所述，在专利制度的演进历程中，"专利"由统治者依据个人意愿赐予亲信的恩惠，转变为创新者经由法定的审查登记程序获得的私人财产权。前者是统治者予取予夺，范围模糊，容易被滥用的特权，后者是经由法定程序获得，具有合理边界，受到法律保护，真正促进创新的私权。正是因为这种从特权到私权的转变，才使得现代意义上的专利法律制度得以确立。作为"特权"的专利与作为"私权"的专利是存在于不同历史阶段的事物，二者具有本质的区别。概言之，在现代法制语境下，"特权"与"专利权"是完全不同的两个概念，不可混为一谈。

(二) 有利于厘清专利权与行政许可的区别

专利权的取得需要经过行政机关的审查、登记、公告，有观点认为这是一种颁发行政许可的行为，进而认为专利权是专利申请人获得的行政许可。本书认为，这种观点值得商榷。

行政许可是指行政机关根据自然人、法人或者其他组织提出的申请，经依法审查，准予其从事特定活动、认可其资格资质或者确立其特定主体资格、特定身份的行为。③ 行政许可的重要特征在于，申请人获得行政许可后，只能由其本人实施行政部门所许可从事的特定行为，不得授权其他主体从事该特定行为，更不能自行转让这种资质，因此，它不是被授予行政许可者的私人财产。专利权的取得虽然也需要经过特定行政审查程序，但是，一旦专利申请被核准，专利申请人获得的就是一种可以自行处分的财产权。例如，专利权人可以许可他人实施该专利技术，可以将专利权转让、质押，这与经由行政许可程序获得的特定资质显然不同。因此，专利申请的审查、登

---

① 参见[澳]布拉德·谢尔曼、[英]莱昂内尔·本特利：《现代知识产权法的演进：英国的历程（1760—1911）》，金海军译，北京大学出版社2006年版，第160页。
② 日本的相关情况参见杜颖、易继明译：《日本专利法》，法律出版社2001年版，序言部分。
③ 参见张文显主编：《法理学》（第二版），高等教育出版社2003年版，第266页。

记、公告程序并非行政许可程序,专利权不是行政机关授予申请人的行政许可。

(三) 有利于厘清专利权与公权的区别

1. "专利权公权化"观点及其理由

如前所述,专利权的私权属性是现代专利法的本质特征与基本标志。然而,近年来,学界出现了"专利权公权化"的观点。

这种"专利权公权化"的观点,是建立在"知识产权公权化"的观点基础之上的。该观点认为,包括专利权在内的知识产权出现了"私权公权化"的发展趋势,已经不是私权,而是公权,或者兼具私权与公权的属性。①

从相关学者的论述来看,"专利权公权化"观点的依据主要有以下几个方面:

第一,专利权等知识产权的权利形成、行使、救济,往往需要公权力的参与,因此,知识产权法中除了私法规范,还包含公法规范。尤其是专利法,其中包含了行政机关对专利申请进行审查的相关规则,公私法规范混合的情况十分明显。第二,由于知识产权制度以促进社会科技、文化发展为根本宗旨,这种旨在实现公共利益的立法目的使得知识产权具有公权的属性。就专利法而言,其旨在促进科技创新,这种公益目标使专利权具有公权的色彩。第三,由于知识产权法具有很强的公共利益属性,与其他民事权利相比,知识产权受到的限制更多、更强,这也说明知识产权具有公权属性。就专利法而言,在知识产权内部,专利权受到的限制比著作权、商标权更强,所以其公权属性尤为明显。第四,私权保护是绝对的,如果将知识产权视为纯粹的私权,容易导致知识产权保护过度扩张,引发知识产权的滥用。在国际层面,会为发达国家推行知识产权霸权主义提供理论支持。就专利法而言,如果将专利权视为纯粹的私权,容易引发借助专利权垄断市场,阻碍技术进步的消极后果,并助长发达国家推行过高水平的专利国际保护制度。②

2. 专利权不是公权

本书认为,要探讨专利权是否属于公权,或者是否兼具私权和公权的双重属性,首先必须明确"公权"概念的内涵。

在法律领域,"公权"一词有两个层面的含义。首先,"公权"可以指公权力(power),即国家机关根据宪法、行政法等公法规范所享有立法权、司法权、行政权等权力。其次,"公权"可以指"公法权利"或"公共权利"(public right),亦即公法所规定的公民权利。例如,宪法所规定的选举权、言论自由权等权利。③

在法律领域,"权利"与"权力"存在本质的区别,二者是对立、互斥的概念。专利权是一种"权利",无论如何不可能成为"公权力",这一点无须赘言。值得探讨的是,专利权是否属于"公法权利"或"公共权利"。本书认为:

(1) 专利行政审查程序不会导致专利权产生公权属性

权利的产生或取得必须经过特定的行政程序,并不意味着该权利属于公权。例如,在许多国家,不动产的买卖若未在房地管理部门进行变更登记,不发生物权变更的效力,变更登记后买方

---

①② 参见李永明、吕益林:《论知识产权之公权性质——对"知识产权属于私权"的补充》,载《浙江大学学报(人文社会科学版)》2004年第4期;冯晓青、刘淑华:《试论知识产权的私权属性及其公权化趋向》,载《中国法学》2004年第1期。

③ See *Black's Law Dictionary*, Thomson West(9th ed. 2009), public right.

才取得相应的物权,而行政变更登记程序并不意味着房地产的物权属于公权。

不可否认,与其他民事权利相比,专利权的取得需要经过的行政审查似乎更为严格,审查事项更多,审查期间更长,关于审查的法律规范在部门立法中的比例较大,但是这都不影响专利权的私权属性。专利权的取得之所以要经过严格的审查,专利法之所以对专利审查十分关注,这是由专利权客体的无体性和专利权的绝对权属性所决定的。根据民法基本原理,绝对权又称对世权,意为所有社会成员皆负有不得侵犯该权利的义务,这种对世效力的前提是绝对权的确立、内容与范围应当具有充分的确定性、可预见性,使世人得以知晓,否则,社会公众将面临动辄得咎的风险。具有对世效力的绝对权,必须依照公示公信原则确立,而只有权利客体的边界明确才能实现公示公信。专利权的客体不是物质实体,而是符合新颖性等法定条件的知识、信息,具有天然的抽象性、模糊性。这就导致一项技术方案或设计方案,究竟是否构成知识产权的客体具有很强的不确定性,基于该方案产生的专利权的保护范围究竟有多大,也缺乏直观性。因此,由兼具专业知识和公信力的行政部门对一项发明创造加以审查、登记、公告,既是确保其符合获得专利权法定要件,防止对公有领域的不当圈占,维护公共利益的必要措施,也是实现绝对权的公示公信,避免权利冲突,防止公众动辄得咎的必行之举,还具有为专利权的行使、保护、处分提供证据支持的重要意义。① 需要注意的是,若不经历该特定行政程序,不能获得专利权,但也不会招致任何违法责任,这与以违法责任保障实施的强制性的枪支登记、危险动物饲养登记存在本质区别。

概言之,不论专利审查如何严格,审查事项如何之多,审查期间如何之长,关于行政审查的法律规范如何重要,其根本目的都是为私权的确立、行使、保护、处分提供正当性依据和证据支持,其本质上是一种行政服务,不会导致被服务者的私权成为公权。

(2) 专利制度促进公益的宗旨不会导致专利权产生公权属性

有一种观点认为,保护专利权仅仅是专利制度的直接目标,而促进科技创新才是专利制度的根本目标,可见专利制度的宗旨在于实现公共利益而非保护私人财产权,因此专利权具有公权的属性。

本书认为,不可否认,专利制度具有很强的公共政策属性。在英国,在专利特权制度时期,专利制度就被赋予了引进先进技术,促进产业发展的经济政策目标。此后,包含专利法律规则的《垄断法》在很多方面"也是一种率直的经济政策"。② 在现代专利法律制度确立之后,尽管将专利权理解为自然权利的学说曾在部分大陆法系国家发挥影响,但当代的主流观点更倾向于以功利主义理论来证成专利法,更多地将专利权视为一种促进科技创新、保障产业发展的工具性权利,在许多国家的专利成文法和司法判决中,时常出现"促进科技创新""促进科学和实用技艺的进步""促进新颖而实用的发明""为产生新知识提供激励"等旨在促进公共福利的表述。③

但是,这些情况并不会导致专利权成为公权。促进公共利益的宗旨虽然在专利法中尤为凸显,但也并非专利法所独有。任何法律作为国家意志的产物,作为治理社会的工具,普遍都包含着稳定社会秩序、促进社会发展的公益目标。现代法治国家的法律经由民主程序制定,许多立法

---

① 参见刘春田:《知识产权解析》,载《中国社会科学》2003年第4期。
② See Peter Drahos, *A Philosophy of Intellectual Property*, Dartmouth: Publishing Company Limited, 1996.
③ See Mark S. Nadel, How Current Copyright Law Discourages Creative Output: The Overlooked Impact of Marketing 19 *Berkeley Tech.L.J.*785.; Graham v. John Deere Co. 383 U.S.1 (1966).

要获得民主认同也必须包含促进公共利益的目标。现代民法已从仅关注私权的"权利本位"发展为兼顾私权与公益的社会本位,维护、促进公共利益的目的和功能亦得以凸显。例如,物权法对物权的保护,有利于形成"有恒产而有恒心"的正向激励,激发公民创造物质财富的积极性,促进经济发展与繁荣;债权法对债权的保护有利于培育诚实守信的社会风气。可见,促进公共利益同样是物权法、债权法的重要目标与功能,但是物权和债权仍然毫无疑问地属于私权。与其他民事法律规范相比,在专利法领域,促进公共利益的目标受到更高的关注,经常在立法条文与司法判决中被宣示彰显,这是因为专利权不像物权、债权等民事权利那样自古与广大公众的日常生活密切相关,难以通过诉诸道德情感获得强有力的支撑,因此需要更加明确地强调其公益目标来论证其正当性。这一区别只能说明专利权不是一种自然权利,而是具有较强的工具性、政策性的权利,但即便如此,它与选举权、言论自由权等以公民参与社会公共生活的利益为内容的公共权利仍然具有本质的区别。

概言之,在现代法制中,保护私权的私法中包含着促进公共利益的目标是一种常见的现象。专利法促进公共利益的宗旨不会导致其成为公权或具有公权属性。同样的道理,基于这种公益宗旨而对专利权施加相应的限制,也不会导致其成为公权或具有公权属性。

(3) 防止私权过度扩张不足以构成专利权"公权论"的理由

一种观点认为,由于专利权等知识产权是一种对世权,以权利人之外的所有社会成员为义务主体,但又是一种具有很强模糊性、不确定性的权利,再加上私人利益集团不断努力对知识产权法制施加影响,强化对创新成果的独占,如果将专利权等知识产权理解为纯粹的私权,会导致其保护范围过度扩张,损害公共利益。

本书认为,由于专利权的客体是无体的知识或信息,致使其权利范围的边界具有天然的不确定性,而且作为专利权客体的发明创造成果具有很强的公共产品属性,与公共健康、消费者福利等公共利益密切关联,过度扩张专利权而损害公共利益的问题,确实更容易引发人们的担忧。但这一问题并不足以构成专利权"公权论"的理由。

首先,专利制度的设计者已经意识到了上述风险并作出了有效的制度安排,这主要体现在法律对知识产权,尤其是专利权,设置了比其他民事权利更为严格而系统性的限制规则。尽管任何民事权利都不是绝对的,禁止权利滥用是民法的基本原则之一,但是知识产权制度中对权利的限制更为体系化。知识产权的许多立法、公约都以原则或宗旨的方式明确宣示了公共利益对知识产权保护的限制。例如,1787年美国宪法以根本法的形式规定了知识产权制度的三个原则,其中就包括"对公共领域的保留",亦即知识产权被限制在一定的时间和范围之内,不得借助知识产权独占公共领域的资源。[①] 又如,TRIPs协定也明确指出,"本协定的任何规定均不得阻止各成员在其立法中明确规定在特定情况下可构成对知识产权的滥用并对相关市场中的竞争产生不利影响的许可活动或条件"。而在保护物权、债权等其他民事权利的立法中,基于公益而限制私权的理念并没有得到如此明确而强烈的宣示。

其次,与其他民事权利的限制性规定相比,知识产权的限制制度更加具体明确、种类更多、体系化程度更高。尽管现代民法经历了"权利本位"向"社会本位"的转变,所有权保护并非绝对,

---

① See Loren L P, Patterson L R, Lindberg S W, The Nature of Copyright: A Law of Users' Rights, *Michigan Law Review*, 1992, 90(6):1624.

而是负有义务的观念已经稳固确立,但是相应的权利限制通常"只具有拾遗补阙的性质,这些限制不会影响到所有权制度的核心,即所有物属于所有权人的排他的意志领域和支配范围"①。所有权神圣的理念在物权制度中依然居于基础性地位,对物权施加限制的空间也是非常有限的。而知识产权的限制不仅限于"权利不得滥用"等法律原则,还发展出多种具体明确且类型化的权利限制制度,例如权利客体的排除规则、地域性原则、权利保护期限、合理使用、法定许可、强制许可,等等。②

最后,与其他知识产权相比,专利制度对公共利益的考量更加明显,也使得专利权受到的限制更多。例如,TRIPs 协定第 7 条规定,"知识产权的保护和实施应当有助于技术创新以及技术转让和传播,有助于技术知识的创作者与使用者相互受益,有益于社会及经济福祉,以及有助于权利和义务的平衡"。上述规定提到的"技术",主要就是专利权的客体,而非其他知识产权的客体。TRIPs 协定明确列举了独占性返授、禁止对有关知识产权的有效性提出异议、一揽子许可这三种典型的不合理的知识产权合同限制条款,并允许成员国采取规制措施。在实践中,这一规则主要针对的也是专利权的行使。再如,按照国际主流立法,在三种主要的知识产权类型中,专利权的保护期限最短。一些权利限制制度,例如强制许可、默示许可等主要适用于专利权,很少适用于商标权、著作权。

可见,法律制度的设计者已经对专利权作了全面而严格的限制,专利保护过度扩张或专利权滥用的风险并不像"公权论者"所描述的那样严重,以至于需要改变或削弱专利权的私权属性来应对。

至于上文提到的私人利益集团对专利法的影响,也不足以构成专利权"公权论"的理由。不可否认,在专利法发展的过程中,商人群体、产业集团通过游说、宣传、提交立法建议等途径对强化国内、国际层面专利保护一直施加着重要的影响。但是,这一现象并不能作为反对专利权私权属性或主张其具有"公权属性"的理由。首先,具有共同利益的群体表达自身的利益诉求,争取法律的承认和保障,在现代国家是一种常见的现象,只要这一过程并非通过违法行为实现就无可厚非,实际上专利法等知识产权法的现代化很大程度上就是在工商业群体的努力推动下实现的。其次,不可否认,在某些特定情况下,存在产业利益集团操纵立法,将集团私益凌驾于社会公益之上的风险。但这种风险与专利权的私权属性无关。专利权的私权属性强调的是公权力在介入专利私法关系时理应谨慎,尊重当事人的意思自治,而并非强调公权力应当无视公益,一味迎合专利权人的利益诉求。实际上,私权过度扩张而公益被忽视的主要原因与其说是利益集团的操纵,不如说是国家公权力未得以公正行使,因为国家公权机关才有能力确立法律规则。防止这种问题的关键在于公权力的正当行使与规范运行,而非一概否定私主体追逐自身利益的努力,更不是加大对私权关系的干预。换言之,承认专利权是私权,并非导致利益集团操纵立法的因素,而且,承认专利权是私权,强调公权力介入私权领域的审慎性和规范性,本身有助于公权力的正当行使与规范运行,反而有利于防范利益集团操纵立法,损害其他群体的利益。

---

① 参见[德]卡尔·拉伦茨:《德国民法通论》(上册),王晓晔、邵建东、程建英、徐国建、谢怀栻译,法律出版社 2003 年版,第 58 页。
② 参见李琛:《知识产权法关键词》,法律出版社 2006 年版,第 203 页。

概言之,通过合理的权利限制制度,严格界定专利权的权利范围,规制专利权的滥用行为,规范公权力的行使,即可防范专利权的过度扩张的风险与危害,实现兼顾协调专利权人与社会公众的利益的目标,这一目标并不需要通过所谓的"知识产权公权化"来实现。相反,在缺乏稳固的私法自治理念与私权土壤的社会背景下,希望用"公权属性"来防止私权过度扩张,维护公益,只会适得其反,导致公权力过度介入专利私法关系,妨碍意思自治,干扰市场秩序,甚至增加以公益为名的权力寻租风险,对公益造成更加严重的损害。

(4)专利权"公权论"存在法理和逻辑上的不足

按照基本法学原理,权利与权力、私人权利与公共权利,都是互斥的划分,不具有包含、重叠的关系。尽管在现代社会出现了私法规范与公法规范相互融合的"私法公法化"现象,但从未有过"私权公权化"的学说。认为一种事物可以同时构成权利与权力,或同时构成私人权利与公共权利的观点,从未在国际主流学界的论述中出现。因此,认为专利权属于公权或者认为专利权兼具公权、私权属性的观点,在法理和逻辑上是无法成立的。

(5)小结

不论是国际公约还是我国的相关立法都确立了专利权的私权属性。

虽然现代专利制度与前现代的特权制度具有一定的历史渊源,但是作为特权的专利与作为私权的专利是存在于不同历史阶段的事物,二者具有本质的区别。在现代法制语境下,"特权"与"专利权"是完全不同的两个概念,不可混为一谈。专利权的获得虽然需要经过行政机关的审查、登记、公告,但这些程序并非行政许可程序,专利权是权利人可以自行处分的财产权,不是行政许可或行政机关授予的权利。专利行政审查程序、专利制度促进公益的宗旨以及防止私权过度扩张、抵制知识产权霸权的需要都不会导致专利权产生公权属性,都不足以构成专利权"公权论"的理由。

概言之,专利权属于私权,属于民事权利,这是法律界的通说和基本常识,也是法制文明国家的共识。专利权的私权属性是现代专利法的本质特征与基本标志,它决定了整个专利法律制度的基本原则、规范框架和制度发展取向。明确专利权私权属性对于专利法理论研究、学术思考与法制建设具有正本清源的意义。

三、专利权属于财产权

专利权属于私权,属于民事权利,民事权利包括人身权与财产权。专利权属于人身权还是财产权,是否同时包含人身权与财产权?对于这一问题有必要加以说明。

在历史上,曾有观点认为专利权属于人格权。持这种观点的学说认为,发明创造是发明创造者的智慧成果和意志的外化,二者之间具有人格的关联,因此把专利权理解为与发明创造者的人格不可分离的人格权。[①] 人格权论是最早的朴素学说,此学说认为发明人对发明所持有的权利是一种人格权,此种人格权不能与人格分开而存在。这种学说是专利制度产生之初对专利权的朴素理解,对于树立专利保护的正当性具有一定的作用,但在现代专利制度中,专利权显然不是与发明创造者的人格不可分离的权利。专利权人可以许可他人实施该专利技术,可以将专利权

---

① 参见[日]吉藤幸朔:《专利法概论》,宋永林、魏启学译,专利文献出版社1990年版,第404页。

转让给他人,还可以由其继承人继承专利权,可见专利权并不具有人身专属性。

值得注意的是,《巴黎公约》第 4 条之三的规定"发明人有权要求在专利证书上写明自己是发明人",许多国家的国内法也有相应规则。有观点认为该规定保护的是发明人的名誉权或者类似于署名权的权利,进而认为专利权包含人身权。但是,该条规定的立法目的并不在于保护私权,而是旨在保存技术情报,使公众及后世可以知晓真正完成发明创造活动的主体。退一步说,即便该规则赋予了发明人一种人身性的权利,它也并不属于专利权的范畴,因为专利权的主体未必是发明人,专利权人与发明人是不同的法律概念。所以,《巴黎公约》的上述规定以及相应的国内法规定并不足以构成专利权包含人身权的依据。①

概言之,专利权是纯粹的财产权。

四、专利权主要体现为禁用权

作为一项绝对权,专利权的效力包括积极的支配效力和消极的排他效力。积极的支配效力即专用权,消极的排他效力为禁用权。但由于专利权本身的特点,在现实生活中,专利权主要体现为禁用权,理由如下。

首先,拥有专利权并不意味着就有权实施该专利技术。例如,若某项专利技术是在他人先前的专利技术基础上改进而成的,并且使得该在后专利成为该在先专利的从属专利(即包含在先专利的所有技术特征),那么该从属专利权人实施其专利技术也必须经过该在先专利权人的许可,否则就侵犯了该先专利权人的权利。又如,如果实施一项专利技术的行为因为牵涉公共利益必须经过相关行政管理部门的批准(例如一项生产武器或药品的专利技术,其实施必须分别经过安全部门和药品监督部门的审批),那么专利权人自己也无权擅自实施该专利技术。

其次,实施一项技术的资格或自由并不以获得专利权为必要条件。例如,创新者完成一项发明创造之后,并不申请专利,只要不违反法律,当然也可以自行实施该技术。这种自由是私法领域"法无禁止即可为"的应有之义,也是受到宪法的保障的自由,与专利权无关。②

概言之,专利权的效力主要体现为一种禁用权。

---

① 参见[日]纹谷畅男编:《专利法 50 讲》,魏启学译,法律出版社 1984 年版,第 24 页;李琛:《知识产权法关键词》,法律出版社 2006 年版,第 89 页。
② 参见[美]P.D.罗森堡:《专利法基础》,郑成思译,对外贸易出版社 1982 年版,第 8 页。

第二编

权利理论

第三章 权利取得

第一节 专利权的客体

一、发明

(一) 发明的概念

专利法意义上所说的发明有特定的内涵。按照世界知识产权组织主持起草的《发展中国家发明示范法》(Model Law for Developing Countries on Inventions)对发明所下的定义,发明是发明人的一种思想,它为技术领域中的特定问题提供实践解决方案。[①] 根据我国《专利法》第2条的规定,发明,是指对产品、方法或者其改进所提出的新的技术方案。

发明必须是一种新的技术方案,是创造者运用自己的智力创造出来的,不是自然界客观存在的动物、植物或者微生物。这种新的技术方案,可以是关于一种产品的,也可以是关于一种方法的,或者是对现有产品或者方法进行改进的新的技术方案。关于一种产品的新的技术方案,其成果体现为一件产品发明,如爱迪生关于"电灯"的方案,就是产品发明;关于一种方法的新的技术方案,其成果体现为一项方法发明,如我国关于"印刷术"的方案,就是一项方法发明。由于发明是一种可以产生新产品或者新方法的技术方案,属于科技含量和创造性程度都比较高的一类发明创造,因此,各国专利法都将发明作为专利保护的首要对象。

(二) 发明的构成要件

1. 发明必须具有高度的创造性

对于技术方案所属领域的普通技术人员而言,构成发明的技术方案必须不是显而易见的,又称"非显而易见性"(non-obviousness)。发明的创造性程度高于实用新型。我国《专利法》对发明的创造性要求是,与现有技术相比,该发明具有"突出的实质性特点和显著的进步"。但对实用新型的创造性,只要求具有"实质性特点和进步"。

[①] 英文原文是:"Invention means an idea of an inventor which permits in practice the solution to a specific problem in the field of technology." WIPO Model Law for Developing Countries on Inventions, Volume I, Patents. p.19.

2. 发明必须是人类有意识地利用自然规律所作出的设计

自然规律又称自然法则,根据《现代汉语词典》的解释,自然规律是指"存在于自然界的客观事物内部的规律",即物质运动固有的、本质的、稳定的联系。根据专利法的基本原理,不利用自然规律或违背自然规律的客体不能称为发明。自然规律本身也不是发明。发明是一种技术方案,而技术则是在利用自然规律或者自然法则的基础之上设计出来的各种工艺方法或者制造技能,以及与之相匹配的生产工具和制造设备等。正因如此,我们说发明是利用自然规律所作出的设计,而不是脱离自然规律的结果,也不是自然规律本身。没有利用自然规律的技术方案,例如,银行结算办法、体育竞赛规则等,都不属于专利法意义上的发明。

违背自然规律的设计也不能构成发明。现实生活中,有人出于对自然规律的错误认识,导致其所设计的方案从整体上就违背了自然规律,因而不能成为专利法意义上的发明。比较常见的例子是违背热力学第二定律①的各种第二类永动机。例如,世界上首台第二类永动机是1881年美国发明家约翰·嘎姆吉(John Gamgee)为美国海军设计的"零耗发动机"(zeromotor),该方案设想让汽缸内的液氨从海水中吸收热量汽化产生蒸汽推动活塞而获得动能,氨蒸气冷却后又凝结成液氨,如此循环往复。"零耗发动机"的设计在当时得到了美国海军总工程师和美国总统加菲尔德(James Abram Garfield)的支持。② 但是,这样的设计显然违反了热力学第二定律,它忽视了凝结氨蒸气至-33℃需要冷源并且消耗更多的能量。因此,第一台第二类永动机以失败告终。在国内,也曾有人向国家专利局递交"船舶水动力装置"的发明专利申请,该申请的构成是将水轮发电机组安装在船舶上,利用船舶前进时在尾部所造成的水头来推动水轮发电机组,再通过电动机带动推进器推动船体运动。即将船舶前进时产生的能力转化为电能推动船舶不断前进。根据该设计,只要船舶开动起来,不需要再从外界输入任何能量,船舶就可以一直行进下去。同样地,这一方案也违背了热力学第二定律,不能成为专利法上的发明。

此外,自然规律本身也不是发明。这一问题涉及日常生活中的两个常用概念——"科学发现"与"发明"。"科学发现"指向的是自然规律或者自然现象,而"发明"则是指技术方案。传统知识产权理论认为,科学发现不同于发明,不宜作为专利权的客体。根据1978年通过的《科学发现国际登记日内瓦条约》第1条所下的定义,"科学发现"指对迄今尚未被认识和尚不能证实的物质世界的现象、性质或规律的认识。人类认识的对象是物质世界固有的现象、性质或规律,而不是人类行为作用的结果。发明则通常是在认识事物的现象、性质或规律的基础上,为了改造世界或者解决特定的技术问题而设计的技术方案。例如,爱因斯坦因光电效应研究而于1921年获得了诺贝尔物理学奖,还先后创立了狭义相对论和广义相对论。爱因斯坦所解释的光电效应是自然现象,狭义相对论和广义相对论则是科学理论,属于自然规律。根据专利法的基本原理,爱因斯坦对人类的这些贡献都属于科学发现,而不是发明,因而不能申请专利。事实上,他分别在1930年和1935年向专利局申请专利的是他发明的"吸收式冷冻机"和"光强自动调整相机",而

---

① 热力学第一定律是热力学过程中的能量守恒规律,它是指一个热力学系统的能量既不能被创生,也不能消失,只能从一种能量形式转化成另一种能量形式,一个孤立的系统中的总能量保持恒定。热力学第二定律则揭示了各种不同表现形式能量之间转变的自然规律,它指出热量可以自发地从温度高的物体传递到温度低的物体,但不能自发地从温度低的物体传递到温度高的物体,还有一种表述是"不可能从单一热源吸取热量并将这些热量完全变成功而不产生其他影响"。

② 参见张亮:《热力学第二定律与第二类永动机之错误》,载科学智慧火花:http://idea.cas.cn/viewpoint.action? docid = 62563,最后访问日期:2020-11-01。

这些都是利用自然规律和自然现象所作出的设计,符合专利法上发明的构成要件。

简而言之,科学发现是人类对物质世界的认识,而作为认识对象的自然现象和自然规律,是物质世界所固有的,它既不是人造的结果,也不以人的意志为转移,因而这种认识不应当纳入私权保护的范围。发明则是对物质世界改造的成果,它不是物质世界所固有的,而是人类利用物质世界中的物质、信息、能量及其运动规律所创造的结果,是人造的智力成果。人类对自己创造的成果取得一定的权利,具有正当性基础。世界各国的知识产权立法也体现了这一认识。除了1967年的《成立世界知识产权组织公约》和我国1986年通过的《民法通则》把科学发现规定为知识产权的客体之外,很少有国内立法或者国际条约把科学发现规定为知识产权的客体。我国在《民法通则》前后也颁布了一系列知识产权单行法律法规,但并没有保护科学发现的规定。

3. 发明必须是完整的技术方案

所谓"完整",是指发明必须能够实施,具有产业实施的潜在可能性,可以达到一定效果并具有可重复性,即我国专利法上的实用性。但专利法并不要求技术方案已经实际实施,只要有一个完整的、可以实施的方案即可。至于一项发明是否有商业价值则更不是构成发明的必须要件。所以,专利法所称的发明,并不要求申请专利的发明创造已经实施,只要没有不可能实施的证据,则可认为其属于专利法上的发明。

所谓"技术方案",是指利用自然规律解决人类生产生活中特定技术问题的具体设计,是利用自然之力使之产生一定技术效果的方案。我国专利法所称的发明,是指对产品、方法或者其改进所提出的新的技术方案。如果专利申请的主题不是技术领域中的发明,则不属于可以授予专利权的主题范围。技术方案是对要解决的技术问题所采取的利用了自然规律的技术手段的集合。技术手段通常是由技术特征来体现的,未采用技术手段解决技术问题,以获得符合自然规律的技术效果的方案,不属于发明。技术方案的判断,重点是判断该方案是否采用了技术手段。在"张伟民与国家知识产权局专利复审委员会发明专利申请驳回复审行政纠纷上诉案"[①]中,法院认为,"判断是否属于技术方案还要从三要素的角度,看权利要求的解决方案是否是要解决技术问题,是否采用了技术手段,以及是否获得了技术效果"。

(三) 发明的分类

根据不同的分类标准,发明可以有多种类型划分。

1. 已完成发明和未完成发明

根据发明完成状态的不同,可以把发明分为已完成发明和未完成发明。发明必须是完整的技术方案,专利只可能被授予已经完成的完整的发明。如果仅有发明构思,则只属于未完成发明。未完成发明不能被授予专利,因为它不具备专利法所要求的实用性。

2. 独立发明和合作发明

根据完成发明人数的不同,可以把发明分为独立发明和合作发明。独立发明是指仅由一个民事主体单独完成的发明。对于这类发明,完成发明的自然人或者组织对其发明拥有完全的支配权。合作发明,是指两个或两个以上的民事主体合作完成的发明。合作完成的发明,除另有协议的以外,申请专利的权利属于共同完成的单位或者个人;申请被批准后,申请的单位或者个人

---

① 北京市高级人民法院(2014)高行终字第470号行政判决书。

为专利权人。

3. 本国发明和外国发明

根据发明人国籍的不同,可以把发明分为本国发明和外国发明。改革开放之初,我国建立专利制度的主要目的之一是吸收引进外国的先进技术,为此,应鼓励外国人将其新的发明创造送来我国申请专利。但是,出于维护国家主权的考虑,我国《专利法》第 17 条规定:"在中国没有经常居所或者营业所的外国人、外国企业或者外国其他组织在中国申请专利的,依照其所属国同中国签订的协议或者共同参加的国际条约,或者依照互惠原则,根据本法办理。"第 18 条第 1 款又规定:"在中国没有经常居所或者营业所的外国人、外国企业或者外国其他组织在中国申请专利和办理其他专利事务的,应当委托依法设立的专利代理机构办理。"

4. 职务发明和非职务发明

根据发明权利归属的不同,可以把发明分为职务发明和非职务发明。职务发明,是指发明创造人在受雇期间为履行职务或者执行所在单位指令而作出的发明创造。《专利法》第 6 条规定,"执行本单位的任务或者主要是利用本单位的物质技术条件所完成的发明创造为职务发明创造。职务发明创造申请专利的权利属于该单位,申请被批准后,该单位为专利权人。该单位可以依法处置其职务发明创造申请专利的权利和专利权,促进相关发明创造的实施和运用"。

5. 基础发明和改进发明

根据发明间依赖或者制约关系的不同,可以把发明分为基础发明和改进发明,或称为基本发明和改良发明。改进发明,是指对现有的产品发明或方法发明作出实质性改进的技术方案。如果基础发明专利还在保护期内,则对改进发明的实施就需要取得基础发明专利权人的许可。我国《专利法》针对这类存在从属关系的发明,专门在第 56 条规定了一类强制许可制度,即一项取得专利权的发明或者实用新型比前已经取得专利权的发明或者实用新型具有显著经济意义的重大技术进步,其实施又有赖于前一发明或者实用新型的实施的,国务院专利行政部门根据后一专利权人的申请,可以给予实施前一发明或者实用新型的强制许可。

此外,需要注意的是,改进发明不同于用途发明。用途发明,也称"已知物质的用途发明",是指基于发现该物质的新性能,并利用此性能而作出的发明。用途发明的本质不在于物质本身,而在于物质新性能的应用。例如,在新冠肺炎疫情期间,科研人员研究发现,吉利德公司的在研药瑞德西韦(Remdesivir)可以用于治疗新型冠状病毒肺炎,这就是该药物的新用途。对于这种新用途,可以单独申请用途发明。但是,仅仅发现已知物质的新性能则仍然属于"发现",而非"发明"。

用途发明是发现与发明的典型结合。参照《专利审查指南》第二部分第十章 6.2 的规定,"对于已知产品的用途发明,如果该新用途不能从产品本身的结构、组成、分子量、已知的物理化学性质以及该产品的现有用途显而易见地得出或者预见到,而是利用了产品新发现的性质,并且产生了预料不到的技术效果,可认为这种已知产品的用途发明有创造性"。易言之,认定已知产品的新用途发明是否具备创造性,至少应具备以下要件:第一,该新用途不能基于该产品的物理化学性能或现有用途等显而易见地得出或预见到;第二,该新用途的出现是利用了该产品新发现的性质;第三,该新用途的应用产生了预料不到的技术效果。

6. 产品发明和方法发明

根据发明最终表现形态的不同,可以把发明分为产品发明和方法发明。这是最重要的发明分类。我国专利法上所称的发明,是指对产品、方法或者其改进所提出的新的技术方案。所以,通常据此将发明分为产品发明和方法发明两类。产品发明(含物质发明)是指通过研究设计出来的关于各种新产品、新材料、新设备、新物质等的技术方案,其最终表现形态为实物,如电灯、电话、电脑等。方法发明是指为制造产品或者解决技术问题而研究设计出来的操作方法、制造工艺以及生产流程等技术方案,如五笔汉字输入法、活字印刷术、无铅汽油的提炼方法等。

区分产品发明与方法发明的意义在于:

第一,专利权的效力范围不同。方法专利的权利效力范围不仅及于方法本身,还及于用该方法直接获得的产品。《专利法》第11条规定,"发明和实用新型专利权被授予后,除本法另有规定的以外,任何单位或者个人未经专利权人许可,都不得实施其专利,即不得为生产经营目的制造、使用、许诺销售、销售、进口其专利产品,或者使用其专利方法以及使用、许诺销售、销售、进口依照该专利方法直接获得的产品"。

第二,新产品制造方法专利的侵权诉讼中的举证责任不同。方法发明专利一般可分为产品制造方法专利和操作使用方法专利两种类型,前者以改变物体的形状、结构或特性为目的的,后者则以产生某种效果为目的。对方法发明专利进行区分的意义在于,在认定新产品制造方法专利侵权时,可以适用《专利法》第66条第1款的规定:"专利侵权纠纷涉及新产品制造方法的发明专利的,制造同样产品的单位或者个人应当提供其产品制造方法不同于专利方法的证明。"即在新产品制造方法专利的侵权之诉中,实行举证责任倒置原则,而非新产品的制造方法专利以及操作使用方法专利,则不能够适用该规则。

一般而言,对制造方法专利的使用表现在产品的制造过程中。产品制造过程涉及生产步骤和工艺参数,具体的流程和数据只能在生产现场或者查看生产记录才能得知。通常情况下,专利权人难以接近被诉侵权人的生产现场和生产记录以取得完整的制造方法证据,在产品制造方法证据完全掌握在被诉侵权人手中的情况下,如果不结合具体案情对侵权指控成立的可能性大小以及双方当事人的举证能力进行分析,只是简单地适用"谁主张,谁举证"的一般原则,由专利权人来举证证明被诉侵权人生产同样产品的制造方法,显然不利于客观事实的查明,亦有违公平原则。

凡是掌握证据的当事人均有责任提供证据以还原客观事实,举证责任的分配原则应当是在公平和诚实信用的基础上,确保最大限度地查明客观事实。具体到产品制造方法发明专利侵权纠纷,当使用专利方法获得的产品属于新产品时,专利法规定对被诉侵权人生产新产品的制造方法适用举证责任倒置规则。究其原因,是因为新产品在方法专利申请日前不为公众所知,经由专利方法制造的可能性较大,其制造方法的证据又处于被诉侵权人的实际控制之中,因此,应当由距离证据更近的被诉侵权人提供该证据证明针对自己的侵权指控不成立。

然而,当使用专利方法获得的产品不属于新产品时,意味着在方法专利申请日前,通过其他方法已经制造出同样的产品,因此,同样产品经由专利方法制造的可能性就没有新产品的大,如果也适用举证责任倒置规则,一律由被诉侵权人对其制造方法进行举证,就有可能被专利权人滥用来套取被诉侵权人的商业秘密,不利于对被诉侵权人商业秘密的保护,所以法律和司法解释没有规定适用举证责任倒置规则。

但是,新产品的制造方法往往只有被诉侵权人知道,专利权人很难举证,所以简单地适用"谁主张谁举证"的原则,一律由专利权人对被诉侵权人的制造方法进行举证,确有困难和不公,不利于案件事实的查明。为了既能查明案件事实,又能确保被诉侵权人的商业秘密不被泄露,平衡好专利权人和被诉侵权人的利益,根据审判实践,在专利权人能够证明被诉侵权人制造了同样产品,经合理努力仍无法证明被诉侵权人确实使用了该专利方法的情况下,根据案件具体情况,结合已知事实及日常生活经验,能够认定该同样产品经由专利方法制造的可能性很大的,人民法院可以根据《最高人民法院关于民事诉讼证据的若干规定》规定,将举证责任分配给被诉侵权人,不再要求专利权人提供进一步的证据,而由被诉侵权人提供其制造方法不同于专利方法的证据。

专利权人在实施该规则的时候,首先应当提供证据证明如下两点:(1)依照涉案专利的制造方法所直接获得的产品属于新产品;(2)被控侵权人制造的产品与依照专利方法直接获得的产品属于相同产品。依照《最高人民法院关于审理侵犯专利权纠纷案件应用法律若干问题的解释》第17条的规定,产品或者制造产品的技术方案在专利申请日以前为国内外公众所知的,人民法院应当认定该产品不属于《专利法》第61条第1款规定的新产品。

二、实用新型

(一)实用新型的概念

实用新型,是指对产品的形状、构造或者其结合所提出的适于实用的新的技术方案。较之发明专利而言,实用新型的创造性水平较低,所以俗称"小发明"。例如,第一次创造出铅笔,是发明。第一次将铅笔和橡皮结合在一起,就使铅笔这一产品的构造有了改进,这就是对铅笔的构造提出的适于实用的新的技术方案,就是实用新型。应当注意的是,实用新型专利仅限于具有立体形状、构造的产品,而不能是气态、液态产品,也不能是粉末状、糊状、颗粒状的固态产品、化合物、混合物以及纺织品等平面产品,更不能是方法发明。

实用新型专利保护的目的在于鼓励那些达不到发明专利的创造高度,但有益于生产生活的技术改进。但与发明专利制度相比,实用新型制度并非世界各国通行的制度。到目前为止,世界上约有120个国家和地区实行了实用新型或类似的制度,其中有93个国家和地区有本国或本地区的实用新型制度,另外27个国家分别作为非洲地区工业产权组织(ARIPO)和非洲知识产权组织(OAPI)的成员国引入实用新型制度。在"一带一路"沿线,有37个国家或地区设立了实用新型专利制度(不含中国)。目前已知,11个国家的实用新型采用单独立法,分别是:爱沙尼亚、奥地利、丹麦、德国、芬兰、韩国、捷克、罗马尼亚、日本、斯洛伐克、匈牙利。[①]

(二)实用新型的特征

按照专利法关于实用新型的定义,实用新型应具备以下特征:

1. 实用新型必须是对产品的形状或构造的改进技术方案

首先,实用新型的对象必须是产品。申请发明专利的主题既可以是产品,也可以是方法。但申请实用新型专利的主题只能是产品。产品,是指经过工业方法制造的,有确定形状、构造并且

---

① 参见国家知识产权局专利局实用新型审查部:《史上最全120个国家和地区实用新型制度概览》,曲淑君等,载于智南针:http://www.worldip.cn/index.php? m=content&c=index&a=show&catid=64&id=605,最后访问时间:2020-10-10。

占据一定空间的实体。非经加工制造的自然之物,以及一切有关的方法,包括产品的制造方法、使用方法、通信方法、处理方法以及将产品用于特定用途的方法等,不属于实用新型专利的保护范围。

其次,实用新型的对象必须是产品的形状、构造或其组合。由于实用新型是对产品形状、构造所作出的新设计,因此申请实用新型专利的产品必须有确定的形状,以及固定的构造。产品的形状,是指产品所具有的,可以从外部观察到的确定的空间形状。如果无确定形状的物质是产品的技术特征之一,该物质在产品中受到产品结构特征的限制,则不影响产品本身成为实用新型,例如有关温度计形状的实用新型可以包含无确定形状的水银。产品的形状也可以是在某种特定情况下所具有的确定的空间形状,如具有新颖性的冰杯子、降落伞。但是,无确定形状的气态、液态、粉末状、颗粒状物质或材料等,不可以申请实用新型专利。生物的或自然形成的形状以及以摆放、堆积等方法获得的非确定的形状,也不能作为实用新型加以保护。

产品的构造,是指产品的各个组成部分的安排、组织和相互关系,如机械构造、线路构造等,也包括渗碳层、氧化层等复合层结构。机械构造是指构成产品的零部件的相对位置关系、连接关系和必要的机械配合关系。线路构造是指构成产品的元器件之间的确定的连接关系。但是,产品构造不包括物质的分子结构或组成,如食品、药品的改进仅涉及其化学成分、含量的变化,而不涉及产品的构造,则不属于实用新型专利的保护范围。例如,某生物研究所研制的一种"抗衰老饮料",是无法申请实用新型保护的。

最后,实用新型必须是技术方案。此处所说的技术方案,是指对要解决的技术问题所采取的利用了自然规律的技术手段的集合。未采用技术手段解决技术问题的形状或构造的改进不属于实用新型。单纯以美感为目的的产品的形状、图案、色彩或者其结合的新设计,也不属于实用新型的技术方案。

2. 实用新型的创造性要求比发明低

实用新型必须是"新型",即具有一定的创造性,属于一种"新的技术方案",但实用新型的创造性要求比发明低。实用新型制度建立的目的之一,是保护那些创造高度尚达不到发明专利要求的简单的小发明创造。《专利法》对发明的创造性要求是,与现有技术相比,该发明具有"突出的实质性特点和显著的进步";而对实用新型的创造性要求是,与现有技术相比,具有"实质性特点和进步"即可。

3. 实用新型专利申请文件中必须包括说明书的附图

实用新型专利申请说明书必须有附图。这是因为实用新型的改进具有直观性,而对于发明专利,说明书的附图不是必备的申请文件。

4. 实用新型专利权的授予实行登记制,不作实质审查

我国对实用新型专利申请采取的是形式审查制度,也称登记制度,即只要专利行政部门经过初步审查,认为该申请手续完备且符合法律规定的形式,就授予专利权。采取形式审查制度,主要是因为实用新型的创造性较低,市场生命周期较短,只作形式审查可以加快审批速度,使这些实用技术尽快为社会所利用,充分发挥专利制度的作用。

5. 实用新型专利权侵权之诉中适用专利权评价报告制度

专利权评价报告是由国务院专利行政部门对专利权进行检索、分析和评价后得出的书面结论。之所以要求专利权人或者利害关系人出具专利权评价报告,是因为实用新型专利未经实质审查,很可能存在无效事由,设立专利权评价报告制度的目的在于防止专利权人恶意诉讼。2000年《专利法》第 57 条第 2 款曾规定,"涉及实用新型专利的,人民法院或者管理专利工作的部门可以要求专利权人出具由国务院专利行政部门作出的检索报告"。2001 年《最高人民法院关于审理专利纠纷案件适用法律问题的若干规定》第 8 条也曾规定,提起侵害实用新型专利权诉讼的原告,应当在起诉时出具由国务院专利行政部门作出的检索报告。在 2008 年修改《专利法》时,将"检索报告"改为"专利权评价报告",从而扩大了报告所包含的内容。《专利法》第 66 条第 2 款规定,专利侵权纠纷涉及实用新型专利或者外观设计专利的,人民法院或者管理专利工作的部门可以要求专利权人或者利害关系人出具由国务院专利行政部门对相关实用新型或者外观设计进行检索、分析和评价后作出的专利权评价报告,作为审理、处理专利侵权纠纷的证据。2020 年第四次修改《专利法》时,第 61 条改为了第 66 条,并在第 2 款补充规定,"专利权人、利害关系人或者被控侵权人也可以主动出具专利权评价报告"。

6. 实用新型专利权的保护期短于发明专利

专利权具有时间性,这是专利权同著作权等智力成果权相似,而与所有权等有体财产权相区别的特征之一。根据《专利法》第 42 条的规定,发明专利权的期限为 20 年,实用新型专利权的期限为 10 年,均自申请日起计算。

三、外观设计

(一) 外观设计的概念

外观设计,也称工业品外观设计,或者工业设计,是指对产品的整体或者局部的形状、图案或者其结合以及色彩与形状、图案的结合所作出的富有美感并适于工业应用的新设计。

外观设计不要求是技术方案,因此把外观设计作为专利权对象的国家不多,很多国家制定了专门的外观设计法或者工业设计法,也有国家用著作权法来保护外观设计。我国之所以将外观设计作为一类专利来保护,主要是因为发明与实用新型专利的审查机关、权利取得的程序、行政确权的程序等规则完全可以适用于外观设计,实行一体保护可以节约立法与执法成本。

(二) 外观设计的特征

1. 外观设计必须以产品为载体

产品是外观设计的载体,没有产品,不成其为外观设计。所以,外观设计必须与产品相结合、适于产业利用,这是外观设计与实用新型相同而区别于作品之处。正因如此,《专利法》第 27 条要求,申请人提交的有关图片或者照片应当清楚地显示要求专利保护的产品的外观设计。此外,不能重复生产的手工艺品、农产品、畜产品、自然物不能作为外观设计的载体。

2. 构成外观设计的必须是产品的整体或局部的形状、图案或者其结合以及色彩与形状、图案的结合

形状,是指对产品造型的设计,也就是指产品外部的点、线、面的移动、变化、组合而呈现的外表轮廓,即对产品的结构、外形等同时进行设计、制造的结果,如汽车的外形、冰箱的外形等。图案,是指由任何线条、文字、符号、色块的排列或组合而在产品的表面构成的图形,如地毯的纹路、轮胎的花纹等。图案可以通过绘图或其他能够体现设计者的图案设计构思的手段制作,但图案应当是固定、可见的,而不应是时有时无的或者需要在特定的条件下才能看见的。色彩,是指用于产品上的颜色或者颜色的组合,如布匹、包装袋的颜色搭配等,但是制造该产品所用材料的本色不是外观设计的色彩。

通常情况下,形状、图案和色彩可以形成组合,如形状和图案的组合、形状和色彩的组合、图案和色彩的组合以及形状、图案和色彩的组合。但是,产品的色彩不能独立构成外观设计,除非产品色彩变化的本身已形成一种图案。在生活中,外观设计要素,即形状、图案、色彩是相互依存的,有时其界限是难以界定的,例如多种色块的搭配即成图案。此外,2020年修改《专利法》时,第2条第4款明确把局部外观设计纳入专利法的保护范围。主要理由是:"随着经济社会的发展,产品外观设计在提升产品竞争力方面的作用日益凸显。我国企业的设计能力不断提高,童车等领域的设计已具有国际水平。随着产品设计更趋精细化,局部设计创新逐渐成为产品外观设计的重要表现方式,许多国家对产品的局部外观设计给予保护。但我国现行《专利法》只对产品整体外观设计给予保护,局部外观设计创新很容易被人通过简单拼凑、替换等方式加以模仿,难以得到有效保护,不利于激励我国设计创新产业的健康发展。因此,为满足创新主体对局部外观设计保护的需求,顺应国际外观设计制度的发展趋势,建议将对产品局部作出的外观设计纳入专利法保护范围。"①

3. 外观设计必须适于工业应用

所谓适于工业应用,是指该外观设计能应用于产业上并形成批量生产。

4. 外观设计必须富有美感

富有美感,是指一项产品的外观设计要获得外观设计专利权的保护,其必须具备专利法意义上的美感,即在实现产品的特定功能的基础上,对产品的视觉效果作出创新性的改进,使得产品能够体现出功能性和美感的有机结合。仅仅具有功能性而不具有美感的产品设计,可以通过申请发明或者实用新型专利权予以保护,而不应当通过外观设计专利权予以保护。②

虽然外观设计应当"富有美感",但此处所说的"富有美感"不是艺术意义上的判断,这种美感的标准不同于美术作品或者艺术品中所体现出的美感,只要设计者在设计的过程中对设计方案进行了一定的选择,并使其具备一定的形状、图案、色彩等因素,具有通常的设计空间和设计变化,即可认定为"富有美感"。

5. 外观设计不必须解决技术问题

外观设计不要求是技术方案,所以不具有功能性,在实质要件方面,法律也没有规定创造性要求。但并不能因此认为,凡是外观设计就不能解决技术问题。如果一种对产品形状的设计既富有美感,又能解决技术问题,那么就可以成为一项技术方案。此时,设计人可以选择申请实用新型或外观设计专利。

---

① 参见2015年4月1日公布的《关于〈中华人民共和国专利法修改草案(征求意见稿)〉的说明》。
② "珠海格力电器股份有限公司与广东美的电器股份有限公司、国家知识产权局专利复审委员会外观设计专利权无效行政纠纷申请再审案",最高人民法院(2011)行提字第1号行政判决书。

6. 外观设计专利权的保护期限不同于发明和实用新型专利权

同发明和实用新型专利权一样,外观设计专利权也具有时间性。外观设计专利权的保护期限原来为 10 年。2020 年修改《专利法》时,第 42 条第 1 款将外观设计专利权的期限延长为 15 年,自申请日起计算。修改的目的是符合《工业品外观设计国际注册海牙协定》(1999 年日内瓦文本)(Hague Agreement Concerning the International Registration of Industrial Designs, Geneva Act 1999)所规定的外观设计最低保护期限标准。根据该协定第 17 条的规定,外观设计专利权人请求续展的,其在每一个被指定的缔约方的保护为自国际注册日算起 15 年。我国《专利法》原第 42 条规定的外观设计专利权的期限为 10 年,所以,没有达到该协定的最低期限要求。并且,该协定第 29 条已经明确规定,"对本文本不得有任何保留"。因此,修改后的《专利法》第 42 条第 1 款将外观设计专利权的期限延长为 15 年,也就满足了该协定的最低期限标准,从而为我国加入该协定扫除了障碍。

(三)不授予外观设计专利权的情形

根据专利法关于外观设计特征的规定,《专利审查指南》明确将以下客体列为不授予外观设计专利权的情形:(1)取决于特定地理条件、不能重复再现的固定建筑物、桥梁等,如包括特定山水在内的山水别墅。(2)因其包含有气体、液体及粉末状等无固定形状的物质而导致其形状、图案、色彩不固定的产品。(3)产品的不能分割、不能单独出售或使用的部分,如袜跟、帽檐、杯把等。(4)对于由多个不同特定形状或图案的构件组成的产品而言,如果构件本身不能单独出售且不能单独使用,则该构件不属于外观设计专利保护的对象。例如,一组由不同形状的插接块组成的拼图玩具,只有将所有插接块共同作为一项外观设计申请时,才属于外观设计专利保护的对象。(5)不能作用于视觉或者肉眼难以确定,需要借助特定的工具才能分辨其形状、图案、色彩的物品。例如,其图案是在紫外灯照射下才能显现的产品。(6)要求保护的外观设计不是产品本身常规的形态,例如手帕扎成动物形态的外观设计。(7)以自然物原有形状、图案、色彩作为主体的设计。通常指两种情形:一种是自然物本身;一种是自然物仿真设计。(8)纯属美术、书法、摄影范畴的作品。(9)仅以在其产品所属领域内司空见惯的几何形状和图案构成的外观设计。(10)文字和数字的字音、字义不属于外观设计保护的内容。(11)产品通电后显示的图案,如电子表表盘显示的图案、手机显示屏上显示的图案、软件界面等。

值得注意的是,《专利审查指南》在前述第(11)点中明确将"产品通电后显示的图案"列为不授予外观设计专利权的情形,但在"苹果公司与中华人民共和国国家知识产权局专利复审委员会外观设计专利申请驳回复审行政纠纷上诉案"[①]中,北京市高级人民法院明确了图形用户界面可以成为外观设计授权客体的法律依据,以及该类外观设计申请所需满足的条件。法院指出,虽然《专利审查指南》作出了"产品通电后显示的图案属于不授予外观设计专利权的情形"的规定,但图形用户界面能否作为外观设计专利的保护客体,仍应当以《专利法》第 2 条第 4 款[②]的规定为法律依据。以图形用户界面提出外观设计专利申请时,为便于准确确定外观设计的内容,申

---

① 北京市高级人民法院(2014)高行(知)终字第 2815 号行政判决书。
② 《专利法》第 2 条第 4 款规定:"外观设计,是指对产品的整体或者局部的形状、图案或者其结合以及色彩与形状、图案的结合所作出的富有美感并适于工业应用的新设计。"

请人应当在图片、照片或者简要说明中,通过恰当的方式指明哪些部分属于通电后才能显示的图案。

四、不受专利法保护的对象

制定专利法,建立专利制度,对符合专利法规定条件的发明创造给予专利保护,是为了促进科学技术的发展和创新,适应社会主义现代化建设的需要。那么,对于那些不符合专利法的立法目的或者不具备专利法规定的授权条件的发明创造,将之排除在专利保护的范围之外,不能取得专利权,也是理所应当的。具体而言,这些不受专利法保护的对象规定在了《专利法》第5条和第25条。

(一) 违反法律的发明创造

这里的"法律",是指由全国人民代表大会和全国人民代表大会常务委员会依照立法程序制定和颁布的法律,不包括行政法规、地方性法规和行政规章等其他规范性文件。所谓违反法律的发明创造,是指该发明创造所具备的技术功能或其技术目的与国家法律的规定相违背,如制造假币的设备、吸毒的器具等,都属于违反法律的发明创造,不能被授予专利权。但自动搓麻将机则不属于违反法律的发明创造,因为其除了可以用于赌博外,还可以用于娱乐活动。如果发明创造本身并未违反法律,但由于其被滥用而违反法律的,也不属于违反法律的发明创造,如以医疗为目的的麻醉品、镇静药、兴奋剂等。另外,《专利法实施细则》第10条规定:"专利法第五条所称违反法律的发明创造,不包括仅其实施为法律所禁止的发明创造。"换言之,如果仅仅是发明创造的产品的生产、销售或使用受到法律的限制或约束,则该产品本身及其制造方法并不属于违反法律的发明创造,如武器装备。

此外,按照我国加入的《保护工业产权巴黎公约》①以及《与贸易有关的知识产权协定》②的规定,如果仅因法律禁止专利产品的销售或者依专利方法制造的产品的销售,那么对这种产品或者制造这种产品的方法不应拒绝授予专利权。

(二) 违反社会公德的发明创造

社会公德,是指社会普遍公认的最基本的行为规范,是公众普遍认为是正当的并被普遍接受的伦理道德观念和行为准则。如果一项发明创造在客观上与社会公德相违背,不能被授予专利权,如带有淫秽图案的外观设计,还有三年前闹得沸沸扬扬的中国科学家贺建奎使用的基因编辑婴儿技术等。社会公德的内涵基于一定的文化背景,随着时间的推移和社会的进步不断地发生变化,而且因地域不同而各异。我国专利法中所称的社会公德限于中国境内。

(三) 妨害公共利益的发明创造

妨害公共利益,是指发明创造的实施或使用会给公众或社会造成危害,或者会使国家和社会

---

① 《巴黎公约》第4条之四规定:不得以专利产品的销售或依专利方法制造的产品的销售受到本国法律的禁止或限制为理由,而拒绝授予专利或使专利无效。

② 《与贸易有关的知识产权协定》第2条规定:各成员应遵守《巴黎公约》(1967)第1条至第12条和第19条。

的正常秩序受到影响。例如，一种可使盗窃者双目失明或者可能导致使用不慎者失明的防盗窃装置，不能被授予专利权。但是，如果发明创造因滥用而可能造成妨害公共利益的，或者发明创造在产生积极效果的同时存在某种缺点的，如对人体有副作用的药品，则不能以"妨害公共利益"为由拒绝授予专利权。

如果一件专利申请中含有违反法律、社会公德或者妨害公共利益的内容，而其他部分是合法的，则该专利申请称为部分违反《专利法》第5条第1款的申请。对于这样的专利申请，根据《专利审查指南》的要求，审查员在审查时，应当通知申请人进行修改，删除违反《专利法》第5条第1款的部分。如果申请人不同意删除违法的部分，就不能被授予专利权。例如，一项"投币式弹子游戏机"的发明创造。游戏者如果达到一定的分数，则机器抛出一定数量的钱币。审查员应当通知申请人将抛出钱币的部分删除或对其进行修改，使之成为一个单纯的投币式游戏机。否则，它即使是一项新的有创造性的技术方案，也不能被授予专利权。

（四）违反法律、行政法规的规定获取或者利用遗传资源，并依赖该遗传资源完成的发明创造

《专利法》第5条第2款规定："对违反法律、行政法规的规定获取或者利用遗传资源，并依赖该遗传资源完成的发明创造，不授予专利权。"所谓违反法律、行政法规的规定获取或者利用遗传资源，是指遗传资源的获取或者利用未按照我国有关法律、行政法规的规定事先获得有关行政管理部门的批准或者相关权利人的许可。《专利法实施细则》第26条规定："专利法所称遗传资源，是指取自人体、动物、植物或者微生物等含有遗传功能单位并具有实际或者潜在价值的材料；专利法所称依赖遗传资源完成的发明创造，是指利用了遗传资源的遗传功能完成的发明创造。"《专利法》第26条第5款规定："依赖遗传资源完成的发明创造，申请人应当在专利申请文件中说明该遗传资源的直接来源和原始来源；申请人无法说明原始来源的，应当陈述理由。"

严格来说，遗传资源的保护不属于专利法的内容，但由于依赖遗传资源完成的发明创造一旦被授予专利权，便具有了独占性，从而导致提供遗传资源的国家不仅不能分享专利权人因此获得的经济利益，还要为使用其专利而支付高昂的许可费。发展中国家在遗传资源储备方面具备绝对的优势，但在遗传资源的研究利用上，远远落后于发达国家。为此，各国于1992年签署了《生物多样性公约》(Convention on Biological Diversity)。依据该公约所确立的主权原则，各国在遗传资源获取与利益分享立法中，对于资源的所有权、获取的行政审查程序等，可以根据国内的实际情况，作出具体的安排。在资源获取方面，《生物多样性公约》确立了所谓事先知情同意原则，即遗传资源的获取须经提供这种资源的缔约国事先知情同意，除非该缔约国另有决定。至于知情同意的主体、知情的标准等，该公约并没有明确的规定，取决于国内法。在知情同意之后，关于遗传资源的获取应当按照所谓的共同商定条款进行。该公约还规定了具体的利益分享规则，要求获取遗传资源的缔约国采取措施，让提供遗传资源的缔约国能够以多种形式参与分享遗传资源利用所衍生的利益，比如参与合作研究、分享技术成果和惠益等。显然，个案中具体的惠益分享安排，只能依据遗传资源提供方和获取方所签署的合同作出具体约定。

（五）科学发现

根据1978年通过的《科学发现国际登记日内瓦条约》第1条所下的定义，"科学发现"指对

迄今尚未被认识和尚不能证实的物质世界的现象、性质或规律的认识。这些被认识的物质、现象、过程、特性和规律是客观世界固有的本质及规律,而不是人类行为作用的结果,不能直接实施用以解决一定领域内的特定技术问题,因而不属于专利法意义上的发明创造,不能被授予专利权。

1967年签订的《建立世界知识产权组织公约》第2条和我国1986年颁布的《民法通则》第97条都曾把"科学发现"或者"发现"规定为知识产权的保护对象。但在《与贸易有关的知识产权协定》中删除了有关"科学发现"的规定,我国2020年通过的《民法典》第123条也没有再把"科学发现"列为知识产权的客体。

虽然科学发现本身不能被授予专利权,但是,基于科学发现制造出来的产品或者形成的产品制造方法,则可以被授予专利权。例如,对卤化银在光照下具有感光特性的揭示,属于科学发现,这种发现不能被授予专利权,但是根据这种发现制造出来的感光胶片以及这种感光胶片的制造方法则是可以被授予专利权的。

未经人类的任何技术处理而存在于自然界的微生物,属于科学发现,不能被授予专利权。只有当微生物经过分离成为纯培养物,并且具有特定的工业用途时,微生物本身才属于可给予专利保护的客体。此外,根据我国《专利审查指南》的规定,从自然界找到的以天然形态存在的基因或DNA片段,也属于科学发现,而不能被授予专利权。但如果是首次从自然界分离或提取出来的基因或DNA片段,其碱基序列是现有技术中不曾记载的,并能被确切地表征,且在产业上有利用价值,则该基因或DNA片段本身及其得到方法均属于可授予专利权的客体。美国专利法过去对于分离状态的基因和DNA片段的态度,与中国专利法类似。但是,2013年美国联邦最高法院在著名的 Association for Molecular Pathology, et al. v. Myriad Genetics, Inc., et al.[①] 案中推翻了以往的做法,认为分离状态的基因和DNA片段不是发明,而是一种科学发现,不能获得专利保护。

(六)智力活动的规则和方法

智力活动,是指人的思维运动,它源于人的思维,经过推理、分析和判断产生出抽象的结果,或者必须经过人的思维运动作为媒介,间接地作用于自然产生结果。智力活动的规则和方法,是指导人们进行思维、表述、判断和记忆的规则和方法。由于智力活动的规则和方法既没有采用技术手段或者利用自然规律,也未解决技术问题和产生技术效果,因而不构成技术方案。

根据《专利审查指南》的要求,在判断涉及智力活动的规则和方法的专利申请要求保护的主题是否属于可授予专利权的对象时,应当遵循以下原则:第一,如果一项权利要求仅仅涉及智力活动的规则和方法,则不应当被授予专利权。如果一项权利要求,除其主题名称以外,对其进行限定的全部内容均为智力活动的规则和方法,则该权利要求实质上仅仅涉及智力活动的规则和方法,也不应当被授予专利权。例如,审查专利申请的方法;组织、生产、商业实施和经济等方面的管理方法及制度等。第二,如果一项权利要求在对其进行限定的全部内容中既包含智力活动的规则和方法的内容,又包含技术特征,则该权利要求就整体而言并不是一种智力活动的规则和方法,不应当依据《专利法》第25条排除其获得专利权的可能性。例如,涉及商业模式的权利要

---

① 569 U.S. 576 (2013).

求,如果既包括商业规则和方法的内容,又包含技术特征,则不应当依据《专利法》第25条排除其获得专利权的可能性。

(七) 疾病的诊断和治疗方法

疾病的诊断和治疗方法,是指以有生命的人体或者动物体为直接实施对象,进行识别、确定或消除病因或病灶的过程。由于疾病的诊断和治疗方法是一种个人经验,无法在产业上利用,所以不能被授予专利权。

根据《专利审查指南》的规定,诊断方法,是指为识别、研究和确定有生命的人体或动物体病因或病灶状态的过程。一项与疾病诊断有关的方法如果同时满足以下两个条件,则属于疾病的诊断方法,不能被授予专利权:第一,以有生命的人体或动物体为对象;第二,以获得疾病诊断结果或健康状况为直接目的。

但是,以下几类方法不属于诊断方法:第一,在已经死亡的人体或动物体上实施的病理解剖方法;第二,直接目的不是获得诊断结果或健康状况,而只是从活的人体或动物体获取作为中间结果的信息的方法,或处理该信息(形体参数、生理参数或其他参数)的方法;第三,直接目的不是获得诊断结果或健康状况,而只是对已经脱离人体或动物体的组织、体液或排泄物进行处理或检测以获取作为中间结果的信息的方法,或处理该信息的方法。对上述第二、三项需要说明的是,只有当根据现有技术中的医学知识和该专利申请公开的内容从所获得的信息本身不能够直接得出疾病的诊断结果或健康状况时,这些信息才能被认为是中间结果。

治疗方法,是指为使有生命的人体或者动物体恢复或获得健康或减少痛苦,进行阻断、缓解或者消除病因或病灶的过程。治疗方法包括以治疗为目的的或者具有治疗性质的各种方法。预防疾病或者免疫的方法视为治疗方法。对于既可能包含治疗目的,又可能包含非治疗目的的方法,应当明确说明该方法用于非治疗目的,否则不能被授予专利权。

以下几类方法属于或者应当视为治疗方法,不能被授予专利权:第一,外科手术治疗方法、药物治疗方法、心理疗法。第二,以治疗为目的的针灸、麻醉、推拿、按摩、刮痧、气功、催眠、药浴、空气浴、阳光浴、森林浴和护理方法。第三,以治疗为目的利用电、磁、声、光、热等种类的辐射刺激或照射人体或者动物体的方法。第四,以治疗为目的采用涂覆、冷冻、透热等方式的治疗方法。第五,为预防疾病而实施的各种免疫方法。第六,为实施外科手术治疗方法和/或药物治疗方法采用的辅助方法,如返回同一主体的细胞、组织或器官的处理方法、血液透析方法、麻醉深度监控方法、药物内服方法、药物注射方法、药物外敷方法等。第七,以治疗为目的的受孕、避孕、增加精子数量、体外受精、胚胎转移等方法。第八,以治疗为目的的整容、肢体拉伸、减肥、增高方法。第九,处置人体或动物体伤口的方法,如伤口消毒方法、包扎方法。第十,以治疗为目的的其他方法,如人工呼吸方法、输氧方法。但是,疾病的诊断和治疗中使用的器械、仪器等医疗设备以及药物本身是可以被授予专利权的。

以下情形是不属于治疗方法的发明,不得拒绝授予其专利权:第一,制造假肢或者假体的方法,以及为制造该假肢或者假体而实施的测量方法。第二,通过非外科手术方式处置动物体以改变其生长特性的畜牧业生产方法。第三,动物屠宰方法。第四,对于已经死亡的人体或动物体采取的处置方法,如解剖、整理遗容、尸体防腐、制作标本的方法。第五,单纯的美容方法,即不介入人体或不产生创伤的美容方法,包括在皮肤、毛发、指甲、牙齿外部可为人们所视的部位局部实施的、非治疗目的的身体除臭、保护、装饰或者修饰方法。第六，为使处于非病态的人或者动物感觉舒适、愉快或者在诸如潜水、防毒等特殊情况下输送氧气、负氧离子、水分的方法。第七，杀灭人体或者动物体外部（皮肤或毛发上，但不包括伤口和感染部位）的细菌、病毒、虱子、跳蚤的方法。

（八）动物和植物品种

专利法所称的动物，不包括人，所述动物是指不能自己合成，而只能靠摄取自然的碳水化合物及蛋白质来维系其生命的生物。专利法所称的植物，是指可以借助光合作用，以水、二氧化碳和无机盐等无机物合成碳水化合物、蛋白质来维系生存，并通常不发生移动的生物。

动植物品种可以分为天然生长和人工培育两种。自然界生长的动植物不是人类智力成果的产物，而专利法的重点在于鼓励创新，因此不能对动植物新品种授予专利权。经过人工培养的动植物新品种虽然是人类智力劳动的产物，但是任何一种动植物新品种的培育都必须经过较长的时间，并且经过好几代的筛选才能够获得显著性、稳定性和一致性。因此，我国的专利法暂时没有授予动植物新品种以专利权。例如，"哈佛鼠"的权利人所主张的权利是典型的动物新品种的专利权。

但是，对于动植物新品种的生产方法，可以依照专利法的规定授予专利权。这里所说的生产方法是指非生物学的方法，不包括生产动物和植物主要是生物学的方法，如辐射、人工栽培、保温。一种方法是否属于"主要是生物学的方法"，取决于在该方法中人的技术介入程度。如果人的技术介入对该方法所要达到的目的或者效果起了主要的控制作用或者决定性作用，则这种方法不属于"主要是生物学的方法"。

此外，动物和植物品种可以通过专利法以外的其他法律法规保护，例如，植物新品种可以通过《植物新品种保护条例》给予保护。还需要注意的是，微生物不属于动物或植物范畴。微生物和微生物方法可以获得专利保护。微生物发明，是指利用各种细菌、真菌、病毒等微生物去生产一种化学物质（如抗生素）或者分解一种物质等的发明。

（九）原子核变换方法和用该方法获得的物质

2020年修订后的《专利法》第25条将原来规定的"用原子核变换方法获得的物质"进一步明确为"原子核变换方法以及用原子核变换方法获得的物质"。由于关系到国家的经济、国防、科研和公共生活的重大利益，"原子核变换方法和用该方法获得的物质"不宜为单位或私人垄断，因此不能被授予专利权。

原子核变换方法，是指使一个或几个原子核经分裂或者聚合，形成一个或几个新原子核的过程，如完成核聚变反应的磁镜阱法、封闭阱法以及实现核裂变的各种方法等。为实现原子核变换而增加粒子能量的粒子加速方法（如电子行波加速法、电子驻波加速法、电子对撞法、电子环形加速法等），不属于原子核变换方法，可被授予发明专利权。为实现核变换方法的各种设备、仪器及其零部件等，也可被授予专利权。

用原子核变换方法所获得的物质，主要是指用加速器、反应堆以及其他核反应装置生产、制造的各种放射性同位素，这些同位素不能被授予发明专利权。但是这些同位素的用途以及使用的仪器、设备可被授予专利权。

(十) 对平面印刷品的图案、色彩或者二者的结合作出的主要起标志作用的设计

外观设计的本意是为了鼓励创新,而我国绝大多数的外观设计仅涉及主要起标志作用的,以瓶贴和平面包装为主要特色的图案设计,而不是对产品外观的创新。对此类外观设计授予专利容易导致外观设计专利权与他人的商标权、著作权发生冲突。

如果一件外观设计专利申请同时满足下列三个条件,则认为所述申请属于不授予专利权的情形:(1)使用外观设计的产品属于平面印刷品;(2)该外观设计是针对图案、色彩或者二者的结合而作出的;(3)该外观设计主要起标志作用。

第二节 专利申请的实质要件

一、发明、实用新型专利申请的实质要件

《专利法》第22条规定,"授予专利权的发明和实用新型,应当具备新颖性、创造性和实用性"。新颖性,是指该发明或者实用新型不属于现有技术;也没有任何单位或者个人就同样的发明或者实用新型在申请日以前向国务院专利行政部门提出过申请,并记载在申请日以后公布的专利申请文件或者公告的专利文件中。创造性,是指与现有技术相比,该发明具有突出的实质性特点和显著的进步,该实用新型具有实质性特点和进步。实用性,是指该发明或者实用新型能够制造或者使用,并且能够产生积极效果。

在专利"三性"(新颖性、创造性和实用性)的审查程序中,实用性的审查判断相对比较简单。因此,在审查顺序上是最先审查实用性,然后再分别进行新颖性和创造性的审查。只有具备实用性的发明创造才有必要进一步接受新颖性和创造性的审查。

(一) 实用性要求

1. 实用性的概念

实用性,是指发明或者实用新型申请的主题必须能够在产业上制造或者使用,并且能够产生积极效果。产业,包括工业、农业、林业、水产业、畜牧业、交通运输业以及文化体育、生活用品和医疗器械等行业。

2. 实用性的三重含义

(1)技术方案的可实施性。发明或者实用新型不能是抽象的理论或违反自然规律的设计,必须是完整的、可行的技术方案,任何所属技术领域的普通技术人员在阅读专利说明书之后即可实施。

(2)实施的可再现性。再现性,是指所属技术领域的技术人员,根据公开的技术内容,能够重复实施专利申请中为解决技术问题所采用的技术方案。这种重复实施不得依赖任何随机的因素,并且实施结果应该是相同的。

(3) 实施效果的有益性。有益性,是指技术方案的实施能够产生积极效果。能够产生积极效果,是指发明或者实用新型专利申请在提出申请之日,其产生的经济、技术和社会的效果是所属技术领域的技术人员可以预料到的。这些效果应当是积极的和有益的。

需要注意的是,对发明专利申请是否具有实用性的审查,是审查该发明专利申请的权利要求所记载的技术方案是否具有实用性。相关背景技术或引证文件的技术方案是否具有实用性,一般不属于对发明专利申请是否具有实用性的审查范围。

3. 不具备实用性的几种主要情形

(1) 无再现性,如疾病的诊断与治疗方法。(2) 违背自然规律,如永动机。因为发明专利申请具备实用性的基本前提是该发明应当建立在现有且公认的自然规律之上。明显违背自然规律的发明当然不具备实用性。(3) 利用独一无二的自然条件的产品,如与特定自然环境有关的水坝设计。(4) 人体或者动物体的非治疗目的的外科手术方法,如美容手术。(5) 测量人体或者动物体在极限情况下的生理参数的方法。不同的人或动物个体可以耐受的极限条件是不同的,需要有经验的测试人员根据被测对象的情况来确定其耐受的极限条件,因此这类方法无法在产业上使用,不具备实用性。(6) 无积极效果。明显无益、脱离社会需要的发明或者实用新型专利申请的技术方案不具备实用性。

(二) 新颖性要求

1. 新颖性的含义

新颖性,是指该发明或者实用新型不属于现有技术;也没有任何单位或者个人就同样的发明或者实用新型在申请日以前向国务院专利行政部门提出过申请,并记载在申请日以后公布的专利申请文件或者公告的专利文件中。

据此,发明或实用新型必须满足以下两个条件才具有新颖性:

(1) 该发明或者实用新型不属于现有技术

根据《专利法》第22条第5款的规定,现有技术(也称公知技术、已有技术),是指申请日以前在国内外为公众所知的技术。如果申请专利的发明或实用新型不同于已公开的技术,则具有新颖性。

与"现有技术"相近的一个概念是"公知常识",但公知常识的范围小于现有技术。某项现有技术只有在其所属领域基于申请日(或优先权日)前的该领域技术发展水平及该领域技术人员而言,已经被广泛接受并应用,以至于该技术在该领域已经到达了"公知化"的程度,才能被认定为公知常识。

因此,对公知常识的认定应该采取审慎的态度,适用客观公允的标准。《专利审查指南》中的相关具体规定也体现了这一价值取向:首先,《专利审查指南》第二部分第八章4.10.2.2规定:审查员在审查意见通知书中引用的本领域的公知常识应当是确凿的,如果当事人对审查员引用的公知常识提出异议,审查员应当能够说明理由或提供相应的证据予以证明。其次,《专利审查指南》对公知常识性证据进行了有限列举,仅限于教科书、技术手册、技术词典三种形式。如果一项专利申请相对于现有技术的区别仅在于在相同技术领域起到相同作用或效果的公知常识,则不应当被授予专利权,否则就会对公众正常的生产经营活动产生不适当的限制和干扰。因此,《专利审查指南》明确规定,在实质审查、复审以及无效请求各个阶段,国家知识产权局均可以引入所属领域的公知常识或公知常识性证据评价相应专利权的创造性。同时,根据《专利审查指南》中有关公知常识的示例性解释可知,公知常识包含相关领域的惯用技术手段和普通技术知识。

在专利法上,对"公开"的理解,需要遵循特定的含义和判断标准。

① 公开的含义

专利法上的公开,是指为不特定多数人所知悉。但是,只要技术方案处于不特定多数人可能知悉的状态即构成公开,不论事实上是否为多数人知晓。例如,某人在博客上公布某项技术方案,即便无任何点击浏览,也仍然构成专利法上的公开。相反,如果将某技术方案复印若干份后,发给签有保密协议的研究团队成员,由于该技术方案仍然处于保密状态而不可能为公众所知悉,在专利法上依然不构成公开。

② 公开的方式

在专利法上,现有技术的公开方式包括出版物公开、使用公开以及以其他方式公开三种方式。

第一,出版物公开。出版物公开,是指在公开发行的出版物上描述技术方案。专利法意义上的出版物是指,记载有技术或设计内容的独立存在的传播载体,并且应当表明或者有其他证据证明其公开发表或出版的时间。

符合上述含义的出版物可以是各种印刷的、打字的纸件,如专利文献、科技期刊、科技书籍、学术论文、专业文献、教科书、技术手册、正式公布的会议记录或者技术报告、报纸、产品样本、产品目录、广告宣传册等,也可以是用电、光、磁、照相等方法制成的视听资料,如缩微胶片、影片、照相底片、录像带、磁带、唱片、光盘等,还可以是以其他形式存在的资料,如存在于互联网或其他在线数据库中的资料等。判决书与法律法规等规范性文件具有相同的性质,一经作出并送达,也应当被视为公开出版物。

出版物不受地理位置、语言或者获得方式的限制,也不受年代的限制。出版物的出版发行量多少、是否有人阅读过、申请人是否知道是无关紧要的。因此,对于专利法意义上公开出版物的认定不必需要其如正式出版发行的刊物一样,具有出版文号等,只要其处于能够为公众所知的状态即可。印有"内部资料""内部发行"等字样的出版物,确系在特定范围内发行并要求保密的,不属于公开出版物。

出版物的印刷日视为公开日,有其他证据证明其公开日的除外。印刷日只写明年月或者年份的,以所写月份的最后一日或者所写年份的12月31日为公开日。审查员认为出版物的公开日期存在疑义的,可以要求该出版物的提交人提出证明。

在"再审申请人蒂森克虏伯机场系统(中山)有限公司与被申请人中国国际海运集装箱(集团)股份有限公司、深圳中集天达空港设备有限公司、一审被告广州市白云国际机场股份有限公司侵害发明专利权纠纷案"[①]中,最高人民法院指出,产品操作和维护说明书随产品销售而交付使用者,使用者及接触者均没有保密义务,且其能够为不特定公众所获取,属于专利法意义上的公开出版物。其中记载的技术方案,以交付给使用者的时间作为公开时间。

第二,使用公开。使用公开,是指由于使用而导致技术方案的公开,或者导致技术方案处于

---

① 最高人民法院(2016)最高法民再179号民事判决书。

公众可以得知的状态。使用公开的方式包括能够使公众得知其技术内容的制造、使用、销售、进口、交换、馈赠、演示、展出等方式。只要通过上述方式使有关技术内容处于公众想得知就能够得知的状态，就构成使用公开，而不取决于是否有公众得知。

但是，未给出任何有关技术内容的说明，以致所属技术领域的技术人员无法得知其结构和功能或材料成分的产品展示，不属于使用公开。如果使用公开的是一种产品，即使所使用的产品或者装置需要经过破坏才能够得知其结构和功能，也仍然属于使用公开。此外，使用公开还包括放置在展台上、橱窗内供公众阅读的信息资料及直观资料，如招贴画、图纸、照片、样本、样品等。

使用公开是以公众能够得知该产品或者方法之日为公开日。

第三，以其他方式公开。为公众所知的其他方式，主要是指口头公开等。例如，口头交谈、报告、讨论会发言、广播、电视、电影等能使公众得知技术内容的方式。口头交谈、报告、讨论会发言以其发生之日为公开日。公众可接收的广播、电视或电影的报道，以其播放日为公开日。

值得注意的是，企业标准备案并不当然构成专利法意义上的公开。纳入标准内容的技术要求，不可避免地会涉及相关的技术信息，可能涵盖专利和技术秘密等技术内容。不能简单地认为有关技术信息被纳入标准，就已经当然公开并且进入公有领域。根据《标准化法实施条例》的有关规定，对于国家标准、行业标准和地方标准，由主管部门编制计划，组织草拟，统一审批、编号、发布。这些标准作为民用标准，一般会全文发布，发布之后，社会公众即可从公开渠道获得。据此可以认为，国家标准、行业标准和地方标准作为民用标准一旦发布，有关内容即构成专利法意义上的公开。

对于企业自行制定的严于国家标准或者行业标准的企业内控标准，在企业内部适用，这种企业标准可以不公开，也不要求备案，但如果该标准作为交货依据，则必须备案，同时该备案标准也是政府标准化行政主管部门和有关行政主管部门对企业生产的产品进行监督检查的依据。但对于备案的企业标准，现行有关法律和行政法规中没有备案后任何人可以自由查阅、获得的规定，也没有明确禁止性的规定。并且在买卖合同中，买卖的标的物涉及特定的企业标准，在卖方依照约定或者交易习惯向买方交付企业标准时，如果卖方知悉或应当知悉其中包含对方的技术秘密，依据《民法典》第509条第2款的规定，买方负有合同的附随保密义务，企业标准也不能被视为公开。

此外，企业生产执行国家标准、行业标准、地方标准或企业标准，应当在产品或其说明书、包装物上标注所执行标准的代号、编号、名称。其目的在于便于执法机关监督检查和便于解决产品质量纠纷，社会公众据此只能获知有关产品所执行的标准代号、编号、名称，并不能据此当然获知标准的具体内容。法律既不要求将企业产品标准的具体内容向社会公开，也未强制要求向交易相对人公开。

因此，企业标准作为一种技术要求，构成企业的科技成果，并不排除可以包含企业的技术秘密；法律虽然要求作为交货依据的企业标准必须备案，但这并不意味着备案的企业标准当然会被备案管理机关予以全部公开。①

③ 公开的时间

公开的时间，是指判断发明或者实用新型何时公开即丧失新颖性的时间基准。它是划分新

---

① 最高人民法院（2007）行提字第3号行政裁定书。

技术与现有技术的时间界限。目前,世界各国的做法不一,主要有三种模式:

第一,发明日原则。也称先发明原则,即以发明完成日为准,只要发明完成之日技术尚未公开,则具备新颖性。美国在很长一段时间里一直坚持先发明原则,直到2013年修改《专利法》之后才改为先申请制。

第二,申请时原则。即以专利申请的时刻为准,只要专利申请之时技术尚未公开,则具备新颖性。

第三,申请日原则。也称先申请原则,即以专利申请日(享有优先权的,则指优先权日)为准,只要专利申请之日技术尚未公开(即非现有技术),则具备新颖性。这是世界上最为通行的做法。我国专利制度从一开始就以申请日作为判断申请先后的时间标准。

需要注意的是,申请日当天公开的技术内容不包括在现有技术范围内。原因是专利法判断技术是否公开的时间标准是"申请日",而非"申请时"。这样在计算上就不允许包括"当天"公开的技术,因为不排除存在有人上午申请,当天下午有人将技术内容公开的可能性。

④ 公开的地域

公开的地域,是指何种地域范围内的公开,将导致发明或者实用新型丧失新颖性。各国的判断标准主要有三种:

第一,绝对新颖性标准。也叫世界新颖性标准,是指发明或实用新型未曾在世界任何地方公开,才具有新颖性。

第二,相对新颖性标准。也叫本国新颖性标准,是指发明或实用新型未曾在本国公开,就具有新颖性。

第三,混合新颖性标准。由于相对新颖性标准之下的专利技术创新程度较低,而绝对新颖性的认定比较困难,因此,有的国家实行混合新颖性标准。混合新颖性标准区分出版物公开与其他方式公开,对出版物公开实行绝对新颖性标准,以使用或其他方式公开则实行相对新颖性标准。

我国《专利法》在2008年修改时从混合新颖性标准改采绝对新颖性标准。"现行专利法关于专利授权条件采用的是相对新颖性标准,即规定申请发明、实用新型专利权的发明创造没有在国内外公开发表过,也没有在国内公开使用过或者以其他方式为公众所知;申请外观设计专利权的设计没有在国内外公开发表过,也没有在国内公开使用过。根据该规定,一些没有公开发表过的技术,虽然在国外已经被公开使用或者已经有相应的产品出售,只要在我国国内还没有人公开使用或者没有相应的产品出售,就可以在我国授予专利,从而导致我国专利质量不高。这既不利于激励自主创新,也妨碍了国外已有技术在我国的应用。为此,草案采用了绝对新颖性标准,规定授予专利权的发明创造在国内外都没有为公众所知。"[①]

(2) 该发明或者实用新型不存在抵触申请

① 抵触申请的含义

抵触申请,也称损害新颖性的专利申请,是指任何单位或者个人就同样的发明或者实用新型在申请日以前向国务院专利行政部门提出过,并记载在申请日以后公布的专利申请文件或者公告的专利文件中的申请。

---

① 2008年8月25日,国家知识产权局局长田力普在第十一届全国人民代表大会常务委员会第四次会议上所作的《关于〈中华人民共和国专利法修正案(草案)〉的说明》。

需要注意的是,由于《专利法》采取的是先申请原则(申请日原则),此处的"申请日以前"不包含申请日当天,"申请日以后"则包含申请日当天。

② 抵触申请的意义

由于一项发明创造只能授予一项专利权,因此,如果他人在申请日以前已经以相同的发明或者实用新型向国务院专利行政部门提出过申请,并且记载在申请日之后公布的专利申请文件中,即出现抵触申请时,为避免对同样的发明或者实用新型专利申请重复授权,则视先申请的发明或者实用新型为后申请的发明或者实用新型的现有技术,后一申请则不具备新颖性。

简言之,抵触申请制度的目的在于避免重复授权。

③ 抵触申请的条件

根据抵触申请的含义,构成抵触申请需要具备两个条件:第一,在后专利申请之日以前(不含申请日)已由任何单位或者个人提出过同样的专利申请,即存在在先专利申请;第二,在先专利申请于在后专利申请之日以后(含申请日)公布,即在先专利申请于在后公开。

根据专利申请程序,一件专利申请通常要在申请日以后一定期限才能在专利公报上公开。《专利法》第34条规定:国务院专利行政部门收到发明专利申请后,经初步审查认为符合本法要求的,自申请日起满18个月,即行公布。国务院专利行政部门可以根据申请人的请求早日公布其申请。因此,如果已有人在申请日以前提出了同样的发明或实用新型专利申请,仅从申请日以前已公开的国内外出版物上是无法找到的,但事实上申请日以前已有人在专利申请中描述了同样的技术方案。在在先申请最终被公开的情况下,专利局可以将之视为抵触申请,驳回在后申请人的申请。

但是,如果先申请人在其先申请进入公开程序之前撤回了该申请,该在先申请的申请文件就不会在其撤回以后公开,这时先后两申请不构成抵触申请,在后申请的新颖性不被损害;如果先申请人在其申请已进入公开程序后再撤回,且公开时间晚于在后申请人的申请日,此时先后两项申请仍然构成抵触申请,在后申请不再具备新颖性。

需要注意的是,抵触申请只能发生在同一国的专利申请之间,不同国家间的申请不存在抵触,因为根据《巴黎公约》第4条之二的规定,在不同国家就同一发明取得的专利是相互独立的。

此外,抵触申请也包括申请人自己提出的同样的在先申请,但不包括申请当日提出的同样的专利申请。

④ 抵触申请的后果

抵触申请的法律后果是,在后申请丧失新颖性,申请在先者获得专利权,这也是先申请原则的体现。

⑤ 现有技术与抵触申请的关系

现有技术和抵触申请都事关发明创造的新颖性,但二者在具体构成上并不相同,在实践中,容易发生混淆,特别是涉及在先申请的公开日和在后申请的申请日重合的情形,例如,专利A于2020年1月1日提出申请,并于2020年7月1日公布,同样的专利B于2020年7月1日提出申请,此时,仍然适用抵触申请,而不适用现有技术原理。

2. 新颖性的审查原则:单独对比

判断新颖性时,应当将发明或者实用新型专利申请的各项权利要求分别与每一项现有技术或申请在先、公布或公告在后的发明或实用新型的相关技术内容单独地进行比较,不得将其与几项现有技术或者申请在先、公布或公告在后的发明或者实用新型内容的组合,或者与一份对比文件中的多项技术方案的组合进行对比。

3. 不丧失新颖性的例外

(1) 不丧失新颖性的目的

根据前述关于发明和实用新型新颖性的规定,申请专利的发明如在申请日前已经公开,便失去新颖性,不能获得专利权,这是一条基本原则。但这一原则并非绝对的,也有例外。许多国家专利法都规定,在申请日前的一定期限内,发明创造在某些特定情况下的公开,可以不丧失新颖性,即所谓不丧失新颖性的公开。这一段期限,专利法称之为宽限期。

这一特别规定最早源于《巴黎公约》,因为《巴黎公约》缔结的起因就是国际展览会上对工业产权保护不充分的问题。根据《巴黎公约》第11条的规定:本联盟国家应按其本国法律对在本联盟任何国家领土内举办的官方或经官方承认的国际展览会展出的商品中可以取得专利的发明、实用新型、工业品外观设计和商标,给予临时保护。这种临时性保护可以用多种方式提供,如优先权方式,或者给予一定的不丧失新颖性的宽限期,或者承认展出人的先使用权等。我国专利法中也有类似不丧失新颖性的宽限期的规定。其目的是鼓励正常的学术交流,减轻恶意泄露技术给利害关系人造成的损害。

(2) 不丧失新颖性的情形

第一,在国家出现紧急状态或者非常情况时,为公共利益目的首次公开的。这一情形是2020年《专利法》第四次修改时第24条新增的内容。对"国家出现紧急状态或者非常情况"以及"公共利益"的理解与《专利法》第54条的规定应该保持一致。一般而言,"国家出现紧急状态或者非常情况"是指国家暴发大规模疫情、发生严重自然灾害、战争等情况。"公共利益"主要是指那些涉及社会全体成员的共同利益,如公共卫生、灾害防治、环境保护等。

第二,在中国政府主办或者承认的国际展览会上首次展出的。这种情形包括两层含义:一是必须是中国政府主办或者承认的国际展览会。中国政府主办的国际展览会,包括国务院、各部委主办或者国务院批准由其他机关或者地方政府举办的国际展览会。中国政府承认的国际展览会,是指国际展览会公约规定的由国际展览局注册或者认可的国际展览会。二是必须是国际展览会,即展出的展品除了有举办国的产品以外,还应当有来自外国的展品。

第三,在规定的学术会议或者技术会议上首次发表的。即所谓的"学术会议或者技术会议"是有一定限定条件的,必须是"规定的",具有一定的规模和规格。根据《专利法实施细则》,规定的学术会议或者技术会议是指国务院有关主管部门或者全国性学术团体组织召开的学术会议或者技术会议,不包括省以下或者受国务院各部委或者全国性学会委托组织召开的学术会议或者技术会议。在符合以上规定的学术会议或者技术会议上第一次发表的发明创造,不丧失新颖性。

第四,他人未经申请人同意而泄露其内容的。即他人未经申请人同意而泄露其内容所造成的公开,包括他人未遵守明示或者默示的保密信约而将发明创造的内容公开,也包括他人用威胁、欺诈或者间谍活动等手段从发明人或者申请人那里得知发明创造的内容而后造成的公开。这两种情况的公开都是违反申请人本意的,属于非法的公开。

(3) 不丧失新颖性的公开的时间界限

申请专利的发明创造在申请日以前6个月内,有上述情形之一的,该申请不丧失新颖性。所说的6个月期限,称为宽限期,或者称为优惠期。如果超过这个期限再提出专利申请,就不再具有新颖性,不应授予其专利权。

(4) 不丧失新颖性的效力

这种不丧失新颖性的例外规定,仅仅是把申请人(包括发明人)的某些公开,或者第三人从申请人或发明人那里以合法手段或者不合法手段得来的发明创造的某些公开,认为是不损害该专利申请新颖性和创造性的公开。

实际上,发明创造公开以后已经成为现有技术,只是这种公开在一定期限内对申请人的专利申请来说不视为影响其新颖性和创造性的现有技术,并不是把发明创造的公开日看作是专利申请的申请日。所以,从公开之日至提出申请的期间,如果第三人独立地作出了同样的发明创造,而且在申请人提出专利申请以前提出了专利申请,那么根据先申请原则,申请人就不能取得专利权。当然,由于申请人(包括发明人)的公开,使该发明创造成为现有技术,故第三人的申请没有新颖性,也不能取得专利权。

(三) 创造性要求

在专利制度建立初期,一项发明创造只需要具备新颖性就可以被授予专利权。但在专利制度的实施过程中,人们逐渐发现,这种只考虑新颖性的做法暴露出了诸多缺陷,导致一些没有获得多大技术进步,甚至是比较落后的技术方案都取得了专利权,这显然有悖于专利制度激励创新的立法目的。为了克服这一弊端,一些国家专利法相继规定了创造性标准。

1. 创造性的含义

创造性,在一些国家里也被称作非显而易见性等。例如,美国《专利法》第103条规定:一项发明虽然满足新颖性要求,但申请专利的内容与已有技术之间的差异甚为微小,以致该项发明在完成时对于本专业普通技术人员而言是显而易见的,则不能取得专利。我国《专利法》第22条第3款对创造性的含义作出了明确规定:创造性,是指与现有技术相比,该发明具有突出的实质性特点和显著的进步,该实用新型具有实质性特点和进步。

创造性和新颖性都是相对现有技术而言,并且对现有技术的认定标准是一致的。也就是说,创造性的判断在时间上也采取先申请原则。创造性与新颖性的区别在于:新颖性只表明一项技术是前所未有的,但不论该技术进步与否;创造性则强调一项技术的进步程度与技术难度。

2. 创造性的评价

创造性应当基于所属技术领域的技术人员的知识和能力进行评价。所属技术领域的技术人员(person having ordinary skill in the art,PHOSITA),也可称为本领域的技术人员,是指一种假设的"人",假定他知晓申请日或者优先权日之前发明所属技术领域所有的普通技术知识,能够获知该领域中所有的现有技术,并且具有应用该日期之前常规实验手段的能力,但他不具有创造能力。如果所要解决的技术问题能够促使本领域的技术人员在其他技术领域寻找技术手段,他也应具有从该其他技术领域中获知该申请日或优先权日之前的相关现有技术、普通技术知识和常规实验手段的能力。

"所属技术领域的技术人员"概念的雏形,最早可以追溯到美国1790年《专利法》,当时其对应概念为"workman or other person skilled in the art or manufacture",即"本领域的工人或其他技术人员",其主要功能为进行专利文本公开充分性的判断。经过数十年的发展,美国联邦最高法院在著名的 1850 年 Hotchkiss v. Greenwood 案中,①正式提出了用于专利性判断的"普通技工"(Ordinary Mechanic)。该概念正是"本领域普通技术人员"的前身。该案中,美国最高法院在否定一项关于门把手的改进技术方案的专利性时指出,"除非(该发明的产生)需要具备比熟悉业务的普通技工更高的创造性(ingenuity)和技能,否则该方案欠缺构成发明所必需的技术和创造性(ingenuity)水平"。Hotchkiss 案中"熟悉业务的普通技工",正是"本领域普通技术人员"的前身。

Hotchkiss 案之后,经过一百多年的发展,美国最终在 1952 年《专利法》的第 103 条"非显而易见性"规则中,首次将"本领域的普通技术人员"(Person of Ordinary Skill in the Art, PHOSITA)规定为显而易见性的判断标准。② 之后,美国专利法中的"本领域普通技术人员"的适用范围扩展到了新颖性、公开充分性等专利实质要件,以及权利要求解释等领域。③ 1983 年的 Environmental 案中,④法院提出了影响"本领域技术人员"的六个因素:(1) 发明人受教育程度;(2) 所属技术领域所面对的问题;(3) 现有技术对所属技术领域所面对的问题提供的解答情况;(4) 发明完成的速度;(5) 技术的复杂程度;(6) 所属技术领域实际工作者的教育程度。从而进一步明确了本领域技术人员的界定标准。包括我国在内的各主要国家(如英国、德国、日本)的专利法,或通过立法借鉴,或通过国际公约的签订,继受了美国法上类似的"本领域普通技术人员"概念。⑤ 我国专利法体系即借鉴使用了该概念。

"所属技术领域的技术人员"类似说法首次在我国立法中出现,是在 1984 年《专利法》第 26 条第 3 款,规定"说明书应当对发明或者实用新型作出清楚、完整的说明,以所属领域技术人员能够实现为准",这一规定与美国 1952 年以前专利法中本领域技术人员的作用相一致。目前,"所属技术领域的技术人员"的概念已经扩张到专利授权确权以及保护范围的确定,"所属技术领域的技术人员"在专利实质要件审查判断中的适用,包括新颖性、创造性、实用性、公开充分性、权利要求是否得到说明书的支持,在保护范围确定中,涉及权利要求的解释、等同判定等。

从功能上来看,"所属技术领域的技术人员"的产生是基于专利本身的无体性、语言表述的模糊性以及技术的变动性特征。因为专利本身具有无体性,语言文字难以完全充分界定,对语言文字的理解和解释,具有不同知识结构、观念和立场的人,在不同时间有可能得出不同的结论,且由于技术演变日新月异,公知技术以及显而易见性的标准也发生着变化,不同法官、审查员对于同一问题从个人立场得出的结论有可能存在较大差异。为防止法官、专利审查员的主观性对审判结果的过度影响,"所属技术领域的技术人员"作为法律上的拟制人,需要提供一个较为客观的判断标准,引入该标准后,专利法官和审查员不再需要成为特定领域的技术专家,而是成为证

---

① See Hotchkiss v. Greenwood, 52 U.S. 248 (1851).
② See Patent (Bryson) Act of 1952, ch. 950, 66 Stat. 792, 798 [codified as amended at 35 U.S.C. § 103 (2006)].
③ See Amy L. Landers, Ordinary Creativity in Patent Law: The Artist Within the Scientist, 75 *Missouri Law Review* 1 (2010); Mark A. Lemley, The Changing Meaning Of Patent Claim Terms, 104 *Mich. L. Rev.* 101 (2005).
④ "The actors that may be considered in determining level of ordinary skill in the art include: (1) the educational level of the inventor; (2) type of problems encountered in the art; (3) prior art solutions to those problems; (4) rapidity with which innovations are made; (5) sophistication of the technology; and (6) educational level of active workers in the field." See Environmental Designs, Ltd. v. Union Oil Co. of California, 713 F.2d 693 (Fed. Cir. 1983).
⑤ See Toshiko Takenaka, *Extent of Patent Protection in the United States, Germany, the United Kingdom and Japan: examination through the concept of "person having ordinary skill in the art of the invention"*, Patent Law and Theory: a Handbook of Contemporary Research, p. 442, Edward Elgar Publishing House (2008).

据的审查判断者,查明"所属技术领域的技术人员"所代表的技能水平并进行判断。[①]

3. 发明创造性的判断标准

判断一项申请专利的发明是否符合创造性的标准,是该项发明是否具有突出的实质性特点和显著的进步。

(1)该发明具有突出的实质性特点

发明有突出的实质性特点,是指对所属技术领域的技术人员来说,发明相对于现有技术是非显而易见的。如果发明是所属技术领域的技术人员在现有技术的基础上仅仅通过合乎逻辑的分析、推理或者有限的试验可以得到的,则该发明是显而易见的,也就不具备突出的实质性特点。

对技术方案创造性的评价,一般会从对现有技术作出"贡献"的角度出发,采取相对客观的"三步法"判断方式,判断要求保护的技术方案是否对现有技术构成了实质上的"贡献",从而决定是否对其授予专利权。

具体而言,判断是否"显而易见"的"三步法"如下。

第一步:确定最接近的现有技术。最接近的现有技术,是指现有技术中与要求保护的发明最密切相关的一个技术方案,它是判断发明是否具有突出的实质性特点的基础。最接近的现有技术,既可以是与要求保护的发明技术领域相同,所要解决的技术问题、技术效果或者用途最接近和/或公开了发明的技术特征最多的现有技术,也可以是与要求保护的发明技术领域不同,但能够实现发明的功能,并且公开发明的技术特征最多的现有技术。

现有技术的认定应当以对比文件客观公开的技术内容为准,该技术内容不仅包括明确记载在对比文件中的内容,而且包括对于所属技术领域的技术人员来说,隐含的且可直接地、毫无疑义地确定的技术内容。但是,现有技术的确定是为了合理界定诉争申请或专利申请日之前本领域技术人员能够公开获取的技术内容的范围,以判断涉案申请或专利是否符合授予专利权的条件,而非给予现有技术一定时期的独占权,因此,并不要求对比文件中公开的技术内容必须满足诸如专利法对专利文件关于"公开充分"等授权条件,而仅需使得本领域技术人员在对比文件客观公开内容的基础上能够直接、毫无疑义地获得相应实质性技术信息即可。例如,在评判化学领域化合物发明申请的新颖性或创造性时,现有技术内容的确定适用"提及即公开"的标准,即在对比文件中客观记载了相应化合物的分子式或化学名称等信息的基础上即可认定该对比文件公开了该化合物,而不必然要求该对比文件中公开该化合物是否实际已制备或者明确该化合物的具体功能或用途等详细信息。

第二步:确定发明的区别特征和发明实际解决的技术问题。首先,应当分析要求保护的发明与最接近的现有技术相比有哪些区别特征,这是确定涉案发明所实际解决的技术问题,进而判断本领域技术人员是否具有相应技术启示的基础。然后,根据该区别特征所能达到的技术效果,确定发明实际解决的技术问题。从这个意义上说,发明实际解决的技术问题,是指为获得更好的技术效果而需对最接近的现有技术进行改进的技术任务。发明实际解决的技术问题的确定,是将其与最接近的现有技术相比较而得出的,而不是以其背景技术的记载为依据。此外,由于在对专利申请审查的过程中发现的最接近的现有技术可能不同于申请人在说明书中所描述的现有技术,故不能简单地将说明书中描述的技术问题确定为发明实际解决的技术问题。

[①] 参见张小林:《论专利法中的"本领域普通技术人员"》,载《科技与法律》2011年第6期。

另外，判断技术方案的创造性时，不仅要考虑最接近的现有技术的其他部分是否公开了该区别技术特征，还需要考虑该区别技术特征在该其他部分所起的作用与该区别技术特征在要求保护的发明中为解决重新确定的技术问题所起到的作用是否相同。如果区别特征是另一对比文件中披露的相关技术手段，该技术手段在该对比文件中所起的作用与该区别特征在要求保护的发明中为解决重新确定的技术问题所起的作用相同，一般认为现有技术中存在技术启示。但如果区别特征与另一对比文件中披露的相关技术手段有所区别，还需要针对该区别，对本领域技术人员是否容易想到以区别特征相同的技术手段解决技术问题加以证明或进行合理的说明。尤其是在对比文件的相关技术手段能够解决发明实际解决的技术问题的情况下，应当对本领域技术人员有动机以不同的技术手段解决相同的技术问题加以证明或进行合理的说明。

简言之，一项发明权利要求请求保护的技术方案和最接近的现有技术相比存在区别技术特征，如果该区别技术特征已经被其他对比文件公开，或属于本领域中用于解决该发明所要解决的技术问题的公知常识，则该权利要求不具有突出的实质性特点，也就不具备创造性。

第三步：判断要求保护的发明对本领域的技术人员来说是否显而易见。在该步骤中，要从最接近的现有技术和发明实际解决的技术问题出发，判断要求保护的发明对本领域的技术人员来说是否显而易见。判断过程中，要确定的是现有技术整体上是否存在某种技术启示，即现有技术中是否给出将上述区别特征应用到该最接近的现有技术以解决其存在的技术问题（即发明实际解决的技术问题）的启示。这种启示会使本领域的技术人员在面对所述技术问题时，有动机改进该最接近的现有技术并获得要求保护的发明。如果现有技术存在这种技术启示，则发明是显而易见的，不具有突出的实质性特点。

还需要注意的是，在进行专利创造性判断时，应当针对权利要求限定的技术方案整体进行评价，而不能割裂地评价每一技术特征是否具备创造性，也不应当将其与现有技术的区别特征简单地用"本领域的常规技术手段""本领域技术人员通常能够想到的"来描述，即使该技术方案的区别特征是现有技术手段，也并不一定就能否定该技术方案的创造性，还应该看该区别技术特征在整个技术方案中的作用，以及现有技术是否明确教导所属技术领域的技术人员将该区别技术特征应用到该技术方案中。

如果权利要求保护的技术方案与最接近的现有技术存在区别技术特征，而该区别技术特征未被其他对比文件公开，并且其他对比文件中也没有给出相应的技术启示，也没有充分的证据或理由表明上述区别技术特征是本领域的公知常识，则该权利要求所要求保护的技术方案就不是显而易见的。

（2）该发明具有显著的进步

发明有显著的进步，是指发明与现有技术相比能够产生有益的技术效果。

根据《专利审查指南》的要求，以下情况，通常认为发明具有显著的进步：第一，发明与现有技术相比具有更好的技术效果；第二，发明提供了一种技术构思不同的技术方案，其技术效果能够基本上达到现有技术的水平；第三，发明代表某种新技术发展趋势；第四，尽管发明在某些方面有负面效果，但在其他方面具有明显积极的技术效果。

（3）判断发明创造性时需考虑的其他因素

当申请属于以下情形时，审查员应当予以考虑，不应轻易作出发明不具备创造性的结论：

第一，发明解决了人们一直渴望解决但始终未能获得成功的技术难题。

第二，发明克服了技术偏见。从《专利审查指南》可知，技术偏见，是指在某段时间内、某个技术领域中，技术人员对某个技术问题普遍存在的、偏离客观事实的认识，它引导人们不去考虑其他方面的可能性，阻碍人们对该技术领域的研究和开发。如果发明克服了这种技术偏见，采用了人们由于技术偏见而舍弃的技术手段，从而解决了技术问题，则这种发明具有突出的实质性特点和显著的进步，具备创造性。例如，对于电动机的换向器与电刷间界面，通常认为越光滑接触越好，电流损耗也越小。一项发明将换向器表面制出一定粗糙度的细纹，其结果电流损耗更小，优于光滑表面。该发明就是克服了技术偏见，具备创造性。现有技术中是否存在技术偏见，应当结合现有技术的整体内容进行判断。

第三，发明取得了预料不到的技术效果。发明的技术效果是判断创造性的重要因素。如果发明相对于现有技术所产生的技术效果在质或量上发生明显变化，超出了本领域技术人员的合理预期，可以认定发明具有预料不到的技术效果。例如，在新晶型化合物创造性判断中，一般应当结合其是否带来预料不到的技术效果进行考虑。化合物总是以一定的物理形态存在，晶体仅是化合物分子的一种堆积形态。同一种化合物可能存在多种晶体形式，也可能根本不存在晶体形式。在目前的技术水平下，这是难以预测的。一般来说，本领域的技术人员在发现某种化合物具有某种药学活性后，会基于稳定性、高纯度等普遍存在的动机，采用常规的结晶方法尝试制备晶体，如果能制备出晶体，就对晶体性能进行检测。由此可见，晶体是否具有意想不到的技术效果，是决定其是否具有创造性的关键因素，而《专利审查指南》第二部分第十章6.1对化合物的创造性审查规定，发明对最接近现有技术化合物进行的结构改造所带来的用途和/或效果可以是获得与已知化合物不同的用途，也可以是对已知化合物某方面效果的改进。在判断化合物创造性时，如果这种用途的改变和/或效果的改进是预料不到的，则反映了要求保护的化合物是非显而易见的，应当认可其创造性。在新晶型化合物创造性判断中，并非所有的微观晶体结构变化均必然具有突出的实质性特点和显著的进步，必须结合其是否带来意料不到的技术效果进行考虑。①但在认定是否存在预料不到的技术效果时，应当综合考虑发明所属技术领域的特点，尤其是技术效果的可预见性、现有技术中存在的技术启示等因素。

第四，发明在商业上获得成功。一般情况下，只有利用"三步法"难以判断技术方案的创造性或者得出无创造性的评价时，从社会经济的激励作用角度出发，才将商业上的成功作为创造性判断的辅助因素。《专利审查指南》第二部分第四章5.4规定：当发明的产品在商业上获得成功时，如果这种成功是由于发明的技术特征直接导致的，则一方面反映了发明具有有益效果，同时也说明了发明是非显而易见的，因而这类发明具有突出的实质性特点和显著的进步，具备创造性。但是，如果商业上的成功是由于其他原因所致，例如由于销售技术的改进或者广告宣传造成的，则不能作为判断创造性的依据。

因此，商业成功只是创造性判断的辅助性因素。于相对客观的"三步法"而言，对于商业上的成功是否确实导致技术方案达到被授予专利权的程度，应当持相对严格的标准。当申请人或专利权人主张其发明或者实用新型获得了商业上的成功时，应当审查以下因素：首先，发明或者实用新型的技术方案是否真正取得了商业上的成功；其次，该商业上的成功是否源于发明或者实用新型的技术方案相比现有技术作出了改进的技术特征，而非该技术特征以外的其他因素所导

---

① 最高人民法院(2011)知行字第86号行政裁定书。

致的。商业上的成功体现的是一项发明或者实用新型被社会认可的程度。理论上讲,成功与否应当由该发明或者实用新型所代表的技术或产品相比其他类似的技术或产品在同行业所占的市场份额来决定,单纯的产品销售并不能代表已经取得商业上的成功。一项发明或者实用新型获得商业上的成功所基于的直接原因应当是创造性判断的重点。导致商业上取得成功的,必须是发明或者实用新型的技术方案相比现有技术作出改进的技术特征,而非该技术特征之外的其他因素。因此,必须对导致商业成功的原因进行详细分析,从而排除技术特征之外的其他因素对取得商业成功的影响。[1]

但是,需要注意的是,发明因其技术特征直接导致其在商业上获得成功,只是判断发明是否具备创造性的一个辅助考虑因素。

(4) 审查发明创造性时应当注意的问题

根据《专利审查指南》的要求,在审查发明的创造性时还应当注意以下四个问题:

第一,创立发明的途径。不管发明者在创立发明的过程中是历尽艰辛,还是唾手而得,都不应当影响对该发明创造性的评价。绝大多数发明是发明者创造性劳动的结晶,是长期科学研究或者生产实践的总结。但是,也有一部分发明是偶然作出的。例如,具有高强度和耐磨性能的汽车轮胎,就是由于一名工匠在准备黑色橡胶配料时,把决定加入3%的碳黑错用为30%而造成的。事实证明,加入30%碳黑生产出来的橡胶具有原先不曾预料到的高强度和耐磨性能,尽管它是由于操作者偶然的疏忽而造成的,但不影响该发明具备创造性。

第二,避免"事后诸葛亮"。由于审查员在认定创造性时是在了解了发明内容之后才作出的判断,因而容易对发明的创造性估计偏低,从而犯"事后诸葛亮"的错误。审查员应当牢牢记住,对发明的创造性评价是由发明所属技术领域的技术人员依据申请日以前的现有技术与发明进行比较而作出的,以减少和避免主观因素的影响。

第三,对预料不到的技术效果的考虑。如果发明与现有技术相比具有预料不到的技术效果,则不必再怀疑其技术方案是否具有突出的实质性特点,可以确定发明具备创造性。但是,商业上的成功仅是判断技术具有创造性的辅助证据。例如,在"比亚迪股份有限公司与国家知识产权局专利复审委员会、惠州超霸电池有限公司专利无效行政纠纷案"[2]中,法院认为,"判断技术方案是否具有相应技术效果的一个辅助性指标就是商业上的成功,但这不能直接用来得出专利是否具有创造性的结论。判断一项技术是否具有创造性,还需要与现有技术相比,该发明是否具有突出的实质性特点和显著的进步,该实用新型具有实质性特点和进步"。

第四,对要求保护的发明进行审查。发明是否具备创造性是针对要求保护的发明而言的,因此,对发明创造性的评价应当针对权利要求限定的技术方案进行。发明对现有技术作出贡献的技术特征,例如,使发明产生预料不到的技术效果的技术特征,或者体现发明克服技术偏见的技术特征,应当写入权利要求中;否则,即使说明书中有记载,评价发明的创造性时也不予考虑。此外,创造性的判断,应当针对权利要求限定的技术方案整体进行评价,即评价技术方案是否具备创造性,而不是评价某一技术特征是否具备创造性。

另外,在药品专利的创造性判断中,有时候会遇到补交实验数据的问题,即申请日后补交的

---

[1] 最高人民法院(2012)行提字第8号行政判决书。
[2] 北京市高级人民法院(2005)高行终字第232号行政判决书。

实验数据是否可以用于创造性判断。根据目前的司法实践,一般认为创造性判断中采纳申请日后补交的实验数据的条件,是其用以证明的技术效果在原申请文件中有明确记载。理由是,申请日后补交的实验数据,不属于专利原始申请文件记载和公开的内容,公众看不到这些信息,如果这些实验数据也不是本申请的现有技术内容,在专利申请日之前并不能被所属领域技术人员所获知,则以这些实验数据为依据认定技术方案能够达到所述技术效果,有违专利先申请制原则,也会背离专利权以公开换保护的制度本质,在此基础上,对申请授予专利权,对公众来说是不公平的。所以,当专利申请人或专利权人欲通过提交对比试验数据,证明其要求保护的技术方案相对现有技术具备创造性时,接受该数据的前提必须是该数据针对原申请文件中明确记载的技术效果。①

4. 实用新型创造性的判断标准

判断一项申请专利的实用新型是否符合创造性的标准,相对于发明专利来讲,要求要低一些,只要该实用新型与现有技术相比,具有实质性特点和进步即可,不要求"突出"和"显著"。

判断实用新型是否具有实质性特点,对于本领域的技术人员来说,就是要判断要求保护的实用新型相对于现有技术是否显而易见。判断方法通常按照以下三个步骤进行:首先,确定最接近的现有技术;其次,确定实用新型与最接近的现有技术之间的区别技术特征,根据区别技术特征所能达到的技术效果确定实用新型实际解决的技术问题;最后,从最接近的现有技术和实用新型实际解决的技术问题出发,判断要求保护的实用新型对本领域的技术人员来说是否显而易见。

在判断是否显而易见的过程中,要确定的是现有技术整体上是否存在某种技术启示,即现有技术中是否给出将上述区别技术特征应用到该最接近的现有技术以解决其存在的技术问题(即实用新型实际解决的技术问题)的启示,这种启示会使本领域的技术人员在面对所述技术问题时,有动机改进该最接近的现有技术并获得要求保护的实用新型。如果现有技术存在这种技术启示,则实用新型是显而易见的,不具有实质性特点和进步。

一般而言,以下三种情况可以认为存在技术启示:第一,所述区别技术特征为公知常识;第二,所述区别技术特征为与最接近的现有技术相关的技术手段,例如,同一份对比文件其他部分披露的技术手段,该技术手段在该其他部分所起的作用与该区别技术特征在要求保护的实用新型中为解决该重新确定的技术问题所起的作用相同;第三,所述区别技术特征为另一份对比文件中披露的相关技术手段,该技术手段在该对比文件中所起的作用与该区别技术特征在要求保护的实用新型中为解决该重新确定技术问题所起的作用相同。②

二、外观设计专利申请的实质要件

外观设计专利与发明和实用新型专利不同,它不是技术性方案,而是一种富有美感的设计,因此无法在产业上进行制造或者使用,并且产生积极的效果,也无法要求它具有技术上的实质性特点和进步。因此,外观设计专利权取得的实质条件不包括实用性和创造性,而是要求其具有新

---

① 最高人民法院(2012)知行字第41号行政裁定书。
② "龙岩市万腾车桥制造有限公司诉肖宗礼实用新型专利权无效行政纠纷再审案",最高人民法院(2016)最高法行再69号行政判决书。

颖性和区别性,并不得与他人在申请日以前已经取得的合法权利相冲突。

(一)新颖性

1. 新颖性的含义

外观设计应当具有新颖性,即授予专利权的外观设计,应当不属于现有设计;也没有任何单位或者个人就同样的外观设计在申请日以前向国务院专利行政部门提出过申请,并记载在申请日以后公告的专利文件中。

据此,外观设计的新颖性要求也包括不属于现有设计且不存在抵触申请两个方面。

(1)授予专利权的外观设计不属于现有设计。根据《专利法》第23条第4款,现有设计,是指申请日以前在国内外为公众所知的设计。可见,在公开的标准上,外观设计与发明和实用新型相同,采用的是绝对新颖性标准。不属于现有设计,是指在现有设计中,既没有与涉案专利相同的外观设计,也没有与涉案专利实质相同的外观设计。相同的外观设计,是指涉案专利与对比设计是相同种类产品的外观设计,并且涉案专利的全部外观设计要素与对比设计的相应设计要素相同,其中外观设计要素是指形状、图案以及色彩。相同种类的产品,是指用途完全相同的产品。实质相同的外观设计,是指外观设计实质相同的判断仅限于相同或者相近种类的产品外观设计。相近种类的产品,是指用途相近的产品。当产品具有多种用途时,如果其中部分用途相同,而其他用途不同,则二者应属于相近种类的产品。

(2)该外观设计不存在抵触申请。在涉案专利申请日以前任何单位或者个人向专利局提出并且在申请日以后(含申请日)公告的同样的外观设计专利申请,称为抵触申请。其中,同样的外观设计是指外观设计相同或者实质相同。

2. 新颖性的评价

外观设计的新颖性应当基于涉案专利产品的一般消费者的知识水平和认知能力进行评价。一般消费者是为了使得判断结论更为客观、准确而确立的抽象判断主体,其具有特定的知识水平和认知能力。

不同种类的产品具有不同的消费者群体,作为某种类外观设计产品的一般消费者应当具备下列特点:(1)对涉案专利申请日之前相同种类或者相近种类产品的外观设计及其常用设计手法具有常识性的了解。例如,对于汽车,其一般消费者应当对市场上销售的汽车以及诸如大众媒体中常见的汽车广告中所披露的信息等有所了解。常用设计手法包括设计的转用、拼合、替换等类型。(2)对外观设计产品之间在形状、图案以及色彩上的区别具有一定的分辨力,但不会注意到产品的形状、图案以及色彩的微小变化。

(二)区别性

区别性,是指授予专利权的外观设计与现有设计或者现有设计特征的组合相比,应当具有明显区别。

由于外观设计专利与发明和实用新型专利不同,它不要求是技术性方案,而是一种富有美感的设计,因此无法要求它具有技术上的实质性特点和进步。但2008年《专利法》修订时,就外观设计提出了"与现有设计或者现有设计特征的组合相比,应当具有明显区别"的要求。在这里,"明显区别"的要求不仅是对于现有设计而言的,还包括现有设计特征的组合。由此可见,这一要求已经超越了新颖性单独对比的原则,引入了创造性的理念。这一要求在 2008 年《专利法》之前并不明确。修订之前的《专利法》只是要求外观设计与现有的外观设计不相同和不相近似。究其原因主要在于当时人们对外观设计的定位并不明确,即将外观设计作为一种创造性智力成果,还是作为一种区别性标志?对这一问题的回答不同,决定了在专利申请审查的条件上也不相同。

外观设计区别性的认定标准是,应当基于涉案专利产品的一般消费者的知识水平和认知能力,对外观设计专利与在先设计的整体视觉效果进行整体观察、综合判断。

所谓"整体",包括产品可视部分的全部设计特征,而非其中某特定部分。所谓"综合",是指对能够影响产品外观设计整体视觉效果的所有因素的综合。所谓"整体观察、综合判断",是指一般消费者从整体上而不是仅依据局部的设计变化来判断外观设计专利与对比设计的视觉效果是否具有明显区别。在判断时,一般消费者对于外观设计专利与对比设计可视部分的相同点和区别点均会予以关注,并综合考虑各相同点、区别点对整体视觉效果的影响大小和程度。

尽管作为判断外观设计相同或相近似的主体即一般消费者,是一个具有上述知识水平和认知能力的抽象概念,而不是具体的从事某种特定工作的人,但如果只是认识到一般消费者是一个抽象的人,对于外观设计相同或相近似的判断而言不具有多少实际意义。问题的关键在于具体界定一般消费者的知识水平和认知能力。这就必然要针对具体的外观设计产品,考虑该外观设计产品的同类和相近类产品的购买者和使用者群体,从而对该外观设计产品的一般消费者的知识水平和认知能力作出具体界定。例如,对于摩托车车轮产品的外观设计而言,由于摩托车车轮是摩托车主要的外部可视部件,在确定其一般消费者的知识水平和认知能力时,不仅要考虑摩托车的组装商和维修商的知识水平和认知能力,也要考虑摩托车的一般购买者和使用者的知识水平和认知能力。

参照《专利审查指南》第四部分第五章的相关规定,外观设计专利与现有设计或者现有设计特征的组合相比不具有明显区别是指如下三种情形:(1)外观设计专利与相同或者相近种类产品现有设计相比不具有明显区别;(2)外观设计专利是由现有设计转用得到的,二者的设计特征相同或者仅有细微差别,且该具体的转用手法在相同或者相近种类产品的现有设计中存在启示;(3)外观设计专利是由现有设计或者现有设计特征组合得到的,所述现有设计与涉案专利的相应设计部分相同或者仅有细微差别,且该具体的组合手法在相同或者相近种类产品的现有设计中存在启示。但是,上述转用和/或组合后产生独特视觉效果的除外。

现有设计特征,是指现有设计的部分设计要素或者其结合,如现有设计的形状、图案、色彩要素或者其结合,或者现有设计的某组成部分的设计,如整体外观设计产品中的零部件的设计。

(三)不得与他人在申请日以前已经取得的合法权利相冲突

由于外观设计是指对产品的形状、图案、色彩或者其结合所作出的富有美感并适用于工业上应用的新设计,所以,外观设计专利权容易与商标权、著作权等权利相冲突,因而,专利法要求授予专利权的外观设计"不得与他人在申请日以前已经取得的合法权利相冲突"。类似的条件同样也反映在其他相关法律中,例如,《商标法》第 32 条也要求"申请商标注册不得损害他人现有的在先权利"。

具体而言,一项外观设计专利权被认定与他人在申请日(有优先权的,指优先权日)之前已经取得的合法权利相冲突的,应当宣告该项外观设计专利权无效。在这里,"他人"是指专利权人以外的民事主体,包括自然人、法人和非法人组织。"在申请日以前已经取得",是指在先合法权利的取得日在涉案专利申请日之前。"合法权利",是指依照中华人民共和国法律享有并且在外观设计专利申请日仍然有效的权利或者权益。包括商标权、著作权、企业名称权(包括商号权)、肖像权以及知名商品特有包装或者装潢使用权等。"相冲突",是指未经权利人许可,外观设计专利使用了在先合法权利的客体,从而导致专利权的实施将会损害在先权利人的相关合法权利或者权益。

这一规定旨在避免有可能被授予专利权的外观设计与他人在先取得的合法权利相冲突,维护民事权利和社会秩序的稳定。《民法典》第3条规定:"民事主体的人身权利、财产权利以及其他合法权益受法律保护,任何组织或者个人不得侵犯。"《最高人民法院关于审理专利纠纷案件适用法律问题的若干规定》第12条规定:"专利法第二十三条第三款所称的合法权利,包括就作品、商标、地理标志、姓名、企业名称、肖像,以及有一定影响的商品名称、包装、装潢等享有的合法权利或者权益。"这就意味着,现行法律、司法解释并未将《专利法》第23条规定的"合法权利"限定为法律已明确规定的法定权利,而将其他法律上的合法权益排除在外。故《专利法》第23条中的"合法权利"包括依照法律法规享有并且在外观设计专利申请日仍然有效的各种权利或者利益。

此处还有一个值得讨论的问题是,"商标申请权"是否属于"合法权利"的范围。北京市高级人民法院在"河南省正龙食品有限公司诉国家知识产权局专利复审委员会、第三人陈朝晖专利权无效行政纠纷案"①中曾认为,在"商标权"之外,还存在"与商标评审有关的权利"。结合2001年《商标法》第29条的规定,注册商标申请方面的相关权益,或者说商标申请权,包含在"与商标评审有关的权利"之中,能够对注册商标申请人的商标申请注册行为产生实质影响并可以由注册商标申请人在法律允许的范围内自行处分,因而应当作为《专利法》第23条中的"合法权利"给予保护。

但是,最高人民法院在此案再审时作出了不同的审理意见,认为在商标申请日早于外观设计专利申请日的情况下,外观设计专利权不会与商标申请权构成权利冲突,商标申请权不能作为2000年《专利法》第23条规定的在先取得的合法权利。但基于商标申请权本身的性质、作用和保护在先权利原则,只要商标申请日在专利申请日之前,且在提起专利无效宣告请求时商标已被核准注册并仍然有效,在先申请的注册商标专用权就可以对抗在后申请的外观设计专利权,用于判断外观设计专利权是否与之相冲突。

最高人民法院给出的理由如下:

(1)关于商标申请权的法律性质。首先,根据商标法关于商标申请在先原则的相关规定,两个或两个以上的申请人,在同一种商品或者类似商品上,以相同或者近似的商标申请注册的,商标局受理最先提出的商标注册申请。换言之,一旦申请人提交了商标注册申请,从申请日起就享有了排斥其他人在同一种商品或者类似商品上以相同或者近似的商标申请注册的权利。其次,根据《商标法实施条例》的相关规定,申请人可以转让其商标注册申请,即申请人可以根据自己的意志对商标申请权作为一种民事权益进行处分。最后,商标申请最终的目标即商标申请权的

---

① 北京市高级人民法院(2011)高行终字第1733号行政判决书。

实现是商标获得注册,从这个角度讲,商标申请权是一种期待权,是对未来取得注册商标专用权的一种期待,自商标申请之日起存在,至商标被核准注册之日最终实现。综上,商标申请权本身是现实存在的合法权益,其在性质上是对注册商标专用权的一种期待权,应当受到法律的保护。

(2)关于商标申请权在判断权利冲突中的作用。商标申请权是一项合法权益,在商标申请日早于外观设计专利申请日的情况下,外观设计专利权的实施不会影响商标最终是否被核准注册,不会存在外观设计专利权与商标申请权的冲突问题,因此商标申请权并不能作为2000年《专利法》第23条所称的在先取得的合法权利。但商标申请权对于判断外观设计专利权和注册商标专用权的权利冲突具有重要意义,体现在:商标申请权作为一种期待权,最终期待的完整权利是注册商标专用权,只有商标获得注册,商标申请的最终权益才得以实现,此时,应当溯及既往地对商标申请权进行保护,确认商标申请日对于注册商标专用权的法律意义。只要商标申请日在外观设计专利申请日之前,在先申请的注册商标专用权就可以对抗在后申请的外观设计专利权。

(3)关于保护在先权利原则。对于已经初步审定公告的商标,商标局已经对商标申请进行了初步审查并认为符合商标法的有关规定。商标经过公告,目的是征求相关经营者和社会公众的意见,在公告期内相关人员可以向商标局提出异议。专利申请日在商标初步审定公告日之后,客观上存在外观设计专利申请人模仿、复制在先申请的商标的可能,这种情况也是《专利法》第23条立法予以防范的主要对象。[①]

第三节 专利申请的形式要件

专利权不是一种自然权利,其产生需要具备特定的条件。正因如此,理论上有学者将这种特点的财产称为"官僚式财产"(bureaucratic property)。[②] 具体而言,对于专利权的产生,各国法律不仅规定了实质性条件,同时还就有关形式要件作了规定。同时,专利申请还必须遵循书面原则,即申请人为获得专利权所需履行的各种法定手续都必须依法以书面形式办理。《专利法实施细则》第2条规定:"专利法和本细则规定的各种手续,应当以书面形式或者国务院专利行政部门规定的其他形式办理。"

但是,书面原则不等于纸面化。随着信息技术的发展,专利申请已可以通过电子数据的方式在线递交。我国目前也已经开始接受与国家知识产权局订立了《电子专利申请系统用户注册协议》的用户所提交的电子申请案。随着电子证据和认证系统的不断完善,电子申请的适用范围将更为广阔。

在专利申请中,书面原则主要体现在一系列专利申请文件上。所谓专利申请文件,是指在申请专利时向国家知识产权局递交的各类书面文件,主要包括请求书、权利要求书、说明书、附图、照片或图片等。通常,各国专利局对这些文件的格式都有特殊的规定,一般都专门制有特定表

---

① 最高人民法院(2014)知行字第4号行政裁定书。
② 参见[澳]布拉德·谢尔曼、[英]莱昂内尔·本特利:《现代知识产权法的演进:英国的历程(1760—1911)》,金海军译,北京大学出版社2012年版。

格,递交的文件必须按特定表格要求的格式填写。在写法上,各国专利局也都有自己的专门要求,例如说明书的内容以及这些内容的排列顺序等均必须符合规定。如此要求,既是为了满足专利审查的需要,同时也是为了实现技术方案的充分公开。

由于发明、实用新型必须是技术方案,而外观设计不要求是技术方案,我国《专利法》对发明、实用新型专利申请与外观设计专利申请要求提交的书面文件并不相同,下文将分别介绍。

一、申请发明或者实用新型专利应当提交的文件

我国《专利法》第26条规定,"申请发明或者实用新型专利的,应当提交请求书、说明书及其摘要和权利要求书等文件"。

(一) 请求书

请求书是申请人用于向专利局表达请求对其发明或实用新型授予专利权的愿望的书面文件。在我国,专利请求书是一种专利局专门印制的标准表格,申请人只能按表格规定的格式或要求填写,否则申请将不被受理或被要求补正。

请求书中主要应填写以下内容:

1. 发明名称

发明或实用新型名称应当简短、准确地表明发明专利申请要求保护的主题和类型,避免写入发明的区别特征,因为这是发明的内容,同时还应避免含有非技术词语,如人名、单位名称、商标、代号、型号等;也不得含有含糊的词语,如"及其他""及其类似物"等;也不得仅使用笼统的词语,致使未给出任何发明信息,例如仅用"方法""装置""组合物""化合物"等词作为发明名称。通常,发明名称一般不得超过25个字,特殊情况下,例如化学领域的某些发明,可以允许最多40个字。发明名称只需说明两方面内容:一是发明所属技术领域或主要应用领域;二是发明的种类,即发明是产品还是方法,例如申请专利的发明创造名称为,一种阴极射线管及其制造方法。另外,在一件申请的所有申请文件中发明名称均必须保持一致。

2. 发明人

发明人即为完成该发明创造的人,根据《专利法实施细则》第13条的规定,发明人是指对发明创造的实质性特点作出创造性贡献的人。由于只有自然人具有创造性思维的能力,因而发明人只能是自然人,故不得在发明人一栏中填写单位或者集体,例如不得写成"××课题组"等。发明人应当使用本人真实姓名,不得使用笔名或者其他非正式的姓名。多个发明人的,应当按自左向右顺序填写。发明人可以请求专利局不公布其姓名。提出专利申请时请求不公布发明人姓名的,应当在请求书"发明人"一栏所填写的相应发明人后面注明"(不公布姓名)"。外国发明人中文译名中可以使用外文缩写字母,姓和名之间用圆点分开,圆点置于中间位置,例如M·亚当斯。

3. 申请人

申请人是中国单位或者个人的,应当填写其名称或者姓名、地址、邮政编码、组织机构代码或者居民身份证件号码。申请人是个人的,应当使用本人真实姓名,不得使用笔名或者其他非正式的姓名。申请人是单位的,应当使用正式全称,不得使用缩写或者简称。请求书中填写的单位名

称应当与所使用的公章上的单位名称一致。申请人是外国人、外国企业或者外国其他组织的,应当填写其姓名或者名称、国籍或者注册的国家或者地区。《专利法》第 17 条规定:"在中国没有经常居所或者营业所的外国人、外国企业或者外国其他组织在中国申请专利的,依照其所属国同中国签订的协议或者共同参加的国际条约,或者依照互惠原则,根据本法办理。"

4. 专利代理机构

申请人若不熟悉专利法有关规定,不了解专利申请程序,可以委托专利代理机构并由其指定专利代理师代为办理有关专利事务。《专利法》第 18 条规定,"在中国没有经常居所或者营业所的外国人、外国企业或者外国其他组织在中国申请专利和办理其他专利事务的,应当委托依法设立的专利代理机构办理。中国单位或者个人在国内申请专利和办理其他专利事务的,可以委托依法设立的专利代理机构办理"。专利代理机构应当依照《专利代理条例》的规定经国家知识产权局批准成立。专利代理机构的名称应当使用其在国家知识产权局登记的全称,并且要与加盖在申请文件中的专利代理机构公章上的名称一致,不得使用简称或者缩写。请求书中还应当填写国家知识产权局给予该专利代理机构的机构代码。专利代理师,是指获得专利代理师资格证书、在合法的专利代理机构执业,并且在国家知识产权局办理了专利代理师执业证的人员。在请求书中,专利代理师应当使用其真实姓名,同时填写专利代理师执业证号码和联系电话。一件专利申请的专利代理师不得超过两人。当然,不委托专利代理机构代理的则不需填写此栏。

除以上内容外,请求书中还包括是否要求优先权、申请文件清单、附加文件清单、申请费交纳情况以及是否存在《专利法》第 24 条[①]规定的情况等。对这些内容申请人均应根据申请案的具体情况据实填写。

(二) 说明书

说明书是阐述发明和实用新型技术实质,公开发明或实用新型内容的书面文件。它是专利的核心文件,是确定权利要求保护范围的基本依据。专利申请人在申请专利时提交的专利说明书中公开的技术内容,是国务院专利行政部门审查专利的基础,也是申请人对申请文件进行修改的依据,同时还是社会公众了解、传播和利用专利技术的基础。专利权的一大特征是"以公开换取专有"。专利技术的公开正是通过说明书来实现的,因为发明专利申请的说明书的内容将自申请日起满 18 个月后对社会公开。说明书应当满足充分公开发明或者实用新型的要求。

1. 说明书的实质内容

说明书的公开应当完整、清楚地反映整个技术方案。完整和清楚的程度以所属技术领域的普通技术人员可以实现为准。《专利法》第 26 条第 3 款规定:"说明书应当对发明或者实用新型作出清楚、完整的说明,以所属技术领域的技术人员能够实现为准。"

(1) 说明书的内容应当清楚。具体应满足下述要求:

第一,主题明确。说明书应当写明发明或者实用新型所要解决的技术问题以及解决其技术问题采用的技术方案,并对照现有技术写明发明或者实用新型的有益效果。

[①] 《专利法》第 24 条规定:"申请专利的发明创造在申请日以前六个月内,有下列情形之一的,不丧失新颖性:(一) 在国家出现紧急状态或者非常情况时,为公共利益目的首次公开的;(二) 在中国政府主办或者承认的国际展览会上首次展出的;(三) 在规定的学术会议或者技术会议上首次发表的;(四) 他人未经申请人同意而泄露其内容的。"

第二，表述准确。说明书应当使用发明或者实用新型所属技术领域的技术术语。说明书的表述应当准确地表达发明或者实用新型的技术内容，不得含混不清或者模棱两可，以致所属技术领域的技术人员不能清楚、正确地理解该发明或者实用新型。但是，由于人类语言相对于客观世界具有滞后性，其总是随着客观世界的发展、进步而不断丰富，对于一项申请日之前未曾出现过的新的技术方案而言，仅仅使用申请日之前已有的技术术语，专利申请人可能难以准确、客观地描述该技术方案相对于现有技术所作出的改进。因此，为了满足描述新的专利技术方案的客观需要，应当允许专利申请人在撰写专利申请文件时使用自行创设的技术术语。另外，由于自行创设的技术术语的含义并不为本领域普通技术人员所知悉，故专利申请人在使用自行创设的技术术语时，亦有义务在权利要求书或者专利说明书中对该技术术语进行清楚、准确的定义、解释或者说明，以使得本领域技术人员能够清楚地理解该技术术语在专利技术方案中的含义。在确定自行创设的技术术语的含义时，应当综合考虑权利要求书、说明书、附图中记载的与该技术术语相关的技术内容。权利要求书、说明书中对该技术术语进行了清楚、明确的定义或者解释的，一般可依据该定义或者解释来确定其含义。权利要求书、说明书中未能对该技术术语进行清楚、明确的定义或者解释的，则应当结合说明书、附图中记载的与该技术术语有关的背景技术、技术问题、发明目的、技术方案、技术效果等内容，查明该技术术语相关的工作方式、功能、效果，以确定其在涉案专利整体技术方案中的含义。[①]

（2）说明书的内容应当完整。一份完整的说明书应当包含下列各项内容：

第一，帮助理解发明或者实用新型不可缺少的内容。例如，有关所属技术领域、背景技术状况的描述以及说明书有附图时的附图说明等。

第二，确定发明或者实用新型具有新颖性、创造性和实用性所需的内容。例如，发明或者实用新型所要解决的技术问题，解决其技术问题采用的技术方案和发明或者实用新型的有益效果。

第三，实现发明或者实用新型所需的内容。例如，为解决发明或者实用新型的技术问题而采用的技术方案的具体实施方式。

对于克服了技术偏见的发明或者实用新型，说明书中还应当解释为什么该发明或者实用新型克服了技术偏见，新的技术方案与技术偏见之间的差别以及为克服技术偏见所采用的技术手段。

凡是所属技术领域的技术人员不能从现有技术中直接、唯一得出的有关内容，均应当在说明书中描述。没有在专利说明书中公开的技术方案、技术效果等，一般不得作为评价专利权是否符合法定授权确权标准的依据。

（3）所属技术领域的技术人员能够实现。这里的"所属技术领域的技术人员"与创造性判断的主体标准中的"所属技术领域的技术人员"属同一概念，即具备三个特性：只具有所属技术领域的一般知识，不具有超出平均水平的能力；具有一个技术人员所应当熟悉的邻近或相关领域的知识；缺乏创造能力，只有认识和了解现有和过去知识的能力。"所属技术领域的技术人员能够实现"，是指所属技术领域的技术人员按照说明书记载的内容，就能够实现该发明或者实用新型的技术方案，解决其技术问题，并产生预期的技术效果。

以下各种情况由于缺乏解决技术问题的技术手段而被认为无法实现：

[①] 最高人民法院(2013)民提字第113号民事判决书。

第一,说明书中只给出任务和/或设想,或者只表明一种愿望和/或结果,而未给出任何使所属技术领域的技术人员能够实施的技术手段;

第二,说明书中给出了技术手段,但对所属技术领域的技术人员来说,该手段是含混不清的,根据说明书记载的内容无法具体实施;

第三,说明书中给出了技术手段,但所属技术领域的技术人员采用该手段并不能解决发明或者实用新型所要解决的技术问题;

第四,申请的主题为由多个技术手段构成的技术方案,对于其中一个技术手段,所属技术领域的技术人员按照说明书记载的内容并不能实现;

第五,说明书中给出了具体的技术方案,但未给出实验证据,而该方案又必须依赖实验结果加以证实才能成立。

2. 说明书的撰写方式和顺序

发明或者实用新型专利申请的说明书应当写明发明或者实用新型的名称,该名称应当与请求书中的名称一致。根据《专利法实施细则》第17条,说明书应当包括以下组成部分:

(1) 技术领域。此部分写明要求保护的发明或者实用新型技术方案所属或者直接应用的具体技术领域,而不是上位的或者相邻的技术领域,也不是发明或者实用新型本身。该具体的技术领域往往与发明或者实用新型在国际专利分类表中可能分入的最低位置有关。例如,一项关于挖掘机悬臂的发明,其改进之处是将背景技术中的长方形悬臂截面改为椭圆形截面。其所属技术领域可以写成"本发明涉及一种挖掘机,特别是涉及一种挖掘机悬臂"(具体的技术领域),而不宜写成"本发明涉及一种建筑机械"(上位的技术领域),也不宜写成"本发明涉及挖掘机悬臂的椭圆形截面"或者"本发明涉及一种截面为椭圆形的挖掘机悬臂"(发明本身)。

(2) 背景技术。此部分写明对发明或者实用新型的理解、检索、审查有用的背景技术,并且尽可能引证反映这些背景技术的文件。尤其要引证包含发明或者实用新型权利要求书中的独立权利要求前序部分技术特征的现有技术文件,即引证与发明或者实用新型专利申请最接近的现有技术文件。说明书中引证的文件可以是专利文件,也可以是非专利文件,如期刊、杂志、手册等。引证专利文件的,至少要写明专利文件的国别、公开号,最好包括公开日期;引证非专利文件的,要写明这些文件的标题和详细出处。此外,在说明书背景技术部分中,还要客观地指出背景技术中存在的问题和缺点,但是,仅限于涉及由发明或者实用新型的技术方案所解决的问题和缺点。在可能的情况下,说明存在这种问题和缺点的原因以及解决这些问题时曾经遇到的困难。如果发明是一种全新的开拓性发明,在此以前从未有人涉足这一领域,或者申请人对背景技术知之甚少,这部分也可简略说明一下。

(3) 发明或者实用新型内容。本部分应当清楚、客观地写明以下内容:第一,要解决的技术问题。发明或者实用新型所要解决的技术问题,是指发明或者实用新型要解决的现有技术中存在的技术问题。发明或者实用新型专利申请记载的技术方案应当能够解决这些技术问题。这里要求用最简洁的语言说明发明所要解决的具体技术问题,不能写入"填补空白""降低成本"等非技术性因素,也不能笼统地写成"本发明就是为解决上述问题"。第二,技术方案。一件发明或者实用新型专利申请的核心是其在说明书中记载的技术方案。《专利法实施细则》第17条第1款第(3)项所说的写明发明或者实用新型解决其技术问题所采用的技术方案是指清楚、完整地描述发明或者实用新型解决其技术问题所采取的技术方案的技术特征,能使所属技术领域的技术人员能够理解。在技术方案这一部分,至少应反映包含全部必要技术特征的独立权利要求的技术方案,还可以给出包含其他附加技术特征的进一步改进的技术方案。一般而言,发明内容包括独创的内容和借用现有技术的内容。独创部分要详细,借用部分可相对简略。第三,有益效果。说明书应当清楚、客观地写明发明或者实用新型与现有技术相比所具有的有益效果。有益效果是指由构成发明或者实用新型的技术特征直接带来的,或者是由所述的技术特征必然产生的技术效果。有益效果是确定发明是否具有显著的进步,实用新型是否具有进步的重要依据。有益效果可以通过对发明或者实用新型结构特点的分析和理论说明相结合,或者通过列出实验数据的方式予以说明,不得只断言发明或者实用新型具有有益的效果。但是,无论用哪种方式说明有益效果,都应当与现有技术进行比较,指出发明或者实用新型与现有技术的区别。

(4)附图说明。说明书有附图的,应当写明各幅附图的图名,并对图示的内容作简要说明。在零部件较多的情况下,允许用列表的方式对附图中具体零部件名称进行说明。附图不止一幅的,应当对所有附图作出图面说明。但一般只需列出各幅附图的名称,不需再次对图中部件作技术性说明。

(5)具体实施方式。实现发明或者实用新型的优选的具体实施方式是说明书的重要组成部分,它对于充分公开、理解和实现发明或者实用新型,支持和解释权利要求都是极为重要的。因此,说明书应当详细描述申请人认为实现发明或者实用新型的优选的具体实施方式。在适当情况下,应当举例说明;有附图的,应当对照附图进行说明。优选的具体实施方式应当体现申请中解决技术问题所采用的技术方案,并应当对权利要求的技术特征给予详细说明,以支持权利要求。实施例是对发明或者实用新型的优选的具体实施方式的举例说明。实施例的数量应当根据发明或者实用新型的性质、所属技术领域、现有技术状况以及要求保护的范围来确定。当一个实施例足以支持权利要求所概括的技术方案时,说明书中可以只给出一个实施例。当权利要求(尤其是独立权利要求)覆盖的保护范围较宽,其概括不能从一个实施例中找到依据时,应当给出至少两个不同的实施例,以支持要求保护的范围。通常实施例越多,权利要求书中则可越多地使用上位概念概括有关技术特征。

发明或者实用新型的说明书应当按照上述方式和顺序撰写,并在每一部分前面写明标题,除非其发明或者实用新型的性质用其他方式或者顺序撰写能够节约说明书的篇幅并使他人能够准确理解其发明或者实用新型。

发明或者实用新型说明书应当用词规范、语句清楚,并且不得使用"如权利要求……所述的……"一类的引用语,也不得使用商业性宣传用语。

涉及核苷酸或者氨基酸序列的申请,应当将该序列表作为说明书的一个单独部分,并单独编写页码。申请人应当在申请的同时提交与该序列表相一致的计算机可读形式的副本,如提交记载有该序列表的符合规定的光盘或者软盘。

说明书文字部分可以有化学式、数学式或者表格,但不得有插图。此外,说明书应当用阿拉伯数字顺序编写页码。

(三)说明书摘要

摘要是说明书记载内容的概述,它仅是一种技术信息,不具有法律效力。摘要的内容不属于发明或者实用新型原始记载的内容,不能作为以后修改说明书或者权利要求书的根据,也不能用来解释专利权的保护范围。

《专利法实施细则》第 23 条规定："说明书摘要应当写明发明或者实用新型专利申请所公开内容的概要,即写明发明或者实用新型的名称和所属技术领域,并清楚地反映所要解决的技术问题、解决该问题的技术方案的要点以及主要用途。说明书摘要可以包含最能说明发明的化学式;有附图的专利申请,还应当提供一幅最能说明该发明或者实用新型技术特征的附图。附图的大小及清晰度应当保证在该图缩小到 4 厘米×6 厘米时,仍能清晰地分辨出图中的各个细节。摘要文字部分不得超过 300 个字。摘要中不得使用商业性宣传用语。"

(四) 权利要求书

权利要求书是指具体说明申请人就申请专利的发明创造请求专利法保护的范围的书面文件。在专利申请被批准后,权利要求书即成为具体说明专利权限范围的书面文件。由于权利要求书具有这样的作用,所以其措辞需要十分谨慎。

权利要求书应当以说明书为依据,清楚、简要地限定要求专利保护的范围。它应当记载发明或者实用新型的技术特征,技术特征可以是构成发明或者实用新型技术方案的组成要素,也可以是要素之间的相互关系。

1. 权利要求的类型

一份权利要求书中应当至少包括一项独立权利要求,还可以包括从属权利要求。独立权利要求应当从整体上反映发明或者实用新型的技术方案,记载解决技术问题的必要技术特征。必要技术特征,是指发明或者实用新型为解决其技术问题所不可缺少的技术特征,其总和足以构成发明或者实用新型的技术方案,使之区别于背景技术中所述的其他技术方案。而判断某一技术特征是否为必要技术特征,应当从所要解决的技术问题出发并考虑说明书描述的整体内容,不应简单地将实施例中的技术特征直接认定为必要技术特征。在一件专利申请的权利要求书中,独立权利要求所限定的一项发明或者实用新型的保护范围最宽。

如果一项权利要求包含了另一项同类型权利要求中的所有技术特征,且对该另一项权利要求的技术方案作了进一步的限定,则该权利要求为从属权利要求。从属权利要求必须依赖于独立权利要求而存在。根据《专利法》及《专利法实施细则》的相关规定,从属权利要求应当用要求保护的附加技术特征,对引用的权利要求作进一步的限定,从属权利要求中所明确保护的技术方案,应当也是独立权利要求的保护范围。但如果两个权利要求不具有独立权利要求和从属权利要求的关系,而属于两个独立的权利要求,则不具有相互限定的作用,应当按照各自的内容确定专利权的保护范围。从属权利要求中的附加技术特征,可以是对所引用的权利要求的技术特征作进一步限定的技术特征,也可以是增加的技术特征。

一件专利申请的权利要求书中,应当至少有一项独立权利要求。当有两项或者两项以上独立权利要求时,写在最前面的独立权利要求被称为第一独立权利要求,其他独立权利要求称为并列独立权利要求。有时并列独立权利要求也引用在前的独立权利要求,例如,"一种实施权利要求 1 的方法的装置,……""一种制造权利要求 1 的产品的方法,……""一种包含权利要求 1 的部件的设备,……""与权利要求 1 的插座相配合的插头,……"等。这种引用其他独立权利要求的权利要求是并列的独立权利要求,而不能被看作是从属权利要求。对于这种引用另一权利要求的独立权利要求,在确定其保护范围时,被引用的权利要求的特征均应予以考虑,而其实际的限定作用应当最终体现在对该独立权利要求的保护主题产生了何种影响。

在某些情况下,形式上的从属权利要求(即其包含有从属权利要求的引用部分),实质上不一定是从属权利要求。例如,独立权利要求 1 为"包括特征 X 的机床",在后的另一项权利要求为"根据权利要求 1 所述的机床,其特征在于用特征 Y 代替特征 X"。在这种情况下,后一权利要求也是独立权利要求。所以,不得仅从撰写的形式上判定在后的权利要求为从属权利要求。

2. 权利要求书应当满足的要求

(1)以说明书为依据。权利要求书应当以说明书为依据,是指权利要求应当得到说明书的支持。权利要求书中的每一项权利要求所要求保护的技术方案应当是所属技术领域的技术人员能够从说明书充分公开的内容中得到或概括得出的技术方案,并且不得超出说明书公开的范围。

(2)清楚。这里的"清楚"包含三层含义:一是指每项权利要求的类型应当清楚;二是指每项权利要求所确定的保护范围应当清楚;三是指构成权利要求书的所有权利要求作为一个整体也应当清楚。

首先,每项权利要求的类型应当清楚。权利要求的主题名称应当能够清楚地表明该权利要求的类型是产品权利要求还是方法权利要求。产品权利要求适用于产品发明或者实用新型,通常应当用产品的结构特征来描述。特殊情况下,当产品权利要求中的一个或多个技术特征无法用结构特征予以清楚地表征时,允许借助物理或化学参数表征;当无法用结构特征并且也不能用参数特征予以清楚地表征时,允许借助方法特征表征。使用参数表征时,所使用的参数必须是所属技术领域的技术人员根据说明书的教导或通过所属技术领域的惯用手段可以清楚而可靠地加以确定的。方法权利要求适用于方法发明,通常应当用工艺过程、操作条件、步骤或者流程等技术特征来描述。用途权利要求属于方法权利要求。但应当注意从权利要求的撰写措辞上区分用途权利要求和产品权利要求。例如,"用化合物 X 作为杀虫剂"或者"化合物 X 作为杀虫剂的应用"是用途权利要求,属于方法权利要求,而"用化合物 X 制成的杀虫剂"或者"含化合物 X 的杀虫剂",则不是用途权利要求,而是产品权利要求。此外,不允许采用模糊不清的主题名称,例如,"一种……技术";或者在一项权利要求的主题名称中既包含产品又包含方法,例如,"一种……产品及其制造方法"。

其次,每项权利要求所确定的保护范围应当清楚。权利要求的保护范围应当根据其所用词语的含义来理解。一般情况下,权利要求中的用词应当理解为相关技术领域通常具有的含义。在特定情况下,如果说明书中指明了某词具有特定的含义,并且使用了该词的权利要求的保护范围,由于说明书中对该词的说明而被限定得足够清楚,这种情况也是允许的。但此时也应要求申请人尽可能修改权利要求,使得根据权利要求的表述即可明确其含义。

最后,构成权利要求书的所有权利要求作为一个整体也应当清楚,这是指权利要求之间的引用关系应当清楚。这主要是指独立权利要求和从属权利要求以及多项从属权利要求的引用方式。

(3)简要。这里的"简要"包含两层含义:一是指每项权利要求都应当简要;二是指构成权利要求书的所有权利要求作为一个整体也应当简要。

首先,权利要求的数目应当合理。在权利要求书中,允许有合理数量的限定发明或者实用新型优选技术方案的从属权利要求。

其次,权利要求的表述应当简要,除记载技术特征外,不得对原因或者理由作不必要的描述,也不得使用商业性宣传用语。

3. 功能性限定特征

功能性限定特征,是指权利要求中对产品的部件或部件之间的配合关系,或者对方法的步骤采用其在发明创造中所起的作用、功能或者产生的效果来限定的技术特征。

根据《专利审查指南》第二部分第二章3.2.1的规定,对于权利要求中所包含的功能性限定的技术特征,应当理解为覆盖了所有能够实现所述功能的实施方式。而2010年1月1日起施行的《最高人民法院关于审理侵犯专利权纠纷案件应用法律若干问题的解释》第4条却对功能性限定特征的保护范围重新进行了解释:"对于权利要求中以功能或者效果表述的技术特征,人民法院应当结合说明书和附图描述的该功能或者效果的具体实施方式及其等同的实施方式,确定该技术特征的内容。"从而导致专利审查阶段和侵权诉讼阶段对功能性限定特征保护范围存在双重的解释。

为消除争议,《最高人民法院关于审理侵犯专利权纠纷案件应用法律若干问题的解释(二)》第8条将功能性限定特征进一步明确界定为:"功能性特征,是指对于结构、组分、步骤、条件或其之间的关系等,通过其在发明创造中所起的功能或者效果进行限定的技术特征,但本领域普通技术人员仅通过阅读权利要求即可直接、明确地确定实现上述功能或者效果的具体实施方式的除外。与说明书及附图记载的实现前款所称功能或者效果不可缺少的技术特征相比,被诉侵权技术方案的相应技术特征是以基本相同的手段,实现相同的功能,达到相同的效果,且本领域普通技术人员在被诉侵权行为发生时无需经过创造性劳动就能够联想到的,人民法院应当认定该相应技术特征与功能性特征相同或者等同。"

二、申请外观设计专利应当提交的文件

由于外观设计专利不是技术方案,因此不宜采用发明和实用新型专利所需要的申请文件。《专利法》第27条规定:"申请外观设计专利的,应当提交请求书、该外观设计的图片或者照片以及对该外观设计的简要说明等文件。申请人提交的有关图片或者照片应当清楚地显示要求专利保护的产品的外观设计。"据此,申请外观设计专利应当提交的必要申请文件主要有:

一是外观设计专利请求书。外观设计专利请求书的内容基本上与发明专利请求书相同,只是需要注明外观设计所使用的产品名称和所属的类别。根据《专利审查指南》第一部分第三章4.1.1的规定,使用外观设计的产品名称应当与外观设计图片或者照片中表示的外观设计相符合,准确、简明地表明要求保护的产品的外观设计。产品名称一般应当符合国际外观设计分类表中小类列举的名称。产品名称一般不得超过20个字。产品名称通常还应当避免下列情形:(1) 含有人名、地名、国名、单位名称、商标、代号、型号或以历史时代命名的产品名称;(2) 概括不当、过于抽象的名称,如"家具""餐具"等;(3) 描述技术效果、内部构造的名称,如"电力发动机""节能灯"等;(4) 附有产品规格、大小、规模、数量单位的名称,如"4K电视机""小型推车"等;(5) 以外国文字或无确定的中文意义的文字命名的名称,如"克莱登花瓶",但已经众所周知并且含义确定的文字可以使用,如"5G手机"等。

二是图片或者照片。由于外观设计专利不是技术方案,而是一种形状或图案,因而难以像描述技术特征那样用文字表述。图片或照片是表述外观设计的最佳方式,它可清楚明晰地将外观

设计的特点展示出来。在外观设计专利申请中,图片或照片起着如发明或实用新型专利申请中权利要求书的作用。因此,作为申请文件的照片或图片一定要充分清楚地展示外观设计的特点。例如,就立体产品的外观设计而言,产品设计要点涉及六个面的,应当提交六面正投影视图;产品设计要点仅涉及一个或几个面的,应当至少提交所涉及面的正投影视图和立体图,并应当在简要说明中写明省略视图的原因。就平面产品的外观设计而言,产品设计要点涉及一个面的,可以仅提交该面正投影视图;产品设计要点涉及两个面的,应当提交两面正投影视图。如果图片或照片中没有能够反映出来,则专利法将不予保护。

递交申请文件时,一张照片或图片若不能反映其全部特征可以交两张或多张。必要时,申请人还应当提交该外观设计产品的展开图、剖视图、剖面图、放大图以及变化状态图。申请人可以提交参考图,参考图通常用于表明使用外观设计的产品的用途、使用方法或者使用场所等。此外,必要时还可对图片或者照片作简要的文字说明。《专利法实施细则》第28条规定:"外观设计的简要说明应当写明外观设计产品的名称、用途,外观设计的设计要点,并指定一幅最能表明设计要点的图片或者照片。省略视图或者请求保护色彩的,应当在简要说明中写明。对同一产品的多项相似外观设计提出一件外观设计专利申请的,应当在简要说明中指定其中一项作为基本设计。简要说明不得使用商业性宣传用语,也不能用来说明产品的性能。"

第四节 专利申请的授权确权程序

一、专利申请的审查程序

根据专利类型的不同,我国专利法规定了不同的审查制度。对于发明专利,我国专利法采用的是"早期公开,延迟审查"的机制。所谓"早期公开",是指根据《专利法》第34条的规定,国家知识产权局对发明专利申请经过初步审查认为符合要求的,自申请日起满18个月即行公布;申请人也可以请求早日公布其申请。所谓"延迟审查",是指根据《专利法》第35条的规定,发明专利申请自申请日起3年内,国家知识产权局可以根据申请人随时提出的请求,对其申请进行实质审查;申请人无正当理由逾期不请求实质审查的,该申请即被视为撤回。而对实用新型和外观设计专利,我国专利法采用的是登记机制。

(一) 发明专利的审查程序

根据《专利法》第34条的规定,发明专利申请被受理之后,专利局将对该申请案进行初步审查。《专利审查指南》规定,发明专利申请初步审查的范围包括:(1)申请文件的形式审查,包括专利申请是否包含《专利法》第26条规定的申请文件,以及这些文件格式上是否明显不符合《专利法实施细则》第16条至第19条、第23条的规定,是否符合《专利法实施细则》第2条、第3条、第26条第2款、第119条、第121条的规定。(2)申请文件的明显实质性缺陷审查,包括专利申请是否明显属于《专利法》第5条、第25条规定的情形,是否不符合《专利法》第17条、第18条第 1 款、第 19 条第 1 款的规定,是否明显不符合《专利法》第 2 条第 2 款、第 26 条第 5 款、第 31 条第 1 款、第 33 条或者《专利法实施细则》第 17 条、第 19 条的规定。(3) 其他文件的形式审查,包括与专利申请有关的其他手续和文件是否符合《专利法》第 10 条、第 24 条、第 29 条、第 30 条以及《专利法实施细则》第 2 条、第 3 条、第 6 条、第 7 条、第 15 条第 3 款和第 4 款、第 24 条、第 30 条、第 31 条第 1 款至第 3 款、32 条、第 33 条、第 36 条、第 40 条、第 42 条、第 43 条、第 45 条、第 46 条、第 86 条、第 87 条、第 100 条的规定。(4) 有关费用的审查,包括专利申请是否按照《专利法实施细则》第 93 条、第 95 条、第 96 条、第 99 条的规定缴纳了相关费用。如果该申请案不满足上述要求,专利局将要求申请人予以补正,补正后仍不符合要求的,将被驳回。符合要求的申请案将在申请日起第 18 个月后被公之于众。公开后的申请案,任何人都可以查阅到申请人向专利局递交的全部申请文件,包括权利要求书和说明书全文。

根据《专利法》第 35 条的规定,在申请案被公开后至申请日起 3 年内的任何时间,申请人都可以向专利局提出实质审查请求。专利局在接到实质审查请求之后将对申请案进行实质审查,其最主要的内容为实用性、新颖性和创造性的审查。审查过程中,专利局将通知申请人对不符合要求的申请案补正修改,修改后仍不符合要求的申请案将被驳回。对于一些经补正后有可能具备专利性的申请,审查员往往会给予不止一次的补正机会。符合要求的申请案将被授予专利权,并予以公告。由于实质审查必须在申请案公开之后才能进行,有时申请人为了早日启动实质审查程序尽早获得授权,在申请提出时便同时要求实质审查。根据规定,在申请日起第 18 个月前提出实质审查请求的申请案,必须同时提出提前公开的请求。如果申请人在申请日起 3 年内无正当理由不请求实质审查的,3 年届满后该申请案将被视为撤回。由于此时该申请的全部内容均已在申请日起的第 18 个月后公开,故申请人已无法以保密的方式独占该技术。当然,他人也不可能对该技术方案申请获得专利权。

(二) 实用新型专利和外观设计专利的审查程序

实用新型专利和外观设计专利的审查程序相对简单。根据《专利法》第 40 条的规定,专利局在受理申请案后便进行初步审查。审查的内容和程序与前面发明专利的初审内容和程序大致相同。根据《专利法实施细则》第 44 条的规定,实用新型专利申请初步审查的范围是:实用新型专利申请是否明显属于《专利法》第 5 条、第 25 条规定的情形,是否不符合《专利法》第 17 条、第 18 条第 1 款、第 19 条第 1 款或者《专利法实施细则》第 16 条至第 19 条、第 21 条至第 23 条的规定,是否明显不符合《专利法》第 2 条第 3 款、第 22 条第 2 款和第 4 款、第 26 条第 3 款和第 4 款、第 31 条第 1 款、第 33 条或者《专利法实施细则》第 20 条、第 43 条第 1 款的规定,是否依照《专利法》第 9 条规定不能取得专利权。外观设计专利申请初步审查的范围是:外观设计专利申请是否明显属于《专利法》第 5 条、第 25 条第 1 款第(6)项规定的情形,是否不符合《专利法》第 18 条、第 19 条第 1 款或者《专利法实施细则》第 16 条、第 27 条、第 28 条的规定,是否明显不符合《专利法》第 2 条第 4 款、第 23 条第 1 款、第 27 条第 2 款、第 31 条第 2 款、第 23 条或者《专利法实施细则》第 43 条第 1 款的规定,是否依照《专利法》第 9 条规定不能取得专利权。

实用新型和外观设计专利申请经初步审查没有发现驳回理由的,由国务院专利行政部门作出授予实用新型专利权或者外观设计专利权的决定,发给相应的专利证书,同时予以登记和公告。实用新型专利权和外观设计专利权自公告之日起生效。

二、专利复审程序

根据2008年《专利法》第41条第1款的规定,国家知识产权局设立专利复审委员会。由于2019年知识产权机构改革时,专利复审委员会更名为国家知识产权局专利局复审和无效审理部,为国家知识产权局专利局内设机构,因此,2020年修订的《专利法》第41条第1款第1句删除了"国务院专利行政部门设立专利复审委员会"的规定。

所谓专利复审,是指专利申请被驳回时,申请人所获得的一条救济途径。有权启动专利复审程序的主体,只能是专利申请人,而且必须在接到驳回通知3个月内向国务院专利行政部门(即国家知识产权局)提出。

根据《专利法》第41条第1款的规定,国务院专利行政部门对复审请求进行受理和审查,并作出决定。复审请求案件包括对初步审查和实质审查程序中驳回专利申请的决定不服而请求复审的案件。

三、专利权无效宣告程序

专利权无效宣告程序是专利权效力的检验机制,也是专利申请审查程序的纠错机制,它不仅关系到专利的质量,也关系到专利权人和社会公共利益之间的平衡,还关系到专利制度能否真正发挥激励创新的功能。

(一)宣告专利权无效的请求

《专利法》第45条规定:"自国务院专利行政部门公告授予专利权之日起,任何单位或者个人认为该专利权的授予不符合本法有关规定的,可以请求国务院专利行政部门宣告该专利权无效。"可见,无效宣告审查程序是基于请求人的请求而启动的。请求原则作为无效宣告审查程序的基本原则,不仅要求无效宣告审查程序必须由请求人启动,而且在无效宣告审查程序中,通常仅针对当事人提交的无效宣告请求的范围、理由和提交的证据进行审查,国家知识产权局不承担全面审查专利有效性的义务。

请求原则还意味着请求人有权处分自己的请求,可以放弃全部或者部分无效宣告理由及证据。对于请求人放弃的无效宣告理由和证据,在没有法律依据的情况下,通常国家知识产权局不应再作审查。但《专利审查指南》也规定了依职权审查原则,即"国家知识产权局可以对所审查的案件依职权进行审查,而不受当事人请求的范围和提出的理由、证据的限制",同时对国家知识产权局可以依职权审查的具体情形作了列举规定:

(1)请求人提出的无效宣告理由明显与其提交的证据不相对应的,国家知识产权局可以告知其有关法律规定的含义,允许其变更或者依职权变更为相对应的无效宣告理由。

(2)专利权存在请求人未提及的明显不属于专利保护客体的缺陷,国家知识产权局可以引入相关的无效宣告理由进行审查。

(3)专利权存在请求人未提及的缺陷而导致无法针对请求人提出的无效宣告理由进行审查的,国家知识产权局可以依职权针对专利权的上述缺陷引入相关无效宣告理由并进行审查。

（4）请求人请求宣告权利要求之间存在引用关系的某些权利要求无效,而未以同样的理由请求宣告其他权利要求无效,不引入该无效宣告理由将会得出不合理的审查结论的,国家知识产权局可以依职权引入该无效宣告理由对其他权利要求进行审查。

（5）请求人以权利要求之间存在引用关系的某些权利要求存在缺陷为由请求宣告其无效,而未指出其他权利要求也存在相同性质的缺陷的,国家知识产权局可以引入与该缺陷相对应的无效宣告理由对其他权利要求进行审查。

（6）请求人以不符合《专利法》第33条①或者《专利法实施细则》第43条第1款②的规定为由请求宣告专利权无效,且对修改超出原申请文件记载范围的事实进行了具体的分析和说明,但未提交原申请文件的,国家知识产权局可以引入该专利的原申请文件作为证据。

（7）国家知识产权局可以依职权认定技术手段是否为公知常识,并可以引入技术词典、技术手册、教科书等所属技术领域中的公知常识性证据。

这些依职权审查的情形是请求原则的例外,一方面赋予国家知识产权局依职权审查的职权,给予公众相应的预期,另一方面也限定了国家知识产权局可以依职权审查情形的范围。

（二）宣告专利权无效请求的审查

根据《专利法实施细则》第68条和第70条以及《专利审查指南》第四部分第三章4.4.4的规定,在无效宣告程序中,针对不同的情形,采用下列方式进行审查：

（1）国家知识产权局已将无效宣告请求文件转送专利权人,并且指定答复期限届满后,无论专利权人是否答复,专利权人未要求进行口头审理,国家知识产权局认为请求人提交的证据充分,其请求宣告专利权全部无效的理由成立的,可以直接作出宣告专利权全部无效的审查决定。在这种情况下,请求人请求宣告无效的范围是宣告专利权部分无效,国家知识产权局也可以针对该范围直接作出宣告专利权部分无效的决定。专利权人提交答复意见的,将答复意见随直接作出的审查决定一并送达请求人。

（2）国家知识产权局已将无效宣告请求文件转送专利权人,并且指定答复期限届满后,无论专利权人是否答复,国家知识产权局认为请求人请求宣告无效的范围部分成立,可能会作出宣告专利权部分无效的决定的,国家知识产权局应当发出口头审理通知书,通过口头审理结案。专利权人提交答复意见的,将答复意见随口头审理通知书一并送达请求人。

（3）国家知识产权局已将无效宣告请求文件转送专利权人,在指定答复期限内专利权人已经答复,国家知识产权局认为专利权人提交的意见陈述理由充分,将会作出维持专利权的决定的,国家知识产权局应当根据案情,选择发出转送文件通知书或者无效宣告请求审查通知书进行书面审查,或者发出口头审理通知书随附转送文件通知书,通过口头审理结案。

（4）国家知识产权局已将无效宣告请求文件转送专利权人,在指定答复期限内专利权人没有答复,国家知识产权局认为请求人提交的证据不充分,其请求宣告专利权无效的理由不成立,

---

① 《专利法》第33条规定："申请人可以对其专利申请文件进行修改,但是,对发明和实用新型专利申请文件的修改不得超出原说明书和权利要求书记载的范围,对外观设计专利申请文件的修改不得超出原图片或者照片表示的范围。"

② 《专利法实施细则》第43条第1款规定："依照本细则第四十二条规定提出的分案申请,可以保留原申请日,享有优先权的,可以保留优先权日,但是不得超出原申请记载的范围。"

将会作出维持专利权的决定的,国家知识产权局应当根据案情,选择发出无效宣告请求审查通知书进行书面审查,或者发出口头审理通知书,通过口头审理结案。在发出口头审理通知书后,由于当事人原因未按期举行口头审理的,国家知识产权局可以直接作出审查决定。

(三) 宣告专利权无效决定的效力

《专利法》第47条规定,"宣告无效的专利权视为自始即不存在。宣告专利权无效的决定,对在宣告专利权无效前人民法院作出并已执行的专利侵权的判决、调解书,已经履行或者强制执行的专利侵权纠纷处理决定,以及已经履行的专利实施许可合同和专利权转让合同,不具有追溯力。但是因专利权人的恶意给他人造成的损失,应当给予赔偿"。当然,如果专利权人或者专利权转让人不向专利权被许可实施人或者专利权受让人返回专利实施许可费或专利权转让费便显失公平的,则应当向被许可实施人或者受让人要求返回全部或者部分专利实施许可费或者转让费。据此可以得知,专利无效宣告请求审查决定具有追溯力为一般原则,无追溯力则为例外。

作出这一制度性安排的意义在于两个方面:一方面,赋予专利无效宣告请求审查决定对专利权被宣告无效后尚未执行或者履行完毕的专利侵权判决、调解书、专利侵权纠纷处理决定、专利实施许可合同、专利权转让合同等以追溯力,以保障被指控的专利侵权人、专利被许可人以及被转让人的正当利益,防止专利权人借无效专利获得不当得利,这也是民法上公平原则的体现;另一方面,对已经执行或者履行完毕的专利侵权判决、调解书、专利侵权纠纷处理决定、专利实施许可合同、专利权转让合同,专利无效宣告审查请求决定没有追溯力,旨在维持已经形成并稳定化的交易秩序,维护市场交易的安全。

专利无效宣告请求审查决定的作出涉及三个具有法律意义的时间点:决定日、发文日和送达日。决定日是无效宣告请求决定的作出时间。决定日在无效宣告请求审查决定书上有明确记载,社会公众可以方便地获知。无效宣告请求决定一经作出,即对国家知识产权局产生拘束力,不得随意撤销或者变更。发文日是国家知识产权局向当事人发送无效宣告请求审查决定的时间,是送达过程的开始时间。该时间在无效宣告请求审查决定书上亦有明确记载。送达日是当事人收到无效宣告请求审查决定的时间,是可提起行政诉讼期间的起算点。送达日无法在无效宣告请求审查决定书上载明,只能根据送达当事人的具体情况予以查明。无效宣告请求审查决定作出后,无论是发文日还是送达日,均可能由于人为因素发生变动,有时大大迟于决定作出日。如果以发文日或者送达日作为专利权被宣告无效的时间点,则决定作出日至发文日或者送达日这一时间间隔可能被当事人利用,通过恶意加快或者拖延执行或履行影响无效宣告请求审查决定的追溯力,从而获得有利于自己的追溯力结果。可见,无论以无效宣告请求审查决定的发文日还是送达日作为宣告专利权无效的时间点,均可能造成不合理的结果。相反,以无效宣告请求审查决定的决定日(作出日)作为确定专利权被宣告无效的时间点,不仅具有对世性和确定性,还可以在一定程度上增加无效宣告请求审查决定发挥追溯力的机会,实现结果公正。因此,宣告专利权无效的时间点应以无效宣告请求审查决定的决定日(作出日)为准。

另外,从字面意义上来看,侵权和解协议并未被规定在《专利法》第47条第2款中。但是,从法律性质而言,和解协议的属性与第47条第2款规定的专利实施许可合同比较相似,即都是在专利权有效的前提下,专利权人与实施该专利的人达成的约定,从而由实施该专利的人向专利权人支付相应的费用。因此,从法律解释的角度分析,应该认定宣告专利权无效的决定,对在专利权被宣告无效前已经履行的(不论其是在诉讼中达成的还是在诉讼外达成的)侵权和解协议同样应不具有追溯力。作这样的解释,既符合《专利法》第47条的立法目的,也有利于鼓励当事人通过达成和解协议解决纠纷,还可以节约司法成本和司法资源,尽早使法律关系回归到确定的状态。否则,势必造成更多的当事人在专利被宣告无效后向法院提起诉讼,或者在已经提起的专利侵权诉讼中为等待裁判结果而一味地延长诉讼的过程,徒增司法成本,也不利于维护市场交易秩序和交易安全。

第五节 专利权的归属

一、职务发明

(一) 职务发明的概念

职务发明,是指发明创造人在受雇期间为履行职务或者执行所在单位指令而作出的发明创造。

(二) 职务发明的类型

《专利法》第6条规定,"执行本单位的任务或者主要是利用本单位的物质技术条件所完成的发明创造为职务发明创造。职务发明创造申请专利的权利属于该单位,申请被批准后,该单位为专利权人"。

判断发明专利是否属于职务发明,一般而言有两个要件:执行本单位任务或者主要是利用本单位的物质技术条件完成的发明创造,择其一即可。据此,职务发明创造可以分为两种类型:

1. 执行本单位的任务所完成的发明创造

这里所说的"单位"泛指各类企业事业单位以及民办非企业单位等,不仅包括正式工作单位,也包括临时工作单位。"单位"一词,原是计划经济时期的用语,在市场经济下,一般解释为能够以自己的名义从事民事活动,独立享有民事权利,并承担民事义务和责任的组织,包括法人组织和非法人组织,如个人合伙等。因此,发明人与单位的关系应该是被雇用与雇用的关系,两者之间存在劳动关系。此种劳动关系,不仅包括长期劳动关系,依照《专利法实施细则》第12条第2款的规定,还应该包括临时的劳动关系。

"执行本单位的任务所完成的职务发明创造"具体是指:(1) 在本职工作中作出的发明创造。《专利法实施细则》第12条第1款中的"本职工作",是根据发明人的劳动合同或者岗位职责所从事的研究、设计和开发工作,即发明人的工作职责就是或者包含发明创造。如果发明人从事的工作岗位相关职责中并不包含进行发明创造,发明人只要完成了劳动合同中约定、单位依法规定的岗位职责,即已经完全履行了职务,至于其在完成工作职责过程中自主进行创造性智力劳动,作出了发明创造,即使与其本职工作有关,也不属于《专利法实施细则》第12条所指的"在本职工作中作出的发明创造"。(2)履行本单位交付的本职工作之外的任务所作出的发明创造。与上述"本职工作"相类似,此处"本职工作之外的任务"也仅指研究、设计和开发任务,即仅指进行发明创造或者包含发明创造的任务。如何判断本职工作以及本单位交付的本职工作以外的任务,需要依据单位与发明人所签署的劳动合同等相关合同以及文件认定。例如,在"合肥普天机电设备贸易有限责任公司与蒋家善专利权属纠纷案"①中,法院认为,双方虽然签订的是《合作协议》,但通过对协议内容的分析,如当事人在任职期间负责的职务、薪酬等可知,该协议名为合作协议,实为聘用合同。并且在公司注册成立后,当事人继续在该公司担任生产厂长,分管各种型号钢筋弯曲机及切断机的生产及技术工作,并负责对钢筋弯曲机的角度调节部分和变速结构的改进工作。因此,可以认为,对钢筋弯曲机的技术研发就是当事人的本职工作。(3)退休、调离原单位后或者劳动、人事关系终止后1年内作出的,与其在原单位承担的本职工作或者原单位分配的任务有关的发明创造。

2. 主要是利用本单位的物质技术条件所完成的发明创造

此处的"技术条件"仅限于物质的,而非普遍意义上的技术条件。依据《专利法实施细则》第12条第2款可知,物质技术条件,是指本单位的资金、设备、零部件、原材料或者不对外公开的技术资料等。此外,这种利用对于完成发明创造是不可缺少或不可替代的前提条件,即构成"主要利用",对单位物质技术条件的一般性利用所完成的发明并不构成职务发明。但对于何为"主要利用",《专利法》及《专利法实施细则》并未作出进一步规定。在"武汉船用机械有限责任公司与王汉国专利权权属纠纷再审案"②中,法院认为,参照《最高人民法院关于审理技术合同纠纷案件适用法律若干问题的解释》第4条③并结合审判实践,此处的"主要利用"应主要指以下两种情形:其一,职工在发明创造的研究开发过程中,全部或者大部分利用了单位的资金、设备、器材或者原材料等物质条件,并且这些物质条件对形成该发明创造具有实质性的影响;其二,职工作出的发明创造其实质性内容是在单位尚未公开的技术成果、阶段性技术成果基础上完成的。但对利用单位提供的物质技术条件,已约定返还资金或者交纳使用费的,以及仅是在发明创造完成后利用单位物质技术条件对技术方案进行验证、测试的,不属于前述的主要利用单位的物质技术条件的情形。由于单位对其资金、设备、器材、原材料以及尚未公开的技术成果都有完全的控制权,一般均制定了管理措施,并有相应组织机构予以实施,因此,单位主张发明人主要利用其物质技术条件完成发明创造的,应对"主要利用"的情形负举证责任。

在司法实践中,对"主要利用本单位的物质技术条件完成的发明创造"的认定通常有两个步骤:首先是认定发明人或者设计人。《专利法实施细则》第13条规定:"专利法所称发明人或者

---

① 安徽省合肥市中级人民法院(2000)合知初字第36号民事判决书。
② 湖北省高级人民法院(2016)鄂民再12号民事判决书。
③ 依据《最高人民法院关于审理技术合同纠纷案件适用法律若干问题的解释》第4条,《民法典》第847条第2款所称"主要利用法人或者非法人组织的物质技术条件",包括职工在技术成果的研究开发过程中,全部或者大部分利用了法人或者其他组织的资金、设备、器材或者原材料等物质条件,并且这些物质条件对形成该技术成果具有实质性的影响;还包括该技术成果实质性内容是在法人或者其他组织尚未公开的技术成果、阶段性技术成果基础上完成的情形。但下列情况除外:(1)对利用法人或者其他组织提供的物质技术条件,约定返还资金或者交纳使用费的;(2)在技术成果完成后利用法人或者其他组织的物质技术条件对技术方案进行验证、测试的。

设计人,是指对发明创造的实质性特点作出创造性贡献的人。在完成发明创造过程中,只负责组织工作的人、为物质技术条件的利用提供方便的人或者从事其他辅助工作的人,不是发明人或者设计人。"其次应该确定主要利用本单位物质技术条件的范围。一般而言,主要利用法人或者其他组织的物质技术条件,是指职工在完成技术成果的研究开发过程中,全部或者大部分利用了法人或者其他组织的资金、设备、器材或者原材料,或者该技术成果的实质性内容是在该法人或者其他组织尚未公开的技术成果、阶段性技术成果或者关键技术的基础上完成的。但对利用法人或者其他组织提供的物质技术条件,约定返还资金或者交纳使用费的除外。此外,在研究开发过程中利用法人或者其他组织已对外公开或者已为本领域普通技术人员公知的技术信息,或者在技术成果完成后利用法人或者其他组织的物质条件,对技术方案进行验证、测试的,都不属于主要利用法人或者其他组织的物质技术条件。

还需要注意的是,根据《专利法》第6条第3款的规定,利用本单位的物质技术条件所完成的发明创造,单位与发明创造人订有合同,对申请专利的权利和专利权的归属作出约定的,从其约定。从字面意义上,这款规定只允许单位与发明创造人就"利用本单位的物质技术条件所完成的发明创造"作出权属约定,而并不包括"执行本单位的任务所完成的发明创造"。"但专利权系一种民事权利,其权利归属仍应遵从约定优先的原则,因此,有时候尽管是执行本单位工作任务所完成的职务发明创造,但也不能排除双方就该专利的权属所作出的相应约定。"[①]不过也有法院认为,"在职务发明中,可以对专利申请权和专利权的归属进行约定的情形并不包括执行本单位的任务所完成的发明创造"。[②]

本书认为,专利法的立法目的并非保护单位对其生产资料的物权,而是激励创新。在1983年12月《专利法(草案)》首次送交全国人大常委会审议时,其立法说明也特别指出:"技术发明成果是劳动的产物,它凝结着发明人的创造性的脑力劳动,在许多情况下还凝结着试验研究仪器、设备和试验材料等物化劳动和一些辅助性的体力劳动,但起决定作用的是创造性的脑力劳动。"正是为了激励发明人的创新,保护发明人的创造性劳动,专利制度得以创设。基于此,实践中很多观点认为,发明人利用了单位的物质技术条件,可以支付合理费用;也可以由双方当事人经平等协商,通过合同的方式约定专利的权利归属。但将对物质技术条件的利用作为确定专利权归属的法定考量因素,与专利制度本身的立法目的相悖。

(三)职务发明的奖酬

为促进专利的实施和运用,2020年修改《专利法》时,在第6条第1款新增了"该单位可以依法处置其职务发明创造申请专利的权利和专利权,促进相关发明创造的实施和运用"的规定。同时,为丰富职务发明的奖酬形式,《专利法》第15条修改为:"被授予专利权的单位应当对职务发明创造的发明人或者设计人给予奖励;发明创造专利实施后,根据其推广应用的范围和取得的经济效益,对发明人或者设计人给予合理的报酬。国家鼓励被授予专利权的单位实行产权激励,采取股权、期权、分红等方式,使发明人或者设计人合理分享创新收益。"第16条规定:"发明人或者设计人有权在专利文件中写明自己是发明人或者设计人。专利权人有权在其专利产品或者

[①] 江苏省高级人民法院(2015)苏知民终字第00138号民事判决书。
[②] 上海市高级人民法院(2013)沪高民三知终字第129号民事判决书。

该产品的包装上标明专利标识。"

1983年12月,中国专利局局长黄坤益在第六届全国人大常委会第三次会议上作《关于〈中华人民共和国专利法(草案)〉的说明》时曾专门就这一问题作出过说明:为了鼓励发明创造的积极性,对发明人应给予工资以外的一定的补偿。草案规定,取得专利权的单位应当根据发明创造的意义和实施后的经济效益,对作出发明创造的个人给予奖励和报酬。奖励包括精神的和物质的两个方面,这是对发明人创造精神予以褒奖,以表彰革新。报酬是指取得专利权的单位在一定时间内,从实施或有偿转让专利发明所得的收益中提取一定的比例,对发明人的创造性脑力劳动给予一定的补偿。这是符合社会主义按劳分配的原则的。取得专利权的单位可以从实施或有偿转让的收益中收回一部分财力、物力和智力投资,国家也可以对这部分收益按规定收取税金,补偿一部分科研投资。这样,就兼顾了国家、集体和个人三者的利益。这里要附带说明一点,《专利法》同我国现行的《发明奖励条例》,不是相互对立的,两者有区别又有联系,可以同时存在,相辅相成。专利法和发明奖励条例虽然都是鼓励发明的,但《专利法》指的发明是一种构思,是解决技术课题的方案,其中大部分还没有实施;发明奖励条例指的发明是已经实施,经过实践证明可以应用的重大科学技术新成就。取得专利的发明符合《发明奖励条例》规定的是不多的,因为取得专利的发明,自批准专利到商品化的实施一般需要几年或十几年的时间。有些发明虽然符合发明奖励条例规定,但不能申请专利。《专利法》和《发明奖励条例》所规定的审查、批准程序也很不同。特别值得提出的是,取得专利权的单位一般可以得到经济利益,它有利于科研工作的良性循环和新技术与生产的结合;而得到发明奖的发明人所在单位,一般得不到经济利益。当然,现行的《发明奖励条例》中有某些与专利法不协调的条款,这在颁布专利法之后,可作适当的修改。

根据《专利法》第15条以及《专利法实施细则》第76条第1款与第77条第1款的规定,单位向职务发明创造的发明人、设计人给付奖励应当具备两个条件:第一,发明人、设计人据以主张奖励的职务发明创造应当是已经获得专利授权的专利。对于正在申请尚未授予专利权的职务发明创造,或者未被授予专利权的职务发明创造,单位无须向发明人、设计人给付奖励。第二,支付奖励的一方应是被授予专利权的单位。但是,只有被授予专利权的单位实施或许可他人实施专利并取得了经济效益,才应给予职务发明人相应的报酬。

在具体实施中,被授予专利权的单位可以与发明人、设计人约定或者在其依法制定的规章制度中规定《专利法》第15条规定的奖励、报酬的方式和数额。被授予专利权的单位未与发明人、设计人约定也未在其依法制定的规章制度中规定《专利法》第15条规定的报酬的方式和数额的,应当自专利权公告之日起3个月内发给发明人或者设计人奖金。在专利权有效期限内,实施发明创造专利后,每年应当从实施该项发明或者实用新型专利的营业利润中提取不低于法律法规规定的比例作为报酬,给予发明人或者设计人,或者参照上述比例,给予发明人或者设计人一次性报酬;被授予专利权的单位许可其他单位或者个人实施其专利的,应当从收取的使用费中提取不低于法律法规规定的比例,作为报酬给予发明人或者设计人。此外,从《专利法实施细则》第78条规定可知,发明人或者设计人每年可从实施专利的营业利润以及收取的使用费中提取一定比例的报酬,因此作为发明人或者设计人报酬的专利使用费分成,是对实施相应专利已经实现利益的分成,并不包括对期待利益的分成。因此,实践中不能将"计算报酬的时间段"延伸至专利届满之日。

二、委托发明

委托发明,是指单位或个人接受其他单位或个人委托的研究、设计任务所完成的发明创造。《专利法》第 8 条规定,"一个单位或者个人接受其他单位或者个人委托所完成的发明创造,除另有协议的以外,申请专利的权利属于完成的单位或者个人;申请被批准后,申请的单位或者个人为专利权人"。

在合同法上,委托开发合同属于技术开发合同的一种类型。《民法典》第 852 条规定:"委托开发合同的委托人应当按照约定支付研究开发经费和报酬,提供技术资料,提出研究开发要求,完成协作事项,接受研究开发成果。"第 853 条规定:"委托开发合同的研究开发人应当按照约定制定和实施研究开发计划,合理使用研究开发经费,按期完成研究开发工作,交付研究开发成果,提供有关的技术资料和必要的技术指导,帮助委托人掌握研究开发成果。"

委托发明的权利归属,一般遵循约定优先原则。《民法典》第 859 条规定:"委托开发完成的发明创造,除法律另有规定或者当事人另有约定外,申请专利的权利属于研究开发人。研究开发人取得专利权的,委托人可以依法实施该专利。研究开发人转让专利申请权的,委托人享有以同等条件优先受让的权利。"《民法典》第 861 条规定:"委托开发完成的技术秘密成果的使用权、转让权以及收益的分配办法,由当事人约定;没有约定或者约定不明确,依据本法第 510 条的规定仍不能确定的,在没有相同技术方案被授予专利权前,当事人均有使用和转让的权利。但是,委托开发的研究开发人不得在向委托人交付研究开发成果之前,将研究开发成果转让给第三人。"

三、合作发明

合作发明,是指两个以上的民事主体合作完成的发明创造。与《著作权法》上的合作作品比较类似,合作发明的构成也需要具备主客观两个方面的要件:首先,两个以上民事主体在主观上要有合作创造的合意。其次,两个以上民事主体在客观上实施了合作创造的行为。

根据《专利法》第 8 条,两个以上单位或者个人合作完成的发明创造,除另有协议的以外,申请专利的权利属于完成或者共同完成的单位或者个人;申请被批准后,申请的单位或者个人为专利权人。第 14 条规定:"专利申请权或者专利权的共有人对权利的行使有约定的,从其约定。没有约定的,共有人可以单独实施或者以普通许可方式许可他人实施该专利;许可他人实施该专利的,收取的使用费应当在共有人之间分配。除前款规定的情形外,行使共有的专利申请权或者专利权应当取得全体共有人的同意。"

但是,上述《专利法》第 14 条只规定了专利权共有人缔约专利实施许可合同的权利,没有规定其他非专利权人作为共有人的情况。一般而言,专利申请权或者专利权的共有需要事先约定,依据约定决定共有的性质以及共有的状态。此外,若专利权人与其他非专利权人共同作为合同的一方当事人,与他人签订专利实施许可合同,且合同中明确约定了其他非专利权人的权利义务的,专利权人行使专利权应当受到合同的约束,非经其他非专利权人同意,专利权人无权独自解除该专利实施许可合同。

此外,《民法典》合同编也对合作发明人之间的法律关系作了补充规定:

第一,合作发明人的优先购买权。《民法典》第 860 条第 1 款规定,"当事人一方转让其共有的专利申请权的,其他各方享有以同等条件优先受让的权利。但是,当事人另有约定的除外"。

第二,合作发明创造人一方放弃专利申请权的处理。《民法典》第 860 条第 2 款规定:"合作开发的当事人一方声明放弃其共有的专利申请权的,除当事人另有约定外,可以由另一方单独申请或者由其他各方共同申请。申请人取得专利权的,放弃专利申请权的一方可以免费实施该专利。"

第三,专利申请争议的处理。《民法典》第 860 条第 3 款规定:"合作开发的当事人一方不同意申请专利的,另一方或者其他各方不得申请专利。"

第四章 专利权的行使

第一节 专利权的内容

《专利法》第11条规定:发明和实用新型专利权被授予后,除本法另有规定的以外,任何单位或者个人未经专利权人许可,都不得实施其专利,即不得为生产经营目的制造、使用、许诺销售、销售、进口其专利产品,或者使用其专利方法以及使用、许诺销售、销售、进口依照该专利方法直接获得的产品。外观设计专利权被授予后,任何单位或者个人未经专利权人许可,都不得实施其专利,即不得为生产经营目的制造、许诺销售、销售、进口其外观设计专利产品。根据这一规定,专利权的内容为专利权人排他性地以生产经营为目的,制造、使用、许诺销售、销售、进口其专利产品,或者使用其专利方法以及使用、许诺销售、销售、进口依照该专利方法直接获得的产品的权利。

对于专利权的侵犯也应当包括以下构成要件:(1)未经专利权人许可。(2)主观上以生产经营为目的。以私人方式进行、非商业目的行为,不构成对他人专利权的侵犯。(3)客观上存在实施专利的行为。专利法明确了实施专利的法定行为类型,即制造、使用、许诺销售、销售、进口五种类型,依产品专利和方法专利而不同:对产品专利,为制造、使用、许诺销售、销售、进口其专利产品;对方法专利,使用该方法的行为,以及使用、销售、许诺销售、进口依照该方法直接获得的产品。这一行为类型具有法定性,即只有实施了上述五种行为类型的至少一种,才会构成对专利权的侵犯,否则将不构成侵权。例如,最高人民法院在"张晶廷与衡水子牙河建筑工程有限公司等侵害发明专利权纠纷案"中认为,《专利法》第11条规定的五种具体的实施方式:制造、使用、许诺销售、销售和进口,是实施专利行为的穷尽性的规定,除此以外的其他行为,不构成侵权。现就专利权实施的五种法定行为类型解释如下。

一、制造

制造,对发明和实用新型而言,是指作出或者形成具有权利要求所记载的全部技术特征的产品;对外观设计而言,是指作出或者形成采用外观设计图片或者照片所表示外观设计方案的产品。在"深圳市银星智能科技股份有限公司诉深圳市华欣智能电器有限公司、北京爱琪嘉业科技有限公司侵害实用新型专利权纠纷案"中,法院认为,根据《专利法》第11条规定,未经专利权人许可,为生产经营目的制造、使用、许诺销售、销售、进口专利产品的,属于侵犯专利权行为。这里的"制造"专利产品,对于发明或者实用新型来说,是指作出或者形成覆盖专利权利要求所记载的全部技术特征的产品。实施制造行为,既包括自己亲自实施,也包括委托他人实施。

在大批量制造专利产品时,通常称为生产。在专利法上,只要生产出相同的产品即构成制造,而不论其数量多少,也不论采用何种方法,也不论该产品是单独在市场上销售的产品,还是作为其他产品的组成部分或零部件。并且,在专利权的内容中,制造是一项独立的专利权人可以控制的行为,只要是未经专利权人许可为生产经营目的而制造的,即使没有拿到市场上去销售,也构成专利侵权。例如,某人在专利期满前擅自制造一批专利药品,计划在药品专利期满后推向市场,这种行为仍然构成专利侵权。

实践中,比较难以区分的是产品损坏后,经过修理,恢复了产品的实用功能,这种修理行为是否属于专利法上的制造?一般而言,此时的判断标准是,该修理行为是否构成"再造"。具体而言,通常需要考虑修理的内容和程度,例如,将专利产品的部分或全部分解、清污、再组装,一般不认为构成再造;更换部分超过专利部分的一半,一般认定为再造;更换部分的使用寿命明显低于整个产品的使用寿命,一般认定为修理;更换某一部件程序复杂,难度较大,一般认定为再造;专利权人明确表示或认定某一部件是可以更换的,一般认定为修理。具体的判断,还需要在个案中进行考量。

二、使用

《专利法》第 11 条规定的使用包括两种类型:对专利产品以及依照方法直接获得的产品的使用和对专利方法的使用。就专利产品的使用而言,指的是其技术功能得到了应用。不论是单独使用还是作为产品的组成部分或零部件的使用,也不论是反复使用还是一次性使用,也不论是利用其一个用途还是利用几个用途。首先是指使用与专利产品相同的产品。如果使用的是与专利产品类似的产品,那么,就需要判断其是否符合等同替换的条件。其次,对产品进行使用的目的应当同专利产品的目的相同。如果产品使用的目的与专利产品的目的不同,则不属于对专利产品的使用。对专利方法的使用,是指就相同的方法为实现专利方法的目的的使用。同样的方法可能实现各种不尽相同的目的,方法专利的效力只能控制出于相同目的的使用行为。

此外,根据专利权用尽原理,使用由专利权人制造并销售或经其许可制造并销售的产品,不受专利权人控制。

三、许诺销售

根据《最高人民法院关于审理专利纠纷案件适用法律问题的若干规定》第 18 条的规定,许诺销售,是指以做广告、在商店橱窗中陈列或者在展销会上展出等方式作出销售商品的意思表示。许诺销售行为应当发生在实际销售行为之前,其目的是出于实际销售,被控侵权人不但应当具有即将销售侵犯专利权产品的明确意思表示,而且在作出该意思表示之时,其产品应当处于能够销售的状态。

在司法实践中,判断许诺销售的构成,需要考虑的因素一般有以下三点:第一,关于是否能够确认许诺销售的产品是侵权产品的问题。许诺销售是明确表明愿意出售一种产品的行为,它是销售行为的前期行为,实际销售行为尚未发生。法院在对指控许诺销售侵权时所适用的基本原则与指控销售侵权一样,都是要将被控侵权产品与专利进行技术特征上的逐一比较,只有在确认了被控侵权产品落入了专利权保护范围后,才能认定该产品是侵权产品。第二,关于许诺销售的产品是否已经成型。在一般情况下,只有当实际上已经存在许诺销售的产品时,才有可能认定许诺销售行为侵犯了专利权。第三,许诺销售者是否具备实际销售的目的。它是指为销售目的而向特定或非特定主体作出的愿意销售或将要销售专利产品(包括依照专利方法直接获得的产品)、愿意提供或将要提供专利方法的行为表示。可以是直接表示愿意销售,例如寄送价目表、拍卖公告、招标公告等;也可以是间接表示将要销售,如展览、公开演示等。[①]

四、销售

销售,是指将专利产品的所有权从一方(卖方)转移给另一方(买方),而买方支付相应价款的行为。

需要注意的是,"销售"行为并不完全等同于"买卖"行为。根据我国《民法典》第595条的规定,买卖合同是出卖人转移标的物所有权于买受人,买受人支付价款给出卖人的合同。可见,买卖行为是双向的,是出卖人与买受人共同完成的行为,包括出卖人将标的物"售出"的行为和买受人接受标的物并付款的行为,并非出卖人或者买受人单方的行为。而我国专利法规定的"销售"行为,只是买卖行为中的一环,与《专利法》规定的许诺销售行为一样,应当是指出卖人单方的行为,即出售专利产品的行为,并不完全等同于买卖双方共同完成的买卖行为。[②]

关于销售行为的认定,最高人民法院在"刘鸿彬与北京京联发数控科技有限公司、天威四川硅业有限责任公司侵害实用新型专利权纠纷案"[③]中曾经强调,为确保专利权权利范围的清晰性,增强可预见性并预防纠纷发生,销售权能或者说销售侵权行为的认定标准必须清晰明确、简单易行、可操作性强。同时,为充分保护专利权人的利益,销售行为的认定标准还应当尽可能实现许诺销售行为与销售行为之间的无缝衔接,以便覆盖对专利权人利益产生较大影响的有关交易环节和过程,从而更有效地制止销售侵权行为。

对于销售行为的认定标准,至少存在四种选择:合同成立标准、合同生效标准、合同价款支付完成标准、标的物交付或者所有权转移标准。(1)如果采用标的物交付或者所有权转移标准,则被诉侵权人自合同成立到标的物交付或者所有权转移之前的行为将不构成销售,此段行为将脱离专利权人的权利范围,过分缩小了专利权人的权利空间;而且,标的物交付或者所有权转移必须结合合同具体内容以及履行过程来判断,不仅使得认定标准复杂化,还大大增加了专利权人维权时的取证成本和证明难度。(2)如果采用价款支付完成标准,则被诉侵权人自合同订立到合同价款支付完成之前的行为同样无法构成销售,脱离专利权人的权利范围,缩小了权利人的权利

[①] "伊莱利利公司与甘李药业有限公司发明专利侵权纠纷案",载《人民法院案例选》2009年第1辑(第50号)。

[②] "江门市亚泰机电科技有限公司与雷炳全侵害实用新型专利权纠纷上诉案",广东省高级人民法院(2013)粤高法民三终字第15号民事判决书。

[③] 最高人民法院(2015)民申字第1070号民事裁定书。

空间;而且,合同价款支付涉及合同履行过程,当事人在实践中可能采取分期支付、抵销、债务让与等多种方式履行合同,同样会导致认定标准复杂化,增加专利权人维权时的取证成本和证明难度。(3)如果采用合同生效标准,则自合同成立到生效之前的行为同样无法构成销售,脱离专利权人的权利范围,缩小了权利人的权利空间;而且,合同生效是法律对合同效力评价的结果,合同是否发生效力并非完全取决于当事人的意愿,将其作为认定销售行为尤其是销售侵权的标准,与作为侵权责任基础的意志自由原则相悖。(4)如果采用合同成立作为认定销售行为的判断标准,由于合同成立之前当事人以广告、商品展示等方式作出的销售商品的单方意思表示属于许诺销售行为,双方就销售商品的意思表示达成合意属于销售行为,则销售行为与许诺销售行为可以实现密切衔接,使得销售行为与许诺销售行为之间不存在专利权无法覆盖的空间,有利于充分保护专利权人的利益。同时,合同成立是双方当事人就销售商品的意思表示达成合意的事实状态,往往通过书面合同等材料体现出来,不需要进一步考察合同的具体条款和履行过程,专利权人获取证据和证明销售行为成立更为容易,取证成本和认定成本均较低。因此,销售行为的认定,一般应当以销售合同成立为标准。

五、进口

进口,是指将专利产品从专利权效力范围之外的区域转入专利权有效的地域,即专利产品在不同法域之间的流转。除了通过制造并销售专利产品侵犯专利权外,侵权人还有可能借助知识产权的地域性将国外制造的专利产品进口并销售,如果专利权人不享有对进口行为的排他性权利,将无法将专利产品拒于国门之外,一旦从国外进口的专利产品进入国内流通并分销至世界各地,专利权人即很难再就后续侵权行为一一追究。通过限制专利产品进口,专利权人可以借助海关执法禁止专利产品输入国内市场,从而最大限度地保护专利权所授予的排他性利益。

关于进口,有一个问题是,专利权人是否有权禁止未经其许可制造的产品出口?对此,我国《知识产权海关保护条例》第3条有明确规定:国家禁止侵犯知识产权的货物进出口。据此可以认为,在我国专利法上,专利权人有权禁止专利侵权产品的出口。

在进口的问题上,还有一个充满争议的问题是平行进口。专利法上的平行进口,是指专利权人分别在不同法域对相同的技术方案享有专利权,在与专利权人之间没有任何协议的情况下,某人将专利权人在一个法域制造的合法专利产品进口到另一个法域的行为。根据这一定义,专利法上平行进口的构成需要符合以下条件:首先,平行进口的专利产品是合法的产品,不属于侵权产品;其次,专利权人在专利产品的进口国享有合法授予的专利权;最后,平行进口行为没有经过专利权人事先的许可。那么,平行进口的行为是否侵害专利权?根据《专利法》第75条第(1)项的规定,专利产品或者依照专利方法直接获得的产品,由专利权人或者经其许可的单位、个人售出后,使用、许诺销售、销售、进口该产品的,不视为侵害专利权。因此,平行进口行为在我国不视为侵犯专利权的行为,这也是"专利权用尽"原理的必然要求。

第二节 专利权的许可与转让

一、专利权的许可

（一）专利许可的性质

根据《专利法》第 11 条的规定，专利权人有权排除他人未经许可实施其专利，为生产经营目的制造、销售、许诺销售、进口专利产品，或使用专利方法以及使用、许诺销售、销售、进口依照专利方法直接获得的产品。因此，专利权本质上是一项排除他人利用的消极权利，亦即其效力主要体现为禁用权，从而使专利权人在市场竞争中对其创新成果进行独占收益。

在专利权人对其创新成果获得专利后，通常通过两种方式实现专利的价值：首先，通过自己实施专利，通过专利技术产品化—商品化—商业化的全过程，实现利益的最大化，可以利用自己在技术上的优势地位，在市场竞争中赢得市场利润。但是获得专利权后，专利技术并不能当然地被实施而实现利益最大化，其需要与资本、人力、市场等因素结合，甚至还需要与其他专利技术相结合才能实现市场化的过程。而且一般而言从技术研发到产品进入市场所需的时间教程，对专利权人的资金实力具有较高要求。现实中，并非所有专利权人都有能力或有意愿自己实施专利，尤其对于研发型企业或个人而言，缺乏充分的资金条件、必要设备、销售渠道和管理经验，并且有的专利权人也希望通过快速将创新成果变现获得资金回报。因此，专利权人可以选择通过专利权转让或许可的方式，将专利的所有权或部分使用权转让给其他市场主体，并快速获得回报。专利权转让即是指专利权人将专利权完全转让给受让人，由受让权人享有专利权，进而控制专利技术的实施。或是通过由专利权人保留专利所有权，将专利权的权能进行细化拆分，在自身保留对技术控制权的基础上扩大专利的使用范围，快速实现收益的最大化。

从法律性质上而言，专利权主要体现为一项禁用权，专利许可是以合同的方式由专利权人在其权利之上设立的一种负担，在许可合同约定的范围内放弃对被许可人行使禁止权。虽然专利权依专利法而创设，但专利许可协议本身一般主要由合同法进行调整，很大程度上取决于当事人双方的意思自治，并受反垄断法等竞争规范调整。

（二）专利许可的分类

实践中，专利许可从不同的角度进行划分，可分为以下类型：

1. 独占实施许可、排他实施许可和普通实施许可

根据被许可人享有实施权的排他程度的不同，可以将专利许可分为独占许可、排他许可和普通许可三类。根据《最高人民法院关于审理技术合同纠纷案件适用法律若干问题的解释》第 25 条的规定，独占实施许可，是指许可人在约定许可实施专利的范围内，将该专利仅许可一个被许可人实施,许可人依约定不得实施该专利;排他实施许可,是指许可人在约定许可实施专利的范围内,将该专利仅许可一个被许可人实施,但许可人依约定可以自行实施该专利;普通实施许可,是指许可人在约定许可实施专利的范围内许可他人实施该专利,并且可以自行实施该专利。当事人双方对专利实施许可方式没有约定或者约定不明确的,应当认定为普通许可。

2. 单向许可和交叉许可

根据专利许可当事人之间相互关系的不同,可以分为单向许可和交叉许可。单向许可是指仅由许可人向被许可人单方面所为的许可,许可方授予被许可方实施专利,被许可方按约支付许可费用给许可方,专利许可合同仅对当事人双方具有约束力。单向许可又包括分许可。分许可是指许可人明确允许被许可人可将其获得的许可再授权给其他人实施的法律关系。交叉许可是指专利实施许可合同的当事人,互为许可人和被许可人,互相授权对方实施专利的许可。交叉许可的形成具有客观的需求,因为在当今通信电子等技术领域,技术具有高度的集成性和系统性,一件电子终端设备涉及成千上万件专利,并涉及大量的标准必要专利,一个可商业化的技术创新往往涉及多个不同的知识碎片,并由不同的专利权人所享有。事实上,对于生产性企业而言,其主要精力集中于制造和销售其自身产品,而往往不愿意陷入高成本、长周期、高风险的专利诉讼之中,交叉许可往往会成为大公司之间的通常选择。例如,在通信领域,一些大公司往往会选择进行五年或者七年的交叉许可,根据其彼此之间专利强度的不同,可能会选择免费的交叉许可或一定的平衡许可费支付。

3. 一般许可和开放许可

根据许可合同订立方式的不同,可以分为一般许可和开放许可。一般许可,是指按通常合同订立的方式,由要约人向特定的受要约人发出要约,受要约人明确作出承诺而订立的合同。开放许可,则是指由专利权人通过专利局的登记发出要约,等待潜在的被许可方作出承诺而成立的专利许可合同。英国1919年《专利及外观设计法》最早创建了开放许可制度。根据该制度,在专利权授予之后的任意时间点,专利权人可申请对其专利进行当然许可登记并进行公告,任何第三人只需向专利权人支付相应许可费即可实施该专利。在我国专利实施率较低的背景下,2020年《专利法》修改引入了开放许可制度,第50条规定:"专利权人自愿以书面方式向国务院专利行政部门声明愿意许可任何单位或者个人实施其专利,并明确许可使用费支付方式、标准的,由国务院专利行政部门予以公告,实行开放许可。"第51条规定:"任何单位或者个人有意愿实施开放许可的专利的,以书面方式通知专利权人,并依照公告的许可使用费支付方式、标准支付许可使用费后,即获得专利实施许可。"

4. 自愿许可和强制许可

根据许可是否需要经过专利权人同意的不同,可以分为自愿许可和强制许可。专利权作为一项私权,以遵循意思自治为基本原理。通常而言,专利许可属于专利权人意思自治的范围,按照合同订立的方式签订的许可协议都属于自愿许可。前述所说的开放许可也属于自愿许可。强制许可,是指国家专利行政机关不经专利权人同意,通过行政程序而直接允许第三人实施发明或实用新型专利,并向其颁发实施该专利的强制许可证的法律行为。专利权作为对技术创新成果独占的权利,强制许可是防止和限制专利权人滥用权利、保护国家和社会公众利益的平衡机制。根据我国专利法规定,强制许可可分为不实施专利时的强制许可、基于公共利益的强制许可、基于公共健康而给予涉及药品的强制许可和从属专利的强制许可等几种情形。

(三)专利许可合同主要内容

如上所述,专利许可实践主要由合同制度进行调整,我国《民法典》合同编第二十章"技术合同"第三节"技术转让合同和技术许可合同"对专利许可进行了专门但有限的规定。根据《民法典》规定,专利实施许可合同在内的技术许可合同应当采取书面形式,双方不得对无效和过期专利进行许可,许可人有义务保证其是许可技术的合法拥有者并进行许可,实施人应当在合同约定范围内实施许可专利,并支付许可费用。除此之外,对于许可合同的内容,合同法交由当事人的意思自治进行决定。一般而言,专利实施许可合同的内容包括许可专利的内容、许可的方式、许可权利范围、许可的产品、许可费及支付方式、技术资料的交付、保密事项、违约及索赔等。就一般重要条款内容介绍如下。

1. 许可授权的范围

专利许可的核心即在于授权条款,其决定了权利束中何种权能被授予。其包括:进行普通实施许可、独占实施许可或排他实施许可;许可授权使用行为的范围,是否包括制造、许诺销售、销售、进口、使用权中的一种或多种;许可授权使用的地域范围,包括全球许可、部分国家(地区)许可或国内部分地区许可;许可使用的产品范围,对某一技术领域如"显示设备""半导体产品"等进行许可或对所有产品进行许可;等等。

2. 许可费的确定

专利的价值在于其创新成果的未来前景,专利许可费的确定往往难以通过成本或市场竞争的需求确定,一般的商品定价规则难以获得许可使用费合理参考的依据,而是取决于未来可预期的经济效益,并受技术先进性、技术营利能力和权利稳定性因素的影响。每一项合同的许可使用费是合同双方博弈、谈判的结果,取决于双方对于技术未来前景的判断。实践中总结出了"25%规则",即认为专利技术带来的价值占利润的25%左右,以此为基础调整确定许可费率。借鉴有形资产评估理论和方法,形成了专利资产价值评估的固定方法,为双方在确定许可费时提供参考。根据中国资产评估协会发布的《专利资产评估指导意见》,将收益法、市场法和成本法作为专利价值评估的基本方法。在资产评估时应当根据评估目的、评估对象、价值类型、资料收集等相关条件,分析收益法、市场法和成本法三种基本评估方法的适用性,恰当选择一种或多种资产评估方法。每种方法在专利价值评估时都各有优势也具有难以克服的缺陷,例如,较之成本法和收益法,市场法能够较直接地反映专利的市场价值,其采用的前提条件是存在一个充分发育、活跃的资产交易市场且相关交易数据是可获得的,其在实践中应用具有实际困难,具体许可费率的确定还是主要由双方的交易信息和谈判力量所决定。

3. 许可费的支付方式

许可费的支付方式实际上是许可当事人双方风险衡量和分配的结果,一般包括一次总付或提成支付的方式。

一次总付,是指在许可合同中约定一个固定的金额,被许可人一次或分次支付给许可人。一次总付的许可费是一个明确约定的固定金额,无论实施专利是否获得收益或获得多大收益,被许可方都按约定的数额向许可方支付使用费。这种支付方式可以让许可方尽快获得专利权交易的收益,无须分担专利技术市场化开发的任何风险,却无法分享专利技术市场化开发后取得的巨大收益。

提成支付,是指在合同中不明确约定许可使用费的金额,而是设定一种计算许可使用费的方法(如按照单件产品收取固定费用或按照销售额的百分比收费),被许可人按照此种方法向许可人支付许可使用费,一般是在具体实施专利并取得实际效果后再进行支付。提成支付将许可方和被许可人的利益紧密联系在一起。但是这一方式的缺陷在于其受益对于专利权人而言具有一定的不确定性,而且在实施中被许可人需要持续向专利权人报告销售和财务数据,制度的实施和监督成本较高。在实践中为了避免这种不确定性,许可人和被许可人有的会在适用提成支付方式的前提下设置许可费的最低值或最高值,超出该峰值时则适用固定费率,或采取入门费+提成费率的方式将许可费由固定费用和提成费用两部分组成,以降低双方风险。

(四)专利许可的新模式:专利池与专利主张实体

进入21世纪以来,专利越来越被视为企业的重要资产,专利许可也被视为企业的重要营利方式之一而催生了专利货币化(patent monetization)的不同商业模式,其中专利池(patent pool)和专利主张实体(patent assertion entity)的发展尤为值得关注。

1. 专利池许可

在专利制度早期,不同公司之间的专利许可活动相对较少,20世纪70年代末和80年代初,IBM和德州仪器(TI)两个公司在当时开展了十分成功的大规模许可和交叉许可活动,并开启了专利许可的新的模式:其在某一技术领域集中大规模的专利组合,组织专门的技术和法律团队进行专利侵权分析,对外开展由技术内容到商业内容的许可谈判,从而对外达成专利许可合同并在反复的许可谈判中完善其许可条款,这一许可模式在当时取得了巨大的成功。

专利池的许可模式有效地降低了传统一对一专利许可模式的低效率,按照技术领域将相关专利集聚在专利池内,所有专利池的成员同意由专利池对外许可专利池内的所有专利,技术实施者仅仅专利池的一揽子交易即可获得该技术领域所有专利的许可,而不必一一与每家公司签订双边许可协议。尤其是涉及标准的实施时,同一标准涉及大量标准必要专利而分别被不同所有者持有,当大多数的行业主要参与者加入同一专利池时,将有效降低专利许可的成本。目前比较典型的专利池有MPEG LA、Via Licensing、关于蓝光技术的One-Blue专利池、关于DVD技术的DVD6C专利池等。

2. 专利主张实体

从20世纪90年代后期到现在,另一种专利货币化的商业模式成了专利主张实体(或称专利流氓)。这些公司并不进行任何的生产性活动,他们针对生产性企业提出专利诉讼索赔和专利许可作为其主要盈利手段,如Acacia、Wi-LAN、Collier Capital、LSI、Rambus、InterDigital和Tessera等公司。其与生产性企业最大的不同在于其没有任何生产性活动而免于被反诉,也不需要通过交叉许可以获得专利和平,从而可以通过诉讼获取高额赔偿或以此为威胁获得高额许可费。2013年,专利流氓在美国提起了3 733起专利侵权诉讼,占全美专利诉讼的69.5%,但胜诉比例平均只有26%,在大多数案件中被控侵权人并未侵权。这一趋势导致了大量的专利聚合和进攻性地行使专利权。2013年,美国白宫发布报告,认定专利流氓总体上对美国创新体制与经济增长是有害的。2014年以来,美国最高法院适用较宽松的诉讼费用移转标准,遏制专利流氓,美国国会参、众两院议员提出了《创新法案》《专利法案》试图打击专利流氓诉讼。① 同时,市场中也产生了防御性的非经营性专利实体,例如 RPX 通过向专利主张实体收购专利,因此其他专利主张实体难以向生产性企业主张专利权。生产性企业可以通过向 RPX 付费成为其会员,以获得其专利许可而避免受专利主张实体干扰。在国家层面,也有国家通过国家财政出资建立防御性的非经营向专利实体,以避免企业受专利流氓威胁,如韩国的智力发现基金(Intellectual Discovery)、日本知识产权桥(Intellectual Property Bridge)、法国专利基金(France Brevets)等。② 在中国,加拿大专利主张实体 Wi-LAN 以其子公司 Wireless Future Technologies 在 2016 年对 SONY 提起专利侵权诉讼,这是国内第一件由专利主张实体提起的专利侵权诉讼案,此后专利主张实体诉讼日益增多,但我国对于专利主张实体诉讼的认定还处于"灰色地带",对于其防范策略目前也并不明晰。

二、专利权的转让

(一)专利权转让的概念

根据《民法典》第 862 条第 1 款规定:"技术转让合同是合法拥有技术的权利人,将现有特定的专利、专利申请、技术秘密的相关权利让与他人所订立的合同。"因此,专利权与专利申请权都可以作为独立的民事权利进行转让。专利权的转让,是指专利权人将专利权按市场交易规则让与受让方,受让方支付对价以换取专利权的交易活动。而专利申请权,是指发明人、设计人或其他有提出专利申请的主体,在取得国家知识产权局下达的专利申请书后,并在获得专利授权之前的时间内,获得专利授权的机会或资格。专利申请权的产生基于申请人的申请行为以及国家知识产权局的受理行为。但其并非典型意义上的民事权利,其蕴含的利益主要体现为享有未来专利权的机会,因此,可以说专利申请权实际上是以期待权为特质表现出来的一种民事权利。专利权的利益是获得未来专利授权的机会,而不体现任何人格属性,可以成为商业活动中自由转让的标的。专利申请权的转让,是指专利申请人将专利申请的资格按照市场交易规则让渡给交易方,受让方支付对价后获得专利申请人身份的活动。③

(二)专利权转让的特征

在专利转让合同中,当事人双方一般应当明确交易专利权的基本信息、转让费用、支付方式、技术资料的移交等内容,与专利许可具有一定的相似性,但重要特征在于:

第一,专利权以及专利申请权的转让具有不可分割性。专利权转让的标的是一个整体的权利束,集合了制造、使用、许诺销售、销售以及进口等多项权利,这些权利在转让时不能进行拆分,转让方既不能将这些权利分售多人,也不能只转让一部分权利而保留其余权利。具体而言,当专

---

① 参见谢光旗:《遏制专利蟑螂:美国专利诉讼费用移转规则的新发展》,载《法律科学(西北政法大学学报)》2017 年第 1 期。
② 参见张惠彬、邓思迪:《主权专利基金:新一代的贸易保护措施?——基于韩国、法国、日本实践的考察》,载《国际法研究》2018 年第 5 期。
③ 参见马碧玉:《专利权交易法律制度研究》,中国社会科学出版社 2016 年版,第 111—112 页。

利权被转让时,需要将制造、使用、许诺销售、销售、进口等一系列权能全部进行转让,当专利申请权被转让时,转让方必须将获得专利授权的机会、修改专利申请文件的权利、放弃专利申请的权利等一并让渡给受让方。

第二,由于专利权和专利申请权对象都具有无体性,转让时无法像有体财产一样进行交割,专利权转让也具有一定的要式性。《民法典》第863条第3款规定,技术转让合同应当采用书面形式。《专利法》第10条第3款规定,"转让专利申请权或者专利权的,当事人应当订立书面合同,并向国务院专利行政部门登记,由国务院专利行政部门予以公告。专利申请权或专利权的转让自登记之日起生效"。据该规定,专利权转让的效力与专利权转让合同的效力不同,当事人之间签订的专利权转让的合同自合同成立时生效,仅仅发生负担效力,在当事人之间建立转让与付款义务。通过双方向国务院专利行政部门登记,才发生专利权转让的处分效力,发生权利转移的法律后果。

(三) 专利权转让的风险

关于专利权转让的过程中,突出的风险为专利权本身的效力问题。我国《民法典》第870条规定:技术转让合同的让与人应当保证自己是所提供的技术的合法拥有者,并保证所提供的技术完整、无误、有效,能够达到约定的目标。

根据《专利法》第47条第1款规定:"宣告无效的专利权视为自始即不存在。"对于专利被宣告无效的情况,权利交易的标的本身不存在,应当认为转让合同自始无效,受让人可以要求返还转让费和赔偿损失。但是从维护交易安全和社会秩序的角度考量,《专利法》第47条第2款规定:"宣告专利权无效的决定,对在宣告专利权无效前人民法院作出并已执行的专利侵权的判决、调解书,已经履行或者强制执行的专利侵权纠纷处理决定,以及已经履行的专利实施许可合同和专利权转让合同,不具有追溯力。但是因专利权人的恶意给他人造成的损失,应当给予赔偿。依照前款规定不返还专利侵权赔偿金、专利使用费、专利权转让费,明显违反公平原则的,应当全部或者部分返还。"依此特别规定,在专利被无效时:(1) 如果在专利权被宣告无效前,专利权受让人已支付转让费,受让人不能再请求转让人返还,因专利权亦不存在,当事人双方也不存在其他合同权利义务关系;(2) 如果在专利权被宣告无效前,专利权受让人未支付转让费,可主张合同无效,受让人不再向转让人支付转让费;(3) 如果在专利权被宣告无效前,专利权受让人已支付转让费,但在转让人不返还转让费明显违反公平原则的例外情况下,应当全部或者部分返还转让费。①

三、技术转让合同中的限制性条款规制

在技术转让的过程中,由于技术成果本身在客观上是一种无法独占的无体财产,它可以在同一时间被若干不同的人占有并互不影响,从而削弱了技术成果权利人对技术成果利用行为的控制力,导致出现技术实施脱离技术转让人或者经其授权的其他人控制的局面。因此,通过合同约定,在技术转让合同中订立一些限制性条款对合同当事人一方或双方的特定行为进行限制以防

---

① 参见刘友华、王庆、陈兴林:《专利权组合转让合同的若干问题》,载《人民司法》2012年第13期。

止其越权实施技术,具有一定的合理性和必要性。但是有些技术受让人取得专利权或者技术秘密的实施许可并不是基于提升技术的需求,而是为了利用技术转让合同把独占权作为排挤竞争者的手段,以阻碍其他竞争者进入市场。此时,则属于对限制性条款的滥用。对于这种不正当的行为需要加以规制和调整。

(一) 限制性条款的含义

限制性条款,也称为限制性商业惯例,根据1980年通过的《联合国关于控制限制性商业惯例的公平原则和规则的多边协议》(United Nations Multilaterally Equitable Principles and Rules for the Control of Restrictive Business Practices)的规定,它是指通过滥用或谋取和滥用市场力量的支配地位,限制进入市场或以其他方式不适当地限制竞争,对国际贸易特别是对发展中国家的国际贸易及其经济发展造成或可能造成不利影响;或通过企业之间的正式或非正式、书面或非书面的协议或安排造成同样的影响。技术转让合同中的限制性条款是指在技术转让的交易过程中,技术转让方凭借自己的技术优势地位在技术使用、技术改进、产品生产与销售等方面施加给受让方的具有各种限制性内容的合同条款。1998年发布的《联合国国际技术转让行动守则(草案)》(United Nations International Code of Conduct on the Transfer of Technology)第四章列举了最常见的14种限制性条款:(1)回授条款。要求受让方在对技术进行改进后,无偿、非互惠地提供给技术的转让方使用。(2)对效力的异议。不得对技术转让方专利权的有效性,或对转让方取得的其他权利的效力提出异议或者控告。(3)独家经营。限制受让方获得类似的或者具有竞争性的技术。(4)对研究的限制。限制许可方对许可技术从事开发研究工作。(5)对使用人员方面的限制。要求许可方在某些关键性生产部门必须使用许可方指定的人员,而不得任用被许可方自己的技术人员。(6)限定价格。在受让方对技术制造的产品或提供的服务进行销售时限定其所定的价格。(7)对技术更改的限制。禁止受让方对技术进行革新性的更改。(8)包销和独家代理条款。要求受让方以包销和独家代理的方式将技术授予转让方或转让方指定的任何人。(9)附带条件的安排。强迫受让方接受其不愿要的额外技术或服务,或以获取技术为条件,限制技术或服务的来源,而这种做法并非为了维持产品或服务的质量。(10)出口限制。包括禁止被许可方的产品向被许可方所在国以外的任何国家出口,禁止向某些特定的国家出口,或只能向某些国家出口,限制出口产品的数量、价格和渠道。(11)共享专利或互授许可协定以及其他安排。(12)对宣传的限制。(13)工业产权到期后的付款义务和其他义务,对因继续使用业已失效、被撤销或有效期届满的工业产权而要求付款或强加其他义务。(14)合同期满后的限制。即在合同期满后,尽管该项技术秘密已由于被许可方以外的原因被泄露,或工业产权已到期,但被许可方不得继续使用已转让的技术。①

(二) 我国对于技术转让中限制性条款的规制

在我国反垄断法实施以前,我国对于限制性条款的规制主要由民法和知识产权法加以规制。1999年颁布的《合同法》第329条规定:"非法垄断技术、妨碍技术进步或者侵害他人技术成果的

---

① 参见《国际技术转让行动守则(草案)》,载中国网 http://www.china.com.cn/law/flfg/txt/2006-08/08/content_7057270.htm,最后访问时间:2020-10-10。

技术合同无效。"[①]2004年《最高人民法院关于审理技术合同纠纷案件适用法律若干问题的解释》第10条规定:"下列情形,属于合同法第三百二十九条[②]所称的'非法垄断技术、妨碍技术进步':(一)限制当事人一方在合同标的技术基础上进行新的研究开发或者限制其使用所改进的技术,或者双方交换改进技术的条件不对等,包括要求一方将其自行改进的技术无偿提供给对方、非互惠性转让给对方、无偿独占或者共享该改进技术的知识产权;(二)限制当事人一方从其他来源获得与技术提供方类似技术或者与其竞争的技术;(三)阻碍当事人一方根据市场需求,按照合理方式充分实施合同标的技术,包括明显不合理地限制技术接受方实施合同标的技术生产产品或者提供服务的数量、品种、价格、销售渠道和出口市场;(四)要求技术接受方接受并非实施技术必不可少的附带条件,包括购买非必需的技术、原材料、产品、设备、服务以及接收非必需的人员等;(五)不合理地限制技术接受方购买原材料、零部件、产品或者设备等的渠道或者来源;(六)禁止技术接受方对合同标的技术知识产权的有效性提出异议或者对提出异议附加条件。"关于国家间的技术进出口交易,2001年我国《技术进出口管理条例》第29条曾规定:"技术进口合同中,不得含有下列限制性条款:(一)要求受让人接受并非技术进口必不可少的附带条件,包括购买非必需的技术、原材料、产品、设备或者服务;(二)要求受让人为专利权有效期限届满或者专利权被宣布无效的技术支付使用费或者承担相关义务;(三)限制受让人改进让与人提供的技术或者限制受让人使用所改进的技术;(四)限制受让人从其他来源获得与让与人提供的技术类似的技术或者与其竞争的技术;(五)不合理地限制受让人购买原材料、零部件、产品或者设备的渠道或者来源;(六)不合理地限制受让人产品的生产数量、品种或者销售价格;(七)不合理地限制受让人利用进口的技术生产产品的出口渠道。"但上述第29条已于2019年3月2日被《国务院关于修改部分行政法规的决定》(国令第709号)删除。

2008年8月1日,我国《反垄断法》正式实施,各种限制性条款纳入反垄断法的调整范围,2020年《专利法》修改后也明确了对专利权不当行使的反垄断规制必要性,其第20条规定:"申请专利和行使专利权应当遵循诚实信用原则。不得滥用专利权损害公共利益或者他人合法权益。滥用专利权,排除或者限制竞争,构成垄断行为的,依照《中华人民共和国反垄断法》处理。"在具体判断中,《反垄断法》规定了两种情形:第二章对排除、限制竞争的垄断协议提供规制,第三章对滥用市场支配地位的情形提供规制。2019年1月4日发布并实施的《国务院反垄断委员会关于知识产权领域的反垄断指南》(以下简称《指南》)对于滥用知识产权排除、限制竞争行为的判断提供了具体指引。

在垄断协议的认定中,《指南》提出,"涉及知识产权的协议,特别是联合研发、交叉许可等,通常具有激励创新、促进竞争的效果,不同的协议类型产生的积极影响有所不同。但是,涉及知识产权的协议也可能对市场竞争产生排除、限制影响,适用《反垄断法》第二章规定"。对于技术转让中常见的限制性条款,例如,交叉许可、排他性回授和独占性回授、不质疑条款、限制知识产权的使用领域、限制利用知识产权提供的商品的销售或传播渠道、范围或者对象、限制经营者利用知识产权提供的商品数量、限制经营者使用具有竞争关系的技术或者提供具有竞争关系的商

[①] 2020年5月28日通过的《民法典》合同编第850条对该条文进行了修订:"非法垄断技术或者侵害他人技术成果的技术合同无效。"

[②] 现规定于《民法典》第850条。

品等情形,《指南》明确其有可能对市场竞争产生排除、限制影响,并提供了具体分析考量参考因素。

对交叉许可条款中,分析时可以考虑:(1)是否为排他性许可;(2)是否构成第三方进入市场的壁垒;(3)是否排除、限制下游市场的竞争;(4)是否提高了相关商品的成本。

对排他性回授和独占性回授条款,分析时可以考虑:(1)许可人是否就回授提供实质性的对价。(2)许可人与被许可人在交叉许可中是否相互要求独占性回授或者排他性回授。(3)回授是否导致改进或者新成果向单一经营者集中,使其获得或者增强市场控制力。(4)回授是否影响被许可人进行改进的积极性。

对不质疑条款,分析时可以考虑:(1)许可人是否要求所有的被许可人不质疑其知识产权的有效性;(2)不质疑条款涉及的知识产权许可是否有偿;(3)不质疑条款涉及的知识产权是否可能构成下游市场的进入壁垒;(4)不质疑条款涉及的知识产权是否阻碍其他竞争性知识产权的实施;(5)不质疑条款涉及的知识产权许可是否具有排他性;(6)被许可人质疑许可人知识产权的有效性是否可能因此遭受重大损失。

对于限制知识产权的使用领域、商品范围等其他限制情形:(1)限制的内容、程度及实施方式;(2)利用知识产权提供的商品的特点;(3)限制与知识产权许可条件的关系;(4)是否包含多项限制;(5)如果其他经营者拥有的知识产权涉及具有替代关系的技术,其他经营者是否实施相同或者类似的限制。

在技术转让中,如果专利权人在相关市场具有市场支配地位,其技术转让时不合理的限制条款将可能构成《反垄断法》第三章滥用市场支配地位的情形,其行为类型包括但不限于:以不公平的高价许可知识产权、拒绝许可知识产权、搭售、附加付合理限制条件、差别待遇的情形。在考虑是否构成不公平高价时,应当考虑:(1)许可费的计算方法及知识产权对相关商品价值的贡献;(2)经营者对知识产权许可作出的承诺;(3)知识产权的许可历史或者可比照的许可费标准;(4)导致不公平高价的许可条件,包括超出知识产权的地域范围或者覆盖的商品范围收取许可费等;(5)在一揽子许可时是否就过期或者无效的知识产权收取许可费。

在考虑专利权人是否有义务进行许可或拒绝许可是否构成市场支配地位滥用,应当考量:(1)经营者对该知识产权许可作出的承诺;(2)其他经营者进入相关市场是否必须获得该知识产权的许可;(3)拒绝许可相关知识产权对市场竞争和经营者进行创新的影响及程度;(4)被拒绝方是否缺乏支付合理许可费的意愿和能力等;(5)经营者是否曾对被拒绝方提出过合理要约;(6)拒绝许可相关知识产权是否会损害消费者利益或者社会公共利益。

搭售,是指技术的许可、转让,以经营者接受其他知识产权的许可、转让,或者接受其他商品为条件,在判断其是否构成滥用市场支配地位时应考虑:(1)是否违背交易相对人意愿;(2)是否符合交易惯例或者消费习惯;(3)是否无视相关知识产权或者商品的性质差异及相互关系;(4)是否具有合理性和必要性,如为实现技术兼容、产品安全、产品性能等所必不可少的措施等;(5)是否排除、限制其他经营者的交易机会;(6)是否限制消费者的选择权。

其他附加的不合理交易条件,例如,要求进行独占性回授或者排他性回授、禁止交易相对人对其知识产权的有效性提出质疑或者禁止交易相对人对其提起知识产权侵权诉讼、限制交易相对人实施自有知识产权、限制交易相对人利用或者研发具有竞争关系的技术或者商品、对期限届满或者被宣告无效的知识产权主张权利、在不提供合理对价的情况下要求交易相对人与其进行交叉许可、迫使或者禁止交易相对人与第三方进行交易,或者限制交易相对人与第三方进行交易的条件,在缺乏正当性理由的前提下,将构成滥用市场支配地位。

在"高通反垄断案"中,国家发展和改革委员会认定高通公司在无线标准必要专利许可市场具有市场支配地位,而其在无线标准必要专利许可中,强迫被许可人对过期专利缴纳许可费、将持有的相关非无线标准必要专利向当事人进行许可、没有正当理由搭售非无线标准必要专利许可,存在不合理的限制,构成滥用市场支配地位。

【知识链接】

中华人民共和国国家发展和改革委员会行政处罚决定书(发改办价监处罚〔2015〕1号)

第三节 专利实施的特别许可

专利权作为一项私权,以遵循意思自治为基本原理。通常而言,专利许可属于专利权人意思自治的范围,按照由平等民事主体之间就专利许可事项自主达成协议。但专利权的有效转化运用在特定情形下关乎公共利益和社会整体福利的实现,因此,2020年修改后的《专利法》第48条规定了国家行政机关加强公共服务、促进专利实施运用的职能定位,即"国务院专利行政部门、地方人民政府管理专利工作的部门应当会同同级相关部门采取措施,加强专利公共服务,促进专利实施和运用",并在第六章专章规定了由行政机关参与实施的"特别许可"。具体包括三种类型:第一,国家专利行政机关不经专利权人同意允许他人实施专利的强制许可;第二,专利权人通过国务院专利行政部门登记并向全社会发出要约实施其专利的开放许可;第三,国有企业事业单位的发明专利,对国家利益或者公共利益具有重大意义的,国务院有关主管部门和省、自治区、直辖市人民政府报经国务院批准,在批准的范围内推广应用。

一、专利实施的强制许可

专利实施的强制许可,是指国家专利行政部门,根据法律的规定或者具备实施条件的单位或者个人的申请,可以不经专利权人的许可,直接授权他人支付许可费而实施专利权人的发明或实用新型专利的一种法律制度。专利权授予专利权人在有限时间内的独占经营权,使专利权人可以阻止他人实施该项专利发明。专利权人可能利用其优势地位,不实施或者不充分实施专利,不正当地限制交易或采取不公正的交易方法滥用专利权。专利权强制许可制度就是防止专利权人滥用专利权的重要手段。同时,有些专利对社会公共利益意义重大,为了国家和社会利益,也有必要对专利权人的专利强制许可。因此,《巴黎公约》、TRIPs协定都规定了强制许可制度。

我国 1984 年《专利法》规定的强制许可的理由包括：(1) 专利权人未在规定的期限内履行在中国实施专利的义务(第 51—52 条)。(2) 依存专利(第 53 条)。1984 年《专利法》对强制许可制度作了比较宽松的规定，但不足之处在于仅规定了两种情形，而对于专利权滥用的其他情形，如救济反竞争行为的需要、公共利益等均未作出规定。此后，为加入 WTO 我国积极修法以使专利制度与国际规则相适应，先后在 1992 年、2000 年修改《专利法》对强制许可制度进行修改，取消了"未在规定的期限内履行在中国实施专利的义务"的许可事由，增加了未实施或者未充分实施其专利、垄断行为、国家紧急状态和公共利益、公共健康等强制许可事由，以使我国强制许可制度与 TRIPs 协定完全相适应。[①] 因此，根据我国专利法，对于未实施、未充分实施专利、为减少对竞争产生的不利影响、因国家紧急状态或公共利益、为公共健康目的、依赖性专利可以申请强制许可。取得实施强制许可的单位或者个人不享有独占的实施权，并且无权允许他人实施。取得实施强制许可的单位或者个人应当付给专利权人合理的使用费。但从 1984 年《专利法》通过至今，我国尚未颁发过一项强制许可。

(一) 申请强制许可的法定事由

1. 因未实施或者未充分实施而引发的强制许可

《专利法》第 53 条第(1)项规定，专利权人自专利权被授予之日起满 3 年，且自提出专利申请之日起满 4 年，无正当理由未实施或者未充分实施其专利的，国务院专利行政部门根据具备实施条件的单位或者个人的申请，可以给予实施发明专利或者实用新型专利的强制许可。这就是因未实施、未充分实施而引发的强制许可。专利制度的主要目标是促进技术创新，而技术创新不只是将发明创造做出来，还包括发明创造的商业化运用。为此，1984 年《专利法》还特别规定了专利权人的实施义务，[②] 现行《专利法》则仅仅规定了这种类型的专利权强制许可。

根据《专利法》的规定，这种类型的专利权强制许可必须符合以下条件：(1) 自专利权被授予之日起满 3 年，且自提出专利申请之日起满 4 年。尽管专利制度的目标是促进专利权人实施其专利，但专利的实施不是一蹴而就的，专利权人不仅需要实施专利的必要条件，而且需要选准实施专利的恰当时机。因此，专利法为专利权人提供了不强制许可实施其专利的一个缓冲期。(2) 专利权人无正当理由未实施或者未充分实施其专利。如果专利权人有正当理由，比如专利权人处于破产重整程序中而无法实施专利，则不能给予强制许可。(3) 以合理的条件请求专利权人许可实施其专利，但未能在合理的时间内获得许可。(4) 具备实施条件的单位或者个人申请。专利权强制许可的颁发必须由相关单位或者个人申请。同时，正如专利权人实施专利需要一定的条件一样，申请强制许可的单位或者个人也必须具备实施条件，否则颁发的强制许可将成为具文。(5) 强制许可的实施应当主要为了供应国内市场。

2. 因已被认定为垄断行为引发的强制许可

《专利法》第 53 条第(2)项规定，专利权人行使专利权的行为被依法认定为垄断行为，为消除或者减少该行为对竞争产生的不利影响，国务院专利行政部门根据具备实施条件的单位或者个人的申请，可以给予实施发明专利或者实用新型专利的强制许可。

[①] 参见林秀芹：《中国专利强制许可制度的完善》，载《法学研究》2006 年第 6 期。
[②] 参见 1984 年《专利法》第 51 条。

这种类型的专利权强制许可除了具备实施条件的单位或者个人的申请之外,还需要具备以下条件:(1)专利权人行使专利权的行为被依法认定为垄断行为。是否构成垄断需要根据《反垄断法》来认定。(2)目的是消除或者减少该行为对竞争产生的不利影响。不利于消除或者减少该行为对竞争产生的不利影响的专利权强制许可申请不应准许。

3. 因国家紧急状态或非常情况或为了公共利益目的引发的强制许可

《专利法》第54条规定,在国家出现紧急状态或者非常情况时,或者为了公共利益的目的,国务院专利行政部门可以给予实施发明专利或者实用新型专利的强制许可。尽管专利权为民事权利,但专利权毕竟是法律创设的具有法定性的权利,为了公共利益可以临时性地强制许可。

这种类型的专利权强制许可的条件有:(1)国家出现紧急状态或者非常情况或者为了公共利益。(2)国务院有关主管部门的建议。这种专利权强制许可不是由有关单位或个人启动的,而是由国务院有关主管部门建议的。(3)国家知识产权局给予其指定的具备实施条件的单位。这种类型的专利权强制许可的实施单位是由国家知识产权局指定的。当然,接受强制许可的单位不仅要具备实施条件,而且应当有权决定接受或者不予接受。(4)强制许可的实施应当主要为了供应国内市场。

4. 因公共健康而引发的强制许可

《专利法》第55条规定,为了公共健康目的,对取得专利权的药品,国务院专利行政部门可以给予制造并将其出口到符合中华人民共和国参加的有关国际条约规定的国家或者地区的强制许可。这种类型的专利权强制许可是根据世界贸易组织《关于TRIPs协定与公共健康的宣言》(即《多哈宣言》)以来的多个文件制定的,这些文件允许因公共健康问题而对专利药品颁发强制许可证。

这种类型的强制许可需要满足下列条件:(1)公共健康目的。公共健康正是《多哈宣言》以来世界贸易组织的一系列文件旨在解决的问题,这种类型的强制许可只能基于公共健康目的而颁发。(2)国务院专利行政部门可以颁发,但需具备实施条件的单位请求。《专利法》并未规定这种类型的强制许可需要申请,但是《专利实施强制许可办法》则规定了具备实施条件的单位的请求。(3)药品可以出口,但只能出口到符合中国参加的有关国际条约规定的国家或者地区。这些出口地区包括:最不发达国家或者地区;依照有关国际条约通知世界贸易组织表明希望作为进口方的该组织的发达成员或者发展中成员。

5. 因依存专利实施而引发的强制许可

《专利法》第56条规定,一项取得专利权的发明或者实用新型比前已经取得专利权的发明或者实用新型具有显著经济意义的重大技术进步,其实施又有赖于前一发明或者实用新型的实施的,国务院专利行政部门根据后一专利权人的申请,可以给予实施前一发明或者实用新型的强制许可。这种类型的专利权强制许可是为了充分发挥专利权的效用而颁发的,其目的是使那些具有显著经济意义而又依赖于其他专利权的专利权能够充分发挥其效用。

这种类型的专利权强制许可必须符合以下条件:(1)取得专利权的发明或者实用新型比前已经取得专利权的发明或者实用新型具有显著经济意义的重大技术进步。(2)该项专利的实施依赖于前一发明或者实用新型的实施。(3)后一专利权人的申请。作为对价,对前一专利权颁发强制许可的,前一专利权人可以请求给予实施后一专利的强制许可。(4)以合理的条件请求专利权人许可其实施专利,但未能在合理的时间内获得许可。(5)强制许可的实施应当主要为了供应国内市场。

(二) 专利实施强制许可的程序

《专利法》第六章规定了强制许可的基本程序,国家知识产权局2012年通过的《专利实施强制许可办法》规定了强制许可的具体程序。大体来说,强制许可的相关程序包括:(1) 由国家知识产权局负责受理和审查强制许可、强制许可使用费裁决和终止强制许可的请求并作出决定。(2) 根据请求强制许可的单位或者个人的申请或者国务院有关主管部门的建议,国家知识产权局进行强制许可审查,国务院专利行政部门作出的给予实施强制许可的决定,应当及时通知专利权人,并予以登记和公告。给予实施强制许可的决定,应当根据强制许可的理由规定实施的范围和时间。(3) 专利权人或者取得实施强制许可的单位或者个人对强制许可使用费不能达成一致意见的,国家知识产权局应当自收到请求书之日起3个月内作出强制许可使用费的裁决决定。(4) 终止强制许可的请求。强制许可的终止分两种情形:第一,给予强制许可的决定规定的强制许可期限届满时,强制许可自动终止;第二,强制许可期限届满前,强制许可的理由消除并不再发生的,专利权人可以请求国家知识产权局作出终止强制许可的决定。

二、国有企业事业单位发明专利的推广应用

发明创造的实施不仅与专利权人的利益相关,在一定情形下也与国家利益以及公共利益密切相关,为了维护国家利益或者公共利益,有时需要发明专利在较大范围内予以推广应用,如果通过发明人与实施者逐一协商实施许可合同,可能费事、费时,不利于发明创造迅速推广应用。尤其对于国有企业、事业单位而言,其全部或部分资产来自国家投资,如果其享有专利权的发明创造对国家利益或者公共利益具有重大意义,对其及时予以推广应用能使国家利益或者公共利益得到更为有效的保障,这也体现了社会主义市场经济与资本主义市场经济体制的区别。①

因此,1984年《专利法》制定时即规定了"计划许可"制度,第14条规定:"国务院有关主管部门和省、自治区、直辖市人民政府根据国家计划,有权决定本系统内或者所管辖的全民所有制单位持有的重要发明创造专利允许指定的单位实施,由实施单位按照国家规定向持有专利权的单位支付使用费。中国集体所有制单位和个人的专利,对国家利益或者公共利益具有重大意义,需要推广应用的,由国务院有关主管部门报国务院批准后,参照上款规定办理。"但伴随着社会主义市场经济体制改革深入,所有市场主体都是平等的,要求尊重国有企业、事业单位的平等地位和独立性,因此,在2000年《专利法》修改时对于计划许可的范围进一步作了严格限缩,规定:"国有企业事业单位的发明专利,对国家利益或者公共利益具有重大意义的,国务院有关主管部门和省、自治区、直辖市人民政府报经国务院批准,可以决定在批准的范围内推广应用,允许指定的单位实施,由实施单位按照国家规定向专利权人支付使用费。"2020年《专利法》修改继续保留了有企业事业单位发明专利的推广应用的规定,并将其与强制许可、开放许可并列纳入"专利实施的特别许可"一章,实现体系上的协调性。根据现行立法规定,国有企业事业单位发明专利的推广应用应当严格遵循以下限定条件:

---

① 参见尹新天:《中国专利法详解》,知识产权出版社2011年版,第181页。

1. 权利主体

在权利主体上,予以推广应用的对象仅限于国有企业、事业单位享有的专利权,而不包括三资企业、私营企业以及其他混合所有制单位及个人享有的专利权,也不包括外国自然人、法人及其他组织拥有的专利权。

2. 权利类型

在权利类型上,予以推广应用的对象仅限于发明专利,不包括实用新型和外观设计专利。这是因为实用新型和外观设计专利较之发明专利相对创新性较低,一般不会涉及重大的国家利益或者公共利益,没有必要予以推广应用。对于发明专利,也应当仅限于"对国家利益和公共利益具有重大意义"的专利,指发明对经济建设、科技进步、国家安全、环境保护、病疫防治等具有重要意义,需要予以推广应用的情形。[1]

3. 实施程序

在实施程序上,国有企业事业单位发明专利的推广应用应当遵循严格程序,只有在国务院有关主管部门以及省、自治区、直辖市人民政府认为有必要在一定范围内推广应用发明专利的,可以上报国务院批准后,由指定单位按照国家规定向专利权人支付许可使用费后实施。事实上,我国自1985年施行《专利法》以来,依据该规定予以推广应用的实例非常少,自2000年《专利法》修改以来尚没有一项发明专利被推广应用。

三、专利实施的开放许可

专利开放许可制度起源于英国,其时代背景在于,英国在19世纪后半期进行了专利制度改革,大大降低了专利申请和维持费用,工商业者包括外国投资者在英国拥有专利的数量激增。但为了避免大量授予的专利权损害英国工业,1919年英国《专利和外观设计法案》首次设立了专利开放许可制度,随后于1977年予以完善,其《专利法》第46条规定:专利权人向知识产权局提出开放许可申请,在收到申请后专利行政部门审查是否存在不应当进行开放许可的情形,并将该申请告知对该专利拥有权利的人,若不存在反对情形则进行许可登记。英国专利行政部门对开放许可进行事前审查,更进一步减少纠纷的发生。审查之后,专利权人即可进行登记和开放许可。进行开放许可的专利权人将享有专利年费减半的优惠,从而充分调动专利权人进行开放许可的积极性。开放许可制度在英国取得了较好的制度效果,据统计,英国专利局每年收到的针对专利进行开放许可登记的数量,约占全年授权专利数量的3%—4%,有效促进了专利技术的转化实施。[2] 不少国家,尤其是欧洲和英联邦国家纷纷效仿英国的制度模式,目前世界上已有至少二十多个国家实施了开放许可制度。[3]

为了解决专利许可供需信息不对称问题,降低专利许可的交易成本从而促进专利技术的转化实施,在2020年《专利法》修改中,我国也引入了开放许可制度。《专利法》第50条规定:"专利权人自愿以书面方式向国务院专利行政部门声明愿意许可任何单位或者个人实施其专利,并

---

[1] 参见尹新天:《中国专利法详解》,知识产权出版社2011年版,第183页。
[2] 参见张扬欢:《责任规则视角下的专利开放许可制度》,载《清华法学》2019年第5期。
[3] 参见罗莉:《专利行政部门在开放许可制度中应有的职能》,载《法学评论》2019年第2期。

明确许可使用费支付方式、标准的,由国务院专利行政部门予以公告,实行开放许可。就实用新型、外观设计专利提出开放许可声明的,应当提供专利权评价报告。"

基于专利权的私权属性,我国专利开放许可制度的实施以自愿性为原则:

首先,在开放许可实施中,专利权人可自愿向国务院专利行政部门声明其开放许可意愿,并对其许可费支付方式、标准等内容进行公告实施开放许可,专利权人开放许可的公告应当视为合同法上的要约,任何单位或者个人有意愿实施开放许可的专利的,以书面方式通知专利权人,并依照公告的许可使用费支付方式、标准支付许可使用费后,即获得专利实施许可。

其次,在不影响其他被许可人利益的前提下,专利权人可自愿变更许可方式或撤回开放许可,在专利权人与被许可人就许可使用费进行协商后,双方可进行普通许可,但不得进行独占或者排他许可;专利权人可以以书面方式撤回开放许可声明,并由国务院专利行政部门予以公告。但开放许可声明被公告撤回的,不影响在先给予的开放许可的效力。

为了鼓励专利权人积极参加开放许可,参考英国、德国、法国等的专利年费优惠制度,我国《专利法》也规定,开放许可实施期间将对专利权人缴纳专利年费提供相应减免。

为保障开放许可制度充分实施,国务院专利行政部门也承担了一定的公共服务职能,对专利权人提出的开放许可,国务院专利行政部门应当予以登记并公告;当事人就实施开放许可发生纠纷的,由当事人协商解决;不愿协商或者协商不成的,可以请求国务院专利行政部门进行调解,也可以向人民法院起诉。

第四节　标准必要专利的许可

在技术发展的过程中,标准化活动通过允许不同制造商的产品之间标准的趋同和互操作性,避免了因标准不同导致的资源浪费和恶性竞争,推动了诸如 Wi-Fi 路由器和智能手机等高科技产品的广泛采用。但是,在技术标准不断演进和推广的过程中,不可避免地要涉及专利技术,即标准必要专利(Standard Essential Patents, SEPs)。

专利权本身是在合法框架下给予专利权人的垄断权,但是标准必要专利由于在标准实施中具有不可或缺的作用,其与一般专利的垄断权有着根本不同。原因在于,标准制定有两个特性:第一,标准制定是一个由众多行业竞争者共同参与的集体决策,而选择了某一方案便意味着基本放弃其他可选的方案。换言之,这是牺牲"事后竞争"而换取整体效益的集体决策。第二,标准确立后,市场主体会迅速作出反应并在标准之上投入资源进行研发与制造。因此,标准必要专利也将拥有巨大的许可市场,并且该市场占有将一直持续至其方案因标准迭代而被废弃。

标准制定的这两个特性,使得标准必要专利获得了超过一般专利的垄断权,符合经济学中"劫持效应"[①]的产生条件,因而引起广泛的担忧。为了保障标准能在不因私权滥用而损耗公共

---

① "劫持"可见于任何专利许可。当许可谈判发生在专利被投入使用以后,专利权人能够利用被许可人如停止使用可能将面临退出(或推迟进入)市场的利润/机会损失,或者利用被许可人在标准产品上的沉没投资来显著提高其议价能力。而在标准制定情况下,这种"劫持"效应会被进一步放大。

利益的条件下得以实施,标准组织(standards-development organizations,SDOs)要求有意将其专利技术方案纳入标准的专利权人作出声明并承诺事后按"公平、合理、无歧视"(Fair, Reasonable and Nondiscriminatory,FRAND)的条件许可给任意标准实施人。因此,有学者总结,FRAND承诺实质上就是"以市场为使用标准技术支付合理补偿来换取专利权人放弃其专利技术所具有的部分独占权(或市场支配力)"[1]。

但是关于标准专利权人向标准组织作出的FRAND承诺如何理解,以及该承诺如何通过国内司法程序履行等,成为标准必要专利实施的核心问题和争议焦点,主要涉及两个方面问题:第一,FRAND承诺对标准必要专利的禁令救济的影响;第二,标准必要专利许可谈判以及许可条件确定的问题。

一、公平、合理、无歧视(FRAND)承诺与禁令救济

禁令救济(即请求停止侵权),一般被视为是保障权利人排他性使用的重要请求权而被各国法律所确认。但对于标准必要专利,禁令的适用因为FRAND承诺的存在而受到限制,已不存争议。但关于限制程度,即标准必要专利权人在什么条件下才可以请求禁令,仍存在争议。关于FRAND承诺的法律性质和效力,比较法上存在合同理论、反垄断救济和对于专利权的法定限制三种路径。

(一)作为可执行合同的FRAND承诺及与禁令救济的关系

一部分法官[2]及学者[3]认为FRAND声明构成可执行的合同。这个主张的基本逻辑是:当专利权人向标准制定组织声明其将按照"公平、合理、无歧视"的条款许可其他实施人使用其专利技术,而标准制定组织予以接受,并根据该声明同意将其技术纳入标准技术中。在这个过程中具备了要约、承诺以及对价,即一般合同成立的基本要件。该合同是专利权人自愿与标准制定组织之间成立的合同,实施人是该合同约定的受益第三人。一旦标准技术确实覆盖了专利技术,任何实施人能够以FRAND声明请求获得许可。但是,FRAND声明本身并不导致直接成立许可人与实施人之间的许可使用合同。

1. FRAND合同的内容、目标及适用原则

在合同法的框架下,合同当事人的权利及义务依据具体合同内容、合同目的以及合同法相关

---

[1] Sidak,J.Gregory,The Meaning of FRAND,Part II: Injunctions, *Journal of Competition Law & Economics*,11(1)201-269(2015),p.212.

[2] 参见 Apple Inc.v.Motorola Inc.,11-cv-178-bbc,美国威斯康星西区联邦地区法院,2012年;Microsoft Corp.v.Motorola Inc.,C10-1823JLR,美国华盛顿西区联邦地区法院,2012年;Realtek Semiconductor Corp.v.LSI Corp.,c-12-03451-RMW,美国加利福尼亚北区联邦地区法院,2013年;Ericsson Inc.v.Samsung Elecs.Co.,No.2:06-CV-63,美国得克萨斯东区联邦地区法院,2007年4月20日;Unwired Planet International Ltd v.Huawei Technologies Co Ltd,HP-2014-000005,[2017]EWHC 711(Pat),英格兰和威尔士高等法院专利法庭,2017年4月5日。

[3] See Lemley,Mark A.,Intellectual Property Rights and Standard-Setting Organizations(2002);Brooks,Roger G.and Geradin,Damien,Interpreting and Enforcing the Voluntary FRAND Commitment,(2010).

规定予以确定。①

FRAND合同内容可以包括专利权人作出的声明,以及作为声明附件的标准制定组织的知识产权政策。但是,大多数声明文件及知识产权政策包含的内容主要围绕的是标准制定活动相应的规则,对于什么是"公平、合理、无歧视"的许可以及如何达成许可,并没有超出字面的更进一步的明确,或许是考虑到实际许可协议这一问题的敏感性,或许可以理解为这是标准组织为了平衡专利权人与实施人利益而刻意地"留白"②。

相比起争议较大的合同内容,FRAND合同的目标是相对明确的。标准组织引入FRAND声明机制的核心目的在于:尽量避免标准的制定及推行因知识产权的存在而受影响。从这个角度看,FRAND合同下专利权人至少有一项义务是明确的,即不得通过拒绝许可或其他方式来攫取超出其独占权可得的合理经济补偿的利益。而被许可人如希望使用技术必须支付合理补偿以维护标准制度的持续运作和发展。

最后,FRAND声明作为可执行的合同,合同法的一般适用原则以及特殊规定同样可以用于调整FRAND权利义务关系。在司法实践中被引用较多的就是"善意义务"(a duty of good faith)。例如,在Microsoft Corp.v.Motorola Inc.案中,陪审团在判断Motorola的行为是否构成对FRAND合同义务的违反时,就依据"善意义务"行使裁量权。在法官的指引下,陪审团除了须认定Motorola的报价是否是FRAND报价以外,还须综合考虑六个具体因素以给出最终结论,分别是:Motorola的行为,(1)是否未达到相对方的合理期待,(2)是否阻碍合同目标的实现,(3)是否符合商业上的合理做法,(4)是否符合相应行业的惯例或实践做法,(5)是否符合谈判自主权的合理行使,以及(6)Motorola背后的主观动机。③

2. FRAND合同与禁令救济

以美国法院为代表,在论证FRAND承诺对禁令救济的影响的问题时,需要进行双重判断:第一,从FRAND合同义务的解释入手;第二,将FRAND合同义务纳入衡平法考量。

(1)合同法解释

虽然FRAND声明表示"专利权人愿以获得经济补偿放弃主张专利独占权",但是,作出FRAND声明是否意味着完全排除禁令救济,无论知识产权政策或是FRAND声明本身对此都没有明确,实践中产生了解释上的分歧。

该问题上的理念冲突在Apple Inc.v.Motorola Inc.案中可见一斑。一种观点以波斯纳(Posner)法官为代表,认为Motorola作出的FRAND承诺足以表示其已经接受许可费作为充分的救济,而且该承诺并不以被许可人是否接受其许可报价为承诺生效的前提条件,因此在任何情况

---

① 在讨论FRAND作为合同时不可避免会涉及确定适用法的问题。鉴于其会根据FRAND声明作出的标准组织的不同以及准据法的区别而导致不同的结论,在此暂不具体展开。

② 以ETSI为例,20世纪自90年代初筹备第一份知识产权政策时起,标准组织就曾多次讨论尝试进一步对标准必要专利的许可问题设置更具体的规则,最终均未通过。Roger G. Brooks & Damien Geradin, Interpreting and Enforcing the Voluntary FRAND Commitment,"Part II.C: Negotiating History of the ETSI IPR Policy",(2011),p.17.

③ 陪审团最终判决认为,Motorola在其他法域发起禁令之诉阻碍了FRAND合同目标的实现,因为该行为所可能导致的"劫持效应"将允许Motorola攫取超出其专利价值的利益。参见Microsoft Corp.v.Motorola Inc.,No.C10-1823JLR,美国华盛顿西区联邦地区法院,2013年9月4日。

下禁令都是与 FRAND 承诺内容不相符的。① 另一种观点如克莱布(Crabb)法官所言,如果禁令救济是专利权人的法定权利,放弃该权利必须在合同中明确约定,而没有文件证明 Motorola 放弃了这项权利。因此,并不仅仅以作出了 FRAND 承诺,就排除或者放弃禁令。

但是,专利权人请求禁令的行为有可能构成对 FRAND 合同义务的违反。这在 Microsoft Corp.v.Motorola Inc.案中给出了先例。该案中,罗巴尔(Robart)法官指引陪审团考虑多个因素综合判断 Motorola 的禁令请求是否违反了 FRAND 原则。

(2) 衡平法原则

在美国法中,禁令②作为衡平法下的救济手段,其适用主要受到衡平法四个法律要素(eBay 原则)的约束。专利权人作出 FRAND 承诺这一事实,在适用禁令的衡平法四要素时也是重要的考量因素。

根据衡平法原则,原告请求禁令须证明满足以下"四要素":① 原告已遭受不可挽回之损害;② 普通法下的救济不足以弥补其损害;③ 衡平法救济在原被告间两难相权之下是必要的;④ 签发禁令无损及公共利益之虞。过去,美国在"强专利保护时期",一旦侵权事实被证明成立或者有充分证据证明极有可能发生侵权时,法院都会颁布永久禁令(因此产生了"自动禁令适用规则"的说法)。但之后,在 2006 年造成轰动的 eBay 案③中,美国联邦最高法院再次确立了"四要素"在专利侵权案件中的严格适用。有趣的是,促使美国联邦最高法院纠正"自动禁令适用"的正是该案所折射出的"专利劫持"行为的涌现。

衡平法"四要素"首次适用于标准必要专利诉讼是 Apple Inc.v.Motorola Inc.案④以及相同时期的 Microsoft Corp.v.Motorola Inc.案⑤。实践表明,FRAND 承诺的存在能够很大程度上阻碍(即使没有排除)四要素的成立。

要素一:原告已遭受不可挽回之损害。在专利侵权诉讼中,"不可挽回之损害",通常包括专利权人因他人侵权而损失的市场份额、下游销售或客户商誉。在 Microsoft 案中,罗巴尔法官认为:基于 Motorola 在先的 FRAND 承诺,以及 Microsoft 将支付诉讼时效内的侵权时刻起算的专利许可费,Motorola 未能提供充分事实依据证明其宣称的损害是不可挽回的。

要素二:普通法救济(损害赔偿)不足以弥补其损害。要素二与要素一的判断存在一定内在联系。如果专利权人曾将技术许可给其他受让人,法院认为这可能表明合理的许可费足以弥补侵权损害。而对作出了 FRAND 承诺的标准必要专利而言,未来达成的许可协议将完全弥补专利权人所受到的损害。因此,罗巴尔法官的观点认为,Motorola 与 Microsoft 之间的本质纠纷在于 FRAND 许可,如何合理确定 FRAND 许可费率才是解决双方纠纷的根本路径。

要素三:在原被告间两难相权之下,衡平法救济是必要的。根据要素三,法院必须权衡颁发禁令与否对双方的相对影响。对于 SEPs 专利,由于缺乏可替代技术,"标准必要专利的侵权人若不实施标准,将无法有效地参与市场竞争,其可能因禁令而面临重大损失"。

---

① Posner 法官的分析并没有提及 FRAND 声明作为合同的性质,而是从衡平法四要素(eBay 原则)的角度分析。但是有学者认为 Posner 法官的观点也可以适用于合同法解释。该"禁令排除"的观点在上诉阶段被联邦上诉法院驳回。
② 根据诉讼阶段,禁令包括临时性禁令和永久性禁令。后文所指"禁令"仅指侵权认定成立后的永久性禁令。
③ See eBay Inc.v.MercExchanges,LLC,547 U.S.388(2006)。
④ 参见 Apple Inc.v.Motorola Inc.,11-cv-08540,美国伊利诺伊北区联邦地区法院,2012 年 6 月 22 日。
⑤ 参见 Microsoft Corp.v.Motorola Inc.,10-cv-01823-JLR,美国华盛顿西区联邦地区法院,2012 年 11 月 29 日。

要素四:签发禁令无损及公共利益之虞。法院考虑的公共利益,包括公众健康和福利、市场竞争环境、类似或直接竞争产品,以及消费者利益等。波斯纳法官在 Apple Inc.v.Motorola Inc.案中,考虑了禁令可能给消费者带来的损害。他指出,特定产品被禁售,致使消费者无法购买到其偏好的产品,也可能会影响相关产品市场的竞争秩序。另外,禁令产生的专利劫持还倾向于拉高许可费用水平,还会增加消费者获取商品的成本,这些都有损于公共利益。进一步,专利劫持会阻碍标准技术的推广,从社会经济效率的角度看,如果因个别专利权人的私权救济而损害行业标准化进程,则可能不符合公共利益。

由于 FRAND 承诺与衡平法原则的严格适用,美国法院在是否应当给予 SEPs 专利权人禁令救济的审理中一直秉持着审慎的态度。截至目前,美国法院尚未在一件标准必要专利纠纷案中颁发过禁令。

(二) 作为反垄断抗辩的 FRAND 承诺与禁令救济的关系

FRAND 承诺作为实施人反对禁令适用的一项法定抗辩事由,这一路径多见于欧洲的司法判决。欧洲法官并没有美国法官所拥有的自由裁量权,而只有在两种极端的情形下可以拒绝适用禁令:第一,当禁令的实施涉及竞争法所否定的垄断以及权利滥用情形时否决禁令;第二,当禁令的实施将导致利益失衡时(包括第三人利益),依据比例性原则否决禁令。而 FRAND 抗辩属于第一种反垄断抗辩的情形。

1. 竞争法框架下的 FRAND 抗辩的发展

以德国为例,被诉侵权人成功主张反垄断抗辩而排除禁令适用是较难的。随着 SEPs 诉讼的大量涌现,从业者认识到标准必要专利的特殊性及过去禁令的适用规则(包括德国法院针对标准必要专利适用的"橙皮书"规则①)可能极大地削弱 FRAND 声明的效力。此后,欧盟委员会、欧洲法院先后对标准必要专利的禁令适用进行了一定限制。

(1) EC v.Motorola 案

率先对标准必要专利的禁令适用设置限制的是欧盟反垄断机构欧盟委员会(European Commission,EC)。在 EC v.Motorola 案②中,欧盟委员会指出负有 FRAND 承诺的专利权人针对有许可意愿的被许可人提起禁令之诉,该行为有可能构成《欧盟运行条约》(TFEU)第 102 条规定的"滥用市场地位行为"。这表明欧盟委员会为标准必要专利确立了一项"安全港"原则:被许可人如果能证明其具有许可意愿,则可以依据 TFEU 第 102 条③对禁令提出抗辩。至于如何判断"许

---

① 德国联邦最高法院在 2009 年审理的"橙皮书标准"(Orange Book Standard)是德国法院关于标准必要专利侵权案件禁令救济适用条件的第一个司法案例。本案中,德国联邦法院明确被诉侵权人可以通过主张专利权人滥用市场支配地位来对抗禁令。但是,德国法院为被诉侵权人的抗辩设置了较高的门槛,法院认为抗辩成立的条件是:(1) 被告已经向原告提出了无条件的、真实的、合理的和易于被接受的要约;(2) 被告须预期履行其合同相关义务,包括提供财务账单、托管专利使用费。

② Motorola 就其无线通信方面的必要专利,针对 Apple 向德国曼海姆地方法院提起禁令之诉。德国法院援引"橙皮书标准",认定 Apple 提出的报价不满足禁令抗辩标准,同意了 Motorola 的禁令请求。2012 年 4 月,欧盟委员会针对 Motorola 展开调查,2014 年 4 月,作出不予颁发禁令的决定,并认为 Motorola 的行为违反了《欧盟运行条约》(TFEU)第 102 条,构成滥用市场支配地位行为。

③ 当然,适用第 102 条要求被许可人首先证明支配地位的存在,另外许可人也可以作第 102 条下的正当性抗辩。

可意愿",欧盟委员会仅给出了较为笼统的界定①。

（2）Huawei v.ZTE 案

紧接着在欧盟层面对 TFEV 第 102 条下 FRAND 抗辩给出观点的是欧盟法院。佐审官（Advocate General）瓦特莱（Wathelet）以及欧盟法院在 Huawei v.ZTE 案中确认 FRAND 承诺对专利权人请求禁令赋予了更高的义务要求。但与此同时，他们也指出："橙皮书标准"有可能会导致对专利权人的过当保护，而欧盟委员会的观点则有可能对被许可人过当保护。

为了"寻找一个折中路径"，Huawei v.ZTE 判决开创性地提出了一个标准必要专利谈判框架，该框架对许可人及被许可人均设置了一定义务。如果许可人依框架进行谈判而被许可人违反了其义务，则许可人寻求禁令并不违反 TFEU 第 102 条。

虽然欧盟法院"巧妙地"避开了"在什么情况下许可人请求禁令将违反第 102 条，构成滥用市场支配地位"这一问题，但该"谈判框架"对 FRAND 抗辩的适用提供了进一步指引，并促使以德国法院为代表的司法导向从"亲专利权人"向"利益平衡"的转换②。

（3）Huawei v.ZTE 后的 FRAND 抗辩与禁令适用

根据 Huawei v.ZTE 确定的谈判框架，法院在审理时应参照如下谈判流程以判断是否存在违反 TFEU 第 102 条的权利滥用情形：

第一，如果认为其标准必要专利受到了侵权，必须首先警告被控侵权人并指明其具体的侵权方式。

第二，在被控侵权人提出了进行 FRAND 许可谈判的意愿后，SEPs 专利权人必须首先提供包含 FRAND 许可条款的书面要约，特别是必须包含具体的许可费和该许可费的计算方式。

第三，被许可人按照公认的商业惯例，诚信地回应 SEPs 权利人的要约，不得拖延；如果被许可人不同意专利权人的要约，则必须及时提出书面的反要约。

第四，被许可人如果在许可达成之前已经使用了专利权人的专利，则在其反要约被拒绝时就应该向专利权人披露销售数据，说明其使用标准必要专利的情况，并按该行业的商业惯例提供适当的担保，例如提供银行担保或者预存所需金额。与此要求相对应的是，标准必要专利的权利人也可以要求被许可人披露销售数据和提供担保。

2. Huawei v.ZTE"谈判框架"的法律性质

欧盟法院以 FRAND 承诺"涉及的重大利益"为由所提出的"谈判框架"，是在对 TFEU 第 102 条的解释及适用之下，在"特殊情形"下主张禁令抗辩的前提条件③。但是有学者指出，从"谈判框架"对双方义务的规定上看，其更接近于在合同法下的分析。而这个所谓的"谈判框架"，可以理解为法院对于一般商业谈判惯例（"善意磋商"）的总结或构建。

事实上，Huawei v.ZTE 案中佐审官的法律意见以及最终判决的部分内容似乎能够体现上述倾向。例如，佐审官在其展开法律分析前谨慎地指出，"该意见仅限于竞争法……虽然如此，并

---

① 欧盟委员会认为，被许可人与 SEPs 专利权人的惯常双边协商失败时，接受由有约束力的第三方确定 FRAND 条款，则具有达成许可的意愿，相反，许可协商中采取不回应和消极的态度以及寻求明确的拖延策略表明潜在被许可人无意愿。

② See Nolte, Georg and Rosenblum, Lev, Injunctions in SEP cases in Europe, *SSRN Electronic Journal*, 2017, p.21.

③ 虽然基于审理范围的限制，法院并未审查是否存在市场支配地位，而是在推定在市场支配地位存在的情况下展开分析。

不意味着纠纷……不能通过其他法律途径得以(或更好地)解决"。① 而最终判决在其"适用法律"部分似乎为了响应佐审官的上述意见,欧盟法院额外地列入了德国民法中关于"(义务人的)善意义务"的相关规定。② 除此以外,欧盟法院判决作出的方式也一定程度上支持了上述观点。欧盟法院仅说明了"满足谈判框架的专利权人请求禁令不违反 TFEU 第 102 条",却未表明"未按该框架谈判的情况下则构成对第 102 条的违反"。换言之,严格意义上,这个谈判框架并不是第 102 条的唯一判断依据。在 Unwired Planet v.Huawei 案中英国高等法院即采取了该观点。该案中,虽然珀斯(Birss)法官认为 Unwired Planet 违反了 Huawei v.ZTE 案的谈判框架,而且其报价也不符合 FRAND,但并不构成 TFEU 第 102 条规定的滥用市场支配地位行为。③

(三)对标准必要专利权行使的法定限制

除从合同法或反垄断法进行规制外,日本从民法一般理论出发对标准必要专利权的形式进行限制。在 Apple v.Samsung④ 和 Imation v.One Blue⑤ 两案中,日本高等法院和东京地方法院均通过禁止权利滥用原则对标准必要专利权的行使进行限制。在 Apple v.Samsung 案中,⑥日本高等法院首先认为,FRAND 承诺由于本身内容过于模糊而难以视为合同,在专利权人与实施人之间并没有任何合同达成。但是日本高等法院认为,考虑到标准必要专利在标准实施中的重要作用,根据民法上的禁止权利滥用原则,一旦专利权人作出 FRAND 承诺,对于有许可意愿的实施人而言,其仅可以要求符合 FRAND 的合理费用,如果超出该范围或要求禁令将构成权利滥用。但对于没有任何许可意愿的实施人而言,其可以主张禁令或超出 FRAND 范围的损害赔偿。但对于如何认定是否具有许可意愿,日本法院认为不存在同一标准,而应当进行个案认定。在 Apple v.Samsung 和 Imation v.One Blue 两个案件中,法院都采取了较为宽泛的标准,就双方关于许可费报价而言,即使双方报价相差较大,但由于就标准必要专利费率计算标准不统一等问题,也不应当认为当然地存在恶意。在两个案件中,被许可人均向专利权人表达了许可意愿并进行了报价,法院即认为其具有许可意愿而不适用禁令。

(四)我国关于标准必要专利禁令的适用规则

关于标准必要专利的禁令适用,我国的现有案例并不认为 FRAND 承诺本身构成合同,⑦也未将反垄断义务作为规制权利实施的一般路径,而是类似于日本直接对标准必要专利权的行使作出限制,《最高人民法院关于审理侵犯专利权纠纷案件应用法律若干问题的解释(二)》第 24 条第 2 款规定:"推荐性国家、行业或者地方标准明示所涉必要专利的信息,专利权人、被诉侵权人协商该专利的实施许可条件时,专利权人故意违反其在标准制定中承诺的公平、合理、无歧视

---

① 参见 Huawei Technologies Co.v.ZTE Corp.,Case C-170/13,欧盟法院佐审官意见书,(2014),第 9 段。
② 参见 Huawei Technologies Co.v.ZTE Corp.,Case C-170/13,欧盟法院第五法庭判决书,(2015),第 9 段。
③ 参见 Unwired Planet v.Huawei 案,HP-2014-000005,[2017]EWHC 711(Pat),英格兰和威尔士高等法院专利法庭,2017 年 4 月 5 日(2017 年 11 月 30 日最终公开版),第 755 段。
④ See Apple v.Samsung,Japanese IP High Court,Decision of 16 May,2014,Case No.2013[Ne]10043.
⑤ See Imation Corporation Japan v,One-Blue LLC,Tokyo Dist.Ct.,18 February,2015,Case No.2013(Wa)21383.
⑥ See Apple v.Samsung,Japanese IP High Court,Decision of 16 May,2014,Case No.2013[Ne]10043.
⑦ 广东省高级人民法院(2013)粤高法民三终字第 305 号民事判决书。

的许可义务,导致无法达成专利实施许可合同,且被诉侵权人在协商中无明显过错的,对于权利人请求停止标准实施行为的主张,人民法院一般不予支持。"广东和北京的地方司法实践,进一步对最高人民法院司法解释进行细化,禁令实施取决于权利人与实施人的过错比较而定,而由过错较大的一方承担不利后果。例如,《广东省高级人民法院关于审理标准必要专利纠纷案件的工作指引(试行)》第 12 条规定:"综合考虑标准必要专利权人是否符合公平、合理、无歧视声明的要求,实施者是否有过错,按照以下情形分别决定是否支持停止实施标准必要专利的请求:(1)标准必要专利权人的行为不符合公平、合理、无歧视声明的要求,而实施者无明显过错的,不支持停止实施标准必要专利的请求;(2)标准必要专利权人的行为符合公平、合理、无歧视声明的要求,实施者存在明显过错的,可以支持停止实施标准必要专利的请求;(3)标准必要专利权人的行为符合公平、合理、无歧视声明的要求,实施者也无明显过错的,如果实施者及时提交合理担保,可以不支持停止实施标准必要专利的请求;(4)标准必要专利权人与实施者在谈判中均有过错的,综合考虑各方过错程度、有无采取补救措施、过错对谈判进程的影响、过错与谈判破裂的关系等因素,决定是否支持停止实施标准必要专利的请求。"但关于 FRAND 承诺本身的性质以及对标准必要专利权限制的法律基础,现行司法解释却并未直接明确。而在早期地方司法实践中采取了与日本类似的路径,从民法上的诚信原则出发理解 FRAND 承诺的性质,例如,在华为诉 IDC 标准必要专利许可费纠纷中,广东省高级人民法院认为:"公平、合理、无歧视原则既是 ETSI、TIA 的知识产权政策,也是标准组织普遍适用的一项知识产权政策,是作为标准组织成员的标准必要专利权利人应普遍遵循的一项义务,且公平、合理、无歧视原则也与《中华人民共和国民法通则》第四条规定的'民事活动应当遵循自愿、公平、等价有偿、诚实信用的原则'以及《中华人民共和国合同法》第五条规定的'当事人应当遵循公平原则确定各方的权利和义务'、第六条规定的'当事人行使权利、履行义务应当遵循诚实信用原则'相符。"[①]《广东省高级人民法院关于审理标准必要专利纠纷案件的工作指引(试行)》第 2 条规定:"审理标准必要专利纠纷案件,要注意审查标准必要专利权人和实施者从事与标准必要专利有关的活动时,是否遵循诚实信用原则。"

而关于实施人过错、权利人违反 FRAND 义务的判断,现行司法实践则主要从行业惯例出发,参考了欧盟法院 Huawei v.ZTE 案中的裁判标准作为判断基准。《广东省高级人民法院关于审理标准必要专利纠纷案件的工作指引(试行)》第 13 条规定:"下列行为可以认定标准必要专利权人违反公平、合理、无歧视义务,存在明显过错:(1)未向实施者发出谈判通知,或虽发出谈判通知,但未按照商业惯例和交易习惯列明所涉专利权的范围;(2)在实施者明确表达接受专利许可谈判的意愿后,未按商业惯例和交易习惯向实施者提供示例性专利清单、权利要求对照表等专利信息;(3)未向实施者提出具体许可条件及主张的许可费计算方式,或提出的许可条件明显不合理,导致无法达成专利实施许可合同;(4)未在合理期限内作出答复;(5)无正当理由阻碍或中断谈判;(6)其他明显过错行为。"第 14 条规定:"下列行为可以认定实施者存在明显过错:(1)拒绝接收标准必要专利权人的谈判通知,或收到谈判通知后未在合理时间内作出明确答复;(2)无正当理由拒绝签订保密协议,导致无法继续谈判;(3)未在合理期限内对标准必要专利权人提供的示例性专利清单、权利要求对照表等专利信息作出实质性答复;(4)收到标准必要专利

[①] 广东省高级人民法院(2013)粤高法民三终字第 305 号民事判决书。

权人许可条件后,未在合理期限内作出实质性答复;(5)提出的实施条件明显不合理,导致无法达成专利实施许可合同;(6)无正当理由拖延或拒绝进行许可谈判;(7)其他明显过错行为。"

在北京市高级人民法院判决的"西电捷通诉索尼案"中,北京市高级人民法院从行业惯例出发,认定索尼拒绝签订保密协议的行为与行业惯例不符,存在明显的恶意拖延行为,而判决其停止侵权。

【知识链接】

北京市高级人民法院(2017)京民终454号民事判决书

二、FRAND许可条款的确定

(一)符合FRAND原则的许可条款

对于"公平、合理、无歧视"(FRAND)原则的理解,从不同标准制定组织的政策文本中都无法找到超出字面含义的阐释。至今仍未有标准制定组织在标准制定过程中将许可费(率)问题纳入讨论。标准制定组织主要的考虑在于:作为商业条款,什么构成公平、合理、无歧视取决于个案谈判的背景以及所处的行业情况。因此,为了既不过分干预市场主体的定价权又确保规则的普适性,标准制定组织难以对该原则作进一步的细化。

但近年标准必要专利许可费问题引发的大量诉讼,越发凸显了行业主体之间在这一"历史遗留问题"上的明显分歧,并且部分许可实践可能涉嫌违反"公平、合理、无歧视"原则。虽然认识到这一问题的复杂性,但为了减少纠纷,司法机关尝试在具体案例中对"公平、合理、无歧视"原则的含义予以进一步明晰。

1. 公平、合理原则(FR)

截至目前,对于"公平、合理"较为广泛认可的理解包括:(1)许可条款应与专利技术本身对标准以及对产品的经济价值相关;不应考虑产品中与专利无关因素获得的商业成功。(2)应保证SEPs专利权人继续参与标准制定,确保其提供技术方案的积极性。(3)应避免许可费堆叠。虽然有学者认为许可费堆叠的发生没有确凿的事实证据,但考虑到未来行业的高速发展,为了确保互联互通,即使在许可个别SEP时也要合理考虑该标准对产品的总许可负担。

2. 无歧视原则(ND)

对于无歧视原则,虽然在早期讨论中有学者提出类似于"最惠国待遇"的理解,即所有被许可人适用无差别的费率。也有观点认为无歧视仅涉及授予许可,而对许可费率不设要求。不过这两种观点已经渐渐不再讨论。

也有部分学者尝试从竞争法的角度切入,其核心观点是:无歧视原则作为公平、合理原则的补充,确保的是被许可人之间(或者许可人与被许可人)在下游市场的公平竞争。如是,那么判断费率是否无歧视,必然与当事人之间的市场地位相关。比如,在 Unwired Planet v.Huawei 案①中,Birss 法官提出的"非刚性无歧视"观点与该观点一脉相承。他认为:对于同等范围的许可,对于客观上状况相似的被许可人应适用基本一致的基准费率。任何高于基准费率的许可费率将被认为是"歧视性"的费率,但如果是低于基准费率的许可费率不一定构成"歧视",而要进一步分析其是否扭曲了公平竞争关系。

除了理解上的分歧外,更现实的难题在于如何能确保无歧视原则的实现。究其原因:一方面是因为大量的许可信息受制于保密原则,从而不足以对许可歧视的现状以及其对市场竞争和消费者利益的负面影响给出客观的经济学分析;另一方面,除了许可费条款外,专利许可还包含其他重要的条款及商业考虑,这些因素导致现实中很难平行比较两份不同的许可。

3. FRAND 许可费的计算

标准必要专利许可争议的核心常常归结于许可费的计算,即究竟什么样的许可费是符合专利权人所承诺的 FRAND 原则的。关于这一点,在专利权人与寻求许可方之间从未达成一致,主要涉及不同的许可费计算方法以及专利组合强度评估方法问题。

(1) 许可费的计算方法

对于许可费的确定,目前常用的第一类方法是"可比协议法",即参照以往的相似情况下的可比许可协议中的条款,确定许可费。另一类方法则通过直接评估专利价值确定许可费,这称为"专利价值法"。两种方法的运用都有各自的前提和限制,在具体案件中两种方法常被同时使用,虽然发挥的作用主次有所差异。②

① 可比协议法

可比协议的法律逻辑源于专利价值的市场评估法:当事人在自愿、公平和诚实信用原则下达成的条款中的许可费照理应当也是"公平、合理"的。可比协议法在大量 SEPs 诉讼当中被法院采用。然而,实践中,能否确定已有的协议是否可比是适用该方法的难点。众多因素都会对许可协议的可比性造成影响。在确定可比协议在计算 FRAND 许可费过程中的权重时可以考虑的主要因素包括③:许可协议中包含的专利;许可的日期;许可技术的用途;许可是否是诉讼或仲裁解决方案的一部分④;许可费是一次付清还是按费率持续给付;协议中包含的其他考虑。

虽然可比协议法在适用中存在诸多不确定性,但至今几乎所有法院在 SEPs 专利诉讼中都会讨论可比协议。可比协议的重要性,除了被用以确定"公平、合理"的费率之外,还在于其作为验证无歧视原则的唯一依据,即应当给予类似的被许可人类似的许可费。⑤

---

① 参见 Unwired Planet v.Huawei 案,HP-2014-000005,[2017]EWHC 711(Pat),英格兰和威尔士高等法院专利法庭,2017年4月5日(2017年11月30日最终公开版)。

② 在 Unwired Planet v.Huawei 案中,法庭使用 Top-down 法(自顶而下法,是计算专利价值许可费的一种方法,见后文)对通过可比协议法所确定的费率进行检查;而在 TCL v.Ericsson 案中,可比协议法则是作为对 Top-down 法结论的补充,Selna 法官针对 Top-down 法计算出的费率又进一步地根据可比协议法的结果进行了调整。

③ See Sidak, J.Gregory, The Meaning of Frand, Part I: Royalties, *Journal of Competition Law & Economics*, 9(4), 931-1055, (2013), p.1002.

④ 比如,在禁令诉讼威胁下达成的许可协议中的条款可能不符合 FRAND 原则。诉讼威胁可以是许可人针对被许可人的,也可以是许可人针对其他实施主体采取的诉讼行为。

⑤ See Dennis W.Carlton & Allan L.Shampine, An Economic Interpretation of FRAND, *Journal of Competition Law & Economics*, (2013), p.10.

② 专利价值法

基于专利价值计算许可费,一种方法是自底而上(Bottom-up),如在 Microsoft Corp.v.Motorola Inc.案①中,考虑专利的技术价值与最佳替代方案的技术价值的差额,评估其增量价值,然后计算许可费。然而,这种做法不适用于较大的专利组合。另一种方式即自顶而下(Top-down)法,首先确定标准的行业累计费率负担,随后通过专利权人拥有的标准必要专利组合对该标准的贡献率来计算出所分摊的许可费。一般认为该方法能降低确定组合许可费的成本,并且有助于避免"许可费堆叠"的问题。

在 Innovatio 案②中,在未能适当地确定可比协议的情况下,霍尔德曼(Holderman)法官采用了来裁定费率。具体地,法庭将 Wi-Fi 芯片确定为最小可销售单元,并通过计算出芯片制造商在每个 Wi-Fi 芯片中获得的平均利润来确定累计费率负担。随后,法庭通过将该累计费率负担乘以 Innovatio 分摊比例来确定费率。其中,该分摊比例不仅考虑到 Innovatio 在 802.11 标准中声称必要的专利数量,也考虑到了 Innovatio 标准必要专利的重要性。

在 TCL Communications v.Ericsson 案③中,赛琳娜(Selna)法官在 TCL 提出的 top-down 法的基础上进行了修正以确定费率。具体地,首先针对 2G/3G 以及 4G 分别确定了累计费率负担。随后,在确定分摊比例时,Selna 法官仅考虑了 Ericsson 持有的标准必要专利与由 TCL 专家关于全行业标准必要专利总数的比例,而没有采纳 TCL 提出的根据技术价值来修正单纯的数量比例。其中,关于专利必要性的评估,Selna 法官采信了 TCL 提交的第三方评估机构 Concur IP 提供的分析结果。此外,考虑到 Ericsson 标准必要专利组合强度在美国和欧洲强于其他地域范围,Selna 法官引入了区域强度比例以分别计算出适用于美国、欧洲以及其他地方的费率。

(2) 专利(组合)强度评估

专利(组合)的强度即专利(组合)的价值。在许可谈判中,专利权人相对于同行业中其他专利权人的专利强度是重要的参考依据,因而也是法院在确定 FRAND 许可费时必须查明的事实之一。根据个案涉及的技术标准和专利情况不同,每个案件在评价专利强度时的侧重点可能存在差异。大量从业者和经济学家尝试通过不同的方法对专利进行估值,而其中一些被采纳到目前的案例中。其中相对简单的做法就是统计专利组合包含的标准必要专利的数量,有的案件直接以专利数量作为确定专利强度的依据。在此基础上,有的案件中进一步考虑专利的实际价值差异确定专利强度。

① 专利权人所拥有的 SEPs 专利的数量

专利数量是确定专利组合强度的基础,但是在标准制定的过程中,标准组织允许专利权人对标准必要专利进行自主声明,而并不进行实际的审查,因此经常会出现成员过度声明其拥有的 SEPs 专利的情况,也就是说,声明的 SEPs 专利远远多于真正必要的专利。例如,在 Unwired Planet v.Huawei 案④中提到,根据 Fairfield / Goodman & Myers 已发表的有关 2G 和 3G 标准的研

---

① 参见 Microsoft Corp.v.Motorola Inc.,10-cv-01823-JLR,美国华盛顿西区联邦地区法院,2013 年 4 月 25 日。
② 参见 In re Innovatio,11-cv-09308,美国伊利诺伊北区联邦地区法院东分院,2013 年 10 月 3 日。
③ 参见 TCL Communications v.Ericsson,8:14-cv-00341-JVS-DFM,美国加利福尼亚中区联邦地区法院,2017 年 12 月 21 日。
④ 参见 Unwired Planet v.Huawei 案,HP-2014-000005,[2017]EWHC 711(Pat),英格兰和威尔士高等法院专利法庭,2017 年 4 月 5 日(2017 年 11 月 30 日最终公开版)。

究论文可以得出,对于 2G 和 3G 标准,在声明的 SEPs 专利中只有 28% 的专利是真正必要的;Cyber Creative 和 FRI 的有关 4G 标准的研究论文指出,对于 4G 标准,在声明的 SEPs 专利中有 50% 左右的专利是真正必要的,并且各个公司过度声明的比例并不相同。因此,除了例如 Innovatio 案[①]等诉讼双方对专利权人所拥有的专利的必要性没有争议的少数案件以外,大多数涉及 FRAND 许可费的案例都提到了对于专利权人所拥有专利的必要性的确定,并进而根据必要性的确定结果统计专利权人所拥有的真正的 SEPs 数量,在此基础上确定专利组合强度。

② 专利组合强度中的价值因素

除了必要性之外,评估专利组合强度时可以考虑的个体差异还包括专利价值,即从专利的财产权属性考虑,专利权人能够利用该专利获取的利益。不同的专利之间,价值存在巨大差异。Schankerman 的研究[②]发现,在电子技术领域,价值排名前 10% 的专利占全部专利总价值份额的 84%。在 Innovatio 案[③]中,Holderman 法官将 Schankerman 的结论转用于无线局域网技术领域,并将涉案的 19 个 Innovation 专利认定为价值排名在全部 IEEE 802.11 标准必要专利的前 10% 之内,并进一步估算其价值份额。除专利数量外,专利实际价值是评估专利组合强度应当考量的重要因素,但目前实践中难度较大,也缺乏相对统一、可接受的标准。

(二) 我国标准必要专利许可费的确定

在我国,根据司法解释规定,当事人双方就标准必要专利许可有充分协商的义务,经协商未达成许可的,可由法院确定许可条件。《最高人民法院关于审理侵犯专利权纠纷案件应用法律若干问题的解释(二)》第 24 条第 3 款规定:"本条第二款所称实施许可条件,应当由专利权人、被诉侵权人协商确定。经充分协商,仍无法达成一致的,可以请求人民法院确定。人民法院在确定上述实施许可条件时,应当根据公平、合理、无歧视的原则,综合考虑专利的创新程度及其在标准中的作用、标准所属的技术领域、标准的性质、标准实施的范围和相关的许可条件等因素。"在司法解释中,最高人民法院明确了专利的创新程度及其在标准中的作用、标准所属的技术领域、标准的性质、标准实施的范围等计算许可费需要考量的因素。《广东省高级人民法院关于审理标准必要专利纠纷案件的工作指引(试行)》对于目前国际司法实践中确定许可费的方式进行了借鉴和吸收,第 18 条规定确定了可比协议、价值分析等许可费的计算方法:"确定标准必要专利许可使用费可参照以下方法:(1) 参照具有可比性的许可协议;(2) 分析涉案标准必要专利的市场价值;(3) 参照具有可比性专利池中的许可信息;(4) 其他方法。"首先,关于许可协议和专利池是否可比,以及如何运用可比协议,其第 20—22 条分别规定:"许可协议是否具有可比性,可综合考虑许可交易的主体、许可标的之间的关联性、许可费包含的交易对象及许可谈判双方真实意思表示等因素。""专利池的许可信息是否具有可比性,应考虑该专利池的参与主体、许可标的组成、对产业的控制力和影响力及许可政策等因素。""以具有可比性的许可协议或专利池中的许可信息确定标准必要专利许可使用费的,应以该许可使用费为基础,并考虑本案许可与该许可的

---

① 参见 In re Innovatio,11-cv-09308,美国伊利诺伊北区联邦地区法院东分院,2013 年 10 月 3 日。
② See Schankerman,Mark,How Valuable is Patent Protection:Estimates by Technology Field,29 *RAND Journal of Economics*,77 (1997)。
③ 参见 In re Innovatio,11-cv-09308,美国伊利诺伊北区联邦地区法院东分院,2013 年 10 月 3 日。

差异程度,对其予以合理调整。比较相关许可与本案许可的差异程度,可以考虑两者在许可交易背景、许可交易内容及许可交易条件等方面的差异。"其次,在价值分析法中其确定了自顶而下(Top-down)的计算方式,第23条规定:"分析涉案标准必要专利的市场价值,需确定涉案标准必要专利占全部相关标准必要专利的比值及全部相关标准必要专利的许可使用费。"实践中,目前我国关于确定标准必要专利许可费的案件较少,在"华为公司诉IDC公司案"中,广东省高级人民法院采取了可比协议的方式,从标准必要专利权人无歧视的义务出发,为双方确定了许可费率。

【知识链接】

广东省高级人民法院(2013)粤高法民三终字第305号民事判决书

第三编

侵权理论

第五章　专利权保护范围的确定

第一节　专利权利要求解释的必要性

关于权利要求解释的概念,目前存在两种观点:①一种观点认为,"权利要求解释"是确定权利要求真实含义、界定权利要求字面含义的过程,是伴随着专利产生各阶段都存在的概念;另一种观点认为,权利要求的解释是侵权程序中独有的概念,是确定专利保护范围的过程,目前大多数国家和地区为合理保护权利人的利益,均采用"等同原则"将专利权的保护扩大到专利的字面含义之外,因此,等同范围的确定也属于权利要求的解释范畴。本书认为,虽然"权利要求的解释"概念缘于法院界定被控侵权技术方案是否落入专利权的保护范围,但权利要求的解释并非侵权纠纷处理过程中独有的概念,在专利授权确权过程中确实同样需要对权利要求进行解读,以确定权利要求的含义和范围并确定其与现有技术的关系,不过,囿于本章的讨论重点,下文将主要分析侵权认定中的权利要求解释。另外,虽然确定等同离不开权利要求书和说明书,但是否构成等同的判断,无论在判断方法还是判断目的上,与确定权利要求的真实含义均有一定区别,并且,等同范围的大小将有可能随侵权发生日的不同有所差异,而权利要求的真实含义却在专利申请日就已经确定,不会随着侵权行为发生日变化而变化。因此,将权利要求的解释界定为权利要求真实含义的过程更为合理。②因此,本章涉及的权利要求解释主要是确定权利要求真实含义的过程。

由于与传统有体财产相比,技术作为专利权客体具有无体性,但作为一项独占权,明晰地界定其权利边界,是专利权授予与保护的前提。有体财产诸如不动产可以通过地理位置、面积等物理参数加以界定,而专利权客观边界的确定则是通过权利要求的撰写和阅读来体现,权利要求书的撰写过程,实际上就是将复杂的技术方案,经过文字表达而实现技术向文字转化的过程。在专利授权和保护的过程中,都必须以确定专利权利要求文字保护的范围为前提,在专利授权过程中,判断是否具有可专利性至少经过两个步骤:第一,授权机关必须确定专利申请所要求的保护范围;第二,进一步与现有技术相比对,确定其是否具有新颖性、创造性和实用性。同样在专利侵权诉讼过程中,判断侵权与否需要经过两个步骤:第一,法院必须确定权利要求所确定的权利范围;第二,将确定的权利要求范围与被控侵权物范围相比较,从而确定侵权与否。因此,美国联邦

---

①② 参见任晓兰:《授权、确权和侵权程序中权利要求解释规则的异同》,载《中国专利与商标》2016年第3期。

巡回上诉法院法官称"权利要求的解释是专利诉讼中唯一重要的事项"。①

但在将复杂技术转化为权利要求文字的过程中,用简洁的文字将复杂的技术方案完全表达并非易事,欲达到与发明人的构思完全一致几乎不可能。因为,客观上要受文字模糊性的制约。专利权人以文字和符号来决定技术方案,技术方案以文字表达本身并非易事,文字和符号本身存在模糊和不确定性,很多情况下,文字或附图并不能精确地表达发明人的意图,甚至出现表达错误的情况。主观上专利申请人存在利己的驱动,对于其创新发明成果,专利申请人的愿望是权利保护范围越广越好,希望尽可能将自己未想到的未来可能的方案纳入其中,而申请时将权利要求范围极可能扩大;同时,基于获得授权以及权利稳定性的考量,专利申请人在撰写专利申请文件时,可能从现有技术文献出发改变文字表达甚至调整其技术方案,以获得授权,从而导致与"权利要求保护范围同发明人已想到并且完成的技术构思相一致"的目标相去甚远。② 因此,技术方案与权利要求书之间往往隔着一道或宽或窄的转化间隙,③现实中几乎没有一件专利在确定保护范围时,不需要解释就可以适当确定其保护范围。权利要求解释的过程实际上是第二次转化的过程,通过第二次转化来弥补第一次转化过程中的间隙,才能把权利要求中的文字表达转化为公众主观思维中认可的专利保护范围,合理确定专利权的边界。

因此,必须构建合理途径和标准,以合理界定专利权利要求的保护范围,确保专利权保护范围与发明人的发明技术成果相一致,同时确保规范权利要求保护范围的法律具有确定性、可预期性,以保护社会公众的信赖利益。

第二节　确定专利权保护范围的基本原则

专利实施的首要前提即确定专利权的保护范围。在确定专利权的保护范围时,应当依据专利授权文件的记载。在全球范围内,确定专利权保护范围一般遵循三个原则,即周边限定主义原则、中心限定主义原则和折中主义原则。综合国际立法中专利权利要求解释的经验,我国在专利权利要求解释中采折中主义原则,即专利权的保护范围根据权利要求的内容来确定,说明书和附图可以用来解释权利要求。为更好地理解折中主义的内容,现就各原则的内涵与特征介绍如下。

一、周边限定主义原则

周边限定主义原则的内涵是,专利权的保护范围应当严格按照权利要求书的文字表述确定,对权利要求书中的文字表述应当作严格、忠实的解释,其文字表达的范围就是专利权的最大范围。

---

① Retractable Techs.,Inc.v.Becton,Dickinson and Co.,659 F.3d 1369,1373(Fed.Cir.2011)(Moore,J.,joined by Rader,C.J.,dissenting from denial of rehearing en banc).
② 参见高莉:《专利权利要求解释规则研究》,知识产权出版社 2015 年版,第 76 页。
③ 参见尹新天:《专利权的保护》,知识产权出版社 2005 年版,第 308 页。

最早实施周边限定原则的国家是英国。因为英国专利法传统更加侧重于保护社会公共利益,英国法院在权利要求解释时也采取审慎严格的态度,将专利权的保护范围严格限定在专利权利要求保护范围的字面含义内。周边限定原则的优势在于:确保专利权保护范围的确定性,将专利权的边界清晰地展示给公众,从而保护公众的信赖利益。

英国罗素(Russell)法官将周边限定主义进一步解释为:对于专利说明书的解释不存在一个固定模式,应注意将说明书的内容作为一个整体看待,并考虑其背景状况以及采用术语的特定含义。权利要求的作用是清楚、明确地界定专利权人获得的独占权,使他人能够准确地知悉侵权的范围可能。尽管权利要求应当被看作整个说明书的一部分,但禁止他人进入的领域必须由权利要求的语言来确定,而不是说明书。据此,参考说明书而将权利要求书中的文字所表达的发明解释为另一种发明做法,是决不允许的。[①]

但周边限定主义的缺陷在于,其对专利权人权利要求书的撰写提出了很高的要求,因为有限的权利要求文字含义可能难以覆盖专利技术方案的全部,会促使专利权人在申请专利时尽量扩大其专利权利要求所限定的范围。同时,严格依据文字含义进行界定也可能导致对专利权人的保护不足,实施人只要对技术方案稍作变动,就不会落入严格字面解释的范围,从而难以认定侵权。

二、中心限定主义原则

中心限定主义原则的内容是,专利权的保护范围可以以权利要求书记载的技术方案为中心,通过说明书及附图的内容全面理解发明创造的整体构思,从而将保护范围扩大到四周的一定范围,即在解释权利要求时不应拘泥于权利要求书的文字记载,而应以权利要求为中心,全面考虑发明目的和性质、说明书及其附图。

最早实行中心限定主义的代表国家是德国。中心限定主义原则下,权利要求书的内容主要起到"标杆"作用,专利权保护范围允许扩大到专利权利要求保护范围的文字含义之外。其更侧重于保护专利权人的利益。其优势在于,通过一个更全面、更实质性的方式和专利权利要求联系到一起。在这个系统内,法院通过考察专利权人的发明的重要性以及被诉侵权产品有多大的不同来决定这个专利能够给予多大的保护,鼓励了权利要求解释与发明及其相关领域的技术特点相联系,避免了对法律文本的过分关注。[②]

但是其缺陷在于,难以为公众提供专利权保护范围的明确边界,在中心限定原则之下,其权利要求限定的范围仅仅作为一个"标杆",可以进一步扩展到四周的一定范围,无疑会导致专利权的不确定性、不可预测性,对于公众而言可能会产生不公平的后果。[③]

---

① See Electric and Musical Industries Ltd.v.Lissen Ltd,PRC,vol.61,p.23.
② See Dan Burk,Mark Lemley.Fence Posts or Sign Posts? Rethinking Patent Claim Construction.157 *U.Pa.L.Rev.*1743,1750(2009).
③ See John M.Golden.Constructing Patent Claims According to Their "Interpretive Community": A Call for an Attorney-Plus-Artisan Perspective.21 *Harv.J.L.& Tech.*339-340(2008).

三、折中主义原则

折中主义原则的内容是,专利权的保护范围根据权利要求记载的内容来确定,说明书和附图可以用来解释权利要求。

最早采用折中主义原则的是《欧洲专利公约》,其主要为了协调英国周边限定主义和德国中心限定主义在权利要求保护范围确定时面临的冲突。中心限定与周边限定各有优劣,而折中原则则是介于两者之间的缓冲地带,主要规定在《欧洲专利公约》(European Patent Convention)第69条,[1]规定专利权的保护范围根据权利要求的内容来确定,说明书和附图可以用来解释权利要求。《关于解释欧洲专利公约第69条第一款的议定书》进一步解释:第69条不应解释为欧洲专利的保护范围应当由专利权利要求的字面含义所严格限定,说明书和附图仅用于权利要求存在歧义时的解释;也不应当理解为权利要求仅仅起到一种指导作用,而提供的实际保护可以从所述技术领域的普通技术人员对说明书的理解出发,扩展到专利权人所期望的范围。恰恰相反,其应当解释为这些极端之间的中间立场,这种立场将对专利所有人的公平保护与对第三方的合理程度法律确定性相结合。[2]

采用折中主义的立场可以避免两个极端,在对创新成果的保护与法律确定性之间寻求平衡。国家知识产权条法司在解读上述条文时指出:"这一条款应当被理解为定义了两种极端之间的一种中间立场,从这一立场出发,既能够为专利权人提供良好的保护,同时对他人来说又具有良好的法律确定性。"[3]因此,我国也采取了折中主义的立场,《专利法》第64条规定:"发明或者实用新型专利权的保护范围以其权利要求的内容为准,说明书及附图可以用于解释权利要求的内容。"《最高人民法院关于审理侵犯专利权纠纷案件应用法律若干问题的解释》第2条进一步规定,"人民法院应当根据权利要求的记载,结合本领域普通技术人员阅读说明书及附图后对权利要求的理解,确定专利法第五十九条第一款规定的权利要求的内容"。但在实践中,如何作为"本领域技术人员"合理地把握在权利要求文字限定与发明人本意之间的平衡较为困难。一方面,应当避免将说明书、附图与权利要求相割裂;另一方面,又应当注意不能将说明书的限定或公开的内容读入权利要求。因此,在折中主义原则下需要通过"本领域技术人员"这一灵活概念来寻求平衡,[4]并对权利要求解释的依据、规则作更明确的限定。

---

[1] Article 69 of European Patent Convention prescribes:"(1) The extent of the protection conferred by a European patent or a European patent application shall be determined by the claims. Nevertheless, the description and drawings shall be used to interpret the claims. (2) For the period up to grant of the European patent, the extent of the protection conferred by the European patent application shall be determined by the claims contained in the application as published. However, the European patent as granted or as amended in opposition, limitation or revocation proceedings shall determine retroactively the protection conferred by the application, in so far as such protection is not thereby extended."

[2] See Protocol on the Interpretation of Article 69 EPC.

[3] 国家知识产权局条法司主编:《新专利法详解》,知识产权出版社2001年版,第309页。

[4] See Hugh Laddie, Kirin Amgen, The End of Equivalent in England? 40(1) *IIC* 3(2009).

第三节 专利侵权程序中权利要求解释的规则

在遵循折中主义一般原则的前提下，专利权利要求解释应遵循特定依据和解释规则。我国《专利法》第64条第1款规定了总体标准："发明或者实用新型专利权的保护范围以其权利要求的内容为准，说明书及附图可以用于解释权利要求的内容。"根据《专利法》所确立的基本规则，《最高人民法院关于审理侵犯专利权纠纷案件应用法律若干问题的解释》《最高人民法院关于审理侵犯专利权纠纷案件应用法律若干问题的解释（二）》构建了权利要求解释的具体规则。其一般规则为：在权利要求解释的主体层面，权利要求的解释应当以本领域普通技术人员对权利要求的理解确定保护范围；[1] 从权利要求解释的一般规则来看，权利要求文字、说明书及附图、审查历史等内部证据以及工具书、教科书等公知文献以及本领域普通技术人员的通常理解的外部证据均可以作为权利要求的解释依据，从适用位阶上来看，遵循内部证据优先于外部证据的标准，优先运用说明书及附图、权利要求书中的相关权利要求、专利审查档案进行解释，以上述方法仍不能明确权利要求含义的，可以结合工具书、教科书等公知文献以及本领域普通技术人员的通常理解进行解释[2]。对于功能性限定、方法权利要求等，最高人民法院通过司法解释、个案裁判等形式进一步确立了具体的规则。

一、权利要求解释的主体

根据《最高人民法院关于审理侵犯专利权纠纷案件应用法律若干问题的解释》第2条的规定，进行权利要求解释时应当从所属领域技术人员的角度进行解释。

在专利授权过程中，根据《专利审查指南》的明确定义，所属技术领域的技术人员，是指一种假设的"人"，本领域普通技术人员的技能，依循传统，被划分为"知识"和"能力"两部分。就知识而言，"假定他知晓申请日或者优先权日之前发明所属技术领域所有的普通技术知识，能够获知该领域中所有的现有技术"，在能力方面，"具有应用该日期之前常规实验手段的能力，但他不具有创造能力。如果所要解决的技术问题能够促使本领域的技术人员在其他技术领域寻找技术手段，他也应具有从该其他技术领域中获知该申请日或优先权日之前的相关现有技术、普通技术知识和常规实验手段的能力。"

但在权利要求范围界定的过程中，现有司法解释并未对其作精确界定，所属技术领域的技术

---

[1]《最高人民法院关于审理侵犯专利权纠纷案件应用法律若干问题的解释》第2条规定："人民法院应当根据权利要求的记载，结合本领域普通技术人员阅读说明书及附图后对权利要求的理解，确定专利法第五十九条第一款规定的权利要求的内容。"

[2]《最高人民法院关于审理侵犯专利权纠纷案件应用法律若干问题的解释》第3条规定："人民法院对于权利要求，可以运用说明书及附图、权利要求书中的相关权利要求、专利审查档案进行解释。说明书对权利要求用语有特别界定的，从其特别界定。以上述方法仍不能明确权利要求含义的，可以结合工具书、教科书等公知文献以及本领域普通技术人员的通常理解进行解释。"

人员也至少应当具有两种能力,在知识方面,"假定他知晓申请日或者优先权日之前发明所属技术领域所有的普通技术知识,能够获知该领域中所有的现有技术",从而对技术术语作出最通常的理解。在能力方面,要求其能够综合运用权利要求、说明书、附图、审查历史以及本领域公知常识对权利要求作出融贯性的解释。

二、权利要求解释的依据

(一)权利要求解释依据适用位阶的理论演进

关于权利要求解释的依据,可以粗略地分为内部证据和外部证据两类:内部证据包括专利权利要求书、说明书、附图、审查历史等;外部证据包括字典、百科全书、论文、专家证言等。权利要求的解释的法律标准是以本领域普通技术人员的视角进行解释,[1]这两类证据都可以为权利要求的解释提供支撑,但在具体解释中遵循不同的适用位阶将可能产生不同的权利要求技术方案。在美国权利要求解释规则的历史演变过程中,就内部证据和外部证据产生了强烈的争论,最终在Philips案中确立了内部证据优先于外部证据的解释标准,受美国影响,我国目前也遵循这一标准。

1. Vitronics Corp.v.Conceptronic,Inc.

关于权利要求解释的依据问题,美国联邦巡回法院最早在Vitronics Corp.v.Conceptronic,Inc.案中明确了权利要求的解释规则。本案中,联邦法院对内部证据和外部证据进行了区分,并界定了权利要求解释工具的层级结构:第一,权利要求解释应当从权利要求的文字内容开始,以普通常规含义进行解释;第二,法庭需要参考说明书检查专利权人是否对争议技术特征进行了特殊定义,如果进行了特殊定义则专利权人可以通过不同于传统意义的方式进行界定;第三,Vitronics案法官允许对专利审查历史进行考量,以检验专利权人是否在专利审查历史中清晰界定或否定了争议条款的既定含义和范围。[2] 同时,只有在内部证据无法解决权利要求的模糊性问题的时候才可以参考外部证据,Vitronics案法官强调了内部证据的优先效力:"权利要求、说明书和审查历史而非外部证据构成了专利权人主张权利的公共记录,是公众可以真正信赖的依据。"[3]

2. Texas Digital Sys.,Inc.v.Telegenix,Inc.

在Vitronics案以后,联邦法院对于外部证据逐渐重视,在Bell Atl.Network Servs.,Inc.v.Covad Commc'ns Group,Inc.案中,法院认为字典在权利要求解释中具有"特殊地位",而可以在解释权利要求术语一般含义时与内部证据共同使用。[4] 在Texas Digital Sys.,Inc.v.Telegenix,Inc.案中,法院进一步强调了字典在权利要求解释中的地位,该案中多数法院意见认为,字典、论文是帮助法官确定权利要求术语普通、习惯含义的最重要资源,应当作为解释权利要求术语普通含义的优先资源加以适用,除非:(1)专利权人在说明书中对权利要求术语作出了明确的限定;(2)专利权

---

[1] 35 U.S.C. § 112 provides that "[t]he descriptions in patents are not addressed to the public generally, to lawyers or to judges, but, as section 112 says, to those skilled in the art to which the invention pertains or with which it is most nearly connected".

[2] 90 F.3d 1576(Fed.Cir.1996) at 1582-1583.

[3] 90 F.3d 1576(Fed.Cir.1996) at 1582.

[4] Bell Atl.Network Servs.,Inc.v.Covad Commc'ns Group,Inc.,262 F.3d 1258,1267(Fed.Cir.2001).

人通过文字表述对权利要求的范围进行了明确的排除或限制,①可以避免将说明书中的内容不当地读入权利要求,而从本领域技术人员的角度客观地确定权利要求术语的最普通含义。

3. Phillips v.AWH Corp.

Vitronics 案和 Texas Digital 案体现出了法院在权利要求解释方法上的巨大分歧,存在"语境主义"(Contextualist)和"文本主义"(Literalist)②的区分,2004 年 4 月,在 Phillips v.AWH Corp.案中,美国联邦巡回上诉法院(CAFC)全员法庭(*en banc*)审判,重新回归到"语境主义"的道路,并构建了美国目前的权利要求解释的一般规则。

该案中,原告 Edward H.Phillips 发明了一种钢壳制作的组建,可以焊接在一起形成抵御暴力破坏的围墙。该案争议焦点在于,法院应当如何解释权利要求 1 中"缓冲隔板"(baffle)的含义。地区法院认为权利要求 1 属于功能型权利要求,所以根据美国《专利法》第 112 条第 6 款对"缓冲隔板"进行解释,即依据专利说明书的内容,将其限定为从外墙呈钝角或锐角向内延伸之物,而被告制品是以直角方式向内延伸,故地方法院作出了不侵权的简易判决。Philips 提起上诉,CAFC 多数法官认为,权利要求解释是属于上诉法院重新审理的法律问题,"缓冲隔板"的表达不属于功能型权利要求,再依据说明书中描述得出,专利权人既然将自己的发明定位为提供一种可以抗冲击、抵御射弹的模板,那么隔板就不能与墙成 90°,否则将无法达到专利说明书中所描述的效果。之后 CAFC 对该案进行重审,并构建了权利要求解释的一般规则:

(1)对于普通单词或术语仅仅通过事实发现就可以理解,而不需要额外的分析。Phillips 案法院认可对于广泛理解的权利要求术语必须根据其普通含义进行解释。但是对于一些非专业或通常使用的术语如"or"则可以直接进行理解,而不需要外部资料。③ 专业或模糊的术语需要进一步解释。

(2)对于模糊或争议的权利要求术语,权利要求文字是解释权利要求的首要资料。Phillips 案法院指出,专利权人具有法定义务明确地指明其发明的边界和保护范围,而社会公众有权利依据权利要求的语言来理解其专利的保护范围。因此,法院首先要求根据权利要求的文本对于权利要求内容进行界定。"与书面描述和申请历史文件相分离,权利要求自身对于特定权利要求术语含义的理解提供了实质意义的指导。"④此外,权利要求书中其他权利要求对于解释某一权利要求中技术术语的含义具有重要作用。"如果一个权利要求中有某个限定条件而另一权利要求中没有,则说明发明人没有用这一限定条件限制后一权利要求。"⑤权利要求书是解释权利要求的基本依据,任何脱离权利要求书所作的解释都是不合理的。

(3)权利要求必须参照说明书,作为说明书的一部分来理解。说明书与权利要求解释总是高度相关的,通常它是决定性的,它是理解术语含义的唯一最佳指导。说明书的描述部分帮助确定权利要求的范围和含义,是解释权利要求最主要的基础。在有的情形下,说明书可能揭示专利

---

① Texas Digital Sys.,Inc.,v.Telegenix,Inc.,308 F.3d 1193,1203(Fed.Cir.2002).
② See R.Polk Wagner & Lee Petherbridge,Is the Federal Circuit Succeeding? An Empirical Assessment of Judicial *Performance*,152 *U.PA.L.REV.*1105,1111(2004)(dividing Federal Circuit into "holistic" and "proceduralist" methodological approaches for patent claim interpretation);Craig Allen Nard,A Theory of Claim Interpretation,14 *HARV.J.L.& TECH.*1,4-6(2000)(dividing court into "hypertextualists" and "pragmatic textualists").
③ Phillips v.AWH Corp.,376 F.3d 1303(Fed.Cir.2004).
④⑤ Phillips v.AWH Corp.,376 F.3d 1303,1314(Fed.Cir.2004).

权人赋予权利要求的术语不同于寻常的特别含义。在这种情况下,适用发明人自己的"字典"。或者在有的情况下,发明人有意识地放弃或否定权利要求范围的内容,发明人的意图在此是决定性的。因此,法院在解释权利要求时,倚重说明书描述来界定权利要求的含义,是完全适当的。①

(4) 专利审查档案作为解释权利要求的内部证据,可以作为解释权利要求的依据。申请历史文件由专利商标局内完整的程序组成,包括在专利审查过程中引用的在先技术。与说明书类似,申请程序文件证明专利商标局和申请人是如何理解专利的。此外,像说明书一样,申请历史文件是由申请人在试图解释或获取该专利的过程中完成的,不过由于申请历史文件所代表的是专利商标局和申请人之间进行的谈判,不是谈判的最终结果,它常常不具有说明书那样的清晰度,因此在权利要求解释方面的用途要小一些。但是,通过证明发明人如何理解其发明,以及发明人是否在申请过程中限缩了发明范围从而使权利要求的范围比原先的要窄,申请历史文件还是能够经常说明权利要求语言的含义。②

(5) 虽然内部证据相对于外部证据可靠性更强,法院有考量外部证据进行解释的自由裁量权。美国联邦巡回上诉法院在 Phillips 一案中指出,如 Texas Digital 案将字典放到首要位置,会将权利要求解释的重点放在解释文字的抽象含义,而不是特定背景下的权利要求术语的含义。正确地看,权利要求术语的"普通含义"是普通技术人员在阅读整个专利后的意义。③ 同时,"虽然强调权利要求解释时内部证据的重要性,但还应依赖包括专家和发明人证言、字典和学术论文在内的外部证据,其可以让法院更好地理解背后的技术以及本领域技术人员运用技术术语的方式。当然这种依赖是有条件的,法院应当在内部证据的背景下考虑外部证据,同时外部证据的作用远小于内部证据,若通过外部证据进行解释的结论与内部证据相矛盾,则该外部证据不应被采用。④

(二) 权利要求解释依据的适用位阶与规则

受美国专利权利要求解释实践的影响,我国司法机关在解释依据的适用位阶上,遵循内部证据优先于外部证据的标准。通过司法解释和典型案例,最高人民法院逐步明确,专利权利要求保护范围以权利要求内容为准,优先运用说明书及附图、权利要求书中的相关权利要求、专利审查档案进行解释,以上述方法仍不能明确权利要求含义的,可以结合工具书、教科书等公知文献以及本领域普通技术人员的通常理解进行解释。

1. 以权利要求内容为准

如美国联邦巡回上诉法院在 Phillips 案中所指出的,专利权人具有法定义务明确地指明其发明的边界和保护范围,而社会公众有权利依据权利要求的语言来理解其专利的保护范围。因此,法院首先要求根据权利要求的文本对权利要求内容进行界定。"与书面描述和申请历史文件相分离,权利要求自身对于特定权利要求术语含义的理解提供了实质意义的指导。"⑤我国《专利法》第64条第1款规定:"发明或者实用新型专利权的保护范围以其权利要求的内容为准,说明

---

①② Phillips v.AWH Corp.,376 F.3d 1315(Fed.Cir.2004).
③ Phillips v.AWH Corp.,376 F.3d 1319(Fed.Cir.2004).
④ Phillips v.AWH Corp.,376 F.3d 1322-23(Fed.Cir.2004).
⑤ Phillips v.AWH Corp.,376 F.3d 1303,1314(Fed.Cir.2004).

书及附图可以用于解释权利要求的内容。"以权利要求内容为准,要求以权利要求文字限定的范围为基础,既不能超出权利要求文字限定的范围,也应当避免将权利要求中没有限定仅在说明书中描述的特征解释到权利要求中,限缩权利要求的保护范围。在"佛山石湾鹰牌陶瓷有限公司、佛山市嘉俊陶瓷有限公司与专利复审委员会专利无效行政纠纷申请再审案"中,最高人民法院指出,①"在对权利要求中的技术术语的含义存在不同理解时,可以以说明书、附图中有关该技术术语的定义或者描述为依据,对权利要求进行解释。在解释权利要求时,不得将未在权利要求中记载的技术特征读入权利要求,对权利要求进行事实上的修改,损害权利要求的公示作用"。

2. 其他权利要求对于解释其他权利要求具有限定作用

类似于 Phillips 案,在权利要求解释时,权利要求之间存在体系上的联系,根据相互引用关系和同一词语应当作同一解释的规则,可以通过借鉴其他从属权利要求的内容解释权利要求。《最高人民法院关于审理侵犯专利权纠纷案件应用法律若干问题的解释(二)》第 5 条规定:"在人民法院确定专利权的保护范围时,独立权利要求的前序部分、特征部分以及从属权利要求的引用部分、限定部分记载的技术特征均有限定作用。"

例如,在"湖南广义科技有限公司与长沙深湘通用机器有限公司等侵害发明专利权纠纷再审案"中,对从属权利要求中"上方"特征进行解释时,最高人民法院即参考独立权利要求进行解释:通过"涉案专利各项权利要求之间限定的技术方案理解'上方'的含义。根据《专利法》及其实施细则的相关规定,从属权利要求应当用要求保护的附加技术特征,对引用的权利要求作进一步的限定。即:如果一项权利要求包含了另一项同类型权利要求中的所有技术特征,且对该另一项权利要求的技术方案作了进一步的限定,则该权利要求为从属权利要求。本案中,涉案专利权利要求 1 为独立权利要求,权利要求 2 为引用权利要求 1 的从属权利要求,其请求保护的范围是:'根据权利要求 1 所述的辊式磨机,其特征是磨盘的环形磨面为锥形,与倾斜的磨辊构成斜置的间隙式磨合面。'权利要求 2 用附加的技术特征对权利要求 1 作了进一步的限定,其保护范围落在其所引用的权利要求 1 的保护范围之内。即涉案专利权利要求 1 的保护范围应当包括其从属权利要求 2 的技术方案。由于权利要求 2 明确限定了磨盘的环形磨面为锥形,与倾斜的磨辊构成斜置的间隙式磨合面,因此该技术方案保护的范围是磨辊位于磨盘的斜侧上方"。②

但如果两个权利要求不具有独立权利要求和从属权利要求的关系,而属于两个独立的权利要求,则不具有相互限定的作用,应当按照各自的内容确定专利权的保护范围。在"冯德义与哈尔滨蓝波高科技开发有限公司侵犯专利权纠纷再审案"中,③最高人民法院认为,涉案专利权利要求 2 的主题名称"搭桥式电源断相保护装置"与权利要求 1 的主题名称"搭桥式电源断相保护电路"不同,权利要求 2 为独立权利要求。同时,由于权利要求 2 未引用权利要求 1,因此在解释权利要求 2 中的术语"搭桥式电源断相保护装置"时,不能将其直接限定为权利要求 1 所述的

---

① 最高人民法院认为:"根据涉案专利权利要求 1,其仅限定了在"陶瓷砖表面层设置有孔洞和/或裂沟",并没有记载任何有关孔洞和/或裂沟的制造方法特征,二审判决以仅在涉案专利说明书中记载的相关制造方法为依据,将权利要求 1 中的孔洞和/或裂沟解释为"经抛光后呈现出加入成孔剂烧制发泡而成的大大小小的孔洞和/或裂沟",认定事实和适用法律均有错误,应予纠正。参见最高人民法院(2011)知行字第 91 号行政裁定书。在"北京双鹤药业股份有限公司与国家知识产权局专利复审委员会专利无效行政纠纷再审案"中,最高人民法院也持相同观点,参见最高人民法院(2011)行提字第 8 号行政判决书。
② 最高人民法院(2013)民提字第 127 号民事判决书。
③ 最高人民法院(2004)民三监字第 11-1 号民事裁定书。

"搭桥式电源断相保护电路",从而将权利要求1中的所有技术特征引入权利要求2。因此,二审关于"权利要求2中所述的'搭桥式电源断相保护装置'与权利要求1所述的'搭桥式电源断相保护电路'的解释特征应当完全相同"的结论错误。

3. 依据说明书和附图进行解释

《专利法》第64条第1款规定:"发明或者实用新型专利权的保护范围以其权利要求的内容为准,说明书及附图可以用于解释权利要求的内容。"确立了说明书和附图的解释效力。

根据说明书和附图解释权利要求的内容,是解释权利要求的基本规则,但如何理解和运用说明书的解释效力,同时避免将说明书中的内容不当限定在权利要求中成为实践中的难题。

首先,可以明确的是,对于说明书中进行特殊界定的技术特征,应当依说明书规定进行解释。说明书对权利要求用语有特别界定的,从其特别界定。《最高人民法院关于审理侵犯专利权纠纷案件应用法律若干问题的解释》第3条规定:"说明书对权利要求用语有特别界定的,从其特别界定。"

在"上海摩的露可锁具制造厂与上海固坚锁业有限公司侵害实用新型专利权纠纷案"中,最高人民法院认为,由于人类语言相对于客观世界具有滞后性,其总是随着客观世界的发展、进步而不断丰富,对于一项申请日之前未曾出现过的新的技术方案而言,仅仅使用申请日之前已有的技术术语,专利申请人可能难以准确、客观地描述该技术方案相对于现有技术所作出的改进。因此,为了满足描述新的专利技术方案的客观需要,应当允许专利申请人在撰写专利申请文件时使用自行创设的技术术语。另外,由于自行创设的技术术语的含义并不为本领域普通技术人员所知悉,故专利申请人在使用自行创设的技术术语时,亦有义务在权利要求书或者专利说明书中对该技术术语进行清楚、准确的定义、解释或者说明,以使得本领域普通技术人员能够清楚地理解该技术术语在专利技术方案中的含义。在确定自行创设的技术术语的含义时,应当综合考虑权利要求书、说明书、附图中记载的与该技术术语相关的技术内容。权利要求书、说明书中对该技术术语进行了清楚、明确的定义、解释或者说明的,一般可依据该定义、解释或者说明来确定其含义。权利要求书、说明书中未能对该技术术语进行清楚、明确的定义或者解释的,则应当结合说明书、附图中记载的与该技术术语有关的背景技术、技术问题、发明目的、技术方案、技术效果等内容,查明该技术术语相关的工作方式、功能、效果,以确定其在涉案专利整体技术方案中的含义。[①]

但如美国"语境主义"和"文本主义"之争,对于说明书中未作特殊界定的技术特征,如何理解说明书中的通常含义与说明书、附图的解释力成为实践中的难题。

一种观点认为,当权利要求本身的含义清楚时不需要解释权利要求,只有当权利要求本身的

[①] 最高人民法院(2013)民提字第113号民事判决书指出:涉案专利中,专利申请人在权利要求书与说明书中均没有对伸缩联动器进行定义或者解释,因此,需要综合考虑说明书、附图中记载的与该技术术语相关的技术内容来确定其含义。首先,根据涉案专利的背景技术、发明内容以及技术效果,涉案专利的发明目的是提供一种空转防盗锁装置。……其次,根据涉案专利的具体实施方式,伸缩联动器系以下述方式实现其功能……再次,摩的露可厂提供的QB/T3835-1999标准是有关锁具名词术语的国家行业标准,可以证明涉案专利申请日之前本领域中与锁具有关的技术术语的含义,帮助本领域技术人员理解涉案专利中伸缩联动器的含义……综上所述,根据涉案专利说明书的背景技术、发明内容、技术方案、技术效果以及QB/T3835-1999标准,涉案专利中的伸缩联动器系用于推动锁舌或者锁栓运动的中间部件,伸缩联动器与锁舌或者锁栓各自独立,相互配合,方能实现涉案专利技术方案的发明目的和技术效果。固坚公司有关伸缩联动器也具有锁舌功能的主张,缺乏事实依据,本院不予支持。

含义不清楚或者有争议时才需要解释权利要求,或称为"时机论"。最高人民法院在早期即持此观点,例如,在"宁波市东方机芯总厂与江阴金铃五金制品有限公司侵犯专利权纠纷上诉案"中,①最高人民法院指出,确定专利权的保护范围,应以权利要求书的内容为准,说明书和附图用于解释权利要求。说明书和附图只有在权利要求书记载的内容不清楚时,才能用来澄清权利要求书中模糊不清的地方,说明书和附图不能用来限制权利要求书中已经明确无误记载的权利要求的范围。而专利复审委员会至今仍然倾向于此种观点。②

另一种观点认为,在确定权利要求的含义时,应当首先结合权利要求书、说明书、附图等内部证据,必要的时候也应当结合所属技术领域的教科书、技术词典等外部证据,对权利要求作出合理的解释。在解释权利要求时应当首先从内部证据开始,而不是从外部证据开始。当内部证据足以确定权利要求的含义时,不需要采用外部证据;只有当内部证据不足以确定权利要求的含义时,才有必要借助于外部证据来解释权利要求。当采用内部证据的解释结论与采用外部证据的解释结论发生冲突时,应当坚持内部证据优先于外部证据的解释规则,③或称为"语境论"。

"时机论"与"语境论"的争议核心与美国"语境主义"和"文本主义"之争一致,而正如Phillips案中所确立的,"如Texas Digital案将字典放到首要位置,会将权利要求解释的重点放在解释文字的抽象含义,而不是特定背景下的权利要求术语的含义。正确地看,权利要求术语的'普通含义'是普通技术人员在阅读整个专利后的意义"。④ 而从说明书与权利要求的关系来看,我国《专利法》第26条第3、4款对权利要求书和说明书之间的关系作出了明确的规定,要求说明书应当对发明作出清楚、完整的说明,使得所属技术领域的技术人员能够实现;权利要求书应当以说明书为依据,清楚、简要地限定要求专利保护的范围。在实务中,专利发明人在撰写专利申请文件时,通常先撰写说明书,在说明书中公开专利技术方案、实施例等内容,然后再将其中的技术方案总结、概括出来,记载在权利要求书中,说明书是解释权利要求的最佳依据。⑤

因此,在"精工爱普生株式会社与专利复审委员会、郑亚俐、佛山凯德利办公用品有限公司、深圳市易彩实业发展有限公司发明专利权无效行政纠纷申请再审案"中,最高人民法院确认了"语境论"的解释路径:⑥"权利要求由语言文字表达形成,通过记载解决技术问题的必要技术特征的方式来描述和反映发明的技术方案,清楚、简要地表述请求保护的范围。任何语言只有置于特定语境中才能得到理解。同时,基于语言表达的局限性和文字篇幅的限制,权利要求不可能对发明所涉及的全部问题表述无遗,需要通过说明书对要求保护的技术方案的技术领域、背景技术、发明内容、附图及具体实施方式等加以说明。为此,专利法明确规定了权利要求书和说明书之间的关系,要求说明书应该充分公开发明的技术方案,使得所属技术领域的技术人员能够实现;权利要求书应当以说明书为依据,清楚、简要地限定要求专利保护的范围。在专利法的上述法定要求下,说明书记载的上述内容对于理解权利要求含义更是不可或缺,两者具有法律意义上的密切关联性。说明书的上述内容构成权利要求所处的语境或者上下文,只有结合说明书的记载,才能正确理解权利要求的含义。在这一意义上,说明书乃权利要求之母,不参考说明书及其

---

① 最高人民法院(2001)民三提字第1号民事判决书。
②⑤ 参见刘庆辉:《专利授权程序中的权利要求解释》,载《知识产权》2017年第6期。
③ 参见北京市高级人民法院(2016)京行终5347号行政判决书。
④ Phillips v.AWH Corp.,376 F.3d 1319(Fed.Cir.2004).
⑥ 最高人民法院(2010)知行字第53-1号行政裁定书。

附图,仅仅通过阅读权利要求书即可正确理解权利要求及其用语的含义,在通常情况下是不可能的。权利要求的解释就是理解和确定权利要求含义的过程。在这个过程中,必须结合说明书及其附图才能正确解释权利要求。专利复审委员会关于权利要求的解释应严格把握解释时机,以权利要求不清楚或者没有明确的唯一含义为前提的主张,既违背文本解释的逻辑,又不符合权利要求解释的实践,无法令人赞同。"

4. 以审查档案作为解释权利要求的依据

《最高人民法院关于审理侵犯专利权纠纷案件应用法律若干问题的解释》第3条规定:"人民法院对于权利要求,可以运用说明书及附图、权利要求书中的相关权利要求、专利审查档案进行解释。"《最高人民法院关于审理侵犯专利权纠纷案件应用法律若干问题的解释(二)》第6条第2款规定:"专利审查档案,包括专利审查、复审、无效程序中专利申请人或者专利权人提交的书面材料,国务院专利行政部门制作的审查意见通知书、会晤记录、口头审理记录、生效的专利复审请求审查决定书和专利权无效宣告请求审查决定书等。"实践中,国家知识产权局的无效决定作为权利有效与否的依据,成为解释权利要求的重要基础。在"夏六丽、东莞怡信磁碟有限公司等侵害实用新型专利权纠纷申请再审案"中,最高人民法院认为,专利复审委员会[①]作出无效决定所认定的区别技术特征,是专利区别于现有技术,被认定为具有创造性并维持有效的原因之一,故相关特征对于权利要求的保护范围具有限定作用,判断是否落入保护范围时,对于该技术特征应当予以考虑。在"杭州华新高科新材料有限公司与广东日昭新技术应用有限公司等侵害实用新型专利权纠纷再审案"中,最高人民法院也持相似观点,其认为侵权诉讼中应当对无效程序中的争议焦点进行考虑,如果无效程序中对权利要求和现有技术的区别进行了认定,并且该区域与技术方案和权利要求的差异相同或实质等同,人民法院应当依据无效决定的认定判定专利权的保护范围。

除本专利审查档案外,根据《最高人民法院关于审理侵犯专利权纠纷案件应用法律若干问题的解释(二)》第6条第1款规定:"人民法院可以运用与涉案专利存在分案申请关系的其他专利及其专利审查档案、生效的专利授权确权裁判文书解释涉案专利的权利要求。"在"邱则有与山东鲁班公司侵犯专利权纠纷案"中,最高人民法院认为,[②]母案申请构成分案申请的特殊的专利审查档案,在确定分案申请授权专利的权利要求保护范围时,超出母案申请公开范围的内容不能作为解释分案申请授权专利的权利要求的依据。

参照该条,最高人民法院认为,与本专利具有同一优先权的国内同族专利及其审查档案也可以作为解释本专利权利要求的依据。在"戴森技术有限公司、苏州索发电机有限公司侵害发明专利权纠纷案"中,[③]索发公司提供200780027217.X号发明专利(称相关专利)审查档案作为证据解释相关技术特征,相关专利与涉案专利的申请人均为戴森技术有限公司,并且享有共同的优先权(GB0614235.0,2006.7.18)。最高人民法院认为,《最高人民法院关于审理侵犯专利权纠纷案件应用法律若干问题的解释(二)》第6条所述分案申请是指,专利申请人将其在申请日提交的母案申请文件中已经披露但因单一性等原因不能在母案中获得保护的发明创造另行提出的专

---

① 现为国家知识产权局。
② 参见最高人民法院(2011)民申字第1309号民事裁定书。
③ 参见最高人民法院(2017)最高法民申1461号民事裁定书。

利申请,同时保留原申请日。分案申请不得超出母案申请文件公开的范围,即不得在分案申请中补充母案申请文件未曾记载的新内容,以避免专利申请人将申请日后完成的发明创造通过分案申请抢占在先的申请日。因此,分案申请要受到母案申请文件的约束,母案申请构成分案申请特殊的专利审查档案。这也是《最高人民法院关于审理侵犯专利权纠纷案件应用法律若干问题的解释(二)》允许运用与涉案专利存在分案申请关系的其他专利及其专利审查档案解释涉案专利权利要求的原因。

本案中,相关专利与涉案专利并非分案关系,因此尚不能直接适用上述规定。但相关专利和涉案专利为享有同一外国优先权的两件中国专利,而所谓外国优先权是指申请人在一个成员国首次提出申请后,在一定期限内就同一主题在其他成员国提出的申请,其在后申请同样享有首次申请的申请日。目前如何判断先、后申请是否涉及相同的主题通常采用与修改超范围基本相同的判断方法,即在后申请不能超出优先权文本记载的范围。在此意义上,在后申请与优先权申请之间的关系与分案申请与母案申请之间的关系基本一致,即在后申请/分案申请均不能超出优先权申请/母案记载的范围。此外,由于享有优先权的在后申请应当与优先权申请具有同一主题,较之分案与母案之间的非单一性关系,显然具有更加密切的内在关系。因此,最高人民法院认为相关国内同族专利及其审查档案可以作为解释权利要求的依据。

5. 通过内部仍无法确定的,依据本领域公知常识进行解释

《最高人民法院关于审理侵犯专利权纠纷案件应用法律若干问题的解释》第3条规定:"人民法院对于权利要求,可以运用说明书及附图、权利要求书中的相关权利要求、专利审查档案进行解释。说明书对权利要求用语有特别界定的,从其特别界定。以上述方法仍不能明确权利要求含义的,可以结合工具书、教科书等公知文献以及本领域普通技术人员的通常理解进行解释。"应当值得注意的是,在专利说明书对权利要求的用语无特别界定时,一般应根据本领域普通技术人员理解的通常含义进行解释,不能简单地将该用语的含义限缩为说明书给出的某一具体实施方式体现的内容。①

关于本领域公知常识证据的认定以及本领域公知常识的判定没有明晰的规则,具有较强的不确定性。在"青岛太平货柜有限公司与中国国际海运集装箱(集团)股份有限公司等侵害发明专利权纠纷再审案"中,最高人民法院明晰了关于公知常识证据的认定和判定本领域公知常识的相关规则。最高人民法院认为,②在专利权利要求、说明书、附图未对权利要求某一技术特征明确界定的情况下,应当采用本领域普通技术人员在阅读说明书及附图后对权利要求术语的通常理解,相关工具书、教科书等公知文献均可以作为确定该术语通常含义的重要参考。但是:(1)确定本领域技术人员的通常理解,首先应明确本发明的技术领域,注重专利所属或者直接应用具体技术领域普通技术人员的理解,上位或者相邻技术领域普通技术人员的理解原则上仅具有有限的参考作用;(2)利用公知文献解释权利要求用语的含义时,需要综合考虑该公知文献的时间性、广泛性、权威性等因素。涉及技术标准类公知文献,还要考虑其属于强制性标准还是推荐性标准。一般而言,推荐性标准的存在就意味着在该领域存在不同技术标准、规格和要求,该推荐性标准所确定的某个术语的含义难以成为本领域普通技术人员的通常理解,不应当作为公

---

① 参见最高人民法院(2011)民提字第248号民事判决书。
② 参见最高人民法院(2014)民提字第40号民事判决书。

知常识证据。

三、特殊类型的权利要求解释

（一）功能性特征的解释

一般而言，对于产品权利要求采用形状、结构或其结合来对其保护的技术方案加以限定，但在某些特殊的情况下，由于通过形状、结构难以表明其特征的，产品权利要求也可以通过其功能或效果进行表征，称为"功能性特征"，而适用特殊的权利要求解释规则。《最高人民法院关于审理侵犯专利权纠纷案件应用法律若干问题的解释》第 4 条规定，"对于权利要求中以功能或者效果表述的技术特征，人民法院应当结合说明书和附图描述的该功能或者效果的具体实施方式及其等同的实施方式，确定该技术特征的内容"。但是对于计算机程序专利，"涉及计算机程序的专利申请"的，对计算机流程、方法的改进，如果撰写成产品要求，需要采用计算机功能模块的方式撰写。因此，目前软件和通信行业的产品专利撰写，几乎都得采用计算机功能模块的限定方式。[①] 如果采用功能性表述即认定为功能性特征加以解释，对于计算机程序专利将难以得到有效保护。因此，《最高人民法院关于审理侵犯专利权纠纷案件应用法律若干问题的解释（二）》第 8 条第 1 款进一步规定："功能性特征，是指对于结构、组分、步骤、条件或其之间的关系等，通过其在发明创造中所起的功能或者效果进行限定的技术特征，但本领域普通技术人员仅通过阅读权利要求即可直接、明确地确定实现上述功能或者效果的具体实施方式的除外。"

因此，对于功能性特征，根据与说明书及附图确定的具体实施方式相同或等同的技术特征，确定该权利要求的保护范围。

而对于功能性特征的认定，包含两个构成要件：[②]（1）对于结构、组分、步骤、条件或其之间的关系，通过其在发明创造中所起的功能或效果进行限定的技术特征；（2）本领域技术人员通过阅读权利要求和说明书无法直接、明确地确定实现该功能或效果的实施方式。

在诺基亚公司诉华勤公司侵犯其"选择数据传送方法"发明专利纠纷一案，权利要求撰写上使用了终端、消息编辑器"被配置为：基于从用户接收的输入来确定待传送的消息……"的方式。上海市高级人民法院二审终审判决[③]认为：涉案专利权利要求（产品权利要求）采取了在方法权利要求对应的每一个步骤特征前附加"被配置为"的撰写方式来表征其所限定的相关技术特征，而"被配置为"在文意上应当被理解为使该设备、部件能够实现或达到其所限定的执行某一步骤的功能或效果，且本领域普通技术人员通过阅读权利要求书、说明书和附图亦不能直接、明确地

[①] 根据《专利审查指南》第二部分第九章规定：涉及计算机程序的发明专利申请的权利要求可以写成一种方法权利要求，也可以写成一种产品权利要求……如果全部以计算机程序流程为依据，按照与该计算机程序流程的各步骤完全对应一致的方式，或者按照与反映该计算机程序流程的方法权利要求完全对应一致的方式，撰写装置权利要求，即这种装置权利要求中的各组成部分与该计算机程序流程的各个步骤或者该方法权利要求中的各个步骤完全对应一致，则这种装置权利要求中的各组成部分应当理解为实现该程序流程各步骤或该方法各步骤所必须建立的程序模块，由这样一组程序模块限定的装置权利要求应当理解为主要通过说明书记载的计算机程序实现该解决方案的程序模块构架，而不应当理解为主要通过硬件方式实现该解决方案的实体装置。

[②] 根据《最高人民法院关于审理侵犯专利权纠纷案件应用法律若干问题的解释（二）》第 8 条第 1 款规定。

[③] 上海市高级人民法院（2013）沪高民三（知）终字第 96 号民事判决书。

确定该技术特征的技术内容,因此,涉案专利权利要求包含了使用功能性词语限定的技术特征。值得注意的是,虽然涉案专利说明书对于如何具体实施权利要求中的"被配置为"存在相应方法流程上的说明,但上海市高级人民法院并不认为说明书中的方法流程能够说明计算机程序产品权利要求的具体形态、结构。从而认定涉案专利说明书并没有对产品权利要求进行说明,无法确定上述权利要求的保护范围,也无法进行侵权比对,直接判决驳回诺基亚公司的全部诉讼请求。

在搜狗诉百度其输入法相关专利权系列案中,涉案专利权利要求1中记载了"所述同步模块使所述用户词典与服务器中对应账号的词典数据之间保持同步"。对于该具有功能性表述的技术特征,北京知识产权法院一审判决认为,[1]根据《最高人民法院关于审理侵犯专利权纠纷案件应用法律若干问题的解释(二)》第8条的规定,权利要求书针对某一技术特征的撰写即使有功能或者效果方面的描述,但是当该描述被本领域技术人员阅读后即可知晓其特征并通过阅读权利要求书即可以直接、明确地确定实现该功能或者效果的具体实施方式时,则不认为该技术特征是"功能性特征"。对于计算机领域的技术人员而言,通过阅读权利要求书就可以直接、明确地确定同步模块实现服务器数据和用户终端数据之间保持同步存在的实施方式为:根据服务器端的数据更新用户终端的数据,或者根据用户终端的数据更新服务器端数据,最终实现两者数据内容的一致并保证更新到最新的数据,因此认定不属于功能性特征。

(二)方法限定产品权利要求

方法限定产品权利要求多见于制药和生物、化学领域,在这些领域中,一些被保护的产品往往受限于分析水平而无法明确其结构或成分,因此,很多国家针对此种产品都允许采用制备方法来进行限定。例如,我国《专利审查指南》第二部分第二章3.1.1中指出:当产品权利要求中的一个或多个技术特征无法用结构特征并且也不能用参数特征予以清楚地表征时,允许借助于方法特征表征。限定方式的特殊引发了对于方法限定产品权利要求保护范围的特殊理解。常规而言,权利要求的保护范围是基于该权利要求所记载的内容来确定的,即权利要求中所记载的各个内容都对权利要求的保护范围起到限定作用。但是,由于在方法限定产品权利要求中,方法的限定并非属于产品所保护的形状、结构特征,因此,在比较法上有两种观点:一是"方法限定说",以美国为代表,即认为方法对于专利的保护范围具有限定作用;二是"物同一说",以日本为代表,认为方法的限定并不会起到限定作用,而是仅考虑结构、形状等产品本身的特征。[2]

1. 方法限定说

美国早期关于方法限定权利要求的保护范围界定也不明确。1991年,美国联邦巡回上诉法院在Scripps Clinic & Research Found.v.Genentech案中采纳了物同一说,[3]但一年之后,美国联邦巡回上诉法院在Atlantic Thermoplastics Co.v.Faytex Corp.案中采纳了方法限定说,[4]2009年,美国联邦巡回上诉法院就Abbott Laboratories v.Sandoz Inc.案进行了全席判决(en ban),澄清了对方法界定产品权利要求的解释规则,采取"方法限定说",即权利要求中的方法特征在侵权对比中具

---

[1] 北京知识产权法院(2015)京知民初字第01937号民事判决书。
[2] 参见闫文军:《方法界定产品权利要求的保护范围——济南昌林气囊容器厂有限公司与乔昌林专利侵权纠纷案》,载《中国发明与专利》2018年第7期。
[3] 927 F.2d 1565,18 USPQ2d 1001(Fed.Cir.1991).
[4] 970 F.2d 834,23 USPQ 1481(Fed.Cir.1992).

有限定作用。①

在该案中,原告 Abbott Laboratories 对美国专利 U.S.Patent No.4935507 享有独占实施权,涉案权利要求 2-5 为关于药品头孢地尼(cefdinir)结晶的产品权利要求。在这些权利要求中,并没有采取结晶头孢地尼的物理和化学特征或组成对该产品进行限定,而记载了获得该结晶头孢地尼的制备方法,采用了"可由某某方法获得"的形式进行了限定,即以方法限定产品形式描述了权利要求。就该产品,Sandoz Inc.等制药公司由不同于涉案权利要求中记载的制备方法而制备被控侵权物,而 Abbott Laboratories 主张 Sandoz Inc.等侵害了其专利权。

该案中,争论主要集中于由不同于方法限定产品权利要求中记载的制备方法制造的产品是否构成了专利侵权。美国联邦巡回上诉法院认为,此处应考虑"以公开换取专有"的专利法立法宗旨,方法限定产品权利要求的权利范围应受权利要求中记载的方法特征的限制。例如,对于一项涉及化学混合物的发明,发明人没有在权利要求中记载该混合物的组成或特性,而是采用了"由方法 Y 获得的混合物 X"这种表述方式来记载该混合物,在这种情况下,专利权人通过方法特征向公众传达了其享有独占权的权利范围。如果在进行权利要求解释时不考虑"获得"后的"方法 Y"限定,便意味着采用 Z 方法制造的混合物 X 也可能构成对该专利的侵犯。对方法特征的忽略使得侵权判断的依据只能落脚于混合物的组成或特征,在发明者并没有在权利要求中记载混合物的组成或特征的情况下,如何判断该被控侵权物与专利产品是否相同,不将所记载的方法的同一性作为判断侵权的依据,而试图根据没有记载的组成和特征来追究专利侵权的做法,似有舍近求远之嫌,从可操作性的角度来看,有所欠缺。多数法官意见认为"当权利要求保护的产品的结构未知和该产品只能通过引用其制备方法进行限定时,创建一个方法特征表征的产品权利要求的方法特征在这样一些特殊情形中不起限定作用的判断规则是完全没有必要、在逻辑上是错误的,而且将超出专利权人要求保护的范围。"②因此,美国联邦巡回上诉法院对 Abbott Laboratories v.Sandoz Inc.案作出全席审理之后,确立了在涉及"方法限定产品的权利要求"的侵权诉讼中,方法特征对权利要求的保护范围具有限定作用的原则。

2. 物同一说

日本法院长期采用物同一说,但在有的判决中也采用了方法限定说。例如,2002 年 1 月 28 日东京地方法院判决的"卡锁"案件。2012 年,日本知识产权高等法院先后作出了两件涉及"普伐他汀纳"方法界定产品权利要求的判决。日本知识产权高等法院采用了方法限定说解释涉案权利要求。日本最高法院于 2015 年 6 月 5 日同时对这两个案件作出了三审判决。日本最高法院撤销了日本知识产权高等法院的判决,将案件发回重审。日本最高法院认为,对于物的发明来说,其专利权的效力应及于与该物构造、特性相同的物,而不考虑是采用什么方法制造的。即使物的发明的权利要求中采用了制造方法界定的方式,该发明也应当解释为与采用该方法制造的物的构造、特性相同的物。③

关于方法限定产品权利要求,前提在于产品本身具有创新性,但对于其物质结构成分难以表达而采用了通过制备方法限定的方式。例如,美国的《专利审查指南》(MPEP)中即规定:即使方

---

①② 556 F.3d 1282(Fed.Cir.2009).
③ 参见闫文军:《方法界定产品权利要求的保护范围——济南昌林气囊容器厂有限公司与乔昌林专利侵权纠纷案》,载《中国发明与专利》2018 年第 7 期。

法限定产品权利要求被制备方法所限定和定义,但是,其是否具有专利性的判断仍然基于产品本身;[①]欧洲专利局(EPO)的审查指南中则明确指出:若使用方法来限定产品,那么,该产品首先应当满足专利性要求(如新颖性和创造性),采用一种新的方法来制造并不能说明产品本身是新的[②]。我国《专利审查指南》中则指出:如果申请的权利要求所限定的产品与对比文件相比,尽管所述方法不同,但产品的结构和组成相同,则该权利要求不具备新颖性。[③] 由于上述这些规定都强调了方法限定产品权利要求的专利性判断应当基于产品本身,方法并不足以使得产品具有新颖性。因此,专利权人的创新成果在于对于整个新物质或产品的发现,但通过公开换保护的角度来考量,其却仅公开了某一特定的制备方法,并未向社会公开具体的物质结构成分。因此,物同一说实际上基于对于专利权人创新成果充分保护的考量,而方法限定说则强调保护范围与公开范围相适应,更加注重社会公共利益的平衡,两种学说各有其利益侧重而应当取决于政策的考量。

在实践中,我国法院一般认为,在专利侵权诉讼中产品专利中的方法特征对于专利保护范围具有限定作用,即采用方法限定说。例如,最高人民法院在"成都优他制药诉江苏万高药业专利侵权案"中虽没有提出方法界定产品权利要求的解释方法,但在判决中已经认定了方法特征的限定作用。[④]《最高人民法院关于审理侵犯专利权纠纷案件应用法律若干问题的解释(二)》第10条规定:"对于权利要求中以制备方法界定产品的技术特征,被诉侵权产品的制备方法与其不相同也不等同的,人民法院应当认定被诉侵权技术方案未落入专利权的保护范围。"该条正式确定我国采用方法限定说。

---

① 参见田振、姚云:《对方法限定的产品权利要求的解释》,载《中国发明与专利》2011年第1期。
② 参见毛映红:《小议"方法限定产品"专利权利要求的解释方法——从美国CAFC大法庭最新判决谈起》,载《知识产权》2009年第6期。
③ 参见《专利审查指南》第二部分第三章3.2.5的规定。
④ 最高人民法院民事判决(2010)民提字第158号民事判决书。

第六章　侵权行为的认定

第一节　全面覆盖原则的适用

一、全面覆盖原则之定义

全面覆盖原则,是指在进行发明、实用新型专利权的侵权判定时,如果被控侵权物(产品或方法)包含了一项专利的权利要求记载的全部技术特征,且这些技术特征一一对应,并且两者相同,则认为被控侵权物落入了专利权的保护范围。

在早期司法实践中,界定权利要求的保护范围一般遵循必要技术特征原则,例如在"宁波市东方机芯总厂与江阴金铃五金制品有限公司侵犯专利权纠纷上诉案"[①]中,最高人民法院侵权比对的并非权利要求中记载的全部技术特征,而仅仅是人民法院所认定的必要技术特征,即适用多余指定原则。所谓多余指定原则,是指人民法院把权利要求中记载的技术特征区分为必要技术特征和非必要技术特征(即多余特征),在忽略多余特征的情况下,仅以权利要求中记载的必要技术特征来确定专利保护范围,并判定被控侵权物是否落入权利要求保护范围的原则。2001 年《最高人民法院关于审理专利纠纷案件适用法律问题的若干规定》第 17 条第 1 款曾规定:"专利法第五十六条第一款所称的'发明或者实用新型专利权的保护范围以其权利要求的内容为准,说明书及附图可以用于解释权利要求',是指专利权的保护范围应当以权利要求书中明确记载的必要技术特征所确定的范围为准,也包括与该必要技术特征相等同的特征所确定的范围。"即在技术比对时适用多余指定原则,仅仅对比必要技术特征,对于权利要求中的非必要技术特征即使不一致也认定为侵权。

在地方法院的审判实践中也遵循该原则进行审判。例如,在 2001 年《北京市高级人民法院关于专利侵权判定若干问题的意见(试行)》第 26 条曾规定:"全面覆盖,是指被控侵权物(产品或方法)将专利权利要求中记载的技术方案的必要技术特征全部再现,被控侵权物(产品或方法)与专利独立权利要求中记载的全部必要技术特征一一对应并且相同。"第 27 条规定:"全面覆盖原则,即全部技术特征覆盖原则或字面侵权原则。即如果被控侵权物(产品或方法)的技术特征包含了专利权利要求中记载的全部必要技术特征,则落入专利权的保护范围。"第 47 条规

---

① 最高人民法院(2001)民三提字第 1 号民事判决书。

定:"多余指定原则,是指在专利侵权判定中,在解释专利独立权利要求和确定专利权保护范围时,将记载在专利独立权利要求中的明显附加技术特征(即多余特征)略去,仅以专利独立权利要求中的必要技术特征来确定专利权保护范围,判定被控侵权物(产品或方法)是否覆盖专利权保护范围的原则。"

在 2004 年《最高人民法院对"处理专利侵权纠纷可否认定部分侵权"问题的答复》①中,最高人民法院首次明确了应当适用全面覆盖原则:"判断专利侵权通常适用'全面覆盖'原则,即被控侵权产品要具有专利独立权利要求记载的全部必要技术特征,方能认定侵权成立,不存在部分侵权的问题。"在 2005 年"仁达建材厂诉新益公司专利侵权纠纷案"②中,最高人民法院明确否定了多余指定原则的适用,其认为:首先,从权利要求书的撰写要求看,《专利法实施细则》第 20 条、第 21 条明确规定,权利要求书应当清楚、简要地表述请求保护的范围。权利要求书应当有独立权利要求。独立权利要求应当从整体上反映发明或者实用新型的技术方案,记载解决技术问题的必要技术特征。应当认为,凡是专利权人写入独立权利要求的技术特征,都是必要技术特征,都不应当被忽略,而均应纳入技术特征对比之列。不赞成轻率地借鉴适用所谓的"多余指定原则"。其次,从权利要求书的作用看,根据 2000 年《专利法》第 56 条第 1 款的规定,发明或者实用新型专利权的保护范围以权利要求书的内容为准。权利要求书的作用是确定专利权的保护范围。即通过向公众表明构成发明或者实用新型的技术方案所包括的全部技术特征,使公众能够清楚地知道实施何种行为会侵犯专利权,从而一方面为专利权人提供有效合理的保护,另一方面确保公众享有使用技术的自由。只有对权利要求书所记载的全部技术特征给予全面、充分的尊重,社会公众才不会因权利要求内容不可预见的变动而无所适从,从而保障法律权利的确定性,从根本上保证专利制度的正常运作和价值实现。

在最高人民法院公报案例"刘保昌与安徽省东泰纺织有限公司侵犯专利权纠纷案"③中,最高人民法院再次明确申明了该观点:发明专利权的保护范围以其权利要求的内容为准,权利要求中记载的全部技术特征共同限定了专利权的保护范围,故仅在被控侵权方法的技术特征与权利要求中记载的全部技术特征分别相同或等同时,方能认定被控侵权方法落入专利权的保护范围。

随后,2009 年通过的《最高人民法院关于审理侵犯专利权纠纷案件应用法律若干问题的解释》第 7 条规定:"人民法院判定被诉侵权技术方案是否落入专利权的保护范围,应当审查权利人主张的权利要求所记载的全部技术特征。被诉侵权技术方案包含与权利要求记载的全部技术特征相同或者等同的技术特征的,人民法院应当认定其落入专利权的保护范围;被诉侵权技术方案的技术特征与权利要求记载的全部技术特征相比,缺少权利要求记载的一个以上的技术特征,或者有一个以上技术特征不相同也不等同的,人民法院应当认定其没有落入专利权的保护范围。"从而在司法解释中首次明确了在侵害专利权的判定中适用全面覆盖原则,即对权利人主张的权利要求所记载的全部技术特征均要进行审查。最高人民法院知识产权庭负责人在就《最高人民法院关于审理侵犯专利权纠纷案件应用法律若干问题的解释》答记者问时指出,之所以如此规定,是出于以下考虑:权利要求书的作用是确定专利权的保护范围。即通过向公众表明构成

---

① 《最高人民法院对"处理专利侵权纠纷可否认定部分侵权"问题的答复》(2004 年 7 月 26 日,〔2004〕行他字第 8 号)。
② 最高人民法院(2005)民三提字第 1 号民事判决书。
③ 最高人民法院(2007)民三监字第 46-1 号民事裁定书。

发明或者实用新型的技术方案所包括的全部技术特征，使公众能够清楚地知道实施何种行为不会侵犯专利权。只有对权利要求书所记载的全部技术特征给予全面、充分的尊重，社会公众才不会因权利要求内容不可预见的变动而无所适从，从而保障法律权利的确定性。

在法理上，坚持适用全面覆盖原则，是与专利权作为一项绝对权所应遵循的公示原则相一致的，社会公众可以以此明确专利权的保护范围。2011年12月，为深入贯彻党的十七届六中全会、中央经济工作会议精神和"十二五"规划纲要要求，充分发挥知识产权审判在推动社会主义文化大发展大繁荣及促进经济发展方式加快转变和经济自主协调发展中的职能作用，《最高人民法院关于充分发挥知识产权审判职能作用推动社会主义文化大发展大繁荣和促进经济自主协调发展若干问题的意见》第14条规定："正确运用专利侵权判定方法，加大对专利侵权行为的遏制力度。准确把握发明和实用新型专利侵权判定的全部技术特征对比、禁止反悔、捐献等判断规则。"2015年1月，最高人民法院审判委员会第1641次会议通过了《最高人民法院关于修改〈最高人民法院关于审理专利纠纷案件适用法律问题的若干规定〉的决定》，将第17条修改为：2008年《专利法》第59条第1款所称的"发明或者实用新型专利权的保护范围以其权利要求的内容为准，说明书及附图可以用于解释权利要求的内容"，是指专利权的保护范围应当以权利要求记载的全部技术特征所确定的范围为准，也包括与该技术特征相等同的特征所确定的范围。至此，全面覆盖原则被司法解释明确规定为侵害专利权判定的基本原则。

二、全面覆盖原则之适用

全面覆盖原则是从权利要求字面含义上认为各技术特征彼此相同，即字面上分析比较就可以认定被控侵权物的技术特征与专利权利要求中记载的全部技术特征相同，或者专利权利要求中使用的是上位概念，被控侵权物公开的结构属于上位概念中的具体概念，或者被控侵权物的技术特征多于专利权利要求中记载的全部技术特征。

例如，2001年《北京市高级人民法院关于专利侵权判定若干问题的意见（试行）》第28条曾规定："当专利独立权利要求中记载的必要技术特征采用的是上位概念特征，而被控侵权物（产品或方法）采用的是相应的下位概念特征时，则被控侵权物（产品或方法）落入专利权的保护范围。"第29条规定："被控侵权物（产品或方法）在利用专利权利要求中的全部必要技术特征的基础上，又增加了新的技术特征，仍落入专利权的保护范围。此时，不考虑被控侵权物（产品或方法）的技术效果与专利技术是否相同。"第30条规定："被控侵权物（产品或方法）对在先专利技术而言是改进的技术方案，并且获得了专利权，则属于从属专利。未经在先专利权人许可，实施从属专利也覆盖了在先专利权的保护范围。"

具体而言，全面覆盖原则适用的情形可以包括：第一，被控侵权物的技术特征与专利权利要求书中记载的技术特征完全相同。第二，被控侵权物的技术特征多于专利权利要求书中记载的技术特征。第三，专利权利要求书中独立权利要求使用的技术特征是上位概念，而被控侵权物中出现的技术特征是上位概念下的具体概念。

技术特征的比对应当以涉案专利权利要求技术特征的划分为前提。从语义逻辑而言，技术特征划分得越细致，认定被控侵权技术方案包含了与涉案专利权利要求记载的全部技术特征相同或者等同的技术特征的难度就越大，即认定被控侵权行为构成侵权的难度系数就越高；反之，认定被控侵权行为构成侵权的难度系数就越低。

最高人民法院在"张强与大易工贸公司等侵犯专利权纠纷案"①中曾明确指出,划分权利要求的技术特征时,一般应把能够实现一种相对独立的技术功能的技术单元作为一个技术特征,不宜把实现不同技术功能的多个技术单元划定为一个技术特征。理论上而言,任何特定的诸如部件或步骤等技术单元均客观上具有一定的功能。而根据不同的标准,对特定技术方案的技术单元的划分可能存在无数的可能性。因此,所谓"相对独立的技术功能"应当以该功能为涉案专利技术方案所不可或缺的,对其欲实现的技术效果具有实质性影响的功能为确定标准。

此外,在司法实践中出现了被控侵权人将专利技术方案的某个技术特征进行省略或者替换,导致其技术效果劣于专利技术方案的情形。这种变劣的技术方案是否落入专利权的保护范围存在两种不同意见。

一种意见认为,如果变劣的技术方案明显是由于故意省略或者替换某个技术特征造成的,应当适用等同原则认定构成侵权。例如,2001年《北京市高级人民法院关于专利侵权判定若干问题的意见(试行)》第51条规定:"在被控侵权物(产品或方法)中,仅缺少独立权利要求中记载的对解决专利技术问题无关或者不起主要作用、不影响专利性的附加技术特征,使被控侵权物(产品或方法)的技术效果明显劣于专利技术,但又明显优于申请日前的公知技术,不应当适用多余指定原则,而应当适用等同原则,认定侵权物(产品或方法)落入了专利保护范围。"在"宁波市东方机芯总厂与江阴金铃五金制品有限公司侵犯专利权纠纷上诉案"②中,最高人民法院也认为,人民法院在认定等同物替换的侵犯专利权行为时,对被控侵权产品和方法的效果与专利的效果进行比较是必要的。但在比较二者的效果时,不应强调它们之间完全相等,只要基本相同即可。有时专利的效果要比被控侵权产品和方法的效果稍好,有时也可能是相反的情况,都不影响对侵犯专利权行为的判断。甚至出现被控侵权的产品和方法的效果比专利效果稍差的情形,则属于改劣的实施,改劣实施也是等同物替换的表现形式之一。

另一种意见则认为,专利侵权判定应坚持全部技术特征原则,变劣的技术方案如果由于缺少专利技术方案的某个技术特征或者相应的技术特征不相同也不等同,则不应认定构成侵权。例如,2009年,最高人民法院在"张建华与沈阳直连高层供暖技术有限公司、沈阳高联高层供暖联网技术有限公司侵犯实用新型专利权纠纷案"③中强调,人民法院在判断被控侵权技术方案是否落入专利权保护范围时,应当将被控侵权技术方案的技术特征与专利权利要求记载的全部技术特征进行对比。如果被控侵权技术方案缺少专利权利要求记载的一个或者一个以上的技术特征,或者被控侵权技术方案有一个或者一个以上的技术特征与专利权利要求记载的相应技术特征不相同也不等同,人民法院应当认定被控侵权技术方案没有落入专利权的保护范围。被控侵权技术方案是否因缺少某专利技术特征而导致技术效果的变劣,不是专利侵权判定时应当考虑的因素。

---

① 最高人民法院(2012)民申字第137号民事判决书。
② 最高人民法院(2001)民三提字第1号民事判决书。
③ 最高人民法院(2009)民提字第83号民事判决书。

第二节　等同原则的适用

一、等同原则的生成与发展

等同原则,是指专利权的保护范围不仅包括权利要求记载的全部技术特征,而且包括与该技术特征实质上等同的技术特征。根据等同原则认定的侵权即等同侵权。等同原则的采用是为了避免专利实施者在利用专利发明的实质性内容的同时,通过对专利的某些内容作出非实质性变动,从而使实施的技术与权利要求内容有所不同,逃脱专利法制裁的情况。所以,等同原则实际上将专利保护的范围扩张到了被诉侵权行为发生时,即专利申请日后出现的简单的可替代性技术方案。

等同原则是美国法院最先在司法实践中采用的判断侵权的原则,现在已发展成为各国司法实践中普遍接受的原则。我国2001年《最高人民法院关于审理专利纠纷案件适用法律问题的若干规定》第17条曾规定:《专利法》第56条第1款所称的"发明或者实用新型专利权的保护范围以其权利要求的内容为准,说明书及附图可以用于解释权利要求",是指专利权的保护范围应当以权利要求书中明确记载的必要技术特征所确定的范围为准,也包括与该技术特征相等同的特征所确定的范围。等同特征是指与所记载的技术特征以基本相同的手段,实现基本相同的功能,达到基本相同的效果,并且本领域的普通技术人员无须经过创造性劳动就能够联想到的特征。这是我国首次明确规定等同原则,并界定了技术特征等同的认定标准。等同原则实际上将专利保护的范围扩张到被诉侵权行为发生时,即专利申请日后出现的简单的可替代性技术方案。

在上述司法解释出台之前,对等同的认定是指被控侵权技术方案与专利权利要求记载的技术方案之间的整体等同,还是被控侵权技术方案与专利权利要求记载的技术方案中相应技术特征之间的等同,法律并未明确。2001年《最高人民法院关于审理专利纠纷案件适用法律问题的若干规定》第17条尽管没有直接否定整体等同的表述,但其含义已经否定了整体等同。最高人民法院知识产权庭在解读上述司法解释时也明确指出:专利权保护范围的扩大不宜笼统地以该权利要求的等同物来确定,而须根据权利要求书中明确记载的必要技术特征的等同特征进行确定。即等同原则必须落实到权利要求的各项具体技术特征上,而不能适用于发明创造的整体。[1]

这就意味着,依据上述司法解释判定等同侵权时,等同侵权不是指被控侵权产品或者方法与专利权利要求记载的技术方案在整体上的等同,而是指相应技术特征的个别等同,即所谓的"全部技术特征"准则:等同原则的适用不应导致忽略专利权利要求中记载的任何一个技术特征,等同是被控侵权产品或者方法中某一技术特征或者某些技术特征与专利权利要求中记载的相应某一或者某些技术特征等同,而不是被控侵权产品或者方法的技术方案与专利技术方案整体等同。因为专利权保护的并非一种理念或创意,亦非经抽象归纳所得的技术原理,而是包含发明创新点

---

[1] 参见最高人民法院民事审判第三庭编著:《新专利法司法解释精解》,人民法院出版社2002年版。

的具体技术实施方案,本领域普通技术人员通过阅读专利权利要求书及说明书和附图,可当然得出具有实用性的技术应用方案。而等同原则的适用并非指整体技术方案的等同,专利权保护范围的扩大不宜笼统地以该权利要求的等同物进行确定,而应是具体技术特征之间的对应等同。等同原则对专利权利边界的拓展作用是有限度的,等同范围不能也不应扩展到付出了创造性劳动、与原技术实质性不同的替代技术。

2009年通过的《最高人民法院关于审理侵犯专利权纠纷案件应用法律若干问题的解释》第7条第2款进一步明确规定:被诉侵权技术方案包含与权利要求记载的全部技术特征相同或者等同的技术特征的,人民法院应当认定其落入专利权的保护范围;被诉侵权技术方案的技术特征与权利要求记载的全部技术特征相比,缺少权利要求记载的一个以上的技术特征,或者有一个以上技术特征不相同也不等同的,人民法院应当认定其没有落入专利权的保护范围。

二、等同原则的法理基础

在专利侵权判定中,一方面,等同原则是对专利权利要求字面保护范围的扩张,是对专利权字面侵权的适当补充,等同原则的适用为专利权人提供了切实有效的法律保护,鼓励了技术创新;另一方面,专利制度本身又要确保专利权的保护范围具有足够的法律确定性和可预见性,不因滥用等同原则致使专利权保护范围缺乏确定性而损害社会公众的利益。因此,等同原则既是专利权保护中一项不可或缺的重要原则和制度,但又必须对等同原则的适用施加必要限制,以兼顾专利权人和社会公众的利益,既要保护专利权人在现有技术基础上作出的技术贡献,又促进科学技术的进步。

专利法之所以设立等同原则,主要基于两方面的原因:第一,专利权利要求在表达上具有局限性,不可能将发明的所有变通方案都予以描述,而且,专利撰写过程中难免存在疏忽。第二,申请日之后,随着技术的不断发展,很可能会出现很多简单的可替代性技术方案。

因此,考虑到上述两种情形,需要采用等同原则,适当地扩张专利权的保护范围,以弥补字面侵权的不足,否则,他人对技术方案作简单的变形就可以规避侵权,导致专利权人的权利完全落空。

三、等同特征的判断

根据2001年《最高人民法院关于审理专利纠纷案件适用法律问题的若干规定》第17条的规定,被控侵权技术方案中某一技术特征与权利要求中的某一技术特征等同,是指该两相应技术特征是以基本相同的手段,实现基本相同的功能,达到基本相同的效果,并且本领域的普通技术人员无须经过创造性劳动就能够从权利要求中的该技术特征联想到被控侵权技术方案中的相应技术特征。

最高人民法院知识产权庭在解读相应司法解释的规定时进一步指出:等同特征必须同时具备两个条件:一是与权利要求中的技术特征以基本相同的手段、实现基本相同的功能、达到基本相同的效果。也就是说,等同特征与权利要求书中明确记载的技术特征必须在手段、功能和效果三个方面都没有实质性区别,而是简单地替换或者变换。二是本领域的普通技术人员无须经过创造性劳动就能够联想到,或者说对本领域的普通技术人员是显而易见的。①

司法实践中,对于等同特征的判断主要集中在方式和效果上,即如果使用者没有采用他人的专利技术,即使达到相同的效果,也不会被认定为侵权。而如果使用者采用了他人的专利技术,而没有达到相同的效果,仍然不会被认定为侵权。因此,在判断被诉侵权产品的技术特征与专利技术特征是否等同时,不仅要考虑被诉侵权产品的技术特征是否属于本领域的普通技术人员无须经过创造性劳动就能够联想到的技术特征,还要考虑被诉侵权产品的技术特征与专利技术特征相比,是否属于以基本相同的技术手段,实现基本相同的功能,达到基本相同的效果。只有以上两个方面的条件同时具备,才能够认定二者属于等同的技术特征。正因如此,2011年印发的《最高人民法院关于充分发挥知识产权审判职能作用推动社会主义文化大发展大繁荣和促进经济自主协调发展若干问题的意见》第14条强调:"等同侵权应以手段、功能和效果基本相同并且对所属领域普通技术人员显而易见为必要条件,防止简单机械适用等同侵权或者不适当扩展其适用范围。现有技术抗辩规则在等同侵权和相同侵权中均可适用。"

但是,在实践中,如果专利申请人对其保护的范围进行了明确的限制,将其他相关技术方案特意排除在权利要求的范围之外,则不能将相关技术认定为等同技术。此时,等同原则的适用要受到"特别排除规则"(specific exclusion)的限制。

所谓"特别排除规则",指的是从专利权利要求的范围中被明确排除的技术方案,专利权人不能再主张其属于等同。该规则的目的在于,通过对权利要求中技术方案的限定条件认定,排除等同原则,并恢复全面覆盖原则的适用。在1994年的Dolly Inc. v. Spalding&Evenflo Cos案②中,美国联邦巡回上诉法院第一次提出了"特别排除规则"。

因此,在适用特别排除规则时,应当以能够反映专利申请人已经限制了其要求保护的范围的文件为准。一般而言,主要是申请时提交的文件即权利要求书和说明书。如当权利要求书中有明确限制时,即可认定适用该规则。鉴于说明书可以用于解释权利要求,因此,说明书中对权利要求的明确的限制性解释,也可以作为权利人已经明确限制了其专利保护范围的意思表示。当说明书中明确放弃的情形出现时,可以认定适用该规则。最高人民法院在审理"大连新益建材有限公司与大连仁达新型墙体建材厂侵犯专利权纠纷案"③时曾适用该规则,法院认为,涉案专利权利要求书在叙述玻璃纤维布层数时,明确使用了"至少二层以上"这种界限非常清楚的限定词,说明书亦明确记载玻璃纤维布筒的套叠层"可以少到仅两层",故在解释权利要求时,不应突破这一明确的限定条件。应当认为,本领域的普通技术人员通过阅读权利要求书和说明书,无法联想到仅含有一层玻璃纤维布或者不含玻璃纤维布仍然可以实现发明目的,故仅含有一层玻璃纤维布或者不含有玻璃纤维布的结构应被排除在专利权保护范围之外。否则,就等于从独立权利要求中删去了"至少二层以上",导致专利权保护范围不合理地扩大,有损社会公众的利益。所以,仅含"一层"玻璃纤维布不能达到含有"至少二层以上"玻璃纤维布基本相同的效果,故被控侵权产品筒管部分在水泥无机胶凝材料中夹有一层玻璃纤维布不属于与专利相应技术特征的等同特征,更不是相同特征。

---

① 参见最高人民法院民事审判第三庭编著:《新专利法司法解释精解》,人民法院出版社2002年版。
② 954 F.2d 734,23 USPQ2d 1555.
③ 最高人民法院(2005)民三提字第1号民事判决书。

第三节 等同原则的限制

对于等同原则的限制,我国最高人民法院的司法解释明确规定了捐献原则和禁止反悔原则。除此之外,在域外以及我国一些地方法院的司法裁判中,还将逆等同原则和可预见原则纳入审判实践。

一、捐献原则的适用

捐献原则是侵害专利权判定中的一项法律原则。它最早起源于1881年美国联邦最高法院审理的 Miller v.Brass Co.[①]案。该案中,专利权人在说明书中公开了两种灯的结构,但只对其中的一种请求予以保护。十多年后,专利权人发现另一种灯的结构其实更好,于是想通过再颁发程序寻求对该种灯结构获得保护。美国联邦最高法院没有支持专利权人的请求。法院在判决中指出,如果对某一种装置或其组合主张权利,而对于专利表面上明显的其他装置或其组合遗漏了权利主张,那么,在法律上,没有主张权利的部分就视为捐献给了公众(a dedication to the public)。它相当于声明了,这不是专利权人的发明,或者即便是他的,他也捐献给了公众。这一法律效力是不可逆转的,除非专利权人及时采取补救行动,并证明这一遗漏完全是出于疏忽、意外或错误,并且他不能带有任何欺骗的意图。

2009年颁布的《最高人民法院关于审理侵犯专利权纠纷案件应用法律若干问题的解释》第5条在我国首次明确规定了"捐献原则"。该条规定:"对于仅在说明书或者附图中描述而在权利要求中未记载的技术方案,权利人在侵犯专利权纠纷案件中将其纳入专利权保护范围的,人民法院不予支持。"最高人民法院知识产权庭负责人在就《最高人民法院关于审理侵犯专利权纠纷案件应用法律若干问题的解释》答记者问时指出,对于说明书记载而权利要求未记载的技术方案,视为专利权人将其捐献给社会公众,不得在专利侵权诉讼中主张上述已捐献的内容属于等同特征所确定的范围。

捐献规则实质上是对等同原则适用的一种限制。关于捐献原则的立法目的,最高人民法院解释认为,之所以如此规定,是考虑了如下情形:专利权人有时为了容易获得授权,权利要求采取比较下位的概念,而说明书及附图又对其扩张解释。专利权人在侵权诉讼中主张说明书所扩张的部分属于等同特征,从而不适当地扩大了专利权的保护范围。实际上,这是一种"两头得利"的行为。专利制度的价值不仅要体现对专利权人利益的保护,同时也要维护权利要求的公示作用。因此,捐献规则的确立,有利于维护权利要求书的公示性,平衡专利权人与社会公众的利益关系。

正因如此,最高人民法院在"陈顺弟与浙江乐雪儿家居用品有限公司、何建华、温士丹侵害

[①] 104 U.S.350(1881).

发明专利权纠纷提审案"①中指出,"准确确定专利权的保护范围不仅是为专利权人提供有效法律保护的需要,也是尊重权利要求的公示和划界作用,维护社会公众信赖利益的需要。在权利要求解释中确立的捐献原则,就是对专利的保护功能和公示功能进行利益衡量的产物。该原则的含义是,对于在专利说明书中记载而未反映在权利要求中的技术方案,不能包括在权利要求的保护范围之内。对于在说明书中披露而未写入权利要求的技术方案,如果不适用捐献原则,虽然对专利权人的保护是较为充分的,但这一方面会给专利申请人规避对较宽范围的权利要求的审查提供便利,另一方面会降低权利要求的划界作用,使专利权保护范围的确定成为一件过于灵活和不确定的事情,增加了公众预测专利权保护范围的难度,不利于专利公示作用的发挥以及公众利益的维护"。

正是基于捐献原则的立法目的,有利于维护权利要求书的公示性,平衡专利权人与社会公众的利益关系,在当前的司法实践中出现了对捐献原则扩大适用的倾向,即将捐献的范围不限于说明书及附图,对于专利申请时或修改时明知或足以预见到的技术特征或方案也试图纳入捐献的范围。例如,北京市高级人民法院在《专利侵权判定指南(2017)》第60条规定:"对于发明权利要求中的非发明点技术特征、修改形成的技术特征或者实用新型权利要求中的技术特征,如果专利权人在专利申请或修改时明知或足以预见到存在替代性技术特征而未将其纳入专利权的保护范围,在侵权判定中,权利人以构成等同特征为由主张将该替代性技术方案纳入专利权的保护范围的,不予支持。"但最高人民法院的司法解释或案例尚未对此予以明确。

二、禁止反悔原则的适用

(一)禁止反悔原则之定义

禁止反悔原则,是指在专利授权确权程序中,专利权人为确定其专利具备可专利性,通过书面声明或者修改专利文件的方式,对专利权利要求的保护范围作了限制或部分放弃,并因此获得了专利权;在侵害专利权诉讼中,法院适用等同原则确定专利权的保护范围时,应当禁止专利权人将已被限制、排除或者已经放弃的内容重新纳入专利权的保护范围。

2001年,《最高人民法院关于审理专利纠纷案件适用法律问题的若干规定》中规定等同侵权时,并没有同时明文规定相应的限制等同侵权的禁止反悔原则,但最高人民法院民三庭在解读该司法解释第17条规定的等同侵权原则时,认为人民法院应当准确适用禁止反悔原则,将等同原则的适用限制在一个合理的范围内。在具体案件的审理中,法院应当审查申请人向专利局提交的专利申请文件(包括给专利局的函件和所作陈述)中对专利权利要求所作的历史修改,对于其明确限定其权利要求或者放弃请求保护的技术内容,则不能适用等同原则将其专利权保护范围延伸到该技术内容所确定的范围。②

2009年《最高人民法院关于审理侵犯专利权纠纷案件应用法律若干问题的解释》第6条规定:"专利申请人、专利权人在专利授权或者无效宣告程序中,通过对权利要求、说明书的修改或

---

① 最高人民法院(2013)民提字第225号民事判决书。
② 参见最高人民法院民事审判第三庭编著:《新专利法司法解释精解》,人民法院出版社2002年版,第92页。

者意见陈述而放弃的技术方案,权利人在侵犯专利权纠纷案件中又将其纳入专利权保护范围的,人民法院不予支持。"这表明我国已经明确在侵害专利权纠纷案件的审理中引入了禁止反悔原则。

禁止反悔原则的法理基础源于民法上的诚实信用原则。诚实信用原则作为民法基本原则之一,是"帝王条款",它要求民事主体信守承诺,不得损害善意第三人对其的合理信赖或正当期待,以衡平权利自由行使所可能带来的失衡。在专利授权确权实践中,专利申请人往往通过对权利要求或说明书的限缩以便快速获得授权,但在侵权诉讼中又试图通过等同侵权将已放弃的技术方案重新纳入专利权的保护范围。为维护专利权利要求的公示作用,确保专利权保护范围的安定性,保护社会公众的信赖利益,专利制度通过禁止反悔原则防止专利权人上述"两头得利"情形的发生。故此,专利权人在专利授权或者无效宣告程序中,通过对权利要求、说明书的修改或者意见陈述而放弃的技术方案,权利人在侵犯专利权纠纷案件中又将其纳入专利权保护范围的,人民法院不应支持。①

(二) 禁止反悔原则之适用

禁止反悔原则是对等同原则适用的限制,是为了维持专利权人与社会公众之间的利益平衡,因此,司法实践中不应对人民法院主动适用禁止反悔原则予以限制。质言之,在认定是否构成等同侵权时,即使被控侵权人没有主张适用禁止反悔原则,人民法院也可以根据已经查明的事实,通过适用禁止反悔原则对等同范围予以必要的限制,以合理地确定专利权的保护范围。

适用禁止反悔原则所依据的是,专利申请人在被授予专利权之前的审批程序和复审程序中以及专利被授予之后的无效宣告请求程序中,对专利申请文件或专利文件进行的修改以及所陈述的意见。国家知识产权局在上述过程中发出的审查通知书、复审通知书等以及其他当事人的意见、陈述等,可以作为适用禁止反悔原则的辅助材料,但不能作为依据。这是因为,通过修改或者意见陈述放弃的相关内容,不能纳入专利权的保护范围。所以,禁止反悔原则的适用,必须建立在专利权人的真实意思表示之上。

最高人民法院在"湖南广义科技有限公司与长沙深湘通用机器有限公司等侵害发明专利权纠纷再审案件"②中也强调,适用禁止反悔原则需要考察专利权人在无效宣告请求审查程序中相关陈述的真实意思表示。适用禁止反悔原则应符合的条件是:(1)专利权人对有关技术特征所作的限制承诺或放弃必须是明示的,且已被记录在专利文档中。(2)限制承诺或者放弃保护的技术内容,必须对专利权的授予产生了实质性作用。例如,北京市高级人民法院颁布的《专利侵权判定指南(2017)》第 62 条规定:"专利申请人或专利权人限制或者部分放弃的保护范围,应当是基于克服缺乏新颖性或创造性、缺少必要技术特征和权利要求得不到说明书的支持以及说明书未充分公开等不能获得授权的实质性缺陷的需要。"(3)适用该原则既可以是当事人提出请求,也可以是法院依职权进行。最高人民法院在"沈其衡与上海盛懋交通设施工程有限公司侵犯实用新型专利权纠纷案"③中曾强调,人民法院在审判中可以主动适用禁止反悔原则。禁止反

---

① 最高人民法院(2011)民提字第 306 号民事判决书。
② 最高人民法院(2013)民提字第 127 号民事判决书。
③ 最高人民法院(2009)民申字第 239 号民事裁定书。

悔原则是对认定等同侵权的限制,为了维持专利侵权人与社会公众之间的利益平衡,不应对人民法院主动适用禁止反悔原则予以限制。因此,在认定是否构成等同侵权时,即使被控侵权人没有主张适用禁止反悔原则,人民法院也可以根据业已查明的事实,通过禁止反悔原则对等同范围予以必要的限制,以合理地确定专利权的保护范围。但北京市高级人民法院颁布的《专利侵权判定指南(2017)》第64条却规定:"禁止反悔的适用以被诉侵权人提出请求为前提,并由被诉侵权人提供专利申请人或专利权人反悔的相应证据。"这一规定与最高人民法院的上述意见并不一致。(4)适用禁止反悔的效果是被放弃的技术方案视为无效。

一般而言,放弃的技术方案不仅包括申请人或者权利人通过明示的方式放弃的某一部分权利,更包括通过修改或者意见陈述而缩小其保护范围所导致的变化。这种"变化"具体分为三种类型:(1)为了与审查员援引的现有技术或者无效宣告请求人举证的现有技术形成足够的区别,在权利要求书中补充相关技术特征;(2)将原来申请书中含义模糊、具有歧义的语句、用词,改为含义清晰的语句、用词;(3)将权利要求中本来以上位概念表达的技术特征改为说明书所记载的以下位概念表达的技术特征。

(三)禁止反悔原则适用之限制

2016年发布的《最高人民法院关于审理侵犯专利权纠纷案件应用法律若干问题的解释(二)》第13条规定:权利人证明专利申请人、专利权人在专利授权确权程序中对权利要求书、说明书及附图的限缩性修改或者陈述被明确否定的,人民法院应当认定该修改或者陈述未导致技术方案的放弃。该规定是对适用禁止反悔原则的限制。

在实践中,对何种情况被确认为"明确否定"并没有明确的规定。最高人民法院在"曹桂兰等与重庆力帆公司等侵害发明专利权纠纷再审案"①中曾指出,由于专利授权确权程序对于技术特征的认定存在连续性,权利人作出的陈述是否被"明确否定",应当对专利授权和确权阶段技术特征的审查进行客观全面的判断,着重考察权利人对技术方案作出的限缩性陈述是否最终被裁判者认可,是否由此导致专利申请得以授权或者专利权得以维持。易言之,认定"对技术方案的放弃"需有两个条件:一是权利人对技术方案作出的限缩性修改或者陈述是否被采信;二是专利是否因其被采信而得以授权或者维持,即权利人因此而获利。

三、逆等同原则的适用

逆等同原则,也称为反向等同原则,它是指当被控侵权物再现了专利权利要求中记载的全部技术特征时,如果被控侵权物与专利技术相比,已经发生了根本的变化,即以与专利技术实质不同的技术手段实现了与专利技术相同或基本相同的技术功能或效果,则不应被认定为侵权。

逆等同原则是在美国司法实践中确立起来的。它最初见于美国联邦最高法院在1898年判决的 Westinghouse v.Boyden Power Brake Co.②案。该案中,法院认为,即使 Boyden 的装置被认为落入了 Westinghouse 主张的权利范围,也不能最终确定就构成了侵权。即使不在权利要求的字

---

① 最高人民法院(2017)最高法民申1826号民事判决书。
② 170 U.S.537(1898).

面范围内,侵权指控在某些情况下仍然可能成立,反之亦然。也许专利权人可以证明被控侵权物落入了权利要求的字面范围,但如果被控侵权物在原理上已经发生了较大的改变,以至专利权利要求的字面范围并不能反映被控侵权人的实际发明时,那么,被控侵权人便没有侵害专利权,其行为并没有违背专利法的精神和目的。这一表述也成了逆等同原则最初的渊源。

逆等同原则产生的根本原因在于专利权利要求的字面范围超出了发明的实际技术贡献,而且没有得到说明书的支持。因为,根据专利法原理,说明书是专利的核心文件,是确定权利要求保护范围的基本依据。权利要求书应当以说明书为依据,清楚、简要地限定要求专利保护的范围。权利要求书中的每一项权利要求所要求保护的技术方案应当是所属技术领域的技术人员能够从说明书充分公开的内容中得到或概括得出的技术方案,并且不得超出说明书公开的范围。

一般而言,经实质审查后授权的专利,其权利要求都能得到说明书的支持,但在下面三种特殊情形中,也可能发生权利要求与说明书相脱节的现象:(1)技术进步导致权利要求的字面范围发生了扩张。等同原则旨在通过将后来出现的发明等同物纳入专利保护范围以保护专利权人的利益。而逆等同原则则是要求法院根据说明书来确定专利保护范围,旨在防止专利对在后技术的发展造成不正当的束缚。(2)功能性限定技术特征的使用。功能性限定技术特征所包含的范围不能被解释为覆盖了所有能够实现该功能或者效果的具体实施方式,而只能被解释为覆盖了说明书中所记载的具体实施方式及其等同物。所以,采用功能性限定技术特征的权利要求的字面范围与说明书内容之间可能存在某种程度的脱节。(3)权利要求撰写不当。根据《专利审查指南》的规定,在得到说明书支持的情况下,允许权利要求对发明或者实用新型作概括性的限定。例如,用上位概念"气体激光器"来概括氦氖激光器、氩离子激光器、一氧化碳激光器、二氧化碳激光器等。然而,申请人的概括和抽象必须是适当的,不能超出说明书中所公开的内容。否则,权利要求就没有得到说明书的支持。例如,对于"用高频电能影响物质的方法"这样一个概括较宽的权利要求而言,如果说明书中仅记载了一个"用高频电能从气体中除尘"的技术方案,对高频电能影响其他物质的方法未作说明,而且所属领域的技术人员根据说明书的内容也无法确认该技术方案是否具有影响其他物质的功能时,则该权利要求就没有得到说明书的支持。[①]所以,申请人撰写权利要求不当时,也会造成权利要求与说明书之间的脱节。[②] 正是由于存在以上情形,就可能出现被控侵权客体虽落入了权利要求的字面范围,但其原理又与保护的技术方案存在实质性区别。如果在这种情况下认定侵权行为成立,则有违专利法的立法宗旨。

我国虽已在司法解释中规定了等同原则,但对于逆等同原则的适用,迄今尚未明确。一般认为,当被控侵权物落入权利要求的字面范围时,被告只能根据现有技术抗辩来否认相同侵权指控。这一制度设计使得被告基本没有了诉诸逆等同原则的机会。但也有学者认为,专利法的基本理论表明,专利权人仅能就发明对现有技术所作出的贡献享有专利权,而不能对超出其发明范围的技术内容加以垄断。否则,专利权人的权利就不正当地阻碍了技术的发展和创新,专利权人也得到了原本不应属于他的利益。因此,如果说等同原则的目的在于惩罚那些"形不是而神是"的被控侵权物的话,那么逆等同原则的目的就在于保护那些"形是而神不是"的被控侵权物。虽然逆等同原则适用的余地较小,但从完善我国专利侵权制度理论出发,我国应当确立适合我国专

---

① 参见国家知识产权局条法司:《新专利法详解》,知识产权出版社 2001 年版,第 202 页。
② 参见何晓平:《论专利侵权判定中的逆等同原则》,载《知识产权》2011 年第 1 期。

利法律制度的逆等同原则,作为被告针对相同侵权初步成立后的一种抗辩手段。①

四、可预见原则的适用

对于等同原则的限制,最高人民法院的司法解释规定了捐献原则和禁止反悔原则。但是,对于申请时可预见却未保护的技术方案能否适用等同原则,司法解释并没有明确。北京市高级人民法院在《专利侵权判定指南(2017)》第60条中规定:"对于发明权利要求中的非发明点技术特征、修改形成的技术特征或者实用新型权利要求中的技术特征,如果专利权人在专利申请或修改时明知或足以预见到存在替代性技术特征而未将其纳入专利权的保护范围,在侵权判定中,权利人以构成等同特征为由主张将该替代性技术方案纳入专利权的保护范围的,不予支持。"该指南首次将可预见原则作为等同原则的限制,纳入司法审判实践。

根据上述规定,可预见原则是指等同原则不能囊括专利权人在申请专利时可以预见到并且应当将其涵盖在权利要求保护范围之内的技术方案。该规则最早由美国联邦巡回上诉法院前院长Rader法官在2002年审理Johnson & Johnston Associates Inc.v.R.E.Service Co.,Inc.案②时提出。他在该案中认为,可预见原则可以在专利权利要求的公示功能与等同原则的强化保护功能之间保持协调(reconcile)。这一发挥协调作用的原则很简单:等同原则不能覆盖专利撰写人在申请过程中本可以合理预见并应写入权利要求的内容。因此,对所有可预见情形中发明范围所主张的权利作唯一的理解,可以强化权利要求的公示功能。同时,在某些不可预见的情形中,这一原则又可以允许专利权人通过等同原则禁止抄袭者采取非实质性的变动利用权利人所主张的发明。

有观点认为,可预见原则与专利法的常识相矛盾。理由是,如果认为凡是显而易见的非实质变动统统都是专利权人在撰写权利要求时应当预见到的,常常会使专利权人处于一种两难境地:要主张等同成立,他必须争辩被控侵权人作出的变动是细小的变动,是不需要付出创造性劳动就容易想到的;然而一旦如此争辩,被控侵权人和法官就会根据可预见原则提出责难,即既然是容易想到的,你当初撰写权利要求时干什么去了?反之,如果专利权人为了避免遭遇这种责难而承认被控侵权人作出的细小变动是其撰写权利要求时不曾预想到的,则又无异于自己承认该变动是非显而易见的,为其主张等同带来了困难。③

但是也有观点认为,可预见原则与专利法的常识并不相矛盾。按照可预见原则,能够主张等同侵权的等同特征是以侵权行为发生日为时间基点来评判的,只有在申请日以后由于技术的发展而新出现的等同特征(新出现的技术手段)才能据此主张等同侵权,对于申请日以前可预见的已经存在的等同特征已经不能以特征等同为由主张等同侵权。如果被控侵权技术方案中存在与权利要求中记载的一项或者多项技术特征相等同的特征,而该一项或者多项等同特征在涉案专利申请日以前已经存在(或者说是专利申请时能够预见的),根据可预见原则,专利权人已不能主张等同侵权,故这种情况下,无论专利权人争辩说被控侵权人作出的变动是细小的无须创造性

---

① 参见何晓平:《论专利侵权判定中的逆等同原则》,载《知识产权》2011年第1期。
② 285 F.3d 1046,62,62 U.S.P.Q.2d 1225(Fed.Cir.2002).
③ 参见尹新天:《专利权的保护》,知识产权出版社2005年版,第414页。

劳动就能想到的,还是争辩说被控侵权人作出的细小变动是其撰写权利要求时不曾预想到的,均不应被认定构成等同侵权。但对于申请日以后由于技术发展的原因而新出现的等同特征,则不会出现所谓的两难:专利权人主张被控侵权人作出的变动是细小的变动,是不需要付出创造性劳动就容易想到的,被控侵权人或者法官不会责问,既然是容易想到的,你当初撰写权利要求时干什么去了?因为,当初撰写权利要求时,现在主张的等同特征还没有出现,故不可能在申请时将后来才出现的等同特征写入权利要求中;反之,专利权人承认被控侵权人作出的细小变动是其撰写权利要求时不曾预想到的,也不会给认定等同带来困难,因为,当初撰写权利要求时,现在主张的等同特征还没有出现,故现在主张的等同特征在当初撰写权利要求时,当然是申请人不曾预想到的。所以,如果我们采用可预见原则,就更能够防止专利申请人在申请时撰写窄范围权利要求,而在专利授权后主张等同的宽范围的保护范围。根据可预见原则,除申请日以后由于技术发展的原因出现的等同特征可以主张等同侵权外,专利权人能够主张的专利权保护范围均是经过专利局审查过的专利权保护范围。①

最高人民法院在2015年审理的"孙俊义与任丘市博成水暖器材有限公司、张泽辉等侵害实用新型专利权纠纷案"②中首次明确了可预见原则的适用。法院认为,等同原则的适用须考虑专利申请与专利侵权时技术的发展水平,防止对专利技术方案中某些技术特征以专利申请日后新出现的技术进行简单替换而规避侵权的情况,合理界定专利权的保护范围。本案中,涉案专利权利要求1和说明书均记载:进水套的上表面呈锥面。这表明,孙俊义在申请涉案专利时将其要求保护的技术方案限定为进水套的上表面呈锥面,不是平面,而锥面或平面均是涉案专利申请时该领域普通技术人员普遍知晓的技术方案,因此,专利权人将权利要求中该技术特征限定为锥面是将平面排除在涉案专利权的保护范围之外。有鉴于此,在侵权判定时,不能将技术特征"锥面"扩张到"平面"予以保护,否则将有损社会公众对专利权保护范围确定性和可预见性的信赖,从而损害社会公众的利益,动摇专利制度的基石。故本案中,被诉侵权产品的技术特征与涉案专利权利要求记载的技术特征相比,并未构成等同的技术特征,被诉侵权产品未落入涉案专利权保护范围。

法院认为,2001年6月22日发布的《最高人民法院关于审理专利纠纷案件适用法律问题的若干规定》确立了专利侵权判定中的等同原则。等同原则的适用克服了专利权利要求在表达上的局限性,弥补了字面侵权的不足,实现了对专利权人的保护,但在实践中出现了等同原则适用过宽的倾向,不适当地扩张了专利权保护范围。2009年12月28日发布的《最高人民法院关于审理侵犯专利权纠纷案件应用法律若干问题的解释》通过对捐献原则、禁止反悔原则以及全面覆盖原则的明确,结合等同原则的适用对专利权人的权利进行了一定程度的限制,使之与社会公众的利益之间形成了更好的平衡关系。同时,一方面,随着专利制度的进一步普及和发展,专利权人的专利文件撰写水平不断提高,专利行政部门对专利申请文件的撰写要求更为严格,等同原则对于撰写水平较低专利的保护作用在逐级减弱;另一方面,人民法院对等同原则的认识更为深刻,对等同原则的适用也更为严格和谨慎。

所以,上述案件至少给我们以下启示:首先,对专利撰写提出了更高的要求,权利要求最好可

---

① 上海市高级人民法院民事审判第三庭:《等同侵权的司法认定》,第23—24页。
② 最高人民法院(2015)民申字第740号民事判决书。

以概括所有可预见的替代性技术方案。其次,在专利侵权诉讼中,对"等同侵权"的抗辩,除了捐献原则、禁止反悔原则之外,还可以使用本案所规定的可预见原则。

第四节 外观设计专利侵权的判定

一、解释专利权范围

对于外观设计保护范围的认定,各国专利法均采用以交存的照片或图片为准的方式,而不像发明或实用新型采用文字说明的方式。这种做法是与外观设计本身的特点相适应的。因为外观设计的构成要素是形状、图案、色彩等,任何人都难以用文字将其描述得非常精确,而采用图片或者照片的方式则相对简单明了。我国《专利法》第64条第2款规定:"外观设计专利权的保护范围以表示在图片或者照片中的该产品的外观设计为准,简要说明可以用于解释图片或者照片所表示的该产品的外观设计。"

形状、图案、色彩是构成产品外观设计的三项基本设计要素。因此,在确定外观设计专利权的保护范围以及侵权判断时一般遵循以下几点:

首先,应当以图片或者照片中的形状、图案、色彩设计要素为基本依据。

其次,色彩要素不能脱离形状、图案单独存在,必须依附于产品形状、图案存在,色彩变化本身也可形成图案。根据《专利法实施细则》第28条第1款的规定,"外观设计的简要说明应当写明外观设计产品的名称、用途,外观设计的设计要点,并指定一幅最能表明设计要点的图片或者照片。省略视图或者请求保护色彩的,应当在简要说明中写明"。因此,简要说明中未明确"请求保护色彩的",不应以图片、照片中的色彩限定外观设计专利权的保护范围,在侵权对比时应当不予考虑。但产品上明暗、深浅变化形成图案的,应当视为图案设计要素,不应将其归入色彩设计要素。

最后,在与外观设计专利产品相同或者相近种类产品上,采用与外观设计专利相同或者近似的外观设计的,应当认定被诉侵权产品落入了《专利法》第64条第2款规定的外观设计专利权的保护范围。如果被诉侵权产品在采用与外观设计专利相同或者相近似的外观设计之余,还附加有其他图案、色彩设计要素的,如果这些附加的设计要素属于额外增加的设计要素,则对侵权判断一般不具有实质性影响。否则,他人即可通过在外观设计专利上简单增加图案、色彩等方式,轻易规避专利侵权。这无疑有悖于专利法鼓励发明创造,促进科技进步和创新的立法本意。2009年颁布的《最高人民法院关于审理侵犯专利权纠纷案件应用法律若干问题的解释》第8条规定:在与外观设计专利产品相同或者相近种类产品上,采用与授权外观设计相同或者近似的外观设计的,人民法院应当认定被诉侵权设计落入2008年《专利法》第59条第2款规定的外观设计专利权的保护范围。随后,该解释第9条对如何认定"种类相近似"给出了判断依据以及参考范围:"人民法院应当根据外观设计产品的用途,认定产品种类是否相同或者相近。确定产品的用途,可以参考外观设计的简要说明、国际外观设计分类表、产品的功能以及产品销售、实际使用的情况等因素。"例如,在"张大勇与白山市江源区宏成瓦业有限公司等侵害外观设计专利权纠纷再审案件"①中,最高人民法院认为,虽然被诉侵权产品与涉案专利产品虽名称不同,但经分析两者在用途、功能、市场销售以及实际使用的情况等方面均相同,故为相同种类产品。

二、判断侵权成立的标准

衡量是否构成外观设计专利侵权的标准不是全面覆盖,而是以普通人的一般注意力为标准。从《最高人民法院关于审理侵犯专利权纠纷案件应用法律若干问题的解释》第11条的规定可知,对于外观设计相同或者近似的判断,应当根据授权外观设计、被诉侵权设计的设计特征,以外观设计的整体视觉效果进行综合判断。这也是《专利审查指南》所规定的判断路径,即基于被比设计产品的一般消费者的知识水平和认知能力,对被比设计与在先设计进行整体观察,综合判断两者的差别对于产品外观设计的视觉效果是否具有显著影响。2011年印发的《最高人民法院关于充分发挥知识产权审判职能作用推动社会主义文化大发展大繁荣和促进经济自主协调发展若干问题的意见》第14条也强调,应准确把握外观设计专利侵权判定的整体观察设计特征、综合判断整体视觉效果的判定方法,以外观设计产品的一般消费者为判断主体,以外观设计的区别设计特征为核心,以产品外观设计整体视觉效果的相同或者近似作为判断侵权成立的根本标准。

(一)判定方法:整体观察、综合判断

根据《专利审查指南》的规定,所谓整体观察、综合判断,是指由涉案专利与对比设计的整体来判断,而不从外观设计的部分或者局部出发得出判断结论。并且,这里所说的整体观察、综合判断,是指在产品正常使用状态下的可视整体外观,不应当将产品整体予以拆分、改变原使用状态后,对产品的部分外观设计进行对比。

(二)判断主体:一般消费者

一般消费者的知识水平和认知能力,是在判断外观设计是否为现有设计以及能否与现有设计或者现有设计的组合相比具有明显区别的判断标准。不过由于不同种类的产品具有不同的消费者群体,因此,参照《专利审查指南》可知,作为某种类外观设计产品的一般消费者应当具备下列特点:(1)对涉案专利申请日之前相同种类或者相近种类产品的外观设计及其常用设计手法具有常识性的了解。例如,对于汽车,其一般消费者应当对市场上销售的汽车以及诸如大众媒体中常见的汽车广告中所披露的信息等有所了解。所谓的常用设计手法,包括设计的转用、拼合、替换等类型。(2)对外观设计产品之间在形状、图案以及色彩上的区别具有一定的分辨力,但不会注意到产品的形状、图案以及色彩的微小变化。

由于一些种类的产品的外观基本相似,因此,在适用一般消费者的知识水平和认知能力时,应当考虑考虑设计空间或者说设计者的创作自由度。为此,《最高人民法院关于审理侵犯专利权纠纷案件应用法律若干问题的解释(二)》第14条规定:人民法院在认定一般消费者对于外观设计所具有的知识水平和认知能力时,一般应当考虑被诉侵权行为发生时授权外观设计所属相

---

① 最高人民法院(2012)民提字第171号民事判决书。

同或者相近种类产品的设计空间。设计空间较大的,人民法院可以认定一般消费者通常不容易注意到不同设计之间的较小区别;设计空间较小的,人民法院可以认定一般消费者通常更容易注意到不同设计之间的较小区别。这是因为,设计者在特定产品领域中的设计自由度通常要受到现有设计、技术、法律以及观念等多种因素的制约和影响。特定产品的设计空间的大小与认定该外观设计产品的一般消费者对同类或者相近类产品外观设计的知识水平和认知能力具有密切关联。

需要注意的是,"一般消费者"只是法律虚拟的一个概念,其所具有的"常识性了解"不能等同于那些对事物具有特别爱好的人群。例如,在"本田技研工业株式会社与石家庄双环汽车股份有限公司、石家庄双环汽车有限公司等侵害外观设计专利权纠纷再审案件"①中,最高人民法院认为,一般消费者是法律虚拟的一个概念,其所具有的"常识性了解"与一般的汽车发烧友并不一致。所以,不能将各类媒体刊登的文章、评论、汽车发烧友的评论以及《关于本田技研株式会社诉石家庄双环汽车股份有限公司外观设计侵犯专利权纠纷案专家论证意见》作为一般消费者的认知判断标准。

(三) 判断核心:设计特征

1. 设计特征的认定

外观设计专利制度的立法目的在于保护具有美感的创新性工业设计方案,一项外观设计应当具有区别于现有设计的可识别性创新设计才能获得专利授权,该创新设计即是授权外观设计的设计特征。通常情况下,外观设计的设计人都是以现有设计为基础进行创新。对于已有产品,获得专利权的外观设计一般会具有现有设计的部分内容,同时具有与现有设计不相同也不近似的设计内容,正是这部分设计内容使得该授权外观设计具有创新性,从而满足《专利法》第23条所规定的实质性授权条件:不属于现有设计也不存在抵触申请,并且与现有设计或者现有设计特征的组合相比具有明显区别。对于该部分设计内容的描述即构成授权外观设计的设计特征,其体现了授权外观设计不同于现有设计的创新内容,也体现了设计人对现有设计的创造性贡献。由于设计特征的存在,一般消费者容易将授权外观设计区别于现有设计,因此,其对外观设计产品的整体视觉效果具有显著影响,如果被诉侵权设计未包含授权外观设计区别于现有设计的全部设计特征,一般可以推定被诉侵权设计与授权外观设计不近似。

对于设计特征的认定,一般来说,专利权人可能将设计特征记载在简要说明中,也可能会在专利授权确权或者侵权程序中对设计特征作出相应陈述。根据"谁主张,谁举证"的证据规则,专利权人应当对其所主张的设计特征进行举证。另外,授权确权程序的目的在于对外观设计是否具有专利性进行审查,因此,该过程中有关审查文档的相关记载对确定设计特征有着重要的参考意义。理想状态下,对外观设计专利的授权确权,应当是在对整个现有设计检索后的基础上确定对比设计②来评判其专利性。但是,由于检索数据库的限制、无效宣告请求人检索能力的局限等原因,授权确权程序中有关审查文档所确定的设计特征可能不是在穷尽整个现有设计的检索

---

① 最高人民法院(2014)民三终字第8号民事判决书。
② 在对外观设计专利进行审查时,将进行比较的对象称为"判断客体"。其中被请求宣告无效的外观设计专利简称"涉案专利",与涉案专利进行比较的判断客体简称"对比设计"。

基础上得出的,因此,无论是专利权人举证证明的设计特征,还是通过授权确权有关审查文档记载确定的设计特征,如果第三人提出异议,都应当允许其提供反证予以推翻。人民法院在听取各方当事人质证意见的基础上,对证据进行充分审查,依法确定授权外观设计的设计特征。

2. 设计特征的类型

设计特征可以区分为功能性特征和装饰性特征。《最高人民法院关于审理侵犯专利权纠纷案件应用法律若干问题的解释》第11条中提到的"主要由技术功能决定的设计特征",即通常所说的功能性设计特征。外观设计的功能性设计特征是指那些在外观设计产品的一般消费者看来,由产品所要实现的特定功能唯一决定而不考虑美学因素的特征。[①] 人民法院在认定外观设计是否相同或者近似时,对于功能性特征,应当不予考虑。

功能性特征基于对产品功能、性能、经济性、便利性、安全性等方面的技术性要求而设计;装饰性特征则基于产品的视觉效果美观而设计。功能性特征所达到的效果是客观的,不受主体的审美取向、社会文化感受影响;装饰性特征实现的效果是审美的,不同主体因不同的审美取向、社会文化等因素得到不同的主观感受。功能性特征则受到产品功能或技术条件的限制,不具有可选择性或者选择性受到功能需求或技术规格的限定;装饰性特征不受功能或技术的制约,由于审美的不确定性而具有可选择性。这就涉及功能性设计特征和装饰性设计特征是否可分及其区分标准和意义等问题。

首先,关于功能性设计特征与装饰性设计特征的区分。任何产品的外观设计通常都需要考虑两个基本要素:功能因素和美学因素。即产品必须首先要实现其功能,其次还要在视觉上具有美感。可以说,大多数产品都是功能性和装饰性的结合。就某一外观设计产品的具体某一设计特征而言,同样需要考虑功能性和美感的双重需求,是技术性与装饰性妥协和平衡的产物。设计者一般会在能够实现特定功能的多种设计中选择一种其认为最具美感的设计,而仅由特定功能唯一决定的设计只有在少数特殊情况下存在。因此,产品的设计特征的功能性或者装饰性通常是相对而言的,绝对地区分功能性设计特征和装饰性设计特征在大多数情况下是不现实的。只有在特殊的情形下,某种产品的某项设计特征才可能完全由装饰性或者功能性所决定。因此,至少存在三种不同类型的设计特征:功能性设计特征、装饰性设计特征以及功能性与装饰性兼具的设计特征。

其次,关于功能性设计特征的区分标准。功能性设计特征与该设计特征的可选择性存在一定的关联性。如果某种设计特征是由某种特定功能所决定的唯一设计,则该种设计特征不存在考虑美学因素的空间,显然属于功能性设计特征。如果某种设计特征是实现特定功能的有限的设计方式之一,则这一事实是证明该设计特征属于功能性特征的有力证据。不过,即使某种设计特征仅仅是实现某种特定功能的多种设计方式之一,只要该设计特征仅仅由所要实现的特定功能所决定而与美学因素的考虑无关,仍可认定其属于功能性设计特征。如果把功能性设计特征仅仅理解为实现某种功能的唯一设计,则会过分限制功能性设计特征的范围,把具有两种或者两种以上替代设计的设计特征排除在外,进而使得外观设计申请人可以通过对有限的替代设计分别申请外观设计专利的方式实现对特定功能的垄断,不符合外观设计专利保护具有美感的创新性设计方案的立法目的。从这个角度而言,功能性设计特征的判断标准并不在于该设计特征是

[①] 最高人民法院(2015)民提字第23号民事判决书。

否因功能或技术条件的限制而不具有可选择性,而在于在一般消费者看来,该设计特征是否仅仅由特定功能所决定,从而不需要考虑该设计特征是否具有美感。

最后,关于区分不同类型设计特征的意义。不同类型设计特征对于外观设计产品整体视觉效果的影响存在差异。功能性设计特征对于外观设计的整体视觉效果通常不具有显著影响;装饰性特征对于外观设计的整体视觉效果一般具有影响;功能性与装饰性兼具的设计特征对整体视觉效果的影响则需要考虑其装饰性的强弱,其装饰性越强,对整体视觉效果的影响可能相对越大一些,反之则相对越小。当然,以上所述仅仅是一般原则,一种设计特征对于外观设计产品整体视觉效果的影响最终需要结合案件具体情况进行综合评判。例如,在"申请再审人国家知识产权局专利复审委员会与被申请人张迪军、慈溪市鑫隆电子有限公司外观设计专利权无效行政纠纷案"①中,专利产品涉及的编码开关的引脚数量是特定的,其分布需要与电路板节点相适配。因此,引脚的数量与位置分布是由与之相配合的电路板决定的,以便实现与不同电路板上节点相适配。在专利产品的一般消费者看来,无论引脚的位置是分布在底座的一个侧面上,还是分布在两个相对的侧面上,都是基于与之相配合的电路板布局的需要,以便实现两者的适配与连接,其中并不涉及对美学因素的考虑。故该区别特征是功能性设计特征,其对专利产品的整体视觉效果并不产生显著影响。

(四)判断的根本标准:整体视觉效果相同或者近似

1. 外观设计相同或者近似的认定

《最高人民法院关于审理侵犯专利权纠纷案件应用法律若干问题的解释》第 11 条规定:人民法院认定外观设计是否相同或者近似时,应当根据授权外观设计、被诉侵权设计的设计特征,以外观设计的整体视觉效果进行综合判断;对于主要由技术功能决定的设计特征以及对整体视觉效果不产生影响的产品的材料、内部结构等特征,应当不予考虑。下列情形通常对外观设计的整体视觉效果更具有影响:(1)产品正常使用时容易被直接观察到的部位相对于其他部位;(2)授权外观设计区别于现有设计的设计特征相对于授权外观设计的其他设计特征。被诉侵权设计与授权外观设计在整体视觉效果上无差异的,人民法院应当认定两者相同;在整体视觉效果上无实质性差异的,应当认定两者近似。

根据《专利审查指南》的规定,对涉案专利与现有设计进行整体观察时,一般还应当综合考虑如下因素:(1)对涉案专利与现有设计进行整体观察时,应当更关注使用时容易看到的部位,使用时容易看到部位的设计变化相对于不容易看到或者看不到部位的设计变化,通常对整体视觉效果更具有显著影响。例如,电视机的背面和底面在使用过程中不被一般消费者关注,因而在使用过程中容易看到部位设计的变化相对于不容易看到的背面和看不到的底面设计的变化对整体视觉效果通常更具有显著的影响。但有证据表明在不容易看到部位的特定设计对于一般消费者能够产生引人瞩目的视觉效果的除外。(2)当产品上某些设计被证明是该类产品的惯常设计(如易拉罐产品的圆柱形状设计)时,其余设计的变化通常对整体视觉效果更具有显著的影响。例如,在型材的横断面周边构成惯常的矩形的情况下,型材横断面其余部分的变化通常更具有显著的影响。(3)由产品的功能唯一限定的特定形状对整体视觉效果通常不具有显著的影响。例

---

① 最高人民法院(2012)行提字第 14 号行政判决书。

如,凸轮曲面形状是由所需要的特定运动行程唯一限定的,其区别对整体视觉效果通常不具有显著影响;汽车轮胎的圆形形状是由功能唯一限定的,其胎面上的花纹对整体视觉效果更具有显著影响。(4)若区别点仅在于局部细微变化,则其对整体视觉效果不足以产生显著影响,二者不具有明显区别。例如,涉案专利与对比设计均为电饭煲,区别点仅在于二者控制按钮的形状不同,且控制按钮在电饭煲中仅为一个局部细微的设计,在整体设计中所占比例很小,其变化不足以对整体视觉效果产生显著影响。应当注意的是,外观设计简要说明中设计要点所指设计并不必然对外观设计整体视觉效果具有显著影响,不必然导致涉案专利与现有设计相比具有明显区别。例如,对于汽车的外观设计,简要说明中指出其设计要点在于汽车底面,但汽车底面的设计对汽车的整体视觉效果并不具有显著影响。

2. 特殊类型外观设计相同或者近似的认定

(1)成套产品的外观设计

根据《最高人民法院关于审理侵犯专利权纠纷案件应用法律若干问题的解释(二)》第 15 条的规定,对于成套产品来说,以其中一项外观设计为基础,只要被诉侵权设计与其中一项外观设计相同或相近似,即构成侵权。例如,在"广东雅洁五金有限公司与程某某、楼某炼侵害外观设计专利权纠纷案"[①]中,法院认为,涉案专利系成套产品,由于构成成套产品的各产品均分别具备授权条件,因此被诉侵权设计与其一项外观设计相同或近似的,应当认定被诉侵权设计落入专利权的保护范围。

(2)组件产品的外观设计

根据《最高人民法院关于审理侵犯专利权纠纷案件应用法律若干问题的解释(二)》第 16 条的规定,对于组件产品来说,需要区分两种情况。对于组装关系唯一的组件产品的外观设计专利,被诉侵权设计与其组合状态下的外观设计相同或者近似的,人民法院应当认定被诉侵权设计落入专利权的保护范围。对于各构件之间无组装关系或者组装关系不唯一的组件产品的外观设计专利,被诉侵权设计与其全部单个构件的外观设计均相同或者近似的,人民法院应当认定被诉侵权设计落入专利权的保护范围;被诉侵权设计缺少其单个构件的外观设计或者与之不相同也不近似的,人民法院应当认定被诉侵权设计未落入专利权的保护范围。例如,在"北京乐智林教育科技有限公司与北京七色花教育科技发展有限公司侵害外观设计专利权纠纷案"[②]中,法院认为,涉案外观设计虽然包括 49 个组件,但其中的 49 个组件并非各自独立的产品,而是需组合在一起才能发挥积木产品所具有的使用价值,因此,涉案外观设计并非成套产品的外观设计,而是由 49 个组件构成的组件产品的外观设计,即属于组装关系不唯一的组件产品外观设计专利,而乐智林教育科技有限公司生产、销售及许诺销售的被诉侵权产品大班主题积木、中班主题积木和小班主题积木中均全部包含与涉案外观设计专利 49 个组件相同的组件,已落入涉案外观设计专利的保护范围,构成对涉案专利权的侵害。

(3)变化状态产品的外观设计

"变化状态",通常也称"使用状态",是指使用外观设计的产品在不同使用方式下呈现的外观状态。《最高人民法院关于审理侵犯专利权纠纷案件应用法律若干问题的解释(二)》第 17 条

[①] 浙江省高级人民法院(2014)浙知终字第 85 号民事判决书。
[②] 北京市高级人民法院(2015)高民知字第 3072 号民事判决书。

规定,对于变化状态产品的外观设计专利,被诉侵权设计与变化状态图所示各种使用状态下的外观设计均相同或者近似的,人民法院应当认定被诉侵权设计落入专利权的保护范围;被诉侵权设计缺少其一种使用状态下的外观设计或者与之不相同也不近似的,人民法院应当认定被诉侵权设计未落入专利权的保护范围。例如,在"陈永军与广东奥飞动漫文化股份有限公司侵害外观设计专利权纠纷案"①中,法院认为,在确定外观设计保护范围时,应当区分使用状态参考图与变化状态产品的使用状态视图。使用状态参考图通常是国务院专利行政部门在审查过程中对在简要说明中未写明外观设计产品使用方法、用途或功能的新开发的产品,或者在一些使用方法、用途或功能不明确的产品无法进行分类时,为了便于该产品正确分类而要求专利申请人提供的视图。② 变化状态产品的使用状态图,是基于变化产品在使用过程中呈现的不同状态而对产品六面视图的补充。使用状态参考图不能用于确定外观设计的保护范围,但可以作为确定产品类别的因素。变化状态产品的使用状态视图,应当作为确定外观设计保护范围的依据。

第五节 "间接侵权"的认定

一、"间接侵权"的反思

(一)"间接侵权"的起源

所谓"间接侵权",是对英文表述"indirect infringement"的中文直译。根据2001年发布的《北京市高级人民法院专利侵权判定若干问题的意见(试行)》③第73条的规定,"间接侵权,是指行为人实施的行为并不构成直接侵犯他人专利权,但却故意诱导、怂恿、教唆别人实施他人专利,发生直接的侵权行为,行为人在主观上有诱导或唆使别人侵犯他人专利权的故意,客观上为别人直接侵权行为的发生提供了必要的条件"。在英美法中,"infringement"是指未经授权实施了只有知识产权人才可独占实施的权利。某些辅助性的侵权行为,虽然在客观上并未直接实施知识产权,但却帮助、诱导、教唆别人实施他人知识产权,故而称为"间接实施"。

专利间接侵权制度最早起源于美国1871年康涅狄格地区巡回法院审理的 Wallace v. Holmes 案④。该案中,专利权人拥有一项关于煤油灯改进的发明专利。专利权人所发明的煤油灯由灯头和玻璃灯罩组成,其中的特别改进之处是将灯罩装在了灯头上从而使灯罩底部保持冷却。专利权利要求指向灯头和玻璃灯罩的组合装置。被控侵权人制造并销售与专利产品基本一样的灯头,但是并没有制造或销售与灯头连在一起的灯罩。购买这种灯头的顾客只需再从灯罩商那里

---

① 北京市高级人民法院(2015)高民知终字第1070号民事判决书。
② 《专利审查指南》规定:申请人可以提交参考图,参考图通常用于表明使用外观设计的产品的用途、使用方法或者使用场所等。
③ 该意见现已失效。
④ Wallace v. Holmes, 29 F.Cas. 74, 80 (C.C.D.Conn.1871).

购买一个灯罩就可以组合成一个专利产品。依据当时美国法院的相关判例,侵犯组合装置的专利必须要制造或销售组合装置中的所有组成部分。但是伍德拉夫(Woodruff)法官在该案中指出,被告已经制造和大规模销售灯头,而让购买者自行安装灯罩,否则就不能发挥该灯头的功能。被告的目的就是为明显侵犯原告专利权的行为提供帮助(assisting)并从帮助中获利。被告在其销售店铺里展示了装有灯罩的灯头,向顾客推荐,并证明其优异性能。因此,被告的行为就是在引诱他人非法使用(inducing the unlawful use)。Woodruff 法官在该案的判决中并未明确提出"间接侵权"的概念,但他认为,若我们同意被告的观点,组合装置专利将无价值可言。在本案中,灯头的销售者或许没有与灯罩的销售者预先形成任何实际的协议,但是其进行的每一次销售实质上都是在建议购买者将两者组合起来以形成专利产品。毫无疑问,被告必须被认定为原告专利的共同侵害人(joint infringers)。被告和煤油灯的使用者共同侵害了专利权(acted in concert with the users of the lamp to infringe the patent)。

尽管法院在 Wallace 案中并没有使用"帮助侵权"(contributory infringement)[①]的表述,但该案判决为帮助侵权原则纳入成文法奠定了基本框架。由于专利"间接侵权"制度寻求对非专利产品或者专利产品的构成部件进行保护,一旦在实践中得到广泛推广便很有可能造成专利权滥用,即专利权人借由专利间接侵权制度将其专利的保护范围扩大至非专利产品或专利产品的零部件。例如,在 1912 年的 Henry v.A.B.Dick Co.案[②]中,美国联邦最高法院将专利间接侵权的使用范围扩展到与专利产品本身无关的产品上,突破了之前对于专利间接侵权适用对象的严格限定。[③]

随着禁止专利权滥用原则在实践中得到推广,美国法院也开始对专利间接侵权制度的适用施加限制。特别是在 1944 年的 Mercoid v.Mid-Continent 案[④]中,美国联邦最高法院全面否定了专利间接侵权制度。法院提出:无论是专利发明使用中的消耗性材料,还是组合专利的构成部件(无论是否具有其他商业用途),都不能得到专利法保护,任何试图对非专利产品采取专利保护的行为都构成专利权滥用。该案确立的新规则使得专利间接侵权制度几乎消亡。

美国法院对于专利间接侵权制度的否定引发了专利权人,尤其是拥有大量专利的公司的不满。在 1952 年重新制定《专利法》时,美国国会在众多大公司的极力推动下将专利间接侵权制度纳入了《专利法》,明确了间接侵权制度的适用范围,专利间接侵权制度由此正式确立。[⑤]美国 1952 年《专利法》第 271 条对间接侵权的规定如下:……(b)任何人积极引诱他人侵害一项专利权,应当承担侵权责任;[⑥](c)任何人在美国境内许诺销售、销售或者进口到美国境内构成发明实质部分的专利装置、产品、组合品或者组合物的部件,或者用于实施专利方法的材料或者装置,如果行为人明知这样的部件、材料或者装置是专门为侵害专利权所制造或者改造的,并且不是常用

[①] 最早使用"帮助侵权"(contributory infringement)这一术语的是 1886 年的 Snyder v.Bunnell 案。29 F.47(C.C.S.D.N.Y.1886).

[②] Henry v.A.B.Dick Co.,224 U.S.1(1912).

[③⑤] 参见邹雯、周琪:《从一宗专利案件的复盘看专利间接侵权的认定思路》,载"知产力"微信公众号,最后访问时间:2018 年 7 月 11 日。

[④] MercoidCorp.v.Mid-Continent Investment Co.,320 U.S.661(1944).

[⑥] See 35U.S.C.A. § 271(b):Whoever actively induces infringement of a patent shall beliable as an infringer.

商品或者具有实质性非侵权用途的,应承担帮助侵权之责任。①

(二) 我国专利"间接侵权"

我国《专利法》没有明文规定专利间接侵权。在早期司法实践中,法院主要根据《民法通则》第 130 条②、《关于贯彻执行〈中华人民共和国民法通则〉若干问题的意见(试行)》第 148 条第 1 款③以及《侵权责任法》第 9 条④的规定对专利间接侵权行为进行认定并追究责任。例如,在"太原重型机器厂与太原电子系统工程公司、阳泉煤矿电子设备二厂专利侵权纠纷上诉案"⑤中,山西省高级人民法院认为:"上诉人发明的磁镜式直流电弧炉是经国家专利局授权的有效专利。在该专利的有效期限内,被上诉人太原电子系统工程公司未经专利权人许可,客观上实施了为直接侵权人加工该专利产品核心内容的专用部件激磁线圈的行为,主观上具有诱导他人直接侵权的故意,该行为与直接侵权有明显的因果关系,故已构成对上诉人专利的间接侵权。被上诉人阳泉煤矿电子设备二厂受太原电子系统工程公司的委托,加工生产了该专利产品的专用部件激磁线圈,客观上也构成了对上诉人专利的共同间接侵权。二被上诉人应共同承担侵权的赔偿责任。但阳泉煤矿电子设备二厂主观上不具有侵犯上诉人专利的明显故意,应减轻其责任",并根据《民法通则》第 130 条作出了责任认定。

2016 年发布的《最高人民法院关于审理侵犯专利权纠纷案件应用法律若干问题的解释(二)》首次以司法解释的形式确认了"间接侵权"的存在。根据该解释第 21 条:明知有关产品系专门用于实施专利的材料、设备、零部件、中间物等,未经专利权人许可,为生产经营目的将该产品提供给他人实施了侵犯专利权的行为,权利人主张该提供者的行为属于《民法典》第 1169 条规定的帮助他人实施侵权行为的,人民法院应予支持。明知有关产品、方法被授予专利权,未经专利权人许可,为生产经营目的积极诱导他人实施了侵犯专利权的行为,权利人主张该诱导者的行为属于《民法典》第 1169 条规定的教唆他人实施侵权行为的,人民法院应予支持。

最高人民法院民三庭负责人在接受记者采访时对"专利间接侵权"作了进一步的说明:"实践中,间接侵权人与最终实施发明创造的侵权人之间没有意思联络,并不构成共同过错。但鉴于间接侵权人主观恶意明显且其提供的零部件等是直接侵权行为的专用品,或者其积极诱导他人实施侵权行为,故纳入《侵权责任法》第 9 条⑥规制的范围。这是侵权责任法适用的应有之义,并非在现行法律框架之外给予专利权人以额外的保护,符合加强专利权保护的客观实际。需要强调的是,间接侵权应当以直接侵权为前提,故条文表述为'实施了'侵犯专利权的行为。但并不

---

① See 35 U.S.C.A. § 271(c): Whoever offers to sell or sells within the United States orimports into the United States a component of a patented machine, manufacture, combination or composition, or a material or apparatus for use in practicing apatented process, constituting a material part of the invention, knowing thesame to be especially made or especially adapted for use in an infringement ofsuch patent, and not a staple article or commodity of commerce suitable forsubstantial noninfringing use, shall be liable as a contributory infringer.
② 《民法通则》第 130 条:"二人以上共同侵权造成他人损害的,应当承担连带责任。"
③ 《关于贯彻执行〈中华人民共和国民法通则〉若干问题的意见(试行)》第 148 条第 1 款:"教唆、帮助他人实施侵权行为的人,为共同侵权人,应当承担连带民事责任。"
④ 《侵权责任法》第 9 条:"教唆、帮助他人实施侵权行为的,应当与行为人承担连带责任。"现规定于《民法典》第 1169 条。
⑤ 山西省高级人民法院(1993)晋经终字第 152 号民事判决书。
⑥ 现规定于《民法典》第 1169 条。

意味着,在提起间接侵权诉讼之前,必须存在认定直接侵权成立的裁判。关于是否将间接侵权人和直接侵权人作为共同被告的问题,考虑到可能存在直接侵权人已经被在先裁判认定的情况,人民法院可以根据具体案情依法决定是否作为共同被告。"

(三)"间接侵权"的疑问

根据民法基本原理,侵害知识产权是指"未经许可且无法律依据地妨害了他人知识产权的圆满状态",并没有将之限定为"非法的知识产权实施行为"。易言之,只要在法律上,对知识产权的侵害可归责于某种行为,该行为即构成侵权。无论该行为是体现于对知识产权的直接非法实施,抑或辅助、引诱等对知识产权的间接非法实施等,在所不问。因为该行为是否承担法律责任,是价值判断,而不是事实判断。正因如此,在"民事责任"的认定与分担层面,都是"直接"构成并承担的。也就是说,在"侵权"的意义上,并不存在"直接"与"间接"之分。因为,"侵权"只是一个第二性的法律概念,并不是第一性意义上的客观事实。正因如此,有学者在理论上呼吁要区分"侵权"与"侵害"这两个概念。前者对应的英文概念为"tort",后者对应的英文概念是"infringement"。在性质上,"侵权"是一个法律判断,而"侵害"则是一个事实判断。事实问题,无所谓对与错、好与坏;法律问题,则无所谓直接与间接。

理论上还有观点认为,区分直接侵权和间接侵权的意义在于归责原则的区分。对直接侵权适用严格责任原则,不考虑过错;而对间接侵权,则必须考虑过错,适用过错责任原则。换言之,"过错是直接侵权责任与间接侵权责任的基本分界线"。实际上,这种观点所指的"严格责任",是指停止侵害的责任,并非损害赔偿责任。根据《民法典》第1165条和第1167条的规定,侵害知识产权的损害赔偿责任以过错责任原则为主要的归责原则。无论"直接侵权"还是"间接侵权"都是如此。因为"直接责任"是因非法实施而起,欲回复知识产权的支配力,必须停止非法实施,即停止侵害。而停止侵害是类似于物上请求权的支配力回复请求权,这一请求权源于知识产权的绝对权和支配权的属性。任何在客观上妨害知识产权的当事人,都必须承担停止侵害的责任,无论该当事人在主观上有无过错,自然也无须证明该当事人在主观上有无过错。而辅助妨害者(如网络服务商)在无过错的情况下同样要承担删除内容、停止链接等停止侵害责任。因此,对于辅助妨害者的"间接侵权"责任,也并不一概地以过错为前提。可见,"间接侵权"概念的引入并无意义,只要明确停止侵害责任(不要求过错)与损害赔偿责任(过错原则)的适用条件即可。①

还有观点认为,间接侵权不能完全用民法中的共同侵权理论来涵盖。且不论这一观点是否成立,即便如此,如果一个非直接实施行为与知识产权的妨害有因果关系且法律认为该行为具有可归责性,则该行为也可以构成独立侵权,法理上并无任何障碍,因为侵权行为并不限于实施行为。②例如,我国《商标法》规定,伪造商标标识属于侵害商标权的行为。伪造标识不是实施商标权的行为,法律也不要求实际上与他人的实施行为构成共同行为,而是将其直接规定为独立侵权

---

①② 参见李琛:《论中国民法典设立知识产权编的必要性》,载《苏州大学学报(法学版)》2015年第4期。

行为。《最高人民法院关于审理涉及计算机网络著作权纠纷案件适用法律若干问题的解释》①第3条②和第4条③也是明确根据民法上的共同侵权理论来规制教唆、引诱或实质性帮助他人直接侵害著作权的行为。此外,在北京市高级人民法院2013年发布的《专利侵权判定指南》中也放弃了在2001年《北京市高级人民法院关于专利侵权判定若干问题的意见(试行)》中采用的"间接侵权"的表述,而是将之改为"共同侵权",并在第105—109条规定了构成共同侵权的情形。

二、"间接侵权"的构成要件

对于专利间接侵权的构成要件,实务中的主要争议点在于如何理解间接侵权和直接侵权的关系,即间接侵权的认定,是否必须以直接侵权的存在为前提。在理论上,通常将这两种不同的观点分别概括为"从属说"与"独立说"。

所谓"从属说",是指专利间接侵权的成立必须以直接侵权的发生为前提。如果没有发生专利直接侵权,则专利权人没有受到任何损害,对专利间接侵权进行法律规制的正当性基础则不复存在。

2001年发布的《北京市高级人民法院关于专利侵权判定若干问题的意见(试行)》第78条规定:"间接侵权一般应以直接侵权的发生为前提条件,没有直接侵权行为发生的情况下,不存在间接侵权。"在司法实践中,曾有不少法院以权利人未能证明直接侵权的存在而拒绝对间接侵权予以认定。例如,在"古欣、陈珊与中铁十一局集团有限公司、无锡市环亚土木材料制造有限公司专利权侵权纠纷案"④中,法院认为,帮助侵权应以直接侵权成立为前提,以明知为要件,被告无锡环亚公司不构成帮助侵权。根据《最高人民法院关于审理侵犯专利权纠纷案件应用法律若干问题的解释(二)》第21条之规定,帮助侵权行为是指明知有关产品系专门用于实施专利的材料、设备、零部件、中间物等,未经专利权人许可,为生产经营目的将该产品提供给他人实施了侵犯专利权的行为,也即必须是"他人实施了"侵犯专利权的行为,才能认定存在帮助侵权行为,帮助侵权应当以直接侵权为前提。本案中,原告仅主张中铁十一局集团有限公司即将实施侵权行为,因此,也就不应依据第21条起诉无锡市环亚土木材料制造有限公司构成帮助侵权。

但是,如果遵循"从属说",在专利侵权判定中可能会遇到以下难题:由于专利侵权判定一般适用"全面覆盖原则",即当被控侵权物(产品或方法)覆盖涉案专利的全部技术特征时,才被认定为构成专利侵权,并且还要求侵权人实施侵权行为须以"生产经营为目的"。在这种情况下,有些侵权行为人可能会通过向消费者出售侵权客体的方式,由消费者来最终完成实施他人专利的行为。此时由于消费者并不具备"生产经营目的",因而无法构成专利法所规定的直接侵权,

---

① 2013年1月1日《最高人民法院关于审理侵害信息网络传播权民事纠纷案件适用法律若干问题的规定》施行后,本司法解释已经废止。新的司法解释回避了"间接侵权"与"共同侵权"的争论,而是表述为"教唆侵权"和"帮助侵权"。
② 《最高人民法院关于审理涉及计算机网络著作权纠纷案件适用法律若干问题的解释》第3条:"网络服务提供者通过网络参与他人侵犯著作权行为,或者通过网络教唆、帮助他人实施侵犯著作权行为的,人民法院应当根据民法通则第一百三十条的规定,追究其与其他行为人或者直接实施侵权行为人的共同侵权责任。"
③ 《最高人民法院关于审理涉及计算机网络著作权纠纷案件适用法律若干问题的解释》第4条:"提供内容服务的网络服务提供者,明知网络用户通过网络实施侵犯他人著作权的行为,或者经著作权人提出确有证据的警告,但仍不采取移除侵权内容等措施以消除侵权后果的,人民法院应当根据民法通则第一百三十条的规定,追究其与该网络用户的共同侵权责任。"
④ 湖北省武汉市中级人民法院(2017)鄂01民初47号民事判决书。

而行为人则因为刻意回避了某项技术特征,也不构成侵权。那么,这对专利权的保护而言显然是不公平的。

基于这一点,理论上有人提出了"独立说",即认为间接侵权可以被视为一类独立的侵权行为,可对其责任构成和负担进行独立判断,而不需要考虑是否存在直接侵权行为。

2018 年 7 月 9 日,最高人民法院副院长陶凯元在青岛召开的第四次全国法院知识产权审判工作会议上发表讲话时指出,"要妥善运用等同侵权、间接侵权等法律制度规则合理拓展知识产权保护空间。等同侵权和间接侵权是合理平衡专利保护范围的确定性与公平性的重要制度,是公平保护专利权的重要手段"。"专利领域中的帮助侵权以被帮助者利用侵权专用品实施了覆盖专利权利要求全部技术特征的行为为条件,既不要求被帮助者的行为必须构成法律意义上的直接侵权行为,也不要求必须将帮助者和被帮助者作为共同被告。"

在"西电捷通诉索尼中国公司 WAPI 专利侵权案"[①]中,北京市高级人民法院在二审判决中认为,《侵权责任法》第 9 条第 1 款规定:"教唆、帮助他人实施侵权行为的,应当与行为人承担连带责任。"[②]《最高人民法院关于审理侵犯专利权纠纷案件应用法律若干问题的解释(二)》第 21 条第 1 款规定:"明知有关产品系专门用于实施专利的材料、设备、零部件、中间物等,未经专利权人许可,为生产经营目的将该产品提供给他人实施了侵犯专利权行为的,权利人主张该提供者的行为属于侵权责任法第九条规定的帮助他人实施侵权行为的,人民法院应予支持。"根据上述规定,单一主体未完整实施专利技术方案、未全面覆盖专利技术方案的不完全实施行为,即所谓的间接侵犯专利权行为,构成帮助侵权需以直接侵犯专利权行为的存在为前提。间接侵权行为人之所以与直接侵权行为人承担连带责任的原因在于间接侵权行为与直接侵权行为的成立具有因果关系,而且间接侵权行为人存在明显的主观过错。这有助于提高专利撰写的质量,避免"多余指定原则"的适用。在此情况下,间接侵权行为人行为符合《侵权责任法》第 9 条第 1 款关于帮助侵权的构成要件,应当与直接侵权行为人承担连带责任。在特殊情况下,直接实施专利权的行为人为"非生产经营目的"的个人或直接实施专利权的行为属于 2008 年《专利法》第 69 条第(3)(4)(5)项的情形。由于直接实施行为不构成侵犯专利权,如果不能判令间接侵权行为人承担民事责任,则相当一部分通信、软件使用方法专利不能获得法律的有效或充分保护,不利于鼓励科技创新及保护权利人合法权益。

但是,由于直接实施人不侵犯专利权而由间接侵权行为人承担民事责任属于例外情况,应当符合下列要件:(1) 行为人明知有关产品系专门用于实施涉案专利技术方案的原材料、中间产品、零部件或设备等专用产品,未经专利权人许可,为生产经营目的向直接实施人提供该专用产品;(2) 该专用产品对涉案专利技术方案具有"实质性"作用,即原材料、中间产品、零部件或设备等有关产品对实现涉案专利技术方案而言,不但不可或缺,而且占有突出的重要地位,不是任何细小的、占据很次要地位的产品;(3) 该专用产品不具有"实质性非侵权用途",即原材料、中间产品、零部件或设备等有关产品并非通用产品或常用产品,除用于涉案专利技术方案外无其他合理的经济和商业用途;(4) 有证据证明存在直接实施人且该实施人属于"非生产经营目的"的个人或 2008 年《专利法》第 69 条第(3)(4)(5)项的情形。除第三个要件应当由间接侵权行为

---

① 北京市高级人民法院(2017)京民终 454 号民事判决书。
② 现规定于《民法典》侵权责任编第 1169 条。

人承担举证责任外,其他要件的举证责任应当由专利权人承担……本案中,包括个人用户在内的任何实施人均不能独自完整实施涉案专利。同时,也不存在单一行为人指导或控制其他行为人的实施行为,或多个行为人共同协调实施涉案专利的情形。在没有直接实施人的前提下,仅认定其中一个部件的提供者构成帮助侵权,不仅不符合上述帮助侵权的构成要件,也过分扩大了对权利人的保护,不当损害了社会公众的利益。据此,《最高人民法院关于审理侵犯专利权纠纷案件应用法律若干问题的解释(二)》第21条第1款的规定,索尼中国公司的行为不构成帮助侵权。

可见,即便认为间接侵权可以被视为一类独立的侵权行为,可对其责任构成和负担进行独立判断,但在具体认定中,依然要符合侵权判定的全部要件。本案中之所以认定索尼中国公司的行为不构成帮助侵权,主要的原因是不存在某一单一行为人完整实施覆盖专利权利要求全部技术特征的情形,即不符合上述帮助侵权的第四个构成要件。

第七章 侵权行为的抗辩

第一节 现有技术抗辩

一、现有技术抗辩的含义

现有技术抗辩,也称"公知技术抗辩",它是在诉讼程序中当事人对涉案专利新颖性的质疑。《专利法》第67条规定,现有技术抗辩,是指在专利侵权纠纷中,被控侵权人有证据证明其实施的技术属于现有技术的,不构成侵犯专利权。《最高人民法院关于审理侵犯专利权纠纷案件应用法律若干问题的解释》第14条第1款对此作了进一步规定,"被诉落入专利权保护范围的全部技术特征,与一项现有技术方案中的相应技术特征相同或者无实质性差异的,人民法院应当认定被诉侵权人实施的技术属于专利法第六十二条规定的现有技术"。

根据《专利法》第22条第5款的规定,现有技术是指专利申请日以前在国内外为公众所知的技术。现有技术的公开方式有:涉案专利申请日以前在世界任何地方通过公开的出版物发表、在国内外公开使用或以其他方式为公众所知。

现有技术抗辩是我国2008年修订《专利法》时新增加的制度。修订的理由是:"根据现行专利法的规定,在专利侵权案件中,被告认为专利权无效,必须向专利复审委员会提出复审申请;在专利复审委员会宣告专利权无效后,法院才可以判决被告不构成侵犯专利权。为防止恶意利用已公知的现有技术申请专利,阻碍现有技术实施,帮助现有技术实施人及时从专利侵权纠纷中摆脱出来,草案增加规定:在专利侵权纠纷中,被控告侵权人有证据证明自己实施的技术属于现有技术的,不构成侵犯专利权。据此,被控告侵权人无需向专利复审委员会提出复审申请,法院可直接判定被控告侵权人不侵权。"[①]

二、现有技术抗辩的法理基础

在专利侵权诉讼中设立现有技术抗辩制度的根本原因,在于专利权的保护范围不应覆盖现

[①] 参见2008年8月29日公布的《〈中华人民共和国专利法修正案(草案)〉的说明》,载中国人大网:http://www.npc.gov.cn/zgrdw/huiyi/lfzt/zlfxzaca/2008-08/29/content_1447395.htm,最后访问日期:2021年5月16日。

有技术,以及相对于现有技术而言显而易见并构成等同的技术。

现有技术抗辩不同于宣告专利权无效程序。在无效程序中,是将专利技术方案与现有技术进行对比,审查现有技术是否公开了专利技术方案,即专利技术方案相对于现有技术是否具有新颖性、创造性。而在侵权诉讼中,现有技术抗辩的审查对象则在于被控侵权技术方案与现有技术是否相同或等同,而不在于审查现有技术是否公开了专利技术方案。二者的审查对象和法律适用均有差异,即使国家知识产权局维持专利有效,也并不妨碍现有技术抗辩的成立。

之所以有这样的内在差异,是和我国专利法运行体制的内在设计有关。我国专利法深受欧洲大陆法律传统的影响,在体制设计上采用了专利有效性判定程序(即行政无效程序)和专利侵权判定程序(即民事侵权程序)二元并立的模式。行政无效程序是专利权效力的检验机制,也是专利申请审查程序的纠错机制,是对错误专利授权的救济。行政无效程序由国家知识产权局来主导运行,也就是说,对专利权效力的否定,只能通过国家知识产权局来进行审查和决定。民事侵权程序是侵害专利权行为的责任认定和分担机制,是对专利权人合法权益的救济。民事侵权程序由法院系统来主导运行,但是法院只能就专利侵权行为是否成立作出裁判,不能对专利权本身的效力作出肯定或者否定的意见。否则,就是取代了国家知识产权局的功能。

基于这种状况,在专利诉讼案件中,如果被告所实施的是明显属于公有领域的现有技术,还必须先向国家知识产权局提出复审申请,在国家知识产权局宣告专利权无效后,法院才可以判决被告不构成侵犯专利权,被告才可以证明自己的清白,显然耗时费力也显失公平。同时,又囿于专利法体制的局限,法院尚不能基于新颖性、创造性等理由直接否定专利权的效力。那么,一个变通的做法就是,在诉讼程序中引入现有技术抗辩。因此,除在专利权无效宣告程序中对专利权的法律效力进行审查外,通过在侵权诉讼中对被诉侵权人有关现有技术抗辩的主张进行审查,有利于及时化解纠纷,减少当事人诉累,实现公平与效率的统一,也有利于避免专利权的保护范围覆盖现有技术,侵入公共领域,从而更好地实现专利法保护和鼓励创新的立法目的。

三、现有技术抗辩的适用

《最高人民法院关于审理侵犯专利权纠纷案件应用法律若干问题的解释》第14条规定:被诉落入专利权保护范围的全部技术特征,与一项现有技术方案中的相应技术特征相同或者无实质性差异的,人民法院应当认定被诉侵权人实施的技术属于《专利法》第62条规定的现有技术。最高人民法院知识产权庭负责人就该解释答记者问时对此作了进一步的说明:现有技术抗辩是将被诉落入专利权保护范围的技术特征,而非被诉侵权人实施技术的全部技术特征,与一项现有技术相应的技术特征进行对比。如果两者相同或者无实质性差异,则可以认定被诉侵权人实施的技术属于现有技术,从而免除其侵权责任。这样可以节约程序,有利于及时定分止争,保护当事人的合法权益。在"施特里克斯有限公司与宁波圣利达电器制造有限公司、华普超市有限公司侵犯专利权纠纷申请再审案"[①]中,最高人民法院也指出,公知技术抗辩的适用仅以被控侵权产品中被指控落入专利权保护范围的全部技术特征,与已经公开的其他现有技术方案的相应技术特征是否相同或者等同为必要,不能因为被控侵权产品与专利权人的专利相同而排除公知技

---

① 最高人民法院(2007)民三监字第51-1号民事判决书。

术抗辩原则的适用。

审查现有技术抗辩时,涉及被控侵权技术方案、专利技术方案以及现有技术三类对象。如果三者相同,则肯定不构成侵权,但实际情况往往是三者之间存在等同或者两两相同的情况。对于这种现实存在的情况,如何安排比对顺序成为一个需要解决的问题。从现行《专利法》的要求可知,比对的核心就是被控侵权技术与现有技术,而不是将现有技术与专利技术方案进行对比。因此,比对方法可以是将被诉侵权技术方案与现有技术进行对比,如果两者相同,则构成现有技术抗辩。在两者并非相同的情况下,审查时可以专利权利要求为参照,确定被诉侵权技术方案中被指控落入专利权保护范围的技术特征,并判断现有技术是否公开了与之相同或者等同的技术特征。

现有技术抗辩的成立,并不要求被诉侵权技术方案与现有技术完全相同、毫无区别,对于被诉侵权产品中与专利权保护范围无关的技术特征,在判断现有技术抗辩能否成立时应不予考虑。被诉侵权技术方案与专利技术方案是否相同或者等同,与现有技术抗辩能否成立亦无必然关联。

但是,在司法实践中,对现有技术抗辩如何引用对比技术方案,存在不同意见:一种观点认为,现有技术抗辩的基础是破坏专利的创造性,因此可以运用多篇对比文件相结合;另一种观点认为,现有技术抗辩的基础是破坏专利的新颖性,应当仅能运用一篇对比文件进行比对,并结合本领域公知常识。

在目前的司法政策中,一般认为,现有技术允许以一份对比文件中记载的一项技术方案与公知常识的简单组合主张现有技术抗辩。① 在"苏州工业园区新海宜电信发展股份有限公司与南京普天通信股份有限公司、苏州工业园区华发科技有限公司侵犯专利权纠纷案"②中,江苏省高级人民法院认为,现有技术抗辩是指在专利侵权纠纷中被控侵权人以其实施的技术属于现有技术为由,对抗专利侵权指控的不侵权抗辩事由。如被控侵权人有充分证据证明其实施的技术方案属于一份对比文件中记载的一项现有技术与所属领域技术人员广为熟知的常识的简单组合,则应当认定被控侵权人主张的现有技术抗辩成立,被控侵权物不侵犯涉案专利权。

在现有技术抗辩中还涉及现有技术证据公开时间的认定问题。对于以专利文件作为对比文件,关于证据的公开时间一般不会存在太大争议;但以实物证据或相关技术资料作为现有技术证据时,对于公开时间的证明则较为困难,司法实践中也存在严格的标准。在"马维理与贝罗修复科技(北京)有限公司侵害实用新型专利权纠纷再审案"③中,最高人民法院认定,现有技术抗辩证据应当形成完整的证据链,明确证明现有技术在专利申请日之前已经公开使用,如该产品的进口报关单证、原产地证明、装箱单、往来信函或者该产品的维修、培训、组装、宣传等证据都可以作为证据证明。在未形成完整证据链的情况下,现有技术抗辩不能成立。

此外,关于现有技术抗辩的提出时间,法律和司法解释均没有明确规定。一般认为,在一审程序中没有提出现有技术抗辩,如果允许被诉侵权人在二审或再审程序中才提出现有技术抗辩或者提交新的现有技术证据进行抗辩,对现有技术抗辩的审理会造成审级缺失,从而有损专利权人的程序利益,也增加司法审理的负担。过去曾有地方法院允许被告在二审阶段才提交现有技

---

① 参见最高人民法院民事审判第三庭编:《知识产权审判指导》2010年第1期,人民法院出版社2010年版,第34页。
② 参见《最高人民法院公报》2010年第10期。
③ 最高人民法院(2015)民提字第59号民事判决书。

术证据进行抗辩,例如,在"嘉兴杰欣园艺景观有限公司、嘉兴市隆森景观设施有限公司侵害实用新型专利权纠纷案"[1]中,浙江省高级人民法院就允许隆森公司在二审中提交了一个花箱实物和一份授权公告号为 CN201709171U 的专利作为现有技术抗辩的证据,并认为隆森公司的现有技术抗辩成立,其被诉行为未侵害杰欣公司涉案专利权。但是,在 2017 年"再审申请人唐山先锋印刷机械有限公司与被申请人天津长荣印刷设备股份有限公司、一审被告常州市恒鑫包装彩印有限公司侵害发明专利权纠纷案"[2]中,最高人民法院明确指出,专利侵权案件中,被诉侵权人在申请再审程序中以新的证据主张现有技术抗辩,表面上系以新证据为由申请再审,但实质上相当于另行提出新的现有技术抗辩。如允许被诉侵权人在申请再审程序中无限制地提出新的现有技术抗辩,与专利权人应当在一审法庭庭审辩论终结前固定其主张的权利要求相比,对专利权人显失公平,且构成对专利权人的诉讼突袭,亦将架空一、二审诉讼程序。因此,在申请再审程序中以新的证据主张现有技术抗辩的,法院不应予以支持。易言之,最高人民法院认为,被诉侵权人应当在一审法庭庭审辩论终结前提出现有技术抗辩。

四、抵触申请抗辩的适用

依照《专利法》第 22 条的规定可知,抵触申请是指在专利申请日以前,任何单位或个人向专利行政部门提出并在申请日后(含申请日)公开的同样的发明或实用新型专利申请。现有技术则是指在专利申请日前已为国内外公众所知晓的技术。根据该条规定,在对专利进行审查时,抵触申请和现有技术具有相同的意义,即均损害专利的新颖性,并对专利的效力产生直接影响。

但在司法实践中,对于能否适用抵触申请抗辩,现行法律和司法解释并没有规定,有的地方法院在案件审理中直接适用抵触申请抗辩判断是否构成侵权,例如,在"原告邱则有因与被告湘潭市多伦房地产开发有限公司、湘潭市双旺建设工程有限公司侵犯发明专利权纠纷案"[3]中,长沙市中级人民法院认为,依法受保护的专利权是具有新颖性、创造性和实用性的技术方案。根据《专利法》第 22 条第 2 款的规定,专利的新颖性,是指在申请日以前没有同样的发明或者实用新型在国内外出版物上公开发表过、在国内公开使用过或者以其他方式为公众所知现有技术,也没有同样的发明或者实用新型在申请日以前向国务院专利行政部门提出过申请,并记载在申请日以后公布的专利申请文件或者公告的专利文件中。该条中前者系在先申请并已在先公开的现有技术,而后者申请在先公布在后的专利申请就被称为审查申请的抵触申请。简而言之,即损害专利新颖性的现有技术和抵触申请。因此,在专利侵权案件审理中,被控侵权人可以援引现有技术、抵触申请进行不侵权抗辩。

有的法院则认为不应当适用抵触申请抗辩,例如,在"黎俊文与周颖珊等侵犯实用新型专利权纠纷上诉案"[4]中,上诉人主张已经公开的专利抵触申请属于公知技术,被控侵权技术与公知

---

[1] 浙江省高级人民法院(2017)浙民终 798 号民事判决书。
[2] 最高人民法院(2017)最高法民申 768 号民事裁定书。
[3] 长沙市中级人民法院(2009)长中民三初字第 0336 号民事判决书。
[4] 广东省高级人民法院(2008)粤高法民三终字第 16 号民事判决书。

技术实质相同而不构成侵权,广东省高级人民法院审理后认为,本案为侵犯实用新型专利权纠纷,涉案专利的新颖性和创造性问题不属于法院的审理范围而未予认可。2009 年《最高人民法院关于审理侵犯专利权纠纷案件应用法律若干问题的解释(征求意见稿)》曾规定抵触申请抗辩,①但在 2009 年《最高人民法院关于审理侵犯专利权纠纷案件应用法律若干问题的解释》中又删除了该规定。2011 年 12 月 6 日印发的《最高人民法院关于充分发挥知识产权审判职能作用推动社会主义文化大发展大繁荣和促进经济自主协调发展若干问题的意见》第 14 条也曾指出:"被诉侵权人以实施抵触申请中的技术方案或者外观设计主张其不构成专利侵权的,可以参照现有技术或者现有设计抗辩的审查判断标准予以评判。"

在"陈顺弟与乐雪儿专利侵权纠纷再审案"②中,最高人民法院首次正式采纳了抵触申请抗辩:"乐雪儿公司用于主张现有技术抗辩的实用新型专利的申请日虽早于涉案专利申请日,但授权公告日晚于涉案专利申请日,故不构成现有技术,但依法构成抵触申请。由于抵触申请能够破坏对比专利技术方案的新颖性,故在被诉侵权人以实施抵触申请中的技术方案主张其不构成专利侵权时,应该被允许,并可以参照现有技术抗辩的审查判断标准予以评判。"在"广东雅洁五金有限公司与上海普奇实业有限公司、王朋生侵害外观设计专利权纠纷申请再审案"③中,最高人民法院再次申明,由于抵触申请能够破坏对比专利设计的新颖性,故被控侵权人以实施抵触申请中的外观设计主张不构成侵权时,应该被允许,并可以参照现有设计抗辩的审查判断标准予以评判。

因此,被诉侵权人以其实施的技术属于抵触申请为由,主张未侵犯涉案专利权的,人民法院可以参照适用《专利法》第 67 条、《最高人民法院关于审理侵犯专利权纠纷案件应用法律若干问题的解释》第 14 条等有关现有技术抗辩的规定,对抵触申请抗辩进行认定。

抵触申请抗辩的目的在于证明被控侵权技术属于"抵触申请"所记载的技术,而不在于直接否定涉案专利的效力。因此,在专利侵权诉讼中,被告主张抵触申请的抗辩时,应当证明其实施的技术属于抵触申请中所记载的技术,即被诉侵权技术与一项抵触申请所记载技术方案中的相应技术特征相同或无实质性差异。例如,在"邱则有与长沙市桔洲建筑工程有限公司侵害发明专利权纠纷案"④中,法院认为,"王本淼专利权利要求所请求保护的范围仅限于被控侵权产品空心楼盖中的空心箱体部分,二者系解决不同的技术问题,存在显著差异;在王本淼专利申请文件的实施例一中,虽然记载了现浇空心楼盖的技术方案,但该技术方案与被控侵权产品被诉落入涉案专利权保护范围的全部技术特征并不相同或无实质性差异。因此不构成抵触申请抗辩"。

但是,由于抵触申请与现有技术的含义和性质存在一定差异,故抵触申请抗辩的审查判断标

---

① 《最高人民法院关于审理侵犯专利权纠纷案件应用法律若干问题的解释(征求意见稿)》第 17 条规定:发明或者实用新型专利侵权诉讼的被诉侵权人主张现有技术抗辩,被诉侵权技术方案中被诉落入专利权保护范围的全部技术特征与一项现有技术方案的相应技术特征相同或者等同的,人民法院应当认定为专利法第六十二条规定的"被控侵权人有证据证明其实施的技术属于现有技术"。被诉侵权人以已经公开的专利抵触申请主张不侵权抗辩的,人民法院可以参照适用前款规定。第 18 条规定,外观设计专利侵权诉讼的被诉侵权人主张现有设计抗辩,被诉侵权设计与一项现有的产品的外观设计相同或者相似的,人民法院应当认定为专利法第六十二条规定的"被控侵权人有证据证明其实施的设计属于现有设计"。被诉侵权人以已经公开的专利抵触申请主张不侵权抗辩的,人民法院可以参照适用前款规定。
② 最高人民法院(2013)民提字第 225 号民事判决书。
③ 最高人民法院(2014)民申字第 1772 号民事裁定书。
④ 《人民法院案例选》2012 年第 1 辑(第 49 号)。

准应与抵触申请的性质相适应,而与现有技术抗辩的审查判断标准存在一定差异。根据《专利法》第 22 条第 2 款的规定,"抵触申请"所记载的技术方案的公开时间在专利申请日之后,不构成该专利的现有技术,故仅可以评价专利的新颖性。与之不同的是,根据《专利法》第 22 条第 2、3 款的规定,现有技术既可以评价技术方案的新颖性,也可以与其他现有技术或者公知常识结合,评价技术方案的创造性。

综上,抵触申请仅仅可以被用来单独评价技术方案的新颖性,既不可以与现有技术或者公知常识结合,更不可以用于评价技术方案的创造性。因此,只有在被诉侵权技术方案的各项技术特征均已被抵触申请单独、完整地公开,相对于抵触申请不具有新颖性时,才可以认定抵触申请抗辩成立。如果被诉侵权的技术方案相较于抵触申请存在差异并具有新颖性,或者被诉侵权人主张将抵触申请与现有技术或者公知常识结合后进行抗辩的,抵触申请抗辩均不能成立。①

第二节 现有设计抗辩

一、现有设计抗辩的含义

现有设计抗辩也是我国 2008 年修订《专利法》时新增加的制度。现有设计抗辩与现有技术抗辩类似,是指在诉讼程序中当事人对涉案专利新颖性提出的质疑。根据《专利法》第 67 条的规定,现有设计抗辩,是指在专利侵权纠纷中,被控侵权人有证据证明其实施的设计属于现有设计的,不构成侵犯专利权。

《专利法》第 23 条规定,现有设计,是指申请日以前在国内外为公众所知的设计。《最高人民法院关于审理侵犯专利权纠纷案件应用法律若干问题的解释》第 14 条第 2 款进一步规定:"被诉侵权设计与一个现有设计相同或者无实质性差异的,人民法院应当认定被诉侵权人实施的设计属于专利法第六十二条规定的现有设计。"

二、现有设计抗辩的法理基础

现有设计抗辩是指在专利侵权纠纷中,被控侵权人有证据证明其实施的设计属于现有设计,因而不落入涉案外观设计专利权保护范围的一种抗辩事由。

现有设计抗辩制度的正当性在于,根据《专利法》第 23 条的规定,授予专利权的外观设计,应当同现有设计不相同和不相近似,因而专利权人只能就其相对于现有设计的创新性贡献申请专利并获得保护,不能把已经进入公有领域或者属于他人的创新性贡献的部分纳入其保护范围。

因此,如果被控侵权人能够证明其实施的设计属于涉案专利申请日前的现有设计,就意味着其实施行为未落入涉案外观设计专利权的保护范围。在我国现行专利法体制实行专利有效性判

---

① 最高人民法院(2015)民申字第 188 号民事裁定书。

定程序和专利侵权判定程序二元并立的模式下,如果不允许被控侵权人在专利侵权民事诉讼中主张现有设计抗辩,在被控侵权产品属于现有设计的情况下依然认定构成侵犯涉案专利权,则会导致外观设计专利权的保护范围与专利权人的创新性贡献不相适应,也会助长恶意利用已公知的现有设计申请专利的不良风气。

所以,允许被控侵权人在外观设计专利侵权民事诉讼中提出现有设计抗辩,是我国专利法所规定的外观设计专利权授权条件及保护范围确定的应有之义。正是基于这种考虑和对长期以来人民法院审查现有设计抗辩的司法实践经验的总结,2008年修正的《专利法》第62[①]条明确规定了现有设计抗辩事由。[②]

三、现有设计抗辩的适用

根据《专利法》第23条的规定,现有设计是指外观设计专利申请日以前在国内外出版物上公开发表过或者国内公开使用过的外观设计。判断被控侵权人的现有设计抗辩是否成立,当然首先应将被控侵权产品的设计与一项现有设计相对比,确定两者是否相同或者无实质性差异。如果被控侵权产品的设计与一个现有设计相同,则可以直接确定被控侵权人所实施的设计属于现有设计,不落入涉案外观设计专利的保护范围。如果被控侵权产品的设计与现有设计并非相同,则应进一步判断两者是否无实质性差异,或者说两者是否相近似。如果被诉侵权设计与现有设计相同或无实质性差异的,则不构成侵犯专利权。

对于"无实质性差异"的判断步骤,最高人民法院在相关案件的裁判中有两种裁判思路:

一种思路是直接将被诉侵权设计与现有设计相比对,整体视觉效果上不存在实质性差异即认定现有设计抗辩成立。例如,在"福建南安市新东源石业有限公司与佛山市施朗格石砖有限公司侵害外观设计专利权纠纷申请再审案"[③]中,最高人民法院即将被诉侵权产品与对比文件相比较后认为,二者的主要区别在于:前者的方框内形成的图案为两个"C"字母开口相对而立,后者的方框内形成的图案是两个"S"字母背对而立。经比对,二者的内部条纹组成方式存在明显差异,该差异已对整体视觉效果产生显著影响,构成实质性差异,因此,对比文件不足以支持现有设计抗辩。同样地,在"泰安通利达水处理设备有限公司与泰安市双龙水处理设备有限公司侵害外观设计专利权纠纷申请再审案"[④]中,最高人民法院也是将被诉侵权产品与现有设计比较后认为,二者的整体形状近似,虽然在局部或者细节上存在差别,但所述差别对整体视觉效果不具有显著影响。因此,被诉侵权产品与现有设计的整体视觉效果没有实质性差异。

另一种思路是以现有设计为坐标,将涉案专利、被诉侵权设计、现有设计进行分别比对,作出综合判断。在"株式会社普利司通与浙江杭廷顿公牛橡胶有限公司、北京邦立信轮胎有限公司侵害外观设计专利权纠纷申请再审案"[⑤]中,最高人民法院认为,实质性差异的有无或者说近似

---

① 现规定于2020年《专利法》第67条。
② 最高人民法院(2010)民提字第189号民事判决书。
③ 最高人民法院(2016)最高法民申1770号民事裁定书。
④ 最高人民法院(2016)最高法民申584号民事裁定书。
⑤ 最高人民法院(2010)民提字第189号民事判决书。

性的判断是相对的,如果仅仅简单地对比被控侵权产品的设计与现有设计,可能会忽视二者之间的差异以及这些差异对二者整体视觉效果的影响,从而导致错误判断。因此,在被控侵权产品的设计与现有设计并非相同的情况下,为了保证对外观设计专利侵权判定作出准确的结论,应以现有设计为坐标,将被控侵权产品的设计、现有设计和涉案专利三者分别进行对比,然后作出综合判断。具体比对方式为:首先,将涉案专利与现有设计进行比对,确定区别设计特征,该区别技术特征是涉案专利的创新之处,在整体视觉效果判断上更具有影响;其次,将被诉侵权设计与现有设计进行比对,在被诉侵权设计采用了现有设计与涉案专利的主要区别设计特征情况下,应当认为被诉侵权设计与现有设计存在实质性差异,现有设计不能成立,原审判决仅对被诉侵权设计和现有设计二者进行对比即作出现有设计抗辩成立的结论不当。该案被评为"2011 年中国法院知识产权司法保护 50 件典型案例"。同样地,在"丹阳市盛美照明器材有限公司与童先平侵害外观设计专利权纠纷申请再审案"①中,最高人民法院也采取了类似的方法,即判断现有设计抗辩是否成立,需要将现有设计与涉案专利设计以及被诉侵权设计分别进行比对,并在此基础上分析被诉侵权设计是否属于现有设计,现有设计抗辩是否成立。

理论上,有人将类似第二种的裁判思路概括为"三步比对法",即:首先,对比被诉侵权设计与现有设计,判断是否相同;其次,若被诉侵权设计与现有设计不相同,则进行三方对比,确定区别设计特征;最后,分析区别设计特征对整体视觉效果的影响。② 至于上述两种裁判思路以何种为准,最高人民法院并未予以明确。

此外,关于现有设计抗辩的提出时间,同现有技术抗辩一样,目前法律和司法解释均没有作出明确规定。目前的做法,主要是援引最高人民法院在"再审申请人唐山先锋印刷机械有限公司与被申请人天津长荣印刷设备股份有限公司、一审被告常州市恒鑫包装彩印有限公司侵害发明专利权纠纷案"③中就现有技术抗辩提出时间所确立的规则,即专利侵权案件中,被诉侵权人在申请再审程序中以新的证据主张现有技术抗辩,表面上系以新证据为由申请再审,但实质上相当于另行提出新的现有技术抗辩。例如,在"潍坊百适精密机械制造有限公司、艾默生电气公司侵害外观设计专利权纠纷案"④中,百适公司在申请再审程序中提交了证据 1 美国专利 USD0455603S 及其译文,并以此主张现有设计抗辩。对此,最高人民法院明确指出,在外观设计专利侵权案件中,被诉侵权人在申请再审程序中以新的证据主张现有设计抗辩,表面上系以新证据为由申请再审,但实质上相当于另行提出新的现有设计抗辩。如允许被诉侵权人在申请再审程序中无限制地提出新的现有设计抗辩,则对专利权人显失公平,不仅构成对专利权人的诉讼突袭,亦将架空一、二审诉讼程序。因此,对于被诉侵权人在申请再审程序中以新的证据主张现有设计抗辩的,原则上不应予以支持。

---

① 最高人民法院(2015)民申字第 633 号民事裁定书。
② 参见陆凤玉、朱秋晨:《现有设计抗辩的三步对比法》,载上海法院网:http://shfy.chinacourt.gov.cn/article/detail/2015/08/id/1688427.shtml,最后访问日期:2020 年 10 月 20 日。
③ 最高人民法院(2017)最高法民申 768 号民事裁定书。
④ 最高人民法院(2018)最高法民申 2475 号民事裁定书。

第三节 不视为侵犯专利权的情形

一、权利用尽

专利权用尽,也称专利权穷竭,是指对于经专利权人许可或者以其他方式合法投放市场的专利产品或者依照专利方法直接获得的产品,他人在购买之后无须经过专利权人的许可,即可使用、许诺销售、销售、进口该产品。

《专利法》第75条第(1)项规定,专利产品或者依照专利方法直接获得的产品,由专利权人或者经其许可的单位、个人售出后,使用、许诺销售、销售、进口该产品的,不视为侵害专利权。该条即所谓"专利权用尽"的规定。

专利法设立专利权用尽原则的理由在于:一方面,专利权人通过享有一定期间内的独占权能够控制专利产品的制造和首次销售,保障了专利权人能够对其作出发明创造付出的代价获取回报;另一方面,如果在专利权人自己或者其被许可人将其专利产品投放市场后,该产品的所有后续批发、零售、转让和使用还要再次经过专利权人的许可,必然会大大阻碍交易安全和便捷。所以,专利权用尽抗辩制度的设计目的,旨在确保经合法售出(包括专利权人自己售出或者经专利权人许可的人售出)的专利产品在市场上的后续流通和使用免受专利权的过分限制,从而在专利权人就专利权所享的独占实施利益与社会公众合理再利用专利产品的利益之间维持适度的平衡。故专利权用尽抗辩一旦成立,使用、许诺销售、销售或进口专利产品等一系列后续行为,均不被视为侵犯专利权的行为,从而实施这一系列后续行为的被诉者,既无须承担停止侵权的法律责任,也无须向专利权人承担赔偿责任。

专利权用尽抗辩成立的关键在于使用、许诺销售、销售或进口的被诉产品确实购自专利权人或者专利权人许可的单位,而该事实要件须由被诉者举证证明。

需要指出的是,专利权用尽原则只能使涉及合法售出的产品本身的专利权被权利用尽,而不能认为合法售出的实施专利方法或制造专利产品的专用设备或者专用元件、部件就导致产品或方法专利权也被权利用尽。只有专利产品或者依照专利方法直接获得的产品才存在专利权用尽的问题,而单纯的"使用方法专利"由于不涉及产品,故一般不存在权利用尽的问题。

根据北京市高级人民法院发布的《专利侵权判定指南(2017)》第131条的规定,专利权用尽抗辩存在的情形主要包括:(1)专利权人或者其被许可人在中国境内售出其专利产品或者依照专利方法直接获得的产品后,购买者在中国境内使用、许诺销售、销售该产品;(2)专利权人或者其被许可人在中国境外售出其专利产品或者依照专利方法直接获得的产品后,购买者将该产品进口到中国境内以及随后在中国境内使用、许诺销售、销售该产品;(3)专利权人或者其被许可人售出其专利产品的专用部件后,使用、许诺销售、销售该部件或将其组装制造专利产品;(4)方法专利的专利权人或者其被许可人售出专门用于实施其专利方法的设备后,使用该设备实施该方法专利。

二、先用权

（一）先用权的权利本质

先用权,即先行实施的权利,是指在专利申请日前已经制造与专利产品相同的产品或者使用与专利方法相同的方法,或者已经做好制造、使用的准备的,依法可以在原有范围内继续制造该项产品或者使用该项方法的权利。《专利法》第75条第(2)项规定:在专利申请日前已经制造相同产品、使用相同方法或者已经作好制造、使用的必要准备,并且仅在原有范围内继续制造、使用的,不视为侵犯专利权。

由于我国专利法采用先申请制,对一项发明创造来说,首先提出专利申请的人并不一定是最先作出或实施该发明创造的人,因此,在该专利申请之前,可能已经有他人独自研究出与申请专利的发明同样的发明或者以合法的方法获知了同样的发明,并且已经开始实施该发明创造或者为实施该发明创造作好了必要的准备。如果存在上述情况,允许后来就此发明申请并获得专利权的人凭借其专利权禁止先用者继续进行其实施行为,则显失公平,故《专利法》第75条第(2)项规定,在专利申请日前已经制造相同产品、使用相同方法或者已经作好制造、使用的必要准备,并且仅在原有范围内继续制造、使用的,不视为侵犯专利权。上述规定,是对先申请制的一种补充,其目的是在合理保护专利权人合法权益的前提下,同时保护社会及公众的利益。所以,先用权存在的意义是基于公平原则,而对先申请日原则的补救措施。在法理上体现了"效率优先,兼顾公平"的价值理念。

在性质上,先用权并不是一项独立存在的权利,它仅仅是一种对抗侵害专利权指控的抗辩权。换言之,无侵权指控,即无进行先用权抗辩的必要。

（二）先用权的构成要件

根据《专利法》第75条、《最高人民法院关于审理侵犯专利权纠纷案件应用法律若干问题的解释》第15条的规定,判断先用权抗辩是否成立应当考察以下四个条件:

第一,先用技术的来源。先用技术必须是先用权人自己独立完成或者通过其他合法途径获知的技术。例如,发明人甲的朋友违反保密义务向乙泄露了甲发明的新产品的技术内容。乙在明知的情况下立即开始制造相同产品,而甲又在发生泄密事件后6个月内申请专利并获得授权。那么,甲获得专利权后,乙是不能继续在原有范围内制造相同产品的。但是,如果发明人甲首先在中国政府举办的国际博览会上展出其发明的新产品,随后又在6个月内申请专利并获得授权。而乙通过参加该博览会知晓了该发明的技术方案,并在甲的专利申请日之前制造了相同产品。那么,此时甲获得专利权后,乙就能够继续在原有范围内制造相同产品。《最高人民法院关于审理侵犯专利权纠纷案件应用法律若干问题的解释》第15条第1款规定:被诉侵权人以非法获得的技术或者设计主张先用权抗辩的,人民法院不予支持。

第二,先用行为的地域。能够享受先用权的在先实施行为和实施行为的必要准备必须是在专利权有效的法域内进行的行为。例如,在"蒂森克虏伯机场系统(中山)有限公司与中国国际海运集装箱(集团)股份有限公司、深圳中集天达空港设备有限公司侵害发明专利权纠纷案"①中,法院认为,在专利申请日前已经制造相同产品、使用相同方法或者已经作好制造、使用的必要准备,并且仅在原有范围继续制造、使用的,不视为侵犯专利权。由于知识产权的地域性,在专利申请日前制造相同产品、使用相同方法是指在中国实施,并非国外。

第三,先用行为的时间。能够享受先用权的在先实施行为和实施行为的必要准备必须是在专利申请日之前进行的行为。专利申请日之前,是指在先实施行为或者实施行为的必要准备必须在申请日之前发生,且一直持续到申请日。即上述行为在申请日之前不能处于停止状态,除非该停止是由于不可抗力造成的。《最高人民法院关于审理侵犯专利权纠纷案件应用法律若干问题的解释》第15条第4款规定,先用权人在专利申请日后将其已经实施或作好实施必要准备的技术或设计转让或者许可他人实施,被诉侵权人主张该实施行为属于在原有范围内继续实施的,人民法院不予支持,但该技术或设计与原有企业一并转让或者承继的除外。

第四,先用行为的内涵。先用行为包括在先实施行为和实施行为的必要准备。先用权抗辩是否成立的关键在于,被诉侵权人在专利申请日前是否已经实施专利或者为实施专利作好了技术或者物质上的必要准备。所谓"在先实施行为",如果按照《专利法》第75条第(2)项的字面理解,是指"相同产品的制造以及相同方法的使用",但一般认为应当理解为"相同产品的制造、使用、许诺销售、销售以及相同方法的使用以及使用、许诺销售、销售依照该方法直接获得的产品"。所谓"实施行为的必要准备",是一个事实问题,须具体问题具体分析。一般可理解为实施行为所必不可少的各种物质条件、资金条件、人员条件等。《最高人民法院关于审理侵犯专利权纠纷案件应用法律若干问题的解释》第15条第2款规定:"有下列情形之一的,人民法院应当认定属于专利法第六十九条第(二)项规定的已经作好制造、使用的必要准备:(一)已经完成实施发明创造所必需的主要技术图纸或者工艺文件;(二)已经制造或者购买实施发明创造所必需的主要设备或者原材料。"但是,药品生产批件是药品监管的行政审批事项,与先用权抗辩的认定没有关系,其是否取得药品生产批件,对先用权抗辩是否成立不产生影响。②

(三)先用权的实施范围

先用人继续实施的范围限于"原有范围"。根据《最高人民法院关于审理侵犯专利权纠纷案件应用法律若干问题的解释》第15条第3款的规定,《专利法》第75条第(2)项规定的原有范围,包括专利申请日前已有的生产规模以及利用已有的生产设备或者根据已有的生产准备可以达到的生产规模。

关于主张先用权主体的问题,最高人民法院认定,在制造商享有先用权的情况下,作为制造商的交易对象、被诉侵权产品的销售商也可以提出先用权抗辩。在销售商提出合法来源,并就其提交的证据审查后能够认定制造商先用权成立的情况下,如果简单地要求追加制造商为当事人或者驳回销售商的抗辩,一方面会增加当事人诉累,另一方面也与享有先用权的制造商生产的产品可以合法流通相违背。因此,被诉的侵权产品销售商可以主张制造商享有先用权。在"谭启

---

① 广东省高级人民法院(2013)粤高法民三终字第38号民事判决书。
② 最高人民法院(2011)民申字第1490号民事裁定书。

仁与杭州奥普电器有限公司专利侵权纠纷再审申请案"[1]中,最高人民法院认为,产品的定制方对于产品一般都会有自己的技术要求,掌握相关的技术信息,一般可视为生产者,享有先用权。

但是,如果将技术许可给不是同一民事主体的他人使用,也不能被认为是在原有范围内继续使用。例如,在"蒂森克虏伯机场系统(中山)有限公司与中国国际海运集装箱(集团)股份有限公司、深圳中集天达空港设备有限公司侵害发明专利权纠纷案"[2]中,法院认为,上诉人蒂森中山公司以获得他人许可为由,主张被诉侵权产品享有先用权,但是因为许可方与被许可方并非同一民事主体,也不符合该技术与原有企业一并转让或者承继的情形,即使其获得许可的技术与被诉侵权产品相同,法院也依法不能支持其先用权主张。

三、临时过境

《专利法》第 75 条第(3)项规定,临时通过中国领陆、领水、领空的外国运输工具,依照其所属国同中国签订的协议或者共同参加的国际条约,或者依照互惠原则,为运输工具自身需要而在其装置和设备中使用有关专利的,不视为侵害专利权。专利法规定本抗辩的意义在于便利国际交通运输。

这一抗辩情形最早源于《巴黎公约》第 5 条之三。该条规定:在本联盟任何国家内,下列情况不应认为是侵害专利权人的权利:本联盟其他国家的船舶暂时或偶然地进入上述国家的领水时,在该船的船身、机器、船具、装备及其他附件上使用构成专利对象的器械,但以专为该船的需要而使用这些器械为限;本联盟其他国家的飞机或陆上车辆暂时或偶然地进入上述国家时,在该飞机或陆上车辆的构造或操作中,或者在该飞机或陆上车辆附件的构造或操作中使用构成专利对象的器械。

根据《专利法》的规定,享受临时过境抗辩必须具备两个条件:第一,外国运输工具临时通过中国领陆、领水、领空。所谓"临时通过",包括暂时入境和偶然入境。"暂时入境"包括定期进入。"偶然入境"包括因迷航或船舶失事等意外原因而入境。第二,必须是为运输自身需要而在其装置和设备中使用有关专利产品或方法。但是临时过境不包括用交通运输工具对专利产品的"转运",即从一个交通运输工具转到另一个交通运输工具的行为。

四、为科学研究和实验目的

《专利法》第 75 条第(4)项规定,专为科学研究和实验而使用有关专利的,不视为侵犯专利权。专利法规定这项抗辩事由的意义在于鼓励科学技术研究。这也是和《专利法》第 1 条所规定的"促进科学技术进步"的立法目的吻合的。学理上一般称之为实验性使用例外。

实验性使用例外起源于美国联邦最高法院在 1813 年审理的 Whittemore v.Cutter 案[3]。此案被告在未经专利权人授权的情况下,制造被告所设计的扑克牌制造装置,以验证该装置是否真具

---

[1] 最高人民法院(2015)民申字第 1546 号民事裁定书。
[2] 广东省高级人民法院(2013)粤高法民三终字第 38 号民事判决书。
[3] 29 Fed.Cas.1120,1121,(C.C.D.Mass.1813).

有原设计者所称的功效。专利权人随后对被告提起侵权诉讼。斯托里(Story)法官认为,虽然被告的某些行为的确落入了专利权的权利范围,然而,专利法的立法目的不是惩罚一个仅仅为了进行科学性实验(philosophical experiment),或是为了验证该装置是否能够产生其所描述功效的充分性而制造装置的人。为此,斯托里法官第一次明确提出,仅仅是为了科学性实验,或为了确认专利产品能否产生所描述的效果而使用专利产品,不构成对专利权的侵犯。北京市高级人民法院发布的《专利侵权判定指南(2017)》第135条规定,专为科学研究和实验,是指专门针对专利技术方案本身进行的科学研究和实验,其目的是研究、验证、改进他人专利技术,在已有专利技术的基础上产生新的技术成果。专为科学研究和实验而使用有关专利的行为,包括该研究实验者自行制造、使用、进口有关专利产品或使用专利方法的行为,也包括他人为该研究试验者制造、进口有关专利产品的行为。

五、Bolar 例外

《专利法》第75条第(5)项规定,为提供行政审批所需要的信息,制造、使用、进口专利药品或者专利医疗器械的,以及专门为其制造、进口专利药品或者专利医疗器械的,不视为侵害专利权。此项抗辩在学理上被称为 Bolar 例外,它是指仅为获得和提供药品或者医疗器械行政审批所需要的信息而以特定方式实施专利时,不构成侵权。这项规定是2008年修订《专利法》时新增加的。

Bolar 例外源自1984年美国联邦巡回上诉法院审理的 Roche Products, Inc. v. Bolar Pharmaceutical Co., Inc 案[①]。此案被告 Bolar 公司为了抢占仿制药市场,在原告 Roche 公司的药品专利尚未到期的情况下,就使用该专利药品进行仿制试验,以收集美国食品药品管理局上市批准所要求的数据,以便尽可能地提早药品的上市时间。一审法院认为,由于 Bolar 公司对专利药品的使用量较为微小,故不构成侵权。但在二审时,美国联邦巡回上诉法院推翻了一审判决。Nichlos 法官认为,实验性使用例外的适用范围"十分狭窄"(truly narrow),Bolar 公司的行为完全是出于商业目的,而不是为了满足好奇心或者严格的科学探索,所以不符合实验性使用例外的条件,因而侵害了 Roche 公司的专利权。尽管 Bolar 公司败诉,却推动了美国在《药品价格竞争和专利期补偿法》(Drug Price Competition and Patent Restoration Act,也称为 Hatch-Waxman 法案)和《专利法》中增加了为行政审批目的的侵权例外规定。

Bolar 例外的意义是便于公众在药品或医疗器械专利权保护期届满后及时获得价格较低的药品和医疗器械。因为在药品或者医疗设备专利权的保护期届满之后,其他厂商就可生产仿制药品及医疗器械,这能够降低价格,利于公众。但是依照我国《药品管理法》《药品管理法实施条例》以及《药品注册管理办法》等相关药品管理法律法规、部门规章的规定,在药品公司生产一种其以前所未生产过的药品之前,都必须经过国家药品监督管理部门的审批。因此,如果不允许其他厂商在专利权保护期间届满之前为行政审批而实施专利权的话,在专利权终止后的相当一段期间内,将没有仿制产品进入市场,这等于变相地延长了专利权的保护期,不利于维护公众利益。故《专利法》第75条第(5)项规定了 Bolar 例外。

---

① 733 F.2d 858(1984).

要构成 Bolar 例外,需要符合两个条件:第一,行为目的限于"为提供行政审批所需要的信息"。行政审批所需要的信息,是指《药品管理法》《药品管理法实施条例》以及《药品注册管理办法》等相关药品管理法律法规、部门规章等规定的实验资料、研究报告、科技文献等相关材料。第二,行为类型限于两种情况:一种是仿制药品或者医疗器械的研究试验者本人为获取行政审批所需要的信息而制造、使用、进口专利药品或者专利医疗器械的行为;另一种是他人为研究试验者获取行政审批所需要的信息而制造、进口专利药品或者专利医疗器械的行为,但不包括其他应当被认定为侵害专利权的行为,如许诺销售、销售等行为。

六、默示许可

专利默示许可(implied license),是指专利权人虽然没有以书面或者口头形式作出明确的许可意思表示,但其行为或者特定情形下的沉默足以使相对人认为专利权人已经作出了许可的意思表示,从而成立的专利许可形态。"此种默示授权乃基于法律上禁反言原理(doctrine of estoppel)而来。即由专利权人之行为,使行为人相信他自己有权在专利下操作或可以实施,不虞被诉侵害专利权,且该人因信赖此引诱(Inducement),进而实施时,此后专利权人不能对该人主张专利权之侵害。"[①]也就是说,默示许可的法理基础是信赖利益保护,根本上是诚实信用原则的体现。

1927 年,美国联邦最高法院在 De Forest Radio Telephone Company v.United States 一案中曾对专利默示许可进行解释:"一项制造或者使用专利产品的许可并不依赖于正式的表述,它还可以从专利权人作出的暗示其允诺许可同时保留追偿权的言语或者行动中推定出来,并作为后续侵权诉讼中的抗辩事由。"[②]

我国《专利法》和相关司法解释迄今尚未明确规定默示许可。2008 年修改《专利法》时,曾将第 12 条所规定的"任何单位或者个人实施他人专利的,应当与专利权人订立书面实施许可合同"改为"任何单位或者个人实施他人专利的,应当与专利权人订立实施许可合同",即删去了专利实施许可合同的"书面"要件。据相关负责人介绍,"其主要目的并非在于鼓励人们以口头方式订立专利实施许可合同,而在于通过此举为在必要的情况下认定实施专利的默示许可扫除障碍"。[③]

最高人民法院在"微生物公司与福药公司、辽宁省知识产权局等专利侵权纠纷处理决定案"[④]中也曾肯定默示许可的存在,根据 2000 年修正的《专利法》第 12 条的规定,任何单位或者个人实施他人专利的,应当与专利权人订立书面实施许可合同,向专利权人支付专利使用费。该规定并非强制性规定,未订立书面实施许可合同并不意味着必然不存在专利实施许可合同关系。因此,专利实施许可并不只有书面许可一种方式,默示许可亦是专利实施许可的方式之一。例如,如果某种物品的唯一合理的商业用途就是用于实施某项专利,专利权人或者经专利权人许可

[①] 杨崇森:《专利法理论与应用》(修订二版),三民书局 2008 年版,第 438—439 页。
[②] De Forest Radio Tel.Co.v.United States,273 U.S.236(1927).
[③] 尹新天:《中国专利法详解》,知识产权出版社 2011 年版,第 172 页。
[④] 最高人民法院(2011)知行字第 99 号行政裁定书。

的第三人将该物品销售给他人的行为本身就意味着默示许可购买人实施该项专利。

但是,专利权人向他人提供专利图纸的行为一般认为不构成默示许可。在"再审申请人范俊杰与被申请人亿辰公司侵害实用新型专利权纠纷案"[①]中,最高人民法院认为,虽然范俊杰确实曾向设计院提供涉案专利图纸进行推广,设计院也是在范俊杰所提供图纸的基础上作了《供货合同》所附图纸的设计,但由于设计院本身并不涉及专利产品的制造、销售和使用,范俊杰也未与设计院签订实施许可合同,未要求或者主张支付使用费,设计院甚至主张范俊杰从未告知涉及专利技术,因此从范俊杰的上述推广行为中并不能得出范俊杰许可设计院实施其专利的意思表示,更无法得出范俊杰许可设计方案的具体实施者宏运公司、亿辰公司实施涉案专利的意思表示。

在我国司法实践中,对专利默示许可的讨论主要集中在涉及标准的领域。2008年7月,《最高人民法院关于朝阳兴诺公司按照建设部颁发的行业标准〈复合载体夯扩桩设计规程〉设计、施工而实施标准中专利的行为是否构成侵犯专利权问题的函》[(2008)民三他字第4号,简称4号函]中曾首次提及标准中的专利默示许可。该函强调:"鉴于目前我国标准制定机关尚未建立有关标准中专利信息的公开披露及使用制度的实际情况,专利权人参与了标准的制定或者经其同意,将专利纳入国家、行业或者地方标准的,视为专利权人许可他人在实施标准的同时实施该专利,他人的有关实施行为不属于专利法第十一条所规定的侵害专利权的行为。专利权人可以要求实施人支付一定的使用费,但支付的数额应明显低于正常的许可使用费;专利权人承诺放弃专利使用费的,依其承诺处理。"

但在2012年再审"张晶廷与子牙河公司案"[②]时,最高人民法院又变相废除了前述4号函中关于专利默示许可的规定。该案一审法院曾认为,涉案专利系地方标准。本标准属公开有偿使用的技术,任何单位和个人未经权利人允许不得使用。子牙河公司承建的住宅楼未经专利权人许可,采用了涉案专利技术,构成侵权行为。二审法院则认为,根据最高人民法院4号函的规定,涉案专利被纳入河北省地方标准,专利权人张晶廷参与了该标准的制定,故应视为专利权人张晶廷许可他人在实施标准的同时实施该专利,子牙河公司的有关实施行为不属于《专利法》第11条所规定的侵害专利权的行为。简言之,专利权人张晶廷受专利默示许可的约束。但是,最高人民法院在再审时却认为,上述复函是对个案的答复,不应作为裁判案件的直接依据予以援引。本案2006年规程为推荐性标准,张晶廷履行了专利披露义务。该规程的实施者不能从中推断出,2006年规程不包含专利技术或者专利权人向公众开放了免费的专利使用许可的意图。实施该标准,应当取得专利权人的许可,根据公平、合理、无歧视原则,支付许可费。在未经专利权人许可使用、拒绝支付许可费的情况下,原则上,专利侵权救济不应当受到限制。这就意味着,最高人民法院否定了4号函中关于专利默示许可的规定。

但是,随着通信等技术领域的发展,专利与标准的结合已成为大势所趋。2013年12月,国家标准化管理委员会和国家知识产权局联合发布了《国家标准涉及专利的管理规定(暂行)》,第一次明确了国家标准制定和修订中的专利信息披露程序。同时明确了国家标准中涉及的专利应当是必要专利,即实施该项标准必不可少的专利。此后,在《中华人民共和国专利法修改草案

---

① 最高人民法院(2013)民提字第223号民事判决书。
② 最高人民法院(2012)民提字第125号民事判决书。

(征求意见稿)》以及在此基础上调整的《中华人民共和国专利法修订草案(送审稿)》中都曾规定标准必要专利的默示许可制度,但在后续形成的《中华人民共和国专利法修正案(草案)》中删除了相关的内容。2016年《最高人民法院关于审理侵犯专利权纠纷案件应用法律若干问题的解释(二)》第24条第1款进一步明确:"推荐性国家、行业或者地方标准明示所涉必要专利的信息,被诉侵权人以实施该标准无需专利权人许可为由抗辩不侵犯该专利权的,人民法院一般不予支持。"显然,最高人民法院明确废除了前述4号函中关于专利默示许可的规定,即认为即使专利被纳入标准仍应当获得专利权人的明确许可。

第四编

救济理论

第八章 权利救济一般理论

第一节 民事救济与刑事制裁的边界

一、民事救济的功能

专利权本质上是一种私权,属于无体财产权。专利侵权行为发生后,专利权人有权获得私法救济即民事救济。《民法典》第176条规定,"民事主体依照法律规定或者按照当事人约定,履行民事义务,承担民事责任"。依照《专利法》第11条规定,专利权人以外的任何人都负有不实施其专利的义务;该法第65条规定,未经专利权人许可实施其专利的,即侵犯其专利权。相应地,《民法典》第179条进一步规定了停止侵害、排除妨碍、消除危险、返还财产、恢复原状、赔偿损失、赔礼道歉和消除影响、恢复名誉等十一种民事责任的承担方式。其中,返还财产、恢复原状是侵害有体物行为的侵权责任承担方式;赔礼道歉和消除影响、恢复名誉是侵害人格权行为的民事责任承担方式。

专利权作为财产权,一般不涉及赔礼道歉、消除影响、恢复名誉等侵害人格权行为的法律责任。例如,在"3M公司诉浙江道明投资有限公司侵犯发明专利权纠纷案"[①]中,上海市第二中级人民法院认为,"关于原告要求被告在《法制日报》《文汇报》上赔礼道歉、消除影响的诉讼请求,本院认为,鉴于被告的专利侵权行为并未侵犯原告的人身权利和精神权利,原告也没有证据证明被告的侵权行为给原告的商誉造成了不良影响,故本院对于原告的该项诉讼请求不予支持"。同样地,在"福建福晶科技有限公司诉烁光特晶科技有限公司侵犯专利权纠纷案"[②]中,北京市第二中级人民法院也认为,"鉴于专利权属于财产性权利,福晶公司要求烁光公司赔礼道歉、消除影响的诉讼请求,缺乏依据,本院不予支持"。因此,专利侵权的民事救济主要包括停止侵害、排除妨碍、消除危险、赔偿损失这四种方式。

民事救济旨在实现对侵权行为的矫正,使得权利人恢复权利被侵害之前的状态。具体而言,各种救济措施发挥着不同的功能:其一,停止侵害、排除妨碍、消除危险等救济措施的作用在于停止正在进行或者将来还会继续进行的侵权行为,预防未来侵权行为的发生,回复专利权这一绝对

[①] 上海市第二中级人民法院(2008)沪二中民五(知)初字第262号民事判决书。
[②] 北京市第二中级人民法院(2003)二中民初字第08782号民事判决书。

权的圆满状态。其二,赔偿损失这种救济措施的作用在于填补侵权行为对专利权人造成的实际损失,使得专利权人的财产状况恢复到损害未发生的状态。此外,我国2020年第四次修正的《专利法》第71条对"情节严重"的专利故意侵权行为规定了惩罚性赔偿这种民事责任。惩罚性赔偿突破了损害赔偿的填平原则,对专利恶性侵权行为予以制裁和遏制,具有威慑潜在侵权人的作用。

二、刑事制裁的功能

假冒专利行为不仅构成对公众的欺诈,而且破坏了国家专利管理秩序,有可能会损害社会公共利益,专利法对此提供了公法救济即刑事制裁。另外,德国、日本等国专利法规定,专利侵权行为也构成犯罪,应予以刑事处罚。

刑事制裁的目的是预防犯罪,刑事制裁的功能确保了该目的之实现。一方面,自由刑、财产刑等刑事制裁措施从外部限制、消除了再犯的条件,通过剥夺、限制犯罪人的权利起到了威慑犯罪人的作用,通过刑罚的制定、适用与执行起到了教育感化犯罪人的作用,这实现了对犯罪人本人的特殊预防;另一方面,刑事制裁能够威慑有犯罪意念的危险分子,对法制观念淡薄的不稳定分子进行专利制度方面的法制教育,补偿受害人所遭受的损失,强化公民对市场竞争秩序的规范意识,这实现了对犯罪人以外一般人的特殊预防。①

三、民事救济与刑事制裁的划定

(一)专利侵权的民事救济

1. 民事救济的法律途径

专利侵权行为发生后,法律从侵权人、专利权人这两个方面确保了对民事权益的民事救济:一方面,对侵权人而言,法律规定了侵权人从事侵权行为后应承担相应的侵权责任;另一方面,对专利权人而言,法律规定了专利权人在其专利遭受侵害后可以行使相应的请求权。《民法典》第120条规定,民事权益受到侵害的,被侵权人有权请求侵权人承担侵权责任。相应地,《民法典》第179条规定的停止侵害、排除妨碍、消除危险、赔偿损失这四种侵权责任承担方式,即专利权人能够向侵权人主张的承担侵权责任请求权的具体内容。

2. 民事救济的类型

依据不同的标准,可以将停止侵害、排除妨碍、消除危险、赔偿损失这四种侵权责任承担方式或者请求权分为不同的民事救济类型。

(1)绝对权请求权与损害赔偿请求权

依据性质的不同,可以将专利权人依法获得的民事救济方式分为绝对权请求权与损害赔偿请求权。绝对权请求权是指被专利权人据以排除对专利权这一绝对权构成侵害、妨碍或危险的侵权行为,从而确保专利权这一绝对权之圆满状态的请求权。停止侵害、排除妨碍、消除危险这

---

① 参见张明楷:《刑法学》(第五版),法律出版社2016年版,第518—521、734、823页。

三种侵权责任承担方式,在性质上属于绝对权请求权。绝对权请求权从属于所保护的绝对权即专利权,对专利权人以外的任何人都发生排斥效力,在适用绝对权请求权时无须考虑被侵权人是否遭受损害、侵权人有无过错。①

损害赔偿请求权是指专利权人请求侵权人赔偿其因侵权行为而遭受的损害的请求权。赔偿损失属于典型的损害赔偿请求权。损害赔偿请求权是独立的债法请求权,其保护的是受到损害的专利权,在适用时以过错责任为最基本之归责原则,无过错责任须有法律明文规定方能适用。②

(2)预防型请求权与补救型请求权

依据功能的不同,可以将专利权人依法获得的民事救济方式分为预防型请求权与补救型请求权。预防型请求权是指专利权被侵害或者有被侵害之虞时,专利权人可以向侵权人主张的请求权。停止侵害、排除妨碍和消除危险这三种侵权责任承担方式,在功能上属于预防型请求权。预防型请求权在侵权行为尚未给专利权人的专利权造成损害,但已经构成侵害、妨碍或危险时,或者侵权行为已经造成损害,而侵害、妨碍仍然存在时,为专利权人提供事先的保护。专利权人尚未实际遭受损害时,只能主张预防型请求权;专利权人已经遭受损害而侵权行为仍在继续的,既可以请求侵权人赔偿损失,也可以主张预防型请求权。③

补救型请求权是在侵权行为已经给专利权人造成损害时,为专利权人提供的事后救济。赔偿损失这种侵权责任承担方式,在功能上属于补救型请求权。补救型请求权的功能是使专利权人遭受损害的专利权回复到侵权行为没有发生时的状态。④

3. 民事救济的内容

(1)停止侵害

行为人实施了专利侵权行为,并且侵权行为正在继续的,专利权人可以请求法院责令行为人停止侵害。停止侵害实际上是要求侵权人不实施专利侵权行为,即不实施相关专利。⑤ 停止侵害是最有效、最直接的防止继续专利侵权行为的方法。⑥ 如果侵权人的被诉侵权产品落入了专利权利要求的保护范围,侵权人应当承担停止侵害的民事责任。停止制造、销售侵权产品,是停止侵害的必要措施之一。⑦ 广东省高级人民法院在 2014 年审理"蒂森克虏伯机场系统公司与中国国际海运集装箱公司、深圳中集天达空港设备公司、广州市白云国际机场公司侵害发明专利权纠纷案"时判定,"根据不同侵权行为的特点,人民法院判决停止侵害的具体方式有所不同。在侵害专利权纠纷中,为了确保侵害行为继续实施,法院判决要求侵权人销毁侵权产品的成品、半成品及专用生产模具和零配件是符合法律规定的"。⑧

---

①② 参见程啸:《侵权责任法》(第三版),法律出版社 2021 年版,第 746—747 页。
③④ 参见程啸:《侵权责任法》(第三版),法律出版社 2021 年版,第 747—748 页。
⑤ 参见陈甦主编:《民法总则评注》(下册),法律出版社 2017 年版,第 1276 页。
⑥ 参见汤宗舜:《专利法教程》(第三版),法律出版社 2003 年版,第 243 页。
⑦ "无锡国威陶瓷电器有限公司、蒋国屏与常熟市林芝电热器件有限公司、苏宁易购集团股份有限公司侵害实用新型专利权纠纷案",参见最高人民法院(2018)最高法民再 111 号民事判决书;"株式会社岛野与宁波市日骋工贸有限公司专利侵权案",参见最高人民法院(2012)民提字第 1 号民事判决书。
⑧ 广东省高级人民法院(2013)粤高法民三终字第 38 号民事判决书。

（2）排除妨碍

排除妨碍是指行为人实施的行为使得专利权人无法行使或者不能行使其专利权，专利权人可以要求行为人排除权利行使的障碍。停止侵害相当于英美法系的禁止性禁令，要求侵权人通过不作为来停止其侵害；排除妨碍则相当于英美法系的命令性禁令，要求侵权人通过作为来停止其侵害。① 排除妨碍与停止侵害的区别在于，前者涉及权利行使的问题，后者涉及权利本身持续性受侵害的问题。

（3）消除危险

消除危险是指行为人从事的行为导致专利权人的专利权面临现实的危险时，专利权人可以要求行为人采取有效措施消除该现实危险。这体现了对未来侵害的预防。这种责任方式的适用以现实危险的存在为前提。② 一方面，在行为人有可能会从事专利侵权行为或者侵权人有可能继续从事专利侵权行为，从而造成专利权人面临损害的危险时，专利权人可以请求法院责令行为人或者侵权人销毁专门用以制造侵权产品的工具和材料；另一方面，在专利侵权产品尚未在市场中流通而未造成替代专利产品即专利权人损害的后果，但具有造成专利权人现实损害的可能性时，如果法律对这种损害持否定评价，那么，专利权人可以请求法院采取责令侵权人销毁侵权产品、销毁侵权产品宣传资料等消除危险的救济措施。最高人民法院在2012年审理"株式会社岛野与宁波市日骋工贸有限公司专利侵权案"时判定："由于本案被诉侵权产品落入本案专利保护范围，日骋公司生产和销售被诉侵权产品的行为构成侵犯本案专利权，应当承担停止侵害、消除危险、赔偿损失的民事责任……销毁尚未售出的剩余侵权产品是消除危险的必要措施之一，可以防止侵权产品进入销售渠道，若日骋公司存在尚未售出的侵权产品，应当予以销毁……日骋公司在其不同时期印制的产品宣传册中均印有本案侵权产品RD-HG-30A、RD-HG-40A型自行车后拨链器，此种行为属于许诺销售行为，销毁印有本案侵权产品的尚未发放的产品宣传资料，是消除危险的必要措施之一。日骋公司若存有印有本案侵权产品的尚未发放的产品宣传资料，应当销毁。对于株式会社岛野关于判令日骋公司销毁剩余的印有侵权产品的宣传资料的诉讼请求，本院予以支持。"③

（4）赔偿损失

赔偿损失是指侵权人向专利权人支付一定数额的金钱，以弥补后者遭受的损失。其目的是补偿损害，使受损害的专利权得到相应救济。相较其他责任方式，赔偿损失须以损失的实际存在为构成要件。侵权人的专利侵权产品进入市场交易，会产生替代专利权人专利产品市场的后果，导致相应专利产品的销售数量减少，专利权人因此遭受的销售利润损失，即实际损失。关于实际损失的金钱数额，专利权人应当承担证明责任。根据《专利法》第71条规定，侵犯专利权的赔偿数额按照权利人因被侵权所受到的实际损失或者侵权人因侵权所获得的利益确定。权利人的损失或者侵权人获得的利益难以确定的，参照该专利许可使用费的倍数合理确定。赔偿数额还应当包括权利人为制止侵权行为所支付的合理开支。《最高人民法院关于审理专利纠纷案件适用法律问题的若干规定》第14条规定，实际损失可以根据专利权人的专利产品因侵权所造成销售

---

① 参见陈甦主编：《民法总则评注》（下册），法律出版社2017年版，第1277—1278页。
② 参见陈甦主编：《民法总则评注》（下册），法律出版社2017年版，第1278页。
③ 最高人民法院（2012）民提字第1号民事判决书。

量减少的总数乘以每件专利产品的合理利润所得之积计算。权利人销售量减少的总数难以确定的,侵权产品在市场上销售的总数乘以每件专利产品的合理利润所得之积可以视为实际损失。侵权人因侵权所获得的利益可以根据该侵权产品在市场上销售的总数乘以每件侵权产品的合理利润所得之积计算。侵权人因侵权所获得的利益一般按照侵权人的营业利润计算,对于完全以侵权为业的侵权人,可以按照销售利润计算。该解释第15条规定,权利人的损失或者侵权人获得的利益难以确定,有专利许可使用费可以参照的,人民法院可以根据专利权的类型、侵权行为的性质和情节、专利许可的性质、范围、时间等因素,参照该专利许可使用费的倍数合理确定赔偿数额。

(5)惩罚性赔偿

2020年《专利法》新增第71条规定,对故意侵犯专利权,情节严重的,可以在按照上述方法确定数额的1倍以上5倍以下确定赔偿数额。赔偿数额还应当包括权利人为制止侵权行为所支付的合理开支。惩罚性赔偿是侵权人给付专利权人超过其实际损失数额的一种金钱赔偿,是一种集补偿、惩罚、遏制等功能于一身的赔偿制度。由于惩罚性赔偿制度在一定程度上背离了损害赔偿的填平原则,故而其在构成要件上更为严格:第一,行为人具有侵权的故意;第二,要有损害事实,且该事实具有相当的严重性;第三,损害事实和行为之间要有因果关系。①

(二)假冒专利的刑事制裁

我国法律只对假冒专利行为施加刑事制裁。根据《专利法》第68条的规定,假冒专利不仅应当承担民事责任,对于构成犯罪的假冒专利行为依法还应追究刑事责任。《刑法》第216条规定了"假冒专利罪":假冒他人专利,情节严重的,处3年以下有期徒刑或者拘役,并处或者单处罚金。《最高人民法院、最高人民检察院关于办理侵犯知识产权刑事案件具体应用法律若干问题的解释》第10条规定,实施下列行为之一的,属于《刑法》第216条规定的"假冒他人专利"的行为:(1)未经许可,在其制造或者销售的产品、产品的包装上标注他人专利号的;(2)未经许可,在广告或者其他宣传材料中使用他人的专利号,使人将所涉及的技术误认为是他人专利技术的;(3)未经许可,在合同中使用他人的专利号,使人将合同涉及的技术误认为是他人专利技术的;(4)伪造或者变造他人的专利证书、专利文件或者专利申请文件的。该解释第4条规定,假冒他人专利,具有下列情形之一的,属于《刑法》第216条规定的"情节严重":(1)非法经营数额在20万元以上或者违法所得数额在10万元以上的;(2)给专利权人造成直接经济损失50万元以上的;(3)假冒两项以上他人专利,非法经营数额在10万元以上或者违法所得数额在5万元以上的;(4)其他情节严重的情形。

第二节 侵犯专利权的诉讼时效

为了促使权利人及时行使权利,维护交易秩序和安全,我国民法规定了诉讼时效制度。诉讼

---

① 参见陈甦主编:《民法总则评注》(下册),法律出版社2017年版,第1275、1282页。

时效制度是指权利人不行使权利的事实状态经过法定期间,其权利行使将受到阻碍的制度。诉讼时效制度具有促使权利人行使权利、保护第三人信赖利益、稳定社会秩序、减缓债务人的证明责任、合理配置司法资源、平衡权利人与义务人之间利益等功能。① 专利权等知识产权属于民事权利范畴,对专利权的保护当然也适用诉讼时效制度。诉讼时效制度能够促进专利权人及时行使权利、保护第三人信赖利益、稳定未经许可实施专利所形成的社会秩序,有助于专利法促进发明创造推广应用目的之实现。② 诉讼时效的期间、诉讼时效的起点、诉讼时效的中断,是诉讼时效制度的主要内容。《专利法》除了第 74 条关于专利侵权诉讼时效期间、诉讼时效起算、临时保护期发明使用费诉讼时效期间及起算的规定之外,对诉讼时效制度并无其他特殊规定。因此,《民法典》关于最长诉讼时效期间、时效期间届满法律效果、法院不得主动实用诉讼时效制度、诉讼时效中止、诉讼时效中断等的规定,也适用于专利侵权纠纷、临时保护期发明使用费纠纷。

一、诉讼时效的期间

(一)《专利法》规定的诉讼时效期间

1. 专利侵权诉讼时效期间

(1) 专利侵权诉讼时效期间的性质

根据《专利法》第 74 条第 1 款规定,侵犯专利权的诉讼时效为 3 年。我国 1984 年制定《专利法》时,《民法通则》尚未出台,鉴于当时我国对诉讼时效没有统一的上位法规定,因此有必要在《专利法》中规定专利侵权的诉讼时效期间。③ 1986 年发布的《民法通则》第 135 条规定:向人民法院请求保护民事权利的诉讼时效期间为 2 年,法律另有规定的除外。可见,当时《专利法》规定的专利侵权诉讼时效期间属于《民法通则》规定的普通诉讼时效期间。④ 为了适应我国近年来民事权利义务关系更趋复杂的新形势,更好地保护债权人合法权益,以利于建设诚信社会,2017 年发布的《民法总则》以及 2020 年颁布的《民法典》第 188 条第 1 款都将普通诉讼时效的期间从 2 年延长为 3 年。⑤ 2020 年《专利法》将 2008 年《专利法》规定的 2 年诉讼时效期间延长为 3 年,契合了《民法典》的规定。⑥

(2) 专利侵权诉讼时效期间的适用对象

专利侵权诉讼时效期间,指的是专利权人行使请求权的诉讼时效期间。依体系解释,《民法典》第 188 条第 1 款规定的"向人民法院请求保护民事权利的诉讼时效期间",指的是权利人向法院提出保护民事权利的请求即权利人行使请求权的诉讼时效期间。《民法典》第 190 条、第 191 条明确将诉讼时效的适用对象限于"请求权"。《民法典》第 192 条规定,诉讼时效期间届满时,"义务人可以提出不履行义务的抗辩",诸如支配权、形成权、抗辩权等请求权以外的权利并

---

① 参见陈甦主编:《民法总则评注》(下册),法律出版社 2017 年版,第 1346—1348 页。
② 参见尹新天:《中国专利法详解》(缩编版),知识产权出版社 2012 年版,第 589—591 页。
③ 参见尹新天:《中国专利法详解》(缩编版),知识产权出版社 2012 年版,第 568 页。
④ 参见尹新天:《中国专利法详解》(缩编版),知识产权出版社 2012 年版,第 588 页。
⑤ 参见陈甦主编:《民法总则评注》(下册),法律出版社 2017 年版,第 1343 页。
⑥ 参见陈甦主编:《民法总则评注》(下册),法律出版社 2017 年版,第 1349—1350 页。

不存在"履行义务"的问题，因此不会面临诉讼时效期间届满的抗辩。《民法典》第194条明确规定，权利人因存在诉讼时效中止事由而"不能行使请求权"时，诉讼时效中止；该法第196条也将不适用诉讼时效的权利明确规定为相应的"请求权"。

在专利侵权纠纷中适用诉讼时效制度的请求权，仅限于损害赔偿请求权。根据《民法典》第196条第（1）项的规定，停止侵害、排除妨碍、消除危险这三种请求权不适用诉讼时效制度。这三种请求权不适用诉讼时效制度的原因，在于此类请求权与诉讼时效制度之间不具有兼容性。停止侵害、排除妨碍针对的是继续性侵害行为，本质上不可能适用诉讼时效制度；消除危险针对的是未来可能发生的侵害危险，诉讼时效本身无法起算。若这些请求权适用诉讼时效制度，不利于对权利的保护，难以确定请求权的诉讼时效期间起算点。此外，由于这三种请求权指向现实的侵害和危险，而现实的侵害和危险排除了向不特定第三人呈现权利不存在状态的可能，不特定第三人无法产生相应的绝对权请求权不存在的信赖，故而，对于这三种请求权而言，没有适用诉讼时效制度以保护第三人信赖利益、稳定社会秩序功能的必要性。①《最高人民法院关于审理专利纠纷案件适用法律问题的若干规定》第17条"权利人超过三年起诉的，如果侵权行为在起诉时仍在继续，在该项专利权有效期内，人民法院应当判决被告停止侵权行为"的规定，实际意味着停止侵害请求权不适用诉讼时效制度。②

2. 临时保护期发明使用费诉讼时效期间

（1）发明专利申请的早期公开与临时保护

我国对发明专利申请实行的是"早期公开、延迟审查"机制。发明专利申请经初步审查合格予以公布后，任何人都可以通过阅读公布的申请文件了解发明的内容并加以实施。从国家知识产权局公布发明专利申请到公告其授予专利权决定这段时间内，申请人尚未取得专利权，他人未经许可实施发明并不构成专利侵权，申请人既不能请求其停止实施，也不能提起侵权诉讼并请求损害赔偿。如果发明专利申请公布后，发明因发明专利申请被驳回、被撤回、被视为撤回、被视为放弃而未被授予专利权，那么，这段时间内的发明实施行为当然不会引发纠纷。相反，如果发明经实质审查合格而被授予专利权，那么，这段时间内的发明实施行为明显损害了申请人的利益，允许他人在这段时间内任意实施相关发明对申请人并不公平。③

有鉴于此，《专利法》在发明专利申请公布之后、专利权被授予之前的这段时间内，对发明专利申请提供了"临时保护"。《专利法》第13条规定："发明专利申请公布后，申请人可以要求实施其发明的单位或者个人支付适当的费用。"据此，在发明专利申请公布后至专利权授予前这段临时保护期间内，他人未经许可实施相应发明的，申请人可以要求对方支付适当使用费。

（2）临时保护期发明使用费诉讼时效期间的性质

根据《专利法》第74条第2款的规定，发明专利申请公布后至专利权授予前使用该发明未支付适当使用费的，专利权人要求支付使用费的诉讼时效为3年。我国1984年制定的《专利法》只有关于专利侵权诉讼时效的规定，2000年第二次修改《专利法》时增加了关于临时保护期

---

① 参见陈甦主编：《民法总则评注》（下册），法律出版社2017年版，第1417页。
② 参见尹新天：《中国专利法详解》（缩编版），知识产权出版社2012年版，第595页。
③ 参见尹新天：《中国专利法详解》（缩编版），知识产权出版社2012年版，第126—127页；王迁：《知识产权法教程》（第六版），中国人民大学出版社2019年版，第314页。

发明使用费诉讼时效的规定,诉讼时效期间为 2 年。1986 年《民法通则》第 135 条规定的普通诉讼时效期间为 2 年;2017 年《民法总则》第 188 条第 1 款将普通诉讼时效期间从 2 年延长为 3 年。因此,在 2017 年《民法总则》施行之前,《专利法》规定的临时保护期发明使用费诉讼时效期间属于普通诉讼时效期间;2017 年《民法总则》施行之后,它属于《民法总则》第 188 条第 1 款第 2 句规定的特别诉讼时效期间,2020 年《民法典》保留了《民法总则》第 188 条第 1 款的规定;2020 年《专利法》将临时保护期发明使用费诉讼时效的期间延长为 3 年,它属于普通诉讼时效期间。

(3) 临时保护期发明使用费诉讼时效期间的适用对象

临时保护期发明使用费诉讼时效期间,指的是专利权人行使临时保护期发明使用费支付请求权的诉讼时效期间。虽然申请人依据《专利法》第 13 条"可以要求"在临时保护期内实施相应发明者支付适当使用费,但是,申请人只有等到发明专利申请被授予专利权而成为"专利权人"之后,才有权请求他人对于在临时保护期内实施其发明的行为支付适当使用费。这是因为,在发明专利申请公布后,申请人是否能够获得专利权尚不确定:一方面,如果发明专利申请被授予专利,自公告授予发明专利权之日起,原来的申请人亦即随后的专利权人对其发明创造所能获得的保护就不再是"临时保护",而是对专利权的"正式保护",临时保护至此告终;另一方面,如果发明因发明专利申请被驳回、被撤回、被视为撤回、被视为放弃而未被授予专利权,那么,自国家知识产权局依据《专利法实施细则》第 90 条第(3)项规定公布或者公告上述事项之日起,原来对发明专利申请的临时保护自始即不存在。在发明是否会被授予专利权结局待定的情况下,申请人强制要求实施者支付适当使用费缺乏权利基础,没有充分理由。因此,申请人在被授予专利权之前并不具有请求实施者支付适当使用费的权利,他只有被授予专利权而成为专利权人之后,才能基于专利权获得相应的临时保护期发明使用费支付请求权,从而能够通过法律途径要求他人对于在临时保护期内实施其发明的行为支付适当使用费。

我国相关法律法规和司法解释也表明,只有在发明专利权被授予之后,原来的申请人亦即随后的专利权人才基于专利权获得了临时保护期发明使用费支付请求权。《专利法实施细则》第 85 条规定,对于在发明专利申请公布后专利权授予前使用发明而未支付适当费用的纠纷,当事人请求管理专利工作的部门调解的,应当在专利权被授予之后提出。由于调解程序位于诉讼程序之前,专利权人也只有在被授予专利权之后才能就适当使用费的纠纷向法院起诉。故而,尽管申请人可以在临时保护期内要求在此期间实施发明者支付适当使用费,但在对方拒绝支付相应使用费而产生纠纷的情况下,当事人只有等到发明专利权授予之后才能向法院起诉,否则法院将不予受理。[①]《最高人民法院关于审理侵犯专利权纠纷案件应用法律若干问题的解释(二)》第 18 条第 2 款规定,发明专利申请公布时申请人请求保护的范围与发明专利公告授权时的专利权保护范围不一致,被诉技术方案均落入上述两种范围的,人民法院应当认定被告在前款所称期间(即发明专利申请公布日至授权公告日期间)内实施了该发明;被诉技术方案仅落入其中一种范围的,人民法院应当认定被告在前款所称期间内未实施该发明。一方面,如果发明专利申请公布时的权利要求保护范围小于发明专利公告授权时的权利要求保护范围,被告在临时保护期内所实施的技术方案只要落入了前者的范围,当然也会落入后者的范围,法院应当认定被告实施了相

[①] 参见尹新天:《中国专利法详解》(缩编版),知识产权出版社 2012 年版,第 126—127 页。

关发明;另一方面,如果发明专利申请公布时的权利要求保护范围大于发明专利公告授权时的权利要求保护范围,只有被告在临时保护期内所实施的技术方案落入了后者的范围从而当然落入前者的范围时,法院才能认定被告实施了相关发明;相反,被告在临时保护期内所实施的技术方案仅仅落入前者的范围而未落入后者的范围时,法院应认定被告未实施相关发明。这表明,只有权利要求中的技术方案被授予专利权之后,且他人在临时保护期内实施相同或者等同的技术方案时,才能认定其实施了相关发明,原来的申请人亦即随后的专利权人才能请求他人支付适当使用费。

(二)诉讼时效期间届满的效力

1. 专利侵权诉讼时效期间届满的效力

(1)侵权人取得拒绝承担损害赔偿责任的抗辩权

《民法典》第192条第1款规定,"诉讼时效期间届满的,义务人可以提出不履行义务的抗辩"。专利权人不行使损害赔偿请求权的事实状态持续经过2年后,诉讼时效期间届满,此时,侵权人取得拒绝履行即拒绝承担损害赔偿责任的抗辩权,专利权人请求权的行为受到阻碍。在效力方面,诉讼时效抗辩权属于永久性抗辩权,能够永久地阻止请求权,这有别于暂时阻止请求权的同时履行抗辩权、不安抗辩权、保证人的先诉抗辩权等一时性抗辩权或延期性抗辩权;在适用方面,诉讼时效抗辩权属于需要主张的抗辩权,法院在当事人未提出相应抗辩的情形下不得主动适用诉讼时效制度。这有别于请求权本身不存在的抗辩、请求权消灭的抗辩等无须主张的抗辩权,在上述情形下,当事人未提出相应抗辩的,法院有权主动依职权审查。[1]

诉讼时效届满并不导致专利权人损害赔偿请求权本身的消灭,专利权人仍可直接请求侵权人赔偿损失,也可将侵权人诉至法院,请求法院责令侵权人赔偿损失。依据《最高人民法院关于适用〈中华人民共和国民事诉讼法〉的解释》第219条第1句的规定,专利权人超过诉讼时效期间起诉的,人民法院应予受理。

(2)专利侵权人诉讼时效抗辩权的行使

抗辩权是针对请求权而存在的阻止请求权行使的权利,因此,只有在专利权人主张损害赔偿请求权的情况下,侵权人才能够行使抗辩权。专利权人尚未主张损害赔偿请求权的,抗辩权无从行使;损害赔偿请求权本身不存在、损害赔偿请求权因侵权人主动赔偿损失等而消灭的,不适用抗辩权。对于专利权人主张损害赔偿请求权的情形,如果损害赔偿请求权本身不存在或者因侵权人主动赔偿损失等而消灭,侵权人可以主张否认权,否认损害赔偿请求权的存在,但其证明责任要求较高,侵权人也可以援引《民法典》第192条第1款规定,主张因诉讼时效届满而拒绝履行的抗辩。[2]

专利侵权人在诉讼时效届满时取得的抗辩权,在适用方面属于"需要主张的抗辩",需由侵权人予以主张才能产生效力。这时,若侵权人主张诉讼时效期间届满的抗辩权以对抗专利权人的损害赔偿请求权,则该请求权的行使受到阻碍;若侵权人未主张诉讼时效期间届满的抗辩权而履行损害赔偿责任,或者在主张抗辩权之后继续履行损害赔偿责任,专利权人受领侵权人的损害

---

[1] 参见李永军:《民法总则》,中国法制出版社2018年版,第507—508页。
[2] 参见陈甦主编:《民法总则评注》(下册),法律出版社2017年版,第1381页。

赔偿金,不构成不当得利。由于这种抗辩权为需要主张的抗辩权,非经抗辩权人主张不能产生阻止请求权的效力,因此,即便侵权人不知时效期间已届满而未主张该抗辩权,亦不得以不知为由主张返还其向专利权人支付的损害赔偿金。①

侵权人行使诉讼时效抗辩权,不必写明"诉讼时效届满"的字样,也不必明确引用《民法典》的诉讼时效规定,只要其拒绝履行是以请求权因诉讼时效经过而不得再行使为理由,即属于行使诉讼时效抗辩权。依据《最高人民法院关于适用〈中华人民共和国民事诉讼法〉的解释》第219条第2句的规定,法院受理专利权人超过诉讼时效期间提起的诉讼后,侵权人提出诉讼时效抗辩,法院经审理认为抗辩事由成立的,判决驳回原告的诉讼请求。

(3)诉讼时效期间届满后侵权人对损害赔偿责任的承认和履行

《民法典》第192条第2款规定,"诉讼时效期间届满后,义务人同意履行的,不得以诉讼时效期间届满为由抗辩;义务人已经自愿履行的,不得请求返还"。

诉讼时效期间届满后,侵权人取得拒绝承担损害赔偿责任的抗辩权,专利权人的损害赔偿请求权本身并未消灭。诉讼时效抗辩权是"需要主张的抗辩",未经侵权人主张不产生效力。一方面,诉讼时效期间届满后,侵权人通过对损害赔偿责任作出承认、愿意履行的意思表示或者为责任提供担保等方式"同意履行"责任的,无论他是否知道诉讼时效期间届满这一事实,其都以不主张诉讼时效抗辩权的方式对并未消灭的损害赔偿责任予以承认,此后自然不能反悔。在侵权人知悉诉讼时效届满而同意履行的情况下,其不仅未主张抗辩权,且"同意履行"的意思表示也有放弃时效利益或者时效抗辩权的意思。另一方面,诉讼时效期间届满后,侵权人自愿履行损害赔偿责任的,无论其是否知道诉讼时效期间届满这一事实,只要其出于自愿履行义务,该履行行为即有效。诉讼时效期间届满并未导致损害赔偿请求权本身的消灭,此时请求权变为自然债②,权利人当然对债务的履行享有受领保持力,并不构成不当得利,不得要求返还。③

2. 临时保护期发明使用费诉讼时效期间届满的效力

专利权人不行使临时保护期发明使用费支付请求权的事实状态经过3年,诉讼时效期间届满。根据《民法典》第192条第1款的规定,在临时保护期内实施相关发明的实施者,取得拒绝履行适当使用费支付义务的抗辩权,专利权人请求权的行为受到阻碍。在实施者诉讼时效抗辩权的效力、行使以及对义务的承认和履行方面,适用的是类似于侵权人诉讼时效抗辩权的规则。

(三)法院不得主动适用诉讼时效制度

《民法典》第193条规定,人民法院不得主动适用诉讼时效的规定。主要理由在于:其一,这符合诉讼时效制度维护交易秩序和安全的立法目的。义务人对以其责任财产承担损害赔偿责任具有合理的预期,法院不主动适用诉讼时效制度,不会对义务人现在或者将来的行为产生结果不确定、不稳定的影响。其二,诉讼时效制度属于私法,诉讼时效抗辩权是民法实体法上的抗辩权,义务人对这种抗辩权的行使应遵循意思自治原则,法院不应主动

---

① 参见陈甦主编:《民法总则评注》(下册),法律出版社2017年版,第1381—1382页。
② 参见梁慧星:《民法总论》(第五版),法律出版社2017年版,第254页。
③ 参见陈甦主编:《民法总则评注》(下册),法律出版社2017年版,第1384—1386页。

干预。其三,根据民事诉讼的处分原则,基于民事诉讼的当事人主义诉讼模式,法院不应主动适用诉讼时效制度进行裁判。①

义务人在诉讼时效期间届满时取得的拒绝履行抗辩权,在适用方面属于需主张的抗辩,法院不得主动援引,这是《民法典》第192条第1款关于诉讼时效期间届满效力的规定所遵循的抗辩权发生主义的应有之义。但是,《民法典》第192条第1款对于时效进程中的时效中断、中止等障碍的主张和适用问题规定得并不明确。依据《民法典》第193条的规定,法院不得主动适用的诉讼时效制度,不仅包括《民法典》第192条第1款规定的诉讼时效届满的抗辩权取得制度,还包括诉讼时效的中断、中止等制度。②

二、诉讼时效的起点

(一)专利侵权诉讼时效期间的起算

《专利法》第74条第1款规定,专利侵权诉讼时效自专利权人或者利害关系人知道或者应当知道侵权行为以及侵权人之日起计算。这与《民法典》第188条第2款"诉讼时效期间自权利人知道或者应当知道权利受到损害以及义务人之日起计算"的规定一致。《民法典》采用权利人是否得以行使其请求权这种主观标准起算诉讼时效,符合诉讼时效制度的立法目的:权利人要行使请求权,首先要有权利受到侵害的认识,并且知道向何人主张请求权。当权利人具有这种认识可能性时,他才具有行使请求权的可能,从而能够合理期待他会积极地行使其请求权。如果权利人仅仅有权利受到侵害的认识可能性,而不具有对侵权人的认识可能性,那么,他就无从行使其请求权,诉讼时效制度"促使权利人及时行使权利"的目的也无法实现。③

因此,《专利法》采用了专利权人是否得以行使其请求权这种主观标准计算诉讼时效;而在认定专利权人是否得以行使其请求权时,则以专利权人是否知道或者应当知道专利权受到侵害以及侵权人为准。此处的"专利权人",是指专利权受到侵害的人;专利权人欠缺完全行为能力时,是指专利权人的法定代理人。④ 此处的"利害关系人",包括独占、排他许可合同的被许可人以及依照法律规定已经继承或正在发生继承的专利权的继承人等。⑤ 此处的"知道",指专利权人或者利害关系人已经了解到专利权受到侵害及侵权人的事实。此处的"应当知道",指一个理

---

① 参见陈甦主编:《民法总则评注》(下册),法律出版社2017年版,第1389页。注:《民法总则》的相关规定在《民法典》中保持未变。
② 参见陈甦主编:《民法总则评注》(下册),法律出版社2017年版,第1389页。注:《民法总则》的相关规定在《民法典》中保持未变。
③ 参见陈甦主编:《民法总则评注》(下册),法律出版社2017年版,第1351—1353页。
④ 参见陈甦主编:《民法总则评注》(下册),法律出版社2017年版,第1353页。
⑤ 《最高人民法院关于全国部分法院知识产权审判工作座谈会纪要》第二部分"关于严格诉讼程序问题"第(一)项"收案范围和案件受理问题"规定,知识产权民事纠纷案件的起诉人,可以是合同当事人、权利人和利害关系人。利害关系人包括独占、排他许可合同的被许可人、依照法律规定已经继承或正在发生继承的知识产权中财产权利的继承人等。《最高人民法院关于对诉前停止侵犯专利权行为适用法律问题的若干规定》第1条第2款规定,可以向法院提出诉前责令停止侵权行为申请的利害关系人,"包括专利实施许可合同的被许可人、专利财产权利的合法继承人等"。

性人在同样情况下能够知道其专利权受到侵害以及侵权人的事实。①

（二）临时保护期发明使用费诉讼时效期间的起算

《专利法》第74条第2款规定，"发明专利申请公布后至专利权授予前使用该发明未支付适当使用费的，专利权人要求支付使用费的诉讼时效为三年，自专利权人知道或者应当知道他人使用其发明之日起计算，但是，专利权人于专利权授予之日前即已知道或者应当知道的，自专利权授予之日起计算"。

在计算临时保护期发明使用费诉讼时效的起点时，《专利法》同样采用专利权人是否得以行使其请求权这种符合诉讼时效制度宗旨的主观起算标准。而在认定专利权人是否得以行使其请求权时，《专利法》针对专利权人或者申请人是在专利权授予后还是在专利权授予前知道或者应当知道他人使用其发明这两种情况，规定了两种认定标准：其一，专利权人在专利权授予后知道或者应当知道他人使用其发明的，自知道或者应当知道之日起计算。此时，专利权人具有对权利受到侵害以及侵权人的认识可能性，具有行使请求权的可能，从而能够合理期待他会积极地行使其请求权。其二，申请人在专利权授予前知道或者应当知道他人使用其发明的，自专利权授予之日起计算。在专利权授予前，发明是否会被授予专利权结局待定，申请人并没有获得临时保护期发明使用费支付请求权，不具有行使请求权的可能。另一方面，即便发明最终被授予专利权，但是，由于发明专利的授予要经过实质审查，审查周期较长，若按照一般情况自申请人在专利权授予前知道或者应当知道他人使用其发明之日起算诉讼时效，则有可能在3年诉讼时效期间届满时申请人仍未获得专利权。这会导致原来的申请人亦即随后的专利权人不能行使其请求权，依法通过诉讼迫使其发明实施者支付适当的使用费，显然不利于有效保护专利权人的合法利益。因此，只有专利权授予之后，先前已经知道或者应当知道的申请人即专利权人才具有对权利受到侵害以及侵权人的认识可能性，具有行使请求权的可能，从而能够合理期待他会积极地行使其请求权。

（三）最长诉讼时效期间及其延长

《民法典》第188条第2款第3句还规定了最长诉讼时效期间②及其延长制度。该条款规定，"自权利受到损害之日起超过二十年的，人民法院不予保护，有特殊情况的，人民法院可以根据权利人的申请决定延长"。不同于采取主观起算标准的3年诉讼时效期间，最长诉讼时效期间采用权利受到侵害或者请求权产生这种客观起算标准，可以延长但不发生中止、中断问题。

客观诉讼时效期间是对主观诉讼时效期间的限制和补充：其一，如果权利人知道或者应当知道权利受到侵害以及侵权人，那么，应适用3年诉讼时效期间，时效进程中可能因为法定障碍事

---

① 参见陈甦主编：《民法总则评注》（下册），法律出版社2017年版，第1353—1354页。
② 该条款源于《民法通则》第137条第2句和第3句的规定。《民法通则》第137条规定，"诉讼时效期间从知道或者应当知道权利被侵害时起计算。但是，从权利被侵害之日起超过二十年的，人民法院不予保护。有特殊情况的，人民法院可以延长诉讼时效期间"。依文义解释，20年期间属于法院可以延长的"诉讼时效期间"；《最高人民法院关于贯彻执行〈中华人民共和国民法通则〉若干问题的意见（试行）》第175条第2款也明确指出，《民法通则》第137条规定诉讼时效期间为20年。然而，也有学者认为，20年期间属于"除斥期间"或者"最长权利保护期间"。

由发生中止、中断,但无论如何不得超过自权利受到侵害之日起的 20 年。此时,20 年诉讼时效期间是对 3 年诉讼时效期间因中止、中断而延长的限制。其二,如果权利人不知道且不应当知道权利受到侵害以及侵权人,那么,应适用 20 年的最长诉讼时效期间,从权利受到侵害之日起超过 20 年的,诉讼时效期间届满;即便权利人在 20 年后知道或者应当知道权利受到侵害以及侵权人,也不得再适用 3 年诉讼时效期间。此时,20 年诉讼时效期间是对 3 年诉讼时效期间的补充,因为在权利人不知道且不应当知道权利人受到侵害以及侵权人时,3 年诉讼时效期间并未开始计算。① 客观诉讼时效期间对主观诉讼时效期间的限制和补充,能够解决以下问题,即主观诉讼时效因权利人得以行使其请求权时中止、中断的时间过长,或者主观诉讼时效因权利人长期不具有行使其请求权的可能性而不能起算,致使法律关系长期处于不稳定状态,增加义务人保存相关清偿证据的成本。②

诉讼时效期间的延长仅适用于最长诉讼时效期间,且需具备"特殊情况"。由于主观诉讼时效存在时效的中止和中断,足以对有正当理由而不及时行使请求权的权利人的请求权行使提供保障,没有必要另行设置延长制度;相反,最长诉讼时效期间不适用中止和中断制度,延长制度能够平衡时效法定主义的僵化,对有正当理由而未能在最长诉讼时效期间内行使请求权的权利人的请求权行使提供保障。③ 对于何为"特殊情况"应作严格解释,原因在于:20 年最长诉讼时效制度的立法目的在于弥补 3 年诉讼时效期间的不足,而时效期间延长制度的目的在于弥补 20 年最长诉讼时效期间的不足。20 年最长诉讼时效期间已属于 3 年诉讼时效期间的例外,20 年诉讼时效期间的延长更属于例外之例外,故而应对"特殊情况"作严格限制。从最长诉讼时效期间的立法目的来看,不知道且不应当知道权利受到侵害以及侵权人,不属于此处的"特殊情况";但是,由于主观诉讼时效期间的中止事由持续存在,致使权利人未能在最长诉讼时效期间内行使请求权的,可以作为"特殊情况"对待。④

北京市第一中级人民法院在 2009 年审理"朴永哲与王绍华发明权纠纷上诉案"时判定,"诉讼时效制度的设立目的除了敦促当事人及时行使权利之外,还包括避免使权利义务关系长期处于不稳定状态,以及权利人长期不行使权利时,对现时事实状态的保护。《民法通则》所规定的 20 年最长诉讼时效期间更是如此,其为请求权的行使设立了最长的时间上限。虽然《民法通则》规定最长诉讼时效期间可以延长,但这种延长应当是审慎的,具体体现在应当严格把握《民通意见》第 169 条中'客观障碍'情形的界定,否则既与诉讼时效之设立宗旨不符,也必将使最长诉讼时效期间形同虚设"。⑤ 该法院的判决表明,如果权利人能够证明他基于其享有的权利向法院提起诉讼,法院以相关纠纷不属于法院受理范围为由而不受理起诉,那么,这属于权利人在最长诉讼时效期间内不能行使请求权的"客观障碍";而若权利人能够证明法院在 20 年最长诉讼时效期间届满后才受理起诉,则表明"客观障碍"的持续存在。这种"客观障碍"的持续存在,构成得

---

① 参见梁慧星:《民法总论》(第五版),法律出版社 2017 年版,第 260 页。
②③ 参见陈甦主编:《民法总则评注》(下册),法律出版社 2017 年版,第 1358 页。
④ 参见陈甦主编:《民法总则评注》(下册),法律出版社 2017 年版,第 1359 页。
⑤ 北京市第一中级人民法院(2009)一中民终字第 5025 号民事判决书。

以延长最长诉讼时效期间的"特殊情况"。①

最长诉讼时效期间的延长,除了上述"特殊情况"要件以外,尚需具备以下要件:其一,须 20 年诉讼时效期间已经届满。若未届满,无须延长。其二,须权利人申请法院延长诉讼时效期间。根据《民法典》第 193 条的规定,法院不得主动适用诉讼时效制度,其中当然包括最长诉讼时效期间的延长制度。另外,最长诉讼时效期间的延长与主观诉讼时效期间中止、中断的一个重要区别在于:时效期间的延长须由法院作出延长时效的决定,方才发生时效期间延长的效力;相反,主观诉讼时效期间的中止、中断在具有诉讼时效进程中的法定障碍事由时当然发生效力,无须由法院作出决定。《民法典》第 188 条第 2 款第 3 句规定,法院"可以"根据权利人的申请决定延长,而不是"必须"延长。据此,法院对于时效期间是否延长具有完全的裁量权,即便当事人提出的客观情况被认定为"特殊情况",法院在作出决定时,还应考虑是否有予以特殊保护的必要性、基于权利人长期不行使请求权的事实状态所发生的其他法律关系是否有更应予保护的理由等因素。②

三、诉讼时效进程中的障碍

在诉讼时效进行过程中,会出现特定的时效进程中的障碍事由,致使权利人不能行使请求权或者已经过的诉讼时效期间失去意义。这时,如果仍然自权利人得以行使请求权之日起 3 年赋予义务人拒绝履行的抗辩权,则会出现不利于权利人的结果。为了保护权利人的利益,《民法典》第 194 条、第 195 条分别规定了诉讼时效的中止、中断制度,从而在出现相应障碍事由时阻却诉讼时效期间的完成,以避免因诉讼时效期间完成给权利人带来不利结果。

(一) 诉讼时效的中止

诉讼时效的中止,指在诉讼时效期间即将完成之际,由于与权利人无关的客观原因致使权利人无法行使请求权,法律暂停诉讼时效期间的计算,以对权利人的请求权行使提供保障。诉讼时效的中止符合诉讼时效制度的立法目的:诉讼时效制度旨在促使权利人及时行使请求权,因客观原因的发生导致权利人不能行使请求权的,继续计算诉讼时效期间无法督促权利人及时行使请求权,诉讼时效制度的立法目的也无法实现。

《民法典》第 194 条第 1 款列明了诉讼时效中止的障碍事由。该条款规定,在诉讼时效期间的最后 6 个月内,因下列障碍不能行使请求权的,诉讼时效中止:(1) 不可抗力;(2) 无民事行为能力人或者限制民事行为能力人没有法定代理人,或者法定代理人死亡、丧失民事行为能力、丧

---

① 北京市第一中级人民法院在审理该案时判定,"上诉人主张曾经于1987年就相关纠纷起诉至北京市海淀区人民法院,但被告知该纠纷不属于法院受理范围,并主张法院不予受理该纠纷属于请求权行使中的'客观障碍'。对此本院认为,首先,上诉人未提交1987年诉讼的处理结果的相关证据,无法证实确系法院不予受理该纠纷,即无法证明确实存在其所称的'客观障碍';其次,上诉人并未提交证据证明发明权纠纷直至《最高人民法院民事案件案由规定》施行之后才受理,即并未证明其所称'客观障碍'的持续存在,《最高人民法院民事案件案由规定》是对人民法院案由确定的规范,并非案件受理依据。因此上诉人关于本案存在请求权行使的'客观障碍',应当适用延长最长诉讼时效的观点,本院不予支持"。参见北京市第一中级人民法院(2009)一中民终字第5025号民事判决书。

② 参见梁慧星:《民法总论》(第五版),法律出版社2017年版,第265—266页。

失代理权;(3)继承开始后未确定继承人或者遗产管理人;(4)权利人被义务人或者其他人控制;(5)其他导致权利人不能行使请求权的障碍。需要注意的是,"不能行使请求权"不限于不能通过诉讼行使其权利。例如,由于法院停止办公不能起诉,但尚能向义务人请求的,或者虽然不能向义务人请求,但仍然可以向法院起诉的,都不构成不能行使请求权。① 另外,"其他导致权利人不能行使请求权的障碍"是指具有与前述障碍相当的严重程度,致使权利人主体资格丧失、不确定或者权利人客观上不能行使请求权的障碍。

诉讼时效中止的效力,在于使诉讼时效期间暂停计算,待中止事由消除后,诉讼时效期间延期届满。《民法典》第 194 条第 2 款规定,"自中止时效的原因消除之日起满六个月,诉讼时效期间届满"。需要注意的是,中止事由消除后的 6 个月内,若在原有诉讼时效期间内又发生了时效中止事由,这仍然符合《民法典》第 194 条第 1 款规定的"在诉讼时效期间的最后六个月内"之要件,应当适用《民法典》第 194 条第 2 款的规定,待新的中止事由消除后 6 个月内诉讼时效才届满;但是,若在原有诉讼时效期间经过后又发生了中止事由,因不符合"在诉讼时效期间的最后六个月内"之要件,且依"满六个月,诉讼时效期间届满"的文义,并不停止原中止事由消除后 6 个月期间的进行,不发生再次延期届满的效力。②

依据《民法典》第 193 条的规定,法院不得主动适用诉讼时效制度。因此,诉讼时效期间的延期届满,同样应遵循当事人主义的主张抗辩规则。若非义务人援引诉讼时效届满的抗辩,不会发生时效延期届满规则的适用问题。只有义务人援引时效届满抗辩,权利人为了对抗此等抗辩,才需要援引延期届满规则。因此,应当由主张时效延期届满的当事人承担证明责任。③

(二) 诉讼时效的中断

诉讼时效的中断,指在诉讼时效进行过程中,已经过的诉讼时效期间因特定事由的发生全部失去其意义,待中断事由消除后,时效期间重新计算。不同于致使权利人不能行使请求权的与权利人无关的时效中止事由,时效中断事由是取决于当事人意思的当事人行为。诉讼时效的中断,也符合诉讼时效制度的立法目的:在诉讼时效进行过程中,一旦出现权利人积极行使请求权或者义务人承认其义务等使得计算诉讼时效以督促权利人行使请求权没有必要等情形时,已经过的诉讼时效期间将失去其意义。

《民法典》第 195 条列明了诉讼时效中断的障碍事由。依据该条款规定,致使诉讼时效中断的事由包括:(1)权利人向义务人提出履行请求;(2)义务人同意履行义务;(3)权利人提起诉讼或者申请仲裁;(4)与提起诉讼或者申请仲裁具有同等效力的其他情形。根据《最高人民法院关于审理民事案件适用诉讼时效制度若干问题的规定》第 11 条的规定,申请支付令,申请破产、申报破产债权,为主张权利而申请宣告义务人失踪或死亡,申请诉前财产保全、诉前临时禁令等诉前措施,申请强制执行,申请追加当事人或者被通知参加诉讼,以及在诉讼中主张抵销等均为与提起诉讼具有同等诉讼时效中断效力的情形。

诉讼时效中断的效力,在于使此前已经进行的诉讼时效期间归于无效,待中断事由消除后重

---

① ③ 参见陈甦主编:《民法总则评注》(下册),法律出版社 2017 年版,第 1397 页。
② 参见陈甦主编:《民法总则评注》(下册),法律出版社 2017 年版,第 1396 页。

新计算时效期间。《民法典》第 195 条规定,诉讼时效中断后,"从中断、有关程序终结时起,诉讼时效期间重新计算"。所谓"重新计算",既不是原诉讼时效期间的继续计算,也不是诉讼时效延期届满,而是指按权利人请求权的 3 年诉讼时效期间重新计算。因此,只要在最长诉讼时效期间内,诉讼时效期间的中断无次数限制。

第三节　侵犯专利权的诉讼管辖

一、级别管辖

民事诉讼中的级别管辖,是法律对民事纠纷在法院之间的第一次分配,从而明确各级人民法院之间受理第一审民事案件的分工和权限。① 我国人民法院分为基层人民法院、中级人民法院、高级人民法院、最高人民法院四级,每一级都受理第一审民事案件;《民事诉讼法》按照案件的性质、案件的繁简程度、案件的影响范围、案件争议标的金额大小等标准,划分上下级法院之间受理第一审民事案件的分工和权限。② 一方面,专利侵权纠纷案件是一种典型的民事案件,应当适用民事案件相关级别管辖的规定;另一方面,与一般民事案件相比,专利侵权纠纷案件的专业性更强、复杂性和审理难度更大、影响范围更广、诉讼标的额往往更高,故而在级别管辖方面具有特殊性。根据《民事诉讼法》及其相关司法解释的规定,受理一审专利侵权纠纷案件的法院如下。

(一)基层人民法院

虽然基层人民法院拥有对大多数民事案件的管辖权,但是,专利案件原则上由中级人民法院管辖。1982 年发布、1991 年废止的《民事诉讼法(试行)》与相关司法解释性质文件以及 1991 年发布的《民事诉讼法》与 2013 年之前的相关司法解释、司法解释性质文件都规定,专利民事案件由中级人民法院管辖。③

随着专利纠纷案件的数量逐渐增多,基层人民法院的审判力量不断增强,为了均衡各级人民法院的工作负担,保证专利民事案件的及时处理,最高人民法院陆续批复部分基层人民法院试点审理专利民事案件。④ 2009 年,最高人民法院指定浙江省义乌市人民法院试点管辖第一审实用

---

① 参见江伟主编:《民事诉讼法》(第三版),高等教育出版社 2007 年版,第 119—120 页;张卫平:《民事诉讼法》(第四版),法律出版社 2016 年版,第 67 页。
② 参见江伟主编:《民事诉讼法》(第三版),高等教育出版社 2007 年版,第 123—124 页;江伟、肖建国主编:《民事诉讼法》(第八版),中国人民大学出版社 2018 年版,第 94—95 页;张卫平:《民事诉讼法》(第四版),法律出版社 2016 年版,第 71—72 页。
③ 参见本节第一条"(二)中级人民法院"。
④ 参见沈德咏主编:《最高人民法院民事诉讼法司法解释理解与适用》(上),人民法院出版社 2015 年版,第 128—129 页。

新型和外观设计专利纠纷案件。① 2010年6月18日,最高人民法院发布批复,指定江苏省昆山市人民法院试点管辖本辖区内诉讼标的额在200万元以下的下列第一审实用新型和外观设计专利纠纷案件:(1)申请专利权纠纷案件;(2)专利权权属纠纷案件;(3)专利权、专利申请权转让合同纠纷案件;(4)侵犯专利权纠纷案件;(5)假冒他人专利纠纷案件;(6)职务发明创造发明人、设计人奖励、报酬纠纷案件;(7)诉前申请停止侵权、财产保全、证据保全案件;(8)发明人、设计人资格纠纷案件;(9)其他专利纠纷案件。② 截至2011年底,最高人民法院指定试点审理实用新型和外观设计专利纠纷案件的基层法院增加到3个。③

根据专利案件不断增长的趋势,最高人民法院在2013年4月1日发布了《最高人民法院关于修改〈最高人民法院关于审理专利纠纷案件适用法律问题的若干规定〉的决定》,适当下放专利案件管辖权,指定符合条件的基层人民法院管辖第一审专利纠纷案件。④ 该决定对2001年《最高人民法院关于审理专利纠纷案件适用法律问题的若干规定》作出以下修改,即在第2条"专利纠纷第一审案件,由各省、自治区、直辖市人民政府所在地的中级人民法院和最高人民法院指定的中级人民法院管辖"的规定之外增加一款:"最高人民法院根据实际情况,可以指定基层人民法院管辖第一审专利纠纷案件。"2020年12月23日经过第三次修正的《最高人民法院关于审理专利纠纷案件适用法律问题的若干规定》删除了该规定。截至2013年底,具有实用新型和外观设计专利纠纷案件管辖权的基层人民法院共有7个。⑤ 2015年1月30日发布的《最高人民法院关于适用〈中华人民共和国民事诉讼法〉的解释》第2条规定,除知识产权法院、最高人民法院确定的中级人民法院对专利纠纷案件拥有管辖权以外,最高人民法院确定的基层人民法院也对专利纠纷案件拥有管辖权。

党的十八届三中全会对全面深化改革的战略目标作出了全面部署,为了深入贯彻实施国家知识产权战略,加快推进知识产权审判体制改革,优化调整知识产权案件管辖布局,"最高人民法院根据日益增长的知识产权司法保护需求,从有利于合理配置审判资源,有利于提高审判质量和效率出发,进一步明确知识产权案件管辖权授权标准,优化管辖布局。从严控制具有专利民事案件管辖权的中级法院和基层法院数量",截至2014年底,全国具有实用新型和外观设计专利纠纷案件管辖权的基层人民法院为6个⑥。2015年,最高人民法院进一步探索优化知识产权案件管辖布局新模式,从严集中布局专利等技术类民事案件的审判管辖。⑦ 此后,最高人民法院继续坚持从严控制具有专利民事案件管辖权的基层法院数量的方针。2018年12月,为进一步统一知识产权案件裁判标准,进一步加强知识产权司法保护力度,优化科技创新法治环境,加快实施创新驱动发展战略,《最高人民法院关于知识产权法庭若干问题的规定》发布,最高人民法院正式收回了自2013年4月1起赋予基层人民法院对专利纠纷案件的管辖权。该司法解释第12条规定:本规定施行前经批准可以受理专利、技术秘密、计算机软件、垄断第一审民事和行政案件的基层人民法院,不再受理上述案件。对于基层人民法院2019年1月1日尚未审结的前款规定的案件,当事人不服其判决、裁定依法提起上诉的,由其上一级人民法院审理。

---

① 《中国法院知识产权司法保护状况(2009年)》第2章第3节。
② 《最高人民法院关于同意指定江苏省昆山市人民法院开展试点审理部分专利纠纷案件的批复》(2010年6月18日)。
③ 《中国法院知识产权司法保护状况(2011年)》(2012年4月19日)。
④⑤ 《中国法院知识产权司法保护状况(2013年)》(2014年4月21日)。
⑥ 《中国法院知识产权司法保护状况(2014年)》(2015年4月20日)。
⑦ 《中国法院知识产权司法保护状况(2015年)》(2016年4月21日)。

（二）中级人民法院

全国人大常委会和最高人民法院在制定、修改《民事诉讼法》与相关司法解释、司法解释性质文件时，都认识到了专利案件的专业性和复杂性。为了使法院的能力和任务相适应，确保案件审理的质量，全国人大常委会和最高人民法院制定、修改的《民事诉讼法》与相关司法解释、司法解释性质文件都规定，专利纠纷案件由最高人民法院确定的中级人民法院管辖。

1.《民事诉讼法（试行）》与相关司法解释性质文件

《民事诉讼法（试行）》第17条规定，中级人民法院管辖"涉外案件""在本辖区有重大影响的案件"这两类第一审民事案件。"专利诉讼是科学技术与法律紧密结合的工作，专业技术性很强，涉外案件较多"①，而且，专利案件本身涉及面的广度或者案件处理结果产生的社会影响可能超过基层人民法院的辖区。有鉴于此，为了"保证人民法院查明事实，分清是非，正确适用法律，及时审理民事案件"②，最高人民法院发布了相关司法解释性质文件，对专利案件的管辖作出特别规定。

1985年发布、2001年废止的《最高人民法院关于开展专利审判工作的几个问题的通知》第1节第1条和第2条规定，北京市中级人民法院管辖发明专利权授予纠纷案件、发明专利权无效或者维持发明专利权的纠纷案件、实施强制许可纠纷案件、实施强制许可使用费纠纷案件这四类一审行政案件；各省、自治区、直辖市人民政府所在地的中级人民法院和各经济特区的中级人民法院管辖各省、自治区、直辖市和经济特区内的发明专利临时保护期使用费纠纷、专利侵权纠纷、专利申请权或专利权转让合同纠纷案件这三类一审专利民事案件；各省、自治区高级人民法院根据实际需要，经最高人民法院同意，可以指定本省、自治区内的开放城市或者设有专利管理机关的较大城市的中级人民法院管辖其辖区内的这三类一审专利纠纷案件。

1987年发布、2013年废止的《最高人民法院关于审理专利申请权纠纷案件若干问题的通知》第3条规定，专利申请权纠纷案件的管辖，按照《最高人民法院关于开展专利审判工作的几个问题的通知》第1节第2条第（2）项规定办理，即由各省、自治区、直辖市人民政府所在地的中级人民法院，各经济特区中级人民法院以及由各省、自治区高级人民法院根据实际需要指定并报经最高人民法院同意的本省、自治区内的开放城市或者设有专利管理机关的较大城市的中级人民法院作为第一审法院。

2.《民事诉讼法》与相关司法解释、司法解释性质文件

1991年发布的《民事诉讼法》废止了《民事诉讼法（试行）》，该法在2007年、2012年、2017年经历三次修正。1991年《民事诉讼法》第19条（即2007年《民事诉讼法》第19条、2012年和2017年《民事诉讼法》第18条）吸纳了《最高人民法院关于开展专利审判工作的几个问题的通知》《最高人民法院关于审理专利申请权纠纷案件若干问题的通知》这两个司法解释性质文件的规定，在"重大涉外案件""在本辖区有重大影响的案件"这两类第一审民事案件之外明确规定，中级人民法院管辖最高人民法院确定由中级人民法院管辖的第一审民事案件。1992年发布、2015年废止的《最高人民法院关于适用〈中华人民共和国民事诉讼法〉若干问题的意见》第2条

---

① 《最高人民法院关于开展专利审判工作的几个问题的通知》第1节第4条。
② 《民事诉讼法（试行）》第2条。

第1款规定,"专利纠纷案件由最高人民法院确定的中级人民法院管辖"。[1]

1992年发布、2001年废止的《最高人民法院关于审理专利纠纷案件若干问题的解答》第1条第1款规定,专利权属纠纷案件,由各省、自治区、直辖市人民政府所在地的中级人民法院、经济特区的中级人民法院和经最高人民法院同意的开放城市的中级人民法院作为第一审法院。该文件第6条规定,关于不服专利管理机关处理决定案件的管辖问题,根据最高人民法院关于专利案件的管辖规定,如果作出处理决定的专利管理机关所在地的中级人民法院对专利案件有管辖权,当事人不服处理决定的,可以向专利管理机关所在地的中级人民法院起诉;如果作出处理决定的专利管理机关所在地的中级人民法院对专利案件无管辖权,当事人不服处理决定的,可以向专利管理机关所属省、自治区、直辖市人民政府所在地的中级人民法院起诉。有关人民法院应当作为行政案件受理。该文件第8条规定,对于专利管理机关作出的责令侵权人停止侵权行为、赔偿损失的处理决定,当事人在收到通知之日起3个月内不起诉又不履行的,专利管理机关可以向被执行人所在地或者被执行人财产所在地的对专利案件有管辖权的中级人民法院请求执行。

2001年6月7日发布的《最高人民法院关于对诉前停止侵犯专利权行为适用法律问题的若干规定》第2条规定,"诉前责令停止侵犯专利权行为的申请,应当向有专利侵权案件管辖权的人民法院提出"。该解释第13条规定,"申请人不起诉或者申请错误造成被申请人损失,被申请人可以向有管辖权的人民法院起诉请求申请人赔偿,也可以在专利权人或者利害关系人提起的专利权侵权诉讼中提出损害赔偿的请求,人民法院可以一并处理"。

2001年6月19日发布的《最高人民法院关于印发全国法院知识产权审判工作会议关于审理技术合同纠纷案件若干问题的纪要的通知》第90条规定,"技术合同纠纷属于与知识产权有关的纠纷,由中级以上人民法院管辖,但最高人民法院另行确定管辖的除外"。这不仅肯定了《最高人民法院关于开展专利审判工作的几个问题的通知》第1节第1条和第2条关于中级人民法院管辖属于技术转让合同纠纷的专利申请权转让合同、专利权转让合同这两种一审专利纠纷案件的规定,而且明确了同样属于技术转让合同纠纷的专利实施许可合同纠纷的级别管辖问题,即由中级人民法院管辖专利实施许可合同纠纷案件。另外,该文件第91条规定,合同中既有专利申请权转让合同、专利权转让合同或者专利实施许可合同等技术合同内容,又有其他合同内容,"当事人就技术合同内容和其他合同内容均发生争议的,由具有技术合同纠纷案件管辖权的人民法院受理"。该文件第93条还规定,他人向受理专利申请权转让合同、专利权转让合同或者专利实施许可合同等技术合同纠纷的人民法院就专利申请权、专利权等合同标的提出权属或者侵权主张时,"受诉人民法院对此亦有管辖权的,可以将该权属或者侵权纠纷与合同纠纷合并审理;受诉人民法院对此没有管辖权的,应当告知其向有管辖权的人民法院另行起诉。权属或者侵权纠纷另案受理后,合同纠纷应当中止诉讼"。

2001年6月22日发布的《最高人民法院关于审理专利纠纷案件适用法律问题的若干规定》综合了《最高人民法院关于开展专利审判工作的几个问题的通知》《最高人民法院关于审理专利申请权纠纷案件若干问题的通知》《最高人民法院关于审理专利纠纷案件若干问题的解答》等文

---

[1] 1998年发布的《最高人民法院关于全国部分法院知识产权审判工作座谈会纪要》第2条第2款第1项规定,在级别管辖问题方面,"目前,除专利权纠纷案件属于指定管辖外,对于其他绝大多数知识产权民事纠纷案件,各级法院均有管辖权……对专利权纠纷案件,仍按照最高人民法院的规定确定一审法院"。

件内容,对专利案件的级别管辖和地域管辖问题作出了原则性规定。① 该解释第2条②规定,专利纠纷第一审案件由各省、自治区、直辖市人民政府所在地的中级人民法院和最高人民法院指定的中级人民法院管辖。根据该解释第1条③的规定,由上述中级人民法院管辖的一审专利民事案件有九种,具体包括:专利申请权纠纷案件,专利权权属纠纷案件,专利权、专利申请权转让合同纠纷案件,侵犯专利权纠纷案件,假冒他人专利纠纷案件,发明专利申请公布后、专利权授予前使用费纠纷案件,职务发明创造发明人、设计人奖励、报酬纠纷案件,诉前申请停止侵权、财产保全案件,发明人、设计人资格纠纷案件;由上述中级人民法院管辖的一审专利行政案件有六种,具体包括:不服专利复审委员会维持驳回申请复审决定案件,不服专利复审委员会专利权无效宣告请求审查决定案件,不服国务院专利行政部门实施强制许可决定案件,不服国务院专利行政部门实施强制许可使用费裁决案件,不服国务院专利行政部门行政复议决定案件,不服管理专利工作的部门行政决定案件;另外,上述中级人民法院还管辖上述十五种专利案件之外的其他专利纠纷第一审案件。

在完善知识产权民事案件管辖制度方面,2007年1月发布的《最高人民法院关于全面加强知识产权审判工作为建设创新型国家提供司法保障的意见》第12条规定,"知识产权民事案件原则上由中级以上法院一审,案件数量较多审理压力大的地方,可以通过高级法院报请最高法院指定部分基层法院管辖部分知识产权案件",但是,应当"从严掌握对专利、植物新品种和集成电路布图设计案件的指定管辖制度"。2007年4月24日,最高人民法院原副院长熊选国在一次论坛发言中指出,"一般的知识产权案件原则上由中级以上法院一审,对于专利、植物新品种和集成电路布图设计案件,只能由最高人民法院指定的中级法院一审"。④ 2009年3月发布的《最高人民法院印发〈关于贯彻实施国家知识产权战略若干问题的意见〉的通知》第33条规定,在调整完善知识产权案件管辖制度方面,"继续坚持对专利、植物新品种和集成电路布图设计案件的指定管辖制度,严格控制新增专利案件管辖权的中级人民法院的数量"。

2010年1月发布的《最高人民法院关于调整地方各级人民法院管辖第一审知识产权民事案件标准的通知》第1条、第2条和第5条规定,高级人民法院管辖诉讼标的额在2亿元以上的第一审知识产权民事案件,以及诉讼标的额在1亿元以上且当事人一方住所地不在其辖区或者涉外、涉港

---

① 《最高人民法院民三庭负责人就〈最高人民法院关于审理专利纠纷案件适用法律问题的若干规定〉答记者问——认真贯彻实施新专利法公正审理专利纠纷案件》(2001年6月23日)。

② 《最高人民法院关于审理专利纠纷案件适用法律问题的若干规定》分别在2013、2015、2020年经过修正。2013年第一次修正的该司法解释第2条增加一款:"最高人民法院根据实际情况,可以指定基层人民法院管辖第一审专利纠纷案件。"2020年第三次修正的该司法解释删除了这一规定。

③ 2013年第一次修正、2015年第二次修正的该司法解释均沿用了第1条规定。2020年第三次修正的该司法解释第1条修改为:"人民法院受理下列专利纠纷案件:1. 专利申请权权属纠纷案件;2. 专利权权属纠纷案件;3. 专利合同纠纷案件;4. 侵害专利权纠纷案件;5. 假冒他人专利纠纷案件;6. 发明专利临时保护期使用费纠纷案件;7. 职务发明创造发明人、设计人奖励、报酬纠纷案件;8. 诉前申请行为保全纠纷案件;9. 诉前申请财产保全纠纷案件;10. 因申请行为保全损害责任纠纷案件;11. 因申请财产保全损害责任纠纷案件;12. 发明创造发明人、设计人署名权纠纷案件;13. 确认不侵害专利权纠纷案件;14. 专利权宣告无效后返还费用纠纷案件;15. 因恶意提起专利权诉讼损害责任纠纷案件;16. 标准必要专利使用费纠纷案件;17. 不服国务院专利行政部门维持驳回申请复审决定案件;18. 不服国务院专利行政部门专利权无效宣告请求决定案件;19. 不服国务院专利行政部门实施强制许可决定案件;20. 不服国务院专利行政部门实施强制许可使用费裁决案件;21. 不服国务院专利行政部门行政复议决定案件;22. 不服国务院专利行政部门作出的其他行政决定案件;23. 不服管理专利工作的部门行政决定案件;24. 确认是否落入专利权保护范围纠纷案件;25. 其他专利纠纷案件。"

④ 《最高人民法院副院长熊选国在第三届"中国保护知识产权高层论坛"上的发言——加强知识产权司法保护,为建设创新型国家营造良好法治环境》(2007年4月24日)。

澳台的第一审民事案件;对于高级人民法院管辖标准以下的第一审知识产权民事案件,除应当由经最高人民法院指定具有一般知识产权民事案件管辖权的基层人民法院管辖的以外,均由中级人民法院管辖。2019年4月发布的《最高人民法院关于调整高级人民法院和中级人民法院管辖第一审民事案件标准的通知》第1条规定,中级人民法院管辖第一审民事案件的诉讼标的额上限原则上为50亿元人民币。

截至2016年底,经最高人民法院指定或者依法享有专利、植物新品种、集成电路布图设计、涉及驰名商标认定和垄断民事纠纷案件专门管辖权的中级人民法院共有224个,最高人民法院批准了167个基层人民法院管辖除上述案件以外的"一般知识产权民事案件"。①

(三) 高级人民法院

《民事诉讼法(试行)》和《民事诉讼法》都规定,高级人民法院管辖在本辖区有重大影响的第一审民事案件。高级人民法院的主要任务是指导和监督本辖区内中级人民法院和基层人民法院的审判活动,审理不服中级人民法院判决、裁定的上诉案件。从职责分工、负担均衡的角度看,高级人民法院不宜过多地审理第一审案件。实践中,法院通常将诉讼标的金额作为认定案件是否"有重大影响"的标准。②

在2019年之前,根据《最高人民法院关于调整地方各级人民法院管辖第一审知识产权民事案件标准的通知》第1条、第2条和第5条的规定,高级人民法院审理以下两类知识产权民事案件:一是不服由中级人民法院管辖的专利、植物新品种、集成电路布图设计、涉及驰名商标认定和垄断第一审民事案件判决、裁定的上诉案件;二是诉讼标的额在2亿元以上的第一审知识产权民事案件以及诉讼标的额在1亿元以上且当事人一方住所地不在其辖区或者涉外、涉港澳台的第一审民事案件。

根据2019年4月发布的《最高人民法院关于调整高级人民法院和中级人民法院管辖第一审民事案件标准的通知》第2条、第4条和第5条的规定,高级人民法院审理以下两类知识产权民事案件:一是不服中级人民法院和知识产权法院作出的除发明专利、实用新型专利、植物新品种、集成电路布图设计、技术秘密、计算机软件、垄断案件以外的第一审知识产权民事案件判决、裁定的上诉案件;二是诉讼标的额在50亿元以上或者其他在本辖区有重大影响的除发明专利、实用新型专利、植物新品种、集成电路布图设计、技术秘密、计算机软件、垄断案件以外的第一审知识产权民事案件。

(四) 最高人民法院

《民事诉讼法(试行)》和《民事诉讼法》都规定,最高人民法院管辖的一审民事案件有两类:一是在全国有重大影响的案件;二是最高人民法院认为应当由自己审判的案件。最高人民法院作为全国最高审判机关,虽然有权审理各类案件,但其主要任务是监督地方各级人民法院和各专门法院的审判工作,审判不服高级人民法院和专门法院判决、裁定的上诉案件和抗诉案件,解释审判过程中如何具体适用法律、法规的问题。基于均衡各级法院工作负担的原则,分配给最高人民法院管辖的一审民事案件只能是极少数特别重大的案件。此外,由于最高人民法院受理的案件只能实行一审终审制度,其作出的裁决是终审裁决,这不仅剥夺了当事人的上诉权,而且难以发挥审判监督的

---

① 参见《中国知识产权司法保护纲要(2016—2020)》(2017年4月20日)。
② 参见江伟、肖建国主编:《民事诉讼法》(第八版),中国人民大学出版社2018年版,第98页。

作用。从保证案件公正审判的角度看,最高人民法院不宜受理第一审民事案件。[①]

为了统一知识产权案件裁判标准,加强知识产权司法保护,全国人大常委会在2018年10月26日发布了《全国人民代表大会常务委员会关于专利等知识产权案件诉讼程序若干问题的决定》,该决定自2019年1月1日起施行。依据该决定,最高人民法院审理以下三类知识产权案件:一是不服发明专利、实用新型专利、植物新品种、集成电路布图设计、技术秘密、计算机软件、垄断等专业技术性较强的知识产权民事案件第一审判决、裁定的上诉案件;二是不服由各知识产权法院管辖的专利、植物新品种、集成电路布图设计、技术秘密、计算机软件、垄断等专业技术性较强的知识产权行政案件第一审判决、裁定的上诉案件;三是对已经发生法律效力的上述案件第一审判决、裁定、调解书的再审和抗诉案件。据此,2018年12月发布、2019年1月生效的《最高人民法院关于知识产权法庭若干问题的规定》第2条规定,最高人民法院知识产权法庭主要审理以下案件:(1)不服高级人民法院、知识产权法院、中级人民法院作出的发明专利、实用新型专利、植物新品种、集成电路布图设计、技术秘密、计算机软件、垄断第一审民事案件判决、裁定而提起上诉的案件;(2)不服北京知识产权法院对发明专利、实用新型专利、外观设计专利、植物新品种、集成电路布图设计授权确权作出的第一审行政案件判决、裁定而提起上诉的案件;(3)不服高级人民法院、知识产权法院、中级人民法院对发明专利、实用新型专利、外观设计专利、植物新品种、集成电路布图设计、技术秘密、计算机软件、垄断行政处罚等作出的第一审行政案件判决、裁定而提起上诉的案件;(4)全国范围内重大、复杂的第(1)(2)(3)项所称第一审民事和行政案件;(5)对本条第(1)(2)(3)项所称第一审案件已经发生法律效力的判决、裁定、调解书依法申请再审、抗诉、再审等适用审判监督程序的案件;(6)本条第(1)(2)(3)项所称第一审案件管辖权争议,罚款、拘留决定申请复议,报请延长审限等案件;(7)最高人民法院认为应当由知识产权法庭审理的其他案件。

二、地域管辖

(一)专利侵权案件地域管辖概述

民事诉讼中的地域管辖,是法律对民事纠纷在法院之间的第二次分配,即在案件审判级别确定后对管辖权的进一步划分,以确定同级人民法院之间在各自的区域内受理第一审民事案件的分工和权限。[②] 地域管辖是按照法院辖区和案件的隶属关系来划定的管辖,确定地域管辖的标准主要有两个:一是诉讼当事人所在地与法院之间的联系;二是诉讼当事人所在地、诉讼标的、诉讼标的物、法律事实与法院辖区之间的联系。其中,按照第一个标准确定的管辖为一般地域管辖;按照第二个标准确定的管辖为特殊地域管辖。[③]

根据《民事诉讼法》的规定,侵权纠纷适用特殊地域管辖。该法第28条规定,因侵权行为提

[①] 参见江伟、肖建国主编:《民事诉讼法》(第八版),中国人民大学出版社2018年版,第98—99页。

[②] 参见江伟主编:《民事诉讼法》(第三版),高等教育出版社2007年版,第119—120页;江伟、肖建国主编:《民事诉讼法》(第八版),中国人民大学出版社2018年版,第99页;张卫平:《民事诉讼法》(第四版),法律出版社2016年版,第74页。

[③] 参见江伟、肖建国主编:《民事诉讼法》(第八版),中国人民大学出版社2018年版,第99页;张卫平:《民事诉讼法》(第四版),法律出版社2016年版,第74页。

起的诉讼,由侵权行为地或者被告住所地人民法院管辖。《最高人民法院关于适用〈中华人民共和国民事诉讼法〉的解释》第 24 条沿用《最高人民法院关于适用〈中华人民共和国民事诉讼法〉若干问题的意见》第 28 条作出规定,"侵权行为地"包括侵权行为实施地、侵权结果发生地。侵权行为发生后,被侵权人有权请求侵权人承担侵权责任。为方便被侵权人依法行使诉权和法院审理查明事实,最高人民法院对《民事诉讼法》关于侵权行为地的规定进行了解释,规定当事人既可以向侵权行为地法院提起诉讼,也可以向侵权结果发生地法院提起诉讼。①

专利侵权纠纷与其他侵权纠纷在地域管辖方面适用相同的规则。《最高人民法院关于审理专利纠纷案件适用法律问题的若干规定》第 2 条第 1 款规定,"因侵犯专利权行为提起的诉讼,由侵权行为地或者被告住所地人民法院管辖"。该解释第 2 条第 2 款进一步细化了侵犯发明专利、实用新型专利、外观设计专利和假冒他人专利的侵权行为,依据该条款规定,"侵权行为地包括:被诉侵犯发明、实用新型专利权的产品的制造、使用、许诺销售、销售、进口等行为的实施地;专利方法使用行为的实施地,依照该专利方法直接获得的产品的使用、许诺销售、销售、进口等行为的实施地;外观设计专利产品的制造、许诺销售、销售、进口等行为的实施地;假冒他人专利的行为实施地。上述侵权行为的侵权结果发生地"。此外,在专利侵权诉讼涉及实施不同侵权行为的多个被告时,该解释对管辖法院作了限制。该解释第 3 条第 1 款规定,"原告仅对侵权产品制造者提起诉讼,未起诉销售者的,侵权产品制造地与销售地不一致的,制造地人民法院有管辖权;以制造者与销售者为共同被告起诉的,销售地人民法院有管辖权"。该解释第 3 条第 2 款规定,"销售者是制造者分支机构,原告在销售地起诉侵权产品制造者制造、销售行为的,销售地人民法院有管辖权"。

(二) 销售行为实施地的认定

在确定专利侵权案件的地域管辖时,被诉专利侵权产品的制造、使用、进口行为的实施地比较容易认定,但在认定销售行为的实施地方面,应主要适用以下规则:

其一,根据《最高人民法院关于审理侵犯专利权纠纷案件应用法律若干问题的解释(二)》第 19 条的规定,产品买卖合同成立的,人民法院应当认定属于《专利法》第 11 条规定的销售。成都市中级人民法院在 2018 年审理"孔玮与江西锦宇建设集团有限公司、扬州市金湛照明电器有限公司侵害外观设计专利权纠纷案"时认为,"虽然四川省乐山市系涉案被控侵权路灯的安装使用地,但被诉侵犯外观设计专利权产品的使用行为地并不符合上述法律有关侵权行为实施地及结果发生地的规定;而路灯施工中涉及的安装地点,是否属于销售行为实施的结果地,则应当结合上述法律所规定的侵权行为结果发生地来理解和评价。本院认为,侵权行为结果发生地,应当理解为侵权行为直接产生结果的地点,就销售行为而言,应为双方达成售买合意的地点,而非被诉侵权产品用于工程施工的安装地,因此,四川省乐山市不应当被认定为侵权行为结果发生地"。②

其二,虽然根据合同法原理,产品销售行为的完成应当以买卖合同履行完毕为准,但是,构成专利侵权的产品"销售"行为属于事实行为,不等同于买卖合同的履行行为即产品"交付"行为;而且,

---

① 参见沈德咏主编:《最高人民法院民事诉讼法司法解释理解与适用》(上),人民法院出版社 2015 年版,第 168—169 页。
② 四川省成都市中级人民法院 (2018) 川 01 民初 5017 号民事裁定书。

在销售专利产品而发生专利侵权纠纷时,专利权人不是买卖合同的当事人,以保护专利权人为宗旨的《专利法》并不关注买卖合同是否因侵权人向卖方"交付"而履行。故而,"销售"行为即专利侵权行为在侵权人向卖方发送货物时即完成。最高人民法院在2011年审理"申请再审人凯赛材料公司与被申请人瀚霖技术公司、中国科学院微生物研究所以及原审被告凯赛技术公司、上海凯赛生物技术研发中心公司侵犯发明专利权纠纷管辖权异议案"时判定,"通过FOB和CIF价格条件出口销售被诉依照本案专利方法直接获得的产品,该产品的装船交货地属于销售行为实施地"。①

(三) 网络环境中专利侵权案件的地域管辖

在专利侵权人通过网络销售被诉侵权产品的情形下,各地法院由于对于"销售行为实施地""侵权结果发生地"和"信息网络侵权行为"的含义有不同的看法,对于是否能够以网购收货地、原告住所地作为管辖连接点确定专利侵权案件的地域管辖等问题,也持不同的观点。

1. 网络收货地是否属于销售行为实施地或者侵权结果发生地

(1) 认为网络收货地是销售行为实施地的地方法院

广东省高级人民法院在2017年审理"振泰公司与××平侵害实用新型专利权纠纷管辖异议上诉案"时认为,"本案为侵害实用新型专利权纠纷。××平起诉时提交的公证书显示其委托代理人通过网购方式向振泰公司购买到涉诉侵权产品并由振泰公司邮寄至广东省深圳市。而从网络买卖的特点看,网络买卖行为是通过网络平台销售的方式跨地域进行,从买受人下单购买到出卖人发货再到买受人收货,均为一个完整买卖行为的组成部分,故买受人收货地可认定为销售地之一。因此,广东省深圳市可认定为本案被诉侵权产品的销售地之一"。②

(2) 认为网络收货地不是销售行为实施地,而是侵权结果发生地的地方法院

上海市高级人民法院在2016年审理"温州雅帅日用品有限公司侵害商标权纠纷案"时认为,"本案中,原审被告涿州市聚儿良品商贸有限公司被控的侵权行为系通过淘宝网销售涉案侵权产品,并通过快递方式将被控侵权产品送至上海市徐汇区,故该收货地址为被控侵权行为的结果发生地"。③

江苏省高级人民法院在2019年审理"富鸿齐公司与创新公司侵害实用新型专利权纠纷案"时否定了原告提出的上诉主张,即"网购收货地不是专利侵权纠纷案件的侵权行为地,原审法院对本案没有管辖权"。法院认为,"创新公司通过网络途径购买了被控侵权产品,并在江苏省泰州市收到了该实物,该收货地可以认定为被控侵权行为的结果发生地"。④

(3) 认为网络收货地不是销售行为实施地或者侵权结果发生地的地方法院

广州知识产权法院在2015年1月审理"张斌诉深圳名品电子商务有限公司、深圳市朗琴音响技术有限公司侵害实用新型专利权纠纷案"时认为,"本案中,原告委托他人通过网购邮寄方式向被起诉人购买了被诉侵权产品,收货地址为广东省广州市萝岗公证处,但该地址并非侵权行为的实施地"。而且,"在知识产权侵权纠纷案件中,侵权结果发生地应当理解为侵权行为直接产生的结果发生地,而不能以起诉人指定的产品收取地作为侵权结果发生地,若非如此,起诉人

---

① 最高人民法院(2011)民申字第1049号民事裁定书;《最高人民法院知识产权案件年度报告(2011)》(2012年4月20日)。
② 广东省高级人民法院(2017)粤民辖终36号民事裁定书。
③ 上海市高级人民法院(2016)沪民辖终230号民事裁定书。
④ 江苏省高级人民法院(2019)苏民辖终170号民事裁定书。

将能以中国大陆内任一具有专利管辖权的法院作为诉讼法院,致使管辖制度形同虚设,失去其应有之意"。① 该法院在 2019 年 3 月审理"深圳市富乐思电子有限公司侵害外观设计专利权纠纷案"时也认为,"在知识产权侵权纠纷案件中,由于附着了知识产权的商品具有大范围的可流通性,如何确定侵权行为地有不同于一般民事纠纷的特殊性,其侵权结果发生地应当理解为侵权行为直接产生的结果发生地,而不能以起诉人任意指定的产品收取地作为侵权结果发生地,因此,通过网络购物方式购买被诉侵权产品的,不宜以网络购物收货地作为侵权行为地确定案件的地域管辖"。该案中,"(被告)韵铭公司的住所地为浙江省杭州市萧山区城厢街道人民路某某号某某室,不在本院管辖范围之内。现尚无证据表明本案中的侵权行为实施地或侵权结果发生地位于本院地域管辖范围之内,故本院依法对本案无管辖权"。②

浙江省高级人民法院在 2015 年 7 月审理"蔡卫杰诉丹阳市美利达塑业有限公司侵害外观设计纠纷管辖异议案"时指出,"若仅以网购收货地作为管辖连接点的话,由于网购收货地并不确定,可由买家随意指定而成,若引入网购收货地作为知识产权侵权案件的地域管辖连接点,即相当于引入一个打破既有管辖规则的动态连接点,权利人可通过指定收货地的方式,任意选择受诉法院,显然会导致管辖连接点的随意化和分散化"。③

天津市第二中级人民法院在 2018 年审理"刘怀禹与东莞市八玛车业有限公司侵害外观设计专利权纠纷案"时认为,"在网络环境下,《最高人民法院关于审理专利纠纷案件适用法律问题的若干规定》第五条规定的销售行为地原则上包括不以网络购买者的意志为转移的网络销售商主要经营地、被诉侵权产品储藏地、发货地或者查封扣押地等,但网络购买方可以随意选择的网络购物收货地通常不作为网络销售行为地。本案中,根据刘怀禹提交的公证书,能够证明被诉侵权产品通过淘宝网销售,公证书显示涉案侵权产品上粘贴的合格证上印有八玛车业公司字样,本案被诉网络销售行为的直接实施主体是八玛车业公司、淘宝公司,二公司的住所地分别在广东省东莞市、浙江省杭州市,上述两地是被诉侵权产品销售行为的实施地,本市仅仅是公证购买被诉侵权产品的收货地,不能以此作为侵权行为地确定管辖,因此,本院对本案没有管辖权"。④

云南省高级人民法院在 2019 年 2 月审理"谢礼荣、潮州市枫溪区方格陶瓷厂专利权权属纠纷案"时认为,"本案被告住所地在广东省潮州市,被诉侵权产品的制造销售地以及侵权行为直接产生的结果发生地均在潮州市,不应将原告指定的收货地以及通过网络发现被诉侵权产品展示的设备终端所在地扩大理解为侵权结果发生地。故上诉人提出应以其收货地和设备终端所在地昆明市作为侵权结果发生地来确定管辖法院的上诉理由不能成立"。此外,对于上诉人提出的"(收货地)昆明市既是被上诉人侵权行为的实施地,也是侵权结果发生地,还是上诉人为公证取证的手机录像设备终端所在地和被侵权人住所地"这一主张,法院回应道,"因本案系专利权权属、侵权纠纷",而规定网络人身权益纠纷和网络著作权纠纷的《最高人民法院关于审理利用信息网络侵害人身权益民事纠纷案件适用法律若干问题的规定》《最高人民法院关于审理涉及计算机网络著作权纠纷适用法律若干问题的解释》"并不能适用于本案。因本案的被告住所地、

---

① 广州知识产权法院(2015)粤知法立民初字第 8 号民事裁定书。
② 广州知识产权法院(2019)粤 73 民初 102 号民事裁定书。
③ 浙江省高级人民法院(2015)浙辖终字第 123 号民事裁定书。
④ 天津市第二中级人民法院(2018)津 02 民初 1121 号民事裁定书。

侵权行为地均不在昆明市,故昆明中院对本案无管辖权"。①

宁波市中级人民法院在2019年6月审理"宁波拓普森科学仪器有限公司与杭州米欧仪器有限公司侵害实用新型专利权纠纷案"时指出,"《最高人民法院关于审理专利纠纷案件适用法律问题的若干规定》第五条的销售行为实施地,原则上不包括不以购买者意志为转移的销售商主要经营地、被诉侵权产品储藏地、发货地或者查封扣押地等,权利人购买侵权产品的收货地通常不宜被认定为销售行为实施地"。②

（4）最高人民法院:网络收货地不是销售行为实施地或者侵权结果发生地

最高人民法院在2016年审理"马内尔公司等诉新百伦公司不正当竞争纠纷管辖异议案"时认为,在原告通过网络购买知识产权侵权产品的情形,不应适用《最高人民法院关于适用〈中华人民共和国民事诉讼法〉的解释》第20条"以信息网络方式订立的买卖合同,通过信息网络交付标的的,以买受人住所地为合同履行地;通过其他方式交付标的的,收货地为合同履行地。合同对履行地有约定的,从其约定"的规定,认为网络购物收货地是侵权行为地。该法院指出,"该条规定是对《民事诉讼法》第二十三条、第三十四条关于合同履行地的补充规定。对于以信息网络方式订立的买卖合同,确定被告住所地或者合同履行地存在一定的困难,故司法解释该条进行了明确。由于合同案件与侵犯知识产权及不正当竞争案件存在较大的不同,合同案件一般发生在合同当事人之间,且其影响基本仅限于特定的行为和特定的当事人,而在侵犯知识产权和不正当竞争案件中,当事人通过网络购物方式取得被诉侵权产品,虽然形式上与'以信息网络方式订立买卖合同'并无区别,但其所提出的侵权主张并非仅针对这一特定的产品,而是包含了特定权利的所有产品;其主张也并非仅针对合同的另一方主体,而可能是与此产品相关的、根据法律规定可能构成侵权的其他各方主体。考虑到上述区别,并考虑到侵犯知识产权案件和不正当竞争案件中对侵权行为地的确定有专门的规定,在此类案件中,如果原告通过网络购物方式购买被诉侵权产品,不宜适用《最高人民法院关于适用〈中华人民共和国民事诉讼法〉的解释》第二十条的规定来确定案件的地域管辖"。③最高人民法院在2019年审理"东莞冠威绿之宝实业有限公司侵害发明专利权纠纷案"时指出,"'侵权行为地'不包括网络购买方可以随意选择的网络购物收货地。《最高人民法院关于适用〈中华人民共和国民事诉讼法〉的解释》第二十条的规定是对《民事诉讼法》第二十三条、第三十四条关于合同履行地的补充规定。由于合同案件与侵犯专利权纠纷案件存在较大的不同,在侵犯专利权纠纷案件中,不宜依照《最高人民法院关于适用〈中华人民共和国民事诉讼法〉的解释》第二十条的规定,以网络购物收货地作为侵权行为地确定案件的地域管辖,避免当事人随意制造管辖连接点"。④

最高人民法院在2018年审理"宁波奥克斯空调有限公司、珠海格力电器股份有限公司侵害实用新型专利权纠纷案"时指出,"依据网络销售商的被诉销售行为地确定案件管辖权时,被诉销售行为地的认定既要有利于管辖的确定性、避免当事人随意制造管辖连接点,又要便利权利人维权。在网络环境下,《最高人民法院关于审理专利纠纷案件适用法律问题的若干规定》第五条

---

① 云南省高级人民法院(2019)云民辖终35号民事裁定书。
② 宁波市中级人民法院(2018)浙02民初2310号民事裁定书。
③ 最高人民法院(2016)最高法民辖终107号民事裁定书。
④ 最高人民法院(2019)最高法民申369号民事裁定书。

规定的销售行为地原则上包括不以网络购买者的意志为转移的网络销售商主要经营地、被诉侵权产品储藏地、发货地或者查封扣押地等,但网络购买方可以随意选择的网络购物收货地通常不宜作为网络销售行为地"①。

最高人民法院在2019年审理"富鸿齐公司与创新公司侵害实用新型专利权纠纷上诉案"时认为,"原审法院认为创新公司通过网络购买的被诉侵权产品的交付地为江苏省泰州市,故江苏省泰州市系被诉侵权产品的销售地即侵权结果发生地,适用法律错误"。其理由在于,"首先,《最高人民法院关于审理专利纠纷案件适用法律问题的若干规定》第五条规定的销售行为实施地,原则上包括不以购买者意志为转移的销售商主要经营地以及被诉侵权产品储藏地、发货地或者查封扣押地等,购买者可以自行选择确定的网络购物收货地则不应被认定为销售行为实施地。其次,……被诉侵权产品的网络销售行为付诸实施时就已经实际产生被诉侵权结果,被诉侵权产品的网络购物收货地对侵权行为的实施没有实质影响,故网络购物收货地不能被认定为侵权结果发生地"②。

2. 被侵权人住所地是否属于侵权结果发生地

对于专利侵权人通过网络销售被诉侵权产品的行为是否属于"信息网络侵权行为",从而适用《最高人民法院关于适用〈中华人民共和国民事诉讼法〉的解释》第25条"信息网络侵权行为实施地包括实施被诉侵权行为的计算机等信息设备所在地,侵权结果发生地包括被侵权人住所地"规定这个问题,各地方法院有不同的看法。

(1)认为被侵权人住所地是侵权结果发生地的地方法院

浙江省高级人民法院在2015年7月审理"蔡卫杰诉丹阳市美利达塑业有限公司侵害外观设计纠纷管辖异议案"时,否定了被告提出的上诉主张,即"因涉案被诉侵权产品的生产地及其住所地均位于江苏省丹阳市,同时从节约司法成本、提高审判效率角度考量,本案均应移送江苏省镇江市中级人民法院管辖"。法院认为,虽然网购收货地不是侵权行为实施地或者侵权结果发生地,"但在本案中,蔡卫杰作为被侵权人,其指定的网购收货地又系其住所地,而涉案被诉行为的侵权结果发生地应涵盖被侵权人住所地。故原审法院作为被侵权人住所地法院,依法对本案享有管辖权"③。在此后的系列专利侵权纠纷案中,浙江省最高人民法院也持相同的意见:该法院指出,对于《最高人民法院关于适用〈中华人民共和国民事诉讼法〉的解释》第25条所指"信息网络侵权行为"的内涵和外延,相关法律及司法解释均未作明确规定。专利侵权人通过信息网络销售了被诉侵权产品,该行为通过网络实施、发生于网络领域,信息网络系该行为最为重要的手段、载体和传播渠道,故该行为属于"信息网络侵权行为",可以依照《最高人民法院关于适用〈中华人民共和国民事诉讼法〉的解释》第25条确定管辖。鉴于此类信息网络侵权行为的实施地往往难以确定,故以原告住所地作为侵权行为地中的侵权结果发生地,既方便管辖法院的确定,也有利于保持管辖连接点的适度灵活性,便于权利人维权。④

---

① 最高人民法院(2018)最高法民辖终93号民事裁定书。
② 最高人民法院(2019)最高法知民辖终66号民事裁定书。
③ 浙江省高级人民法院(2015)浙辖终字第123号民事裁定书。
④ "齐心公司与得力公司侵害外观设计专利权纠纷案",(2018)浙民辖终375号民事裁定书;"铭塔公司与奥光公司、高菲菲侵害外观设计专利权纠纷案",(2019)浙民辖终15号民事裁定书;"浩喜公司与方太公司侵害实用新型专利权纠纷案",(2019)浙民辖终16号民事裁定书;"叶根林与上品公司""叶根林与弘某公司、蓝天公司""叶根林与尚某公司""叶根林与鼎宏公司""叶根林与鹏域公司"侵害外观设计专利权纠纷案,(2019)浙民辖终25号和27号、26号、28号、29号、30号民事裁定书。

（2）认为被侵权人住所地不是侵权结果发生地的地方法院

宁波市中级人民法院在 2019 年 6 月审理"宁波拓普森科学仪器有限公司与杭州米欧仪器有限公司侵害实用新型专利权纠纷案"时指出，虽然根据《最高人民法院关于适用〈中华人民共和国民事诉讼法〉的解释》第 25 条之规定，信息网络侵权行为的侵权结果发生地包括被侵权人住所地，但双方通过信息网络平台进行被诉侵权产品的交易，不属于该解释第 25 条规定的信息网络侵权行为；在专利案件中，"侵权结果发生地应当理解为侵权行为直接产生的结果的发生地，不能以权利人认为受到损害就认为其所在地为侵权结果发生地"①。

（3）最高人民法院：被侵权人住所地不是侵权结果发生地

最高人民法院在 2019 年审理"富鸿齐公司与创新公司侵害实用新型专利权纠纷上诉案"时明确指出，"侵权结果发生地应当理解为侵权行为直接产生的结果的发生地，不能以权利人认为受到损害就认为其所在地就是侵权结果发生地"②。

（四）发明专利临时保护期使用费纠纷案件的地域管辖

最高人民法院在 2008 年审理"鑫富公司诉新发公司、爱兮缇公司发明专利临时保护期使用费纠纷及侵犯发明专利权纠纷管辖权异议案"时驳回了被告新发公司和爱兮缇公司的再审申请。这两个公司主张：爱兮缇公司的销售行为发生在专利权授权公告之前即专利临时保护期内，明显不构成侵权，本案的案由应是专利使用费纠纷，而非侵犯专利权纠纷；本案不存在"侵权行为地"，二审法院依照"侵权行为地"中的"产品销售地"确定本案的管辖权是错误的。最高人民法院指出，"发明专利临时保护期使用费纠纷虽然不属于一般意义上的侵犯专利权纠纷，但在本质上也是与专利有关的一类侵权纠纷，是涉及专利权人对其发明专利技术在临时保护期所享有的收取使用费的权利的侵权纠纷。因此，应当依据《民事诉讼法》第二十九条③有关侵权诉讼的管辖确定原则来确定发明专利临时保护期使用费纠纷的管辖……任何人在发明专利临时保护期内以制造、使用、许诺销售、销售、进口等任何一种方式实施该发明的，专利权人都有权在该发明专利授权后提起诉讼要求支付适当的使用费。在发明专利临时保护期使用费纠纷中，除了权利人只能就使用费问题主张损害赔偿的民事责任而不能请求实施人承担停止侵权等其他民事责任以外，在其他问题上与一般意义上的侵犯专利权纠纷并无本质不同，发明专利临时保护期使用费纠纷在案件性质上与侵犯专利权纠纷最为类似。因此，在法律或者司法解释对发明专利临时保护期使用费纠纷的管辖作出特别规定之前，可以参照侵犯专利权纠纷的管辖规定确定发明专利临时保护期使用费纠纷的管辖"。④

（五）确认不侵权专利诉讼的地域管辖

2004 年 6 月发布的《最高人民法院关于本田技研工业株式会社与石家庄双环汽车股份有限公司、北京旭阳恒兴经贸有限公司专利纠纷案件指定管辖的通知》第 1 条第 1 句规定，"确认不侵犯专利权诉讼属于侵权类纠纷，应当依照《民事诉讼法》第二十九条⑤的规定确定地域管辖"。

---

① 宁波市中级人民法院（2018）浙 02 民初 2310 号民事裁定书。
② 最高人民法院（2019）最高法知民辖终 66 号民事裁定书。
③⑤ 即现行 2017 年修正的《民事诉讼法》第 28 条："因侵权行为提起的诉讼，由侵权行为地或者被告住所地人民法院管辖。"
④ 最高人民法院（2008）民申字第 81 号民事裁定书；《最高人民法院知识产权案件年度报告（2008）》（2009 年 4 月 22 日）。

此外,对于涉及同一事实的确认不侵犯专利权诉讼和专利侵权诉讼的管辖问题,该司法解释性文件第 1 条第 2 句进一步规定,"涉及同一事实的确认不侵犯专利权诉讼和专利侵权诉讼,是当事人双方依照民事诉讼法为保护自己的权益在纠纷发生过程的不同阶段分别提起的诉讼,均属独立的诉讼,一方当事人提起的确认不侵犯专利权诉讼不因对方当事人另行提起专利侵权诉讼而被吸收。但为了避免就同一事实的案件为不同法院重复审判,人民法院应当依法移送管辖合并审理"。最高人民法院在 2012 年审理"本田技研工业株式会社与石家庄双环汽车股份有限公司侵犯外观设计专利权纠纷管辖权异议案"时认为,"不同法院受理的涉及同一事实的确认不侵犯专利权诉讼和专利侵权诉讼应当移送管辖合并审理。移送过程中,如涉及地域管辖,应按照立案时间的先后顺序,由后立案受理的法院将案件移送到先立案受理的法院审理;如涉及级别管辖,一般按'就高不就低'的原则由级别低的法院将其立案受理的案件移送到级别高的法院审理"。①

三、知识产权法院管辖

(一) 知识产权法院的成立

1. 知识产权审判专门机构

1992 年以后,随着社会主义市场经济的快速发展,具有较强专业性、技术性的知识产权案件数量快速增长,这为知识产权司法保护的公正与效率带来了挑战。完善知识产权审判体制,优化审判资源配置,实现知识产权审判的专业化和专门化,是应对这一挑战的有效途径。为此,我国各级法院逐步设立专门的知识产权审判庭,负责审理各类知识产权案件。最高人民法院发布文件通知,"知识产权案件较多的大中城市的中级法院及其高级法院,具备条件的,可以设立知识产权审判庭,集中审理知识产权案件,保障知识产权案件得到及时、公正的处理"。② 1993 年 8 月,北京市高院和中院在全国率先成立专门的知识产权审判庭,随后,上海、广东等地的中院和高院也纷纷成立了专门的知识产权审判庭,最高人民法院也于 1995 年 10 月成立知识产权审判庭。③

2007 年 1 月发布的《最高人民法院关于全面加强知识产权审判工作为建设创新型国家提供司法保障的意见》第 20 条规定,为健全知识产权审判组织,提高知识产权司法保障能力,"最高法院、高级法院、受理知识产权民事案件较多的中级法院和指定受理知识产权民事案件的基层法院要设立独立的知识产权审判庭,其他中级法院要设置统一审理知识产权民事案件的合议庭"。2009 年 3 月发布的《最高人民法院关于贯彻实施国家知识产权战略若干问题的意见》第 34 条规定,为健全知识产权审判机构,提高知识产权司法保护能力,"在中级以上法院和具有案件管辖权的基层法院普遍建立知识产权审判庭,暂不具备独立设庭的中级人民法院,也应当建立或指定

---

① 最高人民法院(2012)民三终字第 1 号民事裁定书;《最高人民法院知识产权案件年度报告(2012)》(2013 年 4 月 24 日)。
② 《最高人民法院关于进一步加强知识产权司法保护的通知》(1994 年 9 月发布,2013 年 1 月失效)。
③ 参见《中国法院知识产权司法保护状况(2009 年)》(2010 年 4 月 16 日)。

专门负责审理知识产权案件的合议庭"。

截至2012年,中级以上人民法院普遍设立了知识产权审判庭,具有一般知识产权民事案件管辖权的141个基层人民法院也全部设立了知识产权审判庭,全国法院设立的知识产权审判庭共计420个。[①] 2013年,西藏自治区在林芝、山南、那曲、阿里四个中级人民法院设置了知识产权专门审判机构;福建省在鼓楼、思明、晋江三个基层法院成立了知识产权审判庭;湖北省在襄阳、宜昌、黄石、黄冈、荆门等中级人民法院成立了知识产权审判庭。北京市海淀区人民法院设立了全国首家以审理知识产权案件为主的基层法院派出法庭,为保障中关村国家自主创新示范区建设提供助力。[②]

2. "三审合一"知识产权审判模式改革

在我国各级法院相继设立知识产权审判庭这种知识产权审判专门机构之后,为进一步优化知识产权审判资源配置,确保知识产权审判的科学运行和高效权威,从而提高司法效率,统一司法标准,发挥知识产权司法保护的综合效能,我国法院认识到建立知识产权民事、行政和刑事审判协调机制的必要性。为此,我国地方法院进行了由知识产权审判庭统一受理知识产权民事、行政和刑事案件的试点工作,以及开展了扩大合议庭组成或者民事法官参与知识产权刑事、行政案件审判的探索工作。

1996年,上海市浦东新区人民法院启动了"三审合一"知识产权审判模式改革,即由知识产权庭集中审理知识产权民事、行政和刑事案件。此后,青岛市南区人民法院、广东省的3个基层法院(广州市天河区人民法院、深圳市南山区人民法院、佛山市南海区人民法院)和昆明市中级人民法院分别在2002年、2006年和2007年开始推行"三审合一"知识产权审判试点,由知识产权庭统一审理知识产权民事、行政和刑事案件。2005年,西安市中级人民法院进行以下知识产权审判模式改革,即知识产权民事、刑事和行政案件仍分别由知识产权庭、刑庭和行政庭审理,但涉及知识产权刑事和行政案件时,要吸收两名知识产权民事法官参与,组成五人合议庭审理。2008年4月,武汉市江岸区人民法院成立知识产权庭,该庭和武汉市中级人民法院知识产权庭统一审理相应的知识产权民事、行政和刑事案件。

2008年6月5日,国务院发布《国家知识产权战略纲要》,要求"研究设置统一受理知识产权民事、行政和刑事案件的专门知识产权法庭与'三审合一'知识产权审判模式"[③]。重庆市高级人民法院在2008年底开展知识产权审判庭"三审合一"试点工作,重庆市渝中区人民法院、重庆市中级人民法院和重庆市高级人民法院这三级法院的知识产权审判庭统一审理相应的知识产权民事、行政和刑事案件。2009年底,珠海市中级人民法院在高新区设置了全国首家独立的知识产权法庭,对珠海市的知识产权民事纠纷一审诉讼以及法院有管辖权的知识产权行政、刑事一审和二审诉讼进行审理。

2009年3月发布的《最高人民法院关于贯彻实施国家知识产权战略若干问题的意见》第25条规定,各级人民法院应当"积极探索符合知识产权特点的审判组织模式。按照《国家知

---

① 参见《中国法院知识产权司法保护状况(2012年)》(2013年4月18日)。
② 参见《中国法院知识产权司法保护状况(2013年)》(2014年4月21日)。
③ 《国家知识产权战略纲要》第45条规定,"完善知识产权审判体制,优化审判资源配置,简化救济程序。研究设置统一受理知识产权民事、行政和刑事案件的专门知识产权法庭。研究适当集中专利等技术性较强案件的审理管辖权问题,探索建立知识产权上诉法院。进一步健全知识产权审判机构,充实知识产权司法队伍,提高审判和执行能力"。

识产权战略纲要》要求,研究设置统一受理知识产权民事、行政和刑事案件的专门知识产权审判庭,尽快统一专利和商标等知识产权授权确权案件的审理分工,优化知识产权审判资源配置,实现知识产权司法的统一高效"。2009年6月,最高人民法院发布《关于专利、商标等授权确权类知识产权行政案件审理分工的规定》,要求自2009年7月1日起,将涉及专利、商标、集成电路布图设计和植物新品种等授权确权类知识产权一、二审和再审案件统一交由有关北京市中级人民法院、北京市高级人民法院和最高人民法院知识产权审判庭审理,结束了自2002年以来该类案件由有关法院知识产权审判庭和行政审判庭分别受理的历史;这是法院优化审判资源配置、及时有效地解决纠纷、确保统一裁判标准、发挥司法保护知识产权主导作用的重要举措。①

截至2012年底,全国有5个高级人民法院、59个中级人民法院和69个基层人民法院开展了知识产权审判庭集中审理知识产权民事、行政和刑事案件的知识产权审判"三审合一"试点。

3. 知识产权审判专门法院

为推动实施国家创新驱动发展战略,进一步加强知识产权司法保护,全国人大常委会在2014年8月发布了《全国人民代表大会常务委员会关于在北京、上海、广州设立知识产权法院的决定》,决定在北京、上海、广州设立知识产权法院。2014年11至12月,北京、上海、广州知识产权法院挂牌成立。② 知识产权法院属于最高人民法院、地方各级人民法院之外的专门人民法院。③ 知识产权法院的设立,能够统一裁判标准,保证知识产权相关法律适用的稳定性、一致性,形成良好的知识产权保护环境,有利于国家创新驱动发展战略的实施,进一步加强知识产权的司法保护,构建良好的营商环境,完善国家治理体系现代化建设。

《全国人民代表大会常务委员会关于在北京、上海、广州设立知识产权法院的决定》第7条规定,"本决定施行满三年,最高人民法院应当向全国人民代表大会常务委员会报告本决定的实施情况"。2017年8月发布的《最高人民法院关于知识产权法院工作情况的报告》指出,知识产权法院设立三年来,在服务保障国家创新驱动发展战略实施、发挥司法保护知识产权的主导作用、提升法院知识产权审判水平、落实司法体制改革要求、提升我国知识产权司法的国际影响力等方面起到了重要作用。④

2020年12月26日,第十三届全国人民代表大会常务委员会第二十四次会议通过了《关于设立海南自由贸易港知识产权法院的决定》。2020年12月31日,海南自由贸易港知识产权法院正式揭牌办公。

(二)知识产权法院的管辖范围

《全国人民代表大会常务委员会关于在北京、上海、广州设立知识产权法院的决定》第1条和第2条规定,对于有关专利、植物新品种、集成电路布图设计、技术秘密等专业技术性较强的第

---

① 《中国法院知识产权司法保护状况(2009年)》(2010年4月16日)。
②④ 《最高人民法院关于知识产权法院工作情况的报告》(2017年8月29日)。
③ 《中华人民共和国人民法院组织法》第12条规定,人民法院分为最高人民法院、地方各级人民法院和专门人民法院。该法第15条第1款规定,"专门人民法院包括军事法院和海事法院、知识产权法院、金融法院等"。

一审知识产权民事和行政案件,由北京、上海、广州知识产权法院实行跨区域管辖①;在知识产权法院设立的3年内,可以先在所在省(直辖市)实行跨区域管辖。

2014年10月发布的《最高人民法院关于北京、上海、广州知识产权法院案件管辖的规定》第1条、第2条和第3条规定,北京市、上海市和广东省内的专利、植物新品种、集成电路布图设计、技术秘密、计算机软件第一审民事和行政案件,对国务院部门或者县级以上地方人民政府所作的涉及著作权、商标、不正当竞争等行政行为提起诉讼的第一审行政案件,涉及驰名商标认定的第一审民事案件,只能由知识产权法院专门管辖②;北京市、上海市各中级人民法院和广州市中级人民法院不再受理知识产权民事和行政案件,广东省其他中级人民法院和北京市、上海市、广东省各基层法院不再受理由知识产权法院专门管辖的第一审案件。

2014年12月发布的《最高人民法院关于知识产权法院案件管辖等有关问题的通知》第3条规定,北京市、上海市和广东省内的第一审垄断民事纠纷案件,只能由知识产权法院专门管辖。③

2020年12月26日通过的《关于设立海南自由贸易港知识产权法院的决定》规定,海南自由贸易港知识产权法院管辖以下案件:海南省有关专利、技术秘密、计算机软件、植物新品种、集成电路布图设计、涉及驰名商标认定及垄断纠纷等专业性、技术性较强的第一审知识产权民事、行政案件;前项规定以外的由海南省的中级人民法院管辖的第一审知识产权民事、行政和刑事案件;海南省基层人民法院第一审知识产权民事、行政和刑事判决、裁定的上诉、抗诉案件;最高人民法院确定由其管辖的其他案件。

(三)知识产权法院成立后的改革举措

1. "三审合一"知识产权审判模式的全面推进,知识产权审判庭的全面设立

为了统一法律适用标准,优化审判资源配置,提高审判质量和效率,2016年7月《最高人民法院关于在全国法院推进知识产权民事、行政和刑事案件审判"三合一"工作的意见》发布。该文件第15条规定,除了北京、上海、广州知识产权法院暂不实施"三合一"工作以外,地方各级人民法院要从实际情况出发,从方便当事人诉讼、有利于知识产权司法保护的角度,综合考量本辖区内经济发展水平、交通便利条件以及各类知识产权案件数量等因素,积极稳妥推进"三合一"工作。

---

① 该决定第2条第2款规定,"不服国务院行政部门裁定或者决定而提起的第一审知识产权授权确权行政案件,由北京知识产权法院管辖"。

该决定第3条规定,"知识产权法院所在市的基层人民法院第一审著作权、商标等知识产权民事和行政判决、裁定的上诉案件,由知识产权法院审理"。

② 该解释第5条规定,"下列第一审行政案件由北京知识产权法院管辖:(一)不服国务院部门作出的有关专利、商标、植物新品种、集成电路布图设计等知识产权的授权确权裁定或者决定的;(二)不服国务院部门作出的有关专利、植物新品种、集成电路布图设计的强制许可决定以及强制许可使用费或者报酬的裁决的;(三)不服国务院部门作出的涉及知识产权授权确权的其他行政行为的"。

该解释第6条规定,"当事人对知识产权法院所在市的基层人民法院作出的第一审著作权、商标、技术合同、不正当竞争等知识产权民事和行政判决、裁定提起的上诉案件,由知识产权法院审理"。

③ 根据该文件第1条规定,知识产权法院所在市辖区的除专利、植物新品种、集成电路布图设计、技术秘密、计算机软件、涉及驰名商标认定和垄断民事案件以外的"第一审知识产权民事案件",由基层人民法院管辖,不受诉讼标的额的限制;不具有知识产权民事案件管辖权的基层人民法院辖区内前款所述案件,所在地高级人民法院报请最高人民法院指定具有知识产权民事案件管辖权的基层人民法院跨区域管辖。

为了落实知识产权审判"三合一"工作,该文件第5条规定,"各级人民法院的知识产权审判部门,不再称为民事审判第×庭,更名为知识产权审判庭"。在知识产权审判庭的具体工作方面,该文件第6条规定,"各级人民法院知识产权审判庭应当根据审判任务需要配备审判力量,并根据情况配备专门从事行政审判和刑事审判的法官,也可以由行政审判庭或刑事审判庭法官与知识产权审判庭法官共同组成合议庭,审理知识产权行政或刑事案件"。

在管辖方面,关于知识产权民事案件,该文件第8条第1款规定,"知识产权民事案件的受理继续依照人民法院有关地域管辖、级别管辖和指定管辖的规定和批复进行"。关于知识产权行政、刑事案件,该文件第8条第2款至第7款规定:(1)中级人民法院辖区内没有基层人民法院具有一般知识产权民事纠纷案件管辖权的,可以层报最高人民法院指定基层人民法院统一管辖,也可以由中级人民法院提级管辖本辖区内的知识产权行政、刑事案件。(2)中级人民法院辖区内有多个具有一般知识产权民事案件管辖权的基层人民法院的,经层报最高人民法院批准后,可以根据辖区内的案件数量、审判力量等情况对每个基层法院的辖区范围进行划分和调整。(3)具有一般知识产权民事案件管辖权的基层人民法院审理中级人民法院指定区域的第一审知识产权刑事、行政案件。不具有一般知识产权民事纠纷案件管辖权的基层人民法院发现所审理案件属于知识产权行政、刑事案件的,应当及时移送中级人民法院指定的有一般知识产权民事纠纷案件管辖权的基层人民法院管辖。(4)中级人民法院知识产权审判庭审理本辖区内基层人民法院审结的知识产权行政、刑事上诉案件以及同级人民检察院抗诉的知识产权刑事案件。(5)高级人民法院知识产权审判庭审理本辖区内中级人民法院审结的知识产权行政、刑事上诉案件,知识产权行政、刑事申请再审案件以及同级人民检察院抗诉的知识产权刑事案件。(6)最高人民法院知识产权审判庭审理各高级人民法院审结的知识产权行政、刑事上诉案件,知识产权行政、刑事申请再审案件、最高人民检察院抗诉的知识产权刑事案件。

2. 知识产权专门审判机构的跨区域管辖

2017年1月和2017年8月,最高人民法院发布两份批复①,原则上同意在南京市、苏州市、武汉市、成都市中级人民法院和杭州市、宁波市、合肥市、福州市、济南市、青岛市中级人民法院内设知识产权专门审判机构,同意指定这些中级人民法院跨区域管辖有关专利、植物新品种、集成电路布图设计、技术秘密、计算机软件、涉及驰名商标认定和垄断纠纷的第一审知识产权民事案件。除上述10家知识产权专门审判机构以外,最高人民法院在2017年还批复深圳市中级人民法院设立跨区域管辖的知识产权专门审判机构,这11家知识产权专门审判机构至2017年底已全部揭牌成立并开始正式运行。②

2018年,最高人民法院批复在天津、郑州、长沙、西安、南昌、长春、兰州、乌鲁木齐8个市设立跨区域管辖的知识产权法庭。③ 截至2019年底,最高人民法院共批复21个城市中级人民法院设立了跨区域管辖的知识产权法庭。

---

① 《最高人民法院关于同意南京市、苏州市、武汉市、成都市中级人民法院内设专门审判机构并跨区域管辖部分知识产权案件的批复》(2017年1月4日);《最高人民法院关于同意杭州市、宁波市、合肥市、福州市、济南市、青岛市中级人民法院内设专门审判机构并跨区域管辖部分知识产权案件的批复》(2017年8月1日)。
② 《中国法院知识产权司法保护状况(2017年)》(2018年4月19日)。
③ 《中国法院知识产权司法保护状况(2018年)》(2019年4月22日)。

第九章 禁令救济

第一节 禁令救济的成立条件

禁令(injunction)是英美法系中用于弥补普通法损害赔偿救济不足的一种衡平法上的命令,它指示当事人实施某种行为或者禁止当事人实施某种行为。[①] 其中,责令当事人实施某种行为即作为的禁令是命令性禁令(mandatory injunctions);责令当事人不实施某种行为即不作为的禁令是禁止性禁令(restrictive injunctions)。根据法院签发禁令时间、禁令存续期间的不同,禁令主要分为初步禁令(preliminary injunctions)和永久禁令(permanent injunctions)两种类型。

禁令在TRIPs协定第50条中被称为"临时措施"(provisional measures)。它是指在提起侵权诉讼之前,为避免正在实施或即将实施的侵害知识产权行为给申请人造成难以弥补的损害,根据申请人的请求,由法院作出停止侵害知识产权行为的命令,从而保障申请人合法权益的一种临时性救济措施。

我国法律中并没有采用"临时禁令""临时措施""禁令"等名称,而是使用了"诉前责令停止有关行为"的表述形式。例如,我国《专利法》第72条规定:"专利权人或者利害关系人有证据证明他人正在实施或者即将实施侵犯专利权、妨碍其实现权利的行为,如不及时制止将会使其合法权益受到难以弥补的损害的,可以在起诉前依法向人民法院申请采取财产保全、责令作出一定行为或者禁止作出一定行为的措施。"最高人民法院的司法解释采用的是"诉前责令停止侵权行为"的表述,与前述专利法中的表述有一点细微区别。例如,《最高人民法院关于对诉前停止侵犯专利权行为适用法律问题的若干规定》(现已失效)第1条规定,"专利权人或者利害关系人可以向人民法院提出诉前责令被申请人停止侵犯专利权行为的申请"。

此外,在确定专利侵权责任的承担方式时,专利权人可以基于《民法典》第179条的规定,请求法院责令侵权人停止侵害、排除妨碍、消除危险,从而获得相当于英美法系的永久禁令救济。

一、诉前行为保全的成立条件

在我国司法实践中,禁令案件属于民事保全案件,所以,禁令救济又被称为诉前行为保全。所谓诉前行为保全,是指法院在诉讼提起之前,应权利人或者利害关系人的请求,采取措施制止

[①] 参见江伟、肖建国主编:《民事诉讼法》(第八版),中国人民大学出版社2018年版,第256页。

正在实施或者即将实施的侵权行为,以保障权利人合法权益的一种临时性救济行为。① 行为保全措施的目的,在于防止将来的判决不能执行或难以执行、制止侵害行为的继续以防止损害的扩大。② 例如,广西壮族自治区南宁市中级人民法院在 2012 年审理"孙泽习与百色壮乡河谷公司、徐竹生侵害实用新型专利权纠纷案"时曾指出,"诉前禁令制度作为一种特定民事诉讼制度主要是为了及时制止侵权行为,防止权利人的损失难以弥补,强调及时性以及对权利人的补偿,而不是单纯为了制止侵权行为,因为制止侵权行为是所有侵权诉讼的共同目的,而不是诉前禁令制度的特有目的"。③

北京市第三中级人民法院在 2013 年审理"雅培制药公司与亿隆公司等申请诉前停止侵害专利权纠纷案"时指出,审查是否应当责令诉前停止侵害专利权行为,应当考虑以下因素:其一,申请人是否是专利权人或利害关系人;其二,被申请人行为构成侵害专利权的可能性;其三,不采取有关措施,是否会给申请人合法权益造成难以弥补的损害;其四,不责令被申请人停止有关行为对申请人造成的损害是否大于责令被申请人停止有关行为对被申请人造成的损害;其五,责令被申请人停止有关行为是否损害社会公共利益;其六,申请人是否提供了相应的担保。④

有鉴于此,专利侵权诉前行为保全措施的成立条件如下。

(一)申请人有初步证据证明被申请人正在实施或者即将实施专利侵权行为

1. 申请人是专利权人或者利害关系人

依据《专利法》第 72 条的规定,有权向法院提出诉前行为保全申请的主体是"专利权人或者利害关系人"。《最高人民法院关于对诉前停止侵犯专利权行为适用法律问题的若干规定》(现已失效)第 1 条第 2 款规定,"提出申请的利害关系人,包括专利实施许可合同的被许可人、专利财产权利的合法继承人等"。该司法解释第 1 条第 2 款第 2 句和《最高人民法院关于审查知识产权纠纷行为保全案件适用法律若干问题的规定》第 2 条第 2 款规定:专利许可合同的被许可人申请诉前责令停止侵害知识产权行为的,独占许可合同的被许可人可以单独向人民法院提出申请;排他许可合同的被许可人在权利人不申请的情况下,可以单独提出申请;普通许可合同的被许可

---

① 参见汤维建主编:《民事诉讼法学原理与案例教程》(第三版),中国人民大学出版社 2018 年版,第 252 页。
② 参见江伟、肖建国主编:《民事诉讼法》(第八版),中国人民大学出版社 2018 年版,第 251—253 页;张卫平:《民事诉讼法》(第四版),法律出版社 2016 年版,第 220 页。
③ 广西壮族自治区南宁市中级人民法院(2012)南市民三初禁字第 1 号民事裁定书。
④ 北京市第三中级人民法院(2013)三中民保字第 01933 号民事裁定书。可资参考者,在美国,法院在专利案件中签发初步禁令的条件与法院在其他案件中签发初步禁令的条件大体相同。法院一般不会签发初步禁令,除非专利权人能够证明:其一,他在法院最终审理案件时很有可能在案件的实体问题方面胜诉。这要求专利权人能够明确地证明以下事实,即涉案专利有效、被控行为可能构成专利侵权。其二,如果法院不签发禁令,他会遭受难以弥补的损害。在专利权人证明他可能胜诉且他会遭受难以弥补的损害之后,法院在是否签发初步禁令方面拥有很大的裁量权。法院通过权衡利弊行使这种裁量权,不仅会权衡签发禁令与否对双方当事人造成的损害,还会考虑这可能对第三方和公共利益造成的影响。美国联邦巡回上诉法院在裁定是否对专利侵权行为签发初步禁令时,会考虑以下四个因素:其一,禁令申请人是否有在实体问题上胜诉的合理可能性;其二,如果法院不签发禁令,申请人是否会遭受难以弥补的损害;其三,权衡签发禁令与否对双方当事人造成的损害,结果是否对申请人有利,亦即不签发禁令对申请人造成的损害是否超出签发禁令对被申请人造成的损害;其四,禁令可能对公共利益造成的影响。对于法院是否签发禁令而言,每个因素单独来看都不一定具有决定性。法院在裁定时应当权衡和评估上述四项因素,并且应当根据申请人所申请的禁令救济幅度衡量每一项因素。其中,申请人具有胜诉的可能性和申请人会遭受难以弥补的损害这两项因素,是法院签发初步禁令的必要前提条件。如果申请人未能证明其中任何一项事实,则法院不必审查后两项因素即可裁定拒绝签发初步禁令。See Donald S. Chisum, Chisum on Patents § 20.04 [1], [1][f](Matthew Bender, 2019).

人经权利人明确授权以自己的名义起诉的,可以单独提出申请。

其一,在申请人是专利权人、专利受让人、独占性被许可人或者专利财产权利合法继承人的情形,申请人对涉案专利拥有绝对权,其基于绝对权请求权当然可以向法院提出行为保全申请。其二,在申请人是排他性被许可人的情形,申请人对涉案专利拥有相对性的债权,但是,由于只有专利权人和申请人可以实施专利而在相关市场相互竞争,故而他可以和专利权人共同向法院提出诉前行为保全申请,或者在专利权人不提出申请的情况下单独提出申请。其三,在申请人是普通被许可人的情形,申请人仅仅对涉案专利拥有相对性的债权,而且,专利权人、申请人和其他被许可人都可以实施专利而在相关市场相互竞争,申请人获得的垄断优势最小,因此,他只有在专利权人明确授权的情况下才能单独提出申请。

依据《专利法》第10条和《最高人民法院关于对诉前停止侵犯专利权行为适用法律问题的若干规定》(现已失效)第4条的规定,申请人提出申请时,为了证明其是涉案专利的专利权人或者利害关系人,应当提交下列证据:(1)专利证书、权利要求书、说明书、专利年费缴纳凭证,例如,河北省高级人民法院在2017年审理"竞速公司与德百天诺公司""竞速公司与名动公司""竞速公司与奥特公司""竞速公司与麦古公司"侵害实用新型专利权纠纷案①时认为:被许可人竞速公司虽不是涉案专利的专利权人,未提交涉案专利登记簿副本,但其提交的专利权证书、年费缴纳票据和包含专利权人授权竞速公司向法院起诉之约定的授予专利许可合同,表明竞速公司有权作为利害关系人向法院提起侵权诉讼;(2)专利权转让合同、专利权转让在国家知识产权局登记和公告的证明材料;(3)申请人已经继承或者正在继承的证据材料;(4)专利实施许可合同及其在国务院专利行政部门备案的证明材料,未经备案的应当提交专利权人的证明,或者证明其享有权利的其他证据。此外,排他实施许可合同的被许可人单独提出申请的,应当提交专利权人放弃申请的证明材料。

2. 专利权的效力稳定

申请人拥有或者有权实施有效的专利权,才具备向法院提出行为保全申请的实体权利基础。《最高人民法院关于审查知识产权纠纷行为保全案件适用法律若干问题的规定》第7条第(1)项规定,法院审查行为保全申请,应当考量"申请人的请求是否具有事实基础和法律依据,包括请求保护的知识产权效力是否稳定"。该司法解释第8条规定,法院在判断发明专利权效力的法律稳定性时,应当综合考量下列因素:(1)所涉专利权的类型或者属性;(2)所涉专利权是否经过实质审查;(3)所涉专利权是否处于宣告无效或者撤销程序中以及被宣告无效或者撤销的可能性;(4)所涉专利权是否存在权属争议;(5)其他可能导致所涉权利效力不稳定的因素。

在我国,由于发明专利申请须经实质审查才能被授予专利权,故而国家知识产权局授予的发明专利权应被推定为有效,亦即推定为满足了专利权授予的程序要件和实体要件。相反,实用新型专利申请和外观设计专利申请未经过实质审查即被授予专利权,其被宣告无效的可能性较大,专利权效力的法律稳定性较差。有鉴于此,《最高人民法院关于审查知识产权纠纷行为保全案件适用法律若干问题的规定》第9条规定,"申请人以实用新型或者外观设计专利权为依据申请行为保全的,应当提交由国务院专利行政部门作出的检索报告、专利权评价报告或者专利复审委

---

① 河北省高级人民法院(2017)冀民终574号、575号、576号、577号民事裁定书。

员会维持该专利权有效的决定。申请人无正当理由拒不提交的,人民法院应当裁定驳回其申请"。在申请人提交了由国家知识产权局出具的结论为"未发现不符合法定授权条件"的检索报告、专利权评价报告,或者专利复审委员会维持专利权有效的决定之后,应当推定专利权有效。

专利权有效推定作为一种程序机制,将提交证据证明相关专利权处于宣告无效或者撤销程序中并且有可能被宣告无效或者撤销的责任加诸被申请人,如此一来,被申请人负有提交证据证明专利权可能被宣告无效或者撤销的最初举证责任。如果被申请人未能提供证据证明相关专利权处于宣告无效或者撤销程序中并且有可能被宣告无效或者撤销,那么,存在发明专利权、前述关于实用新型专利或者外观设计专利的检索报告或专利权评价报告、国家知识产权局维持专利权有效的决定本身,即可完成申请人在专利权之效力稳定方面的证明责任。相反,如果被申请人能够提供证据证明相关专利权处于宣告无效或者撤销程序中且可能被宣告无效或者撤销,那么,法院应当认定被申请人提出了关于专利权无效或者可撤销的实质问题,从而裁定驳回申请;此时,举证责任转移至申请人,申请人必须对被申请人提出的证据予以反驳,即提供证据证明被申请人对相关专利权之有效性的质疑"缺乏实质根据"。

由于在诉前行为保全程序阶段,侵权案件诉讼尚未开始,法院在接受申请后必须在48小时内作出裁定,当事人不服行为保全裁定申请复议的,法院应当在收到复议申请后10日内审查并作出裁定。双方当事人举证、质证的时间有限,法院不会面对出现于侵权案件审理阶段的全部证据,申请人不可能提出完整的证明专利权有效的证据,被申请人也不可能提出完整的证明专利权无效或者可撤销的证据。因此,在证明程度方面,申请人不必积极主张专利权实际有效,即不必主动提供证据使得法院确信专利权有效这一事实的存在具有"高度可能性"(高度盖然性标准);被申请人也不必主张专利权实际无效或可撤销,只需要提出关于专利权无效或者可撤销的实质问题,即提供证据使得法院确信专利权有被宣告无效或者撤销的"可能性"①(优势盖然性标准)而非"高度可能性"②即可。

值得注意的是,如果法院在审理此前发生的专利权人或者其他人不服专利复审委员会无效宣告请求决定案件时,判决撤销专利复审委员会作出的宣告专利权无效决定或者维持专利复审委员会作出的维持专利权决定,那么,法院应当认定相关专利权的效力具有法律稳定性。在不服专利复审委员会无效宣告请求决定案件中,专利权人和请求专利复审委员会宣告专利权无效的该他人都能参加诉讼③,法院作出的判决应当视为已经充分考虑了双方当事人以及专利复审委员会的主张和意见。此后,该当事人如无正当理由再次向专利复审委员会提出无效宣告申请或者提起行政诉讼,应当根据"一事不再理"的原则不予受理。④ 这种情况下,在专利权人针对被申请人发动的诉前行为保全程序中,法院应当认定相关专利权的效力稳定性。然而,在先裁判的效力以法院于在先案件中审理的事由和证据为限,若被申请人为证明专利权可能被宣告无效提出

---

① 《最高人民法院关于审查知识产权纠纷行为保全案件适用法律若干问题的规定》第8条第(3)项。
② 《最高人民法院关于适用〈中华人民共和国民事诉讼法〉的解释》第108条第1款规定,"对负有举证证明责任的当事人提供的证据,人民法院经审查并结合相关事实,确信待证事实的存在具有高度可能性的,应当认定该事实存在"。
③ 《专利法》第46条第2款规定,"对国务院专利行政部门宣告专利权无效或者维持专利权的决定不服的,可以自收到通知之日起三个月内向人民法院起诉。人民法院应当通知无效宣告请求程序的对方当事人作为第三人参加诉讼"。
④ 参见尹新天:《中国专利法详解》(缩编版),知识产权出版社2012年版,第372页。

一些法院于在先案件中未加审理的事由和证据,则在先裁判失去大部分影响力。① 如果被申请人能够提供新的证据证明相关专利权处于宣告无效或者撤销程序中且可能被宣告无效或者撤销,那么,法院应当认定被申请人提出了关于专利权无效或者可撤销的实质问题,从而裁定驳回行为保全申请。

此外,可资参考者,美国判例指出,相关行业对有价值专利的长期默认这一事实,也能作为专利权效力稳定的佐证。基于自利性假设,对于有价值的专利而言,质疑专利权的有效性对相关行业的企业有利可图,除非他们经调查后认定有关专利权有效,从而认为质疑专利权的有效性徒劳无益,他们不会避免使用相关专利或者支付使用费。行业默认的时间和范围,取决于专利的商业价值大小、专利权人有无潜在的竞争对手、竞争对手的仿制能力和诉讼资源等因素。应当注意的是,如果相关行业不是因为相信专利权有效而是由于相关专利产品的市场利润过小、以专利产品的高价作为后续开发产品的价格下限等其他原因默认相关专利,那么,行业默认不能作为相关专利权可能有效的佐证。此外,如果被控侵权人能够提供充分且明确的证据证明专利权无效,也能够消解行业默认的影响力。②

3. 被申请人正在实施或者即将实施的行为可能构成专利侵权

《最高人民法院关于对诉前停止侵犯专利权行为适用法律问题的若干规定》(现已失效)第4条规定,申请人提出申请时,应当"提交证明被申请人正在实施或者即将实施侵犯其专利权的行为的证据,包括被控侵权产品以及专利技术与被控侵权产品技术特征对比材料等"。上海市第一中级人民法院在2013年审查"先正达公司与昌盛精细化工公司申请诉前停止侵害专利权纠纷案"时,裁定驳回专利权人提出的申请,原因之一在于"现申请人提供的初步证据尚不足以证明被申请人制造、销售、许诺销售'噻虫嗪'产品侵犯了其发明专利权"。③

判断被申请人的行为是否可能构成发明专利或者实用新型专利侵权,主要分为三步:第一,解释权利要求,明确专利各项权利要求的范围和含义。权利要求的解释是个法律问题,这不仅需要详细地解读专利说明书、查究相关专利发明的范围和现有技术的状况,还需要考虑国家知识产权局所保存的专利申请文档④。第二,确定被控侵权产品或者方法的技术特征。这涉及法院对诉争事实问题的认定。第三,对比被控侵权技术方案和权利要求,判断被控侵权产品或者方法是

---

①② Donald S. Chisum, Chisum on Patents § 20.04 [1][c][ii][iii].
③ 上海市第一中级人民法院(2013)沪一中禁字第2号民事裁定书。
④ 根据《专利审查指南》第五部分第四章1、2的规定,专利申请文档是在专利申请审查程序中以及专利权有效期内逐步形成,并作为原始记录保存起来以备查考的各种文件的集合,包括案卷和电子文档。其中,专利申请案卷主要包括:申请人提交的专利申请文件及其他文件、申请人应审查员要求作出的各种答复、申请人主动办理各种手续时提交的文件及证明材料、任何人依法对专利申请(或专利)提交的各种文件以及法院等部门对这些文件审理后产生的文件等相关文件。电子文档主要包括:专利局制作的图形文件和代码化文件、当事人提交的核苷酸或者氨基酸的序列表、专利局和专利复审委员会作出的通知和决定及其他文件、与专利申请或者专利审批有关的法律状态及变化的历史记录、在专利审批程序中全部著录项目及其变更的历史记录、当事人以电子申请方式提交的电子文件等。

此外,根据《最高人民法院关于审理侵犯专利权纠纷案件应用法律若干问题的解释(二)》第6条的规定,人民法院可以运用与涉案专利存在分案申请关系的其他专利及其专利审查档案、生效的专利授权确权裁判文书解释涉案专利的权利要求。专利审查档案,包括专利审查、复审、无效程序中专利申请人或者专利权人提交的书面材料,国务院专利行政部门制作的审查意见通知书、会晤记录、口头审理记录、生效的专利复审请求审查决定书和专利权无效宣告请求审查决定书等。

否包含了权利要求的全部技术特征,从而落入后者所主张的字面或者等同范围。① 北京市第二中级人民法院在2006年审查"天威瑞恒公司与电科四维公司申请诉前停止侵犯专利权纠纷案"时,驳回了专利权人提出的申请,理由在于:仅凭申请人提供的公证书所附产品照片,难以将内部结构复杂的被控侵权产品与专利权利要求进行准确对比。② 江苏省苏州市中级人民法院在2014年审查"戴森公司与捷尚公司等申请诉前停止侵害发明专利权纠纷案"时,以戴森公司的申请不符合法律规定的条件为由,裁定驳回该申请,不符合条件的原因之一,在于"申请人戴森公司主张被控侵权产品对应技术特征与诉争专利独立权利要求各技术特征——对应,完全落入诉争专利权利要求的保护范围,但根据戴森公司提交的现有证据并经技术比对,该主张并不充分"。③

判断被申请人的行为是否可能构成外观设计专利侵权,主要是看被申请人是否在与外观设计专利产品相同或者相近种类产品上采用了与授权外观设计相同或者近似的外观设计。④ 江苏省苏州市中级人民法院在2014年审查"戴森公司与捷尚公司等申请诉前停止侵害外观设计专利权纠纷案"时,以戴森公司的申请不符合法律规定的条件为由,裁定驳回该申请,不符合条件的原因之一,在于"根据其(申请人戴森公司)提交的专利视图图片,被控侵权产品设计与其专利设计相近似的主张亦依据不足"。⑤ 广州知识产权法院在2016年审理"克里斯提·鲁布托与问叹公司、贝玲妃公司、欧慕公司外观设计专利权诉前禁令纠纷案"时认为,"经技术比对,本案被诉侵权产品与涉案专利产品均为化妆品的盖子、化妆品的容器,是相同种类产品,两者的相应外观设计构成相同或者近似,九款被诉侵权产品均落入涉案专利权的保护范围"。⑥

最高人民法院2009年4月发布的《关于当前经济形势下知识产权审判服务大局若干问题的意见》第14条规定,"诉前停止侵权主要适用于事实比较清楚、侵权易于判断的案件,适度从严掌握认定侵权可能性的标准,应当达到基本确信的程度……特别是在专利侵权案件中,如果被申请人的行为不构成字面侵权,其行为还需要经进一步审理进行比较复杂的技术对比才能作出判定时,不宜裁定责令诉前停止侵犯专利权;在被申请人依法已经另案提出确认不侵权诉讼或者已就涉案专利提出无效宣告请求的情况下,要对被申请人主张的事实和理由进行审查,慎重裁定采取有关措施"。

广州知识产权法院在2016年审理"克里斯提·鲁布托与问叹公司、贝玲妃公司、欧慕公司外观设计专利权诉前禁令纠纷案"时指出,"在处理诉前禁令申请时,法院只有判定被诉侵权行为存在侵权可能性时,才有权要求被申请人停止被诉侵权行为。因此,法院在诉前禁令的审查阶段必须判断被诉侵权行为是否存在侵权的可能性。需要指出的是,在审查被申请人正在实施或即将实施的被诉侵权行为时,法院只要能认定其存在侵权的可能即可"。该法院还指出,在证明标准方面,根据现有证据,"构成侵权的可能性更高"时,即表明被申请人的行为存在侵权的可能性。⑦

---

① 参见崔国斌:《专利法:原理与案例》(第二版),北京大学出版社2016年版,第580页;Donald S. Chisum, Chisum on Patents § 20.04 [1][d]。
② 北京市第二中级人民法院(2006)二中民保字第15854号民事裁定书。
③ 江苏省苏州市中级人民法院(2014)苏中知禁字第00003号民事裁定书。
④ 《最高人民法院关于审理侵犯专利权纠纷案件应用法律若干问题的解释》第8条至第11条。
⑤ 江苏省苏州市中级人民法院(2014)苏中知禁字第00001号民事裁定书。
⑥⑦ 广州知识产权法院(2016)粤73行保1、2、3号民事裁定书。

可资参考者,美国判例指出,在一些案件中,面对初步禁令申请的被控侵权人会明示地或者暗示地承认其从事了专利侵权行为,从而将争议焦点集中于专利权是否有效的问题。①

而在另一些案件中,当面对初步禁令申请的被控侵权人对于其是否从事了专利侵权行为这一问题有争议,此时,法院会一律要求专利权人充分证明其可能在这一问题上胜诉。为此,法院要求专利权人能够提供"明确的"或者"相当明确的"证据以证明被控侵权人的行为有可能构成专利侵权。美国各法院在判决中确立了以下规制:其一,证明责任问题。在初步禁令程序阶段,专利权人负有证明其具有在案件审理阶段在专利侵权问题方面胜诉的合理可能性的证明责任。当专利权人能够提供证据证明,经法院解释权利要求而确定的每个相关权利要求限定都有可能出现于被控侵权产品时,他即完成了这一证明责任。相反,如果被控侵权人提出了关于专利侵权的实质性问题(例如,提出一项专利权人不能证明为"缺乏实质根据"的专利侵权抗辩),那么,法院不应当签发初步禁令。其二,在初步禁令程序阶段,美国各法院在是否愿意对权利要求解释和权利要求对比这两个重要问题作出裁决方面有很大的分歧。有些法院适用了高度取决于具体案件事实的专利侵权"等同原则",认定被控行为可能构成专利侵权。多数法院则拒绝在初步禁令程序阶段对这两个重要问题作出裁决,理由在于:法院只有在充分审理实体问题阶段对这两个重要问题作出裁决才妥当;在法院只有进行权利要求解释或者适用"等同原则"对比权利要求才能判断被控行为是否构成专利侵权的情形,法院不可能在侵权诉讼开始阶段即详细地审查被控行为是否可能构成专利侵权。其三,证明程度问题。在初步禁令程序阶段,法院仅仅掌握初步性诉讼的记录(如不完整的权利要求解释文件),相关专利技术的复杂特征或者不明确的权利要求含义,使得法院难以对权利要求作出终局性解释,因而法院没有义务对权利要求作出终局性解释。在这种情况下,为了确保法院裁判的灵活性和效率,法院负有从速解释高度技术性的权利要求措辞的职责,它可以基于初步性的诉讼记录作出"暂时的"或者"不确定的"权利要求解释。因此,专利权人在初步禁令程序阶段仅需证明他在专利侵权主张方面很有可能胜诉,即很有可能证明被控行为构成对相关权利要求的字面侵权,而不必提供证据以使得法院得出关于专利侵权这一基本争议焦点的最终法律结论。②

除了专利权人"明确证明"被控侵权人的行为有可能构成专利侵权以外,先前裁判也可以作为专利侵权的佐证。如果先前裁判所涉及的被控侵权产品或者方法与该案涉及的被控侵权产品或者方法在实质上相同,且有法院在先前裁判中对相关权利要求作出特定解释的基础上将相关权利要求与前者进行对比而判定前者构成专利侵权,那么,后者也构成专利侵权。另一方面,如果先前裁判所涉及的被控侵权产品或者方法与该案涉及的被控侵权产品或者方法在实质上并不相同,或者有必要对相关权利要求作出新的扩张解释,那么,先前裁判并不重要。同理,当先前裁判为法院基于其对相关权利要求的临时解释而作出的签发初步禁令裁定时,先前裁判对涉及不同于临时解释之终局性权利要求解释的在后裁判不具有参考意义。③

(二) 不采取行为保全措施会使申请人的合法权益受到难以弥补的损害

1. "难以弥补的损害"的说明要求

依据《最高人民法院关于审查知识产权纠纷行为保全案件适用法律若干问题的规定》第4条的规定,向法院提出诉前行为保全申请,应当递交申请书和相应证据,而申请书应当载明的事

---

① ② ③ Donald S. Chisum, Chisum on Patents § 20.04 [1][d].

项之一,即为"申请所依据的事实、理由,包括被申请人的行为将会使申请人的合法权益受到难以弥补的损害或者造成案件裁决难以执行等损害的具体说明"。广东省佛山市中级人民法院在2007年审查"陈靖华与奋安铝业公司等诉前申请停止侵犯外观设计专利权行为纠纷系列案"时,裁定驳回专利权人提出的申请,原因之一在于"其申请理由中有关行为如不及时制止会使申请人合法权益受到难以弥补的损害的说明亦不具体"。① 上海市第一中级人民法院在2013年审查"先正达公司与昌盛精细化工公司申请诉前停止侵害专利权纠纷案"时,裁定驳回专利权人提出的申请,原因之一在于申请人"没有提供关于采取该措施的必要性和紧迫性即如不及时制止被申请人的相关行为会使申请人的合法权益受到难以弥补的损害的具体说明"。②

可资参考者,英美法的基本原则是,法院只有在法律上的救济对权利人而言不充分的情况下才会授予其衡平法上的救济。初步禁令救济程序中的"难以弥补的损害"要件,是这项基本原则的具体体现。③ 此外,美国联邦巡回上诉法院在2012年审理 Apple, Inc. v. Samsung Elecs. Co.案时还指出,专利权人必须证明被控侵权行为与"难以弥补的损害"之间存在因果关系。④

2. "难以弥补的损害"的说明程度

如果申请人能够提供证明被申请人的行为可能构成专利侵权,那么,能否推定申请人在法院不采取行为保全措施的情况下会受到难以弥补的损害? 对于这个问题,我国各地法院在不同时期持不同的意见:

在2014年之前,法院关于"难以弥补的损害"的判定标准相对宽松,对"难以弥补的损害"推定持肯定态度。上海市第二中级人民法院在2003年审理"菲利浦公司与超超公司等专利侵权纠纷案"时,在原告提供了被告制造、销售的蒸汽电熨斗与原告享有专利权的外观设计整体相近似的基本证据之后,径直依据2000年《专利法》第61条第1款⑤的规定作出采取责令停止有关行为和财产保全的裁定。⑥ 湖北省武汉市中级人民法院在2006年审查"武汉朗维公司与宜昌强科公司诉前申请停止侵犯专利权纠纷案"时,在对比被控侵权产品与专利权利要求而认定被申请人构成专利侵权之后,径直得出以下结论,即"对被申请人宜昌强科橡塑制品有限公司正在实施的上述行为如不及时制止,将给申请人武汉朗维岩土工程材料有限公司造成难以弥补的损害",从而裁定采取责令停止被控侵权行为的措施。⑦

在2014年之后,法院要求申请理由中"难以弥补的损害"的说明必须充分,对"难以弥补的损害"推定持否定态度。江苏省苏州市中级人民法院在2014年审查"戴森公司与捷尚公司等申请诉前停止侵害外观设计专利权纠纷案""戴森公司与捷尚公司等申请诉前停止侵害发明专利权纠纷案"时,以专利权人戴森公司的申请不符合法律规定的条件为由,裁定驳回该申请,不符

---

① 广东省佛山市中级人民法院(2007)佛中法民知诉前禁字第1号、第2号、第3号、第4号、第5号、第6号、第7号、第8号民事裁定书。
② 上海市第一中级人民法院(2013)沪一中禁字第2号民事裁定书。
③ Donald S. Chisum, Chisum on Patents § 20.04 [1][e].
④ Donald S. Chisum, Patent Law Digest 6100;1112 (Matthew Bender, 2019 Edition).
⑤ 2000年《专利法》第61条第1款规定:"专利权人或者利害关系人有证据证明他人正在实施或者即将实施侵犯其专利权的行为,如不及时制止将会使其合法权益受到难以弥补的损害的,可以在起诉前向人民法院申请采取责令停止有关行为和财产保全的措施。"
⑥ 上海市第二中级人民法院(2003)沪二中民五(知)初字第44号民事裁定书。
⑦ 湖北省武汉市中级人民法院(2006)武知禁字第19号民事裁定书。

合条件的原因之一,在于"戴森公司申请理由中有关行为如不及时制止会使其合法权益受到难以弥补的损害的说明亦并不充分"。① 江苏省苏州市中级人民法院在 2015 年审查"巨联公司与圣和公司申请诉前停止侵害发明专利权纠纷案""巨联公司与圣和公司申请诉前停止侵害实用新型专利权纠纷系列案"时认为,虽然申请人主张被诉侵权产品对应技术特征与涉案发明专利和实用新型专利的独立权利要求 1 的各技术特征一一对应,"但申请人巨联公司申请理由中有关行为如不及时制止会使其合法权益受到难以弥补的损害的说明并不充分",故而其申请不符合法律规定条件,裁定予以驳回。② 湖北省武汉市中级人民法院在 2017 年审查"古欣等诉中铁十一局集团公司等专利侵权纠纷案"时认为,原告并无证据表明原告合法权益将遭受难以弥补的损害,理由在于,"难以弥补的损害,一般是指不能简单用金钱赔偿解决的损失……现在并无证据表明中铁十一局集团公司必将实施侵犯专利权的行为,但即使中铁十一局集团公司在专利保护期内确实实施了侵权行为,原告仍有权就该行为追究侵权责任并获得赔偿"。③

可资参考者,在 2006 年美国联邦最高法院作出 eBay Inc. v. MercExchange, LLC 案裁判以前,美国法院往往会在原告提供了充分证据证明相关专利权有效且被控行为可能构成专利侵权的情况下,推定原告会遭受难以弥补的损害。④ 美国联邦最高法院在 2006 年作出的涉及专利侵权永久禁令救济的 eBay Inc. v. MercExchange, LLC 案裁判,引发了人们对"难以弥补的损害"推定规则之合法性的怀疑,最终致使联邦巡回上诉法院废除了这一推定规则。具体论述如下:

其一,"难以弥补的损害"推定。美国联邦巡回上诉法院在 1983 年审理 Smith International, Inc. v. Hughes Tool Corp.案时判定,如果初步禁令申请人明确地证明相关专利权有可能有效且被控行为有可能构成专利侵权,那么,应当推定申请人在法院拒绝签发禁令的情况下会遭受难以弥补的损害。美国联邦巡回上诉法院在 1987 年审理 H.H. Robertson Co. v. United Steel Deck Inc.案时指出,这种推定"部分源自专利权有限的保护期,因为专利期限的届满不会在诉讼过程中中止,而时间的流逝则会造成难以弥补的损害。在出了名的漫长的专利诉讼过程中有实施相关专利发明的机会本身,即可能诱使潜在的侵权人从事专利侵权行为……因此,专利权保护期的有限性不支持法院作出金钱赔偿往往足以弥补专利权人的裁判,因为专利的主要价值在于它的法定排他权利"。⑤

此外,美国各法院作出"难以弥补的损害"推定的理由还包括:(1) 专利的本质特征在于它赋予了专利权人排他性的专用权,对一项有效专利权的侵害行为本身即会对专利权人造成难以弥补的损害;(2) 只要被控侵权人能够继续对案件提出抗辩,允许他在诉讼未决期间从事专利侵权行为,实际上相当于让专利权人授予他一项非自愿的专利实施许可,据此,他在仅仅面临着当法院作出审判后为其专利侵权行为支付金钱赔偿这个潜在威胁的情况下,得以在漫长的诉讼未决期间实施有关专利;(3) 如果法院在申请人明确地证明有关专利权有效且被控行为有可能构成专利侵权的情形不作出"难以弥补的损害"推定,进而拒绝签发初步禁令,那么,专利权人的权利将会被削弱,而且这会鼓励潜在的侵权人投机取巧;(4) 一旦申请人能够明确地证明有关专利权有效且被控行为有

---

① 江苏省苏州市中级人民法院(2014)苏中知禁字第 00001 号、第 00003 民事裁定书。
② 江苏省苏州市中级人民法院(2015)苏中知禁字第 00003 号、第 00004 号、第 00005 号民事裁定书。
③ 湖北省武汉市中级人民法院(2017)鄂 01 民初 47 号民事判决书。
④ Donald S. Chisum, Chisum on Patents § 20.04 [1][e].
⑤ Donald S. Chisum, Chisum on Patents § 20.04 [1][e][i].

可能构成专利侵权,被控侵权人实施的持续性侵权行为本身即足以作为法院签发初步禁令的正当理由,因为这会在将来对申请人造成金钱损失等难以弥补的损害或者市场影响。①

其二,"难以弥补的损害"推定的推翻。被控侵权行为并不始终导致专利权人遭受难以弥补的损害,②"难以弥补的损害"推定是可以推翻的。"难以弥补的损害"推定作为一种程序机制,将提交证据证明专利权人在法院不签发初步禁令时并不会遭受难以弥补的损害的最终责任加诸被控侵权人。自美国联邦巡回上诉法院在 1990 年审理 Illinois Tool Works, Inc. v. Grip-Pak, Inc.案和 Rosemount v. U. S. Int'l Trade Comm'n 案以来,美国各法院列出的可推翻"难以弥补的损害"推定的证据包括:(1) 被控侵权人已经或者即将停止从事被控侵权行为。此时,专利权人并未遭受持续性的侵害,也不存在造成未来损害的危险,金钱赔偿足以弥补被控侵权人过去销售被控侵权产品所造成的损害。(2) 专利权人此前已经从事了一系列非独占授权许可的行为,从而有理由期待能够以使用费而非禁令救济弥补专利侵权行为所造成的损害。③ (3) 自专利权人意识到其专利权可能受到侵害之日起计算,专利权人在向法院提出初步禁令申请方面有不合理的拖延。④ 首先,专利的基本价值在于它的排他性专用权,一般而言,专利权人不应在诉讼期间成为强制许可人。专利权人在维护其权利方面的不合理拖延,与这种排他性专用权不一致,破坏了禁止强制许可该一般性规则的根基。其次,专利权人在提出初步禁令申请之前的相当长一段时间的不合理拖延,至少表明现有状况并未对他造成难以弥补的损害。最后,这种不合理的拖延降低了专利权人申请初步禁令救济的紧迫感。专利权人无法证明以下事实,即被控侵权人从事了持续侵权行为,这对他造成了难以弥补的损害,让他产生一种促使他申请初步禁令的紧迫感。

---

① Donald S. Chisum, Chisum on Patents § 20.04 [1][e][i].
② 联邦巡回上诉法院在 1990 年审理 Illinois Tool Works, Inc. v. Grip-Pak, Inc.案时认为,"采用被控侵权人的诉前(专利侵权产品)销售行为始终会造成专利权人难以弥补的损害的观念,会危害专利制度"。联邦巡回上诉法院在 1994 年审理 Reebok International Ltd. v. J. Baker, Inc.案时认为,"如果仅仅是诉讼期间的排他性权利即表明(专利权人会遭受)难以弥补的损害,那么,法院作出的胜诉可能性认定所产生的难以弥补的损害该推定永远不能被推翻,因为,初始禁令申请被驳回的每个专利权人都丧失了在审判未决阶段阻止被控侵权人进入相关市场的权利"。See Donald S. Chisum, Chisum on Patents § 20.04 [1][e][iv].
③ 美国康涅狄格州联邦地区法院在 1993 年审理 American Cyanamid Co. v. United States Surgical Corp.案时指出,"原告的专利许可人地位并不一定妨碍法院在任何情况下作出难以弥补的损害的认定,也不妨碍法院在适当的情况下签发初步禁令"。See Donald S. Chisum, Chisum on Patents § 20.04 [1][e][v].
④ 一方面,美国各法院认为,判断专利权人在提出初步禁令申请方面的拖延是否合理,应当考虑以下因素:(1) 专利权人选择先对被控侵权人以外的拥有更大侵权产品市场份额的竞争对手提出初步禁令申请;(2) 双方当事人试图协商以达成成本更低、更经济的和解协议,专利权人有理由相信通过协商可以解决相关争议;(3) 被控侵权人的行为使得专利权人有理由相信前者会停止从事专利侵权行为;(4) 专利权人无法获得关于被告侵权行为的实际证据;(5) 专利权人一段时间的拖延,是为了在这段时间内从事审慎原则和《联邦民事程序规则》所要求的调查活动,获取被告侵权的证据,以确保其有理由相信被控侵权人实际从事了侵权行为。另一方面,美国各法院认为,原告为其拖延提出的下列原因不具有说服力:(1) 被控侵权人起初为了回应专利权人提起的诉讼从市场中撤回被控侵权产品,而仅仅在此后才恢复销售相关产品。该原因的不合理之处在于,专利权人本可以在其提起侵权诉讼之后的过去相当长一段时间内的任何时候提出初步禁令救济申请。(2) 专利权人的经济资源有限,他在具备相应经济条件时立即启动专利保护程序。该原因的不合理之处在于,专利权人在意识到其专利权可能受到侵害时,能够以较低的成本通知被控侵权人,而不必在相当长一段时间后才通知对方其可能构成侵权,又在相当长一段时间后提起诉讼或者提出初步禁令申请。(3) 专利权人对案件的进展不满意。(4) 专利权人打算在其开始向市场提供被控侵权产品的替代产品之后才提出初步禁令申请。该原因的不合理之处在于,如果专利权人在其尚未向市场提供专利产品之时能够承受等待相当长一段时间后才提出初步禁令申请的后果,那么,既然专利权人已经向市场推广了相关替代产品,他们应该也能够等待到案件审判阶段才提出初步禁令申请。See Donald S. Chisum, Chisum on Patents § 20.04 [1][e][iii].

(4)专利权人实际上并未实施其专利。(5)被控侵权人仅仅拥有很小的市场份额,相比而言,申请人拥有巨大的市场份额。(6)相关专利技术可通过技术予以规避,这使得专利权人在相关市场有许多非侵权竞争对手,专利到诉讼结束时失去其价值。(7)被控侵权人的经济状况良好,可以向专利权人支付法院判决的任何损害赔偿金。①

另一方面,美国联邦巡回上诉法院在1996年审理Polymer Technologies, Inc. v. Bridwell案时指出,下列证据不能推翻"难以弥补的损害"推定:(1)被控侵权人不是造成专利权人销售额损失的主要或者唯一责任人,在相关市场还存在专利权人尚未对之提起诉讼的其他专利侵权人。专利权人一次只起诉一个侵权人,这与"难以弥补的损害"并不冲突。只有专利权人未能同时起诉其他潜在侵权人的事实能够表明他在提起诉讼方面有不合理的拖延、愿意接受使用费类型的损害赔偿以替代市场独占地位、对保护其专利权漫不经心的情况下,该事实才可能影响法院对"难以弥补的损害"的分析。(2)专利独占被许可企业的创始人去世,创始人的继任者缺乏工作经验。即便一个商人能力低下,他也有权享有一项专利的排他性专用权。(3)专利权人和被控侵权人的相关产品市场的规模有限。拥有小规模市场份额的发明人和那些拥有大规模市场份额的发明人一样,都有权享有专利法赋予的排他性专用权。②

需要注意的是,美国各法院认为,虽然专利权人此前已经从事了一系列对外专利授权许可的行为、专利权人在申请初步禁令方面有不合理的拖延等事实可以推翻"难以弥补的损害"假定,但是,这在法律上不能排除法院作出"难以弥补的损害"认定的可能性。即便被控侵权人能够证明存在上述推翻"难以弥补的损害"的事实,如果被控侵权人继续从事侵权行为,从而导致以下后果,法院也应当签发初步禁令:(1)这种持续性侵权行为使得专利权人丧失了如果被告成为被许可人时他本可以从被告处收取的使用费。(2)这种持续性侵权行为使得专利权人丧失了本可以从其他被许可人处收取的使用费。由于被告未能为其持续性侵权行为支付使用费,他能够压低价格同其他被许可人竞争,从而夺走后者的合法市场份额。(3)这种持续性侵权行为侵害了专利权人和那些被告压低价格与之竞争的其他被许可人之间的商业关系。(4)这种持续性侵权行为妨碍了专利权人对相关专利技术之实施和授权许可的控制能力。(5)这种持续性侵权行为对专利权人的市场份额和价格体系产生相当有害的影响,从而削弱专利权人的市场地位,或者让专利权人失去大量的市场份额,甚或威胁专利权人营业的生存。(6)这种持续性侵权行为会间接鼓励其他人无视相关专利权而从事侵权行为。(7)这种持续性侵权行为会造成专利权人实质性的利润损失。(8)这种持续性侵权行为除了使得专利权人有权请求金钱损害赔偿以外,还损害了相关专利提供的附带利益。③

其三,"难以弥补的损害"推定规则的废除。美国联邦最高法院在2006年审理eBay Inc. v. MercExchange, LLC案(简称eBay案)时所援引的该法院在1987年作出的Amoco Production Co. v. Village of Gambell案(简称Amoco Production案)裁判认为:联邦第九巡回法院在有关行为违反环境保护法的情况下推定被告会遭受难以弥补的损害,这种推定"有悖于传统的衡平原则"。④ 此外,涉及初步禁令救济的Amoco Production案裁判还指出:初步禁令救济和永久禁令救济的成立条件实质上大体相同,二者的不同之处在于,原告在申请初步禁令时必须证明其在实体问题上有可能胜

---

①②③ Donald S. Chisum, Chisum on Patents § 20.04 [1][e][i][iii].
④ Amoco Production Co. v. Village of Gambell, 480 U.S. 531, at 544-545 (1987); Donald S. Chisum, Chisum on Patents § 20.04 [2][c][i].

诉,而他为了获取永久禁令救济则必须在实体问题上最终胜诉。① 因此,虽然联邦最高法院在审理 eBay 案时并未明确处理"难以弥补的损害"推定这个问题,但是,该法院所援引的 Amoco Production 案裁判让人们对专利侵权禁令案件中"难以弥补的损害"推定规则的合法性产生了怀疑。②

虽然联邦最高法院作出 eBay 案裁判之后,联邦地区法院都认为 eBay 案裁判在专利侵权永久禁令案件中废除了"难以弥补的损害"推定规则,大多数联邦地区法院也认为 eBay 案裁判在专利侵权初步禁令案件中废除了这一推定规则,但是,联邦巡回上诉法院在 2006 年的 Sanofi-Synthelabo v. Apotex, Inc.案(专利侵权初步禁令)以及 2008 年的 Amado v. Microsoft Corp.案(专利侵权永久禁令)、Broadcom Corp. v. Qualcomm Inc.案(专利侵权永久禁令)、Abbott Laboratories v. Sandoz, Inc.案(专利侵权初步禁令)中,并未处理"难以弥补的损害"推定规则是否有悖于 eBay 案裁判、eBay 案裁判是否废除了"难以弥补的损害"推定规则这个问题。③

联邦巡回上诉法院在 2011 年审理 Robert Bosch LLC v. Pylon Mfg. Corp.案时指出,"本法院借此机会正式解决('难以弥补的损害'推定规则在 eBay 案之后是否继续有效)这个问题,本法院确认,eBay 案裁判废除了'难以弥补的损害'推定规则"。该法院还指出,"虽然 eBay 案废除了法院通常会在专利权有效且被告行为构成专利侵权的情形签发禁令这个一般规则,但是,这并未让钟摆往相反的方向摆动。换言之,即便专利侵权案件中胜诉的原告不能再依靠'难以弥补的损害'推定或者其他捷径为其永久禁令申请提供支撑,这并不意味着法院应当完全无视专利权作为财产权赋予其所有者的排他性权利这一专利权的本质……虽然联邦最高法院在 eBay 案中反对本法院在先前裁判中的以下做法,即绝对依赖专利权人的排他权,而将之作为本法院支持签发禁令的基础,但是,这并不意味着专利权的排他性特征在恰当的衡平分析中没有一席之地。尽管专利权人拥有的排他权本身不足以表明签发禁令的正当性,我们也不应忽视这种排他权"。④

3. "难以弥补的损害"的认定

最高人民法院在 2009 年 4 月发布的《关于当前经济形势下知识产权审判服务大局若干问题的意见》第 14 条规定,"在认定是否会对申请人造成难以弥补的损害时,应当重点考虑有关损害是否可以通过金钱赔偿予以弥补以及是否有可执行的合理预期"。

广州知识产权法院在 2016 年审理"克里斯提·鲁布托与问叹公司、贝玲妃公司、欧慕公司外观设计专利权诉前禁令纠纷案"时指出,"在专利侵权诉讼中,若出现如下情形之一,如不颁发禁令,将会给申请人的合法权益造成难以弥补的损害:一是权利人声誉被损害;二是侵权人没有足够的经济能力支付赔偿;三是损害赔偿无法计算。其中,存在如下情形之一,损害赔偿将无法计算:(1)产品价格被侵蚀和市场份额的丧失所共同造成的损失难以计算;(2)若市场上有数名侵权者,则难以准确计算出每名侵权者应承担的赔偿数额;(3)权利人将难以再把因为要与侵权者竞争而降下来的产品价格重新提升到原来的水平"。⑤

---

① Amoco Production Co. v. Village of Gambell, 480 U.S. 531, at FN 12 (1987).
② Robert A. Matthews, Jr., Annotated Patent Digest § 32:64 (Westlaw, 2019).
③ Donald S. Chisum, Chisum on Patents § 20.04 [2][c][ii], 6115.20; Robert A. Matthews, Jr., Annotated Patent Digest § 32:64.
④ Robert Bosch LLC v. Pylon Mfg. Corp, 659 F.3d 1142, at 1148-50, (Fed. Cir. 2011); Donald S. Chisum, Chisum on Patents 6115.20; Robert A. Matthews, Jr., Annotated Patent Digest § 32:64.
⑤ 广州知识产权法院(2016)粤 73 行保 1、2、3 号民事裁定书。

"难以弥补的损害",一般是指不能简单用金钱赔偿弥补的损失,[①]这包括难以弥补的非财产性损害和财产性损害。依据《最高人民法院关于审查知识产权纠纷行为保全案件适用法律若干问题的规定》第 10 条的规定,有下列情形之一的,应当认定属于《民事诉讼法》第 101 条规定的"难以弥补的损害":(1)被申请人的行为将会侵害申请人享有的商誉或者发表权、隐私权等人身性质的权利且造成无法挽回的损害;(2)被申请人的行为将会导致侵权行为难以控制且显著增加申请人损害;(3)被申请人的侵害行为将会导致申请人的相关市场份额明显减少;(4)对申请人造成其他难以弥补的损害。据此,法院在判断是否存在"难以弥补的损害"时,应当具体考虑以下因素:

其一,判断是否存在难以弥补的非财产性损害,应当主要考虑被控行为是否会侵害申请人的发表权、隐私权等人身。侵害人格权、身份权通常具有不可恢复性或者难以弥补性,单纯的事后金钱赔偿救济不能填补申请人遭受的损害。[②] 如果被控专利侵权行为会造成社会公众对申请人的社会评价降低,从而侵害申请人的名誉权,那么,对被申请人科以损害赔偿责任,往往难以弥补申请人遭受的人格贬损和相应的精神痛苦。

其二,判断是否存在难以弥补的财产性损害,应当主要考虑下列因素:(1)被控行为是否会侵害申请人的商誉。相关公众对企业的良好评价所形成的企业商誉,是企业赖以从事竞争行为、获取正当竞争利益的无形财产。如果被控侵权行为造成消费者对申请人和被申请人之间存在关联的混淆、误认,或者被申请人制造、销售劣质的专利侵权产品而造成相关公众对申请人的评价降低,都会侵害申请人的商誉,不仅会造成难以简单用金钱衡量的纯经济损失,而且,这种缓慢建立的商誉难以恢复。(2)被控行为是否会造成申请人的市场份额明显减少。专利权的价值在于其赋予了权利人排他性的专用权,使得权利人取得市场独占地位,从而获得超出产品边际成本的收益。如果被申请人制造、销售的专利侵权产品侵占了本属于专利产品的市场份额,从而剥夺了申请人的合法垄断利益,那么,这不仅会使得申请人遭受难以简单用金钱衡量的纯经济损失,而且,这种竞争优势难以恢复。另外,申请人还可能因价格侵蚀而遭受利润损失,这指的是侵权商品的竞争迫使其降低商品售价或者无法实现以较高的价格销售商品而遭受的销售利润损失,这种纯经济损失不仅难以用金钱衡量,而且,即便法院在该案审结时判决责令被控侵权人停止侵权,消费者也会对专利权人的事后产品提价行为予以反对,这使得价格侵蚀造成的损害长久持续而难以恢复。[③](3)被控行为是否会导致侵权行为难以控制且显著增加申请人损害。北京市第三中级人民法院在 2013 年审理"雅培制药公司与亿隆公司等申请诉前停止侵害专利权纠纷案"

[①] 湖北省武汉市中级人民法院(2017)鄂 01 民初 47 号民事判决书。
[②] 参见江伟、肖建国主编:《民事诉讼法》(第八版),中国人民大学出版社 2018 年版,第 258 页。
[③] 广州知识产权法院在 2016 年审理"克里斯提·鲁布托与问呗公司、贝玲妮公司、欧慕公司外观设计专利诉前禁令纠纷案"时指出,"专利权人通常会在产品价格中收回研究与开发费用,因此专利权人通常会以较高价格销售其产品,侵权人通常会以较低价格销售其产品(不包含研究与开发费用),专利权人将会因此而丧失其应有的市场份额。本案被诉侵权产品销售单价约为人民币 270 元,而专利产品的海外销售单价约合人民币 600 元。被申请人问呗公司、贝玲妮公司以不到专利产品售价的一半来销售与申请人专利产品具有竞争关系的被诉侵权产品,无疑会抢占部分市场份额,如不颁发禁令,计划将专利产品推广到中国市场的申请人将会因此而丧失其应有的市场份额。稳固的市场一旦确定,竞争对手要想分一杯羹将要付出巨大的代价。为了与侵权者竞争,夺回被抢占的市场份额,申请人将不得不降价销售,其将难以再把因为要与侵权者竞争而降下来的产品价格重新提升到原来的水平,其市场份额将会永久性地被破坏,上述产品价格被侵蚀和市场份额的丧失所共同造成的损失难以计算"。参见广州知识产权法院(2016)粤 73 行保第 1、2、3 号民事裁定书。

时认为,不采取有关措施会给申请人合法权益造成难以弥补的损害,理由在于:被控侵权产品的销售环节包括被申请人、经销商和消费者,每增加一个销售环节都会造成申请人的维权成本增加,导致侵权人增多、损害扩大。如果不责令被申请人停止被控侵权行为,即便通过诉讼法院支持申请人的请求,也很难制止奶粉生产企业、奶粉销售商对于被控侵权产品的销售,由此造成的损失难以计算。① (4) 被申请人是否具备赔偿能力。如果有初步证据证明被申请人不具备足够的赔偿能力,那么,申请人的损失很可能得不到实质救济,将来的判决书也将成为一纸空文。在这种情况下,法院不采取行为保全措施,将使得本可避免的损害在现实中发生。②

其三,法院在判定是否存在难以弥补的损害时,还应当考虑是否属于"情况紧急"的情形。③广州知识产权法院在2016年审理"克里斯提·鲁布托与问哎公司、贝玲妃公司、欧慕公司外观设计专利权诉前禁令纠纷案"时指出,"涉案专利产品属于化妆品的外观设计,具有新颖性、流行性的特点,一旦被诉侵权产品在市场上大量出售将会降低相关公众的购买欲望,缩短专利产品的生命周期,因此,制止可能的侵权行为具有紧迫性"。④

可资参考者,一般而言,美国法院会认定法律上的损害赔偿救济在下列四种情形中不充分:(1) 被告让原告丧失了唯一且必要的财产权;(2) 被告的行为使得原告必须提起一件以上的诉讼才能实现对他的法律救济;(3) 被告不具备清偿能力,无法履行法院的金钱赔偿判决;(4) 被告行为造成的损害具有推测性,难以衡量相应的损害。相反,如果原告在法院全面审理案件之后能够通过法院的金钱赔偿判决获得充分赔偿,那么,原告不会遭受难以弥补的损害。⑤ 在专利初步禁令案件中,专利权人以下述三个理由之一,即可以表明法律上的侵权损害赔偿救济不充分:

其一,被控侵权人不具备履行损害赔偿判决的能力。判断被控侵权人是否具备履行损害赔偿判决的能力,可以考虑下列因素:(1) 被控侵权人的年利润总额与专利权人对专利产品的年销售利润总额对比,是否表明专利权人遭受的损害明显超出了侵权人的赔偿能力;(2) 被控侵权人在美国的现金或者资产估值;(3) 被控侵权人在美国境外的资产估值;(4) 被控侵权人的组织形式、营业规模、专利侵权产品占其经营业务之比例等因素;(5) 被控侵权人的财务状况;(6) 被控侵权人是否处于资不抵债或者破产重组状态。⑥

对于专利权人是否负有证明被控侵权人缺乏清偿能力的证明责任这个问题,美国各法院持不同的态度。有些法院认为专利权人负有证明责任,法院在其未能证明被控侵权人缺乏清偿能

---

① 北京市第三中级人民法院(2013)三中民保字第01933号民事裁定书。
② 参见江伟、肖建国主编:《民事诉讼法》(第八版),中国人民大学出版社2018年版,第259页。广州知识产权法院在2016年审理"克里斯提·鲁布托与问哎公司、贝玲妃公司、欧慕公司外观设计专利权诉前禁令纠纷案"时指出,"一般来讲,权利人胜诉以后,其合法权益会得到法律保障,但实际上由于侵权人没有足够的赔偿能力或者居无定所等原因,权利人的经济损失也许根本得不到物质上的足额赔偿。如果放任侵权人的行为继续下去,将使本可避免的损害成为必然。侵权人执行判决的能力越差,越可能受到禁令的限制。本案被申请人问哎公司、贝玲妃公司未提交证据,表明其财产状况及盈利能力,对申请人所遭受的损失能进行充足的赔偿。"参见广州知识产权法院(2016)粤73行保1、2、3号民事裁定书。
③ 《民事诉讼法》第100条第3款规定,"人民法院接受申请后,对情况紧急的,必须在四十八小时内作出裁定;裁定采取保全措施的,应当立即开始执行"。
④ 广州知识产权法院(2016)粤73行保1、2、3号民事裁定书。
⑤ Donald S. Chisum, Chisum on Patents § 20.04 [1][e].
⑥ Donald S. Chisum, Chisum on Patents § 20.04 [1][e][iv].

力的情况下不应签发初步禁令。其他法院认为专利权人不负有证明责任,相反,被控侵权人负有证明其具备清偿能力的证明责任,法院在其未能证明其具备清偿能力的情况下应当签发初步禁令。从举证成本的角度看,由于专利权人掌握着更多的其在诉讼期间因专利侵权行为可能会遭受之损失的相关信息(因专利产品销售量减少可能会遭受的利润损失、合理使用费),其应当负有证明这一事实的证明责任;另一方面,被侵权人应当负有直接证明其具备清偿能力或者通过提供相应的担保间接证明其具备清偿能力的责任。①

被控侵权人不具备支付损害赔偿金的能力,可以表明专利权人在法院不签发初步禁令的情况下会遭受难以弥补的损害,但是,被控侵权人具有支付损害赔偿金的能力,不一定会妨碍法院作出存在难以弥补的损害的认定。联邦巡回上诉法院在 1985 年审理 Roper Corp. v. Litton Systems, Inc.案时指出,"本法院不认同以下主张,即法院在被控侵权人具备赔偿能力的情形下必须终止调查"。理由在于,"法院在这种情况下认定专利权人不会遭受难以弥补的损害,将会鼓励富裕者从事侵权行为,造成对较不富裕的专利权人之营业的频繁破坏,表明法院乐于在众多被控侵权人中针对较不富裕者签发临时禁令。这种结果不仅于法无据,而且明显有失公平"。此外,专利权的排他性,以及专利权人可能因价格侵蚀而遭受难以计算且难以恢复的利润损失、因利润损失削减开支而失去的有经验员工、研发成本投入的削减和相应的未来市场机会减少、专利权人为应对被控侵权产品的竞争而导致的原有销售力量的破坏等,也表明具备赔偿能力的被控侵权人所支付的赔偿金在很多时候难以弥补专利权人遭受的损害。②

其二,难以计算专利权人遭受的损害。这个理由的说服力因情况不同而有所变化。如果专利权人企图通过对外授权许可的方式运用其专利,那么,计算其在诉讼未决期间遭受的损害则相对容易,因为这是以既定使用费或者合理使用费为基准进行计算的。相反,如果专利权人通过独家制造或者销售的方式运用其专利,那么,计算其遭受的损害则更为困难,原因在于:专利权人因专利产品销售量减少而遭受的利润损失、因价格侵蚀而遭受的利润损失不仅在因果关系层面难以证明,而且难以衡量。此外,专利权人可能遭受商誉以及专利产品相关市场份额、配套产品或服务相关市场份额、市场渗透和扩展机会等其他无形价值的损失,这些损失不仅难以衡量或者量化,也难以恢复。③

对于专利权人是否负有证明其遭受的损失难以计算的证明责任这个问题,美国各法院持不同的态度。有些法院认为专利权人不负有证明责任,因为被控行为可能构成专利侵权本身即表明专利权人可能会遭受上述难以计算的利润、商誉、市场份额、机会等损失。其他法院则认为专利权人负有证明责任,理由主要有:(1)初步禁令的临时性降低了专利权人因禁令获得的独占市场竞争优势;(2)专利权人需要为其各种专利产品运营投入成本,否则专利权人主张其可能会遭受利润、商誉、市场份额、机会等损失皆为臆测而非事实;(3)专利使用费在专利权人胜诉后可作为计算其所遭受之损失的基准,它在诉前当然也可以作为计算基准;(4)如果专利权人的顾客范围有限,则专利权人因专利产品销售量较少而遭受的利润损失比较容易确定;(5)对于专利权人因市场份额减少而遭受的预期利润损失,可以参照专利权人在专利过期后第一年所失去的市场份额予以确定;(6)如果专利权人的专利产品生命周期很长、相关专利对专利权人的营业而言没

---

①②③ Donald S. Chisum, Chisum on Patents § 20.04 [1][e][iv].

有重要价值、被控侵权人具备赔偿能力，那么，可以推翻"难以弥补的损害"的推定。①

联邦巡回上诉法院在 1996 年分别审理 Eli Lilly & Co. v. American Cyanamid Co.案和 Polymer Technologies, Inc. v. Bridwell 案时，在法院判定的损害赔偿金是否影响法院认定难以弥补的损害是否存在这个问题，得出了两个相反的结论。在 Eli Lilly & Co. v. American Cyanamid Co.案中，联邦巡回上诉法院维持了联邦地区法院作出的专利权人不会遭受难以弥补的损害这一认定，理由在于：由于依照专利方法直接获得的产品的市场结构比较简单，侵权损害赔偿数额的计算相对比较容易；此外，专利权人提出的以下主张，即其因被控侵权人竞争遭受的销售利润损失，可能会造成其在整体制造研发投入方面的难以弥补的损害，"同那些可有效地用于再投资的资金被夺走的企业所提出的损害赔偿请求并无实质差异。如果失去从事研发活动机会的主张即足以让法院认定存在难以弥补的损害，那么，很难想象有研发计划的生产商不会提出相同的主张从而同样能够获得初步禁令救济。这一规则会把初步禁令这种特殊救济措施转变为原告在证明其有可能胜诉时即可获得的普通救济措施。因此，采用专利权人主张的规则会对专利制度造成危害"。② 另一方面，在 Polymer Technologies, Inc. v. Bridwell 案中，联邦巡回上诉法院并不认同联邦地区法院作出的以下认定，即专利产品的相关市场范围有限，相应地，专利权人因销售量减少而遭受的利润损失有限而易于计算，金钱赔偿能够充分弥补专利权人遭受的损害，因此，应当推翻"难以弥补的损害"推定。联邦巡回上诉法院认为，"本法院在 1991 年审理 Nutrition 21 v. United States 案时指出，在专利权人可能遭受市场份额损失的情形，专利权人提出初步禁令申请的，'不能推定金钱赔偿不充分'。但是，被控侵权人仅主张其拥有充足的资金为专利权人遭受的未来损失负责，同样未能完成其推翻'难以弥补的损害'推定的证明责任……竞争对手会改变市场格局。专利侵权行为开始数年后，即难以通过损害赔偿判决和永久禁令恢复专利权人或者独占被许可人的市场独占地位。顾客们可能已经同侵权人建立了关系。当法院禁令使得有多个销售商的市场突然变成只有一个销售商的市场时，相关专利产品市场很难说是同一个市场。在顾客向侵权人支付较低价格购买侵权产品多年之后，要求他们支付更高的价格购买专利产品，并不是可行的商业决策"。③

联邦巡回上诉法院在 1997 年审理 Bell & Howell Document Management Products Co. v. Altek Systems 案时判定，联邦地区法院作出的以下认定有误，即专利产品市场因面临新技术产品的竞争而持续萎缩，是支持法院拒绝签发初步禁令的事实。专利权人拥有的是关于微缩胶片套的专利。相关证据表明微缩胶片产业受到了光盘存储（只读存储光盘，CD ROM）产业的猛烈冲击，这种新技术的竞争会在此后三年淘汰微缩胶片市场。联邦地区法院认为，"即将发生的光盘存储技术对微缩胶片市场的侵蚀自然会消除诉讼当事人双方之间的竞争，从而使得被控行为对专利权人的长期损害减少到最低限度"。联邦巡回上诉法院则认为，"专利赋予了所有人禁止他人实施相关发明的权利……当专利产品市场正在萎缩的时候，时间的流逝非常可能对专利权人造成难以弥补的损害。在诉讼结束后，很可能不再有专利权人可在其中行使专利权的市场。即便非侵权性竞争正在夺走专利权人的市场，专利权人还是有权阻止其他人实施其发明。虽然法律不保护专利权人免于非侵权性竞争，但是，即便专利权人的营业正在萎缩，法律仍然保护他免于侵权人的竞争。因此，联邦地区法院依据市场萎缩这一事实作出的对被控侵权人有利的裁定，在法

---

①②③ Donald S. Chisum, Chisum on Patents § 20.04 [1][e][v].

律上有误"。①

其三,被控侵权人的持续侵权行为对第三方的影响。持续侵权行为对诉讼当事人以外的其他人的影响,也可能成为法律上的损害赔偿救济不充分的理由。美国有些法院认为,被告未经初步禁令制止而持续从事侵权行为,可能会诱使其他制造商不去寻求专利权人的授权许可而从事类似行为,这迫使专利权人要么提起大量的诉讼,要么承受相应的损失。②

然而,联邦第七巡回上诉法院在1972年审理Nuclear-Chicago Corp. v. Nuclear Data, Inc.案时判定,专利权人无法通过"假定第三方的潜在竞争"而证明其会遭受难以弥补的损害,理由在于,"原告未能表明其潜在的竞争对手数量众多且不具备清偿能力,以致原告不能通过临时限制令(temporary restraining order,亦称临时禁止令)措施保护其市场,也不能通过金钱赔偿弥补其销售损失。以第三人可能从事竞争行为为由惩处被告有失公平,竞争以及竞争所造成的损害也具有不确定性,这会阻止本法院背离以下传统规则,即被告具有赔偿能力这一事实能够阻止法院签发临时禁令"。此外,持相同意见的其他法院给出的理由还包括:(1)专利权人未能提供证据证明被控侵权人的行为是造成第三方不去寻求专利权人的授权许可,从而破坏专利权人与第三方之间合同关系的唯一或者主要原因。(2)即便被控侵权人的行为造成了专利权人与第三方之间合同的流失,专利权人也可以直接起诉未向其寻求授权许可而从事侵权行为的第三方,请求后者承担金钱赔偿责任。如果专利权人在本案中有可能胜诉,那么,其在本案法院清楚地界定了其专利权保护范围的情形,也能够很容易地在起诉第三方的案件中胜诉。(3)缺乏表明相关专利产品市场的竞争状况的证据,没有证据表明法院不签发禁令会鼓励其他人(例如,清偿能力较低的制造商)以损害原告为代价进入相关市场。(4)其他人可能会效仿被告做法的危险并不急迫,被控侵权人的行为同其他人的侵权行为之间不存在因果关系,或者仅存在较远的因果关系。(5)没有证据证明被控侵权行为同专利权人困难的经济状况之间存在因果关系,专利权人也未能证明初步禁令能够确保其营业生存。③

联邦巡回上诉法院在1991年审理Nutrition 21 v. United States案时,撤销了联邦地区法院作出的签发初步禁令的裁定。地区法院认为,由于被控侵权人无须为专利许可支付使用费或者商业宣传费用,他能够从被许可人处吸引顾客;即便可能仅仅以金钱赔偿的方式赔偿专利独占被许可人遭受的市场份额损失,该损失也难以计算。联邦巡回上诉法院认为,地区法院关于难以弥补的损害的分析存在严重缺陷:"市场份额损失的计算困难,以及这种损失可能产生的推测性,都不足以作为证明签发诉前禁令这种特殊救济措施具有合理性的特殊情况证据……事实上,地区法院对潜在市场份额损失的重视,可以适用于任何一个专利权人实施了其专利的专利案件。此外,被控侵权人被公认为是大型的有经济偿付能力的公司,他能够承受相应的损害赔偿责任。虽然本法院再三地维护专利权人获得初步禁令救济的权利,有时候还会指出金钱赔偿可能不充分,但是,专利权人提出初步禁令申请时,不能推定金钱赔偿不充分。为了证明金钱赔偿不充分,专利权人应当提供一定的证明并且作出合理的分析。"④

除了上述三个理由以外,美国多数法院还认为,专利权人未能直接通过制造、使用、销售行为或者间接通过授权许可方式对其专利发明进行商业化运用,并无欠妥之处,但是,未能运用专利

---

① Donald S. Chisum, Chisum on Patents § 20.04 [1][e][v].
②③④ Donald S. Chisum, Chisum on Patents § 20.04 [1][e][vi].

为自己或者独占被许可人维持独占市场地位的专利权人,应当在证明难以弥补的损害方面负有更重的责任。①

(三) 不采取行为保全措施对申请人造成的损害超过采取行为保全措施对被申请人造成的损害

最高人民法院 2009 年 4 月发布的《关于当前经济形势下知识产权审判服务大局若干问题的意见》第 14 条规定,"诉前停止侵权涉及当事人的重大经济利益和市场前景,要注意防止和规制当事人滥用有关权利。应考虑被诉企业的生存状态,防止采取措施不当使被诉企业生产经营陷入困境"。

北京市第三中级人民法院在 2013 年审理"雅培制药公司与亿隆公司等申请诉前停止侵害专利权纠纷案"时认为:不责令被申请人停止被控侵权行为,被控侵权产品一旦流入市场,对申请人造成的损失难以计算,维权成本过高,申请人也难以在涉案专利权有效期内正常行使权利。相反,责令被申请人停止被控侵权行为对其造成的损害在于其无法通过被控侵权行为谋取利益,损失数额是可以预见的。因此,不责令被申请人停止被控侵权行为对申请人造成的损害大于责令被申请人停止被控侵权行为对被申请人造成的损害。②

广州知识产权法院在 2016 年审理"克里斯提·鲁布托与问叹公司、贝玲妃公司、欧慕公司外观设计专利权诉前禁令纠纷案"时指出,"诉前禁令作为责令被申请人诉前停止被诉侵权行为的一种救济措施,必然会影响申请人和被申请人双方的重大经济利益。在决定是否颁发禁令前,不但需要考虑不发出诉前禁令对申请人的影响,还需要考虑发出诉前禁令对被申请人的影响,即需要对双方因禁令的颁发与否所影响的利益进行衡量,以避免禁令救济因为保护一方较小利益,而造成更大损失,浪费巨大的社会成本。如果只考虑不发出诉前禁令对申请人的影响,而不考虑发出诉前禁令对被申请人的影响,将难以实现社会利益的最大化,诉前禁令也往往给被申请人的经营活动带来不虞之灾。保障申请人的利益虽正当,但是如其实际损失比起被申请人的损失微不足道,在这样的情形下颁发禁令,将有悖于禁令制度的立法宗旨,故应将'颁发禁令给被申请人带来的损失应小于或相当于不颁发禁令给申请人带来的损失'作为衡量是否颁发禁令的标准之一"。该法院认为,"就本案而言,颁发禁令,被申请人问叹公司、贝玲妃公司将会损失开发模具费、宣传费、已制造出来的被诉侵权产品的其他生产成本,以及禁令期间不能制造、销售被诉侵权产品的盈利;而不颁发禁令,申请人不但会损失显而易见的开发设计费、宣传费,还会为竞争而降低产品价格,减少市场份额,失去竞争优势,这些损失显然要比被申请人所遭受的损失要大得多。因此,不颁发禁令给申请人带来的损失将明显大于颁发禁令给被申请人带来的损失"。③

2019 年《最高人民法院关于审查知识产权纠纷行为保全案件适用法律若干问题的规定》相对于 2001 年《最高人民法院关于对诉前停止侵犯专利权行为适用法律问题的若干规定》(现已失效)而言,在法院审查行为保全申请时应当考量的因素方面,新增了"不采取行为保全措施对

---

① Donald S. Chisum, Chisum on Patents § 20.04 [1][e][vi].
② 北京市第三中级人民法院(2013)三中民保字第 01933 号民事裁定书。
③ 广州知识产权法院(2016)粤 73 行保 1、2、3 号民事裁定书。

申请人造成的损害是否超过采取行为保全措施对被申请人造成的损害"这一因素。我国法院还比较缺乏在诉前申请停止专利侵权案件中权衡双方当事人之间利益的经验,故而,法院在其他知识产权纠纷行为保全案件中的裁量经验也具有重要的借鉴意义。①

可资参考者,在美国,一旦专利权人能够证明他可能胜诉且他会遭受难以弥补的损害,法院在决定是否签发初步禁令方面拥有很大的裁量权。法院在行使这种裁量权时,首先会权衡比较不签发禁令对专利权人造成的损害与签发禁令对被控侵权人造成的损害,亦即权衡签发禁令与否对双方当事人的营业额、市场份额、名誉或者商誉、员工、研发投入等造成的影响。法院在进行权衡时,主要会考虑下列因素:(1)双方当事人的营业范围、营业规模、营业时间和经济状况;(2)双方当事人在专利产品和侵权产品相关市场拥有的市场份额;(3)双方当事人企业经营对相关专利的依赖程度,亦即专利产品销售额与侵权产品销售额分别占双方当事人总营业额的比重、相关专利对双方当事人总营业额和总利润的贡献率等;(4)被控侵权人对相关专利的使用性质、使用规模;(5)被控侵权人在从事生产经营活动时是否知道或者应当知道相关专利,从而冒着可能侵害专利权的有备之险(calculated risk)从事生产经营活动;(6)被控侵权人在签发禁令前后生产经营其他非侵权产品以取代侵权产品的可能性以及相应成本。②

---

① 陕西省西安市中级人民法院在 2019 年 8 月 26 日审理"假面公司与云睿公司、游星公司、狼人杀公司、网易雷火公司申请诉前停止侵害注册商标专用权案"时认为:若不及时制止被申请人从事的向应用市场和新浪微博恶意投诉的被控不正当竞争行为,不仅会造成申请人正在遭受的损害已经导致其市场份额明显减少、商誉产生持续贬损,并且损失仍有进一步扩大的可能性,最终或因此完全失去市场、被排除在该细分领域市场竞争之外,其可能遭受的损失巨大,且明显难以通过其他手段弥补。若采取行为保全措施,其结果是:申请人所遭受损失不再因被申请人行为进一步扩大,申请人仍然能够在现有市场份额基础上继续和被申请人在同一领域展开商业竞争。在此情况下,被申请人既得市场份额、APP 用户体验、产品竞争力并不会因申请人在现有基础上回归市场竞争而发生显著不利变化。因此,可以认定不采取行为保全措施对申请人造成的损害明显超过采取行为保全措施对被申请人造成的损害。参见陕西省西安市中级人民法院(2019)陕 01 行保 1 号民事裁定书。
上海市浦东新区人民法院在 2019 年 8 月 27 日审理"重庆腾讯公司、深圳腾讯公司与幻电公司、谌洪涛其他不正当竞争请诉前行为保全案"时认为:若不及时制止被申请人提供、推广虚拟定位插件的被控不正当竞争行为,任由涉案虚拟定位插件泛滥,可能对申请人的竞争优势、经营利益以及涉案游戏的市场份额带来难以弥补的损害。申请人请求法院责令被申请人谌洪涛停止提供、推广妨碍涉案游戏正常运行的虚拟定位插件的行为、被申请人幻电公司删除其运营的 bilibili 网站及 APP 平台内相关视频的行为,是为防止对涉案游戏继续带来损害所采取的合理措施,该申请指向明确、范围适当,不会造成当事人间利益的显著失衡。参见上海市浦东新区人民法院(2019)沪 0115 行保 1 号民事裁定书。
浙江省杭州市余杭区人民法院在 2019 年 9 月审理"徐春山与田庆红、刘延波等不正当竞争纠纷诉前行为保全案"时认为:若不及时制止被申请人在阿里巴巴知识产权保护平台针对申请人发起被控恶意投诉行为,申请人会由于被申请人从事的伪造著作权登记权属或变造订单成交时间等行为具有隐蔽性、不通过向版权局或者淘宝公司申请调查的方式无法知悉这一原因,面临因不知晓权属有误或无法及时取得有效证据从而导致申诉失败的客观风险,而申诉失败会导致链接被删、触发处罚,从而造成申请人错失销售旺季、销量减少、影响排名等难以弥补的损害。相反,被申请人因行为保全被限制投诉产生的后果主要是,在行为保全期间内,被申请人将无法通过阿里产平台针对申请人的淘宝网店进行投诉及时制止真实的侵权行为,但这并不影响其通过诉讼方式起诉要求申请人停止侵权,其未能及时制止侵权导致的损失也可以通过侵权商品链接在此期间的销量被具体量化。因此,不采取行为保全措施对申请人造成的损害明显超过采取行为保全措施对被申请人造成的损害。参见浙江省杭州市余杭区人民法院(2019)浙 0110 行保 1 号民事裁定书。
杭州市互联网法院在 2019 年 12 月审理"杭州某科技公司与广州某科技公司申请诉前停止著作权侵权纠纷案"时认为:如不及时制止被控侵权行为,会造成涉案音乐作品非法传播范围的进一步扩大和涉案两首歌曲热度的进一步减损,造成权利人损失的扩大。采取行为保全措施并不会影响被申请人的正常经营活动,给其造成的损失有限;相对于不采取行为保全措施给申请人带来的损害,采取行为保全措施给被申请人带来的损害明显较小,故对被申请人实施的被诉侵权行为理应禁止。参见杭州互联网法院(2019)浙 0192 行保 1 号民事裁定书。

② Donald S. Chisum, Chisum on Patents § 20.04 [1][f][i].

这时,除非权衡的结果明显对被控侵权人有利(即签发禁令对被控侵权人造成的损害明显超过签发禁令对专利权人造成的损害),否则,法院往往都会签发初步禁令。造成权衡结果明显对被控侵权人有利的情形主要包括:(1)被控侵权人只是单纯地使用侵权产品,并未制造或者销售侵权产品而同专利权人竞争。此时,被控行为不会妨碍专利权人的营业,不会有损于专利权人能够获得的垄断利润。如果签发初步禁令责令被控侵权人停止有关行为,对被控侵权人很不利,对专利权人也没有什么法律实益。(2)被控侵权人是一家对专利权人整体市场影响很小的小企业。此时,由于被控侵权人的人力、财力资源有限,签发初步禁令可能会迫使其裁员甚至营业难以存续,若法院在审理该案时判定其行为不构成侵权,这会对其营业造成严重的负面影响,而这种损失难以弥补。相反,不签发初步禁令对专利权人造成的营业损失,可以在专利权人胜诉的情况下通过损害赔偿或者三倍赔偿予以充分弥补。(3)初步禁令会导致高度依赖相关专利的大型制造企业的停工,而专利权人是一个不那么依赖相关专利的多元化经营企业。如果被控侵权人在相关产品市场拥有很大的市场份额,且侵权产品在其总营业额和总利润中占很大的比重,那么签发初步禁令会严重影响其营业额和财政稳定性,并且造成大量员工的失业,这些损失在被控侵权人胜诉的情况下难以救济。相反,专利产品在专利权人总营业额和总利润中占比较小的比重,不签发禁令造成的专利权人营业损失和员工失业率,比签发禁令造成的被控侵权人营业损失和员工失业率更低。另一方面,如果被控侵权人是仅仅从事购进、转卖侵权产品行为的经销商,或者被控侵权人在制造、销售侵权产品等侵权行为中投入的时间、精力、资源等成本较少(例如,被控侵权人尚未开始或者刚刚开始从事侵权行为、被控侵权人蓄意抄袭相关专利而不从事任何研发活动),那么,即便存在以上三种情形,法院权衡的结果也不利于被控侵权人。①

联邦巡回上诉法院在 1986 年审理 Windsurfing International, Inc. v. AMF Inc.案(简称 Windsurfing 案)时,推翻了一审法院作出的对其他所有侵权人而不对一家小企业侵权人签发永久禁令的裁判,理由在于"不能将各侵权人的规模大小单独作为责令他们停止继续从事侵权行为与否的理由",而"在法院认定某个决定从事相关产品经营活动的人构成专利侵权的情形,侵权人不能以法院针对持续性侵权行为签发的禁令会摧毁其所选择的营业为由向法院提出抗议"。此后,有些联邦地区法院在初步禁令案件中援引 Windsurfing 案确立的规则,以驳回被控侵权人为反对初步禁令救济而提出的禁令会摧毁其营业或者让企业倒闭的主张。②

联邦巡回上诉法院在 1990 年审理 Standard Havens Products Inc. v. Gencor Industries Inc.案时,警告法院不应机械地适用 Windsurfing 案确立的规则。联邦巡回上诉法院在 1990 年审理 Illinois Tool Works, Inc. v. Grip-Pak, Inc.案时认为,"初步禁令是一种严厉的救济措施。制造商因签发初步禁令必须在法院审理本案之前从相关市场撤回其产品,遭受了致命伤害。另一方面,专利权人在证明专利很可能有效且被控行为很可能构成侵权后,因不签发初步禁令会面临在行使保护时间有限之排他性财产权时存在经常性的严重拖延这一方面的艰难。这两种损害并不是在任何情况下都起决定性作用。由于法院必须至少在一定程度上基于它对案件审理阶段可能会发生之情况的预估以权衡双方当事人的损害程度,因此,它必须考虑到申请人即专利权人是否能够证明其可能会胜诉。然而,无论专利权人是否能够证明其可能会胜诉,当法院考虑到所有因素进

---

①② Donald S. Chisum, Chisum on Patent § 20.04 [1][f][i].

行权衡后的结果表明法院应当拒绝签发初步禁令时,法院有权拒绝签发初步禁令。本案中,地区法院裁定,专利权人 Illinois Tool Works(ITW)公司未能充分证明其可能会胜诉,这使得权衡利弊的结果对被控侵权人 Grip-Pak 公司有利。地区法院进一步正确地考量了签发禁令与否对双方当事人影响的权衡结果,指出签发禁令可能会摧毁 Grip-Pak 公司的营业,而不签发禁令 ITW 公司仍能持续经营"。继而,该法院指出,"ITW 公司援引 Windsurfing 案的裁判意见,指出'某个决定从事相关产品经营活动而被法院认定构成专利侵权的人'不能反对法院签发禁令。这种援引很奇怪,因为 Windsurfing 案所讨论的禁令是法院在审理案件后签发的永久禁令。因此,Windsurfing 案的裁判意见与本案中不具备出庭权的 Grip-Pak 公司可能(因签发禁令)遭受的损害并无任何关系"。该法院认为,"由于地区法院正确地认定 ITW 公司未能充分证明其可能会胜诉,在本案中没有必要探讨以下问题,即在专利权人充分证明其可能会胜诉的情形,在权衡双方当事人的损害程度时,应当给予签发初步禁令在案件审判前对侵权人营业造成的毁灭性影响更多还是更少的权重"。①

联邦巡回上诉法院在 1997 年审理 Bell & Howell Document Management Products Co. v. Altek Systems 案时认为,虽然地区法院在作出拒绝签发初步禁令的裁定时,在解释专利权利要求以及将专利产品市场因面临新技术产品的竞争而持续萎缩认定为支持法院拒绝签发初步禁令的事实这两方面存在错误,但是,地区法院决定拒绝签发初步禁令所部分依据的以下认定并不存在错误,即"权衡双方当事人的损害程度,结果对被控侵权人有利,被控侵权人是一家签发禁令会让其企业倒闭的'新兴'公司,而且,被控侵权人的营业规模和专利产品销售额远远小于专利权人,其只能对后者造成有限的损害"。该法院指出,"本法院不认同以下主张,即地区法院在考量双方当事人的相对规模方面存在错误。法院仅仅基于双方当事人的规模来权衡他们的损害程度这种做法有误,但是,地区法院并没有这么做。地区法院不仅注意到双方当事人的规模,还考虑到拒绝签发初步禁令对专利权人的影响与签发初步禁令对被控侵权人的影响。地区法院认定,专利权人在不签发初步禁令的情形仅仅会遭受轻微的损害,而被控侵权人则会因初步禁令的签发而倒闭。这是法院应予以考虑的恰当因素,而地区法院的这种考量并不构成滥用裁量权。然而,如果其他三个初步禁令构成要件足以使得法院作出有利于专利权人的裁定,那么,被控侵权人的'规模小'并且在签发禁令的情形会企业倒闭这一事实,不会让其免于初步禁令之签发。(营业)规模小的当事人并不拥有仅仅由于其规模小就侵害他人专利权的特权"。②

(四)采取行为保全措施不会损害社会公共利益

《最高人民法院关于对诉前停止侵犯专利权行为适用法律问题的若干规定》第 11 条第(4)项、《最高人民法院关于审查知识产权纠纷行为保全案件适用法律若干问题的规定》第 7 条第(4)项都规定了"采取行为保全措施(责令被申请人停止有关行为)是否损害公共利益"这一考量因素。最高人民法院 2009 年 4 月发布的《关于当前经济形势下知识产权审判服务大局若干问题的意见》第 14 条规定,"严格审查被申请人的社会公共利益抗辩,一般只有在涉及公众健康、环保以及其他重大社会利益的情况下才予考虑"。

北京市第三中级人民法院在 2013 年审理"雅培制药公司与亿隆公司等申请诉前停止侵害专

---

①② Donald S. Chisum, Chisum on Patents § 20.04 [1][f][i].

利权纠纷案"时认为,"责令被申请人亿隆公司和溢炀杰公司停止被控侵权行为仅涉及亿隆公司和溢炀杰公司的经济利益,没有证据证明将会损害社会公共利益"。①

广州知识产权法院在2016年审理"克里斯提·鲁布托与问叹公司、贝玲妃公司、欧慕公司外观设计专利权诉前禁令纠纷案"时指出,"社会公共利益是公民利益的集中体现,维护社会公共利益也是司法机构的重要职责。无论法院作出任何决定,都不能有违社会公共利益,禁令制度亦是如此。如果涉案专利对社会公众的生命、健康、安全、环保以及其他重大社会公共利益有着不容忽视的影响,那么此时社会公共利益将会直接影响到禁令的发布与否"。该法院认为,"就本案而言,一方面,涉案专利产品和被诉侵权产品均属于化妆品类,颁发禁令仅涉及被申请人的经济利益,不会损害社会公共利益;另一方面,本案专利的外观设计的新颖性具备一定的识别功能,颁发禁令将有助于避免市场混淆,不仅不会损害公共利益,反而会因维护了市场秩序而保障公共利益"。②

我国法院还比较缺乏在诉前申请停止专利侵权案件中权衡签发禁令与否对公共利益影响的经验,故而,法院在其他知识产权纠纷行为保全案件中的裁量经验也具有重要的借鉴意义。③

可资参考者,美国法院认为,在专利案件中签发初步禁令与否很少会对公共利益造成严重影响。许多法院认为,保护专利权、激励创新这一支持专利制度的公共政策,抵消了签发禁令从市场中清除侵权产品对市场竞争造成的负面影响,理由在于:在有证据表明专利权人很有可能胜诉的情形下,不签发禁令而允许被控侵权人继续从事侵权行为,虽然公众会在短期内受益于专利产品和侵权产品的竞争,能够以较低的价格购买相关产品,但是长期而言,这不仅会降低专利权人的创新积极性,而且会降低竞争对手自主创新以同专利权人竞争的积极性,不符合公共利益。许多法院还认为,如果被控侵权人的产品存在某种程度的缺点(例如,被控侵权人在销售产品时实施了虚假宣传,

---

① 北京市第三中级人民法院(2013)三中民保字第01933号民事裁定书。
② 广州知识产权法院(2016)粤73行保1、2、3号民事裁定书。
③ 北京知识产权法院在2017年9月审理"北京稻香村公司与北京苏稻公司、苏州稻香村公司申请行为保全纠纷案"时认为,"本案双方存在争议的'稻香村'相关标识问题,可能或已经给相关公众造成了难以识别商品来源和提供者的社会影响。本院如采取相关行为保全措施,责令被申请人北京苏稻公司、苏州稻香村公司停止涉案行为仅可能对两个被申请人的经济利益产生影响,不仅不会对相关公众造成影响,从而影响社会公共利益,还可能在一定程度上帮助相关公众对相关商品的来源和提供者予以识别。且目前亦无证据表明涉案行为保全措施的采取可能会对社会经济秩序造成影响,故本院在平衡申请人作为权利人的利益、被申请人的利益以及社会公共利益的基础上,认定涉案行为保全措施的采取不会损害社会公共利益"。参见北京知识产权法院(2015)京知民初字第1606号民事裁定书。
广州知识产权法院在2017年11月审理"广州红日公司诉广东睿尚公司、江西红日公司等侵害商标权及不正当竞争纠纷案"时认为,"被申请人没有提交任何证据证明颁发禁令将损害社会公共利益。相反,颁发禁令有利于及时制止涉案不正当竞争行为,有利于保护申请人和消费者的合法权益,还有利于维护厨卫行业诚实经营、公平有序的竞争秩序"。参见广州知识产权法院(2017)粤73民初2239号民事裁定书。
上海市浦东新区人民法院在2019年8月审理"重庆腾讯公司、深圳腾讯公司与幻电公司、谌洪涛其他不正当竞争请诉前行为保全案"时指出,"诉前行为保全系当事人之间的民事诉讼法律行为,故人民法院对社会公共利益的考量应当从严审查。只有在涉及公众健康、环保及其他重大社会利益的情况下方可认定为社会公共利益"。该法院认为,"本案中,涉案虚拟定位插件系一款市场化产品,产品本身并不具有社会公共产品的属性,产品的提供者亦系完全市场化的经营主体,故对被申请人采取诉前行为保全措施不会损害社会公共利益"。参见上海市浦东新区人民法院(2019)沪0115行保1号民事裁定书。
浙江省杭州市余杭区人民法院在2019年9月审理"徐春山与田庆红、刘延波等不正当竞争纠纷诉前行为保全案"时认为"被申请人针对申请人的(恶意)投诉主要是基于申请人淘宝店铺内销售的阿胶糕包装盒上印制的图案侵犯了其著作权,未有证据显示申请人销售的商品存在产品质量问题等可能损害社会公共利益的情形"。参见浙江省杭州市余杭区人民法院(2019)浙0110行保1号民事裁定书。

被控侵权人在销售产品时实施了混淆行为且侵权产品有副作用,或者被控侵权人制造的产品只能用于侵权目的等),那么,这会削弱被控侵权人提出的维护竞争这一公共利益的主张。①

联邦第三巡回法院在 1980 年审理 Eli Lilly & Co. v. Premo Pharmaceutical Labs.案时,并不认同被控侵权人提出的以下主张,即他以远远低于专利权人的价格提供专利药品,签发初步禁令则有悖公共利益。该法院认为,公共利益支持法院签发初步禁令,"虽然诸如 Premo 公司等不从事大量研发工作的企业因此能够以低于那些将巨额资金投入产品研发的制药商的价格出售其药品,但是,这种短期竞争并不符合公共利益,至少国会经过深思熟虑后如此认为。相反,国会决议认为,赋予新颖、实用且非显而易见的产品的发明人对这种产品的短期垄断权,比允许人们对这种产品的自由竞争,长期而言对国家更有利"。②

有些法院认为,初步禁令造成的产品供货中断或短缺、员工失业等商业扰乱后果会对公共利益产生不利影响。然而,联邦巡回上诉法院在 1996 年审理 PPG Industries, Inc. v. Guardian Industries Corp.案时,维持了联邦地区法院作出的签发初步禁令裁定。虽然地区法院承认禁令会让公众失去一家太阳能控制玻璃供货商,但是,它权衡比较了(保障产品供应)这一公共利益和支持保护专利权这一强有力的公共政策。地区法院认为,由于禁令不会造成太阳能控制玻璃供货短缺的后果,总体而言,考量公共利益的结果对专利权人有利。联邦巡回上诉法院并不认同被控侵权人提出的以下主张,即"专利权人无法满足被控侵权人的顾客(尤其是大型汽车制造商)对太阳能控制玻璃的需求"。联邦巡回上诉法院认为,"地区法院为了处理被控侵权人提出的上述异议,赋予了后者在其不能通过使用非侵权合成物制造相关产品或者以合理条件从专利权人处购买相关产品的方式履行其与制造商订立的现有合同的情况下,重返法院请求免除初步禁令的权利。被控侵权人提出了暂缓初步禁令的初步请求,地区法院同意了该请求。尽管地区法院明确表示,它在被控侵权人理应提出进一步请求的情形愿意接受该请求,但是,诉讼记录并未显示被控侵权人提出了相应请求。在缺乏证据证明地区法院对被控侵权人履行其现有合同义务的利益或者对公众获得充足的太阳能控制玻璃供货的利益漠不关心的情况下,本法院无法认定地区法院在作出以下裁定时滥用了其裁量权,即权衡双方当事人的损害程度、考量公共利益的结果都有利于专利权人。"③

联邦巡回上诉法院在 1990 年审理 Illinois Tool Works, Inc. v. Grip-Pak, Inc.案时认为,地区法院作出的以下认定无误,即"在本案中,被控侵权人持续性的竞争权利抵消了保护专利权该公共利益,由于专利权人未能证明其可能在案件审理阶段在证明存在侵权行为方面胜诉,必须将初步禁令申请阶段被控侵权人享有的这种权利视为合法"。④

如果被控侵权产品涉及医疗保健、环境或者其他"重要公共利益"领域,那么,公共利益因素会对法院作出签发初步禁令与否的裁量发挥更大的影响作用。首先,在被控侵权产品涉及医疗保健领域的情形,促使法院拒绝签发初步禁令的因素主要有:(1)被控侵权产品的效用、质量、安全性等优于专利产品或者其他同类产品,大量的医护人员或者病人更常用或者倾向于使用被控侵权产品。这时,公众转换卖家的成本很高且耗时耗力。(2)被控侵权人制造的侵权产品在相关市场拥有很大的市场份额,而专利权人或者其被许可人并未在相关市场生产经营专利产品,签发初步禁令会致使公众转而使用效用更低的替代产品。(3)签发初步禁令,会导致被控侵权人制造的性能、效用更好的侵权产品延迟进入市场。(4)被控侵权产品与专利产品的效用、质量、

---

①②③④ Donald S. Chisum, Chisum on Patents § 20.04 [1][f][ii].

安全性等对比结果不明,确保医护人员或者病人根据具体情况选择相应产品的自由,更有利于整体公共利益。相反,促使法院签发初步禁令的因素主要有:(1)被控侵权产品的效用、质量、安全性等并不优于专利产品;(2)被控侵权产品在所有实质方面都和专利产品相同,签发禁令后相关市场仍存在专利产品;(3)被控侵权产品不属于公众面临供应短缺的产品,签发禁令后相关市场仍存在其他效用、质量、安全性等方面相当的替代产品。其次,在被控侵权产品涉及环境领域的情形下,促使法院拒绝签发初步禁令的因素,主要是被控侵权产品对于减少有毒物质排放、污染过滤等环境保护目标必不可少。最后,被控侵权产品涉及的其他"重要公共利益"领域,主要是指专利权人未能及时向国家主管部门申请市场准入许可,致使被控侵权产品更早获得国家主管部门的市场准入许可,而这种产品对于农业、环保等不可或缺。①

(五)申请人提供担保

专利权人或者利害关系人申请诉前行为保全的,必须提供担保。依据《民事诉讼法》第101条第1款和相关司法解释②的规定,专利权人或者利害关系人申请诉前行为保全的,应当提供担保;申请人不提供担保的,裁定驳回申请。广州知识产权法院在2016年审理"克里斯提·鲁布托与问叹公司、贝玲妃公司、欧慕公司外观设计专利权诉前禁令纠纷案"时指出,"诉前禁令的作用是迅速制止侵权行为,具有很强的时效性,所以法院对此审查往往时间短。法院根据申请人的申请采取的禁令措施既可能与判决结果相符,也可能与判决结果相悖。正是由于法律充分地考虑到了这一风险,所以要求申请人在申请诉前禁令的同时也要提供相应的财产担保。要求申请人提供合理的、适当的担保,一方面对申请人来讲,促使其在申请时必须考虑其胜诉的把握,谨慎提出禁令申请,避免申请人滥用诉前禁令的申请权;另一方面,在禁令申请有错误的情况下,该担保财产可用来赔偿被申请人因停止有关行为所遭受的损失"。③

在担保数额方面,依据《最高人民法院关于对诉前停止侵犯专利权行为适用法律问题的若干规定》第6条第3款、《最高人民法院关于审查知识产权纠纷行为保全案件适用法律若干问题的规定》第11条第2款的规定,申请人提供的担保数额应当相当于被申请人可能因执行行为保全措施所遭受的损失,包括责令停止侵权行为所涉产品的销售收益、保管费用等合理损失。广州知识产权法院在2016年审理"克里斯提·鲁布托与问叹公司、贝玲妃公司、欧慕公司外观设计专利权诉前禁令纠纷案"时指出,"申请人提供的担保应该属于有效担保,担保金额应该合理、适当,以足以弥补因申请错误造成被申请人损失和支付相关费用为限。为此,应根据错误下达禁令可能给被申请人造成的实际损失来确定担保金额"。该法院还指出,"同时,在加强知识产权司法保护的大局下,要求降低维权门槛、维权成本,降低担保也是降低维权门槛、维权成本的一种方式"。④在2019年1月1日之前,依据《最高人民法院关于对诉前停止侵犯专利权行为适用法律问题的若干规定》第6条第3款的规定,"人民法院确定担保范围时,应当考虑责令停止有关行为所涉及产品的销售收入,以及合理的仓储、保管等费用;被申请人停止有关行为可能造成的损

---

① Donald S. Chisum, Chisum on Patents § 20.04 [1][f][ii].
② 《最高人民法院关于适用〈中华人民共和国民事诉讼法〉的解释》第152条第2款第1句;《最高人民法院关于对诉前停止侵犯专利权行为适用法律问题的若干规定》第6条第1款;《最高人民法院关于审查知识产权纠纷行为保全案件适用法律若干问题的规定》第11条第1款。
③④ 广州知识产权法院(2016)粤73行保1、2、3号民事裁定书。

失,以及人员工资等合理费用支出;其他因素"。这赋予了法院在担保数额确定方面一定程度的自由裁量权,法院可以根据具体情况来决定担保数额以确保被申请人因保全所遭受的损失得到赔偿。① 然而,自 2019 年 1 月 1 日起施行的《最高人民法院关于审查知识产权纠纷行为保全案件适用法律若干问题的规定》第 11 条第 1 款规定,"申请人提供的担保数额,应当相当于被申请人可能因执行行为保全措施所遭受的损失,包括责令停止侵权行为所涉产品的销售收益、保管费用等合理损失"。这将担保数额限定于被申请人可能因行为保全错误所遭受的损失,法院无权降低担保数额,使之低于被申请人因行为保全措施遭受的损失。②

此外,《最高人民法院关于对诉前停止侵犯专利权行为适用法律问题的若干规定》第 7 条、《最高人民法院关于审查知识产权纠纷行为保全案件适用法律若干问题的规定》第 11 条第 3 款还规定,在执行行为保全措施过程中,被申请人可能因此遭受的损失超过申请人担保数额的,法院可以责令申请人追加相应的担保。申请人拒不追加的,可以裁定解除或者部分解除保全措施。

在 2019 年 1 月 1 日之前,依据《最高人民法院关于对诉前停止侵犯专利权行为适用法律问题的若干规定》第 8 条的规定,"停止侵犯专利权行为裁定所采取的措施,不因被申请人提出反担保而解除"。然而,自 2019 年 1 月 1 日起施行的《最高人民法院关于审查知识产权纠纷行为保全案件适用法律若干问题的规定》第 12 条规定,"人民法院采取的行为保全措施,一般不因被申请人提供担保而解除,但是申请人同意的除外"。这赋予了申请人在被申请人提供担保的情况下,决定是否承担其可能胜诉而遭受难以弥补损害的风险的选择权。另外,除了申请人同意以外,关于法院会在何种"例外"情形解除行为保全措施这个问题,也值得深究。

可资参考者,美国各法院认为,在下列情形,被控侵权人可以提供替代初步禁令的担保:(1)签发禁令与否对双方当事人造成的损害能够确定,双方都提供足以赔偿预先确定的对方所遭受之损失的担保;(2)被控侵权人将足以赔偿预先确定的专利权人所遭受之损失的合理使用费存入有息信托账户(interest bearing account),并且保存接受审计的关于被控侵权产品制造量和销售额的单独记录;(3)双方当事人之间是相关产品市场的直接竞争者,各方都在相关市场拥有大量的市场份额。③ 美国学者认为,法院在专利权人有证据证明专利权很可能有效且被控行为很可能构成专利侵权,但签发禁令对被控侵权人造成的损害超过不签发禁令对专利权人造成的损害,或者法院认定存在难以弥补损害的唯一理由是被控侵权人的财务状况可疑的情形,最适合采用担保替代禁令措施(bonding technique),亦即被控侵权人提供足以赔偿专利权人因被控侵

---

① 参见沈德咏主编:《最高人民法院民事诉讼法司法解释理解与适用》(上),人民法院出版社 2015 年版,第 454 页。

② 相对于我国法院而言,美国法院在担保数额的确定方面具有更大的裁量权:在美国,申请人除了可以提供现金担保以外,还可以通过担保公司向法院提供担保。而且,申请人与被申请人可以通过协议确定担保数额。如果申请人能够证明他具有赔偿被申请人因错误禁制而遭受的损害的能力,那么,法院可以不要求申请人提供担保。See Donald S. Chisum, Chisum on Patents § 20.04 [1][g].

③ 美国佐治亚州南区联邦地区法院在 1993 年审理 Flo-Con Systems Inc. v. Leco Corp 案时认为:在双方当事人之间是相关产品市场的直接竞争者、各方都在相关市场拥有大量市场份额、双方经济状况良好的情形,签发禁令实无必要,因为这会让专利权人获得超出被禁产品范围的重大竞争优势,而这不仅会对被控侵权人的市场地位造成负面影响,而且会使得消费者无法获得市场良性竞争所带来的利益。此时,让被控侵权人向法院按月缴纳以被控侵权产品销售额为准计算的合理使用费以替代全面禁令,可在确保专利权人胜诉后得到充分赔偿的同时,避免全面禁令所带来的问题。该法院指出,为了让这种救济方案发挥预期作用,必须禁止被控侵权人和专利权人对专利产品的替代产品或者配套产品降价或者提供销售优惠,以避免被控侵权人用替代产品或者配套产品取代他必须对其销售额支付使用费的被控侵权产品,从而造成市场扭曲,防止专利权人不公平地利用被控侵权人失去灵活性而带给他的优势。See Donald S. Chisum, Chisum on Patents § 20.04 [1][g].

权人在诉讼期间继续从事侵权行为而遭受之损害的担保,作为初步禁令的替代。①

二、责令停止侵权的成立条件

专利权人基于《民法典》第179条请求法院责令侵权人停止侵害、排除妨碍、消除危险,能够获得相当于英美法系的永久禁令救济。

停止侵权是专利侵权责任承担的基本方式,②在大多数专利侵权纠纷案件中,法院认定被告行为构成专利侵权后,为了杜绝今后可能发生的侵权行为,都会责令被告停止侵害原告的专利权。③最高人民法院2010年4月发布的《中国法院知识产权司法保护状况(2009年)》指出,"在认定侵权成立的情况下,一般都会责令侵权人立即停止侵害"。

在一些特殊的专利侵权纠纷案件中,法院也可以不判决被告停止侵权行为,而以被告向原告支付使用费作为替代性补偿措施。最高人民法院2009年4月发布的《关于当前经济形势下知识产权审判服务大局若干问题的意见》第15条规定,"如果停止有关行为会造成当事人之间的重大利益失衡,或者有悖社会公共利益,或者实际上无法执行,可以根据案件具体情况进行利益衡量,不判决停止行为,而采取更充分的赔偿或者经济补偿等替代性措施了断纠纷。权利人长期放任侵权、怠于维权,在其请求停止侵害时,倘若责令停止有关行为会在当事人之间造成较大的利益不平衡,可以审慎地考虑不再责令停止行为,但不影响依法给予合理的赔偿"。《最高人民法院关于审理侵犯专利权纠纷案件应用法律若干问题的解释(二)》第26条规定,"被告构成对专利权的侵犯,权利人请求判令其停止侵权行为的,人民法院应予支持,但基于国家利益、公共利益的考量,人民法院可以不判令被告停止被诉行为,而判令其支付相应的合理费用"。据此,我国法院只有在侵权人停止行为将损害国家利益、公共利益等极特殊的例外情况下,才不会判令停止侵权行为。④

具体而言,我国法院在裁量是否判令被告停止侵权时一般考量以下因素。

(一)"难以弥补的损害"的推定

我国各地法院在审理专利侵权案件时,对于原告提出的"被告的行为使原告的合法权益受到难以弥补的损害"这个主张,并未给出明确的回应,而是在认定被告行为构成侵权后径直依据《专利法》第11条判令被告停止侵权;⑤这表明,我国法院认为被告的行为构成专利侵权即足以推定原告遭受了"难以弥补的损害"。

---

① Donald S. Chisum, Chisum on Patents § 20.04 [1][g].
②④ 参见《统一细化专利侵权裁判标准,营造有利于创新的法治环境——最高人民法院民三庭负责人就专利法司法解释(二)答记者问》,载《人民法院报》2016年3月23日版。
③ 参见崔国斌:《专利法:原理与案例》(第二版),北京大学出版社2016年版,第818页;尹新天:《中国专利法详解》(缩编版),知识产权出版社2012年版,第503页。
⑤ "朱炳新诉乐山市良云铸业有限公司专利侵权纠纷案",四川省成都市中级人民法院(2006)成民初字第468号民事判决书;"三菱化学株式会社与希尔德公司侵害发明专利权纠纷案",广东省深圳市中级人民法院(2015)深中法知民初字第198号、200号、201号民事判决书;"达特公司与强海公司、施汉杨侵害外观设计专利权纠纷案",浙江省丽水市中级人民法院(2017)浙11民初569号民事判决书;"达特公司与仟百汇商行侵害外观设计专利权纠纷系列案",河南省郑州市中级人民法院(2019)豫01民初106号、107号、108号、109号民事判决书。

(二) 责令停止侵权会否造成双方当事人之间的重大利益失衡

虽然正式出台的《最高人民法院关于审理侵犯专利权纠纷案件应用法律若干问题的解释(二)》第 26 条并未考虑责令被告停止侵权是否会造成双方当事人之间的重大利益失衡这个因素,[①]但是,2009 年 4 月发布的《关于当前经济形势下知识产权审判服务大局若干问题的意见》第 15 条作出了相关规定,我国各地方法院在裁量是否判令被告停止侵权时,也多会考虑这个因素,从而对责令停止侵权行为与否对双方当事人造成的损害进行权衡比较。

贵州省贵阳市中级人民法院在 2014 年审理"万变窗墙公司分别诉皇嘉公司等侵权实用新型专利权系列案"中指出:对于原告要求各被告停止侵权并拆除侵权产品的诉讼请求,如果停止侵权并拆除侵权产品,会对被告经营场所建筑物外墙的安全带来影响,同时拆除侵权产品可能带来的资源浪费,也会对被告的正常经营造成重大影响,为避免当事人之间的重大利益失衡及实际执行困难,被告可以在向原告支付合理使用费之后继续使用。[②]

福建省高级人民法院在 2017 年审理"华为公司与三星公司、泉州华远公司等侵害发明专利权纠纷案"时,在援引了《最高人民法院关于审理侵犯专利权纠纷案件应用法律若干问题的解释(二)》第 26 条规定之后指出,"停止侵害是承担侵权责任的基本形式,当停止侵害损害了国家利益、公共利益或者造成当事人之间重大利益失衡的情况下,法院可以依据案件情况不判令停止侵权,以支付合理费用的方式替代停止侵权责任。本案中,惠州三星公司未举证证明本案存在前述司法解释规定的例外情形,且其在二审发表质证意见时也陈述惠州三星公司等在华为公司起诉后已不再使用涉案专利,可见停止使用涉案专利并不会造成双方重大利益失衡,惠州三星公司等有关原审判决停止侵权违背法律规定及司法解释精神的上诉意见,事实依据不足,不予支持"。[③]

北京市高级人民法院在 2018 年审理"来电公司与街电公司、安克公司侵害实用新型专利权纠纷系列案"时指出,"责令停止侵害是制止侵权行为继续实施的民事责任。如果无证据表明侵权行为已经停止的,一般应当判决停止侵害。但是,如果停止有关行为会造成当事人之间的重大利益失衡,或者有悖社会公共利益,或者实际上无法执行,可以根据双方是否存在市场竞争关系、权利人是否怠于维权、涉案专利是否属于标准必要专利等具体情况进行利益衡量,不判决立即停止行为,或不判决停止行为。原审法院综合考虑本案实际情况及双方当事人可能的合作意愿,并已经实际考虑到了可能的消费者利益,判决街电公司在原审判决生效之日起三十日内停止使用被诉侵权产品的行为并无不当,来电公司有关街电公司应立即停止制造、使用被诉侵权产品并销

[①] 2014 年 7 月公布的《最高人民法院关于审理侵犯专利权纠纷案件应用法律若干问题的解释(二)》(公开征求意见稿)第 30 条规定,"侵权人停止实施相关专利会损害社会公共利益或者导致当事人之间的利益严重失衡的,人民法院可以判令侵权人不停止实施行为,并代以支付合理的使用费"。正式出台的司法解释删除了"当事人利益失衡"这一因素。

[②] 贵州省贵阳市中级人民法院(2014)筑民三(知)初字第 11 号、13 号、15 号、18 号、19 号、25 号、27 号、94 号、98 号民事判决书。

[③] 福建省高级人民法院(2017)闽民终 501 号民事判决书。

毁在用被诉侵权产品及专用模具的上诉理由依据不足,本院不予支持"①。

(三) 责令停止侵权对国家利益、公共利益的影响

福建省高级人民法院在2016年审理"汪荣勋、荣勋公司与梁禹公司、新增公司侵害发明专利权纠纷案"中指出,"专利制度设计的初衷在于保护和鼓励发明创造,推动技术创新。但专利法的目的不仅在于此,完善的专利制度还必须兼顾专利权人和社会公众的利益。故而,在专利侵权案件中,在权利人主张被诉侵权人停止实施专利侵权行为将损及社会公共利益时,人民法院可以按照专利法的立法精神和维护社会公共利益的价值要求,在对权利人作必要的释明之后,判令侵权人向专利权人支付合理的费用或者经济补偿,换取已实施专利技术的继续使用,既实现对专利权人合法权益的救济,也保障了社会公共利益不因民事纠纷而受到影响。"②我国各地法院在判断责令停止侵权是否会损害国家利益、社会利益时,主要考虑以下因素。

其一,责令停止侵权是否会造成巨大的社会资源浪费。四川省成都市中级人民法院在2012年审理"英特莱公司诉金钢公司、凯丹公司侵害发明专利权纠纷案"时认为,"鉴于凯丹广场早在2010年7月就已通过公安消防部门消防验收合格,投入商业运营。如果判令凯丹公司应停止使用被控侵权产品,拆除被控侵权产品,需重新进行消防设计、审批、施工、验收等手续,将导致被告承担巨大经济损失,同时影响众多经营者和社会公众正常经营和生活,造成巨大资源浪费和公共利益受损。而被告凯丹公司支付一定专利使用费,足以弥补原告遭受的专利侵权损害。为公正保障各方合法权益和维护公共利益,被告凯丹公司可通过支付费用补偿,替代停止侵害的民事责任方式"。③

广东省高级人民法院在2014年审理"宋守淮等与宋锦钢侵害发明专利权纠纷上诉案"时认为,"针对'载体桩'单体工程的本案专利技术,仅仅使用在整个商住楼工程的一部分,若对该部分施工成果予以拆除,将造成社会资源的极大浪费,且影响社会公众使用整个商住楼。因此,从平衡专利权人利益与社会公众利益立场出发,本案不宜判决在被诉侵权工程中停止使用专利技术,但宋守淮、湛江三建和华坤公司就其侵权行为应承担赔偿损失的连带责任"。④

湖南省高级人民法院在2019年审理"金为公司与名凯捷公司侵害专利权纠纷案"时认为,"金为公司主张名凯捷公司、恒东公司、郭浩停止侵权行为的诉讼请求,于法有据,应予支持。但是,关于金为公司要求恒东公司停止使用已安装完毕的被诉侵权产品的诉讼请求,因在钰龙天下楼盘中已经完成并投入使用的被诉侵权产品与该项目中其他未涉及侵权部分已经成为不可分割

---

① 北京市高级人民法院(2018)京民终467号、470号民事判决书。北京知识产权法院在一审时指出,"对于制造行为,被告街电公司应当在本案判决生效后立即停止。对于使用行为,本院认为,首先,由于街电公司已在全国较大范围铺放被控侵权产品,故要求街电公司在本案判决生效后立即停止使用被控侵权产品的行为,实际上无法执行,并可能在一定程度上影响公共利益。其次,虽然本案存在上述实际情况,但是原告来电公司和被告街电公司都是共享移动电源的提供商,双方存在直接的市场竞争关系,如果不判决停止侵权行为,将导致原告丧失因专利权而取得的竞争优势,并可能增加原告诉讼负担,从而使原告遭受难以弥补的损失。据此,综合考虑上述因素及当事人的主张,本院认定被告街电公司应当在本案判决生效之日起30日内停止使用被控侵权产品的行为。需要指出,如果被告街电公司拟继续使用被控侵权产品,其可在本案判决生效之日起30日内,与原告来电公司采取专利交叉许可或商业谈判等方式,进一步就被控侵权产品的使用问题进行协商。如果双方当事人经协商达成专利许可使用协议或经原告同意,不执行本判决有关停止侵权的判项,应予准许"。参见北京知识产权法院(2017)京73民初356号、357号民事判决书。
② 福建省高级人民法院(2016)闽民终103号民事判决书。
③ 四川省成都市中级人民法院(2012)成民初字第10号民事判决书。
④ 广东省高级人民法院(2013)粤高法民三终字第739号民事判决书。

的整体,如判决恒东公司立即停止使用此部分被诉侵权产品,既严重影响了该项目其他未涉及侵权部分的使用,又会造成巨大的社会资源浪费,故对金为公司的该项诉讼请求不予支持"。①

其二,责令停止侵权是否会影响环保民生工程。福建省高级人民法院在2011年审理"瑞华公司与玉柴公司、河市镇政府侵犯实用新型专利权纠纷案"时维持了一审法院的判决。该案一审法院认为,"鉴于被告河市镇政府投入使用的分离式垃圾挤压装置系民生工程,若判令拆除将有损于社会公共利益,考虑到本案的具体情况,有必要对专利权作出必要的限制,故该院对原告玉柴公司要求河市镇政府停止侵权之诉请,不予支持"。②

湖南省高级人民法院在2017年审理"孙希贤与天心区园林局侵害专利权纠纷案"时,在援引了《最高人民法院关于审理侵犯专利权纠纷案件应用法律若干问题的解释(二)》第26条规定之后指出,"结合本案被上诉人的行为是为了公共利益目的的事实,本院认为,本案可以不判令被上诉人承担停止侵权、销毁侵权产品及赔偿损失的民事责任,但应判令其支付相应合理的费用。考虑到本案被上诉人使用被控侵权产品数量较多、绿化距离较长、绿化面积较大等具体情况,本院酌情确定由被上诉人天心区园林局支付上诉人孙希贤40 000元相应合理的费用"。③

其三,责令停止侵权是否会影响到河道整治、水利或者防洪工程。四川省成都市中级人民法院在2012年审理"万向泰富公司与永安建设公司侵害发明专利权纠纷案"时指出,"永安建设公司在双流县珠江路、黄堰河改造工程施工中,未经万向科技公司许可,使用与万向科技公司专利技术特征相同的'三维排水联结口装置',侵害了万向科技公司的专利权,应承担停止侵权、赔偿损失等民事责任。关于万向科技公司要求永安建设公司停止侵权的主张,本院予以支持。但考虑到涉案工程系河道整治工程,涉及社会公共利益,已经实际使用的侵权产品不宜予以拆除,故本院判令永安建设公司停止侵权的行为不包括停止使用在涉案工程中已经实际使用的145 463个侵权产品,本院将在赔偿数额中给予考虑"。④

最高人民法院在2015年再审"万向泰富公司与盐田工程局、粤山公司侵害发明专利权纠纷案"时指出,"粤山公司的合法来源成立,基于《专利法》⑤第七十条的规定不承担赔偿责任,而对于应当承担的停止侵权的责任,鉴于涉案工程系市政工程,如判决停止侵权既不经济也会损害公共利益,也不便于实际执行,因此,二审法院在综合考虑涉案专利权的类型、侵权行为的性质、被诉侵权产品的销售价格以及权利人为制止侵权行为所支付的合理开支等基础上判决粤山公司支付合理使用费50 000元,以替代其停止侵权的责任履行方式并无不当"。⑥

在2015年的"汪荣勋、荣勋公司与梁禹公司、新增公司侵害发明专利权纠纷案"中,福建省

---

① 湖南省高级人民法院(2019)湘民终12号民事判决书。类似案例还有:"帝安福公司分别诉华润公司等侵犯实用新型专利权纠纷系列案",无锡市中级人民法院(2009)锡知民初字第044号、058号、090号民事判决书;"王宏伟等诉正承置业公司等侵害发明专利权纠纷案",山东省淄博市中级人民法院(2012)淄民三初字第185号民事判决书;"奥泰公司与孔玮合肥公路局、皖投新辉公司侵害外观设计专利权纠纷案",安徽省高级人民法院(2017)皖民终346号民事判决书;"燎原公司与宇豪设备厂侵犯专利权纠纷案",江苏省南京市中级人民法院(2007)宁民三初字第189号民事判决书;"金晟照明公司分别诉渝西园林公司等侵害外观设计专利权纠纷系列案",重庆市第五中级人民法院(2018)渝05民初1949号、3820号、3822号民事判决书。
② 福建省高级人民法院(2011)闽民终字第500号民事判决书。
③ 湖南省高级人民法院(2017)湘民终393号民事判决书。
④ 四川省成都市中级人民法院(2012)成民初字第659号民事判决书。
⑤ 指的是2008年修正的《专利法》。
⑥ 最高人民法院(2015)民申字第2758号民事裁定书。类似案例还有:"万向泰富公司与绿茵公司等侵害发明专利权纠纷案",云南省高级人民法院(2016)云民终214号民事判决书;"迈克西门公司与天工水陆保山分公司等侵害实用新型专利权纠纷案",云南省高级人民法院(2017)云民终308号民事判决书。

福州市中级人民法院一审认为,"在构成侵权的前提下,梁禹公司应停止实施侵权行为,但考虑到梁禹公司施工的长乐市罗联溪综合整治一期工程系民生工程,判令拆除将有损于社会公共利益,有必要对专利权作出必要的限制,但梁禹公司应就实施涉案专利向汪荣勋支付专利许可使用费10万元"。福建省高级人民法院二审认为,"梁禹公司的被诉侵权行为仍处于持续状态,梁禹公司本应立即停止侵害涉案专利权的行为,但考虑到涉案工程的民生性质,责令梁禹公司立即停止施工行为将有损社会公共利益,故原审法院判令梁禹公司以向汪荣勋、荣勋公司支付专利许可使用费的方式替代停止侵权的民事责任,并无不当,应予维持"。①

在2017年的"水投公司、浩坤公司与科兰金利公司、韩相姬侵害发明专利权纠纷案"中,湖北省武汉市中级人民法院一审认为,"鉴于侵权产品系使用于天兴洲堤防加固工程,而该工程建设直接关系到当地防洪安全及公共利益,如判令水投公司停止继续使用涉案专利产品,将势必造成社会资源的浪费,且不利于防洪安全及公共利益。因此,在本案中可不判令水投公司停止侵权行为。但是,浩坤公司、水投公司并不因此必然免除承担赔偿损失或支付与上述经济损失相当的合理费用的民事责任"。湖北省高级人民法院二审认为,"关于停止侵权的民事责任,因涉案工程涉及防洪安全及公共利益,且浩坤公司的侵权行为已实施完成,涉案侵权植生块已交由水投公司管理、使用,一审法院未判决浩坤公司、水投公司停止使用涉案侵权植生块,科兰金利公司对此也未上诉,本院也予以确认"。②

其四,责令停止侵权是否会影响到交通运输的正常运行。江苏省昆山市人民法院在2015年审理"华刚公司与苏州交通工程公司侵害外观设计专利权纠纷案"时认为,"庭审中,被告提出实际移除侵权产品存在困难,本院认为,鉴于道路隔离墩已设置于昆山中环快速路,且该中环快速路已向社会公众开放使用,若判决被告停止侵权移除侵权产品,将会影响到昆山中环快速路的正常通行和使用,对社会公共利益造成损害,原告亦当庭表示被告可以不停止侵权,结合涉案外观设计专利已于2015年7月27日因保护期限届满而终止的事实,本院对原告请求被告停止侵权的诉讼请求不予支持,但在确定赔偿款中予以考虑"。③

第二节 禁令限制的正当性和路径

一、禁令限制的正当性

(一) 专利权滥用的禁止

以专利权的取得、行使、保护为主要内容的专利法,属于从一般私法即民法中分离出来的特

---

① 福建省高级人民法院(2016)闽民终103号民事判决书。
② 湖北省高级人民法院(2017)鄂民终3149号民事判决书。类似案例如"美投实特公司与武汉科兰公司等侵害专利权纠纷案",重庆市高级人民法院(2016)渝民终244号民事判决书。
③ 江苏省昆山市人民法院(2015)昆知民初字第0076号民事判决书。

别私法,民法的基本原则条款同样适用于专利法。依据我国《民法典》第 7 条的规定,民事主体在行使民事权利、履行义务的过程中,应当遵循诚信原则;该法第 132 条规定,民事主体不得滥用民事权利损害国家利益、社会公共利益或者他人合法权益。相应地,专利权人在行使专利权时应当诚信地行使权利,不得滥用专利权损害他人利益和社会公共利益。

一般而言,专利权人提起禁令之诉阻止被控侵权人继续从事专利侵权行为,属于依法请求法院保护专利法所赋予的排他性专用权的行为。专利法基于创新激励、科技进步的公共政策,为了解决创新智力成果这种具有非排他性、非竞争性的公共产品供应不足的问题,才向创新主体提供在一定时间内阻止他人模仿的财产权保护。① 如果专利权人为了实现超出专利权所保护利益的限度的不当利益,超出专利权的权利要求范围或者时间范围行使专利权,从而损害他人利益和社会公共利益,那么,这种行为构成专利权滥用行为。在专利权人从事了专利权滥用行为之后,又以侵权为由将侵权人作为被告诉至法院,请求法院责令被控侵权人停止侵权的,法院不应对相关专利权提供法律上的强制保护,自然也不应当向专利权人提供禁令救济。

(二)诉权滥用的禁止

依据《民事诉讼法》第 13 条第 1 款的规定,当事人在行使诉讼权利时应当遵循诚信原则,不得滥用诉权损害他人利益和社会公共利益。专利权人依法行使诉讼权利,自然能够产生其所期待的法律后果。但是,如果专利权人不诚信地行使诉讼权利,则有侵害实质公正的危险。②

一般而言,专利权人以被控侵权人的行为构成专利侵权为由向法院提起禁令之诉,属于依法行使诉权的行为。但是,如果专利权人明知其诉讼请求在客观上没有根据的情形(例如,专利权人明知其专利权无效、被控侵权人的行为不构成侵权,专利权人以欺骗专利行政部门的方式取得专利权),不论诉讼结果如何,仍然为了实现超出专利权的权利要求范围或者时间范围的不当利益而提起诉讼,从而损害他人利益或者社会公共利益,那么,这种行为属于滥用诉权的恶意诉讼行为。专利权人滥用诉权恶意诉讼的情形,其行为表面上是为了请求法院保护其专利权,实际上却是为了利用国家强制力实现超出专利权所保护利益的限度的不当利益,法院不应当支持专利权人的诉讼请求。

二、禁令限制的路径选择

(一)《专利法》现行禁令限制规则

依据《民法典》第 179 条、《最高人民法院关于当前经济形势下知识产权审判服务大局若干问题的意见》第 15 条规定、《最高人民法院关于审理侵犯专利权纠纷案件应用法律若干问题的解释(二)》第 26 条规定,结合我国各地法院的司法实践,我国《专利法》现行专利禁令限制规则的内容为:法院在认定被告的行为构成专利侵权后,在责令被告停止侵权将会造成双方当事人之

---

① See Lydia Pallas Loren, Joseph Scott Miller, *Intellectual Property Law: Cases & Materials*, Semaphore Press, 5th Edition, 2017, pp.2-4.

② 参见江伟、肖建国主编:《民事诉讼法》(第八版),中国人民大学出版社 2018 年版,第 56 页。

间的重大利益失衡(责令停止侵权对被告造成的损害超过了不责令停止侵权对原告造成的损害)、损害社会公共利益的情况下,不会判令被告停止侵权。①

从我国法院对该规则的适用情况来看,尚存在以下局限:

其一,"双方当事人之间的重大利益失衡"判定标准的适用局限。我国法院在审理专利侵权案件时,为了判断责令停止侵权是否会造成双方当事人之间的重大利益失衡,主要会考虑以下因素:(1)责令停止侵权对被告经营场所安全的影响;(2)责令停止侵权对被告的正常经营是否造成重大影响。② 此外,我国法院在审理其他知识产权案件中,还指出了下列考量因素:(1)责令停止侵权是否会造成被告因前期为生产经营投入大量成本而遭受巨大损失;③(2)权利人与侵权人之间是否具有竞争关系、侵权人经营获利对相关知识产权的依赖程度、权利人是否怠于行使权利、侵权人停止侵权是否难以实现等。④ 采用这种判定标准,法院在权衡责令停止侵权与否对双方当事人造成的损害时,仅仅会考虑到不责令停止侵权对原告基于专利权所享有的合法垄断利益造成的损害,而未能考虑到责令停止侵权对被告基于竞争秩序所享有的正当竞争利益造成的损害。

其二,"社会公共利益"判定标准的适用局限。我国法院在审理专利侵权案件时,为了判断责令停止侵权对国家利益、公共利益的影响,主要会考虑以下因素:(1)责令停止侵权是否会造成巨大的社会资源浪费;(2)责令停止侵权是否会影响环保工程;(3)责令停止侵权是否会影响河道整治、水利或者防洪工程;(4)责令停止侵权是否会影响到交通运输的正常运行。⑤ 采用这种判定标准,法院在判断责令停止侵权对社会公共利益造成的影响时,仅仅考虑到节约资源、环保、河道水利、交通运输乃至医疗健康、公共卫生、农业等社会公共利益,而未能考虑到公平竞争秩序以及相关消费者福利这种社会公共利益。

(二)《专利法》第 53 条强制许可制度

《专利法》第 53 条规定,"有下列情形之一的,国务院专利行政部门根据具备实施条件的单位或者个人的申请,可以给予实施发明专利或者实用新型专利的强制许可:(一)专利权人自专利权被授予之日起满三年,且自提出专利申请之日起满四年,无正当理由未实施或者未充分实施其专利的;(二)专利权人行使专利权的行为被依法认定为垄断行为,为消除或者减少该行为对竞争产生的不利影响的"。其中,该条第(2)项所指的构成非法垄断的专利权行使行为,自然也是滥用专利权的行为,这点自不待言。该条第(1)项所规定的专利权人不实施或者未充分实施

---

① 参见本章第一节之"二、责令停止侵权的成立条件"。
② "万变窗墙公司分别诉皇嘉公司等侵权实用新型专利权系列案",贵州省贵阳市中级人民法院(2014)筑民三(知)初字第 11 号、13 号、15 号、18 号、19 号、25 号、27 号、94 号、98 号民事判决书。
③ 著作权侵权案件:"刘国明等诉邱秉钊等侵犯著作权纠纷案",山东省青岛市中级人民法院(2009)青民三初字第 251 号;"张某与中影公司、陆某、梦想者公司、乐某公司著作权权属、侵权纠纷案",北京市西城区人民法院(2016)京 0102 民初 83 号民事判决书。植物新品种侵权案件:"德农公司、农科院与金博士公司侵害植物新品种权纠纷案",河南省高级人民法院(2015)豫法知民终字第 00356 号民事判决书。
④ 北京市高级人民法院(2015)高民(知)终字第 1039 号民事判决书。
⑤ 参见本章第一节之"二、责令停止侵权的成立条件"。

专利的行为,即《保护工业产权巴黎公约》第 5 条 A 款(2)项所指的专利权滥用行为,[①]这种行为构成专利权滥用的理由在于:虽然专利权人具有实施或者不实施其专利、许可他人实施或者拒绝许可他人实施其专利的权利,但是,专利权人在相当一段时间内不实施或者不充分实施其专利,且拒绝许可他人实施其专利,则会阻碍技术的推广应用、妨碍公众(消费者)享受新技术带来的进步。[②] 因此,这种专利权行使行为超出了专利权所保护的利益界限,不当地扩大了专利权的内容范围,有悖专利法激励创新、推动技术进步的立法宗旨,属于专利权滥用行为。

依据《专利法》第 53 条的规定,对于不实施或者不充分实施专利、非法垄断这两种专利权滥用行为,国家知识产权局给予他人强制许可,这是一种有条件的非自愿许可制度,限制了专利权人行使停止侵害请求权,从而间接限制了禁令救济的成立。不过,从禁令限制的角度看,该条款存在以下适用局限:

其一,将裁量是否给予强制许可的机关限定为国家知识产权局,排除了在专利侵权案件中对专利权滥用行为予以裁量的可能。而在专利侵权案件中,由法官对从事专利权滥用行为的专利权人的专利权暂时不予保护,更能直接地在《专利法》体系内实现对专利权人利益与科技进步等社会公利益之间的平衡,保护他人正当竞争利益、公平竞争秩序以及相关消费者福利等社会公共利益。

其二,将能够获得强制许可的人限定为"具备实施条件的申请人",排除了对不具备实施条件的受害人或者其他人给予强制许可的可能。国家知识产权局在向强制许可申请人给予强制许可之前,必须审查其是否具备实施条件;对于产品专利而言,主要是看申请人是否具备以足够的数量、符合要求的质量、国内市场能够接受的价格制造或者进口该专利产品的能力;对于方法专利而言,主要是看申请人是否具备以足够的规模、令人满意的成本实施该专利方法的能力。[③] 这些条件忽视了人们对技术的扩散、学习、试错规律,并且将数量、规模、成本、价格等申请时尚不存在的因素纳入考量,忽视了申请人逐渐习得技术、降低成本的可能性,有欠妥当。这种许可对象和许可资格的限定,为相关强制许可制度设置了高于《保护工业产权巴黎公约》《与贸易有关的知识产权协定》的条件[④],不仅难以很好地实现平衡专利权人利益与科技进步等社会公利益的专利法宗旨,而且难以充分地保护因专利权滥用行为而遭受损害的他人正当竞争利益、公平竞争秩序以及相关消费者福利等社会公共利益。

(三)反垄断规制路径

依据我国《反垄断法》第 55 条第 2 分句的规定,作为经营者的专利权人从事《反垄断法》所

[①] 我国 1984 年加入的《保护工业产权巴黎公约》(1967 年斯德哥尔摩文本)第 5 条 A 款(2)项规定,"本联盟各国都有权采取立法措施规定授予强制许可,以防止由于行使专利所赋予的专有权而可能产生的滥用,例如:不实施"。

[②] 参见尹新天:《中国专利法详解》(缩编版),知识产权出版社 2012 年版,第 384 页。

[③] 参见尹新天:《中国专利法详解》(缩编版),知识产权出版社 2012 年版,第 388 页。

[④] 《保护工业产权巴黎公约》第 5 条 A 款(4)项规定,"自提出专利申请之日起 4 年届满以前,或自授予专利之日起 3 年届满以前,以后满期的期间为准,不得以不实施或不充分实施为理由申请强制许可;如果专利权人的不作为有正当理由,应拒绝强制许可。这种强制许可不是独占性的,而且除与利用该许可的部分企业或商誉一起转让外,不得转让,包括授予分许可证的形式在内"。《与贸易有关的知识产权协定》第 31 条之一(b)项 1 句规定,"只有在使用前,意图使用之人已经努力按合理的商业条款和条件请求权利持有人给予许可,而在合理的期间内未能成功的,才能允许"。二者都未对强制许可申请人的资格予以限制。

禁止的排除、限制竞争的专利权滥用行为即非法垄断行为,应当受到《反垄断法》的规制,承担相应的民事、行政责任。在专利侵权案件中,如果专利权人提起禁令之诉的行为属于其实施非法垄断行为的辅助手段或者一部分,被告当然可以另行对专利权人提起反垄断诉讼或者请求反垄断执法机关予以调查。

然而,对于构成专利权滥用的禁令诉讼行为而言,这种专利法之外的反垄断规制路径存在以下不足,从而使得我国《专利法》增加新的禁令限制规则具有必要性:

其一,反垄断规制是游离于《专利法》体系之外的事后保护措施。《反垄断法》通过司法保护和行政保护的二元保护模式,对构成专利权滥用的禁令诉讼行为科以相应的民事责任和行政处罚,固然能够实现对其他经营者的正当竞争利益、自由竞争秩序以及消费者福利等社会公共利益的事后保护,但是,这有别于《专利法》相关司法解释和司法实践通过禁令救济成立条件的设置对禁令进行的内在限制,也不同于《专利法》第 53 条以滥用专利权为前提启动的强制许可制度对专利禁令进行的间接限制。

其二,反垄断规制不能及时地保护被告和第三方的正当竞争利益、公平竞争秩序以及相关消费者福利等社会公共利益。我国《专利法》并未将专利权人从事排除、限制竞争的非法垄断型专利权滥用行为作为专利侵权的抗辩事由。在专利侵权案件中,被告不能直接以专利权人的行为触犯《反垄断法》、其专利权不应受到法律保护为由提出抗辩,而只能另行对专利权人提起反垄断诉讼或者请求反垄断执法机关予以调查。在这种制度安排下,法院在审理专利侵权案件时无法将专利权人的非法垄断型专利权滥用行为对被告和第三方当事人的正当竞争利益、公平竞争秩序以及相关消费者福利的影响纳入考量范围,不能对被告和第三方的利益、社会公共利益提供及时的保护。

其三,反垄断规制难以充分地保护第三方利益和社会公共利益。依据《反垄断法》第 50 条的规定,被告只有在其正当竞争利益因专利权人的非法垄断型专利权滥用行为而遭受损害的情况下,才能向法院提起反垄断诉讼。如果专利权人的行为仅仅造成了第三方当事人正当竞争利益的损害,那么,只能依赖反垄断执法机关提供相应的行政保护措施,而难以对第三方当事人利益、社会公共利益提供充分的保护。

其四,反垄断法对专利权滥用规制的局限性。《反垄断法》所规制的专利权滥用行为,仅仅是指那些产生排除、限制竞争后果的非法垄断型专利权滥用行为,而不包括超出专利权的内容范围行使专利权但不产生反竞争后果的专利权滥用行为。例如,对于无正当理由不实施或者不充分实施专利权的专利权滥用行为而言,由于这种行为并不属于排除、限制竞争的非法垄断行为,《反垄断法》不会对其予以规制,从而难以在保护自由竞争秩序、推动创新的功能以外,实现技术扩散带来的消费者需求满足等公共利益。

三、专利权滥用抗辩的生成与要件重构

(一)引入专利权滥用抗辩的正当性和必要性

"如无必要,勿增实体"这一奥卡姆剃刀定律同样适用于我们对现有禁令限制路径的审视。通过"社会公共利益"内涵的明确、细分,对既有禁令限制路径局限的认定,我们认为,在专利侵

权案件中引入专利权滥用抗辩制度具有正当性和必要性。具体理由如下:

1. 专利法中的技术扩散、消费者需求满足等社会公共利益

《专利法》第53条所规定的针对不实施或者不充分实施专利型专利权滥用行为的强制许可制度,表明了专利法除了关于专利权人利益的保护以外,还关注技术推广应用、消费者需求满足等社会公共利益。

2. 专利法中的正当竞争利益和公平竞争秩序等社会公共利益

基于创新激励、科技进步的公共政策所制定的专利法,不仅保护专利权人的合法垄断利益以激励原始创新、促进替代性竞争,而且限定其合法垄断利益的范围以激励后续创新、促进模仿性竞争,从而实现专利权人利益与创新的竞争性发展有关的社会公共利益之间的平衡。专利法的制度设计宗旨,同保护自由竞争(替代性竞争和模仿性竞争)秩序、推动创新(原始创新和后续创新)的反垄断法,有异曲同工之处:前者意在解决具有非排他性、非竞争性的知识产品供应不足的问题,从而增进公众福利;后者意在解决竞争不足的问题,从而最大化消费者福利。① 因此,在《专利法》体系下,也应当考虑其他人的正当竞争利益、创新的竞争性发展带来的公平竞争秩序等社会公共利益。

3. 现有禁令限制路径难以及时、充分地保护相关利益

前文论述表明,我国现有的禁令限制路径难以及时、充分地保护相关利益。这具体表现为:(1)《专利法》现行禁令限制规则既未能考虑到责令停止侵权对被告基于竞争秩序所享有的正当竞争利益造成的损害,也未能考虑到责令停止侵权可能对公平竞争秩序以及相关消费者福利这种社会公共利益造成的损害;(2)《专利法》第53条强制许可制度,既排除了法院在专利侵权案件中对专利权滥用行为予以裁量的可能,也排除了对不具备实施条件的受害人或者其他人给予强制许可的可能;(3) 反垄断规制是游离于《专利法》体系之外的事后保护措施,难以及时、充分地保护被告和第三方的正当竞争利益。而反垄断法对专利权滥用规制的局限性,也难以在保护自由竞争秩序、推动创新的功能以外,实现技术扩散带来的消费者需求满足等公共利益。

(二)域外经验的借鉴

1. 德国、欧盟的反垄断抗辩规则

德国杜塞尔多夫地方法院在2006年审理Videosignal-Codierung案时,首次在专利侵权禁令救济问题中引入了竞争法规制。该法院指出:在被告已经向标准必要专利权人表明了寻求许可的意向且被拒绝的情形,被告虽然不能援引"自力救济"条款进行抗辩,但可依据《德国民法典》诚信原则条款中所包含的"恶意主张"规制进行抗辩:如果拥有市场支配地位的标准必要专利权人拒绝许可标准实施者使用其专利,且这种拒绝许可行为构成市场支配地位滥用的,则不应当支持专利权人的禁令救济申请。②

---

① Gustavo Ghidini, *Innovation, Competition and Consumer Welfare in Intellectual Property Law*, Edward Elgar Publishing Limited, 2010, p. 80; Richard Whish, David Bailey, *Competition Law*, 7th edition, Oxford University Press, 2012, pp. 1–24.

② 参见赵启杉:《竞争法与专利法的交错:德国涉及标准必要专利侵权案件禁令救济规则演变研究》,载《竞争政策研究》2015年第2期;魏立舟:《标准必要专利情形下禁令救济的反垄断法规制——从"橘皮书标准"到"华为诉中兴"》,载《环球法律评论》2015年第6期。

德国联邦最高法院在2009年审理"橙皮书标准"(Orange book standard)案时,正式承认被告可以基于竞争法针对原告的侵权诉讼和禁令救济申请提出强制许可抗辩。该法院认为:如果原告的专利已经成为进入相关市场必不可少的前提条件,且原告的拒绝许可缺乏合理性和公正性,则被告可以提出强制许可抗辩。本案中,拥有市场支配地位的标准必要专利权人拒绝许可他人使用其专利,可能构成《欧盟运行条约》第102条所禁止的滥用支配地位行为;专利权人申请禁令的实际效果就是拒绝许可,因此也可能构成滥用支配地位行为。[1] 自欧盟法院在2015年Huawei v. ZTE案中确立了比德国"橙皮书标准"案更为宽松的标准必要专利权人拒绝许可构成滥用支配地位的条件后,德国慕尼黑州第一地区法院在2020年2月发布了《关于审理侵犯专利权纠纷案件时反垄断强制许可抗辩适用指南》,总结、肯定了德国法院自2015年以来在有关标准必要专利案件中适用反垄断强制许可抗辩规则的审判经验。[2]

德国法院确立的专利侵权反垄断抗辩规则,仅仅适用于标准必要专利侵权案件。但是,欧盟和德国法院的既有判决表明,他们也有可能承认在普通专利侵权案件中适用反垄断抗辩规则。一方面,欧盟法院早在1995年的Magil案、2004年的IMS案等著作权侵权案件中指出:如果著作权人拒绝许可他人使用经营特定行业所不可或缺的产品或服务,构成了反垄断法上的滥用市场支配地位,那么法院可以直接判决对著作权授予强制许可。[3] 另一方面,德国联邦最高法院在2004年审理Standard-Spundfass案时,正式在专利侵权案件中确立了基于竞争法的强制许可制度,该法院指出:知识产权法和反垄断法的立法目的不完全一致,所以知识产权法原则上不能成为适用反垄断法的障碍,因此人们可以依据反垄断法对诉争专利实施强制许可;如果专利许可为进入相关市场的必要条件,而具有市场支配地位的专利权人拒绝许可缺乏合理性和公正性,那么,专利权人的行为违反了竞争法,基于反垄断法的强制许可即可成立。[4] 欧盟法院和德国法院的判决意见,为他们在以后的普通专利侵权案件中适用反垄断强制许可抗辩提供了理论基础。

2. 美国的专利权滥用抗辩制度

早在20世纪初,美国法院就基于"不洁净之手"这一衡平法原则,确立了反垄断法领域以外的专利权滥用原则,以暂时停止对不正当地扩张其专利权内容范围的专利权人提供保护。美国联邦最高法院在1917年审理Motion Picture Patents Co. v. Universal Film Mfg. Co.案时,首次适用了后续案件确立的"专利权滥用"原则。本案中,专利权人以被许可人在其制造的专利产品即电影放映机上贴附禁止所有后续放映机买家使用该机器放映非专利权人生产之电影胶片的通知,作为授权被许可人实施相关专利的条件。专利权人主张:身为被许可人制造、销售的电影放映机的第二手买家,他用该机器放映专利权人的竞争对手所制造的电影胶片,构成直接侵权;身为专利权人竞争对手的电影胶片制造商,他向第二手买家提供电影胶片,构成间接侵权。法院认为:专利权人的行为对后续买家使用专利权利要求范围之外产品的行为施加了限制,属于超出专利

---

[1] 参见赵启杉:《竞争法与专利法的交错:德国涉及标准必要专利侵权案件禁令救济规则演变研究》,载《竞争政策研究》2015年第2期。

[2] 参见赵启杉:《德国慕尼黑第一地区法院标准必要专利禁令救济指南介评》,载"知产力"微信公众号,最后访问时间:2020年11月2日。

[3][4] 参见魏立舟:《标准必要专利情形下禁令救济的反垄断法规制——从"橘皮书标准"到"华为诉中兴"》,载《竞争政策研究》2015年第2期。

权的权利范围设定许可条件的行为,有违专利法的政策。因此,这种限制条件无效;两被告的行为不构成侵权。①

联邦最高法院在1931年审理 Carbice Corp. v. American Patents Development Corp.案时,首次适用了后续案件确立的专利权滥用抗辩规制。本案中,专利权人以被许可人同意从他那里购买干冰这种非专利产品,作为授权被许可人使用其专利方法组装冷藏箱的条件。专利权人主张:身为专利权人竞争对手的被告明知被许可人购买干冰用于按照专利方法组装冷藏箱,仍然向后者销售干冰,构成间接侵权。法院认为:专利权人的行为对被许可人使用非专利产品的行为施加了限制,将专利权的权利范围扩张到了非专利产品,限制了非专利产品的交易。法院进而认为,"专利权人在干冰的销售方面并不享有免于竞争的权利。对这种非专利产品供应的控制,超出了专利权人的专利权范围;这种专利权固有的权利界限,与非专利产品的具体功能或特征、人们非专利产品的使用方式无关。本法院拒绝对专利权人提供救济,原因在于,专利权人在未经法律准许的情况下,试图利用专利获得对用于实施相关专利的非专利产品的有限垄断"。法院不是以相关许可条件无效,而是以专利权人无视专利权固有的权利界限、将专利权扩张至非专利产品,作为拒绝提供救济的理由。据此,被告能够直接以专利权人的权利行使行为应当受到禁止为由,提出专利侵权抗辩;甚至,即便被告的行为构成了专利侵权,被告也能以此为由提出积极抗辩。②

美国联邦最高法院在1942年审理 Morton Corp. v. G.S.Suppiger Co.案时,正式确立在专利直接侵权案件中的"专利权滥用原则"。本案中,原告对一种在食品罐头中放置盐片的机器享有专利,他以罐头制造商只能从其附属企业处购买盐片,作为向罐头制造商租用加盐机的条件。被告也是个制造并出租加盐机的公司,而不是盐片制造商,法院认定被告制造加盐机的行为构成专利侵权。法院认为:原告利用其专利限制了一种不受专利保护的产品的竞争,对公共利益造成了危害,因此,"至少在原告放弃该不正当行为、并且滥用专利的后果被消除之前,拒绝支持侵权的诉求、以避免纵容这种行使专利权的行为才是符合衡平原则要求的"。此外,"无论被告是否因专利权滥用行为遭受损害,专利权人获胜的侵权诉讼与专利权人的相关行为一道对公共利益产生的不利影响,都会让专利权人失去胜诉的资格……在专利权人利用其专利权危害相应政策的情形下,他不得请求法院保护其专利权"。③

联邦最高法院在1944年审理 Mercoid Corp. v. Mid-Continent Inv. Co.案、Mercoid Corp. v. Minneapolis-Honeywell Regulator Co.案时,采用了更为宽松的专利权滥用规制,从而对间接侵权主张持最敌视的态度。在这两个案件中,专利权人 Mid-Continent 公司对由取暖炉、加煤机和加煤机开关、恒温器所组成的室内加热系统拥有组合专利;其对加煤机开关本身并不拥有专利权,而加煤机开关在专利组合之外没有其他商业用途。专利权人及其独占被许可人 Minneapolis-Honeywell 公司、被告 Mercoid 公司都销售加煤机开关,以期让顾客将开关用于组装专利系统。专利权人主张:被告向其顾客销售不具有其他用途的加煤机开关这一专利组合部件,实际上鼓励了后者将开关安装于原有取暖炉而直接侵害专利权,故而被告的行为构成间接侵权。被告则主张:专利权人与独占被许可人在许可协议中约定以

---

① R. Carl Moy, Moy's Walker on Patents § 18:14; Herbert Hovenkamp, Mark D. Janis, Mark A. Lemley, IP and Antitrust: An Analysis of Antitrust Principles Applied to Intellectual Property Law § 3:2 (Westlaw, 2014).

② R. Carl Moy, Moy's Walker on Patents § 18:15.

③ R. Carl Moy, Moy's Walker on Patents § 18:16.

加煤机开关销售额而非专利组合的整体销售额作为计算使用费的基准,被许可人在广告中声明用户只有从被许可人处购买加煤机开关才能获得将开关安装于加热系统的授权,构成专利权滥用;这使得专利权人不应获得救济。法院认为:专利权人起诉以阻止竞争对手销售专利组合中的非专利部件,支持该诉讼会造成用法院的帮助扩张专利权的权利界限的后果;即便非专利产品本身是专利系统的组成部分,这种做法同先前判例所处理的专利权人利用其专利权控制非专利消耗品的行为没有区别;相关使用费条款构成对非专利产品的搭售,这利用专利权保护了非专利产品市场,扩张了专利权的权利范围。因此,专利权人的行为构成专利权滥用,被告可以主张专利权滥用抗辩以对抗间接侵权诉讼。①

Mercoid 案裁判对专利权滥用原则的适用过于宽泛,美国有些法院甚至据此认为不存在间接侵权责任。这不仅导致下级法院在适用专利权滥用原则方面的不确定性,而且引发了专利权人共同体的极度恐慌,从而促使美国国会在 1952 年专利法修正案中制定了第 271 条(b)(c)(d)款对相关问题作出规定。这些条款并未直接对专利权滥用本身作出界定,而是通过对间接侵权责任的界定、对某些专利权许可和行使行为不构成专利权滥用的规定,提高了间接侵权责任认定的明确性,限制了专利权滥用原则的适用范围。②

1952 年美国《专利法》修订之后,专利权滥用原则明显退潮。但到了 20 世纪 60 年代中期,联邦最高法院再次经常面临专利滥用主张。在 20 世纪 60 年代和 70 年代,美国专利权保护处于最为软弱的阶段时,专利权滥用和反垄断主张再次流行起来。1982 年美国联邦巡回上诉法院的成立,降低了专利权滥用原则的重要性。联邦巡回上诉法院在一系列重要案件中限缩了专利权滥用原则的适用范围,法院提高了专利权滥用的成立条件,将专利权滥用行为主要限定为同时触犯反垄断法的行为。1988 年专利法修正案增加的第 271 条(d)款(4)(5)项,进一步限缩了专利权滥用原则的适用范围。③

虽然美国的专利权滥用制度与反垄断法密切关联,但二者还是有一些区别:(1)专利权滥用制度是一种内在于专利法的抗辩制度,反垄断法则是外在于专利法的事后保护措施。(2)专利权滥用行为除了保护包括非法垄断型专利权滥用行为之外,还包括专利实施长于专利权期限(专利过期后使用费条款)、以被许可人总销售额为准计算使用费条款等不会产生限制竞争效果的"本身滥用"行为。(3)在专利侵权案件中,被告提起专利权滥用抗辩并不以其因涉案专利权滥用行为遭受损害作为条件;而在反垄断案件中,被告提起反垄断诉讼则以其因非法垄断行为遭受损害为前提。(4)专利权滥用抗辩的成立,只是导致法院暂时不对相关专利权提供保护;而在反垄断案件中,胜诉者有权获得损害赔偿救济。④

(三)专利权滥用抗辩的构成要件

我国《专利法》中的专利权滥用抗辩制度应当包括两类:一是实施或者未充分实施型专利权滥用抗辩;二是非法垄断型专利权滥用抗辩。在我国既有禁令限制路径下,仍然缺乏对不实施或者未充分实施型专利滥用、非法垄断型专利权滥用的专利法内在限制制度。在《专利法》中引入专利权滥用抗

---

① R. Carl Moy, Moy's Walker on Patents § 18:16.
② R. Carl Moy, Moy's Walker on Patents § 18:17, § 18:18.
③ Herbert Hovenkamp, Mark D. Janis, Mark A. Lemley, IP and Antitrust: An Analysis of Antitrust Principles Applied to Intellectual Property Law § 3:2.
④ 参见张伟君:《美国知识产权滥用原则的演进及其与反托拉斯法的关系》,载"同济知识产权与竞争法中心"微信公众号,最后访问时间:2017 年 10 月 25 日。

辩制度，能够充分、及时地保护技术扩散、消费者需求和正当竞争利益、公平竞争秩序这两种类型的社会公共利益。具体而言，在专利侵权案件中，这两种类型的专利权滥用抗辩的构成要件如下。

1. 不实施或者未充分实施型专利权滥用抗辩的构成要件

其一，被控侵权人启动抗辩的前提，是专利权人在相当长一段时间内无正当理由不实施或者未充分实施其专利，且拒绝许可他人实施其专利，从而在实施方式、实施规模方面难以满足国内对专利产品或者专利方法的需求。关于这点，应当符合《专利法》第53条第(1)项、《保护工业产权巴黎公约》第5条A款(4)项、《与贸易有关的知识产权协定》第31条之一(b)款的规定。其中，相关内容的具体含义为：(1)"实施"是指专利权人或其许可人持续地在国内以生产经营为目的制造专利产品或使用专利方法，但以生产经营为目的从WTO成员进口上述专利产品或进口以上述专利方法直接获得的产品到国内，视为其已实施该专利。①(2)"未充分实施"是指专利产品在国内的销售数量过少或者销售价格过高，不能满足国内消费者对专利产品的需求，或者专利权人使用专利方法的范围和规模过小，不能满足国内需求。②(3)在时间限制方面，应当符合《专利法》第53条第(1)项"自专利权被授予之日起满三年，且自提出申请之日起满四年"的规定。(4)"正当理由"是指专利权人在国内实施或者强化对专利的实施方面存在法律上、经济上、技术上的障碍，③该正当理由应当由专利权人负举证责任；但是，在国内实施其专利获得的利润可能少于在其他国家或地区实施其专利，或者在中国内地尚未存在对该专利产品的市场需求，不是专利权人在国内未实施或者未充分实施专利的正当理由。④

其二，被控侵权人的抗辩资格。任何被控侵权人都可以基于专利权人不实施或者未充分实施专利提出专利权滥用抗辩，不论被控侵权人是否因该专利权滥用行为遭受损害，也不论专利权人是否针对他拒绝许可。需要注意的是，《专利法》第53条第(1)项所进行的实施条件限制，并不适用于专利权滥用抗辩，理由在于：这种实施条件限制不仅与专利权滥用行为无关，而且违背了技术扩散和商业运营规律，⑤更超出了《与贸易有关的知识产权协定》第31条"拟使用者"(proposed user)标准、超出了其他WTO成员方的"任何人"标准。⑥

其三，抗辩的后果。法院认定专利权人的行为构成不实施或者未充分实施型专利权滥用的，应当暂时停止对相关专利权提供保护，拒绝向专利权人提供禁令救济和损害赔偿救济，给予被控侵权人强制许可。在许可条件方面，应由法院直接裁定被控侵权人支付合理使用费。

另一方面，只有专利权人停止滥用行为并且消除相关行为对技术扩散、消费者需求满足等社会公共利益造成的影响之后，被控侵权人仍然未经许可继续从事侵权行为的，法院才能对该专利权提供保护，向专利权人提供禁令救济和损害赔偿救济。

2. 非法垄断型专利权滥用抗辩的成立条件

其一，被控侵权人启动抗辩的前提是专利权人行使专利权的行为构成了《反垄断法》所禁止的非法垄断行为。关于非法垄断型专利权滥用行为的认定，可以参考原国家工商行政管理总局2015年发布的《关于禁止滥用知识产权排除、限制竞争行为的规定》、2016年发布的《关于滥用

---

①④ 参见张伟君：《论对未实施或未充分实施专利的强制许可制度的完善》，载《中国发明与专利》2018年第11期。
② 参见尹新天：《中国专利法详解》（缩编版），知识产权出版社2012年版，第386—387页。
③ 参见尹新天：《中国专利法详解》（缩编版），知识产权出版社2012年版，第87页。
⑤ 参见刘宇晖：《论专利强制许可制度：兼评〈专利法〉第三次修订的相关条款》，载《河北法学》2010年第4期。
⑥ 参见林秀芹：《中国专利强制许可制度的完善》，载《法学研究》2006年第6期。

知识产权的反垄断执法指南(国家工商总局第七稿)》,国家发展和改革委员会 2015 年发布的《关于滥用知识产权的反垄断指南(征求意见稿)》,以及国务院反垄断委员会 2017 年发布的《关于滥用知识产权的反垄断指南(征求意见稿)》、2019 年发布的《国务院反垄断委员会关于知识产权领域的反垄断指南》的相关规定。

其二,被控侵权人的抗辩资格。任何被控侵权人都可以基于专利权人行使专利权的行为构成非法垄断型专利权滥用行为为由提出抗辩,不论被控侵权人是否因该专利权滥用行为遭受损害,也不论专利权人是否针对被控侵权人作出了相关专利权滥用行为。

其三,抗辩的后果。法院认定专利权人的行为构成非法垄断型专利权滥用的,应当暂时停止对相关专利权提供保护,拒绝向专利权人提供禁令救济和损害赔偿救济,给予被控侵权人强制许可。在许可条件方面,应由法院直接裁定被控侵权人支付合理使用费。

另一方面,只有专利权人停止滥用行为并且消除相关行为对他人正当竞争利益、公平竞争秩序以及相关消费者福利等社会公共利益造成的影响之后,被控侵权人仍然未经许可继续从事侵权行为的,法院才能对该专利权提供保护,向专利权人提供禁令救济和损害赔偿救济。

第三节 标准必要专利的禁令救济

一、FRAND 承诺下的标准必要专利禁令救济

(一) 标准必要专利侵权案件中的侵权认定

相对于普通专利而言,标准必要专利更为特殊。由于实施相关标准者在技术上不得不实施标准必要专利,[1] 法院在被告实施相关标准的情形即可认定其行为构成专利侵权。另一方面,由于专利权人在将其专利纳入技术标准时会作出承诺,以公平、合理、无歧视的原则或免费许可等方式许可实施人实施其专利。因此,标准必要专利侵权案件有别于普通专利侵权案件:专利纳入技术标准且该标准被广泛使用后使得该专利具有了"锁定效应",并具备一定的公共利益属性;标准必要专利侵权纠纷不但涉及案件原、被告双方当事人利益,还涉及实施相关标准的众多案外人的利益,因此具有一定的公共利益属性;此外,专利权利效力上承载专利权人作出的不可撤销承诺对专利权利的行使产生一定的拘束力。故而,标准必要专利侵权案件的审理具有其特殊性,有其独特的审理思路。[2] 在此前提下,当实施人提出异议,认为涉案专利并非标准必要专利,或没有全面覆盖标准的,人民法院应当对此进行认定。[3]

---

[1] ETSI (European Telecommunications Standards Institute) Intellectual Property Rights Policy §15.6.
[2] "诺基亚公司与华勤公司侵害发明专利权纠纷案",上海市高级人民法院(2017)沪民终 91 号民事判决书;"索尼中国公司与西电捷通公司侵害发明专利权纠纷案",北京市高级人民法院(2017)京民终 454 号民事判决书。
[3] 北京市高级人民法院(2017)京民终 454 号民事判决书。

与普通专利侵权纠纷只涉及专利技术方案和被控侵权技术方案的比对不同,标准必要专利纠纷案件涉及对涉案专利、被控侵权产品和相关标准这三方技术方案之间的比对,法院往往需对被控侵权产品所实施的技术方案是否落入涉案专利的技术方案的保护范围、被控侵权产品所实施的技术方案是否符合采用了相关标准中的技术方案、相关标准是否采用了涉案专利的技术方案等问题进行审查认定。基于个案情况不同,在审理过程中,法院应当根据案件具体情况选择适当的技术方案比对方法来查明事实。①

广州知识产权法院在2016年审理"曾庆义与绿苑公司、中建二局侵害发明专利权纠纷案"时,支持了原告曾庆义提出的涉案专利并非标准必要专利的主张,法院认为,"由于本案专利权利要求3中的技术特征'连接孔内壁上设有与所述锚杆杆体上的螺纹匹配、以螺纹方式安装在所述锚杆杆体上的内螺纹'没有体现在《技术规程》中,故不能认定按《技术规程》所述行业标准进行工程施工必然需要实施本案发明专利权利要求3及权利要求9(援引权利要求3)的技术方案"。②

上海市高级人民法院在2019年10月审理"诺基亚公司与华勤公司侵害发明专利权纠纷案"时认为,"鉴于在中国大陆市场销售的符合GPRS标准的手机,须通过入网与认证测试,因此虽然涉案YD/T1214-2006标准为推荐性标准,但鉴于本案双方当事人均认可上述标准内容适用于被控侵权手机,因此,本院认为一审鉴定机构所采用的比对方法科学合理,且于法不悖,即先假设被控侵权产品符合YD/T1214-2006标准的配套YD/T1215-2006测试标准,然后提取其产品相关技术特征与涉案专利权利人所主张的权利要求4之技术特征进行比对,如果两者不相同且不等同,则无须对被控侵权手机搭建测试平台进行进一步测试,也无须进一步判断涉案专利是否属于标准必要专利;但如果被控侵权产品的技术特征覆盖了专利权利要求4之全部技术特征,则需根据YD/T1215-2006测试标准及其引用的3GPPTS51.010-1标准搭建测试平台对被控侵权产品进行测试,以判断被控侵权产品的技术特征与YD/T1214-2006标准是否一致"。③

上海市高级人民法院在2019年12月审理"诺基亚公司与华勤公司侵害发明专利权纠纷案"时认为,"本案中,鉴于在中国大陆市场销售的符合GPRS标准的手机,需通过入网与认证测试,因此虽然涉案GPRS标准及相关配套标准均为中国邮电通信行业推荐性标准,但由于双方当事人均同意将符合涉案GPRS标准的移动终端之技术特征作为比对对象,与涉案专利权利要求30之技术方案进行侵权比对,故可先将两者进行比对;如两者既不相同也不等同,则无须再对被控侵权手机是否采用了相关通信标准、被控侵权手机与涉案专利之相应技术特征是否相同或等同进行认定"。据此,该法院认为,"因符合涉案GPRS标准的移动终端之技术特征未覆盖涉案专利权利要求30之全部技术特征,故而对于上诉人主张因被上诉人制造和销售的手机应当符合中国通信标准,而该标准采用的技术手段与涉案专利相对应,故被上诉人制造和销售的手机侵犯了涉案专利权之上诉理由,本院认为,根据专利侵权判定技术特征全面覆盖的认定原则,符合涉案GPRS标准的移动终端并未落入涉案专利权利要求30之技术方案的保护范围;即便被上诉人制造和销售的手机符合涉案GPRS标准,也无法证明被控侵权产品的相应技术特征落入涉案专利权利要求30之保护范围。因此,上诉人请求确认被控侵权产品侵犯

---

① "诺基亚公司与华勤公司侵害发明专利权纠纷案",上海市高级人民法院(2015)沪高民三(知)终字第87号民事判决书;"诺基亚公司与华勤公司侵害发明专利权纠纷案",上海市高级人民法院(2017)沪民终91号民事判决书。
② 广州知识产权法院(2016)粤73民初1926号民事判决书。
③ 上海市高级人民法院(2015)沪高民三(知)终字第87号民事判决书。

了涉案专利权之上诉请求,缺乏事实和法律依据,本法院不予支持"。①

(二) 标准必要专利与普通专利禁令救济规制的相同之处

标准必要专利相对于普通专利的特殊性,并不足以让法院对这种专利采用不同于普通专利的救济规则。在标准必要专利侵权案件中,原告可以像普通专利侵权案件中的原告那样请求法院责令被告停止侵权。例如,最高人民法院在2012年再审"张晶廷与子牙河公司、华泽公司侵害发明专利权纠纷案"时指出,"本案2006年规程为推荐性标准,张晶廷履行了专利披露义务,在被诉侵权施工方法所依据的2006年规程前言部分明确记载有识别的专利技术和专利权人的联系方式。该规程的实施者不能从中推断出,2006年规程不包含专利技术或者专利权人向公众开放了免费的专利使用许可的意图。实施该标准,应当取得专利权人的许可,根据公平、合理、无歧视的原则,支付许可费。在未经专利权人许可使用,拒绝支付许可费的情况下,原则上,专利侵权救济不应当受到限制。本案不存在专利权人隐瞒专利的行为导致标准的实施者产生该技术为无需付费的公知技术的信赖"。②

在责令停止侵权的条件方面,标准必要专利与普通专利大致相同:法院都应当考虑被告的行为是否构成专利侵权、责令被告停止侵权行为是否损害社会公共利益等因素。例如,山东省高级人民法院在2018年审理"胡小泉、朱江蓉因与惠诺药业侵害发明专利权纠纷案"时指出,"使用涉案国家药品标准必要专利检测的'肝素钠封管注射液'药品并非专用于治疗某种疾病或治疗中必不可少的药物,且有其他方法可以替代,目前生产'肝素钠封管注射液'的药企也并非只有惠诺药业一家,故停止使用涉案国家药品标准并不会直接损害社会公众的身体健康,从而损害公共利益。而且,若不制止惠诺药业使用涉案专利方法检测的涉案药品的销售,将导致惠诺药业使用涉案专利方法的侵权后果不受法律规制,其仍可通过销售已经使用涉案专利检测方法检测的涉案药品获得侵权利益,不符合《专利法》的立法本意"。③

(三) FRAND承诺对"难以弥补的损害"认定的影响

专利权人参与标准制定时,标准制定组织为了防止专利权人对标准必要专利收取远高于该专利发明本身价值的使用费,会在选定标准必要专利之前要求专利权人作出以公平、合理、无歧视(FRAND)的条件授权许可第三方实施相关专利的承诺,这是专利权人与相关标准实施者在订立专利许可协议时必须遵守的义务。④ 基于标准必要专利权人的FRAND承诺,任何相关标准实施者都能够期待专利权人以FRAND条件授权许可他实施标准必要专利。在《民法典》颁行以前,虽然我国法律并不像美国那样承认专利权人向标准制定组织作出的FRAND承诺是第三人即标准实施者有独立请求权的为第三人利益合同,⑤但是,这种FRAND承诺仍然属于我国《合同

---

① 上海市高级人民法院(2017)沪民终91号民事判决书。
② 最高人民法院(2012)民提字第125号民事判决书。类似案件如"建华公司三和公司侵害发明专利权纠纷案",湖北省武汉市中级人民法院(2018)鄂01民初94号民事判决书。
③ 山东省高级人民法院(2018)鲁民终870号民事判决书,本案为"2018年山东法院十大知识产权案件之六"。
④ Eric E. Bensen, Bensen on Patent Licensing Transactions §2A.01 (Matthew Bender, 2020).
⑤ Microsoft Corp v. Motorola Inc., 2012 U.S. Dist. LEXIS 170587 (W.D. Wash., Nov. 6, 2013).

法》规定的通知、诚信缔约等先合同义务。①《民法典》第 522 条第 2 款在"向第三人履行合同"规则之外,新增了第三人有独立请求权的为第三人利益合同(即利他合同)规则②:"法律规定或者当事人约定第三人可以直接请求债务人向其履行债务,第三人未在合理期限内明确拒绝,债务人未向第三人履行债务或者履行债务不符合约定的,第三人可以请求债务人承担违约责任;债务人对债权人的抗辩,可以向第三人主张。"据此,FRAND 承诺在我国也是专利权人与标准制定组织订立的第三人即标准实施者有独立请求权的为第三人利益合同。

在普通专利侵权案件中,虽然专利权人愿意授权许可他人实施其专利这一事实本身尚不足以表明专利权人并未遭受"难以弥补的损害",但是,这能够影响法院对"难以弥补的损害"的分析。③ 相应地,在标准必要专利侵权案件中,专利权人在参与标准制定时作出的愿意授权许可任意第三方实施相关专利的 FRAND 承诺,表明他默认 FRAND 使用费即足以弥补他人对相关专利的实施;④在专利权人基于 FRAND 承诺对外作出大量授权许可的情形,又有人实施了相关专利这一事实,并不表明专利权人遭受了"难以弥补的损害"。⑤

有鉴于此,在标准必要专利侵权案件中,为了判断原告是否会遭受"难以弥补的损害",应当考虑双方当事人在订立许可协议过程中是否存在过错,从而导致他们未能订立许可协议。一方面,如果原告在订立许可协议时履行了相应的通知、FRAND 许可义务,而被告不合理地拖延谈判、拒绝符合 FRAND 条件的使用费等恶意磋商,则挫败了原告对于被告以 FRAND 使用费而非禁令救济弥补原告损失的合理期待,法院应当责令被告停止侵权;另一方面,如果原告在订立许可协议时未能履行相应的通知、FRAND 许可义务,而被告及时地进行谈判、愿意接受符合 FRAND 条件的使用费、有能力支付相应使用费,则应当保护被告对于其以 FRAND 使用费弥补原告损失的合理期待,法院不应当责令被告停止侵权,而应当判令被告向原告支付 FRAND 使用费。

(四)标准必要专利禁令救济对竞争秩序的影响

专利权人向法院提起诉讼以请求法院责令侵权人停止侵权,属于请求法院保护专利法赋予他的排他性专用权的行为,一般而言这并不违法。但是,如果专利权人寻求禁令救济是其从事排除、限制竞争的非法垄断行为(垄断协议、滥用市场支配地位)⑥的一部分,那么,专利权人寻求禁

---

① 参见韩世远:《合同法总论》(第四版),法律出版社 2018 年版,第 172—184 页;刘春霖、孙路瑶:《FRAND 承诺域外法律实践及其对我国的启示》,载《河北科技大学学报(社会科学版)》2019 年第 3 期。

② 参见王利明主编:《中国民法典释评·合同通则编》,中国人民大学出版社 2020 年版;朱广新、谢鸿飞主编:《民法典评注·合同编·通则 1》,中国法制出版社 2020 年版,"第五百二十二条",第 472—483 页。

③ Nichia Corp. v. Everlight Americas, Inc., 855 F.3d 1328 (Fed. Cir. 2017), in Donald S. Chisum, Patent Law Digest 6100:1114.20.

④ Apple Inc. v. Motorola, Inc., 869 F.Supp.2d 901 (N.D. Illinois, 2012), aff'd in Apple Inc. v. Motorola, Inc., 757 F.3d 1286 (Fed. Cir. 2014).

⑤ Apple Inc. v. Motorola, Inc., 757 F.3d 1286 (Fed. Cir. 2014).

⑥ 我国《反垄断法》第 3 条规定,"本法规定的垄断行为包括:(1)经营者达成垄断协议;(2)经营者滥用市场支配地位;(3)具有或者可能具有排除、限制竞争效果的经营者集中"。依据《反垄断法》第 13 条、第 14 条的规定,垄断协议分为横向垄断协议和纵向垄断协议,横向垄断协议可细分为:固定或变更价格协议(价格卡特尔)、限制数量协议(数量卡特尔)、分割市场协议(地域卡特尔)、限制购买或开发新技术、新产品协议(限制创新协议)、联合抵制协议;纵向垄断协议可细分为:固定转售价格协议、限制最低转售价格协议以及选择性销售协议、纵向地域限制协议、纵向客户限制协议等其他纵向垄断协议。依据《反垄断法》第 17 条的规定,滥用市场支配地位行为可分为:不公平的垄断性定价行为(过高定价行为)、掠夺性定价行为、附条件交易行为(搭售行为、附加其他不合理的交易条件)、拒绝交易行为、限定交易行为、歧视性待遇行为。

令救济的行为即有悖反垄断法。① 这不仅适用于普通专利禁令救济,而且适用于标准必要专利禁令救济。在2013年的"华为公司与交互数字公司(IDC)滥用市场支配地位纠纷案"中,深圳市中级人民法院在一审时认为:交互数字公司在双方许可谈判阶段,无视FRAND许可义务和华为公司的善意,在美国针对华为公司提起必要专利禁令之诉,目的在于逼迫华为公司接受过高专利许可交易条件。这在性质上不属于拒绝交易行为,而属于逼迫华为公司接受过高专利许可交易条件之手段的行为,会对华为公司出口产品的行为产生排除、限制性影响。故而交互数字公司在美国提起必要专利禁令之诉的行为明显违背其应负担的FRAND义务,属于滥用市场支配地位的行为,受我国《反垄断法》约束。广东省高级人民法院维持一审判决,该法院指出,"交互数字公司不履行其公平、合理、无歧视的授权许可义务,无视华为公司在许可谈判过程中的诚意和善意,不仅不合理调整相关报价,反而在美国提起必要专利禁令之诉,表面上是在行使合法诉讼手段,实际上却意图通过诉讼手段威胁强迫华为公司接受过高的专利许可条件,逼迫华为公司就必要专利之外的因素支付相应对价,故该行为不具有正当性,应予否定"。②

专利权人在参与标准制定时故意不披露相关专利或者作出FRAND许可的虚假承诺,而在标准制定组织将其技术纳入标准后寻求禁令救济的行为,同样可能造成排除上游替代性技术的后果。由于美国反垄断政策强调社会总体福利,欧盟竞争法则更为关注消费者福利,二者对此持不同态度:

一方面,虽然在2007年的Broadcom v. Qualcomm案中,联邦第三巡回法院认为这种行为是可予起诉的限制竞争行为,但是,自哥伦比亚特区巡回法院在2008年作出Rambus v. FTC案判决后,美国大多数联邦地区法院都认为,标准制定组织在专利权人未从事欺骗行为时即不会采用相关技术的情形,这种行为会产生危害竞争的后果;相反,标准制定组织不论专利权人是否披露相关专利都会将其相关技术纳入标准的情形,欺骗行为仅仅让专利权人免于价格约束而能够收取更高的使用费,这不会妨碍竞争对手而危害竞争。③

另一方面,欧盟法院在2015年审理Huawei v.ZTE案时认为:对于那些有意愿接受FRAND条件的标准实施者,具有市场支配地位的专利权人拒绝以FRAND条件授权许可他们使用其专利而提起诉讼寻求禁令救济,属于滥用市场支配地位的行为。只有在专利权人将相关专利信息和侵权方式告知被控侵权人,且其在后者愿意以FRAND条件订立许可协议后向其提供载明使用费及其计算方式的FRAND书面要约,而被控侵权人没有遵循行业惯例和诚信原则及时地回应该要约的情形,专利权人提起诉讼寻求禁令救济才不构成滥用市场支配地位。④ 欧盟委员会在2009年的Rambus案、2014年的Samsung案和Motorola案中认为,专利权人故意不披露相关专利或者作出虚假承诺,而对于那些有意

---

① William C. Holmes, Intellectual Property and Antitrust Law § 38:1 (Westlaw, 2020).
② 广东省高级人民法院(2013)粤高法民三终字第306号民事判决书。
③ See Alan Devlin, *Antitrust and Patent Law*, Oxford University Press, 2016, pp.312-315.
④ 该案中,欧盟法院针对德国杜塞尔多夫地方法院所提出的解释《欧盟运行条约》第102条的先行裁决请求,确定了比德国"橙皮书标准案"更为宽松的标准必要专利权人拒绝许可构成滥用市场支配地位的条件。德国联邦最高法院在审理"橙皮书标准案"时认为,申请禁令的专利权人仅在满足以下条件时构成滥用支配地位:(1)被告必须向申请人发出无附加条件的许可要约,这个要约必须高到申请人拒绝要约即不公平地妨碍被告或者违反非歧视性原则、从而违反竞争法的程度,且被告提出的要约不能以专利有效或者可证明实际存在专利侵权为条件;(2)被告必须预期履行其合同义务,向原告提供用于查询原告专利使用、收益情况的财务账单,事先审慎地判断原告可能要求的专利许可费、在合理期限内准备足额的专利使用费,将使用费交付存于法院的专门托管账户。See Alan Devlin, Antitrust and Patent Law, pp.325-326;参见马一德主编:《FRAND案例精选》(第二卷),科学出版社2018年版,第24—35页。

愿接受 FRAND 条件的标准实施者提起禁令之诉,属于违反欧盟竞争法的滥用市场支配地位行为。① 此外,欧盟委员会在 2012 年的 Google 收购 Motorola 案中指出,专利权人出于提高专利使用费、迫使被许可人向其提出非标准必要专利的交叉许可、将竞争对手排挤出市场等目的,而对诚信的被许可人提起禁令之诉的行为,构成相应的不公平定价、排斥性滥用等滥用市场支配地位行为。②

在标准必要专利侵权案件中,我国法院裁量是否判令被告停止侵权时,主要考虑双方当事人是否存在缔约过错而导致他们未能订立专利许可协议。这仍属于专利法和侵权责任法的视角,并不涉及竞争法的问题。③ 如果专利权人提起禁令之诉的行为属于其实施非法垄断行为的辅助手段或者一部分,被告当然可以另案对专利权人提起反垄断诉讼或者请求反垄断主管机关予以调查。但是,法院在标准必要专利侵权案件中裁量是否判令被告停止侵权时,为了认定责令停止侵权是否损害社会公共利益这个因素,并没有考虑自由竞争利益这个公共利益。

二、我国的标准必要专利禁令救济规则

(一) 关于标准必要专利禁令救济的司法解释规定

《最高人民法院关于审理侵犯专利权纠纷案件应用法律若干问题的解释(二)》第 24 条第 2 款规定,"推荐性国家、行业或者地方标准明示所涉必要专利的信息,专利权人、被诉侵权人协商该专利的实施许可条件时,专利权人故意违反其在标准制定中承诺的公平、合理、无歧视的许可义务,导致无法达成专利实施许可合同,且被诉侵权人在协商中无明显过错的,对于权利人请求停止标准实施行为的主张,人民法院一般不予支持"。

在普通专利侵权案件中,我国法院在认定被告的行为构成专利侵权后,即推定原告遭受了"难以弥补的损害",一般都会责令被告停止侵权行为。但是,在标准必要专利侵权案件中,由于原告在参与标准制定时作出了 FRAND 承诺,我国法院在被告实施了相关标准即从事了专利侵权行为之后,并未推定原告遭受了"难以弥补的损害",而是考虑双方当事人在订立许可协议过程中是否存在过错而导致他们未能订立许可协议,以确定是否能够合理期待以 FRAND 使用费而非禁令救济弥补原告遭受的损失。这种双方当事人在缔约过程中的过错,不同于关乎侵权损害赔偿责任认定的被告从事侵权行为时的主观过错,④影响了法院对客观上是否存在以 FRAND

---

① See Alan Devlin, Antitrust and Patent Law, pp. 327-330.
② See Alan Devlin, Antitrust and Patent Law, pp. 330-332.
③ 《统一细化专利侵权裁判标准,营造有利于创新的法治环境——最高人民法院民三庭负责人就专利法司法解释(二)答记者问》。
④ 最高人民法院民三庭负责人在《统一细化专利侵权裁判标准,营造有利于创新的法治环境——最高人民法院民三庭负责人就专利法司法解释(二)答记者问》中指出,在标准必要专利侵权案件中,被诉侵权人以实施标准为由主张不停止实施行为的抗辩是否成立,取决于标准实施人的主观状态,即其对标准所涉专利的知悉程度,而该知悉程度则是由标准对专利信息的披露决定的。因此,《最高人民法院关于审理侵犯专利权纠纷案件应用法律若干问题的解释(二)》第 24 条在专利信息披露背景下探究当事人的主观过错,进而确定是否判令停止标准实施行为以及民事责任的承担,这仍属于专利法和侵权责任法的视角,并不涉及竞争法的问题。然而,在专利侵权案件中,被告从事侵权行为时主观过错的有无和程度大小并不影响侵权行为的认定,而仅仅关乎侵权损害赔偿责任的认定。北京知识产权法院在 2018 年审理"飞天诚信公司诉信安世纪公司、信安珈珈公司侵害发明专利权纠纷案"时指出,"停止侵犯专利权的民事责任,是一种严格责任,除非法律另有规定,不以侵权人的主观过错为要件,即不论侵权人主观上存在故意还是过失,不论其是否知道或者应当知道专利权的存在,只要其实施了专利法规定的侵犯专利权的行为,即构成侵权,应当承担停止侵权的民事责任"。参见北京知识产权法院(2015)京知民初字第 2453 号民事判决书。

使用费弥补原告遭受之损失的可能性的认定。

需要注意的是,上述司法解释仅适用于推荐性标准,而不适用于强制性标准。最高人民法院在再审"齐鲁公司与四环公司侵害发明专利权纠纷案"时指出,适用上述司法解释第24条第2款,"应同时满足以下要件:(1)涉案专利所涉标准系推荐性标准;(2)专利权人在标准制定过程中作出'公平、合理、无歧视'的承诺;(3)被诉侵权人无明显过错"。法院继而认为,"涉案药品涉及的最新国家标准以及齐鲁公司申报获得的涉案药品注册标准均为国家强制性标准。涉及药品管理和注册的现行法律、行政法规没有要求药品专利权人在配合制定国家药品标准时对药品专利的许可使用作出'公平、合理、无歧视'承诺,本案也没有证据证明四环公司在与涉案专利有关的国家药品标准的制定过程中针对涉案专利的许可使用作出过'公平、合理、无歧视'承诺。综上,一、二审判决关于本案不适用'公平、合理、无歧视'原则的认定结论并无不当"。[①]

(二)关于标准必要专利禁令救济的地方司法文件规定

北京市高级人民法院2017年4月发布的《专利侵权判定指南(2017)》明确规定了当事人进行标准必要专利许可谈判应当遵循的原则以及双方负有的义务。该文件第150条规定,"在标准必要专利的许可谈判中,谈判双方应本着诚实信用的原则进行许可谈判。作出公平、合理和无歧视许可声明的专利权人应履行该声明下所负担的相关义务;请求专利权人以公平、合理和无歧视条件进行许可的被诉侵权人也应以诚实信用的原则积极进行协商以获得许可"。[②] 相对于《最高人民法院关于审理侵犯专利权纠纷案件应用法律若干问题的解释(二)》而言,该文件作出了下列延伸和细化:

其一,扩张了司法解释第24条的适用范围。该文件第149条第1款将司法解释第24条的适用范围从推荐性国家、行业或者地方标准扩张到了国际标准组织或其他标准制定组织制定的标准。

其二,对法院在双方当事人进行许可谈判时均无过错或者均有过错的情形是否应当责令被告停止侵权这两个问题作出了规定。该文件第152条第1款规定,"没有证据证明标准必要专利的专利权人故意违反公平、合理、无歧视的许可义务,且被诉侵权人在标准必要专利的实施许可协商中也没有明显过错的,如被诉侵权人及时向人民法院提交其所主张的许可费或提供不低于该金额的担保,对于专利权人请求停止标准实施行为的主张一般不予支持"。该文件第153条

[①] 最高人民法院(2017)最高法民申4107号民事裁定书。
[②] 可资参考者,深圳市科技创新委员会在2017年3月发布的《深圳经济特区加强知识产权保护工作若干规定(修订稿)》第28条规定:(1)标准必要专利权人应当按照公平、合理、无歧视的许可条件进行专利许可;公平、合理和无歧视的许可条件应当体现专利权人对标准的实际贡献、行业合理利润、许可历史及范围等。(2)标准必要专利权人适当履行本条第1款所述义务的要求包括:向标准实施人提出书面警告,列明被侵权专利及被侵权的方式、列明标准必要专利与标准的对应关系、列明标准必要专利与被控侵权产品的对应关系;在标准实施人表达公平、合理、无歧视许可意愿后向标准实施人提出具体明确的书面要约,列明许可范围、许可费及计算方式、列明许可历史。(3)标准实施人适当履行本条第1款所述义务的要求包括:遵循行业惯例、勤勉及时而不拖延地进行许可谈判,对专利对应性、许可范围、许可费计算方式等实质性许可条件作出实质性回应;不同意标准必要专利权人书面要约的,应当提出具体明确的书面反要约。(4)标准必要专利权人适当履行了本条第1款所述义务,仍无法达成公平、合理和无歧视的许可协议且已经给专利权人造成难以弥补的损害,而主张标准实施人停止侵权的,在侵权成立且不影响公共利益的情况下,人民法院应予支持。标准实施人适当履行了本条第1款所述义务,仍无法达成公平、合理和无歧视的许可协议,而主张不停止标准实施行为的,人民法院应予支持。

第 1 款规定,"专利权人未履行公平、合理和无歧视的许可义务,但被诉侵权人在协商中也存在明显过错的,应在分析双方当事人的过错程度,并判断许可协商中断的承担主要责任一方之后,再确定是否应支持专利权人请求停止标准实施行为的主张"。

其三,明确了过错的举证责任分配。《最高人民法院关于适用〈中华人民共和国民事诉讼法〉的解释》第 90 条第 1 款规定,"当事人对自己提出的诉讼请求所依据的事实或者反驳对方诉讼请求所依据的事实,应当提供证据加以证明,但法律另有规定的除外"。据此,除法律另有规定外,标准必要专利侵权案件中的一方当事人主张另一方当事人在许可谈判时存在过错的,负有相应的证明责任。但是,对于专利权人在标准制定中承诺的 FRAND 许可义务的具体内容而言,相关信息在专利权人处,故而专利权人的举证成本更低。因此,该文件第 151 条规定,"专利权人在标准制定中承诺的公平、合理、无歧视许可义务的具体内容,由专利权人承担举证责任。专利权人可以提交以下证据予以证明:(1)专利权人向相关标准化组织提交的许可声明文件和专利信息披露文件;(2)相关标准化组织的专利政策文件;(3)专利权人作出并公开的许可承诺"。

其四,双方当事人过错的认定。依据该文件第 152 条第 2 款的规定,有下列情况之一的,可以认定专利权人故意违反公平、合理、无歧视的许可义务:(1)未以书面形式通知被诉侵权人侵犯专利权,且未列明侵犯专利权的范围和具体侵权方式;(2)在被诉侵权人明确表达接受专利许可协商的意愿后,未按商业惯例和交易习惯以书面形式向被诉侵权人提供专利信息或提供具体许可条件的;(3)未向被诉侵权人提出符合商业惯例和交易习惯的答复期限;(4)在协商实施许可条件过程中,无合理理由而阻碍或中断许可协商;(5)在协商实施许可过程中主张明显不合理的条件,导致无法达成专利实施许可合同;(6)专利权人在许可协商中有其他明显过错行为的。依据该文件第 153 条第 2 款的规定,有下列行为之一的,可以认定被诉侵权人在标准必要专利许可协商过程中存在明显过错:(1)收到专利权人的书面侵权通知后,未在合理时间内积极答复的;(2)收到专利权人的书面许可条件后,未在合理时间内积极回复是否接受专利权人提出的许可条件,或在拒绝接受专利权人提出的许可条件时未提出新的许可条件建议的;(3)无合理理由而阻碍、拖延或拒绝参与许可协商的;(4)在协商实施许可条件过程中主张明显不合理的条件,导致无法达成专利实施许可合同;(5)被诉侵权人在许可协商中有其他明显过错行为的。

(三)典型案例

1."华为与三星侵害发明专利权纠纷系列案"[①]

广东省深圳市中级人民法院在 2016 年一审审理"华为与三星侵害发明专利权纠纷系列案"时认为,从双方当事人标准必要专利交叉许可谈判的程序和实体这两方面分析,被告三星在进行许可谈判时存在明显过错,违反了 FRAND 原则,原告华为则没有明显过错,没有违反 FRAND 原则。[②]据此,该法院判令三星立即停止侵权。一审判决作出后,美国加利福尼亚北区法院作出禁诉令裁定,要求华为不得在美国法院裁决双方案件前申请执行该两案一审判决。广东省高级人民法院在 2018 年二审审理该两案期间,促成双方签订全球交叉许可协议,双方同意各自撤回全球诉讼,美国法院所作禁诉令因此一并失效。在此基础上,二审法院又说服各方当事人就该两案

---

①② 广东省深圳市中级人民法院(2016)粤 03 民初 816 号、840 号民事判决书。

达成调解,保留了一审判决所确立的标准必要专利禁令救济规则,对今后类似纠纷有指引作用。① 本案一审判决分清了双方在谈判过程中的过错,为二审成功调解,促成双方达成标准必要专利交叉许可协议,打下了扎实的基础。② 一审判决对双方当事人在许可谈判时是否存在明显过错的具体分析如下。

其一,在许可谈判的程序方面,三星存在明显过错的理由包括:(1)在许可谈判的范围、前提条件方面,坚持将标准必要专利、非标准必要专利打包捆绑谈判,拒绝仅就标准必要专利进行交叉许可谈判,从而导致双方之间的许可谈判被严重拖延;(2)在技术谈判方面,始终未对华为提交的标准必要专利权利要求对照表进行积极回应,从而导致双方之间的许可谈判被严重拖延;(3)在报价方面消极懈怠,既不积极单方向华为报价,也不积极针对华为的报价进行反报价,这说明三星存在恶意拖延谈判的主观过错;(4)从双方谈判过程来看,华为按照谈判惯例,试图通过中立第三方仲裁的方法来促成双方达成标准必要专利交叉许可,三星无正当理由拒绝,这说明三星存在恶意拖延谈判的主观过错;(5)从法院组织双方进行许可谈判的过程来看,三星方没有提出实质性调解方案,明显恶意拖延谈判,在主观上有过错。

相反,华为没有明显过错的理由为:三星首先向华为提出谈判的意思表示后,华为积极予以回应。而且,华为为了促成双方达成标准必要专利交叉许可协议,进行了积极努力,其做法符合标准必要专利交叉许可谈判争议解决的国际惯例。这具体表现为:(1)在许可谈判的范围方面,华为向三星明确提出双方交叉许可谈判的范围仅限于双方的标准必要专利,这符合业界惯例;(2)在技术谈判方面,华为按照约定,将其相关标准必要专利清单和权利要求对照表发给三星,并及时对三星的权利要求对照表发表书面评价意见并发送给三星;(3)在报价方面,华为从双方开始谈判到华为在法院起诉三星前,华为根据自己标准必要专利的实力,分别向三星总共提出了六次标准必要专利的许可报价;(4)在双方长达5年的谈判仍不能达成交叉许可协议的情况下,华为在提起诉讼3个月后向三星明确提出了要求将双方之间的争议交由中立的仲裁机构进行解决的意思表示,同时附上完整的仲裁协议条款,并表示如果三星与华为达成仲裁解决争议的约定,华为将撤回对三星的禁令之诉;(5)在法院组织华为与三星进行调解期间,华为在法院规定的40日内,及时给出了其标准必要专利的许可报价。同时,在三星对其标准必要专利报价给出非实质性回应后,对三星的报价及时给予回复,没有任何拖延。另外,虽然华为在与三星谈判的过程中,将从夏普收购的专利亦包含在对三星许可的范围之内,华为在向三星表述其收购了夏普多少族专利的过程中存在着模糊之处,这给双方的谈判在一定范围内带来了不利影响,这表明华为存在一定过错,但是,华为事后向三星澄清了从夏普收购专利族数的事实。因此,华为的该过错并没有给双方谈判的整体进程带来重大影响,该行为不属于许可谈判中的明显过错,华为没有违反FRAND原则。

其二,在许可谈判的实体方面,华为向三星提出的专利许可费报价没有明显违反FRAND原则,其主观上没有明显过错,三星则明显违反了FRAND原则,其主观上存在明显过错。具体分析如下:

---

① 广东省高级人民法院发布2019年度广东省知识产权审判十大案件之一:"华为公司诉三星中国公司等侵害发明专利权纠纷案",深圳市中级人民法院(2016)粤03民初816、840号(一审),广东省高级人民法院(2018)粤民终307、308号(二审)。
② 深圳市中级人民法院发布2019年度深圳市知识产权十大案例之二:"华为诉三星侵害发明专利权纠纷案"。

首先,根据双方提交的证据,判断华为和三星所拥有的标准必要专利的实力。法院认为,从双方专利被 3GPP 国际标准组织采纳的 4G/LET 获批提案数、在 ETSI 声明的 3G/UMTS、4G/LET 标准必要专利的数量、第三方报告将上述声明专利评估为标准必要专利的数量、双方拥有的涉案专利在本院互诉标准必要专利侵权案件的过程中被宣告无效的情况来看,华为与三星在全球所拥有的标准必要专利实力相当,其在中国所拥有的标准必要专利的实力强于三星。①

其次,在此基础上,判断双方根据自己所拥有的标准必要专利的实力向对方给出的许可费报价是否符合 FRAND 原则。法院认为,华为向三星给出的报价符合 FRAND 原则,理由包括:(1)华为在向三星报价时,围绕着市场主流移动通信标准,以其实力最强的 4G 标准必要专利或者以 4G 标准必要专利许可为主并包含 3G 标准必要专利许可的报价,符合业界惯例。(2)华为给三星的报价符合 FRAND 原则。华为作为标准必要专利权人给出的报价在法律性质上属于要约,华为在起诉三星前向三星提出的包括许可费率和每部手机的许可费的六次报价,是根据其全球范围内标准必要专利的实力、3G 和 4G 领域标准必要专利累积的许可费率、三星手机的市场销售信息等考量因素给出的报价。该报价不仅并未明显背离华为所拥有的标准必要专利的实力,还能够避免许可费率过高而超出该行业的正常利润水平,作为被要约人的三星仍有部分讨价、还价的余地和空间。(3)三星反驳华为的报价违反 FRAND 原则不成立。华为计算三星方所销售的 3G 和 4G 手机的价格,有比较可靠的市场信息。三星提交的 2014 年到 2016 年间其每台手机全球营业利润的数据报告表明各厂商获得的利润有高有低,而这都是其参与市场竞争的结果。各厂商能否获得利润,受其自身因素及各种市场因素的影响。各厂商所获得的手机利润本身已扣除包括知识产权许可使用费在内的成本因素。三星提交的上述证据所选取的营业利润期间有限,这既不能全面反映三星手机的全球营业利润情况,也不能反映专利许可使用费在手机销售收入中的占比以及许可使用费对于手机利润的影响。另一方面,为了保障标准必要专利制度健康运行,也要考虑使标准必要专利权人能够获得合理回报。故被告方提交的该证据,不能证明华为向三星提出的报价将可能使三星不能获得合理的营业利润。

相反,三星向华为给出的报价不符合 FRAND 原则,理由包括:(1)华为和三星在全球范围内的标准必要专利实力相当(没有明显差别)。而从三星在华为第五次报价时向华为提出的唯一一次报价来看,其向华为收取的许可费率是华为向其收取许可费率的三倍。同时,三星在全球范围内拥有的 3G/UMTS 标准必要专利的实力弱于其拥有的 4G/LTE 标准必要专利的实力,但三星向苹果公司提出的单方 UMTS 标准必要专利许可费率比其向华为给出的 3G、4G 标准必要专利许可费率高出若干倍。标准必要专利报价的费率与最终达成协议的费率可以有一定范围的差别,报价费率可以随谈判进程来相应调整,从而给许可谈判讨价还价留下空间,但报价费率不应严重背离标准必要专利的价值及双方标准必要专利的实力对比,三星的报价明显背离华为和三星所拥有的标准必要专利的实力,三星的报价明显不符合 FRAND 原则,三星在主观上存在恶

---

① 法院还指出,华为和三星以各自所拥有的全球范围内的标准必要专利的实力作为双方交叉许可谈判的基础,而三星提交的汤森路透报告是以美国专利和专利申请等数据信息为基础进行分析,该数据不能全面客观反映双方在全球范围内的 4G/LET 标准必要专利的实力;三星以被美国专利引用的数量来评价双方标准必要专利的实力,不能全面客观地评价双方所拥有的 3G、4G 标准必要专利的实力。此外,IDC(交互数字公司)作为专利非经营实体,其经营模式与华为、三星不同,同时,其标准必要专利实力与华为和三星相比明显较弱,不应当作为华为与三星标准必要专利许可的合理参照。参见广东省深圳市中级人民法院(2016)粤 03 民初 816 号、840 号民事判决书。

意。(2)从授权主体的特点、授权的标准必要专利的范围、地域范围等方面来看,三星比照华为诉 IDC 案判决所确定的费率进行报价,明显不合理。同时,华为已向三星表明愿意在仲裁保密程序的条件下拿出华为与 IDC 全球协议供三星参考。

2."索尼中国公司与西电捷通公司侵害发明专利权纠纷案"①

北京市高级人民法院在 2018 年审理"索尼中国公司与西电捷通公司侵害发明专利权纠纷案"时指出,"在标准必要专利的许可谈判中,谈判双方应本着诚实信用的原则进行许可谈判。作出公平、合理、无歧视许可声明的专利权人应履行该声明下所负担的相关义务;请求专利权人以公平、合理、无歧视条件进行许可的被诉侵权人也应以诚实信用的原则积极进行协商以获得许可。由于权利人在标准必要专利上作出公平、合理、无歧视许可声明,因此,标准必要专利侵权民事责任的承担应当考虑双方谈判的过程和实质条件,判断由哪一方为谈判破裂承担责任。当专利权人故意违反其在标准制定中承诺的公平、合理、无歧视许可义务,导致无法达成专利实施许可合同,且被诉侵权人在协商中无明显过错的,对于专利权人请求停止标准实施行为的主张一般不予支持。反之,当专利权人无明显过错,而被诉侵权人在协商中存在明显过错的,对于专利权人请求停止标准实施行为的主张一般应予支持。没有证据证明标准必要专利的专利权人故意违反公平、合理、无歧视许可义务,且被诉侵权人在标准必要专利的实施许可协商中也没有明显过错的,如被诉侵权人及时向人民法院提交其所主张的许可费或提供不低于该金额的担保,对于专利权人请求停止标准实施行为的主张一般不予支持。在双方均有过错的情况下,则应基于专利权人和实施人的过错大小平衡双方的利益,决定是否支持专利权人有关停止侵权的诉讼请求"。

法院继而认为,双方当事人在自 2009 年 3 月至 2015 年 3 月这长达 6 年的期间内迟迟未能进入正式的专利许可谈判程序,未能达成许可协议,索尼中国公司在谈判过程中具有明显过错,理由包括:(1)索尼中国公司要求西电捷通公司提交权利要求对照表并非合理。西电捷通公司在与索尼中国公司协商的过程中解释了 WAPI 相关技术、提供了专利清单和许可合同文本,而且表示"如果被许可方需要我们愿意提供任何合理的帮助"。在此基础上,索尼中国公司理应能够判断出被诉侵权产品在生产制造过程中是否实施了涉案专利,并非一定需要借助于西电捷通公司提供的权利要求对照表。(2)从 2014 年 12 月 4 日起,西电捷通公司同意在签署保密协议的前提下提供权利要求对照表,但索尼中国公司强调要求西电捷通公司在"没有保密协议的基础上提供权利要求对照表"。西电捷通公司为了推进谈判,对于签订保密协议提出多种解决方案,包括重新解释保密协议,简化延长保密协议的手续等,但索尼中国公司没有表现出相应推动谈判的诚意。需要特别指出的是,索尼中国公司在 2015 年 3 月 13 日明确表示"索尼移动在全面评估西电捷通主张的专利并认定该等专利具有合理价值前,不能与西电捷通进行任何商业谈判",从而置双方长达 6 年的谈判过程于不顾,充分体现出索尼中国公司要求西电捷通公司提供权利要求对照表只是一个拖延手段。(3)索尼中国公司在协商过程中反复提及"不认同其现在或者计划中的产品用到了 WAPI 专利""没有发现索尼移动需要获得西电捷通专利授权许可的理由""我们还没有识别出这些专利和我们的产品是相关的"等内容,但没有提供任何进一步的解释以及推动谈判的建议,明显具有拖延谈判的故意。(4)索尼中国公司与西电捷通公司在长达 6 年的时间内反复进行协商,西电捷通公司提供了专利清单及合同文本,但索尼中国公司以权利要求

---

① 北京市高级人民法院(2017)京民终 454 号民事判决书。

对照表和保密协议问题作为拖延手段,从而导致双方没有实质上进入技术谈判和商务谈判。即使在诉讼阶段,索尼中国公司也没有提出明确的许可条件,也未及时向人民法院提交其所主张的许可费或提供不低于该金额的担保,并没有表示出对许可谈判的诚意。

法院还认为,西电捷通公司在同意提供权利要求对比表的基础上要求签署保密协议是合理的,其在谈判过程中没有过错。原因在于:在信息通信领域商业惯例中,在正式的许可谈判之前,标准必要专利的实施人有权获得与专利权人主张的专利实施行为(或者侵权行为)相关的信息,包括涉案专利(或者专利清单)、实施专利的侵权产品、侵权产品与涉案专利、涉案标准的对应关系等,以便于作出侵权评估。甚至在某些情形下,专利权人还会向实施人提供详略程度不一的权利要求对照表,即侵权分析表。权利要求对照表往往包含着权利人对其专利权利要求、技术标准的解释和说明,涉及权利人核心机密,其内容较为敏感。根据实务中的通常做法,一般谈判过程中权利人都会在双方签订保密协议的前提下提供权利要求对照表。在此情形下,专利权人要求双方签署保密协议的主张具有合理性。

第十章 损害赔偿

第一节 损害赔偿的一般原理

一、专利侵权损害赔偿的制度目标

侵权损害赔偿制度的目的是填补专利权人因侵权行为而遭受的损害,使得专利权人回复到侵权行为未发生时的状态。在侵权责任的损害赔偿救济方面,损害填平原则是世界各国损害赔偿制度设计的最高指导原则。在专利权人因侵权行为遭受损害之后,对侵权人科以损害赔偿责任,填补受害人所遭受的实际损失,即实现了损害赔偿制度的目标。[①]《专利法》第71条第1款第1句规定的侵权得利、许可使用费合理倍数这两种侵权损害赔偿数额,是在实际损失难以确定时确定侵权损害赔偿数额的替代基准。《专利法》第71条第2款规定的法定赔偿额,在《专利法》第71条第1款第2句引入惩罚性赔偿制度之后,则在补充损害赔偿制度以外,不仅是在难以确定实际损失、侵权得利和许可使用费的情形对填补性赔偿即损害赔偿制度的补充,还是在无法以实际损失、侵权得利和许可使用费为基准确定惩罚性赔偿数额的情形作为计算惩罚性赔偿数额的兜底方式,因而兼具填补和惩罚的双重功能。[②]

侵权损害赔偿制度与侵权惩罚性赔偿制度已成为我国民商事法律中的两种主要侵权赔偿制度。损害赔偿制度作为填补性赔偿机制,其目的是填补专利权人因侵权行为而遭受的损害,使得专利权人回复到侵权行为未发生时的状态。惩罚性赔偿制度则属于填补性赔偿即损害赔偿制度以外的侵权赔偿救济制度,其目的不在于填平受害人所遭受的损害,而在于威慑侵权人和第三人、预防侵权人或者第三人将来实施侵权行为。

---

① 参见曾世雄:《损害赔偿法原理》,中国政法大学出版社2001年版,第7—8页;张广良:《知识产权侵权民事救济》,法律出版社2003年版,第77页;吴汉东:《知识产权侵权诉讼中的过错责任推定与赔偿数额认定——以举证责任规则为视角》,载《法学评论》2014年第5期。

② 参见来小鹏、刘自钦:《我国商标侵权惩罚性赔偿制度的理解和适用》,载"知产力"微信公众号,最后访问时间:2020年11月3日。

二、损害赔偿数额计算方法的顺位

专利损害赔偿的核心在于赔偿数额的确定。《专利法》第71条确定了专利侵权损害赔偿的四种计算方式,其具体适用顺序为:(1)侵犯专利权的赔偿数额按照权利人因被侵权所受到的实际损失确定;①(2)实际损失难以确定的,可以按照侵权人因侵权所获得的利益确定;②(3)若该专利权有过在先许可,参照该专利许可使用费的倍数合理确定;(4)在侵权得利和许可费合理倍数这两种实际损失替代基准难以确定的情形,采用法定赔偿这种补充性制度,亦即根据专利权的类型、侵权行为的性质和情节等因素,确定给予3万元以上500万元以下的法定赔偿。

关于专利损害赔偿的四种计算方式的适用,实际损失和侵权得利的确定必须满足特定条件才能进行,如侵权产品的数量、专利产品或侵权产品的单件利润等。合理使用费基准适用条件比较单一,仅需证明存在合理的在先许可费即可,若无法证明在先的专利许可费或在先许可费明显不合理,则只能采用法定赔偿的方式计算。③ 可见,权利人的损失和侵权人的非法获利的正确计算要求较高,参照许可费的计算方式的适用条件也比较高,而法定赔偿则几乎没有适用条件。要求参数较多的损害赔偿数额计算公式的精确度相对较高,由此可见法律制度和法律实践现实之间的距离。在我国司法实践中,四种不同的计算方式的适用情况则与精确度呈现负相关,因若当事人提供有证据所证明的计算所需参数不全,不足以适用前三种计算方式,此时即使当事人提供了大部分的所需参数,其在法律上的效果与提供少量参数或者根本未提供任何计算参数的做法相同,即只能按照几乎没有适用条件的法定赔偿方法计算侵权人的赔偿数额。④ 有研究分析了我国司法实践中的不同计算方法的具体适用比例,具体情况如表10-1所示。

表10-1 损害赔偿数额计算方式的适用情况⑤

计算方式	样本数量(件)	占样本比例	平均实际赔偿额(万元)	平均赔付率
实际损失	4	0.23%	426.54	87.51%

---

① 《最高人民法院关于审理专利纠纷案件适用法律问题的若干规定》第14条第1款规定:《专利法》第65条(即2020年《专利法》第71条)规定的权利人因被侵权所受到的实际损失可以根据专利权人的专利产品因侵权所造成销售量减少的总数乘以每件专利产品的合理利润所得之积计算。权利人销售量减少的总数难以确定的,侵权产品在市场上销售的总数乘以每件专利产品的合理利润所得之积可以视为权利人因被侵权所受到的实际损失。

② 《最高人民法院关于审理专利纠纷案件适用法律问题的若干规定》第14条第2款规定:《专利法》第65条(即2020年《专利法》第71条)规定的侵权人因侵权所获得的利益可以根据该侵权产品在市场上销售的总数乘以每件侵权产品的合理利润所得之积计算。侵权人因侵权所获得的利益一般按照侵权人的营业利润计算,对于完全以侵权为业的侵权人,可以按照销售利润计算。

③ 《最高人民法院关于审理专利纠纷案件适用法律问题的若干规定》第15条规定:权利人的损失或者侵权人获得的利益难以确定,有专利许可使用费可以参照的,人民法院可以根据专利权的类型、侵权行为的性质和情节、专利许可的性质、范围、时间等因素,参照该专利许可使用费的倍数合理确定赔偿数额;没有专利许可使用费可以参照或者专利许可使用费明显不合理的,人民法院可以根据专利权的类型、侵权行为的性质和情节等因素,依照《专利法》第65条(即2020年《专利法》第71条)第2款的规定确定赔偿数额。

④ 参见党晓林:《我国专利侵权损害赔偿数额计算方式之探讨》,载《知识产权》2017年第10期。

⑤ 参见吕凌锐:《专利侵权损害赔偿的实证研究》,载《电子知识产权》2016年第11期。作者在该文中用到的数据,来源于调查者通过北大法宝司法裁判数据库搜索到的我国法院在2012—2016年涉及专利损害赔偿的生效裁决共1 773件进行的归纳和总结。

续表

计算方式	样本数量（件）	占样本比例	平均实际赔偿额（万元）	平均赔付率
侵权获利	5	0.28%	48.62	25.89%
参照许可费	19	1.07%	6.53	58.78%
法定赔偿	1 745	98.42%	2.79	25.73%

专利损害赔偿数额的计算方法的适用，应严格按照专利损害赔偿的制度目标进行操作，由此可以探索到关于数额计算方法的顺位问题的根源所在，即所获取信息的充分性与精确性。法定赔偿的计算数额的方法在司法实践中占据较大比例，其根源在于举证责任人无法为其他三种计算方式提供充分的参数信息，以及法官无法建构符合专利损害赔偿制度目标的证据标准。专利侵权损害赔偿问题应回归民法损害赔偿基本理论与原则，而确定所失利润适用顺位优于侵权获利正是符合民事侵权赔偿中损害填平原则的规定。① 因此，应严格按照《专利法》第71条所规定的四种计算方法的顺位予以适用，如此可以在适用每一种赔偿数额计算方法中使得纠纷当事人最大限度地围绕填平原则进行充分举证，使其不能以无法提供相关参数证据为借口选择对另一方更不利的计算方法。同时，严格按照专利法所规定的赔偿数额计算方法的顺位，亦可促使法官对举证人提供的信息所达到的证明标准有更加充分的理解和认识，以利于诉讼程序中证明标准的建立。如此，当专利权人跳跃性地选择顺位在后的数额确定方式时，侵权行为人便有否定的理由，不至于使专利法的规定形同虚设。

可资参考者，美国《专利法》在坚持充分赔偿原则下，对专利损害赔偿的计算规定了两种方法：专利权人的利润损失（lost profit）和合理许可使用费（reasonable royalty）。② 一方面，专利权人的利润损失的计算公式为：利润损失＝专利产品销量减少造成的利润损失＋价格侵蚀损失＋未来利润损失。具体而言，销量减少造成的利润损失＝专利产品的销售额损失×不存在侵权时的专利权人净利润率；价格侵蚀损失＝（不存在侵权时的单位利润－专利产品因侵权产品竞争而降价的单位利润）×专利权人的产品销售量，在计算价格侵蚀时应当考虑专利产品的需求弹性；未来利润损失＝未来专利产品销量减少造成的利润损失＋未来价格侵蚀损失。③ 需要注意的是，美国法院在判断专利侵权行为与利润损失之间是否存在因果关系时，采用了Panduit标准，即专利权人必须证明以下事实：（1）存在专利产品的市场需求；（2）不存在可接受的非侵权替代；（3）专利权人有能力生产和销售专利产品以满足市场需求；（4）所示利润的数额。此后，美国法院又以"经济性"非侵权替代品理论、市场份额理论、"双供应商市场"理论对Panduit标准进行了修正。④

另一方面，关于合理许可费的计算，美国法院在司法实践中通过总结出的"假想谈判"理论来计算专利许可费，并在此基础上以许可费的倍数作为损害赔偿额。在具体许可费的确定上，美

---

① 参见国家知识产权局条法司编：《〈专利法〉第三次修改导读》，知识产权出版社2009年版，第82页。
② 35 U.S.Code. 284.
③ 参见黄武双、阮开欣、刘迪等：《美国专利损害赔偿：原理与判例》，法律出版社2017年版，第12—15页。
④ Panduit Corp. v. Stahlin Bros. Fibre Works, Inc., 575 F.2d 1152, 1156 (6th Cir. 1978)；参见黄武双、阮开欣、刘迪等：《美国专利损害赔偿：原理与判例》，法律出版社2017年版，第21—33页。

国地区法院在 Georgia-Pacific 案中提出了 15 个影响专利许可费用的因素。具体而言,Georgia-Pacific 因素包括:(1) 专利权人就许可他人使用涉案专利曾经收取的使用费,以证明或者有助于证明既定使用费;(2) 被许可人对类似于涉案专利的其他专利曾经支付的使用费;(3) 专利许可的性质和范围,亦即许可是独占许可还是非独占许可、许可是否限制了专利的实施地域或者制成产品的销售对象;(4) 许可人为了维护其专利垄断权而采取的以下既定政策和营销方案,即拒绝他人使用相关发明,或者以旨在专利垄断权的特定条件作出专利授权许可;(5) 许可人与被许可人之间的商业关系,比如,他们是否是同一行业内同一地域的竞争对手,他们是否为发明人和推销商;(6) 销售专利产品所产生的提升被许可人其他产品销量的效应;专利发明对于许可人而言具有的带动其非专利产品销量的现有价值;上述衍生或随附销售的数量;(7) 专利权的期限,许可协议的期限;(8) 专利产品的既有利润率;专利产品的商业成功情形;专利产品当前的普及程度;(9) 专利技术相对于能够产生类似效果的旧方法或者设备的功用和优势;(10) 专利发明的性质;许可人拥有和制造的专利发明商业载体的特征;专利为专利发明使用者所带来的效益;(11) 专利侵权人对相关发明的实施程度;任何能够证明该专利实施价值的证据;(12) 相对于整体专利产品利润或售价而言,实施专利发明或类似发明在特定行业或类似行业通常能够获得的利润或售价部分;(13) 相对于整体专利产品的可实现利润而言,应当归功于的专利发明而不是非专利部分、制造流程、商业风险、侵权人增加的重要特征或改进的可实现利润部分;(14) 合格专家的意见证词;(15) 在许可人(例如专利权人)与被许可人(例如侵权人)在侵权行为发生时都理性且自愿地试图达成协议的情形,他们可能会一致同意的使用费数额,亦即相关使用费数额不仅是一个想要获得制造和销售专利产品授权许可的审慎被许可人作为商业要约发出的其愿意作为使用费支付且其在支付后仍然能获得合理利润的数额,而且是一个愿意授权许可他人实施其专利的审慎专利权人可能会接受的数额。① 这些因素虽不能全部适用于每个具体案件中,但对法院在判决时确立一定的标准有较高参考价值。合理许可费与专利权人已经事实上向他人发出许可证的许可费不同,是一个由法官根据事实及证据自由裁量虚拟的数额。

上述两种具体方式的具体适用都需要充足的数据来支持,即通过证据来提供这些数据,且在法院在依据合理许可费方法时还会着眼于侵权人的非法获利,即考量非法获利中侵权人的贡献率。因此,美国法院针对专利损害赔偿数额的计算不会将两种方法的顺位置于问题的核心位置,其所追求的目标是每一种计算方法的精确度。

三、关于专利侵权损害赔偿数额的证明

虽然我国《专利法》规定了多种专利损害赔偿计算方法,但是司法实践中损害赔偿困难的问题依然无法得到有效解决。相关的司法报告指出,专利侵权损害赔偿数额认定的问题主要表现为损害赔偿数额认定困难、赔偿数额偏低和法定赔偿制度的过度使用三个方面。② 针对专利侵权损害赔偿数额认定规则存在的司法适用困境,一系列法律实证分析将矛头直指专利侵权损害赔偿的程

---

① See Georgia-Pacific Corp. v. United States Plywood Corp., 318 F. Supp. 1116 ,1120(S.D.N.Y. 1970).
② 参见《长沙中院知识产权民事侵权赔偿现状及分析白皮书》。

序法问题,认为传统民事证据规则难以充分对专利损害赔偿数额这一事实作出认定,①其具体体现为专利损害赔偿数额认定过程中的举证困难、证明妨碍情形以及与数额相关证据证明力较低等。

(一) 举证责任分配

2008年《专利法》并未规定损害赔偿数额的举证责任,而法院在司法实践中通常根据《民事诉讼法》及其司法解释来确定损害赔偿数额的举证责任,即认为应由权利人承担证明损害赔偿数额的举证责任。例如,在"新昌县制冷部件厂等诉宁波丰强电器有限公司等侵犯实用新型专利权纠纷案"中,二审法院认为,新昌制冷厂、吴岳民明确主张以其因侵权所受到的损失作为5 000万元的赔偿依据,应提供相应的证据加以证明,但其提供的现有证据不足以支持该主张,应承担举证不能的不利后果。② 在"赵维珂诉张维红侵犯外观设计专利权纠纷案"中,二审法院认为:"在二审中,权利人主张按侵权人因侵权所获利益确定赔偿数额,即由销售量与产品利润之乘积。对于该项侵权赔偿的确定应由权利人向法院提供相关证据。但诉讼中,权利人赵维珂并未就该产品的利润提供客观、充分的证据。"③

针对专利权损害的举证责任问题,权利人应承担证明损害赔偿数额的举证责任。④ 权利人即原告需要就其提出的损害赔偿数额的诉求进行举证,如果举证不能或举证状态不明,该赔偿额的主张不予支持。⑤ 原告请求按实际损失赔偿,应当举证证明与侵权行为之间存在相当因果关系的损害赔偿范围。⑥ 侵权结果在侵权诉讼中体现为损害赔偿的大小,侵权结果须是与侵权行为有因果关系的部分,侵权结果的范围是原告应当证明的。⑦

然而,由于专利权较传统的有体财产权具有特殊性,且认定专利侵权损害赔偿数额的证据更靠近侵权人,⑧由专利权人承担赔偿数额的举证责任则会导致侵权人可轻易加以抗辩。依据传统的举证责任分配规则将会使得权利人承担过重的证据责任,直接引发专利损害赔偿数额难以认定,具体表现为专利损害赔偿数额认定过程中的举证困难、证明妨碍情形以及与数额认定相关证据证明力较低等。⑨ 在司法实践中以法定赔偿方法计算专利侵权损害赔偿数额的过度使用可

---

① 参见张陈果:《专利诉讼"权利救济实效"的实证分析——兼评中国专利法修订的成效与未来》,载《当代法学》2017年第2期。
② 浙江省高级人民法院(2010)浙知终字第3号民事判决书。
③ 最高人民法院(2009)民申字第523号民事裁定书。
④ 参见吴汉东:《知识产权侵权诉讼中的过错责任推定与赔偿数额认定——以举证责任规则为视角》,载《法学评论》2014年第5期;范晓宇:《专利侵权损害赔偿的要件及其举证责任——以〈侵权责任法〉为切入点》,载《法学杂志》2012年第1期;周丽婷:《与证据和证明有关的几个问题》,载张广良主编:《知识产权民事诉讼热点专题研究》,知识产权出版社2009年版,第109页。
⑤ 参见吴汉东:《知识产权侵权诉讼中的过错责任推定与赔偿数额认定——以举证责任规则为视角》,载《法学评论》2014年第5期。
⑥ 参见范晓宇:《专利侵权损害赔偿的要件及其举证责任——以〈侵权责任法〉为切入点》,载《法学杂志》2012年第1期。
⑦ 参见周丽婷:《与证据和证明有关的几个问题》,载张广良主编:《知识产权民事诉讼热点专题研究》,知识产权出版社2009年版,第109页。
⑧ 例如,在主张以实际损失方法认定损害赔偿数额时,权利人往往难以证明"专利产品的减少与侵权行为之间的因果关系",恰好是侵权人更容易证明"专利产品的减少与侵权行为之间不存在因果关系",如证明市场上存在同类竞争产品或者替代产品、产品的减损是由原告经营不利等问题引起的,就可以使得原告举证证明的要件事实陷入真伪不明的境地。在主张以侵权所得方法认定损害赔偿数额时,涉及侵权利润相关的账簿、资料一般在被告的控制范围内。参见何培育、蒋启蒙:《论专利侵权损害赔偿数额认定的证明责任分配》,载《知识产权》2018年第7期。
⑨ 参见何培育、蒋启蒙:《论专利侵权损害赔偿数额认定的证明责任分配》,载《知识产权》2018年第7期。

反映出这一问题,当专利权人无法证明所失利润、侵权人非法所得与侵权行为之间的因果关系时,权利人往往被迫选择证明责任较小的法定赔偿。

举证责任问题的关键在于,如何对传统的举证责任分配规则进行修正方能符合矫正正义?"举证责任分配法则系交错于民事实体法与民事程序法之制度,其非唯应符合实体法规范目的之期待,且于程序法之特殊性亦不能置诸不论。"①"谁主张,谁举证"虽因其稳定性而被视为通说,但在证明责任分配过程中并未考虑到证据距离等相关的实质性因素。德国学者普维庭提出了对传统证据规则的修正方案,将"证据接近"的实质性依据作为证明责任的分配依据。② 国内也有学者在传统举证责任分配的基础上提出了新的证明责任分配理论体系,将举证责任分配体系分为举证分配的一般原则与举证责任减轻规则,前者采用"谁主张,谁举证"的传统分配做法,而后者从实质性考量因素出发,将举证责任转换、证明妨碍和损害赔偿数额等情形纳入举证责任减轻的方式。③ 在一般原则的基础上考量实质因素的立法例,例如,2008年调整的《最高人民法院关于民事诉讼证据的若干规定》第7条曾规定,"在法律没有具体规定,依本规定及其他司法解释无法确定举证责任承担时,人民法院可以根据公平原则和诚实信用原则,综合当事人的举证能力等因素确定举证责任的承担"。我国台湾地区"民事诉讼法"第277条规定,"当事人主张有利于己之事实者,就其事实有举证之责任。但法律另有规定,或依其情形显失公平者,不在此限"。因此,在分配专利侵权损害赔偿数额的举证责任时,在一般举证责任分配的基础上应考虑不同计算方式和不同的程序阶段的实质性利益关系。

有鉴于此,2020年第四次修正的《专利法》新增的第71条第3款规定:"人民法院为确定赔偿数额,在权利人已经尽力举证,而与侵权行为相关的账簿、资料主要由侵权人掌握的情况下,可以责令侵权人提供与侵权行为相关的账簿、资料;侵权人不提供或者提供虚假的账簿、资料的,人民法院可以参考权利人的主张和提供的证据判定赔偿数额。"

(二) 因果关系的证明标准

证明损害赔偿数额的关键是证明因果关系。如证明侵权行为与权利人所失利润之间的因果关系,由于介入因素众多,难以确定专利产品的减少与侵权行为之间存在事实上的因果关系,而仅仅提供损失与侵权行为在时空上的关联性,无法使法官完成法律上的因果关系判断。对此,美国司法实践的观点是权利人不必证明十分确凿的因果关系,只要证明这种因果关系具有合理可能性即可,允许一定程度的推论。④ 例如,联邦巡回上诉法院认为:"在证明损害赔偿额时,专利权人的举证责任不是绝对的,而是达到合理可能性的举证责任。"⑤"专利权人只需要证明在没有侵权的情况下他本可以获得这些销量的合理可能性。当专利权人证明了上述推论具有合理性,例如满足了泛达检验时,他就完成了有权获得因侵权销量而遭受的所失利润的举证。此时举证

---

① 姜世明:《举证责任与真实义务》,厦门大学出版社2017年版,第9页。
② 参见[德]普维庭:《现代证明责任问题》,吴越译,法律出版社2006年版,第347页。
③ 参见姜世明:《举证责任与真实义务》,厦门大学出版社2017年版,第16—18页。
④ See Donald S. Chisum, Chisum on Patents: A treatise on the Law of Patentability, Validity and Infringement, Matthew Bender & Company, Inc., Vol. 7, 20-86-91 (2002); Richard B. Troxel, William Owen Kerr, Calculating Intellectual Property Damages, Thomson West, 45-46 (2007); J. Thomas McCarthy, McCarthy on Trademarks and Unfair Competition, Fourth Edition, Westlaw Database updated December 2015, § 30:79 (2015).
⑤ Lam, Inc. v. Johns-Manville Corp., 718 F.2d 1056, 1065 (Fed. Cir. 1983).

责任就转移给了侵权人,侵权人须证明上述推论对部分或全部所失利润而言是不合理的。"① 在证明合理许可费的数额或费率时,也只要达到合理可能性的程度即可。②

在专利侵权损害赔偿数额认定过程中,由于受到间接证据、电子证据占比较大,证据关联性、真实性不高,以及证明力偏低的影响,数额认定的事实常难以达到高度盖然性民事证明标准,③ 调整因果关系的证明标准可缓解因信息缺乏对专利侵权损害赔偿数额的认定限制。在美国,损害赔偿数额的证明标准是达到合理可能性。美国法院采纳了在反垄断案件中确立的赔偿规则,即区分损害事实的证明标准和赔偿数额的证明标准,赔偿数额的证明标准要低于损害事实的证明标准。④ 尽管损害赔偿的数额不能是猜测性的,但证明损害赔偿的数额不一定要求精确,权利人只需证明损害赔偿的数额是一个合理的近似值或是基于合理推论的粗略数额即可。⑤ 由于专利侵权损害赔偿数额的证明问题是一个普遍性问题,美国的做法值得我国司法实践借鉴。

至于因推断而可能产生的专利侵权损害赔偿数额可能高于权利人实际损失的风险的承担问题,美国法院认为,任何关于赔偿数额的疑问都必须以不利于侵权人的方式解决,因为损害赔偿数额不精确的风险应当由侵权人而非权利人承担。美国联邦最高法院在 1931 年审理 Story Parchment Co. v. Paterson Parchment Paper Co. 案时指出:在侵权行为本身具有让人们难以确定损害赔偿数额的情形,拒绝向受害人提供救济,从而让侵权人免于为其行为作出补偿的做法,有悖基本的正义原则。在这种情况下,虽然不能仅凭推测或猜想来确定损害赔偿数额,但是,能够提出证据表明通过公正合理之推定所确定的损害赔偿金范围即已足够,即便推定结果仅仅是一个近似数值。侵权人不得抱怨,人们不能像在其他情况下可能做到的那般精准地确定损害赔偿金额,恰恰是他自己对造成这种情况负有责任。⑥ 联邦巡回上诉法院在之后的 Lam v. Johns-Manville 案中引用了上述判例的观点,认为当损害赔偿金的数额不能精确计算时,所有关于要求侵权赔偿的数额的疑问都必须被解决,如果所失利润赔偿数额无法确定是由于侵权人没能保留准确或完整的记录造成的,侵权人必须承担不利的后果。⑦

(三) 证明妨碍规则的适用

证明妨碍规则适用于负有举证责任的当事人不持有或不完全持有与损失认定相关的主要证据且对方实施证明妨碍行为,导致损失事实无法认定,在此情况下对证明妨碍者施以一定的不利益。关于专利损害赔偿中证明妨碍规则的适用,《最高人民法院关于审理侵犯专利权纠纷案件应用法律若干问

---

① Rite-Hite Corp. v. Kelley Co., Inc., 56 F.3d 1538, 1545 (Fed. Cir. 1995).
② See Donald S. Chisum, Chisum on Patents: A treatise on the Law of Patentability, Validity and Infringement, Matthew Bender & Company, Inc., Vol. 7, 20-249-250 (2002).
③ 参见何培育、蒋启蒙:《论专利侵权损害赔偿数额认定的证明责任分配》,载《知识产权》2018 年第 7 期。
④ See J. Thomas McCarthy, *McCarthy on Trademarks and Unfair Competition*, Fourth Edition, Westlaw Database updated December 2015, § 30:76 (2015).
⑤ See Donald S. Chisum, Chisum on Patents: A treatise on the Law of Patentability, Validity and Infringement, Matthew Bender & Company, Inc., Vol. 7, 20-155 (2002); Richard B. Troxel, William Owen Kerr, Calculating Intellectual Property Damages, Thomson West, 95 (2007); J. Thomas McCarthy, McCarthy on Trademarks and Unfair Competition, Fourth Edition, Westlaw Database updated December 2015, § 30:79 (2015).
⑥ Story Parchment Co. v. Paterson Parchment Paper Co., 282 U.S. 555, 563 (1931).
⑦ Lam, Inc. v. Johns-Manville Corp., 718 F.2d 1056, 1065 (Fed. Cir. 1983).

题的解释(二)》第 27 条规定,权利人因被侵权所受到的实际损失难以确定的,人民法院应当依照《专利法》第 65 条第 1 款的规定,要求权利人对侵权人因侵权所获得的利益进行举证;在权利人已经提供侵权人所获利益的初步证据,而与专利侵权行为相关的账簿、资料主要由侵权人掌握的情况下,人民法院可以责令侵权人提供该账簿、资料;侵权人无正当理由拒不提供或者提供虚假的账簿、资料的,人民法院可以根据权利人的主张和提供的证据认定侵权人因侵权所获得的利益。可见,关于证明妨碍规则在我国专利损害赔偿中适用,所产生的不利益是在案件中的实际利益,这是不同于美国的做法。美国《联邦民事诉讼规则》第 37 条规定,当事人未提出他方当事人请求出示的证据,任何当事人均可以申请强制和适当的制裁。可见,法官得在此种情况下对证明妨碍者所施加的不利益的目的,乃是使双方当事人重新回到未被妨碍的公平状态,是基于诉讼本身公平的失衡而采取的措施。①

证明妨碍规则在专利侵权损害赔偿数额计算方法中具有适用的空间。我国法院在采用侵权获利的计算方法时,较多运用了证明妨碍规则,因为侵权产品的销量在计算实际损失和侵权获利时都是重要证据,侵权产品的合理利润是计算侵权获利的重要证据,这些证据仅为侵权人所掌握,权利人无法获得。② 例如,在"北京握奇数据系统公司诉恒宝股份公司侵犯发明专利权案"中,原告北京握奇数据系统公司(简称握奇公司)主张采用以被诉侵权产品的实际销售数量乘以每件专利产品合理利润的方法计算侵权赔偿数额符合法律规定,由于被控侵权产品的销售数量及盈利情况掌握在被告手中,法院以证据保全裁定的方式责令被告恒宝股份公司提交相关财务账册、财务凭证、涉案交易合同,而被告无正当理由拒不提供,对此原告主张适用证明妨碍规则,推定原告的主张成立。原告握奇公司提供了其关联公司制造、销售专利产品利润的证据,并以案外人飞天诚信科技股份有限公司制造、销售相同产品获利的证据进行辅助说明。最后,法院根据原告的主张和提供的证据支持了这一利润率,推定原告主张成立。③ 其他案件诸如"上海金鑫金属装饰有限公司等与蒂尚贸易(上海)有限公司侵害外观设计专利权纠纷上诉案"④"本田工业株式会社诉三阳机车工业公司侵害外观设计专利权纠纷案"⑤"珠海格力电器股份有限公司诉广东美的制冷设备有限公司侵犯发明专利权纠纷案"⑥"西安秦邦电信材料有限责任公司诉无锡市隆盛电缆厂等专利侵权纠纷案"⑦"武汉晶源环境工程有限公司诉日本富士化水工业株式会社等侵犯发明专利权纠纷案"⑧。

而在适用实际损失、许可费的方法计算专利侵权损害赔偿数额时,司法实践所形成的有效判决较为少见。其原因在于,与实际损失、许可使用费相关的主要证据主要是由权利人持有而非侵权人掌握的,侵权人的证据妨碍行为无法使权利人的证据提出陷于不可能。⑨ 但也有观点认为,

---

① 其原因在于,我国基于法规出发型诉讼观念,强调法官在诉讼实践中需要从法律要件出发去分析争议案件,从而适用法律作出裁决;而美国则基于事实出发型诉讼观念,强调法官在诉讼实践中需要从案件事实本身出发去分析案件,从而发现和创造法律。参见顾润丰:《专利侵权纠纷诉讼中证明妨碍制度探讨(下)》,载《电子知识产权》2011 年第 7 期。
② 参见张广良:《举证妨碍规则在知识产权诉讼中的适用问题研究》,载《法律适用》2008 年第 7 期。
③ 北京知识产权法院(2015)京知民初字第 441 号民事判决书。
④ 上海市高级人民法院(2016)沪民终 374 号民事判决书。
⑤ 福建省高级人民法院(2014)闽民终字第 641 号民事判决书。
⑥ 广东省高级人民法院(2011)粤高法民三终字第 326 号民事判决书。
⑦ 陕西省高级人民法院(2008)陕民三终字第 18 号民事判决书。
⑧ 最高人民法院(2008)民三终字第 8 号民事判决书。
⑨ 参见张泽吾:《举证妨碍规则在赔偿确定阶段的适用及其限制——兼评新〈商标法〉第 63 条第 2 款》,载《知识产权》2013 年第 11 期。

许可费方法具有适用证明妨碍规则的余地,因为专利许可费常以受让人或被许可人生产、销售知识产权产品的销售额或获利额来计算,发生纠纷时,权利人无法获得相关证据。当事人可以适用证明妨碍规则申请法院责令受让人或被许可人提交其所掌控的会计凭证、会计账簿等资料。[①]此种观点是否符合专利许可的事实情形,则有待商榷。关于法定赔偿的计算方法,应不适用证明妨碍规则。其原因在于,在权利人主张法定赔偿的场合,由于法官主要不是通过证明责任对损失判定问题作出裁判,其侧重考虑的是权利类型、侵权行为的情节和性质、主观心态等相对模糊的因素,而非侵权产品或者被侵权产品的销量、利润等涉及损失判定的精确因素,因此权利人的诉讼主张与这些证据并无相当因果关系。在这种情形下,侵权人即使违反诉讼协力义务也不会实质性影响损失判定的结论,因此证明妨碍规则没有适用的必要。

四、专利侵权损害赔偿中的合法来源抗辩

合法来源抗辩是专利侵权损害赔偿中被控侵权人常用的抗辩理由之一,它是指在不知情的情况下销售或者使用了侵害他人专利权的产品的行为,可以不承担赔偿责任。《专利法》第77条对此作了规定:"为生产经营目的使用、许诺销售或者销售不知道是未经专利权人许可而制造并售出的专利侵权产品,能证明该产品合法来源的,不承担赔偿责任。"理论上有观点将这种情况表述为"善意侵权"。易言之,专利法虽然对这种不知情而使用、许诺销售或者销售专利侵权产品的情况作了特别的规定,但并不认为这种行为不是侵权行为,而只是对在其不知情期间所为的特定行为免除赔偿责任而已。所以,此处所说的合法来源抗辩不能与前述第七章中的"侵权抗辩"相混淆。

根据专利法的规定,可以享有合法来源抗辩的行为范围仅限于使用、许诺销售和销售专利产品的行为。对于制造或者进口专利产品的行为,专利法认为行为人应当或者有义务知道其制造、进口的产品是否为专利产品。因为在法律上,"以公开换取专有"是专利权的主要特征,所有获得授权的专利都经历了公告程序,因此可以推定专利公告程序为行为人提供了具有公信力的查询专利权属状况的途径。有关生产商在制造或者进口产品时应当确认该产品在专利法上的权利状态。

不过,如果经销商在得到专利权人通知之后仍然使用、许诺销售或者销售其库存的专利侵权产品,则不能再认为不知情,此时依然构成专利侵权,并且要承担损害赔偿责任。

第二节 专利侵权实际损失的确定

一、实际损失的范围

损害赔偿以专利权人实际损失的赔偿为基础。然而,如前所述,在我国司法实践中,以实际损失计算专利侵权损害赔偿数额的适用率较低,其关键问题在于以实际损失所计算出的侵权赔

---

① 参见张广良:《举证妨碍规则在知识产权诉讼中的适用问题研究》,载《法律适用》2008年第7期。

偿数额较低,难以实现对专利权人的充分救济。而该问题出现的症结之一便是对实际损失的具体范围认识不清晰,从而导致专利权人因侵权行为而发生的损失项未被纳入最终的赔偿范围。关于实际损失的范围,学者普遍认为,实际损失不仅包括直接损失,还包括间接损失,即可得利益的丧失。① 关于实际损失的具体范围,学界集中围绕着如下关键问题进行了讨论:

第一,关于利润损失,其中包括产品利润下降②、销售流失的所失利润③。利润损失的计算是较为复杂的,较易忽视的是因价格腐蚀和成本增加导致的利润损失项。其中,价格侵蚀是侵权行为造成的权利人产品销售价格下降而带来的损失,价格侵蚀的类型有三种:(1)专利权人为了应对侵权人的竞争而被迫进行的削价;(2)权利人基于相同的原因而进行的折扣;(3)由于侵权行为的出现,导致权利人不能按其既定幅度涨价或降价。④ 因价格侵蚀所造成的专利权人的利润损失若要获得赔偿,权利人必须要证明价格的降低是因侵权人的侵权行为所造成的,而非其他市场竞争性因素。而关于因权利人生产成本的增加而带来的利润损失,美国法院认为,主张将专利权人生产经营中的固定或者经常性成本分摊给这种虚拟增加的销售量是不合适的。依照此种方法,专利权人利润损失额将为其实现侵权人销售量所得的销售额与其实现这些销售量将增加的成本之差。因这两项原因所导致的利润损失在美国司法实践中已经形成较为成熟的判例,而我国尚未纳入实际损失的范围。有观点认为,相较于美国规定的价格侵蚀和成本增加的所失利润,我国只规定了销售流失的所失利润范围较为较窄,⑤建议在所失利润的赔偿范围上增加价格侵蚀和成本增加的所失利润。⑥

第二,关于非专利产品的利润损失。《最高人民法院关于审理专利纠纷案件适用法律问题的若干规定》第14条仅规定了以权利人销售的专利产品为基础计算所失利润,而未包含非专利产品的利润损失。对于实际损失的范围是否应包括非专利产品的所失利润,存在两种观点:一种观点认为,在所失利润的赔偿范围上应增加非专利竞争产品、衍生产品、陪护产品导致的所失利润;⑦另一观点认为,没有落入专利保护范围就不存在损害赔偿,不能把赔偿范围扩大到非专利产品上,应明确以专利产品在整个产品中所占的利润比例作为赔偿标准不应包括专利保护范围之外的周围产品,侵权产品涉及多个专利时,应按各个专利的保护范围分别确定赔偿额。⑧ 针对非专利产品的利润损失是否应纳入实际损失的范围,美国司法实践经历了由放弃技术分摊方法而引入整体市场价值法则的过程,即在没有被专利技术所涵盖但是与专利产品一起销售且都遭

---

① 参见杨建成、林幼吟、张筱锴:《知识产权侵权损害赔偿额的证据认定》,载蒋志培主编:《知识产权民事审判证据实务》,中国法制出版社2008年版,第176—177页;张广良:《知识产权侵权民事救济》,法律出版社2003年版,第138页。
② 参见杨建成、林幼吟、张筱锴:《知识产权侵权损害赔偿额的证据认定》,载蒋志培主编:《知识产权民事审判证据实务》,中国法制出版社2008年版,第177页。
③ 参见罗莉:《论惩罚性赔偿在知识产权法中的引进及实施》,载《法学》2014年第4期。
④ 参见张广良:《知识产权侵权民事救济》,法律出版社2003年版,第175页。
⑤ 参见和育东:《美国专利侵权救济制度研究》,2008届中国政法大学博士学位论文,第120页;张广良:《知识产权侵权民事救济》,法律出版社2003年版,第167页。
⑥ 参见张玉敏、杨晓玲:《美国专利侵权诉讼中损害赔偿金计算及对我国的借鉴意义》,载《法律适用》2014年第8期;张广良:《知识产权侵权民事救济》,法律出版社2003年版,第167页。
⑦ 参见张玉敏、杨晓玲:《美国专利侵权诉讼中损害赔偿金计算及对我国的借鉴意义》,载《法律适用》2014年第8期。
⑧ 参见孙海龙、姚建军:《完善专利侵害赔偿法律制度研究——以中美两国专利侵害赔偿制度及其司法实践比较为研究视角》,载《专利法研究(2008)》,知识产权出版社2009年版。

受利润损失时,应适用"整体市场价值法则"①。关于我国是否应引入美国的做法将非专利产品的利润损失纳入实际损失的范围这个问题,关乎我国专利保护标准与我国技术发展水平之间的适应问题,不可能完全引入美国的做法;但也有观点认为,美国的专利损害赔偿范围包括非专利产品的赔偿的做法,对我国司法实践也产生了影响,如一种产品只要含有专利就按整个产品的利润计算损失。②

第三,关于专利产品的商誉损失。商誉包括商业信誉及商品声誉。③ 商誉是经营者在经营过程中逐步积累起来的一种重要的无形资产,体现了消费者或社会公众对该经营者或其产品、服务的一种认知程度。对于专利实际损失的范围是否包括商誉的损失,学界存在分歧的观点:否定观点认为,赔偿商誉损失主要出现在侵犯商标权及不正当竞争纠纷案中,在个别侵犯著作权纠纷中,法院判令被告支付原告商誉损失费,但专利权本身并不体现权利人的商誉,因此在侵犯专利权案件中,基本上不涉及商誉赔偿的问题;④肯定观点则认为,侵权产品的较低价格和较低质量可能会对专利权人的商誉造成伤害,实际损失的范围应将此种情形加以考虑方符合损失填平的制度目标。⑤ 本书认为,若权利人能够提供足够的证据表明其商誉损失的具体事实,并可以量化方式纳入实际损失之中,且商誉损失与侵权产品之间存在直接的因果联系,而非由于权利人自身的市场行为所致,即可被纳入实际损失的范围。

第四,关于许可费损失问题。关于其与参照许可费计算专利侵权损害赔偿数额,有观点认为,以许可使用费为计算基础推算赔偿数的方式不宜单独列为一种赔偿方式,因为其实质上更接近权利人损失的一种估算方法,在以权利人损失作为赔偿数额计算方式的部分进行研讨更为适宜。⑥ 但此处的许可费损失属于权利人的一种预期利益损失,是属于专利间接损失的一种具体项,实际损失方法的精确度高于参照许可费方法。就实际损失中的许可费项,由于专利侵权行为的出现,专利权人与被许可人已达成或潜在的专利实施许可协议,可能会因被许可人对专利的市场前景产生不确定的风险预测而被放弃。在此种情况下,该专利市场价值的丧失或降低,便是权利人受到的直接损失;若权利人转让或许可机会丧失的,其因此而遭受的转让费或许可费的损失,是间接损失。⑦ 然而,更需要注意的是,专利权人的损失不仅限于许可费的丧失,由于专利权产生的是一种市场垄断的效力,合理许可使用费的赔偿并不足以弥补专利权人的此项权能的丧失或减损。

---

① 在 Rite-Hite Corp. v. Kelley Co.案中,美国联邦巡回法院不仅将专利权覆盖部分的利润纳入损害赔偿部分,还允许按非专利竞争产品的所失利润计算赔偿额,从而扩大赔偿的范围。See Rite-Hite Corp. v. Kelley Co., 56 F.3d 1538 (Fed. Cir. 1995).
② 参见孙海龙、姚建军:《完善专利侵害赔偿法律制度研究——以中美两国专利侵害赔偿制度及其司法实践比较为研究视角》,载《专利法研究(2008)》,知识产权出版社 2009 年版。
③ 《中华人民共和国反不正当竞争法》第 11 条。
④ 参见张广良:《知识产权侵权民事救济》,法律出版社 2003 年版,第 151—152 页。
⑤ 参见罗莉:《论惩罚性赔偿在知识产权法中的引进及实施》,载《法学》2014 年第 4 期。
⑥ 参见姜庶伟:《知识产权侵权损害赔偿》,载张广良主编:《知识产权民事诉讼热点专题研究》,知识产权出版社 2009 年版,第 132—133 页。
⑦ 参见张广良:《知识产权侵权民事救济》,法律出版社 2003 年版,第 138—139 页。

二、因果关系的认定与审视

按照损害赔偿的一般原理,满足专利损害赔偿的基本要件包括:专利侵权、实际损害、损害与侵权行为之间的因果关系。学者普遍认为,实际损失赔偿应满足实际损失与侵权行为之间的因果关系。① 而对于权利人举证证明达到何种程度方能认定侵权行为与实际损失之间存在因果关系,即因果关系的判断方法,有观点认为应证明实际损失与侵权行为之间存在相当因果关系。② 还有观点认为,关于因果关系,大陆法系国家一般采相当因果关系说,分为条件关系和相当性两部分,英美法系国家则区分事实上的因果关系和法律上的因果关系。事实上的因果关系和条件关系均采若非(but-for)检验方法,即满足"若无此行为则无此后果"的,因果关系成立;法律上的因果关系以可预见性作为判断标准,而可预见性也是相当性的重要考量因素。事实上的因果关系和条件关系与法律上的因果关系和相当性,存在着一定的对应性,因此两大法系关于因果关系的认定殊途同归。③

我国司法解释规定了实际损失的两个计算方式:一是可以根据专利权人的专利产品因侵权所造成销售量减少的总数乘以每件专利产品的合理利润④所得之积计算;二是可以根据侵权产品在市场上销售的总数乘以每件专利产品的合理利润所得之积计算。而两个计算方式在司法实践的运用中均较少有对销售量的减少与侵权行为之间因果关系的考量,对于前者,主要有如下表现:(1)造成权利人产品销量减少的原因除了侵权行为,还有可能存在很多其他原因,权利人难以证明实际损失与侵权行为之间存在因果关系,难以证明由侵权行为直接造成的权利人产品减少的销量。⑤ 究其原因,在于未细化专利产品的销售价格与利润之间的关系,成本、利润和产品销售量之间的关系,这些关系有时并非简单的线性关系。(2)当侵权行为并未造成权利人产品

---

① 参见张玉敏、杨晓玲:《美国专利侵权诉讼中损害赔偿金计算及对我国的借鉴意义》,载《法律适用》2014年第8期;范晓宇:《专利侵权损害赔偿的要件及其举证责任——以〈侵权责任法〉为切入点》,载《法学杂志》2012年第1期;李秀娟:《专利侵权诉讼中实际损失之确定标准——美国的经验》,载《专利法研究(2010)》,知识产权出版社2011年版,第530页;和育东:《专利侵权损害赔偿计算制度:变迁、比较与借鉴》,载《知识产权》2009年第5期;孙海龙、姚建军:《完善专利侵害赔偿法律制度研究——以中美两国专利侵害赔偿制度及其司法实践比较为研究视角》,载《专利法研究(2008)》,知识产权出版社2009年版;湖南省高级人民法院、长沙市中级人民法院联合课题组:《关于确定知识产权侵权损害赔偿数额证据认定的相关问题》,载蒋志培主编:《知识产权民事审判证据实务》,中国法制出版社2008年版,第196页。

② 参见范晓宇:《专利侵权损害赔偿的要件及其举证责任——以〈侵权责任法〉为切入点》,载《法学杂志》2012年第1期;李秀娟:《专利侵权诉讼中实际损失之确定标准——美国的经验》,载《专利法研究(2010)》,知识产权出版社2011年版。

③ 参见徐卓斌:《信息网络传播权侵权损害赔偿中的实际损失》,载《人民司法》2014年第19期。

④ 对"合理利润"的解释有两种不同的观点:一种观点认为,合理利润指平均利润,远小于边际利润,我国应借鉴美国将合理利润解释为边际利润,以提高权利人举证的积极性。参见和育东:《美国专利侵权救济制度研究》,中国政法大学2008届博士学位论文。另一种观点认为,销量流失的所失利润应按合理利润还是边际利润计算应视各国专利保护政策而定,我国目前发明专利申请和授权总量列世界第一,但核心专利比例小,专利价值不高,因此以合理利润计算更为妥当。参见张玉敏、杨晓玲:《美国专利侵权诉讼中损害赔偿金计算及对我国的借鉴意义》,载《法律适用》2014年第8期。

⑤ 参见徐聪颖:《我国专利权法定赔偿的实践与反思》,载《河北法学》2014年第12期;吴汉东:《知识产权侵权诉讼中的过错责任推定与赔偿数额认定——以举证责任规则为视角》,载《法学评论》2014年第5期;罗莉:《论惩罚性赔偿在知识产权法中的引进及实施》,载《法学》2014年第4期;范晓宇:《专利侵权损害赔偿的要件及其举证责任——以〈侵权责任法〉为切入点》,载《法学杂志》2012年第1期;中国专利代理(香港)有限公司法律部:《专利侵权损害赔偿的理论与实践》,载《中国专利与商标》2009年第4期;周根才、高毅龙:《知识产权侵权救济中损害赔偿数额的确定》,载《法律适用》2008年第12期。

销量下降或与损失不成比例的下降时,对于损失的利润无法通过该方式进行计算,诸如价格腐蚀和成本增加等原因造成的利润损失,可能并未造成专利产品销量的(明显)下降时,专利权人的实际损失无法通过销售量的下降予以计算。(3)将权利人的利润损失等同于其实际经济损失将使权利人无法获得全部赔偿。① 损害赔偿是对权利人实际损失的填平,而在专利产品上呈现出的损失可能在总的损失额中占据较小比例,作为一种垄断性财产权,如果被侵犯的专利具有较大的市场潜力,则专利权人的损失主要体现在可预期的未来市场利益。在忽视上述问题的条件下,所得出的通过权利人侵权产品销量的下降而计算出的实际损失数额只能是一种较低的估算。

对于后者,即当权利人产品因侵权减少的销量难以确定的,可以侵权产品在市场上销售的总数为替代项从而计算实际损失数额。对于该计算方式,有观点认为,这种方式忽视了侵权行为与实际损失之间的因果关系的要求,该公式将侵权产品销量推定为权利人产品减少的销量,而美国则要求权利人对权利人产品与侵权产品在同一市场上竞争,以及权利人具有生产能力和市场推广能力等要件进行举证,以证明权利人能实现侵权产品的销量。② 然而,从实用角度出发,有观点认为,这种计算方式在一定程度上缓和了权利人证明实际损失与侵权行为之间因果关系的证明责任,③推定被告每销售一件侵权产品,就挤占了原告一件产品的市场份额,则原告就少销售了一件产品,该公式在实践中取得了良好效果。④ 但需清晰地认识到,该方式所计算出的并不是严格意义上的实际损失,是退而求其次的方法,据此得出大概的数额也属于由于主观色彩过浓的法定赔偿。⑤ 此外,该方式容易导致"放水养鱼"的现象,即权利人自己没有销售能力,等权利人将市场开拓大了以后再起诉,且该方式中的合理利润指权利人销售全部产品的平均利润,远远小于边际利润。⑥

如何完善我国实际损失赔偿中的因果关系的认定,对于提高以实际损失方式计算专利侵权损害赔偿数额至关重要。对于销量下降的所失利润,可借鉴美国的 Panduit 测试来认定侵权产品的销量与权利人所失利润之间的因果关系。⑦ 在美国司法实践中,为了获得实际损失赔偿,权利人必须证明侵权行为与所失利润之间具有事实因果关系和法律因果关系。确定实际损害通常要确定专利权人因侵权所导致的销售下降或者利润损失。这说明所失利润的损害赔偿应证明侵权与损害赔偿间存在事实因果关系。

对于事实因果关系,美国法院采用"若无"因果关系检验,即权利人必须证明如果没有侵权行为,其本可以获得的额外利润。⑧ 所失利润可能是由于销量转移、价格下降或费用增加造成的,⑨但大部分案件是根据销量转移来计算所失利润,即权利人须证明如果没有侵权行为,其本

---

① ④ 参见张广良:《知识产权侵权民事救济》,法律出版社2003年版,第167页。
② 参见张玉敏、杨晓玲:《美国专利侵权诉讼中损害赔偿金计算及对我国的借鉴意义》,载《法律适用》2014年第8期。
③ 参见范晓宇:《专利侵权损害赔偿的要件及其举证责任——以〈侵权责任法〉为切入点》,载《法学杂志》2012年第1期。
⑤ 参见姜庶伟:《知识产权侵权损害赔偿》,载张广良主编:《知识产权民事诉讼热点专题研究》,知识产权出版社2009年版,第135页。
⑥ 参见张玉敏、杨晓玲:《美国专利侵权诉讼中损害赔偿金计算及对我国的借鉴意义》,载《法律适用》2014年第6期。
⑦ 参见张玉敏、杨晓玲:《美国专利侵权诉讼中损害赔偿金计算及对我国的借鉴意义》,载《法律适用》2014年第6期;李秀娟:《专利侵权诉讼中实际损失之确定标准——美国的经验》,载《专利法研究(2010)》,知识产权出版社2011年版,第530页;张广良:《知识产权侵权民事救济》,法律出版社2003年版,第167—168页。
⑧ King Instruments Corp. v. Perego, 65 F.3d 941, 952 (Fed. Cir. 1995).
⑨ Lam, Inc. v. Johns-Manville Corp., 718 F.2d 1056, 1065 (Fed. Cir. 1983).

可以获得侵权产品的销量,从而获得额外的利润。① 对此,权利人通常须满足 Panduit 测试。② 运用此测试,权利人须先证明权利人的产品与侵权人的产品是同一市场上相互竞争的替代品,③ 而后权利人须证明:(1)市场对权利人的产品有需求;(2)侵权人以外的其他竞争者在侵权期间不能获得可接受的非侵权替代品;若其能获得可接受的非侵权替代品,则权利人须证明他在相关市场中的市场份额;④(3)权利人有充分的制造和销售能力来满足市场对权利人产品的需求;(4)权利人本可以获得的利润数额。⑤ Panduit 测试证明了在没有侵权的情况下侵权产品的历史消费者会转而购买权利人产品。

至于法律上的因果关系,即侵权人对专利权人因侵权所致财产损失具有预见性,考虑的是侵权人是否应该对权利人的实际损失负法律上的责任。⑥ 美国法院采用"可预见性"规则来判断法律因果关系,即只有广义上界定的相关市场中的侵权竞争者已经或本应该合理预见的权利人的损失才可以获赔。对于"可预见性"的判断,美国法院认为,侵权行为导致权利人销售的专利产品的销量减少是侵权人可以预见的。美国大量专利判决在满足事实因果关系后即认定侵权与损害赔偿间满足因果关系,因专利产品与侵权产品存在竞争的情况下,侵权人显然能够预见到侵权行为会导致权利人就专利产品所致的经济损失,从而满足法律上的因果关系。⑦ 关于专利权人非专利产品的利润损失,除需举证证明所失利润与侵权间存在事实因果关系外,还需证明存在"合理预见"的法律因果关系。只有在该非专利产品与侵权产品具有直接竞争关系,或者与专利产品构成同一功能的组件时,侵权人对非专利产品的销量减少才是可以预见的。而对于侵权行为导致权利人的公司股价下跌,则是侵权人不可预见的。⑧ 因此,是否应就非专利产品的损害获得所失利润的救济,在存在事实上因果关系之外,还取决于损害与侵权行为之间是否存在法律因果关系。

三、实际损失的量化

(一) 量化的方法

权利人在证明了因果关系后,还必须量化在没有侵权的情况下他本可以获得的额外利润的数额,即权利人可获赔的实际损失。量化的方法有简化方法和复杂方法两种。

---

① Richard B. Troxel, William Owen Kerr, Calculating Intellectual Property Damages, Thomson West, 44 (2007).
② Rite-Hite Corp. v. Kelley Co., Inc., 56 F.3d 1538, 1545 (Fed. Cir. 1995); BIC Leisure Products, Inc. v. Windsurfing Intern., Inc., 1 F.3d 1214, 1218 (Fed. Cir. 1993); State Industries, Inc. v. Mor-Flo Industries, Inc., 833 F.2d 1573, 1577 (Fed. Cir. 1989); Bio-Rad Laboratories, Inc. v. Nicolet Instrument Corp., 739 F.2d 604, 616 (Fed. Cir. 1984); Panduit Corp. v. Stahlin Bros. Fibre Works, Inc., 575 F.2d 1152, 1156 (6th Cir. 1978).
③ BIC Leisure Products, Inc. v. Windsurfing Intern., Inc., 1 F.3d 1214, 1218 (Fed. Cir. 1993).
④ State Industries, Inc. v. Mor-Flo Industries, Inc., 833 F.2d 1573, 1578-1579 (Fed. Cir. 1989).
⑤ Panduit Corp. v. Stahlin Bros. Fibre Works, Inc., 575 F.2d 1152, 1156 (6th Cir. 1978).
⑥ Rite-Hite Corp. v. Kelley Co., Inc., 56 F.3d 1538 (Fed. Cir. 1995).
⑦ 参见李秀娟:《专利侵权诉讼中实际损失之确定标准——美国的经验》,载《专利法研究(2010)》,知识产权出版社2011年版。
⑧ Rite-Hite Corp. v. Kelley Co., Inc., 56 F.3d 1538 (Fed. Cir. 1995).

其一，量化实际损失的简化方法完全采用历史数据。在没有非侵权替代品时，侵权产品的历史消费者全部都会转而购买权利人产品，权利人可以用侵权产品的历史价格售出侵权产品历史销量的权利人产品，且成本与权利人之前制造并销售权利人产品的成本一致，即利润率相同。则实际损失＝所失收入（侵权产品的历史价格×侵权产品的历史销量）×权利人产品的历史利润率。在其他竞争者能获得非侵权替代品时，侵权产品的历史消费者会按权利人的市场份额转而购买权利人产品。权利人可以用侵权产品的价格售出侵权产品历史销量中权利人市场份额的权利人产品，且成本与权利人之前制造并销售权利人产品的成本一致，即利润率相同。则实际损失＝所失收入（侵权产品的历史价格×侵权产品的历史销量×权利人的市场份额）×权利人产品的历史利润率。

其二，量化实际损失的复杂方法要对上述简化方法中的价格、销量和成本（或利润率）作出更精确的调整。在对简化方法中的数据进行调整时，可以同时调整价格、销量与成本，也可以只调整成本。如果权利人证明在没有侵权的情况下，权利人产品的价格高于侵权产品的价格，则他需要接着证明权利人产品的销量。[①] 可以通过参考经济学家已经研究过的相近产品的需求弹性的数值，合理假设权利人产品需求弹性的范围，从而确定权利人产品的销量。[②] 在没有侵权的情况下，权利人制造并销售更多权利人产品的成本可能小于他制造并销售历史销量的成本，因为某些成本（如固定成本）并不会增加，某些成本尽管增加但不是与销量同比例增加，此时权利人可以采用增量成本进行计算。[③]

（二）贡献度

在一些案件中，我国法院注意到了专利权人的产品包含多个部分或多项权利，被告只侵犯了其中一个部分上的权利或者只侵犯了多项权利中的一项权利，此时应相应调整实际损失的数额。根据《最高人民法院关于审理侵犯专利权纠纷案件应用法律若干问题的解释》第16条第2、3款规定，"侵犯发明、实用新型专利权的产品系另一产品的零部件的，人民法院应当根据该零部件本身的价值及其在实现成品利润中的作用等因素合理确定赔偿数额。侵犯外观设计专利权的产品为包装物的，人民法院应当按照包装物本身的价值及其在实现被包装产品利润中的作用等因素合理确定赔偿数额"。对此，我国法院有两种不同做法：

一是调整权利人产品的单位利润或利润率。例如，在"华纪平等诉上海斯博汀贸易有限公司等侵犯专利权纠纷案"中，最高人民法院二审认为："华纪平、安迪华公司上诉认为原审确定的利润率过低，主张依据其所举成本核算表的计算结果按44%的利润率来计算赔偿。……假设该利润率是真实的，也只是其出口的使用涉案专利包装箱的20KG杠铃组产品的整体利润率，并不能当然将出口整套产品的利润全部认为是涉案专利包装箱本身的利润。……原审法院在当事人均不能准确举证证明相关专利产品或者侵权产品利润率的情况下，根据侵权人自认的使用涉案专利手提箱的哑铃产品的利润率，结合权利人当时主张的自己产品的利润

[①] Crystal Semiconductor Corp. v. TriTech Microelectronics Intern., Inc., 246 F.3d 1336, 1357 (Fed. Cir. 2001).

[②] Richard B. Troxel, William Owen Kerr, *Calculating Intellectual Property Damages*, Thomson West, 112-117 (2007).

[③] Richard B. Troxel, William Owen Kerr, *Calculating Intellectual Property Damages*, Thomson West, 127 (2007); Paper Converting Machine Co. v. Magna-Graphics Corp., 745 F.2d 11, 22 (Fed. Cir. 1984).

率,同时考虑专利产品和侵权产品本身的价值和作为市场销售的哑铃产品的包装对整体产品销售利润的贡献作用,确定涉案专利包装箱的合理利润率为涉案哑铃产品销售价的15%,虽然相对较高,但考虑到侵权人的主观过错明显,该酌定的利润率并无明显不妥,本院无须予以变更。"[1]其他案件例如"洛阳金诺机械工程有限公司等诉西安理工晶体科技有限公司等侵害实用新型专利权纠纷案"[2]。

二是直接调整实际损失的数额。例如,在"宁波燎原工业股份有限公司诉施达龙侵犯专利权纠纷案"中,二审法院认为,"根据《最高人民法院关于审理专利纠纷案件适用法律问题的若干规定》第二十条之规定,权利人因被侵权所受到的实际损失可以根据专利权人的专利产品因侵权所造成的销售量减少的总数乘以每件专利产品的合理利润所得之积计算。权利人销售量减少的总数难以确定的,侵权产品在市场上销售的总数乘以每件专利产品的合理利润所得之积可以视为权利人因被侵权所受到的实际损失。因宁波燎原工业股份有限公司在本案一审中要求以其因侵权所受损失作为确定赔偿依据,故应当按照上述司法解释确定的方法计算本案的赔偿额。考虑到本案侵权路灯的数量为988只,以及施达龙将侵权路灯销售给松山公司的价格、松山公司将侵权路灯销售给营口市沿海开发建设有限公司的价格、侵权路灯可能的生产成本,以及宁波燎原工业股份有限公司专利产品的合理利润等因素,一审判决确定本案赔偿额为60万元偏高,应予酌减为30万元"[3]。其他案例包括"重庆川东化工(集团)有限公司诉绵阳启明星磷化工有限公司等侵犯发明专利权纠纷案"[4]等。

可见,我国的法院已经意识到部分产品专利对全部产品利润的影响,即侵犯发明、实用新型专利权的产品系另一产品的零部件的,应根据该零部件本身的价值及其在实现成品利润中的作用等因素合理确定赔偿数额。从司法解释和司法案例中可见,我国司法实务尚未明确给出分摊和全市场价值原则适用的条件,但在以实际损失计算专利损害赔偿的数额时,已经遵循被侵权的专利的贡献度进行计算。如此,在对专利权人的实际损失提供充分赔偿的基础上,为侵权行为人承担损害赔偿的责任提供了界限,这符合矫正正义的要求。

第三节 专利侵权获利的确定

一、侵权获利的性质

关于侵权获利的性质,由于《专利法》第71条第1款对侵权获利赔偿规则的表述与不当得利返还规则过于相似,因而,就侵权获利的计算方式本质上是否为不当得利规则在学界产

---

[1] 最高人民法院(2007)民三终字第3号民事判决书。
[2] 河南省洛阳市中级人民法院(2013)洛知民初字第28号民事判决书。
[3] 江苏省高级人民法院(2009)苏民三终字第0011号民事判决书。
[4] 重庆市高级人民法院(2009)渝高法民终字第203号民事判决书。

生了较大的争论。有观点认为,从民法原理上讲,侵权人的侵权获利属于不当得利的范畴。①而反对的观点则认为,若视侵权获利赔偿为不当得利,则无法协调不当得利请求权与损害赔偿请求权的关系。其中,提出协调二者的方案有三种:一是将侵权获利赔偿置于不当得利框架下,但在侵权行为成立的前提下适用不当得利返还的救济方式,无法避免逻辑结构上的瑕疵。② 二是可在损害赔偿请求权和不当得利中择一行使,二者产生请求权竞合,③一旦选择了损害赔偿请求权,则不能对超过实际损失的获利部分主张不当得利返还请求权。④但事实上,这种协调方案并未解决侵权获利的性质争议。⑤ 三是允许同时主张损害赔偿请求权和不当得利,即由侵权人先对权利人的实际损失进行赔偿,再对侵权获利中超出实际损失的部分行使不当得利请求权,⑥但此方案需突破现有民法原理的限制。⑦ 本书认为,尽管侵权获利赔偿规则在法律构造上与不当得利返还相似,规则的相似并不能推定二者之间存在必然联系,侵权获利赔偿在性质上仍是损害赔偿的具体化,是绝对权恢复原状请求权的内容,而不当得利的发生原因是基于相对权。德国法院通过裁判也一再主张,尽管在法律适用上将侵权人所获利益的赔偿表述为侵权得利返还,但是此方法乃是习惯法上的产物而非理论推衍的结果,其性质仍是损害赔偿。⑧

此外,有观点认为,侵权获利赔偿实质上是无因管理。⑨德国学者普遍认为,该方式虽然从属于损害赔偿请求权,实际上却援用了"无因管理"的法理与法律效果。⑩ 侵权人明知自己无权利,违反本人的意思,为自己的利益而管理他人的事务,专利权人对侵权人因此管理所得的利益有权主张享有。⑪ 由于侵权损害赔偿和不当得利返还都受到权利人的损失或者客观利益范围的限制,而无因管理人则有义务将管理过程中获得的利益全部转移给本人,因此,对侵权人因侵权获利的全部返还,成为主张准用无因管理的合理性依据。⑫ "从学理概念来分析,允许专利权人在侵权损害赔偿法律框架下援用不法无因管理的法律效果,表面上意在填补损害,然而更现实的意义在于合理地平

---

① ④ 参见张广良:《知识产权侵权民事救济》,法律出版社2003年版,第161页。
② 参见胡晶晶:《知识产权"利润剥夺"损害赔偿请求权基础研究》,载《法律科学(西北政法大学学报)》2014年第6期。
③ 参见胡晶晶:《知识产权"利润剥夺"损害赔偿请求权基础研究》,载《法律科学(西北政法大学学报)》2014年第6期;张广良:《知识产权侵权民事救济》,法律出版社2003年版,第161页。
⑤ 参见胡晶晶:《知识产权"利润剥夺"损害赔偿请求权基础研究》,载《法律科学(西北政法大学学报)》2014年第6期。
⑥ 参见胡晶晶:《知识产权"利润剥夺"损害赔偿请求权基础研究》,载《法律科学(西北政法大学学报)》2014年第6期;张广良:《知识产权侵权民事救济》,法律出版社2003年版,第161—162页。
⑦ 参见张广良:《知识产权侵权民事救济》,法律出版社2003年版,第162页。
⑧ BGH, 29.5.1962, GRUR 1962, 509.转引自徐小奔:《专利侵权获利赔偿中因果关系的认定》,载《法律科学(西北政法大学学报)》2018年第4期。
⑨ 参见胡晶晶:《知识产权"利润剥夺"损害赔偿请求权基础研究》,载《法律科学(西北政法大学学报)》2014年第6期;张晓霞:《侵权获利返还之请求权基础分析——以第三次修订的〈专利法〉第65条为出发点》,载《知识产权》2010年第2期;曾世雄:《损害赔偿法原理》,中国政法大学出版社2001年版,第187页。
⑩ 参见胡晶晶:《德国法中的专利侵权损害赔偿计算——以德国〈专利法〉第139条与德国〈民事诉讼法〉第287条为中心》,载《法律科学(西北政法大学学报)》2018年第4期。
⑪ 参见曾世雄:《损害赔偿法原理》,中国政法大学出版社2001年版,第187页。
⑫ 参见张晓霞:《侵权获利返还之请求权基础分析——以第三次修订的〈专利法〉第65条为出发点》,载《知识产权》2010年第2期。

衡侵权干扰与专利权保护。"①然而,将侵权获利赔偿视为无因管理存在如下无法解决的问题:一是无因管理的立法目的之一在于使无因管理人的权益不致因救助他人而受损,体现了对公序良俗的维护,与侵权获利赔偿的预防功能并不一致;二是侵权获利中有部分可能是由于专利之外的其他因素而产生的,将其以无因管理的缘由返还给权利人,则会造成无因管理人的损失以及权利人的不当得利;三是我国民法仅规定了无因管理,未规定不法管理,准用不法管理不符合我国的立法现状。②

上述两种观点的共同点在于,均认为侵权获利赔偿不具备独立的法律地位。而另有观点认为,侵权获利赔偿具有独立地位,其性质是获益赔偿。获益赔偿与损害赔偿不同,损害赔偿是以权利人为出发点,着力于对权利人损害的补偿;而获益赔偿是以侵权人为出发点,是对侵害人的利益剥夺。获益赔偿具有独立的价值:(1)对受损权利的充分救济。行使权利获益是权利的一项具体权能,获益赔偿较能够实现权利的完善保障。(2)直接体现剥夺不当获利和对侵权行为的威慑功能。③而反对观点则认为,将侵权获利赔偿作为独立的请求权基础存在以下问题:(1)侵权获利赔偿不再受顺位的限制;(2)法院将直接适用侵权获利赔偿而无须考虑包括社会影响等各种因素,会主张专利阻碍,激励更多权利人利用诉讼获得意外之财;(3)将本作为推定使用且实际适用可能性较小的替补方式上升为独立的制度,欠缺充分的合理性和必要性;(4)损害赔偿法以矫正正义为法理基础,超出实际损失范围的赔偿显然无法继续建立在该理论基础之上。④本书认为,侵权获利赔偿是否具有独立的法律地位,与权利人是否获得不当利益,是否过度剥夺了侵权人的利润,以及侵权获利的适用顺位等问题,没有直接的关联,并不能成为肯定或否定其法律地位的理由。

关于侵权获利赔偿性质的认定,其作用在于为计算损失提供便利,减轻专利权人对于因侵权而遭受的损害的举证责任,从而避免出现侵权人实施了侵权行为但免于承担损害赔偿责任的不公平后果,以期实现专利权人与侵权人之间的利益平衡,而非探讨其在损害赔偿中的法律地位。多数观点认为,侵权获利赔偿实质上是实际损失的一种法律推定。⑤ 由于专利权本身价值的难以估量,当事人难以提供充分的证据证明实际损失的范围及其与侵权行为之间的因果关系,为确保专利权人获得充分的赔偿,并为避免过于繁杂的证明过程,在实体法层面,因果关系的证明可通过法律推定得到简化。⑥ 反对者的观点主要集中在如下几个方面:(1)颠覆了传统损害赔偿法以权利人为中心,以实际损害范围为半径的基本理论,侵权获利赔偿在理念和功能上都已经超

---

① 胡晶晶:《德国法中的专利侵权损害赔偿计算:以德国〈专利法〉第139条与德国〈民事诉讼法〉第287条为中心》,载《法律科学(西北政法大学学报)》2018年第4期。
② 参见胡晶晶:《知识产权"利润剥夺"损害赔偿请求权基础研究》,载《法律科学(西北政法大学学报)》2014年第6期;张晓霞:《侵权获利返还之请求权基础分析:以第三次修订的〈专利法〉第65条为出发点》,载《知识产权》2010年第2期。
③ 参见孙良国:《知识产权侵权获益赔偿的立法模式的选择——以现行法为分析对象》,载《武汉理工大学学报(社会科学版)》2011年第6期。
④ 参见胡晶晶:《知识产权"利润剥夺"损害赔偿请求权基础研究》,载《法律科学(西北政法大学学报)》2014年第6期。
⑤ 参见尹新天:《中国专利法详解》,知识产权出版社2011年版,第734页;杨建成、林幼吟、张筱锴:《知识产权侵权损害赔偿额的证据认定》,载蒋志培主编:《知识产权民事审判证据实务》,中国法制出版社2008年版,第177—178页;湖南省高级人民法院、长沙市中级人民法院联合课题组:《关于确定知识产权侵权损害赔偿数额证据认定的相关问题》,载蒋志培主编:《知识产权民事审判证据实务》,中国法制出版社2008年版,第196页。
⑥ 参见张晓霞:《侵权获利返还之请求权基础分析——以第三次修订的〈专利法〉第65条为出发点》,载《知识产权》2010年第2期;杨建成、林幼吟、张筱锴:《知识产权侵权损害赔偿额的证据认定》,载蒋志培主编:《知识产权民事审判证据实务》,中国法制出版社2008年版,第176页。

出了损害赔偿的范围。①（2）侵权获利部分可能高于权利人的实际损失利益,将超出部分作为损失赔偿会使权利人不当得利。②（3）将侵权获利作为权利人损失的确定根据,未考量到权利人是否具有实施专利的计划和实施能力,以及实施专利对侵权获利的贡献度。③（4）该推定可能掩盖获益赔偿的一般意义,成为应对具体问题的应景之作,虽解决了结果妥当性问题,但掩盖了获益赔偿的独立性。④ 本书赞同将侵权获益的计算方式视为一种法律推定的观点,这种推定的效果在于,从根本上承认侵权获利与损害存在着因果关系,该因果关系可以通过相反事实而"部分"而非"完全"地被推翻。⑤ 此种法律推定意味着无须将专利权人本身是否有能力获得侵权人所取得的利益纳入考量因素,但如果侵权人提出抗辩,认为损害金过高或因果关系认定有失宽泛,则应负担证明责任。借助于这种法律推论的思路,侵权获利方式中专利权人的证明责任事实上得到了减轻,以至于德国主流观点皆认为,"侵权获利"计算方法的目的并非赔偿实际损失,其实质上是一种处理经济利益损害的公平方式。⑥

二、侵权获利的分摊规则

（一）分摊规则的确立

对于我国司法实践就侵权获利赔偿方式是否确立了分摊规则,学者有不同观点。否定者认为,我国采用的是全部市场价值规则,而非分摊规则。理由是 2001 年《最高人民法院关于审理专利纠纷案件适用法律的若干问题规定》第 20 条第 2 款规定并没有提到分摊规则,从文义上理解,最高人民法院采用的是全部市场价值规则。⑦ 而肯定观点认为,我国确立了分摊规则。理由是《最高人民法院关于审理侵犯专利权纠纷案件应用法律若干问题的解释》第 16 条⑧规定了分摊规则。⑨ 而关于在我国以侵权获利计算专利侵权损害赔偿方式中设置分摊规则是否必要,亦有不同观点。其中,有观点认为,若侵权产品中包含多个部件,但仅有一个部件侵犯了原告的专利

---

①④ 参见孙良国:《知识产权侵权获益赔偿的立法模式的选择——以现行法为分析对象》,载《武汉理工大学学报(社会科学版)》2011 年第 6 期。

② 参见胡晶晶:《知识产权"利润剥夺"损害赔偿请求权基础研究》,载《法律科学(西北政法大学学报)》2014 年第 6 期。

③ 参见张晓霞:《侵权获利返还之请求权基础分析:以第三次修订的〈专利法〉第 65 条为出发点》,载《知识产权》2010 年第 2 期。

⑤ 参见胡晶晶:《德国法中的专利侵权损害赔偿计算:以德国〈专利法〉第 139 条与德国〈民事诉讼法〉第 287 条为中心》,载《法律科学(西北政法大学学报)》2018 年第 4 期。

⑥ Federal Supreme Court, 2001 GRUR 329, 330, translated in 33 IIC900, 902(2002).

⑦ 参见和育东:《专利侵权赔偿中的技术分摊难题——从美国废除专利侵权"非法获利"赔偿说起》,载《法律科学(西北政法大学学报)》2009 年第 3 期。

⑧ 《最高人民法院关于审理侵犯专利权纠纷案件应用法律若干问题的解释》第 16 条规定:"人民法院依据专利法第六十五条第一款的规定确定侵权人因侵权所获得的利益,应当限于侵权人因侵犯专利权行为所获得的利益;因其他权利所产生的利益,应当合理扣除。侵犯发明、实用新型专利权的产品系另一产品的零部件的,人民法院应当根据该零部件本身的价值及其在实现成品利润中的作用等因素合理确定赔偿数额。侵犯外观设计专利权的产品为包装物的,人民法院应当按照包装物本身的价值及其在实现被包装产品利润中的作用等因素合理确定赔偿数额。"

⑨ 参见徐小奔:《专利侵权获利赔偿中因果关系的认定》,载《法律科学(西北政法大学学报)》2018 年第 4 期;张玲、张楠:《专利侵权损害赔偿额计算中的技术分摊规则》,载《天津法学》2013 年第 1 期;吴广海:《美国专利侵权损害赔偿中的分摊规则问题》,载《知识产权》2012 年第 6 期;尹新天:《中国专利法详解》,知识产权出版社 2011 年版,第 735 页。

权,应按照全部市场价值规则,同该侵权产品配套使用的附属品、消耗品,如果能合理地预见到这些产品是和侵权产品一并销售的,则侵权人从上述产品的销售中获取的利润,是其侵权行为带来的间接利润,因此并无采用分摊规则的必要。① 而多数观点则认为,我国应采纳分摊规则。② 产品利润的构成往往是多元的,其不仅来自专利权因素,在个案的证据认证过程中应把握侵权行为与侵权获利之间的因果关系,区分侵权产品的利润总额与其中因侵犯专利权获取的利润,并剔除与侵权行为无关的费用,否则就会导致不合理的结论。③

关于我国司法实践是否在侵权获利赔偿方式中确立了分摊规则,依据《最高人民法院关于审理专利纠纷案件若干问题的解答》(现已失效)中所提出的,专利侵权的损失赔偿额可按照侵权人因侵权行为获得的全部利润作为损失赔偿额。而侵权人从每件侵权产品(包括使用他人专利方法生产的产品)获得的利润乘以在市场上销售的总数所得之积,即为侵权人所得的全部利润。在此司法解释中,最高人民法院所确认的侵权获利赔偿的范围是包含侵犯专利产品的所有利润,并未规定将专利侵权部分的利润从中加以分割。然而,依据 2001 年《最高人民法院关于审理专利纠纷案件适用法律的若干问题规定》第 20 条第 3 款规定,"侵权人因侵权所获得的利益可以根据该侵权产品在市场上销售的总数乘以每件侵权产品的合理利润所得之积计算。侵权人因侵权所获得的利益一般按照侵权人的营业利润计算,对于完全以侵权为业的侵权人,可以按照销售利润计算"。该条款被之后的 2015 年、2020 年《最高人民法院关于审理专利纠纷案件适用法律问题的若干规定》所沿用。其中,从条款文义角度看,由"全部利润"到"合理利润"的转变,其实质上是已在侵权获利赔偿中承认并规定了分摊规则,否定了将包含侵权专利产品的所有利润纳入赔偿范围的做法,限制了侵权获利的赔偿范围。此外,亦有地方法院的做法可加以佐证。④

在"本田工业株式会社诉三阳机车工业公司侵害外观设计专利权纠纷案"中,一、二审均认为:"原告计算得出的数据是被告销售侵权产品整车所获利润的数据,对于摩托车整车而言,影响其销售利润的因素除了外观设计,还有因其他因素,如产品的性能、品牌、营销策略等,不能将销售整车所得的利润全部归因于侵犯外观设计专利行为。原告主张被告奔马公司的侵权获利有 88 万余元,对其提出的侵权赔偿数额达 50 万余元(原告请求赔偿包括合理费用在内的经济损失70 万元,其中合理费用约计 18 万余元),对侵犯外观设计专利权所获得的利益估算过高,该院不

---

① 参见张广良:《知识产权侵权民事救济》,法律出版社 2003 年版,第 190—192 页。
② 参见徐小奔:《专利侵权获利赔偿中因果关系的认定》,载《法律科学(西北政法大学学报)》2018 年第 4 期;张玉敏、杨晓玲:《美国专利侵权诉讼中损害赔偿金计算及对我国的借鉴意义》,载《法律适用》2014 年第 8 期;张玲、张楠:《专利侵权损害赔偿额计算中的技术分摊规则》,载《天津法学》2013 年第 1 期;吴广海:《美国专利侵权损害赔偿中的分摊规则问题》,载《知识产权》2012 年第 6 期;尹新天:《中国专利法详解》,知识产权出版社 2011 年版,第 734—735 页;和育东:《专利侵权赔偿中的技术分摊难题——从美国废除专利侵权"非法获利"赔偿说起》,载《法律科学(西北政法大学学报)》2009 年第 3 期;姜庶伟:《知识产权侵权损害赔偿》,载张广良主编:《知识产权民事诉讼热点专题研究》,知识产权出版社 2009 年版,第 138—142 页;杨建成、林幼吟、张筱锴:《知识产权侵权损害赔偿额的证据认定》,载蒋志培主编:《知识产权民事审判证据实务》,中国法制出版社 2008 年版,第 183 页。
③ 参见尹新天:《中国专利法详解》,知识产权出版社 2011 年版,第 734—735 页;杨建成、林幼吟、张筱锴:《知识产权侵权损害赔偿额的证据认定》,载蒋志培主编:《知识产权民事审判证据实务》,中国法制出版社 2008 年版,第 183 页。
④ 《重庆市高级人民法院关于确定知识产权侵权损害赔偿数额若干问题的指导意见》第 7 条规定:"侵权人所获利润是因侵犯权利人的知识产权专有权利所获得的利润,对因其他因素形成的利润应当从侵权人整体获利中予以剔除。侵权人不能证明其成本、必要费用或其他利润形成因素的,其因侵权行为所得收入即为侵权获利。"

予全额支持,扣除涉案产品利润中商标权或其他权利对产品利润的贡献后,酌定为 30 万元。"[1] 其他案件,诸如"本田技研工业株式会社等诉石家庄双环汽车股份有限公司等侵犯外观设计专利权纠纷案"[2]"晋江金童蚊香制品有限公司诉福建省金鹿日化股份有限公司专利侵权纠纷案"[3]"武汉晶源环境工程有限公司诉日本富士化水工业株式会社等侵犯发明专利权纠纷案"[4]。

我国法院在有些案件中虽运用了全部市场价值规则,但其分析过程仍是以分摊规则为基础,仅是因涉案被侵犯的专利为侵权产品提供了吸引消费者购买的主要功能。例如,在"刘少辉诉天津捷高建筑材料有限公司(简称捷高公司)等侵犯实用新型专利权纠纷案"中,二审认为:"鉴于捷高公司、科贸公司制造、销售的卷纱装置是实现隐形纱窗功能和效果的主要装置,对整个产品的销售和获取市场利润起决定作用,因此捷高公司、科贸公司制造、销售侵权产品所获得的利润,应当按照隐形纱窗的全部利润的计算。"最高人民法院在再审中予以认可,认为:"被控侵权产品是一种自动卷帘纱窗可调自锁卷纱机构,系隐形纱窗中的主要零部件。由于捷高公司、科贸公司并未将其制造的被控侵权产品作为隐形纱窗的零部件对外销售,而是使用在其制造、销售的隐形纱窗中,并且被控侵权产品是实现隐形纱窗功能和技术效果的核心部件,对于实现隐形纱窗的利润具有重要的作用,因此,二审法院酌情确定被控侵权产品的利润为隐形纱窗利润的,并无不当。"[5]

关于在侵权获利赔偿方式中设置分摊规则的必要性,由于技术分摊是在因果关系框架内进行的,因而,对技术分摊的承认即是为了满足侵权责任成立和确定责任范围的构成要件。[6] 然而,全部利润的赔偿并不意味着否定因果关系在侵权获利赔偿方式中的存在,而是对被侵权的专利与侵权人所获利润之间的因果关系仅有模糊的认知,且囿于从产品全部利润中将专利所产生的部分予以分割的难度较大,因而只能以全部利润加以计算并赔偿,即使存在超出的利润亦可解释为对侵权行为的惩罚。侵权人因侵权产品所获利润可能是因为产品包含了涉案专利而吸引消费者,也可能因侵权人自身的市场地位、营销能力或声誉。损害数额的证明困难正在于难以证明整体的侵权获利中究竟有多少是基于侵权行为的,该问题的证实难度较大,不亚于证实侵权行为与权利人的实际损失之间因果关系的难度。[7] 然而,分摊规则在侵权获利赔偿中因果关系的外在形式,实践中的规则操作困难并不能使故意掩饰规则存在的做法正当化。即使在某些情况下,尤其是在被侵犯的专利为原创技术,按照分摊规则认定侵权专利对侵权产品全部利润皆具有直接影响,此时仍具备适用全部加以赔偿的条件,这并不意味着否定分摊规则的存在。因而,可以认定分摊规则是侵权获利赔偿方式必不可少的一环。

---

[1] 福建省高级人民法院(2014)闽民终字第 641 号民事判决书。
[2] 最高人民法院(2012)民申字第 56 号民事裁定书。
[3] 浙江省高级人民法院(2005)浙民三终字第 150 号民事判决书。
[4] 最高人民法院(2008)民三终字第 8 号民事判决书。
[5] 最高人民法院(2009)民申字第 502 号民事裁定书。
[6] "单从损害赔偿法言,因果关系之功能有二:一者系损害赔偿之构成要件,即行为与损害之间须具因果关系,损害赔偿法方得成立;二者系决定损害赔偿之范围,即须与行为具因果关系之损害,方为赔偿范围之损害。前者之功能,乃原本所具之功能,后者之功能,乃因决定损害赔偿范围时,经常借助因果关系所衍生之功能。"参见曾世雄:《损害赔偿法原理》,中国政法大学出版社 2001 年版,第 96 页。
[7] 参见胡晶晶:《德国法中的专利侵权损害赔偿计算:以德国〈专利法〉第 139 条与德国〈民事诉讼法〉第 287 条为中心》,载《法律科学(西北政法大学学报)》2018 年第 4 期。

然而，不可否认的是，否定分摊规则的观点所担忧的操作困难确实客观存在，其在我国法院实践中确定侵权获利的不同方法时呈现得尤为突出，我国法院有三种确定侵权获利的方法：

一是直接根据司法解释规定的公式计算侵权获利。例如，在"刘少辉诉天津捷高建筑材料有限公司等侵犯实用新型专利权纠纷案"中，二审法院认为，被告制造、销售的侵权产品为59 630扇，酌情确定单扇纱窗的合理利润为40元，该利润数额乘以数量即赔偿数额，最高人民法院在再审裁定书中对此予以认可。① 其他案件还有"西安秦邦电信材料有限责任公司诉无锡市隆盛电缆厂等专利侵权纠纷案"②。

二是综合几项因素后酌定侵权获利。例如，在"东莞市品高礼品有限公司（简称品高公司）诉陈桂哲侵犯外观设计专利权纠纷案"中，关于本案赔偿数额的确定问题，法院经审理认为，品高公司未能提交其因陈桂哲的侵权行为所受到的损失。法院根据品高公司享有的专利权类别、陈桂哲侵权的性质和被控侵权产品的使用范围及陈桂哲对侵权产品的销售情况等因素，确定陈桂哲因侵权行为获得的利益。品高公司主张的赔偿数额过高，不予支持。③

三是先根据公式计算，同时在考虑其他因素后酌定侵权获利的数额。例如，在"晋江金童蚊香制品有限公司诉福建省金鹿日化股份有限公司专利侵权纠纷案"中，一、二审均认为，被告共生产了被控产品1 500万只，以其向外销售的价格每件（1×60）88.50元/件计算，可得出售的被控产品每盒单价为1.475元。因被告并未提供被控产品的利润情况，按照通常商品利润为10%—20%计算，被告可获得的利润为2 212 500—4 425 000元；同时法院注意到：（1）被控产品中的利润包括了被控产品蚊香盒及蚊香两部分，应排除蚊香盒中所包含的蚊香利润比例；（2）被告仅2001年就生产销售了1 500万只被控侵权产品；（3）被控侵权产品先后销往浙江、云南、福建；（4）涉案专利不仅起到包装作用，而且具有功能作用。为此，法院酌情确定被告侵权获利为2 200 000元。④

在计算侵权获利的数额时，实践中法院采用的方法虽有不同，但其共同点在于，三种方法皆在试图避免对侵权专利与侵权获益之间具体因果关系作出回应，即对分摊规则的具体适用，在判决书中采用模糊的方法对最终的侵权获利总额加以确定。其中，第一种方法直接以司法解释中的公式对侵权获利数额进行计算，至于侵权专利与侵权人所得利润之间的关系对数额的影响，一般做法是通过在确定单位侵权产品的利润时的酌情确定加以呈现，至于具体的酌情因素和酌情过程则通常未能在判决书中反映出来。至于第二种方法，法院为了避免在判决书中对适用分摊规则所产生的分歧，在综合考量各种因素后对最终的侵权获利总额加以确定，对于侵权专利与侵权获益之间的关系更加难以确定。相较前两种方法，第三种方法是明确提出要考量侵权产品中的利润分摊，在最终的赔偿总额中排除非侵权部分的利润，同时还具体考量了其他影响侵权产品利润的因素，然而，此种做法也仅是停留在对利润比例的考量，至于如何确定侵权专利在利润总额中的具体份额，则未言明，最终的结果也仅是在根据公式计算出的数额基础上予以适当的减少。可见，在实践中，法院在确定侵权获利数额时，对分摊规则皆采取模糊化的处理方法，从正面

---

① 最高人民法院（2009）民申字第502号民事裁定书。
② 陕西省高级人民法院（2008）陕民三终字第18号民事判决书。
③ 北京市第一中级人民法院（2010）一中民初字第11674号民事判决书。
④ 浙江省高级人民法院（2005）浙民三终字第150号民事判决书。

反映了分摊规则在实际操作中的难度。究其原因,本书认为,实践普遍将分摊规则视为一种事实判断规则加以运用,力图探寻侵权专利对侵权人因侵权产品所获利润的具体影响力,其所追求的是以科学上的归因为依据的定性,如此方能解决问题并避免分歧,但往往囿于当事人的举证能力和法官的裁决能力有限,且其他影响因素存在不确定性,难以实现精确认定侵权专利对侵权获益总额的具体贡献力。

如前所述,分摊规则的适用即探讨侵权行为与侵权获益之间的因果关系。关于因果关系的理论,学界存在"条件说""相当因果关系说"和"预见说"三种主流学说。条件说以哲学上因果关系之概念直接套用以认定法律上因果关系之存否,但从哲学观点观之,每一事物发生的原因可涉及一切事物,以条件说认定因果关系则漫无边际;[1]而相当因果关系说则以科学上可能率之观念为基础而推论因果关系之有无,以此克服条件说的缺陷,但"相当因果关系说必然走入全有全无之逻辑陷阱,即肯定有相当因果关系者,须负全部责任,否定有相当因果关系者,推卸全部责任"[2],且相当因果关系的判断有赖于结果已经发生的前提,受制于已发生之事实,困难重重;[3]因果关系之预见说,以侵权人预见的范围为损害赔偿范围,但该学说松弛欠严密。[4] 在上述三种关于因果关系的学说中,其所追求的是侵权行为对损害的影响的具体事实,但在理论阐述过程中,皆不能免于适用者的主观判断,如可能率、预见能力等。如此可断定因果关系并不是一种单纯的事实判断,在认定侵权行为与损害后果之间的关系时难以排除法官的自由裁量和价值判断,因为因果关系是能够引起法律关系发生、变更、消灭的自然事件,亦是法律事实,在考量某一事件是否是另一事件的原因时,因观察者的立场、目的、文化背景的差异而存在不同结论。[5] 如此,因果关系的认定不仅是事实判断,亦为一种法律判断。

由此,可以认定侵权获利赔偿中的分摊规则需引入价值判断。[6] 专利侵权行为的发生则意味着侵权者违反了法律规定的一般性义务,而义务根源即法规,侵权人的损害赔偿责任,应探讨被违反法规之意义与目的。[7] 在侵权获利赔偿中,分摊规则的适用并不意味着某部分的侵权利润可因其与被侵犯专利之间的关系而陷入全有或全无的逻辑陷阱,防止由此规则所产生的权利人与侵权人之间的利益失衡。法官可以依据常识而概括性认定侵权获利总额中必定存在涉案专利技术价值贡献的同时,将具体的贡献比例视为主观评价的对象,通过自由裁量确定损害赔偿的具体比例。[8] 将价值判断引入侵权获利的分摊规则的适用之中,并不意味着因果关系的完全虚化,其仍是以侵权行为与损害后果之间的客观联系为基础,即围绕法律事件的事实判断为依据,

---

[1] 参见曾世雄:《损害赔偿法原理》,中国政法大学出版社2001年版,第103—104页。
[2] 曾世雄:《损害赔偿法原理》,中国政法大学出版社2001年版,第104—105页。
[3] 参见曾世雄:《损害赔偿法原理》,中国政法大学出版社2001年版,第105页。
[4] 参见曾世雄:《损害赔偿法原理》,中国政法大学出版社2001年版,第110—112页。
[5] 参见徐小奔:《专利侵权获利赔偿中因果关系的认定》,载《法律科学(西北政法大学学报)》2018年第4期。
[6] 德日专利法中专利贡献比例的概念与美国技术分摊规则的相似之处在于都要求在侵权人获利的总额中以因果关系为概念工具,按照一定的比例析出应属于权利人损害的部分。但是,二者存在本质上的不同:美国式的技术分摊规则将专利贡献比例的认定视为纯粹的事实判断,要求法官精确无误地计算出具体的比例;德日专利法中强调的专利贡献比例则是允许法官以目的性考量为依据进行自由裁量。参见徐小奔:《专利侵权获利赔偿中因果关系的认定》,载《法律科学(西北政法大学学报)》2018年第4期。
[7] 参见曾世雄:《损害赔偿法原理》,中国政法大学出版社2001年版,第115页。
[8] 参见徐小奔:《专利侵权获利赔偿中因果关系的认定》,载《法律科学(西北政法大学学报)》2018年第4期。

即是在相当因果关系中引入法律目的的考量,克服相当因果关系说的固有弊端,如此便可以提高专利权人与侵权人对侵权获利赔偿规则计算结果的可预期性,以防止恣意裁判。在此基础上,侵权获利计算方式中分摊规则的设置应以较为宽松的态度加以理解,即在严苛的因果关系事实认定的基础上考量损害赔偿的规范目的,考虑所有相关因素之后再对因果关系认定作出判断,如此便将因果关系的认定问题回归至法律的单纯层次。

(二)分摊方法

对于分摊的方法,目前我国学界提出了如下建议可供参考:

第一,应明确分摊规则而非全部市场价值规则是确定专利损害赔偿的基本方法。分摊规则的适用应以善意侵权为前提,恶意侵权应根据主观恶意程度视情况适用全部市场价值规则,因为恶意侵权适用分摊规则不足以预防侵权行为。①

第二,应借鉴美国法院的判例,对"制造并销售"和"使用"两种形态适用不同的分摊方法。对于制造并销售侵权,分三种情况:一是当侵权人制造并销售的产品完全被权利人的专利所覆盖,则该产品的全部利润都可假定归功于专利,专利权人有权就整个产品的利润获得赔偿。二是权利人的专利虽然覆盖了侵权人的整个产品,但侵权人对权利人的专利进行了改进,侵权人有义务对改进侵权产品获利的贡献进行举证,从而进行分摊。三是侵权人制造并销售的产品包含权利人的改进专利或其中某个零部件具有专利权,则权利人有责任对该改进专利或零部件对产品利润的贡献进行举证和分摊。分摊的典型方法是将含有专利的产品同另一个被用来取得类似效果但没有专利特征的产品进行比较,确定两个产品中除专利特征之外其余完全相同部分的利润,即可确定归功于专利的利润。如果权利人能证明侵权产品的全部市场价值都来自这种改进或零部件,则权利人能获得侵权产品的全部利润。对于使用侵权,分摊的方法是比较侵权人使用专利和使用其他可以取得类似效果的产品或方法所节约的成本或减少的损失,即可确定归功于专利的利润。②

第三,应明确适用全部市场价值规则应满足的条件。③有学者认为,仅当被侵权专利特征是构成客户需求的基础时,才可以基于侵权产品的全部市场价值来确定赔偿数额。④有学者则认为,适用全部市场价值规则应同时满足3个条件:(1)专利技术必须构成消费者购买产品的基础;(2)权利人必须合理地期望将非专利部件连同专利部件一起销售;(3)非专利部件与专利部件的功能密切相关,在发挥作用时相互依赖。⑤

三、侵权获利分摊的举证规则

关于分摊的举证责任问题,目前学界有三种不同的观点。

---

① ④ 参见吴广海:《美国专利侵权损害赔偿中的分摊规则问题》,载《知识产权》2012年第6期。
② ③ 参见张玲、张楠:《专利侵权损害赔偿额计算中的技术分摊规则》,载《天津法学》2013年第1期;吴广海:《美国专利侵权损害赔偿中的分摊规则问题》,载《知识产权》2012年第6期。
⑤ 参见张玲、张楠:《专利侵权损害赔偿额计算中的技术分摊规则》,载《天津法学》2013年第1期。

观点一认为，分摊应由权利人承担举证责任。① 应当由当事人提出技术分摊的请求并承担相应的举证责任，而不是由法院自行决定是否实行技术分摊、分摊比例有多大等。无论是技术分摊规则还是全部市场价值规则，都应以当事人的举证为前提，法院不应越俎代庖。如果当事人的证据能够证明产品如果缺乏专利技术，顾客就不会购买，则应适用全部市场价值规则计算赔偿额。反之，则应综合考虑专利的技术特征、该专利产品的市场价值、产品的市场竞争状况等因素，确定专利技术对整个产品的经济贡献，判决适当的损害赔偿额。② 有学者认为，对权利人的举证要求不宜过高，法院可通过行使释明权责令侵权人举证证明其实际盈利、经营成本以及应予剔除的与侵权行为无关的因素。若侵权人拒绝提供有效证据，法院可依照《最高人民法院关于民事诉讼证据的若干规定》第95条直接认可权利人的证据和计算方法或依据法院已经查证的基本事实，确定侵权人应予赔偿的数额。③

观点二认为，分摊应由侵权人承当举证责任。④ 基于我国侵犯专利权的损害赔偿数额较低这一现实，从利益平衡原则出发，可以考虑将技术分摊的举证责任分配给被告，由侵权人提出技术分摊的请求并证明在多大的比例范围内进行分摊。如果被告未能提供充分的证据来确定技术分摊比例，其理应承担不利后果。但是此时如果将全部产品利润均赔偿给原告，显然是对被告一种严苛的惩罚，而且原告获得非由其专利创造的利润也没有合理依据，会造成原告的不当得利。因此，法院应当根据原被告双方既已提供的证据，裁量一个比例，但是法院在裁量中应考虑到被告举证不力的事实，采用相对宽松的标准，在裁量中略向原告倾斜，在其确定的实际分摊比例上做适当的提高。⑤

观点三认为，分摊比例应由法官酌定。⑥ 要区分侵权产品的利润总额与其中因侵犯专利权获取的利润，并注意剔除与侵权行为无关的费用。当然，实践中要进行彻底区分和精确计算时较困难的，只能靠法官按照公平原则作出相应的判定。⑦ 如果被告不能令法院信服地把侵权利润从整体利润中分出，也不应让被告把全部利润赔偿给原告，因为原告多获得的这部分利润属于不当得利，不能让被告承担如此显失公平的后果。应当由法官依据其社会与审判经验居中估算分摊比例。即使被告有能力证明分摊比例而拒不提交相关证据，也应先计算出涉及侵权产品的全部利润后由法官推定其中侵权获利的比例，被告无正当理由拒不提供所持分摊证据的行为应当

---

① 参见张玉敏、杨晓玲：《美国专利侵权诉讼中损害赔偿金计算及对我国的借鉴意义》，载《法律适用》2014年第8期；和育东：《专利侵权赔偿中的技术分摊难题——从美国废除专利侵权"非法获利"赔偿说起》，载《法律科学（西北政法大学学报）》2009年第3期；周丽婷：《与证据和证明有关的几个问题》，载张广良主编：《知识产权民事诉讼热点专题研究》，知识产权出版社2009年版，第110页。
② 参见张玉敏、杨晓玲：《美国专利侵权诉讼中损害赔偿金计算及对我国的借鉴意义》，载《法律适用》2014年第8期。
③ 参见杨建成、林幼吟、张筱锴：《知识产权侵权损害赔偿额的证据认定》，载蒋志培主编：《知识产权民事审判证据实务》，中国法制出版社2008年版，第181页。
④ 参见张玲、张楠：《专利侵权损害赔偿额计算中的技术分摊规则》，载《天津法学》2013年第1期；姜庶伟：《知识产权侵权损害赔偿》，载张广良主编：《知识产权民事诉讼热点专题研究》，知识产权出版社2009年版，第142页。
⑤ 参见张玲、张楠：《专利侵权损害赔偿额计算中的技术分摊规则》，载《天津法学》2013年第1期。
⑥ 参见姜庶伟：《知识产权侵权损害赔偿》，载张广良主编：《知识产权民事诉讼热点专题研究》，知识产权出版社2009年版，第138—142页；杨建成、林幼吟、张筱锴：《知识产权侵权损害赔偿额的证据认定》，载蒋志培主编：《知识产权民事审判证据实务》，中国法制出版社2008年版，第183页。
⑦ 参见杨建成、林幼吟、张筱锴：《知识产权侵权损害赔偿额的证据认定》，载蒋志培主编：《知识产权民事审判证据实务》，中国法制出版社2008年版，第183页。

被法官作为推定分摊比例时的从重情节加以考虑。①

如前文所述,侵权获利赔偿方式的性质定义为一种法律推定,其目的就在于减轻专利权人对于因侵权而遭受的损害的举证责任,避免出现侵权人实施了侵权行为但免于承担损害赔偿责任的后果,从而实现专利权人与侵权人之间的利益平衡。从侵权获利的性质和损害填平的目标出发,应由侵权行为人就侵权产品的获得利润中举证证明非由侵权专利所产生的部分,包括技术原因和非技术原因等证明,否则将承担将全部销售侵权产品所获得的利润纳入赔偿的范围。在侵权人提供其主张的证据后由法官裁决其是否达到了证明标准,此部分属于法官自由裁量的内容。然而,需要明确的是,侵权获利的分摊的举证责任由侵权人承担,并不意味着在此种赔偿方式中免除了专利权人的举证责任。关于专利权人需承担的举证责任,可参照美国法院的做法。尽管美国专利法对侵权获利赔偿的规定比较特殊,但美国其他知识产权法中的侵权获利赔偿有着基本一致的规则。为了获得侵权获利赔偿,权利人首先负有证明侵权人的收入与侵权行为有因果关系的举证责任,然后侵权人负有证明从侵权人的收入应扣除的数额的举证责任,可扣除的收入包括侵权人的成本以及侵权人由于侵权行为以外的其他因素获得的收入。② 尽管美国版权法和商标法都只要求权利人证明侵权人的总收入或销售额,但是美国法院认为,权利人仅证明侵权人的收入是不够的,其须证明与侵权行为有合理联系的侵权人收入,才能完成其举证责任。③ 这一举证责任要求并不高,只要权利人证明了与侵权行为有合理联系的侵权人收入的数额,则举证责任就转移给了侵权人,侵权人须证明从侵权人的收入应扣除的数额。

第四节　可参照专利许可费的确定

与实际损失和侵害获益的计算方法相比,参照专利许可费计算专利侵权损害赔偿数额并非能实现对权利人最为充分的救济,仅因其是最简便的损害证明方式及最容易满足诉讼上的举证要求,在该计算方式中,避免了权利人或者侵权人揭露自身有关的如销售成本、数量等商业秘密,亦免除证明所请求数额与被侵犯专利权之间因果关系的举证责任。然而,这并不意味着参照专利许可费的适用条件可较为容易满足,我国法院参照专利许可费计算专利侵权损害赔偿数额的方法使用率较低,其中较为重要的原因在于多数认为该方法的适用条件简单而导致所得出的结果精确度低,难以令权利人和侵权人信服。许可使用费是知识产权价值的一种体现,以之作为损害赔偿的根据是较易操作并且客观公平的,深入研究以许可使用费确定赔偿额方法的适用,有助于突破我国长期以来形成的多采用主观性强的法定赔偿的困境,更为科学、客观地确定损害赔偿数额。④

---

① 参见姜庶伟:《知识产权侵权损害赔偿》,载张广良主编:《知识产权民事诉讼热点专题研究》,知识产权出版社2009年版,第139页。
② See Richard B. Troxel, William Owen Kerr, *Calculating Intellectual Property Damages*, Thomson West, 329 (2007).
③ On Davis v. The Gap, Inc., 246 F.3d 152, 160 (2d Cir. 2001).
④ 参见范晓波:《以许可使用费确定专利侵权损害赔偿额探析》,载《知识产权》2016年第8期。

一、可参照许可费的司法困局

对于参照许可费确定专利损害赔偿数额,《专利法》只规定了参照许可使用费的倍数合理确定。① 在相关司法解释中,最高人民法院对符合计算依据的许可费所应满足的条件作了进一步的解释和限定。2001年《最高人民法院关于审理专利纠纷案件适用法律问题的若干规定》第21条规定,"被侵权人的损失或者侵权人获得的利益难以确定,有专利许可使用费可以参照的,人民法院可以根据专利权的类别、侵权人侵权的性质和情节、专利许可使用费的数额、该专利许可的性质、范围、时间等因素,参照该专利许可使用费的1至3倍合理确定赔偿数额"。之后对条件作了进一步的修订,2015年《最高人民法院关于审理专利纠纷案件适用法律问题的若干规定》第21条(即2020年第三次修正的该司法解释的第15条)规定,"有专利许可使用费可以参照的,人民法院可以根据专利权的类型、侵权行为的性质和情节、专利许可的性质、范围、时间等因素,参照该专利许可使用费的倍数合理确定赔偿数额"。该司法解释取消了将"许可使用费的数额"作为参照的条件,并取消了具体倍数的限制。然而,我国法院在具体案件中的裁判却产生了问题,将参照许可费视为确定专利侵权损害赔偿数额方法中的所需满足条件较少的一种,从而导致该方法的适用遭遇当事人的抵制,致使该方法在我国司法实践中的适用率较低。

适用问题一:对可参照条件的模糊化处理。例如,在"江苏固丰管桩集团有限公司(简称固丰公司)诉宿迁华顺建筑预制构件有限公司(简称华顺公司)侵害发明专利权纠纷案"中,为支持其要求华顺公司赔偿损失的诉讼主张,固丰公司在一审中提交了其与大力神公司订立的模具供货合同,以证明其许可给他人实施的实用新型专利权的许可费。二审认为,固丰公司提交的其与大力神公司签订的实用新型专利实施许可合同中所约定的许可费可作为确定本案侵权赔偿数额的依据,理由如下:首先,该实施许可合同系经国家知识产权局备案,华顺公司对其真实性不持异议,该许可合同中约定真实反映了实用新型专利的许可使用费。且从案外侵权加工合同来看,固丰公司与大力神公司在该实用新型实施许可合同中约定的许可费用也并未明显不合常理。其次,该合同中被许可的实用新型专利与本案所涉的发明专利,均系固丰公司在同日申请的两项专利,且后者的区别技术特征部分是对前者的权利要求的技术方案作出了进一步限定,涉案专利所确定的专利权保护范围在实用新型专利权的权利要求的保护范围之内。因此,固丰公司将实用新型专利权授权给大力神公司的实施许可中也包含了涉案发明专利权利要求保护的技术方案。因此,该专利实施许可合同所确定的专利实施许可费对确定本案侵权赔偿数额具有较强参考价值。② 参照实用新型许可合同,虽考虑到涉案发明专利的技术方案仅为上述实用新型许可合同中的部分技术方案,但并未就"部分"的具体量作出计算,虽然在判决书中参考了市场价值的因素,但对于可参照部分的说明仍不充分。

适用问题二:对可参照的许可合同的真实性未做审查。例如,在"山东九阳小家电有限公司(简称九阳公司)等诉上海帅佳电子科技有限公司(简称帅佳公司)等发明专利侵权纠纷

---

① 《专利法》第71条第1款第1句规定:"权利人的损失或者侵权人获得的利益难以确定的,参照该专利许可使用费的倍数合理确定。"
② 江苏省高级人民法院(2015)苏知民终字第00038号民事判决书。

案"中,原告九阳公司和王旭宁诉请被告帅佳公司和西贝乐公司共同赔偿经济损失 300 万元,而被告认为,两原告选择以专利许可使用费作为赔偿依据,并以此提供了专利实施许可合同及备案证明作为证据,但其认为该组证据并不具有证明力。第一,两原告存在密切的利害关系,王旭宁原系九阳公司股东,曾任董事长,现为董事;第二,国家知识产权局对涉案专利的许可使用进行备案登记仅仅起到公示作用,并不对相关的许可使用费进行审查;第三,两原告未提供证据证明已经按合同约定支付了许可使用费;第四,两原告之间签订的专利实施许可合同书内容与备案证明内容不能印证。一审法院认为,帅佳公司和西贝乐公司抗辩该项请求无事实依据。依照 2001 年《最高人民法院关于民事诉讼证据的若干规定》第 75 条的规定,有证据证明一方当事人持有证据无正当理由拒不提供,如果对方当事人主张该证据的内容不利于证据持有人,可以推定该主张成立。① 诉讼中,原审法院依法裁定对帅佳公司和西贝乐公司生产、销售被控侵权产品的账册进行证据保全,但两被告拒绝提供,故推定九阳公司和王旭宁要求帅佳公司和西贝乐公司赔偿经济损失 300 万元的主张成立,予以支持②。而二审法院则认为,对两被告来说,其使用涉案专利技术所获得的非法利益是明显和巨大的,这一点单单从其自身网站上所载明的一年的营业额宣传就可以得出结论。且上诉人虽然对两被上诉人之间的专利许可合同持有异议,但没有证据表明被上诉人王旭宁与九阳公司之间的专利许可合同以及专利许可费的数额是不客观的。③ 该案中,针对侵权人关于两原告提交的可供参照的涉案专利许可合同所提出的异议,一审和二审法院均未提出对已存在的许可合同的真实性进行审查的措施,而是以侵权人未能就其提出的抗辩举证,被告拒绝提供有关的侵权产品的销售证据以及涉案专利对于两原告均具有较大的市场价值为由,推定两原告之间的许可合同真实存在。若两原告之间仅订立了合同而未实际履行,便难以证明确实存在能证明涉案专利价值的市场交易,该使用费的真实性存在问题。

　　适用问题三:对可参照的许可费的合理性问题的忽视。例如,在"好孩子儿童用品有限公司(简称好孩子公司)诉广州中威日用品企业有限公司、广州市上威贸易有限公司、南京中央商场股份有限公司侵犯发明专利权纠纷案"中,好孩子公司提出以好孩子公司与小小恐龙公司之间的专利实施许可合同为依据,确定被告的损害赔偿额。被告抗辩,好孩子公司的赔偿请求没有依据,其实施许可协议不具有真实性。一审和二审均认为,好孩子公司与小小恐龙公司之间的专利实施许可合同签订于诉讼发生前,且在国家知识产权局办理了备案并已实际履行,其许可费用可以作为确定赔偿数额的依据。根据本案的实际情况,参考涉案发明专利的性质,专利许可的性质、时间,上威公司、中威公司的经营方式、规模、现状、侵权性质、情节、范围、时间以及涉案产品销售价格为 799 元等,综合确定赔偿数额为该专利每年度许可使用费 50 万元的 3 倍。④ 在该案件中,法院判定好孩子公司与小小恐龙公司之间的专利实施许可合同具有可参照性的主要判定标准在于该许可合同签订于诉讼发生之前并且已经实际履行。然而,法院并未对可参照的许可

---

① 2019 年《最高人民法院关于民事诉讼证据的若干规定》修改为第 95 条,即"一方当事人控制证据无正当理由拒不提交,对待证事实负有举证责任的当事人主张该证据的内容不利于控制人的,人民法院可以认定该主张成立"。
② 山东省济南市中级人民法院(2006)济民三初字第 121 号民事判决书。
③ 山东省高级人民法院(2007)鲁民三终字第 38 号民事判决书。
④ 江苏省南京市中级人民法院(2008)宁民三初字第 241 号民事判决书;江苏省高级人民法院(2010)苏知民终字第 32 号民事判决书。

使用费是否符合专利权的市场价值作出审查,已经实际履行的许可费合同并不意味着可断定许可费的标准是合理的。

适用问题四:直接以可参照的许可费数额为赔偿额。例如,在"绍兴县滨海飞翔化工有限公司与浙江龙盛集团股份有限公司(简称龙盛公司)侵害发明专利权纠纷上诉案"中,龙盛公司请求以专利使用费的合理倍数作为赔偿额的计算依据,法院认为,"涉案专利为发明专利,价值较高,龙盛公司与多家专利使用许可单位的专利使用许可费均在500万元以上,比如与浙江吉华集团股份有限公司约定的专利使用费由入门费和销售提成组成,入门费为1 000万元,销售提成按专利产品800元/吨标准计收;与江苏之江化工有限公司约定的专利使用费由入门费和销售提成组成,入门费为500万元,销售提成按专利产品800元/吨标准计收;与绍兴联发化工有限公司约定的专利使用费由入门费和销售提成组成,入门费为500万元,销售提成按专利产品800元/吨标准计收,且入门费均已履行。在有多名专利使用被许可人的情况下,确定专利权赔偿数额时,应当考虑侵权人的结果应差于专利权的被许可人,否则无异于鼓励侵权。有鉴于此,综合以上因素,龙盛公司主张的500万元赔偿请求亦属合理,予以支持"①。对于涉案专利的损害赔偿直接以同一专利已存在的许可合同所确定的许可费数额为准,弊端在于,此种做法未考虑到涉案专利的有效期限、市场对专利价值的影响,机械地参照许可费确定专利侵权损害赔偿的数额是不科学的,法院应根据具体情形,综合各种因素确定赔偿数额,所参照的许可费数额也仅是一个基础而已。

适用问题五:对于许可费的合理倍数说理不清。例如,在"江苏宝德照明器材有限公司(简称江苏宝德公司)与济南三星灯饰有限公司(简称济南三星公司)等侵害外观设计专利权纠纷申请案"中,在江苏宝德公司向最高人民法院提交的再审意见中,其认为,二审法院自行查明专利实施许可费为15万元,从而认定一审法院确定的50万元赔偿数额较为合理,其事实和法律依据亦不存在。关于江苏宝德公司主张的一、二审法院判决其赔偿济南三星公司经济损失50万元缺乏依据的问题,最高人民法院认为,虽然济南三星公司没有向法院提供任何证据证明自己的损失或江苏宝德公司所获得的利润,但一审法院是依据《专利法》第65条第2款,综合考虑各种因素酌情判决赔偿50万元,具有法律依据。而且江苏宝德公司也没有证据证明其损失明显小于50万元。二审法院进一步查明贾亚强与济南三星公司专利实施许可费为15万元,并将其纳入赔偿的考量范围,最终维持一审认定的赔偿数额并无不当。② 法院在确定专利损害赔偿数额是可参照许可费的倍数时,应对所增加的部分进行充分说理,不能仅在判决书中以酌情认定为由而忽视得出结果的过程,否则,极易使得权利人和侵权人产生惩罚性赔偿的误解。

二、参照许可费的考虑因素

(一)已确立的许可费

已确立的许可费是指对于与侵权人未经许可实施的行为相类似的行为,在先达成的实际许

---

① 浙江省绍兴市中级人民法院(2014)浙绍知初字第105号民事判决书;浙江省高级人民法院(2015)浙知终字第91号民事判决书。
② 最高人民法院(2016)最高法民申797号民事裁定书。

可中所确立的许可费。我国规定的许可费赔偿的适用前提是权利人有将专利权许可他人实施的历史,以先前存在许可费为前提。而可供参照的许可费合同需满足以下条件:(1)许可费应发生在权利人发现侵权行为以前向他人许可收取的费用,或是类型基本相同且要素相近的权利在一般情况下许可他人应收取且已实际收取的费用;①(2)许可合同已经实际履行;②(3)许可合同已经备案;③(4)提交被许可人获得许可后的经营情况、所在领域同类型权利的许可使用情况、许可费被其他民事权利援引的情况等以证明许可费具有合理性;④(5)许可使用方式、许可地域、许可使用的经营范围、许可期限,与侵权人的侵权方式、侵权地域、侵权行为的范围和持续时间之间具有类似性或可比关系。⑤ 根据上述条件进行判断,可知权利人为了诉讼而与他人甚至自己的关联企业签订许可使用合同并有意提高许可费,不能被认定为固定的许可费。权利人在中国香港和中国台湾地区签订的许可费与中国内地(大陆)在许可地点上不存在一致性,也不能作为固定的许可费。⑥

已确立的许可费通常确定了损害赔偿数额的下限,只要权利人证明了存在已确立的许可费,应获得不低于该许可费的赔偿数额。已确立的许可费是否能确定损害赔偿数额的上限则要视情况而定。如果已确立的许可费所许可的行为与侵权人实施的行为在类型、地点和时间上都类似,则排除了更高的损害赔偿数额,应根据已确立的许可费确定损害赔偿的数额。如果由于专利还没有得到公众的认可或接受,或者由于侵权行为广泛存在等原因,使得已确立的许可费偏低,则根据合理许可费确定的损害赔偿数额应该高于已确立的许可费。⑦ 此外,许多行政主管部门、行业协会或集体管理组织都制定了一定的收费标准,其他同行业、同等水平的单位也可能存在可供参照的标准。这些标准大多是客观的、具体的,不受当事人之间纠纷的影响,在诉讼中都可以作为证据认定或参考的依据。⑧ 不同行业、不同类型的知识产权许可费应有所区别。以惯例确定许可费的优点是简便易行,不足是其不够准确,不能充分考虑涉案专利自身的特点。权利人和侵权人通常处于同一行业,一般情况下他们对行业内专利许可费的惯例比较了解,即使不了解也可

---

① 参见杨建成、林幼吟、张筱锴:《知识产权侵权损害赔偿额的证据认定》,载蒋志培主编:《知识产权民事审判证据实务》,中国法制出版社2008年版,第184页。
② 参见杨建成、林幼吟、张筱锴:《知识产权侵权损害赔偿额的证据认定》,载蒋志培主编:《知识产权民事审判证据实务》,中国法制出版社2008年版,第184页;湖南省高级人民法院、长沙市中级人民法院联合课题组:《关于确定知识产权侵权损害赔偿数额证据认定的相关问题》,载蒋志培主编:《知识产权民事审判证据实务》,中国法制出版社2008年版,第204页。
③ 参见湖南省高级人民法院、长沙市中级人民法院联合课题组:《关于确定知识产权侵权损害赔偿数额证据认定的相关问题》,载蒋志培主编:《知识产权民事审判证据实务》,中国法制出版社2008年版,第204页。
④ 参见杨建成、林幼吟、张筱锴:《知识产权侵权损害赔偿额的证据认定》,载蒋志培主编:《知识产权民事审判证据实务》,中国法制出版社2008年版,第184—185页;湖南省高级人民法院、长沙市中级人民法院联合课题组:《关于确定知识产权侵权损害赔偿数额证据认定的相关问题》,载蒋志培主编:《知识产权民事审判证据实务》,中国法制出版社2008年版,第204—205页。
⑤ 参见杨建成、林幼吟、张筱锴:《知识产权侵权损害赔偿额的证据认定》,载蒋志培主编:《知识产权民事审判证据实务》,中国法制出版社2008年版,第184页;湖南省高级人民法院、长沙市中级人民法院联合课题组:《关于确定知识产权侵权损害赔偿数额证据认定的相关问题》,载蒋志培主编:《知识产权民事审判证据实务》,中国法制出版社2008年版,第205页。
⑥ 参见张广良:《知识产权侵权民事救济》,法律出版社2003年版,第185页。
⑦ See Donald S. Chisum, Chisum on Patents: A treatise on the Law of Patentability, Validity and Infringement, Matthew Bender & Company, Inc., Vol. 7, 20,176-180 (2002).
⑧ 参见杨建成、林幼吟、张筱锴:《知识产权侵权损害赔偿额的证据认定》,载蒋志培主编:《知识产权民事审判证据实务》,中国法制出版社2008年版,第183—184页。

以向行业协会等组织获取该行业许可费方面的信息。①

（二）合理许可费

合理许可费是指愿意的专利权人和愿意的潜在使用人在侵权行为发生之日，在假设专利有效且有权不受侵害的情况下进行的假想谈判中，本应达成的许可费数额。② 合理许可费赔偿是美国《专利法》中所确定的许可费赔偿的主要计算方法。美国《专利法》第284条将许可费赔偿作为原告不能证明实际损失赔偿时的替代方法，也是法院确定损害赔偿数额的底线。③ 计算许可费赔偿的方法有两种，分别是根据已确立的许可费和合理许可费。如果有已确立的许可费，法院可以据此确定损害赔偿的数额；如果没有已确立的许可费，则要通过假想谈判的方法来确定合理许可费，作为损害赔偿的数额。④ 已确立的许可费在历史上曾被美国法院认为是较为可取的许可费赔偿的基础，但现在将已确立的许可费作为基础给予许可费赔偿的案件已较少。⑤ 关于我国是否确立了合理许可费赔偿，存在两种不同的观点：否定者认为，我国规定的许可费赔偿相当于美国历史上的已确立许可费，与美国现行法规定的合理许可费赔偿不同。⑥ 我国的许可费赔偿是以先前存在许可费为前提，适用案件的范围与美国相比较窄。⑦ 而肯定者则认为，我国的专利司法解释中对如何确定许可费赔偿给出了指导性意见，认为应"根据侵权情节、专利的类别、专利许可使用费数额的大小、性质、使用范围、时间等因素予以确定"，这些因素确立了合理许可费赔偿规则。⑧ 本书肯定我国已经确立了合理许可费的赔偿制度，在司法实践中所形成的关于许可费赔偿的有效判决，在选择可参照的许可合同的过程中，以及在基于案外的许可费数额而确定损害赔偿数额时，法官均是在考虑各种因素的基础上加以确定的。

确立合理许可费的方法是评估专利权人和侵权人在假想谈判中可能达成的许可费数额，评估时通常要考虑：(1) 衡量可能影响当事人各自谈判地位的所有相关因素；(2) 确定合适的许可费形式；(3) 量化许可费率。⑨ 美国法院指出了许多基于假想谈判确定许可费时应作出的假设，包括：(1) 双方当事人都承认在侵权发生时专利是有效的；(2) 被许可人的行为被认为是侵犯了专利权；(3) 专利权人被假设愿意以合理的条款提供许可；(4) 被许可人被假设愿意以合理的条款及补偿条款接受许可；(5) 双方当事人都被假设知道所有的交易事实；(6) 随后发生的事情的

---

① 参见张广良：《知识产权侵权民事救济》，法律出版社2003年版，第186页。
② See Donald S. Chisum, *Chisum on Patents: A treatise on the Law of Patentability, Validity and Infringement*, *Matthew Bender & Company, Inc.*, Vol. 7, 20-181 (2002).
③ 美国《专利法》第284条第1款规定：在发现支持请求人请求的事实后，法院应给予请求人充分补偿侵权的损害赔偿金，但无论如何不能少于侵权人使用该专利应支付的合理许可费，加上法院确定的利息及诉讼费用。参见35 U.S.C. § 284。
④ See Richard B. Troxel, William Owen Kerr, *Calculating Intellectual Property Damages*, Thomson West 204-215 (2007).
⑤ 有观点认为，法院不再将已确立的许可费作为许可费赔偿的基础的原因可能是许可合同中的条款和涵盖范围具有多样性，因此诉讼之外自愿达成的许可合同很少能不经过重大调整就作为许可费赔偿的基础。See Richard B. Troxel, William Owen Kerr, Calculating Intellectual Property Damages, Thomson West 215-217 (2007).
⑥ 参见张玉敏、杨晓玲：《美国专利侵权诉讼中损害赔偿金计算及对我国的借鉴意义》，载《法律适用》2014年第8期；和育东：《美国专利侵权救济制度研究》，中国政法大学2008年博士学位论文，第122页。
⑦ 参见和育东：《美国专利侵权救济制度研究》，中国政法大学2008届博士学位论文，第122页。
⑧ 参见孙海龙、姚建军：《完善专利侵害赔偿法律制度研究——以中美两国专利侵害赔偿制度及其司法实践比较为研究视角》，载《专利法研究（2008）》，知识产权出版社2009年版。
⑨ See Richard B. Troxel, William Owen Kerr, *Calculating Intellectual Property Damages*, Thomson West 218 (2007).

资料可能被用来补充以前的认识。① 运用假想谈判的方法并不是要试图复制现实世界中的许可谈判,假想谈判的目的是在专利权人和侵权人之间确立一个合理许可费,进而确定给遭受损失的专利权人的损害赔偿金。假想谈判要求假想"愿意的"许可人与"愿意的"被许可人之间所进行的许可谈判。② 在具体确定合理许可费的数额时,美国法院通常要考虑一系列的因素,主要是Georgia-Pacific案所提出的15个因素。③

关于我国对美国的合理许可费赔偿方式的借鉴,学界提出了三种方式:(1)将美国合理许可费赔偿中采用的虚拟自愿协商法解释为确定侵权人使用涉案专利的合理市场价值;④(2)将Georgia-Pacific因素纳入我国确定许可费赔偿的考量因素,以此细化"根据专利权的类型、侵权行为的性质和情节、专利许可的性质、范围、时间等因素";⑤(3)在不存在已确立许可费的情况下,借鉴美国合理许可费赔偿中的虚拟假想谈判法和分析法,确定许可费赔偿的数额。因为我国对许可费赔偿的适用范围较窄,对很多案件都难以适用,且存在将独占许可费认作普通许可费赔偿的情况,从科学合理和方便适用考虑,应采取上述借鉴方式。⑥ 本书认为,关于合理许可费赔偿的借鉴方式,鉴于已确立的许可费赔偿方式仍然存在,且在许可费赔偿中发挥着较大作用,因此,对合理许可费赔偿的借鉴应考虑到这一客观事实。不同于美国的判例法,我国仍是以规范主义为中心,加之我国司法实践的惯例,虚拟谈判产生的结果对当事人而言分歧较大,因而,通过将Georgia-Pacific因素作为相关司法解释进一步细化的依据和标准,是当下我国司法实践较为可行的借鉴方式。

---

① See Richard B. Troxel, William Owen Kerr, *Calculating Intellectual Property Damages*, Thomson West 219-222 (2007).
② See Richard B. Troxel, William Owen Kerr, *Calculating Intellectual Property Damages*, Thomson West 220-228 (2007).
③ 美国法院在Georgia-Pacific案中提出的15个考虑因素:(1)专利权人许可涉案专利获得的许可费,用以证明或试图证明已确立的许可费。(2)被许可人为使用与涉案专利类似的其他专利而支付的许可费率。(3)许可的性质和范围,如独占许可或非独占许可;或者在低于或产品销售对象上有限制或无限制。(4)许可人为维持专利垄断而不许可他人使用专利,或为维持垄断而设计特殊条件授予许可的既有政策和营销安排。(5)许可人与被许可人之间的关系,例如他们是否是同一地区同一行业的竞争者,或者他们是否是发明人与赞助人。(6)销售专利产品对促进被许可人销售其他产品的影响,专利对促进许可人销售非专利产品的既有价值,以及这种衍生和伴随销售的程度。(7)专利的有效期限和许可的期限。(8)使用专利制造的产品的既有获利能力,商业成功情况,以及目前的受欢迎程度。(9)专利与曾被用于达到类似效果的旧模式或旧设备(如果有的话)相比的效用与优势。(10)专利的性质,许可人拥有并制造的该专利的商业特征,以及给曾使用该专利的人带来的利益。(11)侵权人使用专利的程度,以及任何可以证明这种使用的价值的证据。(12)在特定商业领域或类似商业领域中,通常允许使用该专利或类似专利所占的利润比例或价格比例。(13)在可实现的利润中,有别于非专利因素、制造过程、商业风险以及侵权人增加的重要特征或改进所带来的利润,而仅由专利带来的利润。(14)具有资质的专家的意见证词。(15)假设许可人(如专利权人)与被许可人(如侵权人)都合理且自愿地尝试达成一致的情况下,他们本会达成的许可费。也就是说,这一数额是一个谨慎的被许可人,作为一项商业行动,希望获得制造和销售含有专利的特定产品的许可时本愿意支付的许可费,而且他还能够获得合理的利润,这一数额也是愿意授予许可的谨慎的许可人本愿意接受的。See Georgia-Pacific Corp. v. U.S. Plywood Corp., 318 F.Supp. 1116, 1120-1121 (S.D.N.Y. 1970).
④ 参见张广良:《知识产权侵权民事救济》,法律出版社2003年版,第189页。
⑤ 参见孙海龙、姚建军:《完善专利侵害赔偿法律制度研究——以中美两国专利侵害赔偿制度及其司法实践比较为研究视角》,载《专利法研究(2008)》,知识产权出版社2009年版。
⑥ 参见张玉敏、杨晓玲:《美国专利侵权诉讼中损害赔偿金计算及对我国的借鉴意义》,载《法律适用》2014年第8期。

第五节　法定赔偿的适用与突破

一、法定赔偿的适用

《专利法》中的"法定赔偿"是指在没有证据证明侵权损失和侵权获利或者虽有证据但不能准确证明侵权受损或侵权获利的具体数额的情况下,法院在法律规定的限额内综合考虑各种因素裁量赔偿数额,"法定赔偿"准确地说应该是"法定定额赔偿",其实质仍然是一种裁量性赔偿。① 《专利法》第71条第2款规定:"权利人的损失、侵权人获得的利益和专利许可使用费均难以确定的,人民法院可以根据专利权的类型、侵权行为的性质和情节等因素,确定给予三万元以上五百万元以下的赔偿。"2001年《最高人民法院关于审理专利纠纷案件适用法律问题的若干规定》(法释〔2001〕21号)第21条规定:"……没有专利许可使用费可以参照或者专利许可使用费明显不合理的,人民法院可以根据专利权的类别、侵权人侵权的性质和情节等因素,一般在人民币5 000元以上30万元以下确定赔偿数额,最多不得超过人民币50万元。"而2015年《最高人民法院关于审理专利纠纷案件适用法律问题的若干规定》第21条(即2020年第三次修正的该司法解释的第15条)修改后规定:"……没有专利许可使用费可以参照或者专利许可使用费明显不合理的,人民法院可以根据专利权的类型、侵权行为的性质和情节等因素,依照专利法第六十五条第二款的规定确定赔偿数额。"对于具体根据哪些因素进行确定,《专利法》以及相应的司法解释未作进一步的规定。

在法定赔偿的司法实践中,由于我国《专利法》并未就适用法定赔偿的具体考虑因素作出规定,导致法官的自由裁量权过度扩张,使得法定赔偿演变成了随意性赔偿。因此,法定赔偿的适用呈现出种种弊端:(1)导致当事人最终获赔的数额呈现普遍的低水平。法院在采用法定赔偿裁量赔偿数额时仍显得谨慎有余,存在一定程度的保守倾向,且关于法定赔偿最高限额的设置缺乏科学性与合理性。不仅无法弥补权利人的损失,侵权成本的低廉极易导致重复侵权,同时也将纵容、鼓励侵权。② (2)法定赔偿规定得过于简单和抽象,造成法官自由裁量权过大,类似案件的赔偿数额相差悬殊。③ (3)法定赔偿没有明确权利人的举证责任,使得法定赔偿的判决变成法官的"独角戏"。④ (4)在适用法定赔偿过程中存在论证不充分的问题,未对法定赔偿的考虑

---

① 参见北京市高级人民法院编:《审判前沿——新类型案件审判实务(总第52集)》,法律出版社2015年版,第180页。
② 参见洪颍雅:《事实和规范之间:举证妨碍规则在知识产权诉讼赔偿中的适用》,载《全国法院第二十六届学术讨论会论文集:司法体制改革与民商事法律适用问题研究》,2015年4月,第1169页。
③ 参见张春艳:《我国知识产权法定赔偿制度之反思与完善》,载《法学杂志》2011年第5期;姜庶伟:《知识产权侵权损害赔偿》,载张广良主编:《知识产权民事诉讼热点专题研究》,知识产权出版社2009年版,第146页;杨建成、林幼吟、张筱锴:《知识产权侵权损害赔偿额的证据认定》,载蒋志培主编:《知识产权民事审判证据实务》,载《法学杂志》2011年第5期,第188页。
④ 参见张春艳:《我国知识产权法定赔偿制度之反思与完善》,载《法学杂志》2011年第5期。

因素与法定赔偿数额之间的关系进行充分的说明。① 如此,便无法限定法官在适用法定赔偿时所考虑到的因素范围。(5)未对侵权行为予以类型化分析,也未分别规定其可以判决给予的法定赔偿金幅度,最高人民法院也未对法定赔偿的适用发布指南或指导意见,降低了法定赔偿的可操作性。②

关于法定赔偿适用过程中所要考虑的因素,我国学者已经对此有了大量研究。对于法定赔偿的考虑因素,有观点将其分为通常考量因素和各类案件要特别考量的因素。其中,侵权行为的性质、持续的时间、采取的手段、涉及的范围、造成的后果等,是通常需要考量的因素,而在侵犯专利权案件还要考虑权利类型、产品类别、权利人开发专利的投入、专利的经济生命周期、侵权人的经营规模、产品单价和单位利润、侵权是否给专利产品的商誉造成损害等。③ 本书结合司法实践中的具体案例,并结合国内的学术观点,对在个案中需要考量的具体因素加以类型化。

第一,侵权人的主观过错。学界普遍认为,侵权人的过错程度是法定赔偿的重要考虑因素。④ 对恶意侵权人应增加赔偿额,对一般侵权人应减少侵权额。⑤ 应查明侵权人的主观心态是故意还是过失,是重复侵权、性质恶劣还是未尽注意义务导致侵权,对前者判定较高数额的赔偿,对后者判定较低数额的赔偿。⑥ 有观点认为,鉴于侵权人的主观过错对侵权事实和结果具有重要的,有时甚至是决定性的作用,应当将其纳入法定赔偿的考量范围。⑦

在"东莞市庆扬塑胶五金制品有限公司(简称庆扬公司)与中山市隆成日用制品有限公司(简称隆成公司)侵犯外观设计专利权纠纷案"中,关于损失数额的确定,隆成公司未提供证据证明其因侵权所受损失或庆扬公司因侵权所获利益,亦无专利许可使用费可供参照,一审法院适用法定赔偿,在 50 万元以下确定赔偿额没有违反法律的规定,庆扬公司主观恶意较大是一审判决庆扬公司赔偿隆成公司 25 万元的主要因素,理由是庆扬公司就本案专利提出多次诉讼和行政处理程序,拒不承认错误。且双方当事人围绕被告是否存在主观恶意上诉二审法院。⑧

第二,专利本身的商业价值。⑨ 专利技术(设计)的商业价值与使用对价之间具有正相关性,专利技术(设计)的商业价值越大,法定赔偿的数额也应越多。对于某项特定专利来说,其商业价值的高低往往是专利类别、专利技术含量或专利设计显著性、研发成本、剩余保护期限、许可使

---

① 参见徐聪颖:《我国专利权法定赔偿的实践与反思》,载《河北法学》2014 年第 12 期。
② 参见杨兴:《完善我国〈著作权法〉第 49 条的思考——基于美国版权侵权法定赔偿金制度改革的启示》,载《暨南学报(哲学社会科学版)》2014 年第 12 期。
③ 参见杨建成、林幼吟、张筱锴:《知识产权侵权损害赔偿额的证据认定》,载蒋志培主编:《知识产权民事审判证据实务》,载《河北法学》2014 年第 12 期,第 186 页。
④ 参见徐聪颖:《我国专利权法定赔偿的实践与反思》,载《河北法学》2014 年第 12 期;徐春建、刘思彬、张学军:《知识产权损害赔偿的证据规则》,载《人民司法》2012 年第 17 期;杨建成、林幼吟、张筱锴:《知识产权侵权损害赔偿额的证据认定》,载蒋志培主编:《知识产权民事审判证据实务》,中国法制出版社 2008 年版,第 187 页;张广良:《知识产权侵权民事救济》,法律出版社 2003 年版,第 193 页。
⑤ 参见杨建成、林幼吟、张筱锴:《知识产权侵权损害赔偿额的证据认定》,载蒋志培主编:《知识产权民事审判证据实务》,中国法制出版社 2008 年版,第 187 页。
⑥ 参见徐春建、刘思彬、张学军:《知识产权损害赔偿的证据规则》,载《人民司法》2012 年第 17 期。
⑦ 参见周晖国:《知识产权法定赔偿的司法适用》,载《知识产权》2007 年第 1 期。
⑧ 广东省高级人民法院(2009)粤高法民三终字第 37 号民事判决书。
⑨ 参见孙海龙、赵克:《侵害著作权法定赔偿问题研究:不同阶段抽样裁判文书为研究视角》,载《中国版权》2015 年第 3 期;徐聪颖:《我国专利权法定赔偿的实践与反思》,载《河北法学》2014 年第 12 期。

用情况、对涉案产品的意义以及对消费者的影响程度、与涉案专利类似的其他专利的许可使用对价等多种因素合力作用的结果。①

在"江苏天龙照明电器有限公司与宁波燎原工业股份有限公司(简称燎原公司)侵犯专利权纠纷上诉案"中,在专利权人因侵权造成的损失及侵权人的侵权获利均难以查清的情况下,法院在根据本案侵权产品的数量和侵权的范围进行裁量确定赔偿额时,考虑被控侵权产品的数量、专利产品的合理利润,以专利权人的损失作为参考依据,适用定额赔偿办法确定赔偿数额。一审法院主要考虑的是外观设计在路灯的销售环节中,是影响消费者购买意向的重要因素,以及相关案件中燎原公司类似路灯的价格、专利权人为制止侵权所必须支出的合理费用等因素。二审法院认定一审法院基于以上因素酌情确定的赔偿额并无不当。②

关于涉案专利的其他许可使用费,对于确定专利的商业价值同样具有较大参考意义。例如,在"上海香榭里家用纺织品有限公司(简称香榭里公司)与荆玉堂等侵犯专利权纠纷上诉案"中,一审法院认为,虽然荆玉堂及堂皇公司不以许可费作为主张赔偿的依据,但其对本案仍具有一定的参考价值,作为床上用品这类使用周期短、更新较快的产品,其价值更多地体现在产品面市的前期或一定期间内,所以,尽管荆玉堂及堂皇公司许可使用的期限在整个权利有效期内,但其体现的价值并非平均到每一年度,还需结合市场因素。香榭里公司上诉认为,一审判决赔偿数额较高,本案可参照专利许可费确定赔偿额,本案的专利许可费为10万元,许可期限为10年,即每年1万元的专利许可费,而上诉人生产销售时间不到一年。二审法院认为,鉴于现并无证据证明权利人因侵权所遭受的损失和侵权人因侵权所获得的利润,且权利人明确要求法院根据个案具体情况适用法定赔偿,故一审法院结合此类产品的一般生产规模、香榭里公司的侵权过错、枕套与被套在成套产品销售中的获利比重等因素,酌情确定本案的损失赔偿额为人民币7万元并无不当。③

第三,对权利人实际损失的考量。法定赔偿的实质是对权利人损失的一种推定,是在一定的条件下,基于保护权利的目的,避免侵权人隐瞒侵权证据而作出的不利于权利人的法律上的推定。虽然最终的赔偿数额客观上可能大于或小于实际损失,但最终赔偿的标准和过程必须始终以权利人的实际损失作为基础和依托,并以现有证据所能证实的侵权情节、市场状况和社会经济发展水平等因素作为考量的依据。④

关于法定赔偿的具体适用,除了在确定最终的法定赔偿数额需要考量的因素之外,法院还应在裁判文书中具体分析每个因素与损害赔偿金额的确定之间的关系。同时,建立法定赔偿的量化标准体系:⑤(1)确定法定赔偿的基准赔偿额,即法院对侵犯专利权案件所确定的法定赔偿的大致数额,应是建立在案件统计分析得出的一定幅度范围内的具体数额。(2)确定影响法定赔偿金额认定的相关因素的权重。应将相关因素分为核心因素和情节性因素。核心因素包括商标的价值、侵权人的主观过错、侵权行为的性质以及侵权人的经营规模,对法定赔偿数额起决定性作用。情节性因素包括侵权期间、后果、许可使用费、侵权行为发生地以及其他众多因素,对法定

---

① 参见徐聪颖:《我国专利权法定赔偿的实践与反思》,载《河北法学》2014年第12期。
② 江苏省高级人民法院(2008)苏民三终字第0221号民事判决书。
③ 江苏省高级人民法院(2008)苏民三终字第0005号民事判决书。
④⑤ 参见杨建颖、林幼吟、张筱锴:《知识产权侵权损害赔偿额的证据认定》,载蒋志培主编:《知识产权民事审判证据实务》,中国法制出版社2008年版,第185页。

赔偿仅起补充性作用。(3) 法官应将法定赔偿的酌定因素纳入法庭调查和辩论环节,保证当事人充分行使诉权,也有利于形成一种制度,即酌定因素中核心因素越多,赔偿金额就越高,使当事人对赔偿金额有预估,较易接受判决。①

在法定赔偿的适用过程中,还应对法官的自由裁量权有所限制。首先,需要明确的是,并不鼓励在案件中过多适用法定赔偿的形式确定专利权人的损失赔偿额;②其次,在不鼓励法官过分依赖法定赔偿形式的同时,在规则设计上增设适用法定赔偿的条件,专利法的法定赔偿可借鉴学者就著作权法中的法定赔偿适用规则的建议,满足特定条件方可适用,从而将正当法律程序纳入法定赔偿的适用过程中,实现对法官自由裁量权的限制,这些条件主要包括:(1) 原被告双方未达成和解方案;(2) 原告举证已穷尽一切手段;(3) 被告具有主观故意,且侵权行为具有持续性和反复性的特征。③ 最后,由于适用法定赔偿是由部分权利人主动选择、被控侵权人消极默认和部分法官倾向法定赔偿三方共同博弈的结果,④故而关于法定赔偿适用过程中的举证责任,可以从以下角度加以分配:(1) 把原告直接要求适用法定赔偿视为其无法查明损失或侵权获利的一种主张;(2) 法院应当要求原告就其法定赔偿请求的数额提供与法律规定的参考因素相关的证据,作为量化赔偿数额的依据,原告不提交相关证据的,则依公平原则给予原告最基本的补偿;(3) 若被告否认原告的法定赔偿请求,则应提出证据证明被告因侵权而获得的利益,证明原告请求的赔偿数额不合理;(4) 如果当事人提交的证据或法院保全的证据能证明侵权人的部分获利,该部分获利数额对确定法定赔偿数额具有重要的参考作用。⑤

可资比照者,美国专利法在实际损失赔偿和许可费赔偿之外,并未规定法定赔偿。美国专利法规定了可将损害赔偿金提高一定的倍数。美国《专利法》第284条第2款规定:陪审团没有确定损害赔偿金时,法院应该估定。不论由陪审团还是由法院决定,法院都有权将损害赔偿金额增加到原定数额的3倍。本项规定的增加损害赔偿金不能适用于本法第154条第d款规定的临时权利。⑥ 美国《专利法》规定的倍数赔偿是以故意侵权为要件,而故意的判断基础是知道专利的人对于其行为是否侵犯专利权负有审查的注意义务。⑦ 但美国《专利法》并未规定增加赔偿倍数的考量因素,法院在认定被告故意后,一般也不分析增加的倍数,实践中增加几倍的都有,有3倍、2倍或增加某个比例或增加特定数额的。有学者指出,决定增加的数额时应参考案件的所有情况以及立法目的,即阻遏并惩罚故意侵权人,并充分补偿权利人又不使权利人不当得利。因此,增加的数额既要考虑侵权人的获利,又要考虑实际损失计算的确定性程度。⑧ 美国关于损害

---

① 参见刘小鹏:《从新百伦案看我国商标侵权赔偿原则的司法适用》,载《知识产权》2015年第10期。
② 参见和育东:《美国专利侵权救济制度研究》,中国政法大学2008届博士学位论文,第126页。
③ 参见杨兴:《完善我国〈著作权法〉第49条的思考:基于美国版权侵权法定赔偿金制度改革的启示》,载《暨南学报(哲学社会科学版)》2014年第12期。
④ 参见袁晓东、许艳霞、蔡学辉:《专利侵权诉讼适用法定赔偿的博弈分析》,载《知识产权》2016年第8期。
⑤ 参见湖南省高级人民法院、长沙市中级人民法院联合课题组:《关于确定知识产权侵权损害赔偿数额证据认定的相关问题》,载蒋志培主编:《知识产权民事审判证据实务》,中国法制出版社2008年版,第200页。
⑥ 《美国专利法》,易继明译,知识产权出版社2013年版,第103页。
⑦ See Donald S. Chisum, Chisum on Patents: A treatise on the Law of Patentability, Validity and Infringement, Matthew Bender & Company, Inc., Vol. 7, 20, 349 (2002).
⑧ See Donald S. Chisum, Chisum on Patents: A treatise on the Law of Patentability, Validity and Infringement, Matthew Bender & Company, Inc., Vol. 7, 20, 442-47 (2002).

的倍数赔偿与我国《专利法》规定的法定赔偿方法在实质上具有相似性,但其司法判例中除了侵权人的故意因素外并未呈现具体的考量因素可供参考。

二、法定赔偿的突破

法定赔偿的突破是指在当事人无法举证证明权利人的损失或侵权人违法所得的确切数额,但有证据证明上述数额明显超出法定赔偿限额的情况下,根据案件具体情况在法定赔偿限额之外确定赔偿数额。① 此种做法的根据在于,最高人民法院在《关于当前经济形势下知识产权审判服务大局若干问题的意见》中提出,"对于难以证明侵权受损或侵权获利的具体数额,但有证据证明前述数额明显超过法定赔偿最高限额的,应当综合全案的证据情况,在法定最高限额以上合理确定赔偿额。除法律另有规定外,在适用法定赔偿时,合理的维权成本应另行计赔。适用法定赔偿时要尽可能细化和具体说明各种实际考虑的酌定因素,使最终得出的赔偿结果合理可信"。在此,需明确法定赔偿与酌定赔偿之间的关系。有观点认为,"法定赔偿"准确地说应该是"法定定额赔偿",其实质仍然是一种裁量性赔偿,②而在法定赔偿限额之上的赔偿是酌定赔偿,不能混同于法定定额赔偿的适用,而仍属于实际损失的确定,只不过其既依据一定的事实和证据,又依靠心证。③ 依据此观点,突破了法定赔偿的定额限制便进入了酌定赔偿的范畴之中,不再以法定赔偿予以定性。然而,不可否认的是,法定赔偿本质上是一种裁量性的赔偿方法,定额的限制不应成为否定其是否为法定赔偿的条件,法律规定的法定赔偿的数额区间非固定不变;且我国《专利法》及其司法解释未将酌定赔偿视为一种独立的专利侵权损害赔偿数额的计算方式。

尽管我国《专利法》及其司法解释尚未对突破法定赔偿的限额作出规定,但地方司法机关在实践中不断探索,已经将法定赔偿的突破运用到具体的专利损害赔偿案件之中,诸如:

《上海市高级人民法院关于知识产权侵权纠纷中适用法定赔偿方法确定赔偿数额的若干问题的意见(试行)》规定:"对于难以证明权利人受损或者侵权人非法获利的具体数额,但有证据证明前述数额确已超过法定赔偿最高限额的,不应适用法定赔偿方法,而应综合全案的证据情况,在法定赔偿最高限额以上合理确定赔偿额。"

《浙江省高级人民法院关于审理侵犯专利权纠纷案件适用法定赔偿方法的若干意见》第3条规定:"下列情形不适用法定赔偿方法确定赔偿数额:……(4)权利人虽不能举证证明因被侵权所受到的实际损失或侵权人因侵权获得的利益的具体数额,但是根据产品数量、市场份额、广告宣传以及向工商、税务管理部门提供的财务报表资料等相关证据,可以确信因被侵权所受到的实际损失或侵权人因侵权获得的利益明显超过100万元的。"

《江苏省高级人民法院关于知识产权侵权损害适用定额赔偿办法若干问题的指导意见》第23条第2款:"原告提供的证据虽不能准确计算出因侵权所受到的损失或被告因侵权所获得的

---

① 参见兰国红:《初探裁量性赔偿的适用规则(一)》,载《中国知识产权》(总第118期)。
② 参见北京市高级人民法院编:《审判前沿——新类型案件审判实务(总第52集)》,法律出版社2015年版,第180页。
③ 酌定赔偿是在法官在一定事实和证据的基础上,根据案件具体情况和自由心证,酌情裁量能够给予权利人充分赔偿的损失数额。例如,有一定的事实和证据能够证明实际损失超过法定定额赔偿数额,但实际损失确实难以以一对一的证据精确证明时,可以在法定定额赔偿的最高额以上适当裁量赔偿数额。参见北京市高级人民法院编:《审判前沿——新类型案件审判实务(总第52集)》,法律出版社2015年版,第180页。

利益,但足以证明其受到的损失或被告获得的利益超过定额赔偿最高限制,而原告非唯一请求适用定额赔偿办法的,可以参照其他赔偿原则在最高限额以上酌情确定赔偿数额。"

(一) 法定赔偿的上限突破

法定赔偿的上限突破是指基于法定赔偿方式,依据《专利法》中所规定的最高限额仍无法实现对专利权人的充分救济,甚至存在鼓励侵权之嫌。突破法定赔偿上限的核心条件,即依据法定赔偿产生显失公平的后果。关于突破法定赔偿上限的情形,本书结合相关司法案例予以类型化:

(1) 推定赔偿。例如,在"珠海格力电器股份有限公司诉广东美的制冷设备有限公司(简称美的公司)侵犯发明专利权纠纷案"中,法院认为,"美的公司生产销售某型号空调器产品的利润为 477 000 元。由于美的公司在原审法院释明相关法律后果的情况下,仍拒不提供其生产销售其他型号空调器的相关数据。据此,推定美的公司生产销售三款空调器产品的利润均不少于 477 000 元。因此,即使以美的公司提供的生产销售利润相关型号空调器产品的利润为依据,美的公司获得的利益也明显超过专利法规定的 1 000 000 元法定赔偿最高限额。因此,应当综合全案的证据情况,在法定赔偿限额 1 000 000 元以上合理确定赔偿额。如此,侵权赔偿才能尽量弥补被侵权人的损失,体现侵权赔偿的填平原则"。① 推定赔偿可以在申请证据保全失败的情形下,适当转移举证责任。② 推定赔偿为突破法定赔偿提供了基础,但具体赔偿数额仍须在考虑证据的基础上确定。

(2) 证据保全。例如,在"正泰股份公司诉施耐德公司'小型断路器'实用新型专利案"中,一审法院根据正泰股份公司的申请,对施耐德公司被控侵权的产品及相关财务资料进行证据保全。法院委托审计得出被告销售被控侵权产品的销售额,在施耐德公司拒绝提供侵权产品的成本核算资料后,原审法院根据施耐德公司提供给工商、税务部门的财务资料进行计算,得出施耐德公司销售全部产品的平均营业利润率。得出施耐德公司于 2004 年 8 月 2 日至 2006 年 7 月 31 日期间销售侵权产品所获得的营业利润为 355 939 206.25 元。但鉴于正泰股份公司对施耐德公司提出的诉讼请求金额低于该金额,确定施耐德公司的赔偿金额为正泰股份公司请求的 334 869 872 元。③法院根据专利权人的申请对侵权人的销售账册等证据进行保全,经审计可得侵权人的销售额,依据保全的证据或者结合其他证据可酌定被控侵权产品的合理利润率,以上两项乘积即为侵权人的非法获利。此种结果的得出是在权利人并未提出有关侵权产品的销售量和利润率确切数据,而侵权人又拒绝提供的前提下得出的。

(3) 许可使用费的倍数。例如,在"好孩子儿童用品有限公司(简称好孩子公司)与广州市上威贸易有限公司(简称上威公司)、广州市中威日用品企业有限公司(简称中威公司)、南京中央商场股份有限公司侵犯发明专利权纠纷案"中,一审认为,好孩子公司与小小恐龙公司之间的

---

① 广东省高级人民法院(2011)粤高法民三终字第 326 号民事判决书。
② 《最高人民法院关于审理侵犯专利权纠纷案件应用法律若干问题的解释(二)》第 27 条规定:"在权利人已经提供侵权人所获利益的初步证据,而与专利侵权行为相关的账簿、资料主要由侵权人掌握的情况下,人民法院可以责令侵权人提供该账簿、资料;侵权人无正当理由拒不提供或者提供虚假的账簿、资料的,人民法院可以根据权利人的主张和提供的证据认定侵权人因侵权所获得的利益。"
③ 浙江省温州市中级人民法院(2006)温民三初字第 135 号民事判决书;浙江省高级人民法院(2007)浙民三终字第 276 号民事判决书。

《专利实施许可合同》签订于诉讼发生前,且在国家知识产权局办理了备案并已实际履行,其许可费用可以作为确定赔偿数额的依据。根据本案的实际情况,参考涉案发明专利的性质,专利许可的性质、时间,上威公司、中威公司的经营方式、规模、现状,侵权性质、情节、范围、时间以及涉案产品799元的较高价格等,综合确定赔偿数额为该专利每年度许可使用费50万元的3倍。① 以许可费为计算基数,有证明显示权利人的损失呈现为许可费的倍数,但权利人未能提供确切的证据证明其损失及损失与侵权行为之间的关联,在此需法院酌情确定最终的赔偿数额。

(4)禁反言。例如,在"施特里克斯有限公司与北京沃尔玛百货有限公司等专利纠纷上诉案"中,法院对中山舜龙公司及发达公司作出了关于保全财务账册的裁定,但两被告直至一审判决前均未予执行。发达公司提出了管辖异议,且在法院对其释明管辖异议不能成立后依然坚持,因此,法院在适用法定赔偿制度确定赔偿数额时均予以适当考虑。同时,由于施特里克斯有限公司提供的其产品单价的证据难以确定是否为专利产品的实际售价,因此法院在参照发达公司自身网站宣传的销售被控侵权产品数量、施特里克斯有限公司产品售价与发达公司产品售价的差价等因素的基础上,确定了最终的赔偿数额200万元,此为推定赔偿规则结合被告宣传情况作出的典型裁判。②

(5)估算过程的合理推算。例如,在"VMI荷兰公司诉双骏公司侵害发明专利权案"中,一审法院倾向于采信VMI荷兰公司关于双骏公司侵权获利数额特别巨大的主张。双骏公司擅自实施的侵权行为包括生产、许诺销售和销售;侵权技术方案占据产品技术的核心,其价值主导了产品的市场价格;涉案发明专利用于成型轮胎的轮胎鼓,技术研发成本高,所涉行业技术门槛高,可合理推定该行业平均利润率相对高,故VMI荷兰公司关于该行业平均利润率为20%的陈述可予采信。由于目前无法确切查明双骏公司因侵权获利的数额,一审法院以VMI荷兰公司购买侵权产品(16寸)的过程和价格为例,从VMI荷兰公司2月26日订购至双骏公司同年4月11日按约交付产品,可估算1对(台)侵权产品的生产周期最多需时一个半月,以一条生产线为计算单位,双骏公司每年可生产8对(台)产品。双骏公司自述从2013年年末开始生产侵权系列产品,初算至2016年6月已有两年半的时间。上述因素的乘积:40万元(单价)×8对(台)×20%平均利润率×2.5(年)=160(万元),可为双骏公司生产侵权产品至今获利的保守估算。而事实上,广东省知识产权局在双骏公司经营场所现场勘验时还发现了双骏公司自认亦使用了侵权技术方案的另1对(台)18寸的"VMI机械鼓"产品。结合双骏公司的生产规模,假定双骏公司生产线为2条,则双骏公司至今获利至少320万元(160万元×2),VMI荷兰公司主张双骏公司因涉案侵权行为至今获利超过300万元亦属合理。根据上述合理推定,一审法院认为法定最高100万元的赔偿限额明显不能填平VMI荷兰公司损失,VMI荷兰公司请求双骏公司赔偿300万元合理。③ 在上述算法中,虽然利润率和被控侵权品的产量均为估算,但估算的依据、推算过程和运算结果基本合理。

(二)法定赔偿的下限突破

在"贾莹与刘跃林侵犯外观设计专利权纠纷上诉案"中,被告刘跃林系小商品市场个体工商

---

① 江苏省高级人民法院(2010)苏知民终字第0032号民事判决书。
② 北京市高级人民法院(2010)高民终字第1408号民事判决书。
③ 广东省高级人民法院(2016)粤民终字1390号民事判决书。

户,经营包括锅碗刷在内的日用杂货。二审法院认为,虽然现有证据尚不能确切地认定刘跃林获利的具体数额,但一审法院确定的赔偿数额有一定证据支持,属于2008年《专利法》第65条第1款适用的范畴,一审法院适用法律并无不当。据一审查明的事实,刘跃林销售被控侵权产品的价格为2元,其进货的价格为1.2元,刘跃林每销售一个被控侵权产品获利为0.8元。贾莹主张刘跃林系从事批发生意,销售数量巨大,但其未提供充分证据支持其主张。由于涉案专利为产品标贴、挂牌,而不是锅碗刷产品本身的外观设计,其在销售利润中所占份额不宜认定过高。因此,一审法院在综合考虑现有证据的前提下,判决刘跃林赔偿贾莹经济损失1 000元及因本案诉讼支出的合理费用1 000元有事实依据,处理适当。① 从司法案件中可以得出,突破法定赔偿下限的案件一般具有以下特点:(1)专利的市场价值低;(2)侵权情节轻微;(3)被告主观过错较小;(4)被告经营规模小,获利能力差。

在突破法定赔偿下限额度时,应充分说明理由,若侵权人的主观具有侵权的恶意且重复侵权,赔偿额不应低于最低的法定赔偿限额。例如,在"上海恒昊玻璃技术有限公司(简称恒昊公司)与余清才侵害外观设计专利权纠纷申请案"中,一审和二审法院均认为,综合考虑恒昊公司所主张的专利性质、余清才侵权行为的性质、经营规模、给恒昊公司造成损失的合理范围、被控侵权产品的合理利润等因素,酌情确定具体的赔偿数额5 000元。而最高人民法院再审认为,应考虑余清才在本案处理以前就销售过涉案侵权产品被判决停止侵权并赔偿恒昊公司经济损失1万元及合理诉讼支出1 000元的事实,现又继续销售同样产品,主观上属于明知,这是在确定本案赔偿数额时应该考虑的一个情节。同时,还应考虑其经营玻璃销售时间长达4年之久(从第一次侵权行为时算起)等其他相关情节来确定给予1万元以上100万元以下的赔偿。而本案却判决赔偿经济损失5 000元,明显低于法律规定的1万元的最低限额。②

第六节 惩罚性赔偿的引入与适用

一、有关惩罚性赔偿的争论

(一) 我国专利赔偿制度中是否存在惩罚性赔偿

关于我国专利赔偿制度中是否存在惩罚性赔偿的问题,学界存在两种不同的观点。

1. 肯定说

肯定说认为,我国2008年《专利法》中已存在惩罚性赔偿制度。③ 在侵权获利赔偿方式中,

---

① 北京市高级人民法院(2011)高民终字第1989号民事判决书。
② 最高人民法院(2013)民提字第200号民事判决书。
③ 参见张玉敏、杨晓玲:《美国专利权诉讼中损害赔偿金计算及对我国的借鉴意义》,载《法律适用》2014年第8期;罗莉:《论惩罚性赔偿在知识产权法中的引进及实施》,载《法学》2014年第4期;吴广海:《美国专利侵权损害赔偿中的分摊规则问题》,载《知识产权》2012年第6期。

专利法规定了对于完全以侵权为业的侵权人,以销售利润而非营业利润计算侵权获利,最终确定的赔偿数额已经超出了实际的侵权获利额,如此做法体现了对具有侵权恶意侵权人的惩罚性。① 而在参照许可使用费计算赔偿数额时,可参考许可费的倍数而非真实许可费确定最终的损害赔偿数额,高出真实许可费数额的部分体现了对侵权人的惩罚性。② 在法定赔偿方式中,由于法定赔偿数额的确定要考虑侵权人的过错程度,其本身可体现出一定的惩罚性,③尤其是在法定赔偿的上限突破情形中,在权利人未证明权利人的实际损失或侵权人的侵权获利的情况下仍可判令侵权人承担高于法定赔偿限额责任,如此更加明确地体现了与惩罚性赔偿同样的功能。④

2. 否定说

否定说认为,我国2008年《专利法》中不存在惩罚性赔偿。⑤ 在侵权为业情形中以销售利润计算侵权所得,赔偿数额虽然超出了补偿的功能,但通说仍认为侵权获利赔偿不是惩罚性赔偿。⑥ 在以许可费的倍数确定最终的损害赔偿数额时,许可费倍数不是惩罚性赔偿,因为立法目的在于通过许可费赔偿更好地满足填平原则;许可费倍数是侵权获利的一种变形,而侵权获利不是惩罚性赔偿;⑦许可费赔偿的顺位处于实际损失和侵权获利之后,许可费倍数仍属于填平原则。⑧ 虽然法定赔偿的考量因素包含了侵权人的主观过错,但法定赔偿不是惩罚性赔偿,因为法定赔偿数额的确定原则是补偿性赔偿,⑨且现实中赔偿数额较低;提高法定赔偿最高限额对提高实际判决的法定赔偿的数额的作用有限;相较美国基于法定赔偿的惩罚性赔偿,往往另行规定一个数额区间,且其最高限额为一般法定赔偿最高限额的5至10倍。⑩

(二)我国是否应引入惩罚性赔偿

关于我国是否应引入惩罚性赔偿的问题,在学界也引起了较大争议,存在两种截然对立的观点。

1. 反对说

反对者认为,我国《专利法》中不应引入惩罚性赔偿。⑪ 理由为:第一,依据我国民法原理,侵

---

① 参见张玉敏、杨晓玲:《美国专利侵权诉讼中损害赔偿金计算及对我国的借鉴意义》,载《法律适用》2014年第8期;罗莉:《论惩罚性赔偿在知识产权法中的引进及实施》,载《法学》2014年第4期;吴广海:《美国专利侵权损害赔偿中的分摊规则问题》,载《知识产权》2012年第6期。

②③ 参见罗莉:《论惩罚性赔偿在知识产权法中的引进及实施》,载《法学》2014年第4期。

④ 参见张广良:《知识产权侵权民事救济》,法律出版社2003年版,第155页。

⑤ 参见和育东、石红艳、林声烨:《知识产权侵权引入惩罚性赔偿之辩》,载《知识产权》2013年第3期;孙海龙、姚建军:《完善专利侵害赔偿法律制度研究——以中美两国专利侵害赔偿制度及其司法实践比较为研究视角》,载《专利法研究(2008)》,知识产权出版社2009年版,第324—326页。

⑥⑦⑩ 参见和育东、石红艳、林声烨:《知识产权侵权引入惩罚性赔偿之辩》,载《知识产权》2013年第3期。

⑧ 参见孙海龙、姚建军:《完善专利侵害赔偿法律制度研究——以中美两国专利侵害赔偿制度及其司法实践比较为研究视角》,载《专利法研究(2008)》,知识产权出版社2009年版,第325—326页。

⑨ 参见和育东、石红艳、林声烨:《知识产权侵权引入惩罚性赔偿之辩》,载《知识产权》2013年第3期;孙海龙、姚建军:《完善专利侵害赔偿法律制度研究——以中美两国专利侵害赔偿制度及其司法实践比较为研究视角》,载《专利法研究(2008)》,知识产权出版社2009年版,第324页。

⑪ 参见张玉敏、杨晓玲:《美国专利侵权诉讼中损害赔偿金计算及对我国的借鉴意义》,载《法律适用》2014年第8期;谢惠加:《著作权侵权损害赔偿制度实施效果分析——以北京法院判决书为考察对象》,载《中国出版》2014年第14期;湖南省高级人民法院、长沙市中级人民法院联合课题组:《关于确定知识产权侵权损害赔偿数额证据认定的相关问题》,载蒋志培主编:《知识产权民事审判证据实务》,中国法制出版社2008年版,第197页;张广良:《知识产权侵权民事救济》,法律出版社2003年版,第155—156页。

权人的过错程度原则上对其承担的赔偿责任不产生影响。① 第二,若权利人获得了惩罚性赔偿,该数额将超过其受到的实际损害,从而权利人将从他人的侵权行为中获利,这与我国法律和传统道德相悖。② 第三,我国法上确立的全面赔偿原则已体现了一定的惩罚性。③ 第四,知识产权法的价值取向是利益平衡,因此不能过度保护权利人而对侵权人不公。④ 第五,根据我国目前的经济和技术状况,不宜引入惩罚性赔偿,仍应坚持损害填补的原则。⑤ 第六,在权利人损失、侵权人获利或参照许可费的赔偿计算方式没有得到有效运用的情况下,增设惩罚性赔偿制度更多是一种价值引导作用,能否得到实施存在诸多疑问。⑥

2. 赞成说

赞成者认为,我国《专利法》中应引入惩罚性赔偿。⑦ 基于我国专利侵权的行为泛滥,且侵权成本低、维权成本高的现状,引入惩罚性赔偿是专利权保护的现实需求。⑧ 填平原则下知识产权损害赔偿数额过低,法定赔偿虽具有惩罚意味,但即使提高限额也无法解决赔偿过低的问题。⑨ 专利法引入惩罚性赔偿的理论依据是专利权对象的非物质性,导致专利侵权行为的易发性和失控性,且权利人取证难、成本高、风险大。⑩ 惩罚性赔偿能尽可能填补权利人的损失、威慑并减少侵权人的侵权行为,威慑并减少其他社会公众的恶意侵犯专利权的行为。⑪ 且可将惩罚性赔偿引入到法定赔偿制度中,制度成本较低。⑫ 在《专利法》中引入惩罚性赔偿与我国民法中的损害赔偿法的基本原则和体系不冲突,因为《侵权责任法》也规定了惩罚性赔偿。⑬ 而且我国《专利法》的赔偿规则早已带有惩罚性,如许可费倍数、考虑侵权人主观过错因素的法定赔偿,以及完全以侵权为业的为侵权人按销售利润而非营业利润计算侵权获利。⑭ 引入惩罚性赔偿可逐步代

---

①② 参见张广良:《知识产权侵权民事救济》,法律出版社 2003 年版,第 156 页。

③ 参见湖南省高级人民法院、长沙市中级人民法院联合课题组:《关于确定知识产权侵权损害赔偿数额证据认定的相关问题》,载蒋志培主编:《知识产权民事审判证据实务》,中国法制出版社 2008 年版,第 197 页;张广良:《知识产权侵权民事救济》,法律出版社 2003 年版,第 156 页。

④ 参见湖南省高级人民法院、长沙市中级人民法院联合课题组:《关于确定知识产权侵权损害赔偿数额证据认定的相关问题》,载蒋志培主编:《知识产权民事审判证据实务》,中国法制出版社 2008 年版,第 197 页。

⑤ 参见张玉敏、杨晓玲:《美国专利侵权诉讼中损害赔偿金计算及对我国的借鉴意义》,载《法律适用》2014 年第 8 期。

⑥ 参见谢惠加:《著作权侵权损害赔偿制度实施效果分析——以北京法院判决书为考察对象》,载《中国出版》2014 年第 14 期。

⑦ 参见罗莉:《论惩罚性赔偿在知识产权法中的引进及实施》,载《法学》2014 年第 4 期;曹新明:《知识产权侵权惩罚性赔偿责任探析——兼论我国知识产权领域三部法律的修订》,载《知识产权》2013 年第 4 期;和育东、石红艳、林声烨:《知识产权侵权引入惩罚性赔偿之辩》,载《知识产权》2013 年第 3 期;张晓霞:《侵权获利返还之请求权基础分析——以第三次修订的〈专利法〉第 65 条为出发点》,载《知识产权》2010 年第 2 期。

⑧⑩ 参见曹新明:《知识产权侵权惩罚性赔偿责任探析——兼论我国知识产权领域三部法律的修订》,载《知识产权》2013 年第 4 期。

⑨ 参见罗莉:《论惩罚性赔偿在知识产权法中的引进及实施》,载《法学》2014 年第 4 期。

⑪ 参见罗莉:《论惩罚性赔偿在知识产权法中的引进及实施》,载《法学》2014 年第 4 期;曹新明:《知识产权侵权惩罚性赔偿责任探析——兼论我国知识产权领域三部法律的修订》,载《知识产权》2013 年第 4 期;张晓霞:《侵权获利返还之请求权基础分析——以第三次修订的〈专利法〉第 65 条为出发点》,载《知识产权》2010 年第 2 期。

⑫ 参见和育东、石红艳、林声烨:《知识产权侵权引入惩罚性赔偿之辩》,载《知识产权》2013 年第 3 期。

⑬ 参见罗莉:《论惩罚性赔偿在知识产权法中的引进及实施》,载《法学》2014 年第 4 期;和育东、石红艳、林声烨:《知识产权侵权引入惩罚性赔偿之辩》,载《知识产权》2013 年第 3 期;张晓霞:《侵权获利返还之请求权基础分析——以第三次修订的〈专利法〉第 65 条为出发点》,载《知识产权》2010 年第 2 期。

⑭ 参见罗莉:《论惩罚性赔偿在知识产权法中的引进及实施》,载《法学》2014 年第 4 期。

替民事制裁,避开民事制裁的公共惩罚性,回归民事责任的私法本性。① 引入惩罚性赔偿可以弥补刑事责任门槛高、范围窄导致的惩罚不足的问题。刑事责任与民事责任重叠领域引入惩罚性赔偿可以对刑事责任产生替代效应,也更符合受害人利益和刑罚谦抑性原则。②

二、惩罚性赔偿制度的引入

在知识产权法领域,2013年修改的《商标法》首次引入了侵权惩罚性赔偿制度,从而正式在知识产权侵权损害赔偿领域建构起了"侵权损害赔偿制度"与"侵权惩罚性赔偿制度"二元并立的结构。2020年修改的《专利法》正式在专利侵权损害赔偿领域引入了"惩罚性赔偿制度",第71条规定,"对故意侵犯专利权,情节严重的,可以在按照上述方法确定数额的一倍以上五倍以下确定赔偿数额,赔偿数额还应当包括权利人为制止侵权行为所支付的合理开支"。为了"强化民事保护,有效执行惩罚性赔偿制度",③在专利权保护和竞争自由之间维持平衡,必须对《专利法》第71条所规定的侵权惩罚性赔偿制度予以充分理解。

(一)我国特别私法和一般私法领域的惩罚性赔偿制度

虽然惩罚性赔偿制度同我国源自大陆法系的公私法二元划分理念难以融洽,但是惩罚性赔偿制度在我国的引入早已是大势所趋。④ 这种趋势表现为:首先,1993年《消费者权益保护法》第49条针对欺诈行为"双倍赔偿"的规定(2013年该法第二次修正时第55条第1款将之修改为"四倍赔偿",第55条第2款增加了关于商品或服务缺陷"二倍惩罚性赔偿"的规定)、2009年《食品安全法》第96条关于"十倍赔偿"的规定(2015年该法第一次修正时变更为第148条第2款)、2019年《反不正当竞争法》第17条第3款关于恶意商业秘密侵权"一至五倍赔偿"的规定,在特别私法领域引入了惩罚性赔偿制度。其次,2009年《侵权责任法》第47条(现规定于《民法典》第1207条)关于产品责任惩罚性赔偿的规定,在属于一般私法的侵权法领域引入了惩罚性赔偿制度。再次,在知识产权法这一特别私法领域,2012年《著作权法》三稿修改草案以第72条第3款在我国著作权法领域确立了惩罚性赔偿制度。2013年《商标法》第三次修正时更是在第63条在商标法领域引入了侵权惩罚性赔偿制度,这也是在我国知识产权法领域对侵权惩罚性赔偿制度的首次引入。而在2020年《专利法》将侵权惩罚性赔偿制度引入专利法领域之后,2020年第四次修正后的《著作权法》也将侵权惩罚性赔偿制度正式引入著作权法领域。至此,我国知识产权法领域全面引入了侵权惩罚性赔偿制度。最后,2017年《民法总则》和2020年《民法典》第179条第2款规定,"法律规定惩罚性赔偿的,依照其规定",标志着我国民事基本法对惩罚性

---

① 其原因在于,在引入惩罚性赔偿后代替的是民事制裁的地位,因此应按照民事制裁与行政处罚不可并处的原则,应按优先原则处理,即法院判决惩罚性赔偿后行政机关不得再罚款,行政机关处罚在先的,则法院不得判决惩罚性赔偿。参见和育东、石红艳、林声烨:《知识产权侵权引入惩罚性赔偿之辩》,载《知识产权》2013年第3期。
② 参见和育东、石红艳、林声烨:《知识产权侵权引入惩罚性赔偿之辩》,载《知识产权》2013年第3期。
③ 《中共中央办公厅、国务院办公厅关于强化知识产权保护的意见》(2019年11月24日)。
④ 参见刘自钦:《著作权惩罚性赔偿制度在中国大陆的具体运用:从美国经验和中国实际出发》,载《澳门法学》2014年第1期。

赔偿制度的正式认可。①

（二）惩罚性赔偿制度与损害赔偿制度的区别

惩罚性赔偿制度属于填补性赔偿即损害赔偿制度以外的侵权赔偿救济制度。其目的不在于填平受害人所遭受的损害，而在于威慑侵权人和第三人、预防侵权人或者第三人将来实施侵权行为。由于惩罚性赔偿制度在一定程度上背离了损害赔偿的填平原则，其在侵权构成要件方面提出了更高的要求：

第一，行为人的可责难性方面。应承担损害赔偿责任的侵权人具有过错即可，而不论这种过错是故意还是过失，是重大过失还是一般过失（轻过失）。相反，应承担惩罚性赔偿责任的侵权人须具有侵权的故意。举例而言，《消费者权益保护法》第55条第2款规定的"经营者明知商品或者服务存在缺陷，仍然向消费者提供"、《民法典》第1207条规定的"明知产品存在缺陷仍然生产、销售"、《食品安全法》第148条第2款规定的"经营明知是不符合食品安全标准的食品"，即在主观认知、注意义务违反方面提出了故意（"明知而为之"）而非过失（"应知却不知而为之"）这一行为人可责难性要件。

第二，行为的不法性方面。应承担损害赔偿责任的侵权人的行为侵害他人权益，从而造成他人损害即表明其行为具有不法性。相反，应承担惩罚性赔偿责任的侵权人的行为不仅须侵害他人权益而造成他人损害，而且行为对权益的侵害须达到值得科处惩罚的程度才能表明其行为具有不法性。对于以填补损害而非惩罚威慑为主的侵权赔偿制度而言，只有侵权人的行为方式相当恶劣，或者侵权行为造成的损害后果相当严重，行为对权益的侵害才会达到值得科处惩罚的程度，从而符合行为的不法性要件，例外地适用惩罚性赔偿制度。例如，《消费者权益保护法》第55条第1款规定中的"经营者提供商品或者服务有欺诈行为"、《食品安全法》第148条第2款规定中的"生产不符合食品安全标准的食品或者经营明知是不符合食品安全标准的食品"，属于相当恶劣的行为方式；《消费者权益保护法》第55条第2款规定中的"造成消费者或者其他受害人死亡或者健康严重损害"、《民法典》第1207条规定中的"造成他人死亡或者健康严重损害"，属于相当严重的行为后果。此外，2019年《反不正当竞争法》第17条第3款明确规定，对于恶意商业秘密侵权行为而言，其"情节严重"的，才能课以惩罚性赔偿责任。②

（三）我国《专利法》中的惩罚性赔偿制度

《专利法》第71条第1款规定了刑事责任与民事责任两种类型的专利侵权赔偿制度和相应的赔偿数额确定方法。

《专利法》第71条规定，"对故意侵犯专利权，情节严重的，可以在按照上述方法确定数额的一倍以上五倍以下确定赔偿数额。赔偿数额还应当包括权利人为制止侵权行为所支付的合理开支"。所谓"上述方法确定数额"，即该法第71条第1款第1句所规定的实际损失、侵权得利、许可使用费合理倍数这三种专利侵权赔偿数额。其中，实际损失是确定专利侵权赔偿数额的首要基准，侵权得利、许可使用费合理倍数是在实际损失难以确定时确定专利侵权赔偿数额的替代基

---

①② 参见来小鹏、刘自钦：《我国商标侵权惩罚性赔偿制度的理解和适用》，载"知产力"微信公众号，最后访问时间：2020年11月3日。

准。因此,《专利法》第71条第1款第1句所规定的专利侵权赔偿,在本质上属于侵权填补性赔偿即损害赔偿,其目的是填补权利人所遭受的损害,以行为人违反注意义务造成损害作为侵权赔偿的条件,不关注行为人的主观可责难程度,行为人是故意还是过失、是重大过失还是一般过失(轻过失)不影响赔偿的范围与数额。[①]

《专利法》第71条第1款第2句规定的以侵权损害赔偿数额的1至5倍为计算基准的专利侵权赔偿,不仅突破了填补权利人所遭受的损害这一目的,而且关注行为人的主观可责难程度以及行为是否达到了值得科处惩罚的程度。显然,《专利法》第71条第1款第2句所规定的专利侵权赔偿,在本质上属于侵权惩罚性赔偿,其目的是威慑侵权人和第三人、预防侵权人或者第三人将来实施侵权行为。

此外,我国专利侵权法定赔偿制度也是惩罚性赔偿制度的补充性制度。由于《专利法》已经确立损害赔偿制度应当坚持填补损失和惩罚侵权这两重目标,在无法以原告的损失、被告的获利以及专利许可使用费为基准确定惩罚性赔偿数额的情形,作为计算损害赔偿兜底方式的法定赔偿制度,同样应兼具补偿和惩罚的双重功能。

三、惩罚性赔偿制度的具体运用

(一)"故意侵犯专利权"的理解

法律对从事侵权行为的行为人科以侵权责任,相当于赋予权利人在其权利遭受侵害后可以行使的相应请求权。其中,损害赔偿请求权是独立的债法请求权,其保护的是受到损害的专利权,在适用时以过错责任为最基本之归责原则,无过错责任(亦称严格责任、危险责任)须有法律明文规定方能适用。[②]

我国《专利法》规定的专利侵权损害赔偿责任,属于制定法上的过错侵权责任。《专利法》第71条第1款第1句对专利侵权人科以损害赔偿责任,也即赋予专利权人请求侵权人赔偿其因侵权行为而遭受的损害的请求权。《专利法》并未明文规定行为人没有过错时即应当对其行为造成的损害承担侵权责任,鉴于无过错责任须有法律明文规定才能适用,故而未经许可实施专利的侵权责任为过错责任。

我国《专利法》规定的专利侵权损害赔偿责任,在大多数情况下属于故意侵权责任。专利权经国家知识产权局公告授予可推定为任意第三人所知,可以推定他们对相关专利处于知道的认知状态。这种事实推定作为一种程序机制,将提出证据证明其实际上不知道相关专利这一事实的责任加诸后专利实施人。除非在后专利实施人能够提出相反的证据,下列事实的存在具有高度可能性,从而应在法律上认定该事实存在[③]:在后专利实施人明知其行为会给权利人的专利权造成侵害,并且主动地从事专利实施行为而追求该侵害后果的发生,故而,在后专利实施人在主

---

① 参见程啸:《侵权责任法》(第三版),法律出版社2021年版,第30—31页。
② 参见程啸:《侵权责任法》(第三版),法律出版社2021年版,第747页。
③ 《最高人民法院关于适用〈中华人民共和国民事诉讼法〉的解释》第108条第1款规定,"对负有举证证明责任的当事人提供的证据,人民法院经审查并结合相关事实,确信待证事实的存在具有高度可能性的,应当认定该事实存在"。

观过错程度方面具有故意而非过失。因此,专利侵权在大多数情况下属于故意侵权。相应地,《专利法》第 71 条第 1 款第 1 句规定的专利侵权损害赔偿责任,在大多数情况下属于故意侵权责任。

举轻以明重,我国《专利法》规定的专利侵权惩罚性赔偿责任,当然属于故意侵权责任。依据《专利法》第 71 条第 1 款第 1 句的规定,惩罚性赔偿的数额是侵权损害赔偿数额的 1 至 5 倍。可见,相关专利侵权行为的可责难性远远高于引发损害赔偿责任的专利侵权行为,其当然属于故意侵权。这种主观过错中的"故意",不仅包括行为人明知其行为会给权利人的专利权造成侵害的认识要素,还包括主动地从事专利实施行为而追究该侵害后果发生的意愿要素。

在认定行为人是否构成"故意侵犯专利权"时,可以考虑以下因素:(1)专利权人是否在其专利产品或者产品的包装上标明专利标识。(2)专利权人和行为人之间的特殊关系。如果专利权人和行为人之间存在代理、代表、合同或者其他关系,即可以合理地推定行为人知道或者应当知道专利权人的专利。(3)行为人对专利的实施方式。如果行为人在其产品、产品名称、网页上突出使用专利权人的专利标识,这也表明,行为人很有可能知道专利权人的专利并且具有利用该专利谋取不正当利益的意图。(4)行为人是否不顾专利权人的侵权警告、无视专利执法部门的行政处罚或者拒不履行法院停止侵权的生效裁定,继续从事专利侵权行为。这种情况下,行为人明确知道专利权人的专利而仍然从事专利实施行为,当然具有侵权的故意。

(二)"情节严重"的理解

1. 引发专利侵权惩罚性赔偿的可责性和不法性

侵权责任的构成要件理论表明,行为人对其侵害他人权益行为承担侵权责任还须具有两个条件:其一,侵害行为引起了某种损害;其二,侵害行为同他人遭受的损害之间存在因果关系。需要注意的是,并非侵害行为引起的任何损害都足以让行为人对他人承担侵权责任,只有这种损害是法律上应予以赔偿的损害即损害具有可赔偿性时,才应对行为人科以侵权责任。[①] 只有当侵权行为造成了法律上应予以赔偿的损害,这种侵权行为才具有不法性,从而满足侵权责任的构成要件。

侵权赔偿制度以填补损害为原则,以惩罚威慑为例外。只有侵权人的行为方式相当恶劣,或者侵权行为造成的损害后果相当严重,行为对权益的侵害才会达到值得科处惩罚的程度,从而例外地适用惩罚性赔偿制度。对于引发惩罚性赔偿的专利侵权行为而言,其不仅必须造成引发专利侵权损害赔偿责任的损害,亦即专利权人的正当竞争利益即预期利益损失,而且其对专利权的侵害须达到值得科处惩罚的程度。只有当专利侵权行为在造成了法律上应予以赔偿的正当竞争利益即预期利益损失的同时,这种行为对专利权的侵害还达到了值得科处惩罚的程度,专利侵权行为才具有不法性,从而满足了专利侵权惩罚性赔偿责任的构成要件。

2. "情节严重"的认定

在判断侵权人的行为方式是否相当恶劣时,主要应考虑下列因素:(1)行为人对专利的实施方式。如果行为人在专利侵权产品、产品包装上突出使用专利权人的专利标识,这不仅表明被告

[①] 参见张民安:《侵权责任的构成要件抑或是侵权行为的构成要件》,载"民安教授说民法"微信公众号,最后访问时间:2020 年 11 月 3 日。

的故意,而且表明被告具有欺诈消费者、谋取不正当利益的意图。(2) 行为人是否无视专利执法部门的行政处罚、拒不履行法院的生效停止侵权裁定,继续从事专利侵权行为。这种情况下,专利执法机关和司法机关已经作出了专利侵权的认定,并且对侵权人科以相关行政处罚或者向其签发停止侵权的命令,行为人对它们的无视或者拒不履行,表明其对执法机关和司法机关的蔑视、对权利人专利权的极其漠视,这达到了值得科以惩罚性赔偿责任的程度,应当通过惩罚性赔偿对行为人予以惩戒和威慑。(3) 行为人是否存在重复侵权行为。行为人过往多次从事专利侵权行为的历史,表明其对消费者、专利权人和市场竞争秩序的极其漠视,应当通过惩罚性赔偿对其予以惩戒和威慑。

另一方面,法院在判断侵权行为造成的后果是否相当严重时,主要考虑下列因素:(1) 行为人从事营业活动的时间。如果行为人进入市场的时间较短,那么其专利实施行为造成的危害也较小。(2) 行为人的营业规模。如果行为人的营业活动范围、销售网络有相当的规模,那么,行为人往往能够以低廉的销售成本为代价获得可观的专利侵权产品销售利润,对专利权人的正当竞争利益即预期利益造成更大的损失。(3) 行为人和专利权人之间是否存在特殊关系。如果行为人和专利权人之间存在代理、代表、合同、合作或者其他关系,那么,行为人对专利权人专利权的侵害可能会违反了其对专利权人负有的信义义务(fiduciary duty),这不仅有违诚信原则,对社会、竞争秩序的稳定造成不利影响,而且会造成比其他人侵权行为更为严重的损害后果。从公共政策的角度看,应当对被告科以惩罚性赔偿责任以对其进行惩戒和威慑。(4) 专利权人遭受的损害大小。如果专利权人因为被告的故意侵权行为遭受了巨大的损失,那么,这种行为当然达到了值得科处惩罚的程度,应当对行为人科以惩罚性赔偿责任,威慑行为人和其他潜在侵权人,保护专利权人的正当竞争利益。

(三) 专利侵权惩罚性赔偿数额的确定

依据《专利法》第71条第1款第2句的规定,在确定惩罚性赔偿数额时,应以实际损失、侵权得利或者专利许可使用费合理倍数为计算基准,在这种损害赔偿数额的"一倍以上五倍以下"确定具体的数额。这强化了对专利权的保护,有利于我国营商环境的进一步优化,①是国家推行创新驱动发展战略、知识产权强国战略等公共政策的必然要求。另一方面,维持行为自由与权利保护之间的平衡,是侵权责任法的基本理念。在确定惩罚性赔偿数额时,应当避免过度威慑导致的"寒蝉效应"(亦称"冷淡效应")。有鉴于此,法院在确定专利侵权的惩罚性赔偿数额时,应当遵循以下原则:

其一,基于惩罚性赔偿制度的惩罚、威慑功能,确定的惩罚性赔偿数额应当与侵权行为的不法程度相适应。在《专利法》中,这指的是侵权行为的情节严重程度。如前所述,在判断行为的可责难程度时,应当主要考虑侵权行为的动机和目的、实施侵权行为的方式、实施专利侵权行为的次数、专利侵权规模(专利侵权产品数量、市场范围和销售量等)、专利侵权造成的损害大小等关于行为方式和行为后果的因素。

其二,为了实现惩罚、威慑的作用,确定惩罚性赔偿数额时还应当考虑侵权的财务状况。在专利侵权人为盈利丰厚的企业或者大型公司时,较高倍数的惩罚性赔偿才能产生相应的威慑或者预防效应。

---

① 《中共中央办公厅、国务院办公厅关于强化知识产权保护的意见》(2019年11月24日)。

其三,为了避免过度惩罚,确定惩罚性赔偿数额时还应当考虑专利执法机关和司法机关对同一侵权行为的其他财产性制裁。如果专利侵权人因同一侵权行为还承担了行政责任或者刑事责任,而被判处行政罚款或者刑罚罚金,那么,根据一事不再罚的理念,应当限制或者降低惩罚性赔偿的数额。①

其四,类似案件的比较。由于我国各地经济发展水平仍然具有较大差异,对某个地区专利侵权案件确定的惩罚性赔偿数额,应当同当地的经济发展水平相适应。同时,为了保证我国司法裁判标准的统一,对于同一地区或者经济水平相当地区的专利侵权行为,应当确保惩罚性赔偿数额的一致。②

---

①② 参见刘自钦:《著作权惩罚性赔偿制度在中国大陆的具体运用:从美国经验和中国实际出发》,载《澳门法学》2014年第1期。

郑重声明

高等教育出版社依法对本书享有专有出版权。任何未经许可的复制、销售行为均违反《中华人民共和国著作权法》,其行为人将承担相应的民事责任和行政责任;构成犯罪的,将被依法追究刑事责任。为了维护市场秩序,保护读者的合法权益,避免读者误用盗版书造成不良后果,我社将配合行政执法部门和司法机关对违法犯罪的单位和个人进行严厉打击。社会各界人士如发现上述侵权行为,希望及时举报,本社将奖励举报有功人员。

反盗版举报电话　　(010)58581999　58582371　58582488
反盗版举报传真　　(010)82086060
反盗版举报邮箱　　dd@hep.com.cn
通信地址　　北京市西城区德外大街4号
　　　　　　高等教育出版社法律事务与版权管理部
邮政编码　　100120